DEUTSCHLAND – RUSSLAND

DEUTSCHLAND – RUSSLAND

STATIONEN GEMEINSAMER GESCHICHTE, ORTE DER ERINNERUNG

Herausgegeben von
Helmut Altrichter, Wiktor Ischtschenko,
Horst Möller und Alexander Tschubarjan

im Auftrag der Gemeinsamen Kommission
für die Erforschung der jüngeren Geschichte
der deutsch-russischen Beziehungen

DEUTSCHLAND – RUSSLAND

BAND 1
DAS 18. JAHRHUNDERT

Herausgegeben von
Horst Möller, Claus Scharf,
Wassili Dudarew und Maja Lawrinowitsch

DE GRUYTER
OLDENBOURG

In Kooperation mit
Institut für Zeitgeschichte München-Berlin
Institut für Allgemeine Geschichte der Russischen Akademie der Wissenschaften

Gefördert aus Mitteln der Beauftragten der Bundesregierung
für Kultur und Medien

Didaktische Beratung: Robert Maier (Georg-Eckert-Institut für internationale
Schulbuchforschung Braunschweig)

ISBN: 978-3-11-034835-4
E-Book (PDF) 978-3-11-034871-2
E-Book (EPUB) 978-3-11-039721-5

Library of Congress Cataloging-in-Publication Data
A CIP catalog report for this book has been applied for at the Library of Congress.

Bibliografische Information der Deutschen Nationalbibliothek
Die Deutsche Nationalbibliothek verzeichnet diese Publikation in der Deutschen
Nationalbibliografie; detaillierte bibliografische Daten sind im Internet über
http://dnb.d-nb.de abrufbar.

© 2018 Walter de Gruyter GmbH, Berlin/Boston
Einbandabbildung: Großfürst Peter Fjodorowitsch (der spätere Kaiser Peter III.) und Großfürstin Katharina Alexejewna (die spätere Kaiserin Katharina II.); links vorne beider Sohn
(der spätere Nachfolger Katharinas, Kaiser Paul I.), Ölgemälde von Anna Rosina
Lisiewska, 1756, Nationalmuseum Stockholm.
Redaktion und Satz: Matthias Dornhuber und Jörn Petrick
Übersetzungen: Lilia Antipow, Verena Brunel, Oleksandr Kobrynskyy und Claus Scharf
Druck und Bindung: Hubert & Co. Gmbh & Co. KG, Göttingen
Gedruckt auf säurefreiem Papier.
Printed in Germany

www.degruyter.com

INHALT

TEIL I
DEUTSCHLAND UND RUSSLAND UM 1700

Maja Lawrinowitsch / Claus Scharf
Zur Einführung 11

■ Kirill Lewinson / Helmut Neuhaus
„Monstro simile". Die Verfassung des Alten Reiches...........................17

■ Olga Nowochatko / Claus Scharf
Von „Muscowien" zum „Russischen Kaiserreich"................................29

■ Maja Lawrinowitsch / Claus Scharf
Nemezkaja sloboda. Die „Deutsche Vorstadt" Moskaus 39

TEIL II
DIE NEUZEITLICHE STAATSBILDUNG

Igor Fedjukin / Manfred Hildermeier
Zur Einführung 49

■ Kirill Lewinson / Wolfgang Neugebauer
Die Reformen Friedrich Wilhelms I. in Preußen..................................53

■ Manfred Hildermeier
Die Militär- und Staatsreformen Peters des Großen 63

■ Igor Fedjukin
Mechanismen der Reformen in Russland 75

■ Manfred Hildermeier
Leibniz und die Bildungsreformen Peters des Großen 83

■ Kirill Ospowat
Leibniz und die Bildungsreformen Peters des Großen 93

■ Kirill Ospowat / Claus Scharf
Der Streit um die Entstehung des russischen Staates 1749................................99

TEIL III

INTERNATIONALE BEZIEHUNGEN

Sergei Polskoi / Claus Scharf
Zur Einführung 111

■ Sergei Mesin / Claus Scharf
Der Weg des Russischen Reiches zur Hegemonie in Osteuropa......................115

■ Nikolai Petruchinzew / Claus Scharf
Dynastische Beziehungen und das Thronfolgeproblem in Russland.............125

■ Axel Gotthard / Sergei Polskoi
Der Friede von Belgrad 1739.
Mächtegleichgewicht in Zentral- und Osteuropa..139

■ Helmut Neuhaus / Sergei Polskoi
Herrscherwechsel in Europa 1740 149

■ Sergei Polskoi / Claus Scharf
Der Siebenjährige Krieg 1756–1763 161

■ Michael G. Müller / Boris Nossow
Die Teilungen Polens 1772/1793/1795 173

■ Maria Petrowa / Claus Scharf
Der Friede von Teschen 1779. Russland und die Reichsverfassung................183

TEIL IV

AUFKLÄRUNG UND ABSOLUTISMUS

Horst Möller / Maja Lawrinowitsch
Zur Einführung 193

■ Horst Möller / Maja Lawrinowitsch
„Anti-Machiavell"? Die friderizianischen Reformen in Preußen...................203

■ Olga Chawanowa / Wolfgang Neugebauer
Die Reformen Maria Theresias in Österreich 217

■ Manfred Hildermeier / Maja Lawrinowitsch /
Die Reformpolitik Katharinas II. in Staat und Gesellschaft Russlands.........229

■ Sergei Iskjul / Claus Scharf
Wechselheiraten. Russlands dynastische Beziehungen
zum „Dritten Deutschland"...241

■ Maria Petrowa / Claus Scharf
Potjomkinsche Dörfer. Joseph II. zu Gast bei Katharina II. 1787...................253

■ Frank-Lothar Kroll
Nikolai Karamsins Kavalierstour
zu den deutschen Musenhöfen 1789/1790..265

■ Andrei Kostin
Nikolai Karamsin auf der Suche
nach der Grenze zwischen Europa und Russland 1789/1790...........................275

TEIL V

DIE FRANZÖSISCHE REVOLUTION UND EUROPA

Horst Möller / Alexander Tschudinow
Zur Einführung 281

■ Horst Möller / Jelena Kotowa
Kaiser Franz II. legt die Kaiserkrone nieder 1806 291

■ Horst Möller
Zu Gast bei Anna Amalia.
Die Deutsche Kultur von der Aufklärung bis zur Romantik 303

■ Jekaterina Dmitrijewa
Die Weimarer Klassik.
Die Deutsche Kultur von der Aufklärung bis zur Romantik 315

■ Wadim Parsamow / Matthias Stadelmann
Die Reformen Alexanders I. in Russland...323

■ Sergei Iskjul / Claus Scharf
Von Austerlitz nach Tilsit.
Napoleon auf dem Höhepunkt seiner Macht 1805–1807 333

■ Claus Scharf
Napoleons Feldzug in Russland 1812 345

■ Sergei Iskjul
Die Deutschen im Krieg von 1812 in Russland..359

■ Claus Scharf / Alexander Tschudinow
Die Völkerschlacht bei Leipzig und der Fall Napoleons 1813.........................371

ANHANG

Zeittafel..385

Personen- und Ortsregister..395

Autoren, Herausgeber und Mitarbeiter..405

HINWEISE ZU DIESEM BUCH

FARBSCHEMA   Um dem Leser über die drei Bände des deutsch-russischen Ge-
schichtsbuches hinweg eine schnelle Orientierung jenseits der chronologischen
Ordnung zu ermöglichen, wurde jeder Artikel einem Sachgebiet und jedem Sachgebiet eine Farbe zugewiesen. Blau steht für Ereignisse der deutschen Geschichte,
Rot für Ereignisse der russischen Geschichte, Gelb für internationale Ereignisse
und Grün für den Bereich Gesellschaft und Kultur.

DATUMSANGABEN   In Russland galt bis zur Februarrevolution im Jahr 1918 der
julianische Kalender. Er blieb im 18. Jahrhundert gegenüber dem westlichen, gregorianischen Kalender 11 Tage zurück. Die Daten des alten Stils werden hier in
eckigen Klammern angegeben.

VORWORT

Nach dem 2014/15 in deutscher und russischer Sprache veröffentlichten Band III, „Das 20. Jahrhundert" des Geschichtsbuchs „Deutschland – Russland. Stationen gemeinsamer Geschichte, Orte der Erinnerung" legt die 1997 durch den damaligen Bundeskanzler Helmut Kohl und den damaligen Präsidenten Russlands, Boris Jelzin, gegründete Gemeinsame Kommission für die Erforschung der jüngeren Geschichte der deutsch-russischen Beziehungen nun Band I vor: Er behandelt die Geschichte beider Länder im europäischen Kontext während des 18. Jahrhunderts bis zum Vorabend des Wiener Kongresses. Obwohl sich die Arbeit der Gemeinsamen Kommission auf das 20. Jahrhundert konzentriert, kann sich ein vertieftes Verständnis nicht darauf beschränken. Geschichte bedeutet Geschehen in der Zeit und bedarf deshalb langfristiger Perspektiven. Auch gegenwärtige Probleme, kulturelle Prägungen und Traditionen besitzen eine lange Vorgeschichte, weswegen die „longue durée", wie es in der französischen Geschichtsschreibung heißt, nicht ausgespart werden kann.

Gerade das 18. Jahrhundert bildet eine wichtige Etappe zur Entwicklung der modernen Welt. Das gilt gleichermaßen für die philosophische Erkenntniskritik, die politische Ideengeschichte, modernes Verfassungsdenken und wirtschaftspolitische Konzeptionen. Die in diesem Jahrhundert gewonnenen technologischen und naturwissenschaftlichen Erkenntnisse schufen die Basis der Industrialisierung in Europa. Aufgeklärtes Fortschrittsdenken und Reformforderungen, die Amerikanische sowie die Französische Revolution forderten in der zweiten Hälfte des 18. Jahrhunderts die absoluten Fürstenstaaten heraus. Sie revolutionierten durch Menschen- bzw. Bürgerrechtserklärungen, durch neu entwickelte Medien und soziale Forderungen nicht allein die zum Teil noch feudalen Strukturen des Ancien régime, sondern auch die internationale Ordnung. Sie wurden wegweisend für die politischen Ideologien der modernen Welt vom Liberalismus über den Sozialismus bis zum Konservativismus. Kulturelle Reflexionen über den Charakter von Sprachen und Völkern, politische über Volkssouveränität, kulturelle über nationale Identitäten bewirkten neben anderen Faktoren verstärkt seit der Französischen Revolution und der Herrschaft Napoleons über weite Teile Europas schließlich den Weg von noch vornationalen Staatsbildungen zu den modernen Nationalbewegungen und Nationalstaaten. In dieser Entwicklung wurzelten sowohl die komplexen als auch widersprüchlichen Grundtendenzen des 20. Jahrhunderts, zu denen Nationalismus und Imperialismus, aber auch moderne Massendemokratien und ideologische Diktaturen gehörten.

Der nun vorliegende Band folgt dem gleichen Muster wie der über das 20. Jahrhundert. Er bündelt die komplexe Geschichte durch Konzentration auf Schlüsselthemen und Ereignisknoten, er verbindet Text und Abbildung. Die essayistische Form erlaubt nicht nur bessere Lesbarkeit, sondern die Veranschaulichung von Zusammenhängen und weiterer Perspektiven. Insofern handelt es sich hier nicht um ein enzyklopädisches Handbuch aller Themen, Ereignisse und Personen. Ungleich stärker als im dritten Band werden in diesem ersten kulturelle Phänomene berücksichtigt, zumal sie oftmals zu Katalysatoren auch der gesellschaftlichen und politischen Modernisierung wurden. So wurzelten zahlreiche Rechtsreformen und die Anfänge eines modernen Schulwesens in der Anthropologie der Aufklärung. In Deutschland ging beispielsweise das kulturelle Nationalbewusstsein dem politischen voraus.

Wiederum stellen deutsche und russische Historiker jeweils einen Themenkomplex gemeinsam dar, was bisher ohne weiteres Beispiel in der russischen und deutschen Historiographie ist: Der Gewinn liegt darin, tatsächlich gemeinsame Perspektiven zu erarbeiten. Auch hier gilt das Prinzip, im Falle unterschiedlicher Interpretationen zwei parallele Artikel zu bieten, um dem Leser eine eigene Urteilsbildung zu erlauben. Doch tatsächlich gibt es bei insgesamt 31 Essays nur fünf Themen, für die jeweils ein deutscher bzw. ein russischer Autor getrennte Artikel veröffentlichen. Und in keinem Fall handelt es sich um gegensätzliche Interpretationen, sondern lediglich um sich thematisch ergänzende Beiträge.

Wir danken allen an diesem Band Beteiligten, den Mitherausgebern des Bandes Dr. Maja Lawrinowitsch (Moskau) und Dr. Wassili Dudarew (Moskau), Dr. Claus Scharf (Mainz) sowie außerdem Prof. Dr. Manfred Hildermeier (Göttingen) und Prof. Dr. Sergei Karp (Moskau). Ein besonderer Dank gilt schließlich allen Autoren sowie Prof. Dr. Helmut Altrichter und seinem Erlanger Team mit Matthias Dornhuber und Jörn Petrick sowie dem seit Beginn an der Organisation und Redaktion beteiligten ehemaligen Sekretär der Kommission, Eberhard Kuhrt (Berlin).

Unser Dank gilt der Förderung durch die Bundesbeauftragte für Kultur und Medien mit dem Referatsleiter Dr. Rainer Wagner und Anja Großmann, durch das Ministerium für Ausbildung und Wissenschaft der Russischen Föderation sowie durch das Außenministerium der Russischen Föderation. Der De Gruyter Oldenbourg Verlag und sein Cheflektor Martin Rethmeier war ein ebenso verlässlicher Partner wie Frau Hildegard Maisinger im Institut für Zeitgeschichte München-Berlin.

Die Arbeit am Band II, „Das 19. Jahrhundert" ist inzwischen weit gediehen, so dass wir hoffen, ihn im nächsten Jahr vorlegen und damit das Projekt abschließen zu können.

München und Moskau, im Oktober 2017

Prof. Dr. Dr. h.c. mult. Horst Möller   Akademik Prof. Dr. Alexander O. Tschubarjan
Deutscher Co-Vorsitzender   Russischer Co-Vorsitzender
(1999–2015)

TEIL I

DEUTSCHLAND UND RUSSLAND UM 1700

ZUR EINFÜHRUNG

MAJA LAWRINOWITSCH / CLAUS SCHARF Die Sicht aus der zunehmend globalisierten Welt des 21. Jahrhunderts auf Deutschland und Russland am Vorabend des 18. Jahrhunderts ergibt keine Eindrücke, die auf einfache Formeln zu bringen wären. Historiker können das Trennende oder das Verbindende hervorheben, die Besonderheiten oder das Gemeinsame, die Kraft der Traditionen oder den Fortschritt, doch tragen gerade die unterschiedlichen Sichtweisen zur Erkenntnis des Gesamtbildes im europäischen Rahmen bei. Ein Beispiel dafür ist das Problem der Zeitrechnung.

Im nichtorthodoxen Europa konkurrierten im 17. Jahrhundert zwei Kalender, die unterschiedlich genau die Abweichungen vom astronomischen Jahr ausglichen. Seit der Antike galt der nach Julius Cäsar benannte „julianische" Kalender mit der Änderung, dass die römische Kirche im Mittelalter dazu übergegangen war, die Jahre nicht mehr seit der Gründung Roms, sondern seit Christi Geburt zu zählen. Dieser Kalender hatte jedoch den Nachteil, dass sein Jahr elf Minuten und 14 Sekunden länger war als das Sonnenjahr und dadurch das Osterfest und die von ihm abhängigen christlichen Feiertage im Lauf der Jahrhunderte auf einen immer früheren Termin fielen. Deshalb ordnete Papst Gregor XIII. auf der Basis von ihm geförderter neuer Berechnungen 1582 eine Verbesserung des julianischen Kalenders an. Prompt lehnten die protestantischen Staaten in Europa den „gregorianischen" Kalender entschieden ab. Und als Kaiser Rudolf II. noch im selben Jahr den Reichstag zu Augsburg über die Neufassung beschließen lassen wollte, folgten ihm nur die katholischen Reichsstände, während die protestantischen die

https://doi.org/10.1515/9783110348712-001

Übernahme verweigerten. Die Reformation des 16. Jahrhunderts hatte den kaiserlichen Handlungsspielraum zusätzlich eingeschränkt, und die Friedensschlüsse, mit denen die heftigen Konflikte zwischen den Konfessionen bis 1648 beigelegt wurden, verwehrten den Kaisern aus dem Haus Habsburg auch das Recht, über ihre Erblande hinaus eine Vereinheitlichung der Kalender im Reich durchzusetzen.

In Russland dagegen begann das 18. Jahrhundert mit einem symbolischen Akt, ohne dass dort zugleich das Jahr 1699 endete. Vielmehr brach Zar Peter I. kurzfristig das Jahr 7208 ab, denn bis dahin wurden im Russischen Reich in der byzantinischen Tradition die durch das Alte Testament überlieferten Jahre seit Erschaffung der Welt im Jahr 5508 vor Christi Geburt gezählt und die Jahreswechsel am 1. September begangen. Für seine persönlichen Briefe benutzte Peter schon länger eine im übrigen Europa übliche Zeitrechnung. Jetzt aber befahl er allen seinen Behörden, fortan einen Kalender mit einer Jahreszählung seit Christi Geburt einzuführen und das Neue Jahr nur wenige Tage später und dann auf Dauer am 1. Januar beginnen zu lassen. Folglich datierten erst spätere Gesetzessammlungen seinen Erlass zurück auf den 30. [19.] Dezember 1699. Am Tag darauf ordnete der Zar außerdem detailliert an, wie alle Ränge und Schichten der Moskauer Bevölkerung je nach ihrem Vermögen den Beginn des Neuen Jahres 1700 sechs Tage lang öffentlich freudig zu feiern hätten.

Anders als der Römische Kaiser in Wien hatte Peter I. das Recht und die Macht, diese Entscheidungen für sein gesamtes Reich allein zu treffen, ohne Mitwirkung der orthodoxen Kirche oder ständischer Vertretungen wie eines Reichstages. Obwohl er also niemandem zur Rechenschaft verpflichtet war, berief er sich in seinem Erlass vom 31. [20.] Dezember 1699 darauf, dass der in Russland neue Kalender bereits „in vielen europäischen christlichen Ländern", aber besonders auch bei den anderen orthodoxen Völkern angewendet werde. Nach Peters frühen Kontakten mit protestantischen Ausländern in Moskau und nach seinen Aufenthalten im protestantischen Norden Deutschlands, in Holland und England war es nicht erstaunlich, dass er sich für den bislang dort geltenden julianischen Kalender entschied.

Insbesondere im konfessionell geteilten Heiligen Römischen Reich deutscher Nation wurde es im 17. Jahrhundert jedoch im Alltag zunehmend als Belastung empfunden, dass der gregorianische und der julianische Kalender nebeneinander galten, oft in einander benachbarten Territorien oder gar in Städten mit mehreren Konfessionen. Vor allem konnten die christlichen Feste nicht zu den gleichen Terminen gefeiert werden. Als Kaiser Leopold I. seit 1665 dafür warb, doch noch die Zeitrechnung im Reich zu vereinheitlichen, traf er auch bei protestantischen Fürsten auf eine größere Aufgeschlossenheit als seine Vorgänger. Erstens waren die wissenschaftlichen und praktischen Vorzüge des gregorianischen Kalenders unabweisbar geworden, zweitens hatten sich die konfessionellen Konflikte abgeschwächt, und drittens war die Autorität des Kaisertums unter Leopold wieder gewachsen. Die langwierigen Bemühungen um eine Einigung führten schließlich dazu, dass die protestantischen Reichsstände, das „Corpus Evangelicorum" im Reichstag zu Regensburg, am 23. September 1699 beschlossen, im Februar 1700 den gregorianischen Kalender zu übernehmen, ohne ihn so zu nennen. Im selben und im nächsten Jahr folgten das Königreich Dänemark, die meisten reformierten

Kantone der Schweiz und einige noch beim julianischen Kalender verbliebene protestantische Provinzen der Niederlande. Erst 1752/53 vollzogen die protestantischen Mächte Großbritannien und Schweden diesen Schritt.

Im Russischen Reich bedeutete die Einführung des julianischen Kalenders zweifellos einen erheblichen Fortschritt gegenüber dem byzantinischen, zumal die Gemeinsamkeit der orthodoxen Ökumene bewahrt blieb. Doch wenn Zar Peter I. eine symbolische Gleichzeitigkeit zwischen Russland und vor allem dem protestantischen Europa durch seine Kalenderreform auch praktisch hatte herstellen wollen, so bewirkte die davon unabhängige und vom Zaren nicht zu erwartende Einigung im Heiligen Römischen Reich, dass dieses Ziel verfehlt wurde. Weder er noch einer der ihm nachfolgenden Monarchen Russlands entschied sich für eine zweite Reform. So galt in Russland fortan der julianische Kalender mit Abweichungen zum gregorianischen von elf Tagen im 18. Jahrhundert, von zwölf Tagen im 19. und dreizehn im 20. Jahrhundert. Erst die Sowjetregierung ersetzte ihn im Februar 1918 durch den gregorianischen, doch behielt ihn mit der russischen Kirche ein Großteil der orthodoxen Kirchen bis heute bei. So zeigt das Beispiel der verschiedenen europäischen Systeme der Zeitrechnung um 1700 die noch stark prägenden und trennenden konfessionellen und kulturellen Traditionen, aber ebenso politische Initiativen zum Ausgleich von Differenzen und zu einvernehmlichen Regelungen nicht nur zwischen dem orthodoxen Russland und dem übrigen Europa, sondern auch innerhalb des ständisch verfassten und konfessionell gespaltenen Heiligen Römischen Reiches. Diese Tendenzen zu Annäherungen verstärkten sich deutlich im 18. Jahrhundert durch sich in Krieg und Frieden verdichtende, zunehmend auch rechtliche Beziehungen zwischen den europäischen Staaten, eine verstärkte Mobilität von Menschen und Waren, einen Aufschwung der Wissenschaften und der Bildung im Zeichen der Aufklärung.

Darüber muss bewusst bleiben, dass die Spielräume der politisch Handelnden um die Wende zum 18. Jahrhundert auch noch stark durch natürliche Faktoren begrenzt waren. So ist auch im von Deutschen bewohnten Mitteleuropa, eigentlich durch seine Lage in der gemäßigten Klimazone begünstigt, das letzte Jahrzehnt des 17. Jahrhunderts als absoluter Tiefpunkt der weltweiten „Kleinen Eiszeit" zwischen 1520 und 1860 nachweisbar. Schon seit deren Beginn waren Anbauflächen und Siedlungen in höheren Lagen langfristig wieder aufgegeben worden, doch nun verkürzten sich durch das Absinken der durchschnittlichen Jahrestemperatur um ein Grad Celsius und besonders starke Niederschläge nochmals die Vegetationsperioden, fielen Ernten aus, stiegen die Getreidepreise und kam es regional zu Unterernährung, Hunger, Mangelkrankheiten und erhöhter Kindersterblichkeit. Erst im 18. Jahrhundert gingen Staaten wie Preußen dazu über, die Auswirkungen solcher Krisen durch Getreidemagazine abzumildern. Natürliche Barrieren spielten im Inneren Deutschlands keine entscheidende Rolle, doch blieb der Transport von Getreide oder Langholz auf dem Wasser preisgünstiger und wurde der teure Landtransport wertvolleren Waren vorbehalten. Für zuvor blühende Handelszentren im süddeutschen Raum wie Augsburg und Nürnberg hatten der Dreißigjährige Krieg und die Verlagerungen des europäischen Fernhandels zu den Atlantikhäfen schwere Einbußen zur Folge.

Die Gesellschaftsverfassung auf dem Lande war in Deutschland dadurch bestimmt, dass es kaum freie Landwirte gab. Die Bauern gehörten einer Gemeinde an, waren aber von einem „Grundherrn" als dem Eigentümer von Grund und Boden, einem Gerichtsherrn und einem Zehntherrn abhängig, die in einer Person vereint sein konnten, dies allerdings in einer weiten regionalen Differenzierung. In Nordwestdeutschland bestanden Adelsgüter neben von den Landesherren geschützten großen bäuerlichen Wirtschaften, die beide auf die Arbeitskraft ärmerer Bauern und Lohnarbeiter angewiesen waren. Vielfältige Besitzrechte existierten in Westdeutschland nebeneinander, wo die persönlich freien Besitzer grundherrschaftlicher Höfe hohe Abgaben entrichten mussten, während marktorientierte Pachtbetriebe durchaus gewinnbringend wirtschaften konnten. Auch in Südwestdeutschland waren die Bauern, meist auf sehr kleinen Parzellen, zwar persönlich frei und hatten keine Frondienste, doch desto höhere Abgaben zu leisten. In manchen Landschaften Württembergs und Badens betrieben die adligen Grundeigentümer nicht einmal eine eigene Wirtschaft, in Südostdeutschland nur relativ kleine. Allerdings galten Abgaben, Frondienste und Steuern in Bayern als besonders hohe Belastungen der Bauern, die sich je nach Erb- oder Pachtbesitz auch sozial stark differenzierten. In Mitteldeutschland bestanden nebeneinander Gutswirtschaften, in denen in Kursachsen Bauern Frondienste leisteten, und grundherrschaftliche Bauernhöfe, die erblich und deren Abgaben limitiert waren. Während Gutswirtschaften auch im Norden zwischen Schleswig und Westpreußen dominierten, herrschten im westlichen Kurbrandenburg grundherrschaftliche Verhältnisse. In Ostpreußen, Schlesien, der Lausitz und Böhmen waren die Bauern schollengebunden und leisteten entweder Frondienst oder hohe Abgaben.

In Russland hatte das Gesetzbuch von 1649 nochmals die überkommene Sozialstruktur bestätigt: Nach dem altrussischen Recht gab es Erbgüter aus eigenem Recht, über die die Eigentümer frei entscheiden konnten, und Dienstgüter, die der Herrscher denen, die ihm dienten, für die Dauer ihres Militär- oder Zivildienstes überließ, über die sie aber nicht frei verfügen konnten. Wer keine Erbgüter besaß, war also gezwungen, sein Leben lang zu dienen, wenn er seine Einkommensquelle und seinen sozialen Status behalten wollte. Doch schon vor Peter I. näherte sich das Dienstgut dem Erbgut rechtlich an und entstand zunehmend ein einheitlicher Adel, der für das alleinige Privileg, über besiedelten Grundbesitz verfügen zu können, zum Militär- oder Zivildienst verpflichtet war.

Die im Deutschen ungenau als „Leibeigene" bezeichneten Gutsbauern, um 1700 57 Prozent aller Bauern, durften das Land, auf dem sie Frondienst oder Zins leisteten, endgültig nicht mehr verlassen, waren also „an die Scholle gebunden". Doch galt dies ebenso für die anderen bäuerlichen Kategorien: die Bauern der Zarenfamilie, der Kirche und die später „Staatsbauern" genannten „schwarzen Bauern" und sogar für die steuerpflichtigen Stadtbewohner. Die Strenge dieser gesetzlichen Regelung war zwar eine Reaktion des Staates auf die räumlichen Dimensionen des Russischen Reiches, um eine ungesteuerte Mobilität und Fluchtbewegungen zu verhindern. Doch aus dem gleichen Grund wuchs andererseits das Interesse des Staates, den wandernden Grenzen einen Herrschaftsausbau und eine

Besiedlung folgen zu lassen. Zu Beginn des 18. Jahrhunderts hatte das Russische Reich mit einer Fläche von circa 16 Millionen Quadratkilometern nur circa 15,5 Millionen Einwohner. Hingegen dehnte sich das Heilige Römische Reich deutscher Nation nach dem Westfälischen Frieden von 1648 annähernd über 700 000 bis 800 000 Quadratkilometer aus, und seine Bevölkerung wird für das Jahr 1700 auf circa 21 Millionen geschätzt, für Deutschland in den Grenzen von 1871 auf circa 15 bis 17 Millionen.

Auch im Rahmen der Ereignisgeschichte gab es bei weiterem tiefere Einschnitte in der deutschen und in der russischen Geschichte der Frühen Neuzeit als das Jahr 1700. Ein wesentliches Element der Kontinuität bestand über die Wende vom 17. zum 18. Jahrhundert hinweg darin, dass auch nach dem Dreißigjährigen Krieg, der nicht alle, aber viele deutsche Landschaften verheert hatte, ein mehrjähriger europäischer Krieg dem anderen gefolgt war. Im neunjährigen Pfälzischen Erbfolgekrieg seit 1688 ließ König Ludwig XIV. durch ein französisches Besatzungsheer Städte und Landschaften am Mittelrhein und in der Pfalz systematisch zerstören. Diese Erfahrung trug dazu bei, dass sich in Deutschland die konfessionellen Gegensätze milderten, aber stattdessen Frankreich als Feindbild verankert wurde. Nach dem Frieden von Rijswijk 1697 genoss das Heilige Römische Reich deutscher Nation eine kurze Pause über den Jahrhundertwechsel hinweg, bis 1701 – wieder gegen Ludwig XIV. – ein nächster großer europäischer Krieg um die Thronfolge in Spanien begann. Bis 1698 hatte Kaiser Leopold I. im Bunde mit der Republik Venedig und Polen gleichzeitig an einer zweiten Front Krieg gegen das Osmanische Reich geführt, das nach dem Scheitern seines Angriffs auf Wien 1683 allerdings den Höhepunkt seiner militärischen Stärke überschritten hatte. Mit getrennten militärischen Aktionen hatte seit 1690 auch der junge Zar Peter auf der Seite Österreichs am Krieg teilgenommen. Während aber die Habsburger im Frieden von Karlowitz 1699 den Osmanen endgültig die Herrschaft über Ungarn und Siebenbürgen entrissen, musste sich das Russische Reich nach einem bereits zweijährigen Waffenstillstand beim Friedensschluss in Konstantinopel am 13. [2.] Juli 1700 damit begnügen, die Festung und den Hafen Asow behalten zu können. Doch schon am 30. [19.] August 1700 erklärte Zar Peter I. Schweden einen Krieg, der von ihm mit Sachsen und Dänemark seit 1698 geplant worden war und den diese Verbündeten schon zu Beginn des Jahres 1700 begonnen hatten.

„MONSTRO SIMILE"
DIE VERFASSUNG DES ALTEN REICHES

KIRILL LEWINSON / HELMUT NEUHAUS

Was der Heidelberger Natur- und Völkerrechtler Samuel Pufendorf im Jahre 1667 in seiner Schrift „De statu imperii Germanici" über den Zustand des Heiligen Römischen Reiches, das in der deutschen Überlieferung auch das Alte Reich genannt wird, feststellte, galt nicht nur für dessen Vergangenheit, sondern auch für das letzte Jahrhundert seines Bestehens bis zum Jahre 1806. In der staatsrechtlichen Debatte seiner Zeit ging es darum, ob das Alte Reich eine vom Kaiser dominierte Monarchie (Dietrich Reinkingk), eine von der Gesamtheit der Reichsstände gebildete Aristokratie (Bogislaus Philipp von Chemnitz) oder ein „status mixtus" (Johannes Limnäus) sei. Pufendorf neigte der sich durchsetzenden Auffassung zu, dass es eine aus Monarchie, also dem Kaiser, und Aristokratie, also einer Vielzahl von Reichsständen, bestehende gemischte Verfassung habe, und sprach von „einem irregulären und einem Monstrum ähnlichen Körper", um zum Ausdruck zu bringen, dass das Heilige Römische Reich sich keiner der klassischen Staatsformen-Typen zuordnen lasse. Mit den Maßstäben des deutschen National-, Macht-, Zentral- und Anstaltsstaats des 19. und 20. Jahrhunderts kann man seiner frühneuzeitlichen Andersartigkeit nicht gerecht werden, wie es auch kein „Deutsches Reich" war, das erst 1871 gegründet wurde.

https://doi.org/10.1515/9783110348712-002

DIE RÖMISCHEN KAISER
IN DER SPÄTPHASE DES ALTEN REICHES

Kaiser des Heiligen Römischen Reiches war zu Beginn des 18. Jahrhunderts Leopold I., der wie alle seine Vorgänger seit dem 15. Jahrhundert aus dem Hause Habsburg stammte und zugleich innerhalb des Reiches Erzherzog von Österreich und König von Böhmen und außerhalb seiner Grenzen König von Ungarn war. Während er in diesen Erbmonarchien als ältester lebender Sohn im Augenblick des Todes seines 1657 verstorbenen Vaters Ferdinand III. dessen Nachfolger geworden war, folgte er ihm als Kaiser erst mehr als 15 Monate später. Denn das Heilige Römische Reich war eine in der „Goldenen Bulle" Kaiser Karls IV. von 1356 grundgelegte und Diskonti-

denburg und der Pfalzgraf bei Rhein. Sie waren diejenigen, die das Recht hatten, den „deutschen" oder den „Römischen" König zu wählen, der später als Kaiser gekrönt wurde. Eine seit 1519 zwischen den Wahlkandidaten und den Kurfürsten ausgehandelte Wahlkapitulation zwecks Einschränkung der kaiserlichen Macht und Festlegung der kurfürstlichen und reichsständischen Mitregierungsrechte war die Voraussetzung für Wahl und Krönung auch Leopolds I. im Jahre 1658 in der Reichsstadt Frankfurt am Main.

Nachfolger Leopolds I. als Kaiser wurde 1705 sein bereits 1690 zum Römischen König vivente Imperatore gewählter Sohn Joseph I. Angesichts der

INFO   SAMUEL PUFENDORF (1632–1694)

Samuel Pufendorf stammte als Pfarrerssohn aus Dorfchemnitz im Erzgebirge und war von 1661 bis 1670 Professor für Natur- und Völkerrecht an der Universität Heidelberg, danach bis 1677 an der schwedischen Universität Lund. 1677 wurde er für ein Jahrzehnt Hofhistoriograph in Stockholm, 1688 dann in Berlin, wo ihn Kurfürst Friedrich Wilhelm von Brandenburg, der Große Kurfürst, zum Geheimen Rat erhob. Unter seinen zahlreichen juristischen, historischen und biographischen Werken ragt sein breit angelegtes System des Naturrechts („De iure naturae et gentium libri octo") aus den Jahren von 1672 bis 1688 besonders hervor.

SAMUEL VON PUFFENDORF, KUPFERSTICH VON JOACHIM SANDRART, VOR 1695. AUS: SAMUELIS VON PUFENDORFF: EINLEITUNG ZU DER HISTORIE DER VORNEHMSTEN REICHE UND STAATEN, SO JETZIGER ZEIT IN EUROPA SICH BEFINDEN. FRANKFURT AM MAIN 1695, FRONTISPIZ.

nuität in der Herrschaftsausübung mit sich bringende Wahlmonarchie, in der sieben, seit dem Westfälischen Frieden von 1648 acht Kurfürsten das alleinige Wahlrecht ausübten: die Erzbischöfe von Mainz, Köln und Trier, der König von Böhmen, die Herzöge von Sachsen und Bayern, der Markgraf von Bran-

Auseinandersetzungen Österreichs und des Heiligen Römischen Reiches mit dem französischen König Ludwig XIV. im Pfälzischen Erbfolgekrieg sowie der weiter bestehenden Bedrohungen durch das Osmanische Reich lag eine solche Wahl zu Lebzeiten des Kaisers sowohl im Herrschaftsinteresse des Hauses Habsburg als auch der in der Gesamtverantwortung für das Heilige Römische Reich stehenden Kurfürsten. In der „Goldenen Bulle" von 1356 als „Säulen des Reiches" bezeichnet, fürchteten sie aus innen- und außenpolitischen Gründen die Unwägbarkeiten eines Interregnums nach dem Tod des Reichsoberhauptes. Einen Tag nach dem Ableben seines Vaters bekräftigte Joseph I., der 1690 noch minderjährig gewesen war, seine damalige Wahlkapitulation. Der Grundcharakter des Alten Reiches als Wahlmonarchie blieb erhalten, aber der Herrschaftsübergang auf den Nachfol-

ger war wie häufiger seit dem 15. Jahrhundert der Kontinuität einer Erbmonarchie angepasst.

Mit Josephs I. Nachfolger, seinem Bruder Karl VI., der 1711 gewählt wurde, starb 1740 das Haus Habsburg im Mannesstamm aus, dessen Herrscher seit Leopold I. die Kaiserwürde in den Dienst der österreichischen Großmachtpolitik gestellt hatten. Zukünftige Kandidaten für die Römische Königswahl mussten anderen Adelshäusern entstammen.

Nach einem erneut sehr langen Interregnum wurde Anfang 1742 Herzog Karl Albrecht, der bayerische Kurfürst

---

Es bleibt uns also nichts anderes übrig, als das deutsche Reich, wenn man es nach den Regeln der Wissenschaft von der Politik klassifizieren will, einen irregulären und einem Monstrum ähnlichen Körper zu nennen, der sich im Laufe der Zeit durch die fahrlässige Gefälligkeit des Kaisers, durch den Ehrgeiz der Fürsten und durch die Machenschaften der Geistlichen aus einer regulären Monarchie zu einer so disharmonischen Staatsform entwickelt hat, daß es nicht mehr eine beschränkte Monarchie, wenngleich der äußere Schein dafür spricht, aber noch nicht eine Föderation mehrerer Staaten ist, vielmehr ein Mittelding zwischen beiden. Dieser Zustand ist die dauernde Quelle für die tödliche Krankheit und die inneren Umwälzungen des Reiches, da auf der einen Seite der Kaiser nach der Wiederherstellung der monarchischen Herrschaft, auf der anderen die Stände nach völliger Freiheit streben. [...] Wie man einen Felsen, der einmal ins Rollen gekommen ist, sehr leicht vom Berg in die Ebene hinunterbringt, aber nur mit ungeheurer Anstrengung auf den Gipfel hinaufwälzt, so wird man auch Deutschland nicht ohne größere Erschütterungen und ohne totale Verwirrung der Verhältnisse zur monarchischen Staatsform zurückführen können; zum Staatenbund entwickelt es sich dagegen von selbst. [...] Wir können also den Zustand Deutschlands am besten als einen solchen bezeichnen, der einem Bund mehrerer Staaten sehr nahe kommt, in dem ein Fürst als Führer des Bundes die herausragende Stellung hat und mit dem Anschein königlicher Gewalt umgeben ist.

QUELLE 1   DAS ALTE REICH ALS IRREGULÄRES STAATSGEBILDE

Mit seiner unter dem Pseudonym Severinus de Monzambano erstmals 1667 publizierten und rasch in Neuauflagen weit verbreiteten Schrift „De statu imperii Germanici" („Über den Zustand des deutschen Reiches") beteiligte sich Samuel Pufendorf angesichts der Katastrophe des Dreißigjährigen Krieges, der ausgreifenden Politik des französischen Königs Ludwig XIV. und neuerlicher Bedrohungen durch das Osmanische Reich an der breiten theoretischen Debatte über den Charakter der Verfassung des Heiligen Römischen Reiches. Der hier wiedergegebene Text ist dem sechsten von acht Kapiteln seiner Reichsverfassungsschrift entnommen, das „Die Staatsform des deutschen Reiches" behandelt und als Überschrift von § 9 formuliert: „Deutschland [ist] ein irreguläres Staatsgebilde".

QUELLE: SAMUEL PUFENDORF, DIE VERFASSUNG DES DEUTSCHEN REICHES. ÜBERSETZUNG, ANMERKUNGEN UND NACHWORT VON HORST DENZER, STUTTGART 1976, S. 106–107.

Aus dem Hause Habsburg:

Leopold I. (1658–1705)   Joseph I. (1705–1711)   Karl VI. (1711–1740)

Aus dem Hause Wittelsba

Karl VII. (1742–1745)

INFO   DIE RÖMISCHEN KAISER IM 18. JAHRHUNDERT

aus dem Hause Wittelsbach, in Frankfurt am Main zum Römischen König und Kaiser Karl VII. gewählt, maßgeblich unterstützt von König Friedrich II. in Preußen, der auch Kurfürst von Brandenburg war und den zeitgleichen Ersten Schlesischen Krieg gegen die Habsburg-Erbin Maria Theresia von Österreich provoziert hatte. Im beginnenden Kampf zwischen Berlin und Wien um die Vorherrschaft im Heiligen Römischen Reich endete das Kaisertum Karls VII., dem der Zugriff auf die Reichsbehörden in der kaiserlichen Residenzstadt Wien ebenso verwehrt blieb wie lange Zeit eine Rückkehr nach Bayern und München, mit seinem frühen Tod bereits nach drei Jahren und erreichte den Tiefpunkt seiner Geschichte.

Von 1745 an wurden dann nur noch Angehörige des Hauses Lothringen Römische Könige und Kaiser, beginnend mit Herzog Franz Stephan, dem Ehemann der Habsburg-Erbin Maria Theresia und seit 1737 Großherzog von Toskana, der als Franz I. an die habsburgische Kaisertradition anknüpfen konnte. Seinem bald nach dem Ende des Siebenjährigen Krieges noch zu seinen Lebzeiten gewählten Sohn Joseph II. folgten in der Epoche der Französischen Revolution 1790 dessen jüngerer Bruder Leopold II. und 1792 dessen ältester Sohn Franz II. als letzter Kaiser des Heiligen Römischen Reiches.

DIE REICHSSTÄNDE IM FÖDERALEN ALTEN REICH

Dem Kaiser gegenüber stand eine Vielzahl von Adeligen (Reichsfürsten und Reichsgrafen), Reichsgeistlichen (Erzbischöfe, Bischöfe, Äbte und Äbtissinnen) und Reichsstädten, die als Reichsstände nur dem Reichsoberhaupt und dem Reich als Ganzem unterworfen, also reichsunmittelbar waren, selber über Land und Leute herrschten und das Recht hatten, auf dem Reichstag zu beraten und zu beschließen. Diese Versammlung sämtlicher Reichsstände, die seit 1663 zum Immerwährenden Reichstag in der Reichsstadt Regensburg ge-

dem Hause Lothringen:

z I. (1745–1765)   Joseph II. (1765–1790)   Leopold II. (1790–1792)   Franz II. (1792–1806)

worden war, setzte sich aus unterschiedlich starken Gruppen der Kurfürsten, der übrigen geistlichen und weltlichen Reichsfürsten, der Reichsprälaten, der Reichsgrafen und der Reichsstädte mit zwischen neun und über 80 Mitgliedern zusammen. Die mindermächtigen Reichsstände der Geistlichen, des niederen Reichsadels und der Reichsstädte genossen den lehnsrechtlichen Schutz des Kaisers, der dafür Rat und Hilfe einforderte und sie politisch in seinem Sinne zu instrumentalisieren suchte. In der Mitte des 18. Jahrhunderts (1755) umfasste der Reichstag 260 Reichsstände, 209 Adelige und Geistliche in Person und 51 Reichsstädte. Nur in der Zeit Kaiser Karls VII., dem der Zugang nach Regensburg versperrt blieb, tagte diese oberste Ständeversammlung des Alten Reiches in Frankfurt am Main und verfestigte damit das „Frankfurter Exil" dieses Kaisers.

Nachdem die sehr verschiedenen und unterschiedlich mächtigen Reichsstände sich schon seit dem 16. Jahrhundert – wie auch die Kaiser – immer häufiger durch Gesandte und Räte aus dem Stadtbürgertum auf den Reichs-

versammlungen vertreten ließen, entwickelte sich der zu einer Dauereinrichtung gewordene Reichstag endgültig zum Gesandtenkongress, bei dem auch eine Vielzahl ausländischer Diplomaten aus ganz Europa akkreditiert war. Verhältnismäßig wenige Räte erledigten die Reichstagsangelegenheiten für mindermächtige reichsfürstliche Landesherren, Reichsprälaten, Reichsgrafen und Reichsstädte, einzeln oder gruppenweise zusammengeschlossen. Für die in Wien residierenden Kaiser wurde deren Prinzipalkommissar zum ständigen Vertreter, dessen Behörde für die offizielle Kommunikation zuständig war und zur einflussreichen politischen Schaltstelle zwischen Reichstag und kaiserlichem Hof wurde.

Die höchst komplizierten Beratungs- und Beschlussfassungsverfahren auf verschiedenen Ebenen des Reichstages sowie die ergänzend interterritorial zwischen Fürstenhöfen zu beschreitenden Wege waren den sehr verschiedenen politischen Interessen der Reichsstände, aber auch der Kompliziertheit der Materien geschuldet. Außerdem bedurften die schließlich getroffenen Vereinbarungen der oft nur in langwierigen Verhandlungen zu erzielenden Zustimmung des Kaisers, um zu „Reichs(be)schlüssen" zu werden. Reichsgesetze wie die Reichshandwerksordnung von 1731 und reichspolitische Entscheidungen wie zum Beispiel über die Durchführung einer Reichsexekution oder die Führung eines Reichskrieges konnten grundsätzlich nur im Konsens zwischen Kaiser und Reichsständen rechtskräftig werden. Denn mittels des Reichstages

ABB. 1   ZEITGENÖSSISCHE KARTE DES HEILIGEN RÖMISCHEN REICHES

Die Karte „L'empire d'Allemagne" des französischen Kartografen Nicolas de Fer aus dem Jahr 1705 zeigt das etwa 820 000 Quadratkilometer große Gebiet des Heiligen Römischen Reiches, eingeteilt in die zehn 1512 vom Reichstag festgelegten Reichskreise. Zu Fränkischem, Schwäbischem, Bayerischem, Oberrheinischem und Niederrheinisch-Westfälischem Reichskreis kamen damals der Kurrheinische (Gebiete der rheinischen Kurfürsten von Mainz, Köln, Trier und der Pfalz), der Österreichische und der Burgundische (Gebiete des Hauses Habsburg) hinzu. Die Kurfürsten von Sachsen und von Brandenburg bildeten den Obersächsischen Reichskreis und der in einer ersten Kreiseinteilung 1500 neben fünf weiteren Reichskreisen gebildete Wahlbezirk des Sächsischen Reichskreises wurde zum Niedersächsischen. Das Königreich und Kurfürstentum Böhmen und die verstreuten reichsritterschaftlichen Gebiete wurden nicht in das System einbezogen. Die östlich der Reichsgrenze gelegenen Gebiete wie die Königreiche Preußen und Ungarn gehörten nicht zum Alten Reich. Seit dem späten 15. Jahrhundert waren die Schweiz und die Vereinigten Niederlande aus dem Reich ausgeschieden, völkerrechtlich im Westfälischen Frieden von 1648 festgeschrieben. Während des 18. Jahrhunderts verlor das Reich seine oberitalienischen Lehen endgültig und hatte weitere große Gebiete zwischen Maas und Rhein an Frankreich abzutreten. Es ist von etwa zehn Millionen Einwohnern auszugehen.

WANDKARTE DES HEILIGEN RÖMISCHEN REICHES DEUTSCHER NATION „L'EMPIRE D'ALLEMAGNE", KUPFERSTICH VON NICOLAS DE FER, 1770 (NACHDRUCK DER KARTE AUS DEM JAHR 1705).

übten die Reichsstände die ihnen reichsgrundgesetzlich verbriefte Partizipation an der kaiserlichen Herrschaft aus. Dadurch blieb das Alte Reich Ständestaat und konnte sich nicht zur absoluten Monarchie entwickeln, die die epochenspezifische Staatsform außerhalb des Reiches, aber auch innerhalb der Reichsgrenzen bei den dynastischen Reichsfürstentümern war.

WELTLICHE KURFÜRSTEN UND REICHSFÜRSTEN ALS HERRSCHER

Auch wenn den Reichsständen im Westfälischen Frieden von 1648 das Recht zugebilligt worden war, untereinander und mit ausländischen Staaten Bündnisse zu schließen, sofern diese sich nicht gegen Rechte und Interessen des Heiligen Römischen Reiches richteten, erlangten sie damit für ihre Territorien doch keine volle Souveränität. Dieses Defizit staatlicher Vollkommenheit veranlasste vor allem die weltlichen Kurfürsten an der Wende vom 17. zum 18. Jahrhundert, nach Königskronen in Europa für sich und ihre Häuser zu streben und dort souveräne Herrscher zu werden. Erfolgreich war zuerst der sächsische Kurfürst Friedrich August I., der 1697 zum polnischen König gewählt wurde (August der Starke). Mit der Erhebung des außerhalb des Alten Reiches gelegenen und nie zu ihm gehörenden, ehemals polnischen Herzogtums Preußen zum Königreich wurde dessen Herzog, der brandenburgische Kurfürst Friedrich III., im Jahre 1701 zu König Friedrich I. in Preußen. Das 1692 von Kaiser Leopold I. zum neunten Kurfürstentum erhöhte Herzogtum Braunschweig-Lüneburg (Hannover) – vom Reichstag erst 1708 bestätigt – wurde 1714 mit dem Königreich Großbritannien in einer Personalunion verbunden, und Kurfürst Georg I. Ludwig wurde zugleich König Georg I. Allerdings scheiterten die Bemühungen des bayerischen Kurfürsten Max Emanuel um die spanische Königskrone für seinen noch minderjährigen Sohn Josef

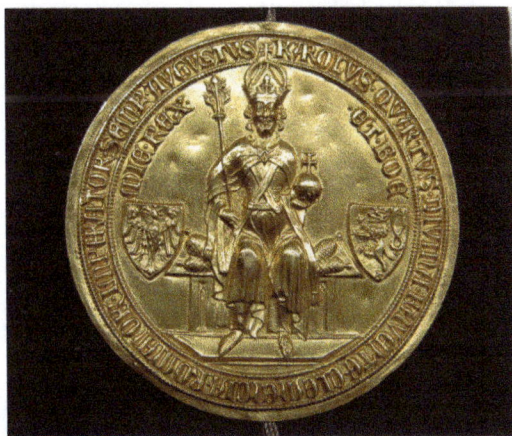

ABB. 2   DIE GOLDENE BULLE

Eine Goldene Bulle ist ein aus Gold gefertigtes Metallsiegel zur Beglaubigung besonders bedeutsamer, von Königen, Kaisern oder Päpsten ausgestellter Urkunden. Die von Kaiser Karl IV. 1356 in zwei Teilen in Nürnberg und Metz ausgestellte Urkunde, die nach dem Siegel als „Goldene Bulle" bezeichnet wird, war das bedeutendste Grundgesetz des Heiligen Römischen Reiches, das bis 1806 unverändert gültig blieb. Inhaltlich war sie im wesentlichen eine Ordnung zur Wahl des Römischen Königs, in der sieben Kurfürsten als Wähler, Frankfurt am Main als Wahlort, Aachen als Krönungsort und Nürnberg als Ort des ersten Hoftages (später Reichstages) des neugewählten Römischen Königs bestimmt wurden. Darüber hinaus enthielt sie Bestimmungen zu weiteren Rechten der Kurfürsten und zum Zeremoniell. Im Bild die Vorderseite des Siegels des Trierer Exemplars der Goldenen Bulle mit dem Bildnis Kaiser Karls IV.

Ferdinand im Vorfeld des Spanischen Erbfolgekrieges an dessen frühem Tod. Mit Landgraf Friedrich I. von Hessen-Kassel gelangte 1720 auch ein Reichsfürst, der nicht zu den Kurfürsten gehörte, auf den schwedischen Thron, nachdem seine Gemahlin Ulrike Eleonore als Königin von Schweden abgedankt hatte. Außerdem wurden im 18. Jahrhundert Mitglieder der Häuser Pfalz-Zweibrücken (Nebenlinie der Wittelsbacher) und Holstein-Gottorp Könige von Schweden.

Insgesamt ist die politische Situation im Heiligen Römischen Reich zu Beginn des 18. Jahrhunderts durch

INFO	REICHSSTÄNDISCHE GRUPPEN IM JAHRE 1755	
Kurfürsten		9
- geistliche		3
Erzbischof von Mainz, Erzbischof von Köln, Erzbischof von Trier		
- weltliche		6
König von Böhmen, Pfalzgraf bei Rhein (bis 1777), Herzog von Sachsen, Markgraf von Brandenburg, Herzog von Bayern (seit 1623), Herzog von Braunschweig-Lüneburg (seit 1692/1708)		
Reichsfürsten		78
- geistliche		43
- weltliche		35
Reichsprälaten		39
Reichsgrafen		83
Reichsstädte		51
Insgesamt		260

große Bemühungen der herrschenden Dynastien um Verstärkung und Stabilisierung ihrer Territorialherrschaften gekennzeichnet. Dies geschah in den Fürstenhäusern durch die Einführung von Primogenitur-Erbfolge und Unteilbarkeitsprinzip, wie sie für die

weltlichen Kurfürstentümer schon seit Erlass der „Goldenen Bulle" von 1356 verpflichtend waren. Für den machtvollen Bestand des Hauses Habsburg wurde die „Pragmatische Sanktion" Karls VI. von 1713 entscheidend, wonach beim Aussterben des Mannesstamms weibliche Erbfolge in den habsburgischen Herrschaftsgebieten möglich war, was 1740 mit dem Regierungsantritt seiner Tochter Maria Theresia eintrat. Eine Wahl zum Oberhaupt des Heiligen Römischen Reiches blieb aber ausgeschlossen. Die „Wittelsbachische Hausunion" von 1724 regelte die Erbbeziehungen der verschiedenen katholischen Linien ebenfalls für den Fall eines Aussterbens und führte 1777 dazu, dass dem letzten bayerischen Wittelsbacher (Kurfürst Maximilian III. Joseph) der pfälzische Kurfürst Karl Theodor folgte. Ebenso traf das Haus Hohenzollern für seine brandenburgischen und fränkischen Linien im „Pactum Fridericianum" von 1752 Vorkehrungen, die 1791 den Anfall der fränkischen Markgrafschaften an das Kurfürstentum Brandenburg zur Folge hatten. Wie bei der Wiedervereinigung der evangelischen Linie Baden-Durlach mit der ausgestorbenen katholischen Linie Baden-Baden 1771 zum einheitlichen Haus Baden unter Markgraf Karl Friedrich wurden alle diese hausvertraglichen Regelungen nicht nur reichsrechtlich, sondern auch durch internationale Verträge abgesichert.

Neben den hausinternen-privatrechtlichen Regelungen, die staatsrechtliche Bedeutung erlangten, sorgte das Reichsrecht mit § 180 des Jüngsten Reichsabschieds von 1654, des letzten Dokumentes dieser Art überhaupt, für eine entscheidende Stärkung der Reichsfürsten. Indem ihnen die mili-

ABB. 3 **PLENARSAAL DES IMMERWÄHRENDEN REICHSTAGES**

Der Kupferstich „Eigentlicher Abriß der Reichstags Solennität so den 10/20 January Anno 1663 in Regenspurg auff dem gewohnlichen großen Rathhauß Saale bey eroffneter Keiserlichen Proposition angestellet und gehalten worden" von Christian Fischer aus dem Jahre 1663 zeigt die feierliche Eröffnung (Solennität) des Reichstages durch die Verlesung der kaiserlichen Eröffnungsrede und Tagesordnung (Proposition) am 10. Januar (nach dem alten Julianischen Kalender) beziehungsweise 20. Januar (nach dem neuen Gregorianischen Kalender). An der Stirnseite saß in der Mitte erhöht unter einem Baldachin der kaiserliche Prinzipalkommissar; links und rechts davon und ihm direkt gegenüber hatten – zwei Stufen niedriger sitzend – die kurfürstlichen Gesandten ihre Plätze. An der linken Wand saßen – unter einem Reichswappen und noch einmal zwei Stufen niedriger – die Vertreter der geistlichen Reichsfürsten (Bischöfe) und der Reichsprälaten (Nr. 1–13), an der rechten Wand die Vertreter der weltlichen Reichsfürsten und der Reichsgrafen (Nr. 1–17). Im Vordergrund saßen – eine weitere Stufe niedriger – die Gesandten der Reichsstädte, während in der Mitte des Saales verschiedene Funktionsträger platziert waren. Der Reichstag hatte 1663 in der Tradition dieser nicht periodisch tagenden Reichsversammlung begonnen, endete aber nicht mit einem alle Beschlüsse zusammenfassenden „Reichsabschied", sondern wurde ohne formale Entscheidung zu einer immerwährenden Veranstaltung, in der an die Stelle eines „Reichsabschieds" einzelne „Reichsschlüsse" traten. ERÖFFNUNG DES REICHSTAGS 1663, ANONYMER KUPFERSTICH, REICHSTAGSMUSEUM REGENSBURG.

tärische und finanzielle Sicherstellung der Landesverteidigung übertragen wurde, erwarben sie alle Möglichkeiten zu staatlicher Intensivierung und Verdichtung ihrer territorialen Herrschaft, während ihre Landstände den Kern ihres traditionellen Steuerbewilligungsrechts auf Landtagen und damit entscheidend an politischer Bedeutung verloren. Epocheprägend für den absoluten Fürstenstaat des 18. Jahrhunderts wurde „das stehende Heer der Soldaten und das sitzende Heer der Beamten" (Gerhard Oestreich). Dem Heiligen Römischen Reich wurden diese beiden Herrschafts- und Machtattribute, über die nur die Territorialstaaten selbst verfügten, nie zugebilligt, was zur Folge hatte, dass der Reichstag seine politische Bedeutung gegenüber dem Kaiser behielt. Abgesehen von dem seit 1495 bestehenden Reichskammergericht, das in dem Jahrzehnt ab 1767 einer letzten grundlegenden Visitation (Evaluierung) unterzogen wurde, verfügte das Alte Reich über keine eigenen, von den Reichsständen finanzierten Institutionen, nie über ein Stehendes Heer oder eine eigene Verwaltung.

UNFÄHIG ZUR KRIEGFÜHRUNG

Von den zahlreichen Kriegen des 18. Jahrhunderts, die häufig auf dem Boden des Heiligen Römischen Reiches stattfanden, wurden lediglich der Spanische Erbfolgekrieg (1702–1714), der Polnische Thronfolgekrieg (1734/35), der Siebenjährige Krieg (1756–1763) sowie der Erste und der Zweite Koalitionskrieg (1793–1801) auch als Reichskriege geführt. Voraussetzung war, dass Kaiser und Reichsstände auf einem Reichstag einen Reichskrieg beschlossen, denn die Reichsstände behaupteten neben ihrem Steuerbewilligungsrecht auch ihr Recht, über Krieg und Frieden zu entscheiden.

Am Nordischen Krieg (1700–1721), am Türkenkrieg (1716–1718), am Österreichischen Erbfolgekrieg (1740–1748) oder am Bayerischen Erbfolgekrieg (1778/79) war das Reich als Ganzes nicht beteiligt, was aber im Einzelfall nicht ausschloss, dass Reichsfürsten mit ihren Truppen daran mit dem Ziel teilnahmen, sich das Wohlwollen des Kaiserhauses zu verdienen und zu Ruhm und Ehre zu gelangen.

Die politische Entscheidung für einen Reichskrieg setzte einen schwerfälligen und zeitraubenden Mechanismus in Gang, ein ausschließlich zur Verteidigung des Reiches an seinen Grenzen bestimmtes Reichsheer aufzustellen und zu finanzieren, wie es die erst 1681/82 beschlossene, Torso gebliebene „Reichsdefensionsordnung" vorsah. Abgesehen davon, dass nie eine geübte Armee auf den Schlachtfeldern innerhalb des

Reiches erschien, fehlte es ihr an Geschlossenheit, denn die mächtigeren Reichsstände wie der Kurfürst von Brandenburg oder der Erzherzog von Österreich, die über territorialstaatliche Stehende Heere verfügten, verfolgten auch eigene Interessen. Eine ständig berufene Reichsgeneralität war in der Regel nicht einsatzfähig, sodass die Reichsstände gezwungen waren, die Kriegführung dem Kaiser und der Generalität seiner territorialstaatlichen Armeen zu überlassen.

Für die Aufstellung und Verwaltung des Reichsheeres waren die seit dem 16. Jahrhundert bestehenden, sehr unterschiedlich mit Reichsständen zusammengesetzten und verschieden funktionierenden zehn Reichskreise verantwortlich, denen aus ihrer innenpolitischen Zuständigkeit für die Aufrechterhaltung und Wiederherstellung des Landfriedens, also des inneren Friedens, seit 1681/82 auch die Aufgabe übertragen worden war, das Heilige Römische Reich nach außen zu verteidigen.

Die ihnen zugewachsenen anderen Handlungsfelder wie „innere Ordnung", „Handel und Gewerbe", „Münzwesen", „Reichssteuer (Reichsmatrikel)" oder „Binnengrenzen überschreitender Straßenbau" erfuhren im 18. Jahrhundert Ausdehnungen und Intensivierungen, aber im Unterschied zu vielen Reichsterritorien erreichten aus dem Geist der Aufklärung geborene Reformen das Heilige Römische Reich als Ganzes nicht.

DAS ENDE DES ALTEN REICHES

Dessen Bedeutung trat mit Beginn des Kampfes zwischen König Friedrich II., dem Großen, als Kurfürst von Brandenburg und Königin Maria Theresia als Erzherzogin von Österreich immer weiter zurück. Mit beider Herrschaftsantritt im Jahre 1740 begann eine Phase des machtpolitischen Dualismus, der mit der konfessionellen Spaltung des Reiches eine Teilung in protestanti-

Bei der hierdurch vollendeten Ueberzeugung von der gänzlichen Unmöglichkeit, die Pflichten Unseres kaiserlichen Amtes länger zu erfüllen, sind Wir es Unsern Grundsätzen und Unserer Würde schuldig, auf eine Krone zu verzichten, welche nur so lange Werth in Unsern Augen haben konnte, als Wir dem von Churfürsten, Fürsten und Ständen und übrigen Angehörigen des deutschen Reichs Uns bezeigten Zutrauen zu entsprechen und den übernommenen Obliegenheiten ein Genüge zu leisten im Stande waren.

Wir erklären demnach durch Gegenwärtiges, daß Wir das Band, welches Uns bis jetzt an den Staatskörper des deutschen Reichs gebunden hat, als gelöst ansehen, daß wir das reichsoberhauptliche Amt und Würde durch die Vereinigung der conföderirten rheinischen Stände als erloschen und Uns dadurch von allen übernommenen Pflichten gegen das deutsche Reich losgezählt betrachten und die von wegen desselben bis jetzt getragene Kaiserkrone und geführte kaiserliche Regierung, wie hiermit geschieht, niederlegen.

Wir entbinden zugleich Churfürsten, Fürsten und Stände und alle Reichsangehörigen, insonderheit auch die Mitglieder der höchsten Reichsgerichte und die übrige Reichsdienerschaft, von ihren Pflichten, womit sie an Uns, als das gesetzliche Oberhaupt des Reichs, durch die Constitution gebunden waren. Unsere sämmtlichen deutschen Provinzen und Reichsländer zählen Wir dagegen wechselseitig von allen Verpflichtungen, die sie bis jetzt, unter was immer für einen Titel, gegen das deutsche Reich getragen haben, los, und Wir werden selbige in ihrer Vereinigung mit dem ganzen österreichischen Staatskörper als Kaiser von Oesterreich unter den wiederhergestellten und bestehenden friedlichen Verhältnissen mit allen Mächten und benachbarten Staaten zu jener Stufe des Glückes und Wohlstandes zu bringen beflissen seyn, welche das Ziel aller Unserer Wünsche, der Zweck Unserer angelegten Sorgfalt stets seyn wird.

QUELLE 2 — DAS ENDE DES ALTEN REICHES AM 6. AUGUST 1806

Mit seiner Erklärung über die Niederlegung der Kaiserkrone des Heiligen Römischen Reiches vom 6. August 1806 dankte Kaiser Franz II. nicht ab, sondern erklärte das tausendjährige Alte Reich für beendet. Eine Abdankung hätte die Neuwahl eines Römischen Königs und eine nachfolgende Kaisererhebung, somit eine Fortsetzung der Reichsgeschichte möglich gemacht, wozu tatsächlich keinerlei Versuche erfolgten. In einer den Übergang ins 19. Jahrhundert kennzeichnenden gemischten begrifflichen Terminologie betrachtet er das ihn mit den Reichsständen verbindende Lehensband als gelöst, entpflichtet alle Reichsstände und Funktionsträger von ihren Aufgaben gegenüber dem Reich und legt Kaiserkrone und höchstes Reichsamt endgültig und vollständig nieder. Nach dem Austritt der Reichsstände, die Mitglieder des von Napoleon beherrschten Rheinbundes geworden waren, aus dem Alten Reich am 1. August 1806 sah sich Franz II. nicht mehr in der Lage, seine mit seiner Wahlkapitulation von 1792 eingegangenen und mit dem Reichsdeputationshauptschluss von 1803 aufgegebenen Verpflichtungen gegenüber dem Reich zu erfüllen. Seine eigenen Herrschaftsbereiche verband er mit dem neuen Kaiserreich Österreich.

QUELLE: KARL ZEUMER, QUELLENSAMMLUNG ZUR GESCHICHTE DER DEUTSCHEN REICHSVERFASSUNG IN MITTELALTER UND NEUZEIT, TEIL 2: VON MAXIMILIAN I. BIS 1806; ANHANG, TÜBINGEN 1913, S. 538–539 (NR. 217).

schen Norden und katholischen Süden mit sich brachte und in Folge des Ausgangs des Siebenjährigen Krieges in eine brandenburgisch-preußische Überlegenheit mündete. Die vernichtende Niederlage der strukturell hoffnungslos unterlegenen Reichsarmee in der Schlacht bei Roßbach 1757 gegen die Armee des Preußenkönigs war wie ein Fanal des Untergangs des unzeitgemäß gewordenen Alten Reiches. Zu seiner ausgeprägten Schwerfälligkeit und Inkompetenz in den Bereichen von Militär und Verwaltung kamen – gemessen an frühmoderner Staatlichkeit – seine Unzulänglichkeiten in Legislative und Exekutive hinzu, die es nach der Französischen Revolution von 1789 und dann unter dem wachsenden Druck Napoleons I. reformunfähig machte, weshalb der Philosoph Georg Wilhelm Friedrich Hegel als Zeitgenosse des Untergangs in seiner Reichsverfassungsschrift 1803 für das Alte Reich das Bild einer aus runden Steinen gebildeten Pyramide gebrauchte, deren Zusammensturz durch das Entfernen einer Kugel zu bewirken sei. Er stellte fest: „Deutschland ist kein Staat mehr."

Nach der mit dem Frieden von Lunéville 1801 besiegelten letzten Niederlage des Heiligen Römischen Reiches im Zweiten Koalitionskrieg musste ein Ausschuss (Deputation) des Regensburger Reichstages ein letztes Grundgesetz erarbeiten, den Reichsdeputationshauptschluss von 1803. Die Durchführung der Prinzipien von Säkularisation und Mediatisierung beseitigte die geistlichen Territorien und reduzierte mit ihnen die Vielzahl kleiner und kleinster Herrschaftsbereiche auf dem Gebiet des stark verkleinerten Alten Reiches zu Gunsten der größeren Reichsfürstentümer. Der unter dem Protektorat des französischen Kaisers am 12. Juli 1806 von 16 Reichsständen geschlossene Rheinbund, in dem sich die Mitglieder für souverän erklärten und aus dem Alten Reich austraten, und ein Ultimatum Napoleons I. veranlassten Franz II. als letzten Kaiser des Heiligen Römischen Reiches am 6. August 1806, die Kaiserkrone niederzulegen und das Reich für beendet zu erklären.

LITERATURHINWEISE

Karl Otmar von Aretin, Das Alte Reich 1648–1806, 4 Bände, Stuttgart 1993–1999.

Klaus Herbers / Helmut Neuhaus, Das Heilige Römische Reich. Ein Überblick, Köln / Weimar / Wien 2010.

Axel Gotthard, Das Alte Reich 1495–1806, 5. Auflage, Darmstadt 2013.

Axel Gotthard, Säulen des Reiches. Die Kurfürsten im frühneuzeitlichen Reichsverband, 2 Bände, Husum 1999.

Kirill Lewinson, Tschinowiki w gorodach Juschnoi Germanii XVI–XVII ww. Opyt istoritscheskoi antropologii sapadnoewropeiskoi bjurokratii, Moskau 2000.

Helmut Neuhaus, Das Reich in der Frühen Neuzeit, 2. Auflage, München 2003.

Helmut Neuhaus (Hg.), Zeitalter des Absolutismus 1648–1789, Stuttgart 1997.

Anton Schindling / Walter Ziegler (Hg.), Die Kaiser der Neuzeit 1519–1918. Heiliges Römisches Reich, Österreich, Deutschland, München 1990.

Georg Schmidt, Wandel durch Vernunft. Deutsche Geschichte im 18. Jahrhundert, München 2009.

Barbara Stollberg-Rilinger, Des Kaisers alte Kleider. Verfassungsgeschichte und Symbolsprache des Alten Reiches, München 2008.

Stephan Wendehorst / Siegrid Westphal (Hg.), Lesebuch Altes Reich, München 2006.

VON „MUSCOWIEN" ZUM „RUSSISCHEN KAISERREICH"

OLGA NOWOCHATKO / CLAUS SCHARF

Dem 17. Jahrhundert kommt in der Geschichte Russlands eine besondere Bedeutung zu. Entgegen verbreiteten Ansichten trennte es nicht etwa als ein Jahrhundert des Stillstands zwei überaus ereignisreiche Epochen voneinander – die Zeit Iwans des Schrecklichen (1530–1584) und die Zeit Peters des Großen (1672–1725). Vielmehr prägten Russland im 17. Jahrhundert soziale Erschütterungen und ein wirtschaftlicher Aufstieg, erweiterte Beziehungen zur Außenwelt und ein religiöses Suchen, eine intensive gesetzgeberische Tätigkeit und Entscheidungen über unterschiedliche Wege in Russlands Zukunft.

Die Dynamik des 17. Jahrhunderts zeigt sich am deutlichsten in der territorialen Ausdehnung des russischen Staates, dessen Fläche um 9 500 000 Quadratkilometer wuchs. Eine solche Expansion hatte es noch nirgends gegeben. Sie erforderte starke wirtschaftliche Kräfte, einen umfassenden Ausbau der Verwaltung und ein außerordentliches Potential an Menschen.

Dabei konnte am Anfang des 17. Jahrhunderts niemand in Russland an eine derartige Entwicklung des Landes auch nur denken. Nach den Ereignissen der „Wirren" – des Bürgerkriegs, eines Bauernaufstands, der Intervention Polen-Litauens und Schwedens, der ständigen Tatareneinfälle zwischen 1605 und 1613 – war die Staatlichkeit fast verloren gegangen und lag das Land in Trümmern.

https://doi.org/10.1515/9783110348712-003

Bereits bis zur Mitte des Jahrhunderts konnte sich Russland jedoch wieder erholen und begann ein wirtschaftlicher Aufstieg. Trotz des noch extensiven Charakters der Landwirtschaft wurden Sibirien, der Norden und der Süden des europäischen Russlands schnell und massenhaft durch die bäuerliche Bevölkerung kolonisiert. Dadurch wurden die soziale und die wirtschaftliche Entwicklung dieser Regionen im Ganzen beschleunigt, denn im Vergleich mit der Landwirtschaft entwickelten sich Gewerbe und Handel bei weitem intensiver, und nicht nur in der Hauptstadt, sondern im ganzen Land. Zum Beispiel errichtete ein Fernhandelskaufmann Guri Nasarow aus Jaroslawl in den 1640er Jahren an der Mündung des Flusses Jaik, heute Ural, ins Kaspische Meer eine Festung aus Holz, die sein Sohn gleichen Namens mit seinen Brüdern aus eigenen Mitteln zu einer Stadt aus Stein erweiterte, die später Gurjew genannt wurde. Dort eröffneten sie große Fischereibetriebe und begannen mit der Erdölgewinnung.

HERAUSBILDUNG DER STAATSFORM

Die Erfordernisse der wirtschaftlichen Entwicklung und die bittere Erfahrung der Zeit der „Wirren" gaben dem Land den Anstoß, nach neuen Formen der Interaktion zwischen Herrschaft und Gesellschaft zu suchen und sich über die Staatsform Gedanken zu machen, so über die Möglichkeit, den Zaren zu wählen, über dessen nationale Zugehörigkeit und über die Grenzen seiner Macht.

Eine zentrale Rolle in der Herausbildung der Staatsordnung Russlands nach der Zeit der Wirren spielten die Reichsversammlungen, eine für Europa im 17. Jahrhundert einzigartige Einrichtung, die in ihrer vollständigsten Zusammensetzung ein Repräsentati-

ABB. 4   ZAR ALEXEI MICHAILOWITSCH

Alexei Michailowitsch, „der Sanftmütigste", war von 1645 bis 1676 Zar und Großfürst von Russland. Der zweite Zar aus der Dynastie der Romanows bestieg schon als Jugendlicher den Thron. Seine Herrschaft war durch die verstärkte Unterdrückung der Bauern und eine Erhöhung der Steuerlasten gekennzeichnet, die zu Aufständen in den Städten führte. Mit dem Reichsgesetzbuch von 1649 bestätigte er nicht nur die ständische Struktur der russischen Gesellschaft, sondern setzte auch eine soziale Umwälzung durch: Die Bindung der Bauern an den Boden zementierte die Leibeigenschaft. Das abgebildete Porträt wurde von einem unbekannten deutschen oder holländischen Künstler vor 1670, also zu Lebzeiten, gemalt. Es ist das älteste Porträt in der Galerie der Romanows im Staatlichen Russischen Museum im Michaelspalast in Sankt Petersburg.

ZAR ALEXEI MICHAILOWITSCH, ÖLGEMÄLDE EINES UNBEKANNTEN KÜNSTLERS, VOR 1670, MICHAELSPALAST, RUSSISCHES MUSEUM SANKT PETERSBURG.

onsorgan aller persönlich freien Stände des russischen Staates darstellte. Ihrem Wesen nach handelte es sich dabei um eine zeitlich ausgedehnte konstituierende Versammlung, die über den Charakter der Staatsordnung und die Verwaltung des Landes sowie über die wichtigsten Gesetze entschied. Doch allmählich gingen die Vollmachten der Reichsversammlungen wieder auf den Zaren und die Bojarenduma über und reduzierten sich ihre Funktionen als Institutionen der wechselseitigen Beeinflussung von Herrschaft und Gesellschaft auf das Bittschriftenwesen. Weil alle Untertanen Bittschriften an den Zaren richten durften, blieb immerhin eine Verbindung mit der staatlichen Verwaltung aufrechterhalten. Die Tätigkeit der Reichsversammlungen endete 1649 mit der Schaffung eines Reichsgesetzbuches. Darin wurde auch die Verfassung des Staates definiert, wie sie sich nach der Zeit der Wirren etabliert hatte: als eine nationale Erbmonarchie mit der Gliederung der Bevölkerung in Stände mit bestimmten Rechten und Pflichten.

An der Spitze des Staates stand der Zar, der die gesetzgebende, die vollziehende und die höchste rechtsprechende Gewalt besaß. Seit 1613 behauptete sich in Russland auf dem Thron die neue Zarenfamilie der Romanows: Michail Fjodorowitsch (1613–1645), Alexei Michailowitsch (1645–1676), Fjodor Alexejewitsch (1676–1682), Sofia Alexejewna (Regentschaft 1682–1689), Iwan Alexejewitsch (1682–1696) und Peter Alexejewitsch (1682–1725).

In der Alltagspraxis übten mehrere Institutionen die Staatsgewalt aus. Faktisch war die Macht zwischen dem Zaren und der Bojarenduma geteilt.

Die obersten Organe der vollziehenden Gewalt waren zentrale Behörden, die „Prikasy". Das Prikas-System hatte sich allmählich ohne Einflüsse von außen entwickelt und wurde jeweils neuen Anforderungen angepasst. Ohne dass sich dieses System in seinem Wesen änderte, wandelte es sich in der zweiten Hälfte des 17. Jahrhunderts durch eine stärkere Zentralisierung und die Gliederung der Ämter nach Fachgebieten.

Auf der untersten lokalen Ebene waren gewählte Selbstverwaltungsorgane zuständig, für deren Unterhalt die Wähler zu sorgen hatten: Polizeigerichte und Landesbehörden mit Gerichtsbezirksältesten und Landältesten an der Spitze fällten die Entscheidungen in Zivil- und Strafsachen und trieben die Steuern ein. Im System der Lokalverwaltung gab es überhaupt einen beachtlichen Anteil von Elementen der Selbstverwaltung, obwohl deren Kompetenzen begrenzt waren. Einerseits knüpften sie an die jahrhundertealten Traditionen des bäuerlichen Gemeindelebens, des „Mir", an, andererseits waren sie angesichts der Weite des Herrschaftsgebietes auf die noch geringe Zahl von Amtsträgern zurückzuführen: Ende des 17. Jahrhunderts kamen auf einen Amtsträger circa 3 500 Einwohner, im heutigen Russland 98.

In den Städten konzentrierten sich die Verwaltung und teilweise das Gerichtswesen in den Händen der Wojewoden, der lokalen Kommandeure des Heeres. Deren wichtigste Aufgabe blieb jedoch der militärische Schutz der Stadt, was insbesondere in den Südregionen wichtig war, wo sich die Einfälle der Tataren, die Gefangene machten und Vieh raubten, bis zum Ende des 17. Jahrhunderts fortsetzten.

Die Ablösung der Wojewoden in den Städten in der Regel nach zwei Dienstjahren – sorgte für eine wirksame Kontrolle der Lokalverwaltung durch die Zentralgewalt. Wenn es erforderlich war, wurde der neue Wojewode zum strengsten Kontrolleur seines Vorgängers, weil er fortan für alle Mängel und fehlende Steuereinnahmen haftete. Insofern waren nicht einmal ständige Organe zur Aufsicht über die Lokalverwaltung nötig.

Das Reichsgesetzbuch von 1649 bestätigte die ständische Struktur der russischen Gesellschaft, wie sie sich bereits herausgebildet hatte. Die Oberschicht der Gesellschaft bildete der Stand des Dienstadels, gegliedert nach vornehmer Herkunft und Dienstrang der Vorfahren. Die Bauern wurden an den Boden gebunden. Mit dem Gesetzbuch von 1649 setzte die Regierung von Alexei Michailowitsch eine soziale Umwälzung durch, denn dem größten Teil der Bevölkerung Russlands wurde verboten, sich frei zu bewegen und über sein Schicksal zu verfügen. Dadurch verfestigte sich eine Tendenz, die sich bereits in der Gesetzgebung Russlands im 15. und 16. Jahrhundert angedeutet hatte. So konnte ein Bauer noch nach dem Gesetzbuch von 1497 in der Woche vor

und nach dem Georgstag (26. November) seinen Gutsbesitzer verlassen, sofern er seine Schulden bezahlt und den Zins entrichtet hatte. Seit 1581 gab die Regierung Verordnungen über „Verbotsjahre" heraus, also über jene Jahre, in denen in einzelnen Teilen des russischen Staates der Weggang der Bauern am Georgstag verboten wurde. Bis zum Beginn des 17. Jahrhunderts setzte sich das System der „Verbotsjahre" im gesamten Staat durch. Eine ähnlich wichtige Rolle in der Festigung der Leibeigenschaft spielten Verordnungen über die „Fristjahre". Darin wurde festgelegt, innerhalb welcher Frist Gutsherren ein Gericht anrufen konnten, um ihre entlaufenen Bauern zurückzuholen. Zuerst wurde 1597 eine fünfjährige Fahndungsfrist eingeführt, die in der ersten Hälfte des 17. Jahrhunderts verlängert wurde: 1637 betrug sie bereits zehn Jahre für Bauern, die eigenmächtig weggelaufen waren, und fünfzehn Jahre für diejenigen, die sich ein neuer Besitzer widerrechtlich angeeignet hatte. Mit der Abschaffung der „Fristjahre" setzte das Reichsgesetzbuch von 1649 die Leibeigenschaft endgültig durch, der in Russland ein langes Leben beschieden war. Der erstarkte Adel übte wachsenden Druck auf den Staat aus,

[...] und jene Leute sagten dem Zaren und hielten ihn am Kleid und an den Knöpfen fest: „Woran sollen wir denn glauben?" Und der Zar versprach ihnen bei Gott und gab ihnen bei seinem Wort die Hand, und ein Mann unter jenen Leuten besiegelte dies mit dem Zaren durch den Handschlag.

QUELLE 3 DER ZAR UND SEINE UNTERTANEN

Der frühere Moskauer Beamte Grigori Kotoschichin beschrieb 1666/67 im schwedischen Exil eine charakteristische Szenen vom Zusammentreffen des Zaren Alexei Michailowitsch mit seinen Untertanen.

QUELLE: GRIGORI KOTOSCHICHIN, O ROSSII W ZARSTWOWANIJE ALEXEJA MICHAILOWITSCHA [ÜBER RUSSLAND UNTER DER ZARENHERRSCHAFT VON ALEXEI MICHAILOWITSCH], RUSSISCHER ERSTDRUCK SANKT PETERSBURG 1840. HIER NACH DER AUSGABE VON GALINA LEONTJEWA, MOSKAU 2000, S. 125.

um die Leibeigenschaft auszudehnen. Wie Adel und Bauernschaft wurde auch der Posad, die Vorstadt, im Laufe des 17. Jahrhunderts in einen ständischen Rahmen gebracht, als das Monopolrecht der Posad-Bewohner für Handel und Gewerbe gesetzlich verankert wurde.

VOLKSAUFSTÄNDE

Zur Gestaltung der Beziehungen zwischen Staat und Gesellschaft trugen auch die Volksaufstände bei. Sie brachen zu Zeiten aus, in denen es die Elite versäumte, auf weniger starke Warnzeichen „von unten" zu reagieren. Zu den heftigsten sozialen Erhebungen des 17. Jahrhunderts gehörten der Salzaufstand von 1648, der Kupfergeld-Aufstand von 1662, der Aufstand der Kosaken und Bauern unter Führung von Stepan Rasin 1667–1671, der Aufstand der Mönche des Solowezki-Klosters 1667–1676 und die Aufstände der Moskauer Strelizen 1682 und 1698. Trotz der Schärfe der sozialen Krisen des 17. Jahrhunderts ging dabei die Verbindung zwischen der Staatsgewalt und der Gesellschaft, die sich während der Zeit der „Wirren" entwickelt hatte, nicht verloren. So überreichten die Aufständischen 1648 und 1662 ihre Forderungen dem Zaren Alexei Michailowitsch persönlich, und sogar während des „Kupfergeld-Aufstands" bekräftigen sie die mit dem Zaren erreichte Vereinbarung

per Händedruck. Zwar fand diese Episode in einem Moment besonderer Schwäche der zarischen Herrschaft statt und wurde der Aufstand später unterdrückt, doch verdient selbst die Möglichkeit einer solchen Geste Beachtung.

Da sich die zarische Herrschaft um ihre Stabilität sorgte und die Erinnerung an die Zeit der Wirren noch lebendig war, war sie in Abständen auch gezwungen, flexibel zu reagieren und ihre Politik zu verändern. So gehörte zu den Ergebnissen des Salzaufstands in Moskau und der Aufstände in anderen Städten nicht nur, dass die Salzsteuer aufgehoben wurde, sondern auch, dass den Forderungen des Adels und des Posad nach Vereinheitlichung der Gesetzgebung und des Gerichtssystems nachgegeben wurde. Insofern beeinflussten die Protestbewegungen unterschiedlicher Tragweite und sozialer Zusammensetzung im 17. Jahrhundert auch wesentlich die Normen des ökonomischen und außerökonomischen Zwangs, den der Staat ausübte.

KIRCHENREFORMEN

Eines der bedeutendsten Ereignisse des 17. Jahrhunderts waren die Kirchenreformen. Die Initiative dafür ging von den Mitgliedern eines „Kreises der Eiferer für die Frömmigkeit" aus. Zu ihm gehörten unter anderen

der Archimandrit des Nowospasski-Klosters, der künftige Patriarch Nikon (1605–1681), vornehme Adlige sowie Erzpriester, die aus der Provinz nach Moskau gekommen waren, wie Awwakum (1620–1682) aus Jurjewez-

Powolski. Wie viele ihrer Zeitgenossen in Europa strebten die Mitglieder des Kreises danach, die Gläubigen zu den ursprünglichen Grundlagen des christlichen Lebens zurückzuführen und die moralische Atmosphäre im Land nicht nur durch Gebet und persönliches Beispiel, sondern auch durch eine Verbesserung der religiösen Zeremonien und der liturgischen Bücher zu vervollkommnen, in die sich ihrer Meinung nach viele Fehler eingeschlichen hatten.

Obwohl sich die „Eiferer" in den Zielen der Veränderungen einig waren, unterschieden sie sich in den Methoden ihrer Realisierung. Die einen von ihnen wollten die „Ordnungen", wie sie in den alten russischen Büchern aufgezeichnet waren, als Muster nehmen. Die anderen hielten es für richtiger, sich auf die griechische Kirche zu stützen. Im Grunde genommen, vertraten die ersten die Eigenständigkeit und die Wahrung der Grundlagen der russischen Kultur, lehnten jedoch jede Wechselbeziehung mit der europäischen Zivilisation ab und verurteilten dadurch das Land faktisch zur Selbstisolierung. Die zweiten dagegen öffneten Russland und die Außenwelt füreinander, indem sie ihre Lehrer nicht einmal aus Griechenland selbst, sondern aus der nahen und verwandten Ukraine einluden, die sich allerdings sowohl direkt als auch über die Kirchenunion indirekt bereits einem starken Einfluss des Katholizismus, des „Lateinertums", ausgesetzt hatte. Dieser Weg wurde von vielen als tödliche Gefahr für die Orthodoxie und als Anschlag auf die nationale Identität wahrgenommen, da die Orthodoxie nach der Zeit der „Wirren" zum Banner und zur Stütze des Landes in seinem Existenzkampf geworden war. Gerade darin, so scheint es, lag auch die Ursache der bis heute andauernden Kirchenspaltung, eines heftigen und, so scheint es, unverhältnismäßigen Widerstands zehntausender „Altgläubiger" auf Leben und Tod wegen liturgischer Neuerungen im Gottesdienst. Eine Wahl zwischen den zwei Richtungen in der Entwicklung des Landes zu treffen, fiel schwer. Zar Alexei Michailowitsch ergriff Partei für jenen Teil der „Eiferer", der mit der griechischen Tradition sympathisierte, und diese Wahl entschied über das Schicksal der Reformen wie des Landes.

Am 25. Juli 1652 wurde Nikon in das Amt des Patriarchen eingeführt und ging aktiv daran, die Kirchenreform umzusetzen. Für den Bauernsohn mit einem markanten und herrischen Charakter, mit Verstand, Redebegabung und einem beachtlichen schriftstellerischen Talent stellte die Karriere in der Kirche die einzige Möglichkeit dar, seine Ambitionen und Potentiale zu verwirklichen. Dem Zaren indes imponierte im Patriarchen alles: der Wunsch nach Veränderungen im Kirchenaufbau, die weitreichende Wohltätigkeit, der Mut zu Neuerungen. Mit der Zeit jedoch begann Alexei Michailowitsch, den Einfluss des despotischen und intoleranten Patriarchen als lästig zu empfinden. Ein anderer Grund für den Konflikt zwischen ihnen war ein Kampf um das Prinzip: Nikon sprach die Führungsrolle im Staat der Kirche – und das bedeutete sich selbst – zu, der Zar betrachtete jedoch sich selbst als Oberhirten und Beschützer aller orthodoxen Gläubigen. Daraufhin wurde Nikon 1660 seines Patriarchenamtes enthoben und später in ein Kloster verbannt.

Dass die Reformen für die Orthodoxie in Russland fortan in Anlehnung an die Griechen durchgesetzt wurden, war aber nicht nur durch innerkirchliche und innenpolitische Zielsetzungen bedingt. Diese Entscheidung passte auch besser zu Russlands Plänen für die Zukunft: vom Anschluss Kleinrusslands, das damals der kirchlichen Jurisdiktion des Patriarchen von Konstantinopel unterstand, bis zu der Möglichkeit, dass Russland sich an die Spitze der gesamten orthodoxen Welt setze.

EUROPÄISCHE POLITIK

Im 17. Jahrhundert wurde Russland zunehmend in die europäische Politik hineingezogen. An erster Stelle standen für das Land seine eigenen Interessen: der Gewinn von Zugängen zur Ostsee und zum Schwarzen Meer sowie die Wiedergewinnung jener ostslawisch besiedelten Territorien, die seit dem 13. Jahrhundert von benachbarten Staaten annektiert worden waren. Diese Probleme versuchte Russland, durch Kriege mit Polen-Litauen 1632–1634 und 1654–1667, mit Schweden 1656–1658, mit dem Osmanischen Reich 1676–1681 und mit dem Krimkhanat 1687 und 1689 zu lösen.

Dabei nahm Russland direkt oder indirekt an innereuropäischen Auseinandersetzungen teil, überwiegend in Opposition zur katholischen Koalition unter Führung des Heiligen Römischen Reiches. So unterhielten das Reich und Russland 1616 bis 1654 keine diplomatischen Beziehungen. Während des Dreißigjährigen Krieges unterstützte Russland Dänemark und Schweden durch den Verkauf billigen Getreides.

Der Smolensker Krieg, den Russland 1632–1634 gegen Polen-Litauen führte, wurde von den Mitgliedern der antihabsburgischen Koalition aktiv unterstützt und in Kooperation mit ihnen vorbereitet. Nachdem sich die interna-

ABB. 5   PATRIARCH NIKON

Nikon, der 1652 zum siebten Patriarchen von Moskau und der ganzen Rus gewählt wurde und das Amt auf Bitten Zar Alexei Michailowitschs annahm, gehörte zum Kreis der „Eiferer für die Frömmigkeit". Er war bekannt für seine Redegewandtheit, seine Energie und seine Frömmigkeit – und für seine engen Beziehungen zum Zaren. Mit der Zeit bekamen diese Risse: Alexei Michailowitsch begann, den großen Einfluss des herrischen Patriarchen als lästig zu empfinden, und während Nikon die Führungsrolle im Staat der Kirche zusprach, betrachtete der Zar sich selbst als Oberhirten und Beschützer aller orthodoxen Gläubigen. Die von Nikon aktiv betriebene Kirchenreform führte zudem zum Konflikt mit den „Altgläubigen", die heftigen Widerstand gegen liturgische Neuerungen im Gottesdienst leisteten, was schließlich in einer Kirchenspaltung mündete.

PATRIARCH NIKON, KOPIE VOM ENDE DES 18. JAHRHUNDERTS NACH EINER ABBILDUNG AUS SEINEN LEBZEITEN, GEBIETSMUSEUM VON WOLOGDA.

tionale Lage gewandelt hatte, schloss sich Russland 1686 der „Heiligen Liga", bestehend aus dem Heiligen Römischen Reich, Polen-Litauen und Venedig, im Kampf gegen das Osmanische Reich an. Im 17. Jahrhundert tauschte Russland mit vielen Ländern Europas und Asiens Gesandte aus, und im zweiten Drittel des 17. Jahrhunderts wurden bei den europäischen Höfen die ersten ständigen russischen diplomatischen Vertretungen eingerichtet.

Eine neue Phase in der Entwicklung der russischen Kultur des 17. Jahrhunderts verbindet sich mit der Hervorbringung vollendeter Formen eines nationalen Stils, der bis heute als „russischer Stil" bezeichnet wird. Am deutlichsten präsentierte er sich in der Architektur, besonders in der sakralen Baukunst, sowohl in Holz- wie in Steinbauten. Er zeichnete sich durch Lebendigkeit, freie architektonische Formen, Eleganz der dekorativen Ausstattung und die besondere Kunst aus, Kathedralen in die umgebende Landschaft „hineinzubauen". Bei den architektonischen Denkmälern des 17. Jahrhunderts handelt es sich um die am leichtesten zugängliche historische Quelle zur Weltanschauung des russischen Menschen jener Epoche; sie lassen die Freiheit seines Denkens und seines Gemüts erkennen.

ALLTAGSLEBEN

Im Alltag diente im 17. Jahrhundert die „Hausordnung", der „Domostroi", eine Sammlung von Unterweisungen in allen Fragen des privaten und öffentlichen Lebens, den russischen Menschen aller Stände als Orientierung. Das Familienleben wurde vom öffentlichen durch einen hohen Zaun um das Gehöft klar abgegrenzt. Das Familienoberhaupt galt als der alleinige Herr der gesamten häuslichen Gemeinschaft, die sich als eine „große Familie" darstellte, deren Angehörige vom Hausherrn abhängig waren, weil sie minderjährig oder durch Armut oder Krankheit unfähig waren, ein eigenständiges Leben zu führen. Der „Domostroi" wie auch die Kirche verlangten die völlige Unterordnung der Frau gegenüber dem Mann. Doch in der Realität spielten Frauen eine aktive Rolle nicht nur in Familienangelegenheiten und in der häuslichen Wirtschaft, sondern auch in Dienst und Beruf der Ehemänner und der erwachsenen Söhne.

Das Alltagsleben des russischen Menschen des 17. Jahrhundertes bewahrte viele Züge des Mittelalters, so die Achtung gegenüber vielen Sitten und Gebräuchen. Sie drückte sich in Tafelregeln mit Sitzordnung und Speisenfolge aus, in der Beachtung des Jahreszyklus nach dem orthodoxen Kalender oder des Tageszyklus der orthodoxen Liturgie. Die orthodoxe Religiosität verband sich dabei mit Elementen aus heidnischen Traditionen – der Possenreißerei, der Wahrsagerei und altertümlichen vorchristlichen Ritualen und Volksfesten, die nunmehr den christlichen Feiertagen zugeordnet wurden.

Der rituelle Charakter des russischen Lebens im 17. Jahrhundert verband sich mit Geschäftstüchtigkeit, Sparsamkeit und der Sorge um die „Einrichtung im Diesseits". Die Menschen statteten ihr Haus nicht nur möglichst komfortabel aus, sondern bemühten sich auch um dessen Ausschmückung – von geschnitzten Toren bis zu Spiegeln und teurem Geschirr, das bestaunt werden sollte. Mit der Entfaltung des Außenhandels tauchten in den Häusern der Adeligen und der Posad-Leute immer mehr ausländische Produkte auf: Stiche, Bücher, Gebrauchs- und Dekorationsgegenstände.

Im 17. Jahrhundert wuchs in der russischen Gesellschaft das Bedürfnis nach einer breiteren und vielseitigeren Bildung, nach der Erkundung und Verbreitung praktischer Erfahrungen aus unterschiedlichen Tätig-keitsbereichen. Ebenso nahm das Interesse für weltliche Literatur mit ihrem Psychologismus und der Beschreibung von Alltagsproblemen zu. Für die ausdrucksstarken Fresken von Guri Kineschemzew (um 1620–1691), mit denen die Kathedralen von Moskau, Jaroslawl, Kostroma, Susdal, Romanow in der zweiten Hälfte des 17. Jahrhunderts bemalt wurden, sind Genrekompositionen und die Darstellung alltäglicher Details charakteristisch. Nach dem neuen, „ausländischen", also westeuropäischen Stil malten die Künstler Simon Uschakow (1626–1686) und Bogdan Saltanow (1630–1701).

AUSLÄNDER IN RUSSLAND

Die ganze Geschichte Russlands ist, wie auch die anderer Länder, reich an Anleihen vielfältiger Art. Das 17. ahrhundert bildete in dieser Hinsicht keine Ausnahme. Im Laufe des ganzen Jahrhunderts nutzte die russische Regierung die ausländische Erfahrung bei der Lösung verschiedenster Aufgaben: Ins Land wurden Fachleute des Militärwesens, Ärzte, Architekten, Künstler, Handwerker, Metallurgen und Meister anderer Produktionszweige gerufen. In den meisten Fällen bestand die Bedingung dafür, dass sie in Russland tätig sein durften, in der Weitergabe ihres Könnens an russische Schüler. Wie es auch in anderen Ländern der Fall war, holte man sich in Russland das, was man für das russische Leben brauchte, im nötigen Umfang und Tempo und passte sich die Neuerungen an, ohne die Grundlagen der eigenen Existenz anzutasten.

Im 17. Jahrhundert lebten die Ausländer, die für den Staatsdienst oder in Handelsangelegenheiten nach Russland kamen, meist in geschlossenen nationalen Gruppen. So gab es in Astrachan ein persisches, ein armenisches, ein indisches und ein tatarisches Stadtviertel, in Moskau eins, in dem Weißrussen lebten, ein griechisches, ein tatarisches, ein georgisches und ein deutsches. Ausländer und Angehörige andersgläubiger Völker in Russland bewahrten ihre Konfession, konnten mit Ausnahme der Katholiken und der Juden auch ihren religiösen Kult ausüben und Land besitzen, doch war es Muslimen verboten, christliche Bauern zu besitzen. Die Taufe „nach russischem Ritus" blieb das wichtigste Instrument der Einwanderungspolitik des russischen Staates: Nur der Übertritt zur Orthodoxie ermöglichte die vollständige Integration eines Ausländers in die russische Gesellschaft – den Erwerb eines Gutsbesitzes, die Protektion durch dem Zaren nahe stehende Personen, die Chance, im Staatsdienst Karriere zu machen. Dabei handelte es sich um eine Art Geschäftsvertrag. Als Beispiel für die „Einhaltung der beidseitigen Verpflichtungen" kann das Schicksal von Mikita Markuschewski dienen, der in der Zeit der „Wirren" mit der polnisch-litauischen Intervention nach Russland gekommen war. Nach dem Übertritt zur Orthodoxie wurden ihm Gutsbesitz und ein Gehalt zugewiesen, er leistete Militärdienst und fiel bei einer Schlacht gegen die Polen. Seine Familie bekam vom Zaren Unterstützung; der Sohn wurde nach

Erreichen des entsprechenden Alters in den niedrigsten hauptstädtischen Dienstgrad aufgenommen. In der gleichen Zeit konnten auch nichtorthodoxe Christen erfolgreich sein: 1672 wurde Johann Gottfried Gregor (1631–1675), der Pastor der evangelisch-lutherischen Kirche in der Deutschen Vorstadt, mit der Organisation des Hoftheaters beauftragt.

So war das 17. Jahrhundert für Russland eine facettenreiche und widersprüchliche Epoche mit vielen alternativen Entwicklungswegen, die zu einem Großteil in Entscheidungen entweder für Europa oder für die Tradition mündeten.

LITERATURHINWEISE

Igor Andrejew, Alexei Michailowitsch, Moskau 2003.

Andrei Bogdanow, Zarewna Sofja i Petr. Drama Sofii, Moskau 2008.

Robert O. Crummey, Aristocrats and Servitor. The Boyar Elite in Russia 1613–1689, Princeton 1983.

Chester S. L. Dunning, Russia's First Civil War. The Time of Troubles and the Founding of the Romanov Dynasty, Philadelphia 2001.

Jarmo Kotilaine / Marshall Poe (Hg.), Modernizing Muscovy. Reform and Social Change in Seventeenth Century Russia, London / New York 2004.

Alexei Nowosselski, Borba Moskowskowo gossudarstwa s tatarami w 1-i polowine XVII w., Moskau / Leningrad 1948.

Sergei Platonow, Otscherki po istorii Smuty w Moskowskom gossudarstwe XVI–XVII ww.: Opyt isutschenija obschtschestwennowo stroja i soslownych otnoscheni w Smutnoe wremja, 3. Auflage, Sankt Petersburg 1910, Neudruck Moskau 1994.

Alexander Preobraschenski / Ljudmila Morosowa / Natalja Demidowa, Perwyje Romanowy na rossiskom prestole, Moskau 2007.

Juri Petrow (Red.), Rossiskoje gossudarstwo ot istokow do XIX weka. Territorija i wlast, Moskau 2012.

Pawel Sedow, Sakat Moskowskowo zarstwa. Zarski dwor konza XVII weka, Sankt Petersburg 2006.

Jelena Schweikowskaja, Russki krestjanin w dome i mire. Sewernaja derewnja konza XVI – natschala XVIII weka, Moskau 2012.

Hans-Joachim Torke, Die staatsbedingte Gesellschaft im Moskauer Reich. Zar und Zemlja in der altrussischen Herrschaftsverfassung 1613–1689, Leiden 1974.

Hans-Joachim Torke / Klaus Zernack [u. a.], Das Moskauer Reich im 17. Jahrhundert (1613–1689), in: Klaus Zernack (Hg.), Handbuch der Geschichte Russlands, Bd. 2: 1613–1856. Vom Randstaat zur Hegemonialmacht, Halbbd. 1, Stuttgart 1986, S. 1–212.

NEMEZKAJA SLOBODA
DIE „DEUTSCHE VORSTADT" MOSKAUS

MAJA LAWRINOWITSCH / CLAUS SCHARF

EINE DER VORAUSSETZUNGEN DER EUROPÄISIERUNG DES RUSSISCHEN REICHES

Deutsche und andere westliche Ausländer lebten seit dem Ende des 15. Jahrhunderts im Moskauer Reich. Seither leisteten sie einen erheblichen Beitrag zu seiner wirtschaftlichen Entwicklung und zu seiner militärischen Stärkung. Seit Zar Iwan IV. 1564 im Livländischen Krieg etwa 3 000 Deutsche beiderlei Geschlechts und jeden Alters aus Est- und Livland ins Innere Russlands hatte verschleppen lassen, wurden Gefangene östlich Moskaus an der Jausa, einem nördlichen Nebenfluss der Moskwa, angesiedelt. Später wurde Söldnern und Handwerkern, die der Zar für das Militär angeworben hatte, sowie anderen Dienstleuten deutscher Herkunft erlaubt, sich in dieser *Nemezkaja sloboda* oder „Ausländer-Sloboda" niederzulassen. Noch unter Iwan IV. und dann im Bürgerkrieg zu Beginn des 17. Jahrhunderts wurde dieser Bereich mehrfach zerstört. 1652 bestimmte ein Befehl des Zaren Alexei Michailowitsch das Gebiet zur Ansiedlung von Andersgläubigen unter der erst dann offiziellen Bezeichnung *Nemezkaja sloboda*, weil dort ausschließlich Zuwanderer aus verschiedenen Staaten West- und Mitteleuropas wohnen durften.

https://doi.org/10.1515/9783110348712-004

Mit der üblichen Übersetzung „Deutsche Vorstadt" wird eigentlich ein in zweifacher Hinsicht ungenauer Sinn der Bezeichnung *Nemezkaja sloboda* vermittelt. Erstens wurden noch

ABB. 6 PETER I.

Während seiner Großen Gesandtschaft – der Reise in verschiedene Länder Europas – gab Zar Peter bei dem englischen Hofmaler Godfrey Kneller sein Porträt für König William III. in Auftrag. Der junge Zar ist in einer kompletten Rüstung mit einem Hermelinumhang darüber und mit einem Marschallstab in den Händen dargestellt. Im Hintergrund des Bildes liegt links auf einem Kissen die Krone, und rechts kann man das Meer und manövrierende Schiffe erkennen. Die Komposition symbolisierte sowohl die Ambitionen Peters auf den Kaisertitel als auch seine Absichten zur Herrschaft über die Ostsee.

PETER I., ÖLGEMÄLDE VON GODFREY KNELLER, 1698, KENSINGTON PALACE LONDON.

in der zweiten Hälfte des 17. Jahrhunderts alle nord- und nordwesteuropäischen Bewohner nach ihrer Herkunft als *nemzy* bezeichnet. Der Begriff umfasste nicht nur Deutsche aus vielen deutschsprachigen, überwiegend niederdeutschen und baltischen Territorien und *zesarzy*, „Kaiserliche" aus allen Teilen der *Zesarija*, des Heiligen Römischen Reiches deutscher Nation, sondern auch Engländer, Schotten, Holländer, Flamen, Dänen, Schweden und in kleineren Gruppen Franzosen, Italiener und Schweizer. Zweitens bezeichnete der Begriff *sloboda* mit der ursprünglichen Bedeutung „Freiheit" als Siedlungsbegriff nicht eine beliebige „Vorstadt", sondern einen privilegierten, von staatlichen Lasten freien oder zum Teil entlasteten Bezirk. Von solchen Bezirken gab es in Moskau zahlreiche, deren Bewohner sich teils nach ihrer Herkunft und Sprache, teils nach ihren Berufen unterschieden.

Eine vergleichbare Siedlung bestand auch in Archangelsk an der Mündung der Nördlichen Dwina ins Weiße Meer. Dort lebten schon seit der Gründung von Festung, Stadt und Hafen 1583/84 *nemzy*, ebenso in den größeren Städten entlang des Handelsweges zwischen Archangelsk und Moskau. Bei Hofzählungen in Archangelsk wurden 1622–1624 unter den ausländischen Fernhändlern vor allem *anglinskie nemzy*, *golanzy* und *anburzy* registriert, also Engländer, Holländer und Hamburger. Dagegen wurde 1678, nachdem der Moskauer Zar Alexei wegen der Hinrichtung König Karls I. von England den Briten den Russlandhandel verboten hatte, überhaupt kein Bewohner der Britischen Inseln mehr registriert. Doch auch Holländer und Hamburger wurden nicht mehr unterschieden, sondern alle *nemzy* nun pauschal als *inosemzy*, also Ausländer, gezählt. Obwohl diese in einem ziemlich abgegrenzten Gebiet innerhalb der Stadt wohnten, lagen manche ihrer Höfe auf lastenfreiem und andere auf belastetem Grund, so dass ihr Bezirk in den Quellen des 17. Jahrhunderts auch nie als *Nemezkaja sloboda* bezeichnet wurde.

DIE „NEUE NEMEZKAJA SLOBODA"

Während der polnischen Intervention in Moskau zu Beginn des 17. Jahrhunderts wurde mit anderen Stadtvierteln auch die *Nemezkaja sloboda* niedergebrannt. Danach lebten die Ausländer, deren Anzahl durch Zuzug stetig wuchs, zunächst inmitten der russischen Stadtbewohner. In den 1640er Jahren nahmen die Spannungen zu, als die orthodoxe Kirche gegen die Glaubensfreiheit der Protestanten und erst recht der Katholiken auftrat und russische Kaufleute und Handwerker gegen die ihrer Meinung nach vom Zarenhof bevorzugte ausländische Konkurrenz protestierten. Insofern zielte der erwähnte Befehl des Zaren Alexei Michailowitsch von 1652 auf einen Kompromiss: Der Hof verzichtete zwar nicht auf die Dienste der fremdgläubigen Ausländer, separierte sie aber außerhalb der Stadt an der Jausa in einer abgesonderten, ausdrücklich „neuen" Siedlung unter dem Namen *Nowaja Nemezkaja sloboda*. Wiederum auf unentgeltlich gewährtem Grund und mit dem Privileg der Freiheit von Abgaben und Diensten entstand hier eine kleine Stadt mit westeuropäischen Zügen. Die protestantischen Gemeinden, seit 1682 auch die katholische, durften Kirchen, Pfarrhäuser und Schulen errichten, ihre Gemeinderäte wählen und alle Bewohner Häuser in „westlichem" Stil bauen und europäische Kleidung tragen. Darüber hinaus hatten die Bewohner jedoch keine polizeiliche Gewalt und durften keine Ältesten und andere niedere Beamten wählen. Eine Selbstverwaltung gab es nur in den Kirchengemeinden: der lutherischen, der calvinistischen und der katholischen. Und wenn aus Holland und Hamburg gebürtige Kaufleute in der Neuen *Nemezkaja sloboda* gegen räuberische Übergriffe deutscher Militärangehöriger klagten, waren die Moskauer polizeilichen Behörden oder vom Zaren ad hoc eingesetzte Vollzugsbeamte zuständig.

1663 bis 1665 wurden 204 Höfe gezählt mit einem zahlenmäßigen Übergewicht von drei Vierteln Militärhaushalten, während auf das letzte Viertel Kaufleute, Handwerker, Künstler, Mediziner, Apotheker, Lehrer und Pfarrer entfielen. Die Bewohnerschaft von 1 200 zu jener Zeit – ohne Dienstpersonal und Tagelöhner – verdoppelte sich bis 1720 auf circa 2 300. Maßgeblich, wenn auch nicht namentlich nachvollziehbar, steuerten die Moskauer Ausländer insbesondere seit der Jahrhundertmitte als Korrespondenten zu den deutschen Zeitungsberichten über Russland bei. Durch ihre Loyalität zum Zarenhof, dem sie dienten, durch ihre interne Kenntnis von Land und Leuten und durch die Aktualität ihrer Nachrichten korrigierten sie vielfach die überkommenen Klischees der Russlandbücher des 16. und 17. Jahrhunderts.

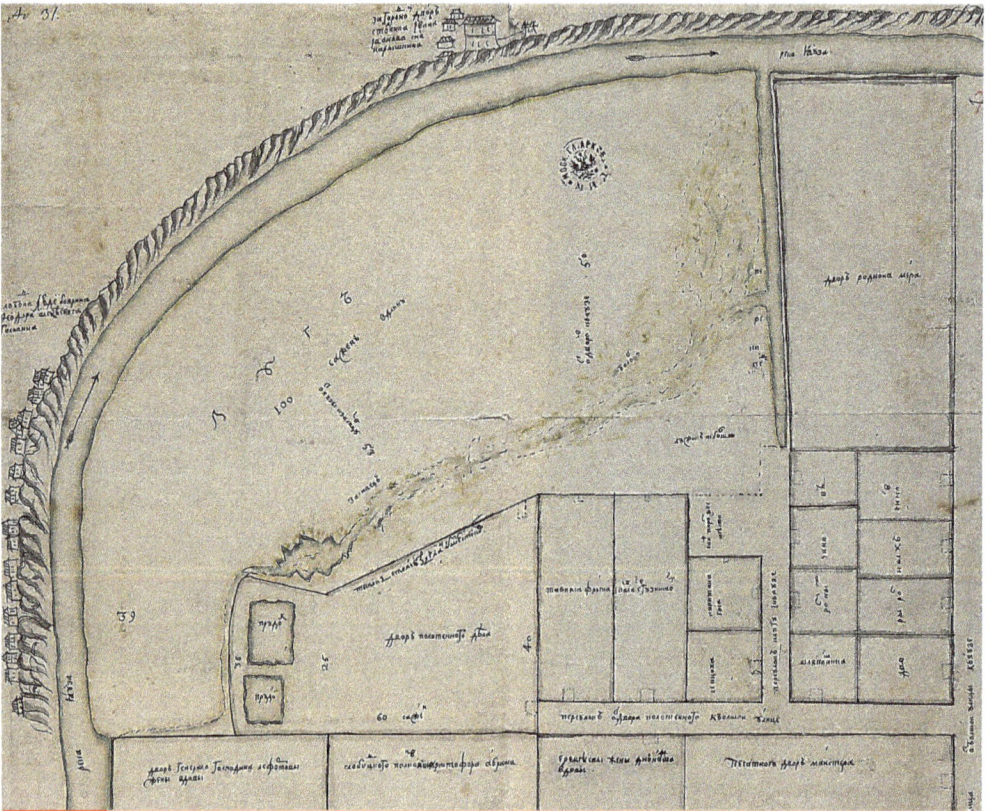

ABB. 7 **AUSSCHNITT AUS DEM GRUNDRISSPLAN DER NEMEZKAJA SLOBODA**

Auf dem Ausschnitt des Grundrissplans der Nemezkaja Sloboda von 1701 ist der am Bogen der Jausa gelegene Teil der Stadt abgebildet. Zu erkennen sind die rechteckigen und dicht aneinanderstoßenden Grundstücke, die in ihrer symmetrischen Anordnung für Moskau eher unüblich waren und unter anderem der Nemezkaja Sloboda ihr westliches Aussehen verliehen. Die kleinen Häuser am linken Jausaufer stellen die Sommerpaläste des Moskauer Adels dar.

QUELLE: STAATLICHES RUSSISCHES ARCHIV FÜR ALTE AKTEN (MOSKAU), F. 197, OP. 1, ED. CHR. 34, L. 396; HIER NACH: RUSSEN UND DEUTSCHE. 1000 JAHRE KUNST, GESCHICHTE UND KULTUR. KATALOG ZUR AUSSTELLUNG DES MUSEUMS FÜR VOR- UND FRÜHGESCHICHTE (BERLIN) UND DES STAATLICHEN HISTORISCHEN MUSEUMS (MOSKAU) 2012/13, SANKT PETERSBURG 2012, S. 134.

DER JUNGE ZAR PETER I.
UND DIE NEMEZKAJA SLOBODA IN MOSKAU

Die von Peter I. auf den Eindruck in der europäischen Öffentlichkeit berechnete „Öffnung Russlands" nach dem Vorbild Europas und für Europa war ein propagandistischer Coup, der darauf zielte, den grundsätzlich anderen Charakter seiner Herrschaft zu unterstreichen. Die Fakten stehen jedenfalls im Widerspruch zu der populären, aber stark vereinfachenden These, die Verwestlichung Russlands habe erst mit dem Reformwerk Peters des Großen begonnen. Beispielhaft gelang es schon dem großen russischen Historiker Sergei Solowjow (1820–1879), ohne Pathos sowohl der Rolle der Persönlichkeit des Reformers als auch den langfristigen soziokulturellen Veränderungsprozessen gerecht zu werden. Weil Peter unter seiner Herrschaft persönlich den Reformprozess angeführt habe, sei es Russland gelungen, so Solowjow, eine Revolution ähnlich der Französischen zu vermeiden. Als Peter praktische Lösungen für unterschiedliche Probleme gesucht habe, seien erfahrene Ratgeber und Helfer aber bereits in unmittelbarer Nähe zu finden gewesen: „Ausländer gab es genügend in Moskau, eine ganze Kompanie, die Nemezkaja sloboda." Und nachdem sich der junge Zar persönlich bereits mit Rat und Tat hätte helfen lassen, habe er eines Tages auch die Schwelle zur *Nemezkaja sloboda* überschreiten müssen.

Doch inkognito hatte auch schon Zar Fjodor Alexejewitsch die *Nemezkaja sloboda* besucht. Nach seinem Befehl vom März 1682, alle Straßen im Zentrum Moskaus auszubauen, wünschte er, wie der Historiker Pawel Sedow annimmt, vor dem Beginn der Bausaison mit eigenen Augen die Straßen der *Nemezkaja sloboda* zu sehen. Das Interesse Fjodors an ausländischen Erfahrungen beschränkte sich also nicht auf technische Neuerungen im Heer oder auf Erzeugnisse „polnischer" oder „deutscher" Arbeit, die er nutzte, auf Bilder im europäischen Stil der Zeit und auf Bücher. Er hatte auch ausländische Berater: den orthodoxen Adligen Pawel Negrebizki aus Polen und Samoilo Nikolew, den zur Orthodoxie konvertierten Sohn eines französischen hugenottischen Regimentskommandeurs. Doch konnte

---

Ferner werden die Herren Zaren nicht erlauben, daß irgend ein rechtgläubiger Christ in ihrem Reiche mit den Ketzern und fremden Glaubensgenossen, als den Lateinern, Lutheranern, Calvinern und den gottesvergessenen Tatarn (die der Herr verwirft und die Kirche Gottes verflucht) Umgang und Freundschaft halte; vielmehr werden sie solche Feinde Gottes und Verächter der Kirche durch einen Zarischen Befehl aus dem Lande vertreiben […]. Ferner bitte ich ihre Durchlauchtigsten Majestäten, die rechtgläubigen Zaren, und beschwöre sie bei unserm Gott und Heilande, daß sie es auf keine Weise erlauben wollen, verfluchte Ketzer und fremde Religionsverwandte in ihren Regimentern über die Truppen, oder sonst im Reich zu Befehlshabern oder Anführern zu bestellen, sondern vielmehr strenge Befehle zu ertheilen, daß solche Feinde der Christen in ihren Diensten nicht gelitten werden. Denn solche Ketzer haben mit uns Christen nicht einerlei Glaubenssinn, sie sind mit uns in den Traditionen der Väter nicht einig, und der rechtgläubigen Kirche unserer Mutter fremd. Und was können uns solche verfluchte Ketzer unserem rechtgläubigen Heere für Nutzen schaffen? Nichts, als Gottes Zorn werden sie über uns bringen […].

| QUELLE 4 | AUSZUG AUS DEM TESTAMENT DES PATRIARCHEN JOACHIM |

Patriarch Joachim (1620–1690) warnte in seinem Testament Iwan V. und Peter I. vor dem gefährlichen Einfluss der Ausländer auf Russland. Mit scharfen Worten stellte er sich einer Verwestlichung Russlands, wie sie sich in Ansätzen bereits unter Zar Alexei und Großfürstin Sophia gezeigt hatte, entgegen.

QUELLE: AUSZUG AUS DEM TESTAMENT DES PATRIARCHEN JOACHIM, ANFANG 1690. DEUTSCHE ÜBERSETZUNG NACH GERHARD ANTON VON HALEM, LEBEN PETERS DES GROSSEN, BD. 1, MÜNSTER/LEIPZIG 1803, S. 294F.

Der Betrachter blickt nach Westen und erkennt am oberen Bildrand jenseits einer überwiegend unbesiedelten Fläche die Silhouette der Stadt Moskau. Vom unteren Bildrand aus ist der Vordergrund, wahrscheinlich an einem Sonn- oder Feiertag, von zahlreichen Menschen verschiedener Stände teils in westlicher, teils in russischer Kleidung zu Fuß und zu Pferde bevölkert. Im Zentrum der Darstellung befindet sich Golowins Landsitz.

Dieser Landsitz war auf den Fundamenten des noch aus Holz errichteten „Palastes von Franz Lefort" erbaut worden. Peter I. hatte den Vorgängerbau auf seine Kosten als Sommerpalast angeblich für seinen schweizerischen Freund Lefort in der Nemezkaja sloboda errichten lassen. Doch in Wirklichkeit war der Palast von Anfang an für feierliche Zeremonien und Feiertage des Hofes bestimmt gewesen. Allerdings musste Peter mit der Existenz eines zweiten Hofes wegen seines mitregierenden Bruders Iwan V. vorsichtig umgehen, und erst recht wäre der Bau eines Zarenpalastes im Wohnquartier für Ausländer auf Ablehnung gestoßen.

Das Holzgebäude mit einem Unterbau aus Stein war 1692/93 errichtet worden. Der Bau eines steinernen Palastes, in dem nach Peters Vorstellung eine neue Art höfischen Lebens stattfinden sollte, begann sofort nach dem Tode des Zaren

sich Zar Fjodor nicht entschließen, mit der Moskauer Tradition zu brechen, als er einzelne Neuerungen aufgriff, aber ablehnte, was zu eng mit einer anderen Konfession verbunden war. Der Einfluss der über Polen vermittelten westlichen Kultur auf Fjodors Reformen ist, wie Sedow meint, nicht zu bezweifeln, doch sei er oberflächlich und auf einen kleinen Kreis der höfischen Gesellschaft begrenzt geblieben.

Wohlbekannt sind einem breiten Publikum aus den Lebensbeschreibungen Peters des Großen die Besuche des jungen Zaren in der Moskauer *Nemezkaja sloboda*. Meist fügt sich dieses biographische Detail an einer frühen Stelle in die faktenreiche Er-

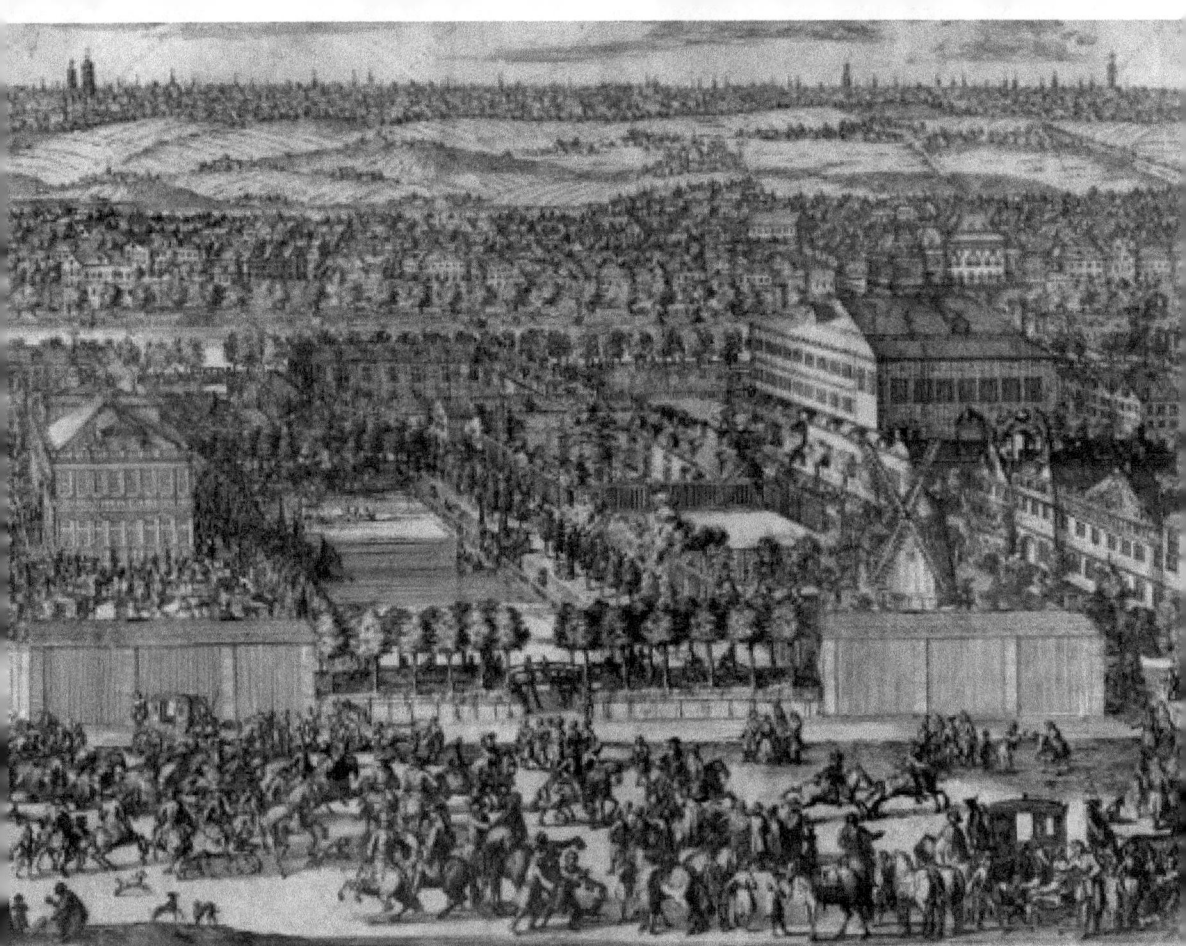

Iwans V. und wurde 1698 vollendet. Das architektonische Ensemble im Pavillonstil auf dem rechten Ufer der Jausa wurde von Dmitri Axamitow, einem Ofensetzermeister und „Künstler des Steinbaus", also Architekten, errichtet. Nach dem frühen Tod Leforts 1699 setzte sich für das gesamte Gebiet die Bezeichnung Lefortowo durch. Von Zeit zu Zeit lebte der Zar selbst dort. Beide Paläste kamen zunächst wieder in staatlichen Besitz, doch 1701 schenkte Peter I. den Holzpalast dem ihm nahen Bojaren Fjodor Golowin, der den Palast in seinen städtischen Wohnsitz umbauen ließ. 1706 wurde Peters neuer „Herzensfreund" Alexander Menschikow Besitzer des Palastes. Der steinerne Palast Leforts war ein Bauwerk, das noch vor der Gründung Sankt Petersburgs traditionelle Elemente der russischen Architektur aus Stein errichteter Wohngebäude mit in der Außenansicht dominierenden kompositorischen Elementen und dem Dekor westlicher Palastarchitektur vereinte. Seine äußere Gestalt blieb nicht erhalten, doch auf dem Kupferstich von Adriaan Schoonebek ist ein Teil des Palastes in der Ferne hinter der rechten Ecke des Zentralbaus des Landsitzes von Golowin zu erkennen.

DER LANDSITZ F. A. GOLOWINS IN MOSKAU, KUPFERSTICHE VON ADRIAAN SCHOONEBEEK, 1705, STAATLICHES MUSEUM FÜR BILDENDE KÜNSTE A.S. PUSCHKIN MOSKAU, INV. NO. GR-6304 (LINKER TEIL), GR 6305 (RECHTER TEIL).

zählung von den Motiven Peters, sich bei den Reformen von Staat und Gesellschaft des Russischen Reiches an Vorbildern aus dem Westen zu orientieren. Doch die märchenhaften Züge vermeintlich heimlicher Ausflüge eines neugierigen Knaben in eine exotische Welt hatten nie eine Grundlage in den Quellen. Welche Bedeutung den Besu-

chen Peters in der *Nemezkaja sloboda* zukommt und inwiefern sie ihn nachweislich zu seiner für einen Zaren neuen Weltsicht und zu einer neuen Politik inspirierten, ist eigentlich kein wissenschaftlicher Streitpunkt zwischen russischen und deutschen Historikern. Eher findet seit nunmehr drei Jahrhunderten das Problem keine Lösung, wie sich das politische Handeln einer so starken Persönlichkeit wie Peters I. mit ihren formal unbegrenzten Machtmitteln zu jenen langfristigen Prozessen der Verwestlichung und Modernisierung verhält, die er zwar bewusst mitgestaltete, die aber in Russland vor seiner Regierung begonnen hatten, mit seinem Tod nicht endeten und sich als unumkehrbar erwiesen.

In der zweiten Hälfte der 1680er Jahre lebte Peter, mit seiner Mutter und seiner Schwester vom Hofe ferngehalten, in der zarischen Siedlung Preobraschanskoje, die im Süden an die *Nemezkaja sloboda* angrenzte. Mit seinem Interesse für den Schiffsbau, Nautik und Seefahrt und für Kriegsspiele freundete er sich zunehmend mit darin erfahrenen Bewohnern aus der *Nemezkaja sloboda* an. Durch seine handwerklichen Ausbilder und die Offiziere seiner Spielregimenter lernte er auch, sich mit ihnen in einer Mischung von Niederdeutsch und Niederländisch zu verständigen. Peters erster Besuch in der *Nemezkaja sloboda* ist erst für den 10. Mai [30. April] 1690 nachweisbar. Zu diesem Zeitpunkt war er immerhin schon fast achtzehn Jahre alt. Noch im Januar des Vorjahres hatte ihn die Hofpartei seiner Mutter mit einer Braut ihrer Wahl verheiratet. Dadurch hatte seine Halbschwester Sophia endgültig das Recht verloren, für ihren Bruder Iwan und für Peter die Regentschaft auszuüben. Im August und September 1689 hatte Peter Sophia als Regentin entmachtet und für deren nicht regierungsfähigen Bruder Iwan und für sich die Herrschaft übernommen. Doch die Koalition seiner Anhänger, die ihn im Machtkampf unterstützt hatten, war von Anfang an widersprüchlich zusammengesetzt.

Wie schon bei den Thronwirren 1682 hatte sich Patriarch Joachim auch 1689 klar auf Peters Seite gestellt, den er als den legitimen Herrscher erachtete. Nicht zuletzt erhoffte er gerade von Peter einen stärkeren Widerstand gegen die über Polen und die Ukraine aus dem Westen nach Moskau gelangenden kulturellen katholischen Einflüsse in Staat und Kirche. Doch militärisch hatte im September 1689 den Ausschlag gegeben, dass sich nach einem Aufruf Peters der überwiegende Teil der Obristen und Offiziere aus der *Nemezkaja sloboda* mit dem schottischen und katholischen General Patrick Gordon an der Spitze für den jungen Zaren entschieden hatte. Am 28. Februar 1690 ließ sich Peter vom Patriarchen noch verbieten, aus Anlass der Geburt

ABB. 9   FRANZ LEFORT

Franz Lefort, für den der Palast vorgeblich bestimmt war, den Peter der Große in der Nemezkaja sloboda auf eigene Kosten errichten ließ, hatte sich bereits ein gewisses Ansehen in der Ausländervorstadt erworben, als der junge Zar ihn erstmals traf. Lefort wurde ein enger Freund und Begleiter Peters, der als Teil der „Großen Gesandtschaft" eine wichtige Rolle in der Diplomatie und als erster russischer Admiral und später Großadmiral beim Aufbau der russischen Flotte spielte.

FRANZ LEFORT, STICH VON G. A. AFONASSJEW, UNDATIERT, IN: PLATON BEKETOW, SAMMLUNG VON PORTRÄTS VON RUSSEN, MOSKAU 1821–1824.

Unterdes bezeigen sich Se. Majest. der Czar Peter ungemein gnädig gegen Seine Unterthanen / und sonderlich gegen die Teutsche Nation / indem sie sich zum öfftern auff gemeiner Leuthe Hochzeiten / und Freuden-Festen finden / und derselben Lust sich mit geniessen lassen / wobey sie aber jederzeit Ihro Milde reichlich bezeigen.

QUELLE 5   NACHRICHT AUS MOSKAU VOM 13. NOVEMBER 1691

*Die Nachricht aus Moskau vom 13. November 1691, die in der Hamburger Zeitung „Relations-Courier"
am 29. Dezember 1691 (Nr. 204) zu lesen war, berichtete positiv über die ungewöhnlichen Besuche Peters I. in der Nemezkaja sloboda.*

QUELLE: ASTRID BLOME, DAS DEUTSCHE RUSSLANDBILD IM FRÜHEN 18. JAHRHUNDERT. UNTERSUCHUNGEN ZUR ZEITGENÖSSISCHEN PRESSEBERICHTERSTATTUNG ÜBER RUSSLAND UNTER PETER I., WIESBADEN 2000, S. 59F.

des Thronerben Alexei am Hofe Gordon und andere ausländische Gäste zu bewirten, und kurz vor seinem Tod am 27. [17.] März 1690 erwartete der Patriarch in seinem Testament gar eine gesetzliche Kontaktsperre zwischen seiner orthodoxen Herde und allen Andersgläubigen sowie die Ausweisung der Fremden aus dem Russischen Reich.

EINE KULTURELLE WENDE

Unter dieser Voraussetzung bedeutete Peters erster Besuch in der *Nemezkaja sloboda* wenige Wochen nach dem Tode des Patriarchen einen symbolischen Akt, der eine „kulturelle Wende" markierte. Der Zar kam nicht etwa allein und heimlich in die *sloboda* und auch nicht inkognito zu einer Besichtigungstour, sondern demonstrativ mit einer großen Gruppe von Bojaren und Angehörigen des Hofes. Gemeinsam genossen sie die Gastfreundschaft Gordons. Erst nach diesem „Überschreiten der Schwelle" begannen dann die zahlreichen informellen Besuche Peters allein und zusammen mit anderen Russen bei seinem Freund, dem aus Genf stammenden Calvinisten Franz Lefort, bei Gordon und anderen *nemzy* unterschiedlicher Nationalität in der Ausländervorstadt mit ausgedehnten Palavern und Saufgelagen, an denen auch Frauen aus der *Nemezkaja sloboda* teilnahmen. Durch Lefort lernte Peter hier Anna Mons kennen, eine aus Westfalen gebürtige Weinhändlerstocher, die seine erste Geliebte wurde. Das bis dahin unerhörte Verhalten eines Zaren wurde bald durchaus positiv in deutschen Zeitungen gemeldet.

Zweifellos fühlte sich Peter in der Gesellschaft der Fremden aus unterschiedlichen Ländern wohl. Aber er setzte hier auch in geselliger Atmosphäre seine Ausbildung und seine Persönlichkeitsbildung fort, ohne dass durch zeitnahe Zeugnisse zu belegen ist, welche Elemente seiner späteren Politik sich im einzelnen in der engen Kommunikation mit seinen ausländischen Freunden ausgeprägt haben könnten. Vor allem sind aus jenen Jahren bis zum Tode seiner Mutter 1694 und seines Mit-Zaren Iwan 1696 noch kaum Konturen jener Reformschritte erkennbar, mit denen er nach seinem ersten langen Auslandsaufenthalt begann.

Als Peter 1698 überstürzt von seiner Großen Gesandtschaft nach Russland zurückkehrte, waren vier Regimenter der Strelitzen, die nach den Feldzügen von 1695 und 1696 in Asow stationiert geblieben waren, damit unzufrieden, dass ihnen befohlen wurde, ihren Standort von Asow nach Welikije Luki nahe an die polnische Grenze zu verlagern, wo das Heer unter dem Kommando von Fjodor Romodanowski stand. In Moskau hatten sie jedoch ihre Höfe und lebten ihre Familien. Daher flüchteten etwa 150 Strelitzen Richtung Moskau, aufgestachelt durch Gerüchte, dass man vom Herrscher aus dem Ausland überhaupt nichts gehört habe, dass nicht bekannt sei, ob er noch lebe oder gestorben sei, und dass sie kein Recht hätten, in Moskau zu sein. So kam es zu einem Aufstand. Sie schickten sich an, Feinde zu suchen, und in dieser Situation gewann die *Nemezkaja sloboda* eine symbolische Bedeutung: Die Strelitzen verleiteten die Moskauer Armen, sich ihrer Erhebung anzuschließen, um die *Nemezkaja sloboda* zu verwüsten und neben den Bojaren auch die ihnen verhassten westeuropäischen Ausländer totzuschlagen. Es war hingegen die von Gordon kommandierte, aus Peters einstigen Spielregimentern hervorgegangene Moskauer Leibgarde, die den Aufruhr unterdrückte. Nach seiner beschleunigten Rückkehr blieb der Zar nicht, wie zu erwarten gewesen wäre, im Kreml bei seiner Ehefrau, sondern demonstrativ in der *Nemezkaja sloboda*, wo er Anna Mons traf und die erste Nacht im Hause seines Freundes Lefort verbrachte.

LITERATURHINWEISE

Wladimir Alexejew / Elena Miklaschewskaja / Marianna Zepljajewa, Nemezkaja sloboda na Jause: istorija w lizach, Moskau 2004; deutsche Übersetzung: Vladimir Alekseev / Elena P. Miklashevskaya / Marianna Zeplyaeva, Deutsche Sloboda in Moskau. Verkörperte Geschichte, Moskau 2005.

Juri Bespjatych (Red.), Archangelsk w XVIII weke, Sankt Petersburg 1997.

Victor Dönninghaus, Die Deutschen in der Moskauer Gesellschaft. Symbiose und Konflikte (1494–1941), München 2002.

Waleri Jailenko, Otscherki po istorii i architekture Lefortowo XVII-XVIII wekow, Moskau 2004.

Wera Kowrigina, Nemezkaja sloboda. Moskwy i ejo schiteli w konze XVII – perwoi tschetwerti XVIII weka, Moskau 1998.

Jelena Miklaschewskaja / Marianna S. Zepljajewa, Snamenityje nemzy Lefortowa: istorija w lizach, Moskau 2000.

Pawel Sedow, Sakat Moskowskowo zarstwa. Zarski dwor konza XVII weka, Sankt Petersburg 2006.

Erich Franz Sommer, Der junge Zar Peter in der Moskauer Deutschen Sloboda, in: Jahrbücher für Geschichte Osteuropas N. F. 5 (1957), S. 67–105.

Martin Welke, Rußland in der deutschen Publizistik des 17. Jahrhunderts (1630 bis 1689), in: Forschungen zur osteuropäischen Geschichte 23 (1976), S. 105–276.

TEIL II

DIE NEUZEITLICHE STAATSBILDUNG

ZUR EINFÜHRUNG

IGOR FEDJUKIN / MANFRED HILDERMEIER

Vom 17. Jahrhundert bis zum Beginn des 19. Jahrhunderts wandelte sich in Westeuropa der Charakter des Staates: Es kam der Staat der Neuzeit auf, „der moderne Staat". Der Herrscher und seine Umgebung beschränkten sich nicht mehr nur auf die Kriegführung, sondern griffen durch die Ausübung der Gerichtsbarkeit und die Erhebung von Steuern im 18. Jahrhundert zunehmend in die Regulierung weiter Bereiche des gesellschaftlichen Lebens ein. Bildung und Landwirtschaft, Handel und Gewerbe, Gesundheitswesen und Kunst, Armenfürsorge und Pflege Behinderter, Moral und Sittlichkeit, Religion und Kirche – auf all diesen Feldern gewann der Staat eine immer stärker spürbare und letztlich dominierende Rolle. In der Folge entstanden auch neue Instrumente, mit denen der Staat das Leben der Gesellschaft regulierte. Eine sich immer weiter verzweigende und rational organisierte Bürokratie mit einer wachsenden Beamtenschaft, eine hierarchisch strukturierte Zentralverwaltung mit einer klaren Abgrenzung von Funktionen und spezialisierte Organe einer gegliederten Verwaltung ersetzten archaische Ordnungen aus dem Mittelalter mit deren vererbten feudalen Titeln, autonomen berufsständischen und lokalen Korporationen und einer Ausübung von Herrschaft, die auf Magnaten, deren persönlichen Dienstmannen und Klienten basierte.

Auch der Charakter der Beziehungen zwischen dem Staat und den Untertanen wandelte sich. Mit Hilfe der neuen bürokratischen Instrumente der Verwaltung war der Staat bestrebt, jeden Untertan direkt zu erfassen, ihn erkennbar zu machen, zu berechnen und zu beschreiben. Alle intermediären Personen und Insti-

https://doi.org/10.1515/9783110348712-005

tutionen wie Lehnsherren, lokale Gemeinden und Korporationen, mit deren Hilfe der Staat jahrhundertelang seine Herrschaft ausgeübt hatte, versuchte er nun auszuschalten, um direkt zu herrschen. Einerseits war es sein Ziel, dadurch aus der Bevölkerung größtmögliche Ressourcen herauszupressen. Andererseits erwuchs das Ideal eines État bien policé, eines „wohlgeordneten Policeystaates", dessen Regulierung und Fürsorge sogar auf die Lebensführung und das moralische Verhalten der Untertanen zielten, wobei von den sich „korrekt" verhaltenden Untertanen auch eine noch höhere Produktivität erwartet wurde. Deshalb wurde durch die Gesetzgebung jetzt auch die pflichtgemäße Lebensführung der Untertanen bis ins kleinste Detail vorgeschrieben, wie sie sich im Alltag und in ihrer privaten Sphäre verhalten sollten oder wie sie ihre häusliche Wirtschaft zu führen hätten. Staatliche Verordnungen lehrten Handwerker, wie sie Filzstiefel nähen oder Häute gerben sollten, und Bauern, wie Felder zu pflügen und zu düngen seien. Um seine ständig zunehmende Einmischung in das Leben der Untertanen zu rechtfertigen, argumentierte der Staat mit neuen Begriffen wie dem „Staatsinteresse" und dem „Gemeinwohl". Die staatliche Verwaltung begann damit, die Anwendung bewusster, rationaler Verfahren sowohl als eigenständige Sphäre der beruflichen Tätigkeit als auch gar als eine wissenschaftliche Disziplin zu begreifen, die man an Universitäten erforschen und unterrichten könne, so in den Staatswissenschaften.

Ein bedeutender Faktor, der das Aufkommen des Staates der Neuzeit bedingte, waren Veränderungen im Militärwesen im Verlaufe des 16. Jahrhunderts und vor allem im 17. Die Einführung neuer Technologien – einer neuen Artillerie und gegen sie widerstandsfähiger massiver Festungen des „italienischen Systems" sowie stärkerer und spezialisierter Kriegsschiffe – steigerte die Kosten der Kriegführung immer mehr. Besonders wichtig waren Veränderungen in der Kampftaktik der Landstreitkräfte. In die vordere Linie wurde die reguläre Infanterie gestellt, deren Ausrüstung mit Feuerwaffen, um möglichst wirksam zu sein, auf dem Schlachtfeld von den Untergliederungen und den einzelnen Soldaten eine außerordentlich hohe Disziplin und Organisation verlangte, die nur durch ständigen Drill zu erreichen waren. Dies wiederum erforderte den Übergang zu einem regulären, einem „stehenden" Heer und die Schaffung einer administrativen Infrastruktur für Rekrutierung und Ausrüstung. Die Führung eines ernstzunehmenden Krieges, die sich früher jeder wohlhabende Feudalherr leisten konnte, richtete sich jetzt nur noch nach dem Geldbeutel allein der größten Herrscher des Westens. Doch selbst für diese bedeutete es eine äußerste Anspannung ihrer Finanzen. Durch neue Systeme der Kontrolle und statistischen Erfassung der Bevölkerung und anderer Ressourcen, durch Instrumente, diese zu verwalten, einschließlich der Beteiligung des Staates an der Rüstung und an der Produktion militärischer und dann auch vieler anderer Güter wurde versucht, die Staatskasse zu füllen.

Als Ideal eines Staates neuen Typs wurde lange Zeit Frankreich unter Ludwig XIV. erachtet. Obwohl der von ihm geschaffene Staatsapparat und auch das Kriegswesen viele archaische Züge bewahrten, blieb der „Sonnenkönig" im Laufe des gesamten 18. Jahrhunderts bis zur Französischen Revolution ein Vorbild für die europäischen Herrscher. Doch in der Praxis wurde das wichtigste Modell für den neuzeitlichen Staat in Europa bis zur Mitte des 18. Jahrhunderts Preußen mit seiner umfassenden Militarisierung, seinem Absolutismus und seiner engen Verzahnung von Ökonomie, Kriegswesen und ziviler Verwaltung. Tatsächlich am preußischen Beispiel beschrieb später Max Weber den Idealtyp einer „rationalen Bürokratie". In Russland wird der entscheidende Übergang zur Errichtung eines solchen Staatstyps mit den Reformen Peters I. in Verbindung gebracht.

Doch indem wir über die Entstehung des neuzeitlichen Staates im Europa des 18. Jahrhunderts reden, haben wir eine allgemeine Tendenz im Blick, ein Ideal, das vor allem Publizisten und Theoretiker staatlicher Verwaltung formulierten. Der Staat der Neuzeit entstand nicht gleichzeitig. Keime entsprechender Tendenzen sehen wir bereits seit dem Anfang des 17. Jahrhunderts, wenn nicht früher. In Russland sind sie mindestens seit den Zeiten des Zaren Alexei Michailowitsch nachzuweisen. Deshalb richten Historiker in den letzten Jahrzehnten auf seine Militär- und Verwaltungsreformen eine immer stärkere Aufmerksamkeit. Doch andererseits wurde das Ideal des „modernen Staates" im 18. Jahrhundert noch kaum irgendwo in einem einigermaßen vollen Umfang verwirklicht. Selbst Preußen gelang es nicht, das Muster einer „rationalen Bürokratie" zu realisieren, geschweige denn Russland. In Westeuropa kann man von der Entstehung des modernen Staates im vollen Sinn des Wortes eigentlich erst nach den Reformen Napoleons in Frankreich sprechen. Darüber hinaus ist an den Beispielen Preußens und besonders Russlands höchst interessant zu beobachten, wie neue Züge des Staates mit traditionellen verschmolzen, so zum Beispiel die Leibeigenschaft oder die Gemeindehaftung. Insbesondere dank solcher „archaischer" Formen der Mobilisierung von Ressourcen und Bevölkerung konnte es sich ein relativ armer Staat wie Russland im 18. Jahrhundert erlauben, eine riesige, in technischer und taktischer Beziehung moderne Armee zu unterhalten und fast ununterbrochen Kriege zu führen. Andererseits wurden solche archaischen Einrichtungen, die der Staat nutzte, zementiert und mit neuem Leben erfüllt. Vor allem geschah dies mit der Leibeigenschaft in Russland, deren extreme Formen und gesetzliche Sanktionierung erst aus dem Reformen Peters I. resultierten.

Letztlich ist ein weiterer wichtiger Beweggrund, unsere Vorstellungen vom frühneuzeitlichen Staat zu revidieren, mit der Rolle von Kirche und Religion verbunden. Verschiedene Thesen vom 18. Jahrhundert als einer Epoche der Säkularisierung sind zutiefst falsch: Die Religiosität blieb vorherrschend, und die Kirche war eine überaus bedeutende staatliche Institution. Mehr noch: Die Kirche spielte häufig eine Schlüsselrolle bei der Erarbeitung von Instrumenten der Herrschaft und einer Kontrolle der Lebensführung der Untertanen. Viele seiner Verfahren und Methoden erwarb der Staat im Prozess der sogenannten Konfessionalisierung des 17. Jahrhunderts, als die konkurrierenden christlichen Konfessionen – Katholiken und unterschiedliche protestantische Glaubensrichtungen – für die Stabilisierung ihrer Herrschaft auf diesem oder jenem Territorium kämpften. Unter anderem gründeten im Verlauf dieser Auseinandersetzungen vor allem die Kirchen sich verzweigende Netze von Bildungseinrichtungen, die dann die Kader für den neuen Staat bereitstellten. Und vornehmlich durch religiöse Impulse wurde der Prozess einer „sozialen Disziplinierung" ausgelöst, der es in Westeuropa ermöglichte, dass ein neuer Typus des Untertanen geschaffen wurde. Auch dabei war

Preußen eines der eindeutigsten Beispiele, denn die Entstehung des preußischen Staatsmodells kann ohne die Berücksichtigung der Rolle der pietistischen Bewegung zu Beginn des 18. Jahrhunderts nicht in vollem Ausmaß verstanden werden. Unter diesem Aspekt erscheint Russland als ein Gegenbeispiel: Vor Peter I. verfügt die orthodoxe Kirche über eine äußerst schwache Infrastruktur für eine Kontrolle der Lebensführung der Untertanen, so dass der Staat nur in geringem Maße auf sie bauen konnte. Daher mussten Peter und seine Nachfolger unter großen Anstrengungen erst eine Infrastruktur für die Kontrolle der Bevölkerung durch die Kirche schaffen.

DIE REFORMEN FRIEDRICH WILHELMS I. IN PREUSSEN

KIRILL LEWINSON / WOLFGANG NEUGEBAUER

Die europäischen Staaten des 18. Jahrhunderts waren keine Einheitsstaaten, sondern zusammengefügte politische Bildungen, in denen der alte Regionalismus bis in die Epoche der Moderne weiterlebte. Dies gilt in ganz besonderem Maße für Preußen. Zwar hatte der brandenburgische Kurfürst Friedrich III. sich am 18. Januar 1701 im ostpreußischen Königsberg zum „König in Preußen" selbst gekrönt, aber das hatte an der politischen Struktur desjenigen Länderkonglomerats, das im 18. Jahrhundert als Brandenburg-Preußen bezeichnet wird, gar nichts geändert.

PREUSSEN – EIN REICH DER REGIONEN

Brandenburg gehörte zum Heiligen Römischen Reich deutscher Nation, aber das frühere Herzogtum Preußen, gelegen an den Flüssen Weichsel, Pregel und Memel, gehörte nicht zu Deutschland. Es war ein Gebiet ostmitteleuropäischer Prägung, und unter den adligen Familien dort im Osten gab es manche mit engen Verwandten in den Ländern der baltischen Ritter-

https://doi.org/10.1515/9783110348712-006

ABB. 10   DIE KRÖNUNG FRIEDRICHS I. 1701

Am 18. Januar 1701 setzte sich im Königsberger Schloss Friedrich I. die Königskrone auf. Der Krönung vorausgegangen war nach langwierigen Verhandlungen, Bestechungsgeldern, militärischen und politischen Hilfsleistungen und Unterstützungszusagen im November 1700 die Anerkennung durch Kaiser Leopold I. Allerdings erhielt Kurfürst Friedrich III. von Brandenburg nicht den Titel eines Königs von Brandenburg, sondern den Königstitel des außerhalb der Reichsgrenzen gelegenen Preußens. Da nicht das gesamte Preußen unter seiner Herrschaft stand, konnte er nur den Titel eines „Königs in Preußen" annehmen. Erst als 1772 mit der ersten polnischen Teilung auch Westpreußen an Preußen fiel, durften die Nachfolger Friedrichs I. den Titel „König von Preußen" führen. Die Zeichnung von der Krönungszeremonie in Königsberg wurde gefertigt nach einem Kupferstich des Hofkupferstechers Friedrichs I., Johann Georg Wolffgang, im Jahr 1712.

DIE KRÖNUNG FRIEDRICHS I., ZEICHNUNG NACH EINEM KUPFERSTICH VON VON JOHANN GEORG WOLFFGANG, 1712. QUELLE: L. HOFFMEYER, UNSER PREUSSEN. DIE ENTWICKLUNG DES PREUSSISCHEN STAATES, INSONDERHEIT UNTER DER ZWEIHUNDERTJÄHRIGEN KÖNIGSHERRSCHAFT DER HOHENZOLLERN, BRESLAU 1901, S. 85.

schaften, im (unter polnischer Hoheit stehenden) Herzogtum Kurland bzw. in dem seit kurzem unter russischer Herrschaft lebenden Livland. Pommern, im Nordosten an Brandenburg grenzend, verstärkte die mittleren Gebiete der Hohenzollern, aber eine Landverbindung nach (Ost-)Preußen gab es vor 1772 noch nicht. Das Herzogtum Magdeburg lebte, wie die anderen Landschaften des Kurfürsten-Königs, unter eigenem, altgewachsenem Recht, an der mittleren Elbe eng verzahnt mit den Traditionen des Hei-

ligen Römischen Reichs, und das gilt auch für territoriale Inseln des Hohenzollernstaates in Westfalen und am Niederrhein. Im Streit mit den Hohenzollern berief man sich dort nicht auf preußisches, sondern auf Reichsrecht, das Recht des Heiligen Reichs.

Die (Ost-)Preußen, die Brandenburger, die Magdeburger oder die Einwohner des Fürstentums Minden und des Herzogtums Kleve-Mark fühlten und dachten noch lange nicht in den mentalen Grenzen des Gesamt-Staats. Sie hatten je eigene Regierungen, Ordnungen, Traditionen und Historien. Grenze – das war diejenige ihres engeren Landes. Die Länder waren noch keine Provinzen, nicht nur Verwaltungsgebiete einer größeren politischen Einheit, für die nun der Name Preußen, das Gebiet im Osten, auf das 1701 die Kronwürde gestützt worden war, langsam übertragen wurde. Die Menschen brauchten mehr als ein Jahrhundert, um sich als Preußen fühlen zu lernen.

DER ZWEITE PREUSSISCHE KÖNIG

Friedrich Wilhelm I., geboren am 14. August 1688 im Schloss zu Berlin, hat diejenige Struktur geformt, die dem preußischen Staat bis zum Zusammenbruch von 1806/1807 und den Reformen des frühen 19. Jahrhunderts das spezifische Profil gegeben hat. Freilich musste auch dieser Monarch, der unter den Hohenzollern-Königen des 18. Jahrhunderts noch am ehesten als „absolutistischer" Herrscher erscheinen mag, den alteuropäisch-regionalistischen Gegebenheiten Rechnung tragen und auf massive Widerstände Rücksicht nehmen. Noch lange nicht waren alle Einwohner des preußischen Staates schlechterdings „Untertanen", und gerade unter den alten Länder-Eliten gab es starke Traditionen von Widerständigkeit und Eigen-Sinn.

Friedrich Wilhelm I., der schon in den letzten Kronprinzenjahren hier und da in die Strukturen von Staat und Militär eingegriffen hatte, folgte am 25. Februar 1713 dem ersten preußischen König nach, freilich ohne neuerliche Krönung. Die ältere Forschung hat vom „Umsturz" dieses Jahres ge-

ABB. 11 PORTRAIT UND UNTERSCHRIFT FRIEDRICH WILHELMS I.

Friedrich Wilhelm I. wurde 1688 geboren und regierte von 1713 bis 1740 als König in Preußen. Er reformierte die Staatsverwaltung, sanierte die Finanzen und baute das Militär („Soldatenkönig") massiv aus. Außenpolitisch hielt er sich hingegen aus kriegerischen Auseinandersetzungen weitgehend heraus. Bei seinem Tode 1740 hinterließ er seinem Sohn Friedrich II. eine funktionierende Staatsverwaltung mit einer gefüllten Staatskasse und ein im Verhältnis zur Größe des Landes überdimensioniertes Heer (um 80 000 Mann). Der abgebildete Stich wurde nach einem Gemälde von Friedrich Wilhelm Weidemann gefertigt, das Namensfaksimile nach einem Exemplar aus dem Preußischen Geheimen Staatsarchiv.

FRIEDRICH WILHELM I., STICH NACH EINEM GEMÄLDE VON FRIEDRICH WILHELM WEIDEMANN, UNDATIERT. QUELLE: ERNST BERNER, GESCHICHTE DES PREUSSISCHEN STAATES, MÜNCHEN/BERLIN 1891, S. 261.

sprochen, und im Dritten Reich war gar von der „Machtergreifung" (Carl Hinrichs) Friedrich Wilhelms I. die Rede, von einem vollständigen Staats-Umsturz, der mit der Barockmonarchie in Preußen gebrochen hätte. Die neuere Geschichtswissenschaft hat solche Anachronismen widerlegt und zurückgewiesen. Der Hof in Berlin und seiner Umgebung, in Potsdam und dann im kleinen Jagdschloss Wusterhausen, wurde nach 1713 reduziert, besser noch: Er wurde rationalisiert, nicht aber abgeschafft. Auch einem Friedrich Wilhelm I., einem Mann von großer Energie, gewaltsamer Entschlossenheit und religiöser Getriebenheit, wäre es gar nicht möglich gewesen, die höfische Symbolsprache seiner Zeit zu verweigern, nicht ohne schwere politische Kosten. Statt des alltäglichen de-

monstrativen Aufwandes wurde nun – sehr ökonomisch – eine Strategie fallweisen Prunks eingeführt, und zwar immer dann, wenn diplomatische Aktionen und andere politische Erfordernisse etwa bei Fürstenbesuchen dies erzwangen. Aber an normalen Tagen durfte der Tafelaufwand des gesamten Hofes 80 Taler nicht übersteigen. Es ist keine Legende, sondern die Küchenzettel belegen es, dass der Monarch auch die Hofökonomie persönlich rechnend kontrollierte.

Ein partieller Personalwechsel begleitete den Regierungsantritt des Jahres 1713, aber die Herrschaftspraxis der autokratischen Regierung aus dem Kabinett, also dem Arbeitszimmer des Monarchen in wachsender Distanz zu seinen Ministern, besaß (auch) in Preußen schon ältere Traditionen. Un-

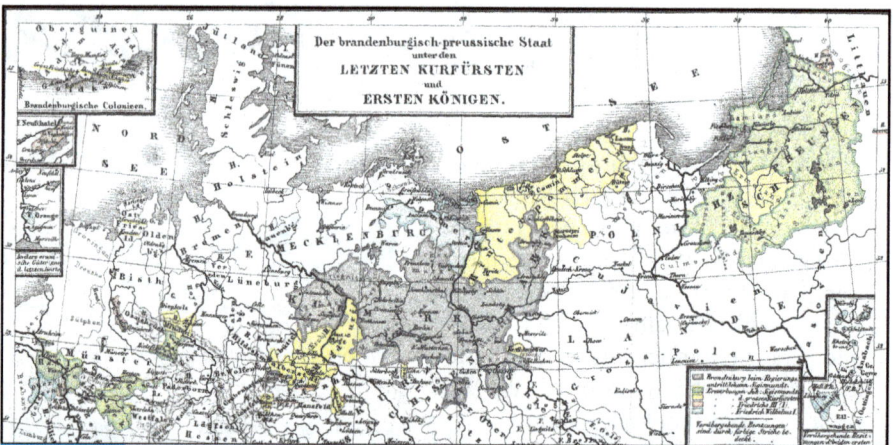

ABB. 12 BRANDENBURG-PREUSSEN ANFANG DES 18. JAHRHUNDERTS

Die Herrschaft Brandenburg-Preußens in der ersten Hälfte des 18. Jahrhunderts reichte zwar vom Rhein bis an die Memel. Allerdings war das Gebiet ein Flickenteppich aus unterschiedlichsten Regionen. Es bestand im Kern aus drei voneinander getrennten Landesteilen mit Kleve-Mark im Westen (seit 1614), mit Brandenburg in der Mitte und mit Preußen (seit 1618) im Osten Deutschlands, wobei das frühere Herzogtum Preußen nicht mehr zum Reich gehörte. Die in Westafrika (auf der Karte links oben) gelegenen Kolonien (Groß-Friedrichsburg und Dorotheenschanze) wurden 1720 verkauft.

QUELLE: W. FIX, DIE TERRITORIALGESCHICHTE DES PREUSSISCHEN STAATES, IM ANSCHLUSS AN 12 HISTORISCHE KARTEN, BERLIN 1869, TAFEL NR. V, S. 112.

ter Friedrich Wilhelm I. wurde diese Arbeitsweise systematisiert, zugespitzt, auch immer mehr vereinseitigt: Seit dem Frühjahr 1713 gibt es die berühmten „Kabinettsordern", mit denen die Könige fortan ihre Befehle ins Land gehen ließen. Es waren gänzlich unzeremoniöse Handschreiben, rasch gefertigt von Kabinettssekretären, die anfangs noch zur höheren Amtsträgerhierarchie gehörten, sehr bald aber, aus einfachem Sozialmilieu stammend, als bloße Sekretäre dem König zur Hand gingen; auch von den regelmäßigen Revue- und Kontrollreisen, die den Monarchen bis in die hintersten Winkel seines Reiches führten, konnten diese Ordern abgesandt werden. Dafür bedurfte es keiner großen und schwerfälligen Kanzlei. Mit der Zeit perfektionierte Friedrich Wilhelm I. diese Regierung aus dem Kabinett. Um 1730 haben mehrere Kabinettssekretäre sich die Arbeit, schon getrennt nach Sachressorts, geteilt. Nur selten sah der König seine Minister.

ORGANE DES WERDENDEN STAATS

Diejenigen Kollegien, die später als Anfänge der „Staatsverwaltung" betrachtet wurden, folgten in der Geschichte Brandenburg-Preußens noch lange europäischen Mustern und Vorbildern. Ihre Entwicklung hinkte lange Zeit derjenigen etwa Österreichs und Frankreichs, aber auch der Bayerns oder Kursachsens hinterher.

Im 17. Jahrhundert hatte sich in den Ländern des brandenburgischen Fürsten eine neue Amtsträgerhierarchie aus Kriegskommissaren ausgebildet, die für die Versorgung der Armee und zugleich für die Steuern zuständig waren, die ganz wesentlich dem Militär zugutekommen sollten. Diese Kriegskommissariats-Ämter, die mehr und mehr innenpolitische Kompetenzen an sich zogen, waren ein Spezifikum der preußischen Staatsbildung. Um 1712/13 stand diese Organisation neben der Administration des landesherrlichen Land-Besitzes, also der Domänen, die in Brandenburg rund ein Drittel, in Ostpreußen fast zwei Drittel des Bodens ausmachten. Die Kommissare hatten mit den Steuerquellen die Entwicklung des Gewerbes, auch der ersten Manufakturen im Blick, die gesonderte Verwaltung der Domänen und der fürstlichen Sonderrechte (Regalien) folgte dagegen eher agrarischen Interessen. Je mehr Friedrich Wilhelm I. seine Organe zu fiskalischen Erfolgen antrieb, umso störender wurden inneradministrative Konflikte auf allen Ebenen.

Im Dezember des Jahres 1722 zog sich der König in die Abgeschiedenheit eines kleinen mittelmärkischen Jagdschlosses zurück, mit einem Sekretär und einem Packen Schreibpapier. Dort entwarf er die neue Organstruktur der obersten preußischen Kollegien; die Instruktion für das „General-Ober-Finanz-, Krieges- und Domänendirektorium" stammt im Entwurf von seiner recht ungelenken Hand. Die bis dato rivalisierenden und konkurrierenden Behördenstränge wurden jetzt vereinigt, verschmolzen in sehr zeittypischer Weise. Denn im „Generaldirektorium", wie es kurz genannt wurde, hatten vier Minister jeweils alle inneren Materien bestimmter Staatsregio-

Art. 1. Wegen der Bedienten bei dem General- etc. Directorio,
auch Provinzialcommissariaten und Kammern und deren Instruirung.

§ 1. Nachdem Wir der höchsten Nothwendigkeit zu sein befunden, mit Unserem bisherigen Generalkriegscommissariat und Generalfinanzdirectorio eine Änderung zu treffen
und diese beide Collegia gänzlich zu cassiren und aufzuheben, an derselben Statt aber
ein General-Ober-Finanz-, Krieges- und Domänendirectorium anzuordnen und demselben die Respicirung aller Affairen, die bis dato bei dem gewesenen Generalkriegescom-
missariat und Generalfinanzdirectorio tractiret worden, allergnädigst anzuvertrauen, als
declariren Wir hiedurch, daß Wir Selbst das Präsidium über gedachtes General- etc. Directorium führen wollen, um demselben desto mehr Lüstre, Autorität und Nachdruck
beizulegen, zugleich auch die besondere und ganz genaue Attention zu zeigen, so Wir
auf die zu ermeldtes Directorii Ressort gehörende Affairen, ihrer äußersten Wichtigkeit
nach, beständig und unermüdet zu nehmen Uns angelegen sein lassen. [...]

§ 3. Gleichwie Wir nun dadurch zu ermeldten bei dem General- etc. Directorio von
Uns angeordneten dirigirenden Ministris und Assessoribus eine besondere allergnädigste Confidenz zu setzen bezeigen, also prätendiren Wir auch hingegen, daß in specie
die fünf dirigirende Ministri, als nämlich von Grumbkow, von Creutz, von Krautt, von
Katsch und von Görne, vor alles und jedes, was bei dem General- etc. Directorio vorge-
het, Uns responsable sein sollen. [...]

Art. 2 : Der Ministrorum Functiones.

§ 1. Bei Unserem General-Directorio soll der dabei dirigirenden Ministrorum Amt und
Function hauptsächlich darin beruhen, daß sie auf ihre Departements eine genaue Ob-
sicht führen, damit in denselben mit Fleiß und Treue gearbeitet, Unser höchstes Interesse durchgehends auf alle nur ersinnliche Weise befodert und zu solchem Ende dieser
Unserer Instruction in allen derselben Funkten ein accurates Genügen geleistet und
nicht das geringste davon negligiret oder verabsäumet werde.

§ 2. Die Relationes aus den Provinzien müssen an denjenigen von besagten fünf dirigirenden Ministris adressiret werden, in dessen Departement die Sachen gehören, von
welchen der Bericht handelt. [...]

§ 10. Der Wirkliche Etatsminister, Generalauditeur, auch Finanz-, Krieges- und Domä-
nenrath von Katsch revidiret und contrasigniret die Justizsachen allein.

§ 11. Das General- etc. Directorium soll alle Montage, Mittwoche, Donnerstage und
Freitage an dem von Uns dazu destinirten Orte zusammenkommen und mit einander
alle zu dem General- etc. Directorio gehörende Sachen collegialiter, nicht aber in den
Häusern, wie bisher, tractiren.

QUELLE 6	AUSZUG AUS DER INSTRUKTION FÜR DAS „GENERAL-OBER-FI-NANZ-, KRIEGES- UND DOMÄNENDIRECTORIUM"

Friedrich Wilhelm I. entwarf am 20. Dezember 1722 für die preußische oberste Staatsverwaltung mit seiner Instruktion für das „General-Ober-Finanz-, Krieges- und Domänendirectorium" eine neue Organstruktur und reformierte so das schwerfällige Behördensystem und schuf die Grundlage für eine effizientere Staatverwaltung.

QUELLE: ACTA BORUSSICA. DENKMÄLER DER PREUSSISCHEN STAATSVERWALTUNG IM 18. JAHRHUNDERT, HG. VON DER KÖNIGLICHEN AKADEMIE DER WISSENSCHAFTEN. DIE BEHÖRDENORGANISATION UND DIE ALLGEMEINE STAATSVERWALTUNG PREUSSENS IM 18. JAHRHUNDERT, BD. 3, BEARBEITET VON G. SCHMOLLER, D. KRAUSKE, V. LOEWE, BERLIN 1901, S. 575–651; HIER ZITIERT NACH: DEUTSCHE GESCHICHTE IN QUELLEN UND DARSTELLUNGEN. BAND 5: ZEITALTER DES ABSOLUTISMUS 1648–1789, HERAUSGEGEBEN VON HELMUT NEUHAUS, STUTTGART 1997, S. 358–377.

nen zu bearbeiten, dazu einige wenige Sachbetreffe für ganz Preußen; ein fünfter Minister war (bis 1739) zuständig für die gesamte Administrativjustiz. Noch waren die modernen Zeiten rationaler Fachministerien auch im preußischen Staat nicht angebrochen. Das Regionalprinzip dominierte dasjenige nach Sachbetreffen. In den Landschaften, die langsam Provinzen werden sollten, wurden die Kammer- und die (Kriegs-)Kommissariatsbehörden in analoger Weise vereinigt. Das war das Grundmuster der inneren, der Wirtschafts- und Finanz-, das heißt der Kameral- und der Fiskalverwaltung in Preußen. Die Instruktion des Generaldirektoriums trägt das Datum vom 20. Dezember 1722. Es handelt sich um ein kleines Buch zu Amtsorganisation und Handlungsprinzipien – ein königliches Staatsprogramm für die Finanz- und Wirtschafts-, die Siedlungs- und die Steuerpolitik des preußischen Staats. Behördeninstruktionen wie diese galten im 18. Jahrhundert als Arkanum der Herrschaft, nicht zur allgemeinen Publikation bestimmt. Selbst Amtsträger erhielten nur Abschriften der ihren Dienst betreffenden speziellen Teile. Für das Publikum war nur ein knappes „Notifikations-Patent" vom 24. Januar 1723 bestimmt. Die Amtsräume besaß das Generaldirektorium im Berliner Schloss.

Vieles spricht dafür, dass die Effizienz der Verwaltung, die Ressourcenextraktion aus den vergleichsweise kargen Ländern, durch Friedrich Wilhelm I. massiv gesteigert worden ist. Es beginnt die Epoche des preußischen Staatsschatzes und einer (im europäischen Vergleich) rigiden Rechnungskontrolle. Im Jahre 1740 lagen rund eineinhalb Jahresetats des preußischen

Staates im Keller des Berliner Stadtschlosses, im „Tresor". Die Schulden waren getilgt.

Aus älteren Vorläufern bildete sich bis 1728 ein Departement für die auswärtigen Affairen unter meist zwei bis drei sogenannten Kabinettsministern. Ferner gab es seit den frühen 1730er

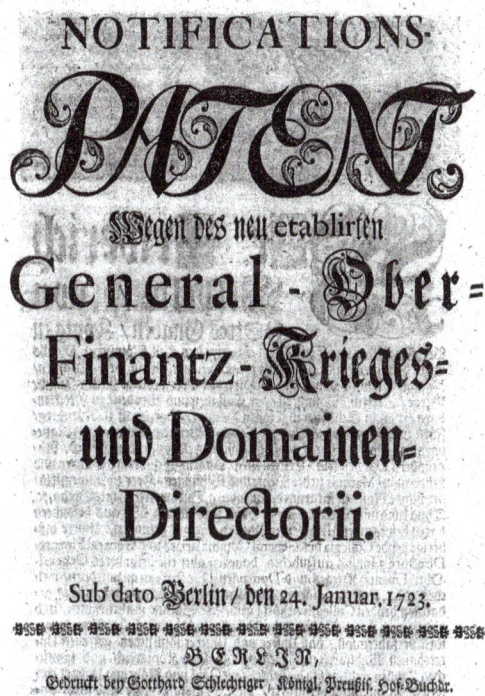

Die Instruktion für das „General-Ober-Finanz-, Kriegesund Domänendirectorium", in dem Friedrich Wilhelm I. sein Staatsprogramm für die Finanz- und Wirtschafts-, die Siedlungs- und die Steuerpolitik des preußischen Staats entwickelt hatte, wurde den betroffenen Amtsträgern in Auszügen und Abschrift zugeleitet. Die Öffentlichkeit dagegen wurde mit dem vierseitigen Notifikations-Patent über die Neuerungen informiert, das am 24. Januar 1723 bei verschiedenen Druckern für die Königlich Preußische Hof-Buchdruckerei gedruckt wurde – im abgebildeten Fall bei Gotthard Schlechtiger in Berlin.

QUELLE: PRIVATARCHIV WOLFGANG NEUGEBAUER.

Jahren ein Geistliches Departement für die Kirchen- und Schulsachen neben den juristischen Instanzen. Immer waren es Kollegien, nicht einzelne Amtsträger: Das Kollegialprinzip garantierte unter Friedrich Wilhelm I., dass kein Minister allein eine überragende Stellung gewann.

EIN KÖNIG IM ALTEN EUROPA

Diese Organstruktur blieb mutatis mutandis für ein knappes Jahrhundert erhalten, und über den Instanzen stand der König, unterstützt von den wenigen (Kabinetts-)Sekretären. Auf dem Lande aber blieb die adlige Herrschaftswelt stabil. Die Selbstverwaltung der Kreise durch den gutsbesitzenden Adel, auch die ständischen Organe in den einzelnen Landschaften erlebten nach 1713 keinen „Umsturz", wohl aber eine Modifikation

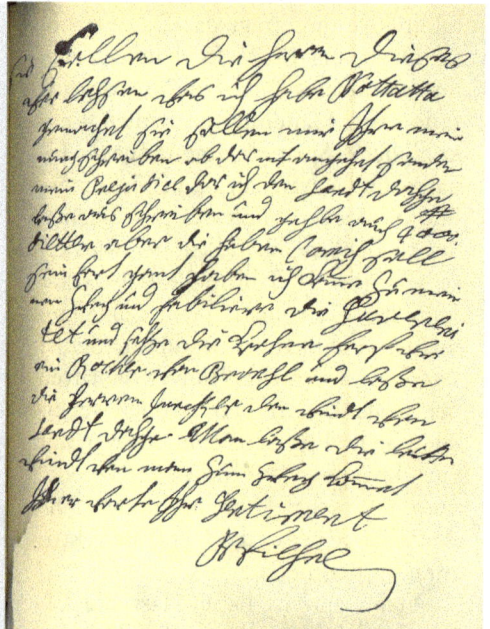

Sie sollen die herren dieses verlehsen was ich habe Nottata gemachet sie sollen mir Ihre meinung schreiben ob das nit angehet sonder mein Pejudice das ich von den Landtdahge laße ausschreiben und gehbe auch 4000 dietter [4000 Thaler Diäten] aber die huben Comis [die Hubenkommission] soll sein fortgant haben ich komme zu meinem zweg und stabiliere die Suverenitet und sehtze die Krohne ferst (fest) wie ein Rocher von Bronse und laße die herren Juncker den windt vom Landtdahge. Man laße die leutte windt wen man zum zweg kommet

Ich erwarte Ihr Sentiment

Fr. Wilhelm

ABB. 14   RANDBEMERKUNG FRIEDRICH WILHELMS I. ZUM WIDERSTAND DES ADELS 1716

Friedrich Wilhelm I. hatte bei der Einführung einer einheitlichen Generalhufensteuer (nach der Ertragsfähigkeit der Güter), anstelle aller bisherigen Steuern, mit dem Widerstand des gutsbesitzenden Adels zu kämpfen, der seine steuerlichen Privilegien bedroht sah. Nach Ablehnung eines Kompromisses durch die Deputierten der ostpreußischen Stände (Garantie einer auf jährlich 220 000 Thaler fixierten Steuersumme) demonstrierte am 25. April 1716 der König in einer Randbemerkung an die Mitglieder der für die Steuereinführung zuständigen Hufenkommission sein Staatsverständnis: Er steht als Souverän fest wie ein eherner Fels und die Ständeversammlung kann nur heiße Luft produzieren.

QUELLE: ERNST BERNER, GESCHICHTE DES PREUSSISCHEN STAATES, MÜNCHEN/BERLIN 1891, S. 320.

...drich I.	Friedrich Wilhelm I.	Friedrich II.	Friedrich Wilhelm II.	Friedrich Wilhelm III.
...8/1701–1713)	(1713–1740)	(1740–1786)	(1786–1797)	(1797–1840)

INFO   DIE PREUSSISCHEN KÖNIGE IM 18. JAHRHUNDERT

in den Formen, in denen sie ihre und die „Landesinteressen" auch gegenüber den Organen des Monarchen wahrnahmen. Manches spricht dafür, dass Friedrich Wilhelm I., trotz zeitweiliger Konflikte mit den Landständen, sehr viel mehr den Konsens mit den Landeseliten suchte, ja, dass er auf lange Zeit in den landesherrlichen Organen seiner Territorien sogar Vertreter der Landstände wirken ließ. Vielleicht hat eine Historiographie, die allzu sehr auf den „modernen" Staat und seine Genese im Alten Preußen fixiert war, Friedrich Wilhelms alteuropäische Verankerungen unangemessen minimiert. Da, wo es zu Konflikten mit dem König kam, lebten und wirkten die Organisationen des Landadels und der Städte im Verborgenen weiter, mit mancherlei Techniken ständischer Resistenz und Latenz, reaktivierbar aber in späteren Jahrzehnten. Da, wo das Verhältnis spannungsarm war, blieben die Organe der Landstände ohnehin bestehen, wenn auch zumeist nicht in der Form der alten Landtage. Im Konflikt mit dem starken Adel im Magdeburgischen hatte Friedrich Wilhelm I. um 1720 zwar noch die Oberhand behalten, aber hohe politische Risiken waren ihm lebenslang eine Lehre. Solche Auseinandersetzungen hat er fortan gemieden.

Kurz nach dem Tod Friedrich Wilhelms I. am 31. Mai 1740 hat der ostpreußische Adel seinen Nachfolger gewarnt: Es sei „irrende Staatskunst", das Land ohne die Landtage der Stände regieren zu wollen. Die Opposition in Preußen ist nie verstummt. Friedrich II. hat dies erfahren müssen.

FRIEDRICH WILHELM I. – EIN REFORMABSOLUTIST?

Spätere Staatswissenschaftler und Historiker haben Friedrich Wilhelm I. sogar einen „aufgeklärten" Absolutisten nennen wollen, wiewohl er von einer tiefen calvinistischen und zugleich pietistischen Religiosität getrieben worden ist. Aber schon zu seinem Regierungsantritt haben scharfe Beobachter außerhalb Brandenburg-Preußens von „Reformen" gesprochen, die er „im Regiments-Wesen" durchführe, und auch die Verstärkung der Armee gehörte dazu. Friedrich Wilhelm I. begründete auch dabei nicht gänzlich neue Strukturen, er formte sie mit einer spezifischen Radikalität zu einer in seiner alteuropäischen Epoche maximalen Effizienz. Die knappen Ressourcen seiner Länder bedingten ein Maximum an vormoderner Rationalisierung, mit dem Ziel optimierter Machtpotentiale. Im Jahre 1733 kodifizierte der König eine schon aus der Praxis entstandene Rekrutierungsmethode in der Kanton-Verfassung, die jedem Regiment ein bestimmtes Gebiet zuwies, um aus ihm die künftige Mannschaft zu „enrollieren", das heißt listenmäßig zu erfassen. – Die Armee, knapp 80 000 Mann im Jahre 1740 bei rund 2,2 Millionen Einwohnern im ganzen Staat, wurde zugleich ein Motor für den Merkantilismus in Preußen. Nicht mehr hofbezogene Luxusproduktion, sondern die Massenherstellung vor allem von Tex-

tilien wurde zum Zentrum der Wirtschaftspolitik. Die Wollindustrie und die Steigerung der Bevölkerungszahl durch Siedlungsmaßnahmen etwa in Ostpreußen sollten die Ressourcenbasis stabilisieren. Das preußische Textilgewerbe baute sogar erhebliche Exportkapazitäten auf. Eine „russische Kompanie" organisierte 1726–1738 den Verkauf preußischer Tuche nach Osteuropa.

Die „Reformen" Friedrich Wilhelms I., wie sie von den Zeitgenossen wahrgenommen wurden, zumal diejenigen in der Regierungsstruktur, durchbrachen nicht die Grenzen alteuropäischer Normalität. In diesen Grenzen aber wurden Herrschaftspraxis, Staatsorganisation und ökonomische Basis zu einer in der Zeit ganz ungewöhnlichen Effizienz und Leistungsfähigkeit gesteigert, die alsbald auch von politischen Konkurrenten im Europa des 18. Jahrhunderts beachtet, ja bisweilen nachgeahmt worden sind.

LITERATURHINWEISE

Königliche Akademie der Wissenschaften (Hg.), Acta Borussica. Denkmäler der Preußischen Staatsverwaltung im 18. Jahrhundert. Die Behördenorganisation und die allgemeine Staatsverwaltung Preußens im 18. Jahrhundert, Bände 1–5, 2. Hälfte, bearbeitet von Gustav Schmoller u. a., Berlin 1894–1912 (auch als Nachdruck, Frankfurt am Main 1986/87).

Wolfgang Neugebauer, Brandenburg-Preußen in der Frühen Neuzeit. Politik und Staatsbildung im 17. und 18. Jahrhundert, in: Wolfgang Neugebauer (Hg.), Handbuch der Preussischen Geschichte, Band 1, Berlin / New York 2009, S. 111–407 (Lit.).

Wolfgang Neugebauer, Zur Geschichte des preußischen Untertanen – besonders im 18. Jahrhundert, in: Forschungen zur Brandenburgischen und Preußischen Geschichte. Neue Folge 13 (2003), S. 141–161.

Wolfgang Neugebauer, Staatliche Einheit und politischer Regionalismus. Das Problem der Integration in der brandenburg-preußischen Geschichte bis zum Jahre 1740, in: Wilhelm Brauneder (Hg.), Staatliche Vereinigung: Fördernde und hemmende Elemente in der deutschen Geschichte (Beihefte zu „Der Staat", Heft 12), Berlin 1998, S. 49–87.

Reinhold August Dorwart, The Administrative Reforms of Frederick William I of Prussia, 2. Auflage, Westport (Connecticut) 1971.

Gerhard Oestreich, Friedrich Wilhelm I. Preußischer Absolutismus, Merkantilismus, Militarismus, Göttingen / Zürich / Frankfurt am Main 1977.

Carl Hinrichs, Preußen als historisches Problem. Gesammelte Abhandlungen, Berlin 1964.

DIE MILITÄR- UND STAATSREFORMEN PETERS DES GROSSEN

MANFRED HILDERMEIER

Kein anderer Zar hat Russland so tiefgreifend verändert wie Peter der Große (1682/89–1725). Zwar gab es Vorläufer, die Weichen für die Abkehr vom alten Russland gestellt hatten, doch mindert das Peters I. Leistung nicht: Vielleicht hat er das oft zitierte „Fenster nach Europa" nicht geöffnet, weil es schon nicht mehr verschlossen war; aber er hat es weit aufgestoßen.

Klar ist sein allgemeines Ziel. Peter wollte sein Reich nach dem Beispiel der führenden, das heißt der militärisch und ökonomisch stärksten, meist auch zivilisatorisch fortgeschrittenen Mächte seiner Zeit modernisieren. Dabei war er klug genug auszuwählen. Vorbild wurde nicht *ein* Land und *eine* Kultur. Vielmehr nutzte der Zar die Chance eines Nachzüglers, mehrere Model-le vor sich zu haben und importieren zu können, was ihm am geeignetsten schien. Zugleich spielten gewachsene Kontakte, die Chance zu dynastischen Verbindungen und die außenpolitische Konstellation eine wichtige Rolle. Zum norddeutschen Raum einschließlich der Niederlande unterhielt Russland schon länger Beziehungen, aber auch Schweden, Peters Hauptgegner, bot Beispiele für Reformen.

Ganz allgemein wollte der Zar die Leistungsfähigkeit des Landes steigern. Dazu gehörten vor allem eine schlagkräftige Armee, eine straffe und effiziente Verwaltung bis hinunter auf die lokale Ebene und die Erschließung der wirtschaftlichen Ressourcen des Landes samt seiner riesigen Bodenschätze, soweit die technischen Möglichkeiten der Zeit dies erlaubten. Da-

https://doi.org/10.1515/9783110348712-007

> Vom Norden schreibe ich Ihnen, Mylord, so oft ich kann. Ich werde gewiss diese Post nicht abgehen lassen, ohne Nachrichten von mir mitzugeben, und erwarte von Ihnen möglichst bald welche zu bekommen. Aber was soll ich Ihnen zuerst, was danach von dieser Stadt sagen, diesem großen Fenster sozusagen, durch das Russland auf Europa blickt?

QUELLE 7 SANKT PETERSBURG ALS FENSTER NACH EUROPA

Der aus Venedig stammende aufgeklärte Schriftsteller Francesco Algarotti (1712–1764) schreibt von seiner Reise nach Russland mit Charles Calvert, 5th Baron Baltimore, am 30. Juni 1739 aus Sankt Petersburg an John Hervey, Lord of Ickworth (1696–1743).

QUELLE: ZUERST VERÖFFENTLICHT IN: VIAGGI DI RUSSIA, LIVORNO 1760; HIER DEUTSCHE ÜBERS. IN: FRANCESCO ALGAROTTI, RUSSISCHE REISE, HRSG., ÜBERS. UND KOMMENTIERT VON HANS W. SCHUMACHER, HANNOVER 2010, S. 28.

rüber hinaus war dem wissbegierigen Zaren, der auf seinen Auslandsreisen konkrete Eindrücke von anderen Zuständen sammeln konnte, bewusst, dass den von ihm beklagten Mängeln letztlich ein allgemeiner Rückstand an Bildung und Wissen zugrunde lag. Die Staaten und Regionen, zu denen sich sein Blick hauptsächlich wandte, zeichneten sich durch die charakteristischen Errungenschaften des 17. Jahrhunderts aus: durch den Absolutismus als Herrschaftsform, eine ihm entsprechende politisch-soziale und ökonomische Ordnung sowie als geistige Prägung die frühe Aufklärung. Insofern zählt Peter in die Reihe ihrer bedeutenden monarchischen Repräsentanten in ganz Europa. Allerdings hatte er nicht das Kernproblem der absoluten Monarchien in Europa: Es gab in Russland keinen Geburtsadel mit tradierten lokalen Herrschaftsrechten, keine „Stände", deren Widerstand erst zu überwinden war. Peter war unbestritten von Anfang an „absoluter" Herrscher. Weil es an einer inneren Staatsbildung mangelte, nahm seine Herrschaft auch in besonderem Maße die Gestalt eines „Reformabsolutismus" an. Dieser verband ihn weniger mit Ludwig XIV. als mit Friedrich Wilhelm I., Preußens „Soldatenkönig".

MILITÄRREFORM

Peters erstes und dauerhaft vorrangiges Interesse galt dem Militär. Den entscheidenden Anstoß zu tiefgreifenden Reformen gab zu Beginn des Großen Nordischen Krieges im Herbst 1700 die Niederlage gegen den Schwedenkönig Karl XII. bei Narwa. Danach setzte der Zar vor allem vier Veränderungen durch.

Zuerst führte er ein neues Rekrutierungssystem ein. Bis dahin bestand das Heer neben Freiwilligen aus „Militärsklaven", die mit ihren adligen Herren einrückten. Dies reichte nun nicht mehr aus. Als Peter im Folgejahr begann, die Verluste von Narwa mehr als auszugleichen, griff er auf weitere Bevölkerungsschichten zu. Erstmals wurden neben Stadtbewohnern auch landbearbeitende Bauern zum Militärdienst verpflichtet. Insgesamt fanden bis zu Peters Tod 53 solcher Aushebungen statt, die circa

400 000 Rekruten erfassten und nach den Maßstäben der Zeit eine eindrucksvolle Streitmacht ermöglichten, die Respekt und Furcht einflößte.

Hinzu kam eine neue Kampfform. Traditionell rannten die Heere meist nicht in offener Feldschlacht gegeneinander an, sondern bewegten sich nur im Schutz mobiler Mauern vorwärts. Auf diese Weise überließen sie einem modernen, flexiblen Gegner die Initiative – und bei Narwa auch den Sieg. Peter lernte von seinen Beratern aus der Ausländervorstadt, dass man so nicht mehr kämpfte. Vielmehr marschierten die Regimenter der zeitgenössischen Herrscher längst in Reih und Glied und übten ihre Aktionen auf dem Manövergelände. Am Ende von Umbau und Drill stand Peter ein vergrößertes modernes und kampfstarkes Heer

zur Verfügung. Es war die Armee der absolutistischen Staaten, die in Europa dann bis zu den Kriegen im Zeitalter der Französischen Revolution dominierte. Sie bewährte sich erstmals in der offenen Feldschlacht von Poltawa 1709, als der Zar Karl XII. entscheidend besiegte.

Peter musste das neue Heer in einer technischen Aufrüstung auch mit neuen Waffen versorgen. Schon seit den 1630er Jahren war die manufakturielle Eisenverarbeitung in Tula gefördert worden. Aber der Krieg um Livland machte verstärkte Anstrengungen notwendig, weil er die Eisenimporte aus Schweden unterbrach. Im Oktober 1701 wurde ein neues Werk im Ural errichtet. Seit 1703 folgten in kurzen Abständen fünf weitere Werke, die das Gebiet von Olonez (zwischen Lado-

ABB. 15   HÜTTENWERK IM URAL

Da der Krieg um Livland Eisenimporte aus Schweden verhinderte, ließ Peter I. 1701 ein neues Hütten-werk zur Eisenerzeugung im Ural errichten. Ab 1703 folgten in kurzen Abständen fünf weitere Werke im Gebiet von Olonez, um die Armee mit modernen Waffen versorgen zu können.

QUELLE: GEORG WILHELM HENNIN, BESCHREIBUNG DER WERKE IM URAL UND IN SIBIRIEN, 1735; ERSTVERÖFFENTLICHUNG: WILGELM GENNIN, OPISANIE URALSKICH I SIBIRSKICH SAWODOW, MOSKAU 1937; HIER ERICH DONNERT, RUSSLAND IM ZEITALTER DER AUFKLÄRUNG, LEIPZIG 1983, ABB. 24, S. 22.

ga- und Onegasee) als weiterer Standort der Eisenverarbeitung erschlossen. Eine zweite Expansionsphase nach 1715 schloss auch eine effektivere Verwaltung ein. Bei Peters Tod gab es jedenfalls in Russland eine Schwerindustrie, die in der Lage war, eine große und starke Armee ausreichend mit modernen Waffen zu versorgen.

Schließlich forcierte Peter, der sich seit seiner Jugend für Schiffe begeisterte, den Flottenbau. Schon die ersten Schiffe bestanden ihre Feuerprobe, als sie einen Angriff auf die osmanische Festung Asow im Mai 1695 wirkungsvoll unterstützten. Nach der Eroberung von Ingermanland verlagerte sich der Schiffsbau in den Norden. 1704 entstand im frisch gegründeten Sankt Petersburg die größte Werft des Reiches, die Admiralitätswerft. In wenigen Jahren wurde hier eine ernstzunehmende Flotte auf Kiel gelegt. Sie konn-

te Ende Juli 1714 einen Triumph feiern, als sie bei Hängö ein schwedisches Geschwader besiegte. Es kam einer Anerkennung gleich, dass die führende Seemacht der Zeit, England, diese Entwicklung mit Argwohn beobachtete.

So leistete Peter in vieler Hinsicht etwas Ähnliches wie der „Soldatenkönig": So wie dieser das noch kleine und wirtschaftlich schwache Preußen mit Drill, Disziplin und enormen finanziellen Anstrengungen in eine respektierte Militärmacht verwandelte, so katapultierte Peter sein Reich durch die organisatorisch-taktische Erneuerung und technische Aufrüstung seiner Armee samt der Ergänzung durch eine leistungsfähige Marine in den kleinen Kreis der führenden Nationen Europas. Beide Staaten waren Aufsteiger, und beide stützten sich dabei vor allem auf ein modernes, schlagkräftiges stehendes Heer.

> Durch die Meister aus Olonez, die ich mitgenommen habe, habe ich Deine hiesigen Werke verbessert, in denen jetzt gutes Eisen hergestellt wird.

QUELLE 8   EXPANSION DER EISENERZEUGUNG

Der aus dem Siegerland stammende Leiter der staatlichen Hüttenwerke Georg Wilhelm Hennin [Villim de Gennin] (1676–1750) schreibt 1723 aus dem Ural an Peter I. Die zweite Expansionsphase der Eisenerzeugung in Russland nach 1715 schloss auch eine effektivere Verwaltung der Hüttenwerke mit ein.

QUELLE: NATALIJA KOSLOWA / LIDIJA KOSCHMAN / VIKTORIJA TARLOWSKAJA, KULTURA PROMYSCHLENNOWO PROIS.WODSTWA, IN BORIS KRASNOBAJEW (RED.), OTSCHERKI RUSSKOI KULTURY XVIII WEKA, TSCH. 1, MOSKAU 1985, S. 148–212, HIER S. 184F. ÜBERSETZT VON CLAUS SCHARF.

VERWALTUNGSREFORM

Auch die wirtschaftlichen und administrativen Reformmaßnahmen des Zaren waren eng mit dem Krieg verbunden. Diese Verzahnung kam nicht von ungefähr: Mit guten Gründen sah Peter in einer effizienten Or-

ganisation des Staates eine Voraussetzung für dauerhaften militärischen Erfolg. Dabei hatte sie ihrerseits vor allem einem Ziel zu dienen: der möglichst verlustarmen Eintreibung der Steuern. Der Zar unternahm damit einen weiteren Anlauf, die wohl größte Schwäche des russischen Staates zu beheben: die Unfähigkeit, das riesige Land so zu verwalten, dass nicht die Hälfte der Abgaben in den Taschen seiner Diener verschwand. „Gute Ordnung" hatte für ihn gerade auf diesem Gebiet nützlich zu sein und dem Fiskus samt dessen Hauptbegünstigtem, der Armee, zu dienen.

Die früheste solcher Reformen, die sogennante erste Stadtreform von 1699, war voreilig und kurzlebig, lässt aber das westeuropäische Vorbild besonders klar erkennen. Nur zeigte sich, dass die russischen Kaufleute mit *burmistry*, die sie in *ratuschy* (von Rathaus) wählen sollten, nichts anzufangen wussten. Die separate Verwaltung und Steuereinziehung, die den Kern der Neuerung ausmachten, blieben weitgehend auf dem Papier.

Auch die Gouvernementsreform begann Ende 1707, mitten im Nor-

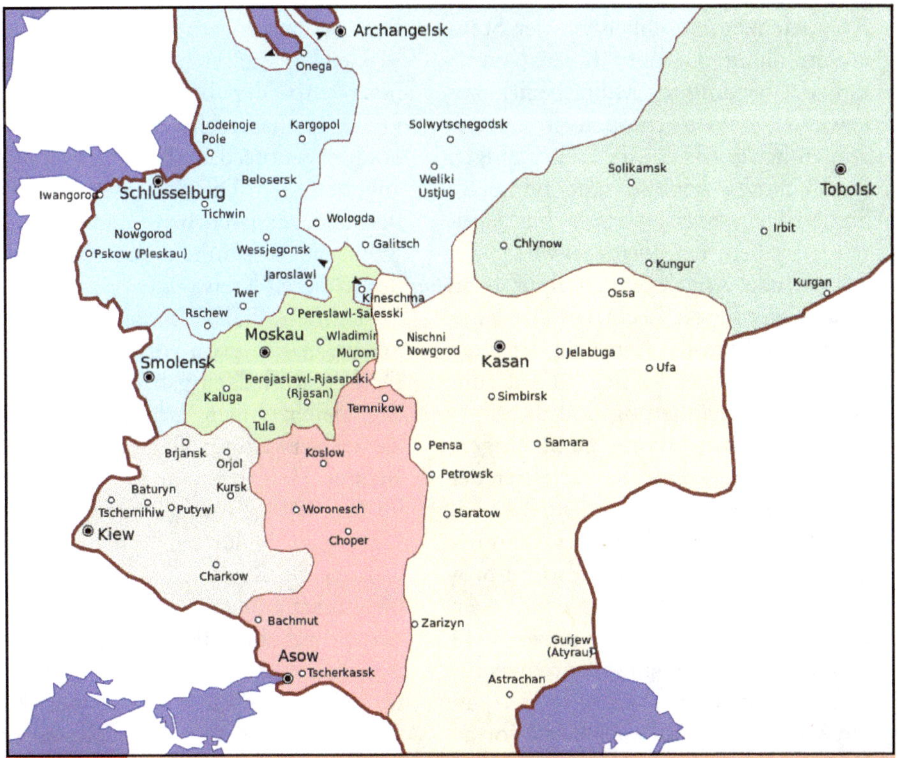

ABB. 16 DIE GLIEDERUNG DES RUSSISCHEN REICHES IN GOUVERNEMENTS SEIT 1708

Mit einem Ukas wurde 1707 das Territorium des Russischen Reiches in acht Gouvernements aufgeteilt, deren Steueraufkommen den jeweiligen Befehlshabern zur Truppenversorgung dienen sollte. Sie erwiesen sich aber als zu groß für eine effiziente Verwaltung des Staates. Ihre Zahl erhöhte sich durch Ausgliederungen und die Eingliederung Livlands bis 1719 auf 11, doch wurde im Mai dieses Jahres als entscheidende Verwaltungseinheiten 50 Provinzen gebildet. QUELLE: WIKIMEDIA COMMONS / HELLERICK

dischen Krieg, eilig und improvisiert. Erst im Februar 1709 folgte eine Ausführungsbestimmung, die das Reichsterritorium in neun Großregionen untergliederte; nach der Eroberung Livlands kam im nächsten Jahr eine weitere hinzu. Obwohl sie in ihrem Zuschnitt kaum zufällig militärischen Großbezirken glichen, wie man sie bereits Ende des 17. Jahrhunderts geplant hatte, war nicht nur die westeuropäische Bezeichnung *gubernija* neu. Zumindest an der Spitze schuf der Zar auch neue Ämter und Zuständigkeiten. Der „Gouverneur" vereinte alle zivilen Kompetenzen einschließlich der Steuereintreibung. Darüber hinaus wurde ihm ein bestimmter Militärbezirk zugewiesen, dessen Truppen er zu versorgen hatte. Als engste Helfer gingen ihm ein *ober-komissar* für monetäre Steuern, ein *ober-prowiant* für naturale Abgaben, ein *ober-komendant* für militärische Angelegenheiten und ein *land-richter* für die Rechtsprechung zur Hand. Und um die Kernübel der alten Verwaltung – willkürliche Forderungen an die Bevölkerung und die allgegenwärtige Korruption – zu beseitigen, wurde das überkommene Verfahren der „Selbstversorgung" (*kormlenije*) abgeschafft. Die neuen Beamten sollten bezahlt werden. Mehr noch als ihre programmatischen Amtsbezeichnungen markierte dieses im Dezember 1714 verfügte Prinzip eine Zeitenwende. Aus „Dienstleuten" (*sluschilye ljudi*) alter Art wurden Staatsdiener, die fortan Teil eines Verwaltungsapparates waren. Auch Russland sollte ein moderner absolutistischer Behördenstaat werden.

Indes erwiesen sich die neuen Gouvernements rasch als viel zu groß; eine Untergliederung in Provinzen war geboten, aber schwierig. Fast ein Jahr-

zehnt lang bestand die eigentliche Gouvernementsreform in der Suche nach einer angemessenen Verwaltungsstruktur vor Ort. Offenbar schon 1711 begann man, mehrere alte Kreise (*uesdy*) zu Einheiten mittlerer Dimension zusammenzufassen. Da sie sich in ihrer steuerlichen Leistungsfähigkeit stark unterschieden, versuchte Peter, eine Durchschnittsgröße zur Grundlage einer Untergliederung zu machen. Allerdings gelang es in den folgenden Jahren nicht, diese *dolja* (Anteil) genannte fiskalische Einheit von 5 536 Höfen in eine funktionierende administrativterritoriale zu verwandeln. Auch das Modell gewählter „Landräte" (*landratory*) aus den baltischen Provinzen (1713/14) half nicht. Wie zuvor in den Städten wurde das neue Prinzip nicht angenommen. Die *doli* blieben künstlich und zerrissen bisweilen sogar gewachsene Zusammenhänge in Gestalt der früheren Kreise (*ujesdy*).

Letzten Endes sah sich Peter genötigt, beinahe von vorn zu beginnen. Den Anstoß dazu gab der Schlussakt der gleichzeitigen Umgestaltung der Zentralverwaltung. Denn sein enger Berater Heinrich von Fick erläuterte im Mai 1718, dass sie eines geeigneten Unterbaus bedürften. Auch die Verwaltung der Regionen müsse nach dem Grundsatz eindeutiger Verantwortlichkeiten und eines klaren Instanzenzugs organisiert werden. Der Zar stimmte nicht nur diesem Grundgedanken, sondern sogar dem Modell zu, an dem zu orientieren ihm Fick riet: der Provinzverwaltung ausgerechnet des Kriegsgegners, der zu den modernen absolutistischen Zentralstaaten seiner Zeit zählte. Man übernahm allerdings nur die beiden oberen Ebenen der dreistufigen schwedischen Hierarchie. Im

Ergebnis ließ man die Großgouvernements, durch Ausgliederung auf elf erhöht, bestehen, verwandelte sie aber in reine Militär- und Gerichtsbezirke. Zur entscheidenden Verwaltungseinheit wurden die Provinzen (*provinzii*) als nächstniedrigere Stufe. An ihrer Spitze stand ein „Wojewode" mit allen zivilen Kompetenzen. Ihm ging ein *semski kamerir* (Kämmerer) mit einem eigenen Kontor zur Hand, der für die Steuereintreibung sorgte. Ende Mai 1719 wurden 50 solcher Provinzen gebildet. Als unterste administrativterritoriale Einheiten schuf man „Distrikte" (*distrikt*). Zum Teil waren sie mit den alten ujesdy identisch, zum Teil schlossen sie mehrere zusammen.

Ihr höchster Beamter war der „Landkommissar" (*semskij komissar*), der wie der Wojewode für alle fiskalischen, polizeilichen, wirtschaftlichen und sonstigen Belange zuständig war. Darunter beließ man die althergebrachte bäuerliche Selbstverwaltung, die gewählten Hundertschafts- und Zehnerschaftsführer (*sotskije, desjatskije*), die, vom Wojewoden bestätigt, als Hilfsorgane der staatlichen Distriktverwaltung dienten. In der Tat schuf Peter damit eine rationale Behördenorganisation, die zum Nutzen vor allem des Fiskus größere Effizienz versprach. Aber die Kluft zwischen Absicht und Wirklichkeit blieb bis zu der Gouvernementsreform Katharinas II. 1775 groß.

REGIERUNGSREFORM

Zeitlich folgte der ersten Gouvernementsreform nach dem Sieg von Poltawa (1709) der Auftakt zu einer Neugestaltung der Regierungs- und Zentralämter. Auch diese zog sich ein gutes Jahrzehnt hin, verband sich dabei mit dem erwähnten Umbau der Regionalverwaltung sowie einer neuerlichen Stadtreform und fand erst wenige Jahre vor Peters Tod einen gewissen Abschluss. Zugleich kam auch sie nicht aus heiterem Himmel. Schon 1699 hatte Peter der ehrwürdigen, recht großen Bojarenduma einen engeren Beraterkreis beigegeben, der regelmäßig tagte und deutlich arbeitsfähiger war als ähnliche frühere Gremien. Doch diese Veränderung des Alten genügte Peter nicht. Den Anstoß zu etwas wirklich Neuem gab im Februar 1711 sein abermaliger Aufbruch zu einem Feldzug (diesmal in den Süden gegen das Osmanische Reich). Der Se-

nat, dem neun Mitglieder angehören sollten, war im Kern zunächst nichts anderes als eine Vertretung des Zaren während seiner Abwesenheit. Auch die Hauptaufgaben des Senats, festgelegt in Anweisungen vom März 1711, entsprachen den aktuellen Anforderungen. Er sollte zu allererst Steuern erheben, denn „Geld" sei „die Schlagader des Krieges." So entscheidend und schwierig zugleich erschien Peter diese Aufgabe, dass er dem Senat befahl, einen „klugen und ehrlichen Mann" zum „Oberfiskal" zu wählen, der alle mit der Steuereintreibung befassten Behörden geheim kontrollieren sollte. Die Vollmachten, die er dazu erteilte, waren großzügig und liefen auf die Ermunterung von Denunziation hinaus. Sie nützten dennoch nichts. Selbst höchste Amtsträger stahlen weiter – die einschlägige Dreistigkeit zum Beispiel seines Günstlings Alexander

Demnach Se. Kayserl. Majestät, unser allergnädigster Herr, nach dem Beyspiel anderer Christlichen Mächte in Gnaden resolviret, zu ordentlicher Verwaltung Dero Reichs-Geschäfte, zu richtiger Disponirung und Berechnung der Reichs-Einkünfte, auch zu Verbesserung der heilsamen Justice und Polizey, zu mögl. Conservation Dero getreuen Unterthanen, zur Aufrechthaltung Dero Krieges-Macht zu Wasser und zu Lande, zu Beförderung der Commercien, Künste und Manufacturen, auch guter Einrichtung der See- und Land-Zölle, zur Aufnahme und weiterer Beförderung der Bergwerke, und anderer Reich-Angelegenheiten wegen, folgende hiezu dienliche und erforderliche Reichs-Collegia zu errichten; als

1) Das Collegium der auswärtigen Affairen.

2) Das Cammer-Collegium.

3) Das Justiz-Collegium.

4) Das Revisions-Collegium.

5) Das Kriegs-Collegium.

6) Das Admiralitäts-Collegium.

7) Das Commerz-Collegium.

8) Das Staats-Contoir-Collegium.

9) Das Berg- und Manufactur-Collegium.

[...]

QUELLE 9   **DIE ORDENTLICHE VERWALTUNG DER STAATSAUFGABEN UND DIE GRÜNDUNG DER ERSTEN KOLLEGIEN**

Mit zwei Dekreten begründete Peter I. im Dezember 1717 zunächst neun nach Fachbereichen gegliederte Kollegien als oberste Verwaltungsbehörden. An die Stelle der früheren Strukturen mit oft überlappenden, unsystematischen, weil historisch gewachsenen Zuständigkeiten traten im Endstadium zwölf Kollegien. Äußerlich dokumentierte sich die Wichtigkeit dieser neuen Institutionen in dem Gebäudekomplex auf der Petersburger Wassiljewski-Insel, in dem jedes der zwölf Kollegien eine gleich große Unterkunft erhielt – die einheitliche lange Barockfassade zählt seither zu den architektonischen Sehenswürdigkeiten der Stadt.

QUELLE: GENERAL-REGLEMENT FÜR ALLE REICHS-COLLEGIA UND DEREN BEDIENTE, WELCHES AUF BEFEHL SEINER MAJESTÄT KAYSERS PETER DES GROSSEN 1720 IN RUSSISCHER SPRACHE DURCH DEN DRUK BEKANNT GEMACHT WORDEN, SANKT PETERSBURG O. J., S. 3F.

Menschikow war notorisch; und auch ein „Oberfiskal", der mehrere Jahre im Amt gewesen war, wurde der Unterschlagung überführt und hingerichtet. Eine glücklichere Hand bewies der Zar erst, als er das Amt eines „General-Prokureurs" schuf. Dieser sollte nach dem Reglement vom April 1722 nicht nur die Arbeit des Senats überwachen, sondern auch die Umsetzung der Beschlüsse kontrollieren und Klagen aus der Praxis beachten. Peter fand auch einen Mann, der mit so weiten Kompetenzen umzugehen verstand – seinen langjährigen Vertrauten Pawel Jaguschinski. Es war vielleicht kein Zufall, dass dieser aus einfachen Verhältnissen kam und aufgrund seiner Fähigkeiten, nicht seiner Herkunft aufgestiegen war. Zur neuen Regierung und Verwaltung gehörte auch ein neuer Typus – der Karrierebeamte.

Dennoch konnte es nicht bei dieser ersten Reform bleiben. Dem Senat fehlte ein Unterbau in Gestalt korrespondierender oberster Behörden. In der nunmehr zunehmend entspannten außenpolitischen Lage wurde diese Umgestaltung auch gründlich vorbereitet. Denn Peter plante, gerade auch in dieser Hinsicht moderne, europäische Strukturen zu schaffen. Für zeitgemäß hielt er das Kollegialprinzip, das Entscheidungen zum Ergebnis gemeinsamer Beratung machte und sie einem Einzelnen entzog. Spätestens im März 1715, als er dem Senat eine entsprechende Notiz schickte, scheint der Zar entschlossen gewesen zu sein, solche Kollegien anstelle der Zentralbehörden einzurichten. Dazu ließ er Sachverständige aus der habsburgischen und der dänischen Verwaltung kommen. Vor allem aber ließ er Informationen vom Kriegsgegner Schweden sammeln. Mit einer entsprechenden Spionagemission wurde der erwähnte Kammerherr von Fick betraut, der zuvor in schwedischen Diensten gestanden hatte. Ihm gelang es, Kopien fast sämtlicher Gesetze und Verordnungen über die Kollegien nach Petersburg zu schmuggeln. Ihre Anpassung an russische Verhältnisse mündete Mitte Dezember 1717 in zwei Gründungsdekrete.

Wie in Schweden waren es neun nach Politikbereichen gegliederte Kollegien, die in der ersten Jahreshälfte 1718 ihre Arbeit aufnahmen. Jedem Kollegium sollten neben dem Präsidenten und Vizepräsidenten mindestens vier Kollegienräte und vier Kollegienassessoren sowie ein Sekretär und weiteres Hilfspersonal angehören. Peter brachte sein Land mit diesen neuen Institutionen jenem Idealzustand ein großes Stück näher, den das „Generalreglement" vom 28. Februar 1720 eine „ordnungsgemäße Verwaltung" nannte. An die Stelle der *prikasy* – von denen man 65 für die vorpetrinischen Jahrhunderte gezählt hat – mit oft überlappenden, in jedem Fall unsystematischen, weil historisch gewachsenen Zuständigkeiten traten im Endstadium zwölf Kollegien, die nach dem Fachprinzip gegliedert waren und Befugnisse für das gesamte Reich besaßen. Auch äußerlich dokumentierte der Zar, wie wichtig ihm diese Reform war. 1724 wurde auf der Petersburger Wassiljewski-Insel der Grundstein für einen Gebäudekomplex gelegt, in dem jedes der zwölf Kollegien eine gleich große Unterkunft erhielt. Nach Plänen von Domenico Trezzini entstand (bis 1741) eine einheitliche lange Barockfassade, die seither zu den architektonischen Sehenswürdigkeiten der Stadt zählt.

STEUERREFORM

Zu den staatlich-administrativen Reformen gehörte als weitere Neuerung die Einführung der Kopfsteuer. Wie der Umbau der Regierung und Verwaltung diente auch sie in erster Linie dem Staatshaushalt und dem Militär als größtem „Verbraucher". Damit sollte das 1720/21 auf circa 121 000 Mann stark angewachsene Heer nach schwedischem Vorbild zu einem großen Teil auch im Frieden unter Waffen gehalten werden können. Im Kriege hatte eine Sondersteuer die andere gejagt. Doch als bereits die ersten geheimen Friedensverhandlungen geführt wurden, gab Peter Ende 1718 eigenhändig Anweisung, Verzeichnisse darüber anzulegen, „wem in welchem Dorf wieviele Personen männlichen Geschlechts gehören", und daraus zu errechnen, „auf wieviele ‚Seelen' ein gemeiner Soldat entfällt".

Damit begann die erste Bevölkerungszählung des Russischen Reiches, die sogenannte erste „Revision". In mehreren Etappen bis Ende 1724 abgeschlossen, bildete sie die Grundlage für eine neue Steuer, die nicht mehr auf den Hof, sondern pro männlicher „Seele" erhoben wurde. Diese Steuer sollte Dutzende kleinerer Abgaben zu einer einzigen vereinen und damit einheitlich und berechenbar sein. Um sicher zu gehen, dass die Gelder nicht versickerten, wurde ihre Erhebung einem besonderen „Landkommissar" übertragen, den der Adel in jedem Kreis zu wählen hatte. Dem Zaren reichte aber auch dieses Verfahren als Gewähr nicht aus. Er hatte wenig Vertrauen in seine oft analphabetischen Krautjunker, so dass er 1723 dem Militär befahl, bei der Eintreibung zu helfen – eine Praxis, die bald zur Regel und zum Schrecken der Bauern wurde. Da die Regierung das nun vollständig zurückgekehrte Heer einquartierte und dies in der Regel auf den Bauernhöfen, führten beide Maßnahmen zusammen zu einer neuartigen Präsenz des Staates auf dem Dorf: Die Bauern begegneten ihm nun permanent als bewaffnetem Steuerstaat und als Militärmacht. Die tiefe Abneigung der Bauern gegen den Staat, die in den folgenden Jahrhunderten immer wieder in Aufruhr und Gewalt mündete, hatte hier eine ihrer Wurzeln.

EINFÜHRUNG DER RANGTABELLE

Eine weitere Reform sollte schließlich den umgebauten Staat und seine Verwaltung mit Personal versorgen. Dafür kam im Zarenreich, wo es kaum Städte und kein Bürgertum gab, nur ein Stand in Frage: der Adel. Dabei konnte Peter auf dessen überkommenes Dienstethos zurückgreifen: Russischer Adel definierte sich seit Jahrhunderten über seinen Einsatz für den Herrscher und den Staat. Als radikaler Reformer gab Peter aber diesem Gedanken eine neue Wendung, indem er den Leistungsgedanken hinzufügte. Dies geschah in einem epochalen Gesetz vom Januar 1722, das im Kern bis zum Untergang des Zarenreichs Bestand hatte. Eine Rangtabelle gab dem gesamten Dienst eine neue Struktur. Sie erreichte dies durch die Begründung eines *cursus*, der in drei parallelen Säulen, dem Militär-, Hof- und zivilen Staatsdienst, jeweils von der untersten, der 14., bis zur obersten Rangklasse führte. Auf diese 14 Ränge wurden alle wichtigen Ämter des Reiches, auch der Provinzverwaltung, verteilt. Die meisten erhielten fremdsprachige Bezeichnungen überwiegend deutscher Herkunft. Beinahe 120 solcher Neubildungen wie *gofmeister*, *ober-kamerger* oder *general-potscht-direktor* machten schon phonetisch den Unterschied dieser Laufbahn zur Beförderungsfolge altrussischer Art deutlich. Denn Peter scheute auch in diesem Gesetz nicht vor jenem Zusammenwirken von Zwang und Erziehung zurück, das seine gesamte Umwälzung kennzeichnete. Zum einen verpflichtete er sogar

Ränge im Heer und in der Marine	Zivilränge	Hofränge
I Generalfeldmarschall, Admiral	I Kanzler Wirklicher Geheimer Rat 1. Klasse	I
II General	II Wirklicher Geheimer Rat 2. Klasse	II Oberkammerherr, Oberhofmarschall etc.
III Generalleutnant, Vizeadmiral	III Geheimer Rat	III Hofmarschall, Stallmeister etc.
IV Generalmajor, Konteradmiral	IV Wirklicher Staatsrat	IV Kammerherr (1737–1809)
V Brigadegeneral, Kommandierender Kapitän	V Staatsrat	V Zeremonienmeister
VI Oberst, Kapitän 1. Ranges	VI Kollegienrat	VI Kammerherr (bis 1737) und -fourier
VII Oberstleutnant, Kapitän 2. Ranges	VII Hofrat	VII
VIII Major, Marineleutnant	VIII Kollegienassessor	VIII Hoffourier
IX Hauptmann, Artilleriehauptmann	IX Titularrat	IX
X Stabshauptmann, Artillerieleutnant	X Kollegiensekretär	X
XI	XI Senatssekretär	XI Kammerjunker
XII Leutnant, Marineleutnant	XII Gouvernementssekretär	
XIII Unterleutnant, Marineunterleutnant	XIII Senatsregistrator	
XIV Fähnrich	XIV Kollegienregistrator	

INFO **DIE RANGTABELLE VON 1722**

Um den umgebauten Staat mit Personal zu versorgen, begründete Peter I. 1722 in einer epochalen Reform den im Kern bis zum Untergang des Zarenreichs bestehenden Ämtercursus für den Staatsdienst. Er führte in drei parallelen Säulen, dem Militär-, dem Hof- und dem zivilem Staatsdienst durch jeweils 14 Rangklassen, auf die alle wichtigen Ämter des Reiches inklusive der Provinzverwaltung verteilt waren.

QUELLE: RANGVERORDNUNG PETERS I. VOM JAHR 1722, IN: ANTON FRIEDRICH BÜSCHING (HG.), MAGAZIN FÜR DIE NEUE HISTORIE UND GEOGRAPHIE, TL. 7, HALLE 1773, S. 347–360.

Söhne hocharistokratischer Geschlechter dazu, die jeweilige Laufbahn von unten zu beginnen. Zum anderen öffnete er die Laufbahn ausdrücklich für Nichtadlige und hielt als Prämie für erfolgreichen Aufstieg den erblichen Adelstitel bereit, der zum Erwerb von Gütern mit „Seelen" berechtigte. Dieser entscheidende Sprung wurde im Zivildienst mit dem Erreichen des 8. Rangs eines Kollegienassessors getan; im privilegierten Militärdienst bereits mit dem 14. Rang eines Oberoffiziers.

Zwar führte die Rangtabelle ein Kriterium ein, das Leistung oder auch nur Bewährung würdigte, doch sind Anspruch und Praxis zu unterscheiden. Obwohl Peter relativ vielen *homines novi* eine Chance gab, stammte der allergrößte Teil der zivilen und militärischen Reichselite nach wie vor aus den alten bedeutenden Fürsten- und Bojarengeschlechtern. Überdies gelang

es dem Adel recht bald, nicht nur die Offiziers-, sondern auch die Beamtenlaufbahn wieder zu seinem Monopol zu machen. Nicht in der sozialen Öffnung des Staatsdienstes lag die Hauptbedeutung der Rangtabelle, sondern in der Relativierung des Stellenwerts der Herkunft innerhalb des Adels: Der Rang löste die Geburt als Maßstab von Status und Prestige ab. Wer fortan in der russischen Gesellschaft Geltung erlangen wollte, strebte nach einem möglichst hohen Rang. Diesen aber brachte nur der Staatsdienst mit sich. Adel ohne Dienst war nichts wert; erst der Rang bestätigte die Herkunft. Insofern erreichte Peter sein Ziel. Im europäischen Vergleich leistete seine Reform nichts Geringeres, als die neben dem stehenden Heer wichtigste Errungenschaft des absolutistischen Behördenstaates nach Russland zu übertragen: eine reguläre Beamtenschaft.

LITERATURHINWEISE

Evgenij Anisimov, The Reforms of Peter the Great: Progress through Coercion in Russia, Armonk 1993.

Lindsey Hughes, Russia in the Age of Peter the Great, New Haven 1998.

Brenda Meehan-Waters, Autocracy and Aristocracy. The Russian Service Elite of 1730, New Brunswick, N. J., 1982.

Ljubow Pisarkowa, Gossudartswennoe uprawlenije Rossii s konza XVIII weka. Ewoljuzija bjurokratitscheskoi sistemy, Moskau 2007.

Michael Schippan, Die Einrichtung der Kollegien in Rußland zur Zeit Peters I., Wiesbaden 1997.

Reinhard Wittram, Peter I., Czar und Kaiser. Zur Geschichte Peters des Großen in seiner Zeit, Bde. 1–2, Göttingen 1964.

MECHANISMEN DER REFORMEN IN RUSSLAND

IGOR FEDJUKIN

Die Reformen Peters I. und seiner Nachfolger werden traditionell als Ergebnis der Bemühungen des Monarchen selbst oder des von ihm verkörperten Staates dargestellt. Doch entgegen dem Mythos vom allmächtigen und allgegenwärtigen Peter I. konnte sich der Kaiser – wie alle Regenten jener Epoche – lediglich auf einen äußerst rudimentären Staatsapparat stützen. Daher stellt sich bei genauerer Betrachtung heraus, dass Bestandteile und Ablauf seiner Reformen in vielem von den Interessen und dem Engagement einzelner Akteure bestimmt waren – angefangen bei den Ministern und Günstlingen des Zaren bis hin zu den abenteuerlichen „Projekteuren". Diese „erfanden" häufig die eine oder andere neue staatliche Funktion, zeigten deren Bedeutung auf und machten sich anschließend daran, sie auszufüllen und die notwendige organisatorische Infrastruktur zu schaffen. Die „Staatspolitik" war in diesen Fällen (wenn überhaupt vorhanden) nicht so sehr autonomer Ursprung und treibende Kraft der Projekte als vielmehr der allgemeine Rahmen für die Verwirklichung persönlicher Ambitionen.

https://doi.org/10.1515/9783110348712-008

„VON DER ANWEISUNG ZUR EINRICHTUNG"

In der Literatur hat sich mittlerweile die Meinung durchgesetzt, dass die Herausbildung von Befehlen und die darauf folgende Schaffung vieler petrinischer Institutionen als Prozess der Institutionalisierung persönlicher Anweisungen des Monarchen an den einen oder anderen Amtsträger betrachtet werden müssen. Eine ähnliche Transformation „von der Anweisung zur Einrichtung" vollzog sich 1699 auch im Fall der „Ratuscha" (Reform der Stadtverwaltung), die infolge der aktiven Karrierebestrebungen des bekannten „Pribylschtschiks" (etwa Gewinnmacher, sozialer Aufsteiger, Emporkömmling) Alexei Kurbatow (1663–1721) entstand. Dieser stützte sich bei seinen Aktivitäten auf ein Netzwerk eigener Klienten. Hier verbindet sich die Rhetorik vom „Gemeinwohl" und vom geregelten Staat mit den Karriereambitionen von Peters Gefolgsleuten und mit deren Tendenz, im Rahmen informeller Beziehungsmuster vorzugehen. Dabei sind die Grenzen zwischen „traditioneller" Unterstützung von Klienten und offener Korruption fließend. Es ist offensichtlich, dass der administrativ-unternehmerischen Tätigkeit Kurbatows gewisse kulturelle Wurzeln zugrunde lagen. Begonnen hatte er seine Karriere als Bediensteter von Boris Scheremetew. Als leibeigener „Hausadvokat" verwaltete er den riesigen landwirtschaftlichen Betrieb des Bojaren und begleitete ihn 1697/98 auch auf seiner Europareise. Von dieser Fahrt brachte Kurbatow wohl auch seine berühmte Idee mit, ein „Stempelpapier" einzuführen – spezielle Blätter, auf denen ein Wappenstempel angebracht war, die zur Abfassung von Bittgesuchen und anderen offiziellen Schriftstücken verwendet werden mussten und die vom Staat zu beziehen waren. Im Januar 1699 stellte Kurbatow Peter I. sein Projekt vor. Die Idee wurde umgehend gutgeheißen, die Rüstkammer mit der Herstellung und dem Verkauf des Stempelpapiers beauftragt und der Leibeigene des Bojaren in der Funktion eines Djaken (Sekretärs) dorthin beordert. Danach blieb er einige Jahre lang ein relativ enger Berater Peters und hatte die Möglichkeit, direkt mit ihm zu korrespondieren.

Die Entstehungsgeschichte der modernen Schule in Russland wird traditionell als Geschichte der Reformen „von oben" geschrieben. Sie handelt von Plänen der Regierung und von Leitimpulsen seitens des Staates und aufgeklärter, reformorientierter Monarchen. Die Entstehung und Entwicklung neuer Bildungsformen in Russland sind jedoch ein gutes Beispiel für „administratives Unternehmertum". Selbstverständlich verlangte Peter I. von seinen Untertanen, unablässig zu lernen und ordnete an, „die jungen Leute zu unterrichten". Allerdings verfasste er persönlich kein einziges auch nur halbwegs umfangreiches Schriftstück zu Bildungsfragen (im Unterschied zu etlichen anderen Themenbereichen). Mit der Ausarbeitung der Details, wie denn genau dieser Unterricht zu organisieren sei, befassten sich daher seine Gehilfen, angeworbenen Experten oder auch seine zahlreichen „Projekteure". Beinahe alle unter Peter entstandenen Schulen gehen auf Vorschläge dieser „Planer" zurück.

DIE „SCHULE FÜR MATHEMATISCHE UND NAVIGATORISCHE WISSENSCHAFTEN" IN MOSKAU

Die Schaffung der Moskauer „Schule für mathematische und navigatorische Wissenschaften" sticht unter den bedeutenden Kulturinitiativen Peters hervor. Eine Keimzelle neuer Erkenntnisse und „neuer Menschen", gilt sie als Produkt des Zaren selbst, der persönlich ausländische Lehrer einstellte und ihr ein säkulares, technologisch ausgerichtetes Unterrichtsprogramm vorgab, das den Normen und Vorstellungen der Gesellschaft seiner Zeit zuwiderlief. Es wird davon ausgegangen, dass Peter I. den Widerstand der Repräsentanten der Elite zu überwinden hatte, darunter auch kirchlicher Kreise. In Wirklichkeit gibt es relativ wenige Zeugnisse für eine persönliche Beteiligung Peters I. an der Einrichtung und Tätigkeit der Schule. Für ein solches Engagement sprechen einige an Peter I. gerichtete und die Angelegenheiten der Schule betreffende Dokumente. Allerdings ist über seine Reaktion darauf, wie auch über etwa vom Zaren selbst initiierte Schriftstücke, praktisch nichts bekannt.

Während seiner Reise nach London 1698 warb Peter I. britische Lehrer für den Dienst in Russland an. Dies waren der schottische Mathematiker Henry Farquharson (1675[?]–1739), der die bescheidene Position eines Mathematiklehrers (Tutors) am Marischal College in Aberdeen innehatte, sowie die Absolventen der „Royal Mathematical School" Stephen Gwyn und Richard Grice, zu diesem Zeitpunkt 15 bzw. 17 Jahre alt. Obwohl er auch beabsichtigte, englische Seeleute an-

zuwerben, hatte Peter I. wohl kaum eine feste Vorstellung vom „wo" und „wie" und auch nicht davon, wen genau er anstellen solle. Einer der Peter in England vorgestellten Seeleute – der Marquis von Carmarthen oder aber Vizeadmiral David Mitchell, der wie Farquharson aus Aberdeen stammte – hatte Letzteren empfohlen. Der Zar dachte jedoch anscheinend nicht mehr an den von ihm eingestellten Lehrer. Er verließ London, ohne seinen Vertrauensleuten irgendwelche Instruktionen zu hinterlassen, wie mit dem Schotten zu verfahren sei. Wann und auf welcher Route die Briten nach Russland kamen, ist nicht bekannt. Wahrscheinlich wurden sie alle drei, gemeinsam mit anderen Ausländern, bereits im Sommer 1698 nach Archangelsk geschickt und fanden sich im Herbst desselben Jahres in Moskau ein, wo sie über ein Jahr darauf warteten, in den Dienst gestellt zu werden. Die Anordnung, die drei Lehrer in ihre „Zuständigkeit" zu überführen und ihnen ein Salär auszuzahlen, erhielt die Rüstkammer erst am 15. November 1699. Der Erlass des Zaren, in dem dieser „den Unterricht in den mathematischen und navigatorischen Künsten, das heißt, in den Künsten geschickter Seefahrt" anordnete und die drei Engländer zu Lehrern bestimmte, erschien erst ein Jahr später, am 14. Januar 1701.

Obwohl also Peter I. selbst die Berufung der Lehrer initiiert hatte, nahmen diese ihre Arbeit erst drei Jahre nach seiner Ankunft in Russland auf. Wie aus den der Forschung vorliegenden Dokumenten hervorgeht, zeigte Peter I. während dieser ganzen Zeit keinerlei Interesse an der Schule: In den Papieren wird die künftige Schule weder erörtert, noch werden die britischen Lehrer überhaupt erwähnt. Keinem der Magnaten wurde in dieser Zeit aufgetragen, die Schule im Blick zu behalten. Allerdings ist diese Missachtung keineswegs verwunderlich. Die Zeiten waren hart: In die zweite Hälfte des Jahres 1698 fiel die Untersuchung des Strelitzenaufstands, 1699/1700 erfolgten die Friedensverhandlungen mit der Türkei, die erste Welle der Staatsreformen, die Kriegserklärung an die Schweden und die Katastrophe bei Narwa. Einen Großteil dieser Zeit verbrachte Peter I. außerhalb Moskaus. Darüber hinaus wurde seine Aufmerksamkeit durch den gleichzeitig mit Farquharson angeworbenen englischen Ingenieur John Perry in Anspruch genommen, der für die Fertigstellung des Kanals zwischen der Wolga und dem Don zuständig war. Die einzige Gewähr für eine erfolgreiche Entwicklung in dieser Angelegenheit war das persönliche Interesse des relativ hochrangigen Verwaltungsbeamten, der mit ihr betraut war. Um zu verstehen, wie die Schule unter diesen Bedingungen überhaupt eröffnet werden konnte, muss man sich bewusst machen, wie und von wem die dafür notwendigen administrativen Ressourcen mobilisiert wurden und wie diese aussahen. In diesem Moment begann sich nämlich auch Kurbatow für die Schule zu interessieren, dessen Einfluss bei Hofe in jenen Tagen praktisch seinen Höhepunkt erreicht hatte. Er übermittelte dem Zaren laufend Notizen zu Fragen, die weit über seine dienstlichen Obliegenheiten hinausgingen. So machte er nach dem Tod des Patriarchen Adrian den Vorschlag, die Wahl eines neuen Kirchenoberhaupts zu verschieben und in der Zwischenzeit ein spezielles, weltliches Organ zur Verwaltung des Kirchenvermögens zu schaffen, was letztlich auch geschah. Kurbatows Entschluss, die Schirmherrschaft über die Navigationsschule zu übernehmen, fügte sich nahtlos in den allgemeinen Kontext seiner rastlosen staatlichen Aktivitäten in jener Zeit ein. Dieses Projekt bot dem Mann, der vor nicht allzu langer Zeit noch der Bedienstete eines Bojaren gewesen war, die Möglichkeit, dem Herrscher einmal mehr seinen Eifer zu demonstrieren und gleichzeitig, wie wir noch sehen werden, seinen eigenen Klienten und Gleichgesinnten Unterstützung angedeihen zu lassen.

Bereits im Jahr 1700 begann er damit, sich ernsthaft mit der Schule zu beschäftigen und räumte nach und nach seine Konkurrenten aus dem Weg. Zunächst hinterbrachte er dem Zaren, dass das Projekt zur Organisation des Mathematikunterrichts auf der Stelle trat, und bat offen darum, ihm diese Angelegenheit zu übertragen. Gleichzeitig schlug Kurbatow dem Zaren seinen eigenen Mathematikexperten vor – Leonti Magnizki. Er veranlasste, dass dieser Peter I. vorgestellt wurde und überzeugte ihn dann unter Berufung auf Magnizki davon, dass das Mathematiklehrbuch, das ein Ausländer im Auftrag des Zaren schon früher erarbeitet hatte, völlig ungeeignet sei. „Welches Buch ich zu mir nahm und es dem in der Arithmetik und Geometrie bewanderten Leonti Magnizki und seinen Kollegen zeigte. [...] Sie sagten, dass das Buch des Ausländers äußerst fehlerhaft in das slawische Idiom übersetzt und nicht zu verstehen sei, und dass es keine Wunderdinge enthalte." Kurbatow beauftragte Magnizki mit der Erarbeitung eines alternativen Lehrbuchs und quartierte den aus Ostaschkow gebürtigen Lehrer in seinem eigenen Haus ein: „Es erscheint, Herr, sehr kunstreich und übertrifft jenes Buch des Ausländers weit in Allem." In Anbetracht des Interesses Kurbatows an der Schule hat er den Erlass von 1701 wahrscheinlich selbst verfasst. Der Ukas wurde in dem kurzen Zeitraum des Winters von Narwa, als Peter I. sich zwischen dem 8. Dezember 1700 und dem 31. Januar 1701 in Moskau aufhielt, herausgegeben. Am 22. Februar wurde auch Magnizki an die Schule berufen, womit Kurbatow gerechnet hatte, der die Briten laufend diskreditierte und sie der „Faulheit" und Arglist gegenüber Magnizki bezichtigte. Letzterer wurde hingegen als Ausbund an Fleiß und Tugend dargestellt. Kurbatow setzte Magnizki in der Schule als seinen Informanten ein. Der Djak erhielt von ihm direkte Lageberichte und erteilte dann den Engländern auf Basis dieser Rapporte Anweisungen und Belehrungen. 1705 war die Navigationsschule nicht so sehr die Schule Farquharsons, als vielmehr die Schule Magnizkis: In den Listen scheinen nur 30 Schüler auf, die „die Wissenschaft der Navigation bei dem Ausländer Andrei Farquharson und seinem Kollegen vollführten", aber bereits 34 „vollführten die Wissenschaft der Navigation" bei Magnizki. Dabei überholte Magnizki Farquharson nicht nur in Bezug auf die Anzahl der Schüler, er griff auch in seine Kompetenzen ein – in den Unterricht in den „höheren" Disziplinen, die doch eigentlich dem Schotten vorbehalten sein sollten.

Auf diese Weise stützte sich Kur-

batow bei der Leitung der Navigationsschule auf seine Klienten, die einem großen sozialen Netzwerk mit klarem Kulturprofil angehörten, das durch einen erheblichen Einfluss der ukrainisch-polnischen Kultur und eine stärkere Ausrichtung auf das katholische, gräko-lateinische Modell des barocken Westens gekennzeichnet war. Das Wesen der Bildung Kurbatows war durch seine Zugehörigkeit zum häuslichen Umfeld des Bojaren Scheremetew geprägt. Dieser war ein bedeutender Westler spätmoskau-lateinischen Zuschnitts, der in Kiew aufgewachsen war und laut einigen Quellen sogar eine Zeit lang an der Kiew-Mohyla-Akademie studiert hatte. Die Vorlieben des Bojaren mussten natürlich ihren Einfluss auf die gesamte kulturelle Atmosphäre in seinem Haus ausüben. Auch im Moskauer Heim Kurbatows wohnten bedeutende Vertreter kirchlicher und gelehrter Kreise und führten theologische Dispute (Fjodor Polikarpow, Dmitri Tweritinow, aber auch der Gründer der ersten privaten Druckerei Wassili Kiprianow). Die Persönlichkeit Kurbatows verband diesen Zirkel mit der Kommandobürokratie und dem Handelsstand. So empfahl Kurbatow Zar Peter I. beispielsweise, die Magnizki nahestehenden Kaufleute Iwan Korotki und Afanasi Pawlow zu Handelsvertretern in Amsterdam zu machen. Ersterer hatte die Übersetzung der Schrift „Über die rhetorische Kraft" von Sofroni Lichud, Lehrer an der Slawisch-Griechisch-Lateinischen Akademie, aus dem Griechischen ins Russische finanziert.

Letztlich wurde die Einrichtung der Schule aufgrund der Tatkraft und des Leistungsvermögens desjenigen sozialen und kulturellen Zirkels ermöglicht, der der vorpetrinischen und spätmoskauer Epoche zuzurechnen ist und dessen Wertordnung nur bedingt den Vorstellungen und Zielen des Zaren entsprach. Die Schule, die zu einer wichtigen Kaderschmiede für eine ganze Reihe neuer technischer Fachgebiete und für den Verwaltungsapparat insgesamt werden sollte, war keineswegs die Frucht zielgerichteter, nach Erneuerung strebender Bemühungen eines auf Vernunft gegründeten Staates, sondern das Ergebnis des unternehmerischen Handelns des Djaken Kurbatow und seiner Freunde, deren Richtschnur der barocke Humanismus und die Untrennbarkeit von geistlichem und technischem Wissen war.

DIE MARINEAKADEMIE IN SANKT PETERSBURG

Ähnlich verhält es sich mit der im Jahr 1715 in Sankt Petersburg gegründeten Marineakademie. Diese Akademie kann als die erste „reguläre" Lehranstalt Russlands betrachtet werden. Die Organisationsstruktur der Schule und die Tätigkeit ihrer Leitung sollten Richtlinien und Anweisungen unterworfen und auch das Verhalten der Schüler genau reglementiert werden. In die Akademie wurden Vertreter der angesehensten aristokratischen Familien aufgenommen. Der erste Direktor war der sogenannte „Baron de Saint-Hilaire". Sowohl dessen Persönlichkeit als auch die Umstände, unter denen er seine Akademiepläne entwickelte, sind ein Beispiel dafür, wie neue Schulen in Russland in der Praxis entstanden und welche Rolle dem „Staat" und Peter selbst in diesem Prozess zukam.

In jüngster Zeit in die Wissenschaft eingeführte Quellen, unter anderem aus französischen Archiven, geben eindeutig Aufschluss darüber, dass Saint-Hilaire ein Namensbetrüger und internationaler Abenteurer war. Laut Angaben des französischen Marineamts wurde er in Toulon in eine bürgerliche Familie hineingeboren und trug den Namen Allaire. Er war Kaufmann in Bayonne und wurde dann bei Betrügereien ertappt. Nach zahlreichen Abenteuern in Spanien, England und Italien kam er – bereits unter dem Namen „Baron de Saint-Hilaire" – in Sankt Petersburg an. In der neuen russischen Hauptstadt behauptete er, irgendwo in Europa den russischen Botschafter in Wien, Graf Andrei Matwejew, getroffen zu haben, der ihm eine „gute Position" im russischen Dienst versprach. Diese Angaben waren durchaus glaubhaft. In jener Zeit verlangte Peter von seinen Repräsentanten mit besonderem Nachdruck, jenseits der Grenze ausländische Spezialisten für den Dienst in Russland zu rekrutieren. Später konnte sich Matwejew an diese Einladung zwar nicht mehr erinnern, stellte sie jedoch auch nicht in Abrede.

Der „Baron" tauchte Anfang Januar 1715 in Sankt Petersburg auf und stand schon nach ein paar Monaten mit der Hofgesellschaft auf Du und Du. Im März wurde seine Verlobung mit einer Hofdame der Prinzessin Charlotte, Gemahlin des Zarewitsch Aleksei, bekannt. Zur gleichen Zeit übermittelte er Peter einige Projekte, darunter auch das Projekt zur Schaffung einer Marineakademie. Im Mai fand im Beisein Peters I. und des „gesamten Hofes" die Vermählung des „Barons mit dem

ABB. 17 DAS MARINE-KADETTENKORPS IN SANKT PETERSBURG

Die 1715 gegründete Marineakademie in Sankt Petersburg kann als die erste „reguläre" Lehranstalt Russlands gelten. Sie war für 300 Studenten konzipiert, die in Gruppen zu je 50 auf sechs Abteilungen verteilt waren. Im Rahmen der Flottenpolitik Peters I. sollte sie ebenso wie die bereits 1701 gegründete Navigationschule in Moskau die Ausbildung russischer Seeleute für die Kriegsflotte ermöglichen, um so von den ins Land geholten ausländischen Spezialisten unabhängiger zu werden. Auf dem Bild zu sehen ist der Sitz des 1752 auf Erlass von Kaiserin Elisabeths aus der Marineakademie hervorgegangenen Marine-Kadettenkorps im ehemaligen Palast des Generalfeldmarschalls Münnich. Sitz der Marineakademie war 1715 zunächst ein Anwesen des Admirals Alexander Kikin auf jenem Areal, wo heute der Winterpalast steht. Sie wechselte im Zusammenhang mit dem Baubeginn für den dritten Winterpalast 1733 ihren Standort auf die Wassiljewski-Insel und bezog ein Anwesen des Fürsten Dolgoruki, wo heute das Gebäude der Akademie der Künste steht. Von beiden Gebäuden sind keine Bilder überliefert.

DIE MARINE-KADETTENKORPS IN SANKT PETERSBURG, AQUARELL VON MOCHKOT, 18. JAHRHUNDERT.

Fräulein" statt. In diesem Augenblick verkündete der Zar auch die Bildung eines 200 Mann starken „Gardekorps der Marine", das auf der Grundlage des Projekts des „Barons" aufgestellt werden und unter dessen Kommando stehen sollte. Die Ernennung war das Hochzeitsgeschenk.

Der „Baron" hatte seine Marineakademie allerdings nicht völlig neu erfunden. Die Idee, eine solche Schule zu gründen, dürfte in jener Zeit wohl „in der Luft gelegen" haben. Im Winter 1715 hatte Peter I. in der Hauptstadt eine Musterung junger Adliger durchgeführt und viele von ihnen zur „Ausbildung" vorgesehen. Dennoch verfügen wir über keinerlei Hinweise darauf, dass der Zar plante, eine Marineakademie einzurichten. Das vom Baron ausgearbeitete Projekt war eine wörtliche Übersetzung der französischen Marineverordnung „Ordonnance de Louis XIV pour les armées navales et arsenaux de marine" vom 15. April 1689 und kam Peter I. offensichtlich gelegen. Und wieder ist nichts über irgendwelche Kommentare oder Korrekturen Peters bekannt. Es gibt auch keine offiziell von ihm genehmigte Kopie des Dokuments. Ungeachtet dessen bezog der „Baron" ab Mitte 1715 ein Direktorengehalt und Anfang Herbst trafen auch die Schüler in

Sankt Petersburg ein. Am 1. Oktober verfasste der „Baron" die „Instruktion für die Marineakademie", die von Peter I. mit geringfügigen Ergänzungen, um die „Saint Hilaire" selbst gebeten hatte, genehmigt wurde.

Man kann gewiss nicht sagen, dass die Marineakademie gegen den Willen Peters I. ins Leben gerufen wurde. Er hatte sich mit den Plänen des „Barons" beschäftigt und diese im Großen und Ganzen gebilligt. Jedoch spielte er bei der Projektierung der Marineakademie nur eine kleine und verhältnismäßig passive Rolle. Er initiierte weder die Ausarbeitung der Pläne, noch erteilte er irgendwelche inhaltliche Vorgaben oder beteiligte sich an ihrer Überarbeitung. Er war wesentlich mehr an der praktischen Ausbildung der Seekadetten interessiert. Der Zar persönlich schickte diese nach Europa, damit sie dort Erfahrung sammelten, und betrieb ihre Entsendung auf die Schiffe der russischen Flotte. Die Marineakademie besuchte er lediglich dreimal: zweimal im Herbst 1715 und einmal im Sommer 1724. Und dennoch – obwohl der „Baron" im Januar 1717 mit dem zusammen mit ihm in die Leitung bestellten Grafen Matwejew in Streit geriet und entlassen wurde, blieb die Marineakademie bestehen und spielte eine wichtige Rolle bei der Ausbildung einer neuen Generation der russischen Elite.

Daher geht es bei den in Russland im ersten Viertel des 18. Jahrhunderts durchgeführten Reformen nicht so sehr darum, welchen „persönlichen Beitrag" Peter zu diesen Neuerungen leistete, als vielmehr um die Mechanismen der Staatsbildung im Russland der frühen Neuzeit. Und obwohl davon ausgegangen wird, dass die Reformen ausschließlich „von oben" durchgeführt, ja sogar aufgezwungen wurden – was in vielem wohl auch so war –, wird bei einem derartigen Ansatz die extreme institutionelle Schwäche des Staates jener Zeit (und nicht nur des russischen) außer Acht gelassen. Die staatliche Verwaltung hätte ohne Unterstützung vor allem durch soziale Netzwerke, persönliche Einflusskanäle, Klanmechanismen und das dahinter stehende, sich in echtem „administrativen Unternehmertum" manifestierende Interesse von Einzelpersonen an Aufstieg und materiellem Gewinn nicht bewerkstelligt werden können.

LITERATURHINWEISE

Anna Schukowskaja, Ot porutschenija k utschreschdeniju. A. A. Kurbatow i „krepostnoe delo" pri Petre I., in: Otscherki feodalnoi Rossii 13 (2009), S. 314–376.

Igor Fedjukin, Osnowanije Morskoi akademii. Dokumenty barona de Sent-Ilera i ewo prejemnikow 1715–1723, in: Maja Lawrinowitsch / Igor Fedjukin (Hg.), „Reguljarnaja akademija utschreschdena budet ..." Obrasowatelnyje projekty w Rossii w perwoi polowine XVIII weka, Moskau 2015, S. 34–69.

Igor Fedjukin, Rol administratiwnowo predprinimatelstwa w petrowskich reformach. Nawigazkaja schkola i posdnemoskowskije knischniki, in: Rossiskaja istorija (2014) 4, S. 80–101.

Michail Krom / Ljudmila Pimenowa (Hg.), Fenomen reform na sapade i wostoke Jewropy w natschale Nowowo wremeni (XVI–XVIII ww.). Sbornik statei, Sankt Petersburg 2013. (Siehe insbesondere Ja. Larina, „Polititscheski inschener". Genrich von Frik i fenomen reform Petra I, S. 323–337.)

Maximillian Novak (Hg.), The Age of Projects, Toronto 2008.

LEIBNIZ UND DIE BILDUNGSREFORMEN PETERS DES GROSSEN

MANFRED HILDERMEIER

Der deutsche Universalgelehrte Gottfried Wilhelm Leibniz bemühte sich schon während Peters „Großer Gesandtschaft" 1697/98 um ein Gespräch mit dem russischen Zaren, den er für die Förderung des Geistes und der Wissenschaft gewinnen wollte. Doch erst im Sommer 1711, als Peter zur Verheiratung seines Sohnes mit der Prinzessin Charlotte von Braunschweig-Wolfenbüttel nach Mitteldeutschland reiste, bot sich dazu in Torgau eine Gelegenheit. Bei dieser Unterredung beeindruckte er den Monarchen so tief, dass dieser ihn zum Berater erhob. Was Leibniz ihm sagte und in Memoranden zu Papier brachte, hat vor allem zur Gründung der bald weltberühmten Akademie der Wissenschaften in Sankt Petersburg beigetragen. Vielleicht hatte aber auch schon der Besuch des Zaren in der Royal Academy in London 1698 einen solchen Wunsch geweckt. Offenbar kamen viele Anregungen zusammen, die eines gemeinsam haben: Sie stammten aus Westeuropa, waren eine Frucht der dortigen Frühaufklärung, und Peter griff sie auf, um Bildung und Wissenschaft nach Russland zu bringen. So steht das Treffen von Torgau symbolisch für alle Anstrengungen auf diesem Gebiet und den generellen Versuch des Zaren, den Rückstand seines Landes bei fachlichen und allgemeinen Kenntnissen abzubauen.

https://doi.org/10.1515/9783110348712-009

DIE BILDUNGSREFORMEN PETERS I.

Vieles spricht dafür, dass der Umbruch, den Peter seinem Land verordnete, auf keinem Lebensgebiet so spürbar war wie in der Bildung und Wissensvermittlung. Der Zar begriff deren gesellschaftliche Bedeutung für

ABB. 18   GOTTFRIED WILHELM LEIBNIZ

Gottfried Wilhelm Leibniz diente zunächst Kurfürst Johann Philipp von Schönborn in Mainz als Jurist, Gerichtsrat und Diplomat. Er reiste nach Paris, England und in die Niederlande, und wurde ab 1676 Bibliothekar und Hofrat in den Diensten der Herzöge von Braunschweig. Leibniz gilt als Universalgelehrter, der sich unermüdlich den unterschiedlichsten Fragen und Problemen widmete. Vor allem seine Erfindung des binären Systems und seine Rechenmaschine wiesen in die Zukunft und stellen bis heute Grundlagen der Computertechnik dar. Leibniz war an der Gründung der Königlich-Preußischen Akademie der Wissenschaften in Berlin nach französischem und englischem Vorbild beteiligt, deren erster Präsident er auch wurde, und an jener der Akademien in Dresden, Wien und schließlich Sankt Petersburg.

GOTTFRIED WILHELM LEIBNIZ, ÖLGEMÄLDE VON JOHANN FRIEDRICH WENTZEL D. Ä., UM 1700, ARCHIV DER BERLIN-BRANDENBURGISCHEN AKADEMIE DER WISSENSCHAFTEN (ABBAW), ABTEILUNG SAMMLUNGEN, GELEHRTENGEMÄLDE, GOTTFRIED WILHELM LEIBNIZ, VZLOBO-0031, FOTOGRAF HOLGER KUPFER.

eine umfassende Erneuerung. Bekannt ist das Motto auf seinem persönlichen Siegel: „Ich bin ein Schüler und suche Lehrer." Noch von der „Großen Gesandtschaft" aus gab er Anweisung, in Moskau eine Navigationsschule einzurichten, die aber erfolglos blieb und nach besserer Vorbereitung im Januar 1701 erneuert wurde. Trotz vieler Vorläufer des Wandels im ausgehenden 17. Jahrhundert illustriert das Beispiel Peters entscheidenden Schritt. Auch er wollte sich zunächst offenbar damit begnügen, die seit 1687 bestehende griechisch-slawisch-lateinische Akademie der Hauptstadt umzubauen. Doch die Auslandserfahrung brachte ihn zu der Einsicht, dass es mit einer Modifikation des Alten nicht getan, vielmehr ein weitgehender Neuanfang nötig sei. Was der Zar dabei zuallererst brauchte, waren militärisch nützliche, technisch-naturwissenschaftliche Kenntnisse, die vor allem dem Krieg und seiner besonderen Leidenschaft, dem Flottenbau, dienen sollten. In der erwähnten Navigationsschule wurden in den ersten Jahren 200 bis 300 Schüler unterrichtet. Das genügte aber längst nicht. Weitere Gründungen folgten, die beinahe bis zu Peters Tod andauerten. 1703 ergänzten Admiralitätsschulen in den Hafenstädten die Navigationsschule. 1709 wurde die erste Ingenieursschule in Moskau errichtet, 1719 eine zweite in Sankt Petersburg; bereits 1699 war eine erste Artillerieschule ins Leben gerufen worden; ihr folgte 1712 eine zweite und 1721 eine dritte. 1715 öffnete eine Marineakademie in Sankt Petersburg ihre Tore, 1716 die erste Bergbauschule.

Daneben erkannte der Zar aber auch den Bedarf an nichttechnischen Kenntnissen und allgemeiner Bildung. Das Außenamt durfte 1701 eine Sprachenschule einrichten, und 1703 erlaubte er dem livländischen, pietistischen Pastor Ernst Glück, den er vom Feldzug gegen Schweden zu Beginn des „Großen Nordischen Krieges" mitgebracht hatte, in Moskau das erste akademische Gymnasium zu eröffnen. Glück unterrichtete hier neben Mathematik, Physik, Geographie, Deutsch und Latein auch Tanz und „ehrbare Sitten" – die ersten Kurse in westlichem Benehmen, denn die „Nation" trage zwar nun, wie Glück schrieb, „teutsche Kleider", „bücke" sich aber immer noch „auf rußisch". Die Schule verlor zwar nach dem frühen Tod ihres Gründers im Jahr 1705

an Bedeutung, wurde aber weitergeführt. Bis 1711 erhielten hier 240 Jugendliche eine Ausbildung, wie es sie bis dahin in Russland nicht gegeben hatte. 1707 nahm auch eine medizinische Akademie ihren Betrieb auf, für die Peter den Sohn eines bekannten Chirurgen aus Leiden gewinnen konnte. Bis 1712 besuchten etwa 50 Knaben ihre Kurse. Und 1721, nach der Neuordnung der Regierung und zentralen Verwaltung, erhielt auch der Senat eine eigene Schule, um seinen Nachwuchs dort auszubilden. Während sich diese nach schwedischem Vorbild nur an den Adel wandte, standen die übrigen Schulen grundsätzlich Kindern aus allen freien Ständen offen. Der Zar wiederholte dies in mehreren Dekreten; ihm lag an Qualifikation, nicht an adeliger Exklusivität.

DIE ZIFFERNSCHULE

Vermutlich tat Peter gut daran, so zu verfahren. Denn am Schicksal der bekanntesten Neugründung, der sogenannten Ziffernschule, zeigte sich, dass gerade der Unmut seiner adeligen „Dienstleute", auf deren Mitwirkung er bei allen Reformen letztlich angewiesen war, über die tiefgreifende Veränderung ihrer gewohnten Lebensbahnen groß war. Dem Wortlaut des Errichtungsdekrets vom Januar 1714 zufolge hatte jeder junge Edelmann im Alter von zehn bis fünfzehn Jahren fortan eine mathematische Elementarschule zu besuchen, die Kirchen und Klöster im ganzen Reich bereitstellen mussten. Wer dieser Order nicht nachkam, durfte nicht heiraten. Verweigerern drohte der Zar damit auf höchst moskowitische Art

beinahe das Schlimmste an, was ihnen geschehen konnte: den Entzug der Möglichkeit zur legitimen Fortpflanzung des Geschlechts. Die Bischöfe wurden angewiesen, keine Trauungen ohne Vorlage des Abschlusszeugnisses vorzunehmen. Die Betroffenen leisteten jedoch in so großer Zahl unter allen nur denkbaren Vorwänden passiven Widerstand, dass der Zar einlenkte. Dabei schien ihre Unentbehrlichkeit angesichts des noch andauernden Krieges gegen Schweden den Ausschlag zu geben. Jedenfalls nahm ein Ausführungsdekret schon im Januar 1716 den Adel gleichsam nebenbei wieder von der Schulpflicht aus. 1721 baten auch die Kaufleute um Verschonung, da ihre Söhne im Geschäft gebraucht würden und anderes zu lernen hätten. Und als im folgenden Jahr die Popensöhne in eigene Schulen transferiert wurden, die das Geistliche Reglement von 1721 vorsah, leerten sich die Schulbänke fast vollständig. Das Experiment der Ziffernschule, die eine Art Elementarschule für die Funktionsträger des Reiches auch in der Provinz hätte sein sollen, scheiterte gründlich.

DIE AUSBILDUNG DES KLERUS

Umso eher galt, dass der Zar gut beraten war, nicht ganz auf die Tradition zu verzichten. Soweit es im alten Russland Bildungseinrichtungen gegeben hatte, befanden sie sich in der Obhut der Kirche. Auch wenn Peter primär an anderem als geistlicher Ausbildung interessiert war, gab er nach dem Tod des Patriarchen Adrian im Jahre 1700 doch dem Verweser dieses Amtes, das er nicht mehr besetzte und 1721 schließlich abschaffte, den Auftrag, die erwähnte Moskauer Akademie zu übernehmen. Stefan Jaworski, nicht zufällig aus der Ukraine stammend, glich sie dem Kiewer Vorbild der Petro-Mohyla-Akademie an. Vor allem nach dem Friedensschluss von Nystad 1721, als der Neuaufbau des Reiches anstand, wurde dem Zaren offenbar bewusst, dass er auf die Hilfe der Kirche nicht verzichten konnte. Die Fundamentalreform von 1721 sah nicht zuletzt Maßnahmen zur Hebung des bekanntermaßen kläglichen Bildungsniveaus des orthodoxen Klerus vor. Zu diesem Zweck wurden in den Eparchien bis 1724 immerhin 45 in der Regel dreijährige Klerikerschulen eröffnet. Es ist sicher nicht falsch zu sagen, dass Peter besonderen Wert auf technisch mathematisches Spezialwissen legte und dies zuallererst zu fördern suchte. Aber er war nicht so kurzsichtig, es dabei bewenden zu lassen. Im Endergebnis erweist sich sein Bildungssystem vielmehr als Mischung aus verschiedenen Elementen, tradierten kirchlichen wie säkularen, darunter primär, aber nicht ausschließlich technisch-naturwissenschaftlichen, ohne dass man beide als gleichgewichtig betrachten müsste.

Viele Einwände gegen den Erfolg der petrinischen Bildungspolitik liegen auf der Hand. Die Schülerzahl blieb winzig und kam 1725 über 4 500, davon 2 000 in weltlichen Schulen, nicht hinaus. In ihrem besten Jahr 1724 zählte die Marineakademie 394 Schüler, 1725 die Moskauer und die Kiewer geistlichen Akademien 505 bzw. 654 Schüler. Überdies besagt die bloße Zahl wenig. Von den 2 051 Schülern, die laut Bericht vom September 1726 insgesamt an allen Ziffernschulen registriert waren, hielten überhaupt nur 302 bis zum Ende durch. Die Zahl der Entlaufenen, nach Haus Entlassenen oder nicht Erschienenen war groß, mehrere Dutzend wurden sogar als „lernunfähig" zurückgeschickt. Die organisatorischen Mängel waren riesig und trugen offenbar erheblich zu Widerstand und Desertion bei. Die Schulen wurden in halb verfallenen Gebäuden untergebracht, es fehlte an Lehrern, und weil die Neigung zur Flucht groß war, mussten die oft zwangsverpflichteten Schüler laut Klage einiger Kaufleute bisweilen sogar unter Bewachung in Gefängnissen wohnen. Nur bleibt fraglich, ob der Maßstab sinnvoll ist. In „synchroner" Relation zur Bevölkerung lässt sich der Ertrag von Peters Anstrengungen noch weniger sinnvoll bemessen als bei den anderen Reformen. Entscheidend waren der Impuls und der Aufbruch. Peter machte einen Anfang und wies den Weg. Zumindest in der jungen Generation verankerte er den Wert und die Notwendigkeit von Bildung und Qualifikation. Seine Anstrengungen sollten nicht nach Maßgabe unmittelbarer Resultate beurteilt werden, sondern mit Blick auf die mittel- und langfristigen Folgen, die sie auslösten. Gerade an den Schulen war abzulesen, dass der bedeutende Zar bei seinem Tod ein „verändertes Russland" hinterließ, wie Friedrich Christian Weber, der Hannoversche Resident in der russischen Hauptstadt, seinen bekannten Bericht betitelte.

Es scheinet es sey die Schickung Gottes, dass die Wissenschaft den Kreis der Erden umbwandern und nunmehr auch zu Scythien kommen solle und dass E[ure] M[ajestät] diessfalls zum Werkzeug versehen, da sie auf der einen Seite aus Europa, auff der andern aus China das Beste nehmen und was beyde gethan durch gute Anstalt verbessern können. Denn weil in dero Reich grossen Theils noch alles die Studien betreffend neu und gleichsam in weiss papier, so können unzehlich viel Fehler vermieden werden die in Europa allmählig und unbemerkt eingerissen, und weiss man, dass ein Palast, der ganz von Neuem aufgeführt wird besser heraus kommt, als wenn daran viele secula über gebauet, gebessert, auch viel geändert worden.

Es gehören zwar zu diesem neuen und grossen Kunstbau Bibliotheken, Musea oder Raritätenkammer[n], Werkhäuser zu Modellen und Kunstsachen, Laboratoria chymica und observatoria astronomica, allein man hat nicht alles auf einmal nöthig, sondern gehet stuffenweise und wären Vorschläge zu thun, wie zu dem nützlichsten gar bald ohne sondere Kosten zu gelangen.

Das Vornehmste aber so anzuschaffen seyn Menschen, so zu dem grossen Zweck bequem und von verschiedenen Orten zu beschreiben, die sich in E[urer] M[ajestät] Reich niederliessen, und junge Leute darin treulich unterwiesen, denn weil die victualia in Russland wohlfeil braucht man eben nicht so gar viel geld für die so sich im Lande niederlassen.

Ich werde es mir vor die gröste Ehre, Vergnügung und Verdienst schätzen, E[urer] G[roßmächtigsten] Cz[arischen] M[ajestät] in einem so löblichen und gottgefälligen Werke dienen zu können; denn ich nicht von denen bin, so auff ihr Vaterland oder sonst auff eine gewisse Nation erpicht seyn, sondern ich gehe auff den Nutzen des gantzen menschlichen Geschlechts; denn ich halte den Himmel für das Vaterland und alle wohlgesinnten Menschen für dessen Mitbürger, und ist mir lieber bey den Russen viel Guthes auszurichten, als bei den Teutschen oder andern Europäern wenig, wenn ich gleich bey diesen in noch so großer Ehre, Reichthum und Ruhe sitze, aber dabey andern nicht viel nutzen sollte, denn meine Neigung und Lust geht aufs gemeine Beste.

QUELLE 10 GOTTFRIED WILHELM LEIBNIZ AN ZAR PETER I.

Nach ihrem Zusammentreffen in Torgau 1711 sah Leibniz Russland als eine neue Heimat der Wissenschaften und bot Peter I. im Interesse des universalen gemeinen Wohls in diesem Brief vom 16. Januar 1712 seine Dienste an.

QUELLE: W. GUERRIER, LEIBNIZ IN SEINEN BEZIEHUNGEN ZU RUSSLAND UND PETER DEM GROSSEN. EINE GESCHICHTLICHE DARSTELLUNG DIESES VERHÄLTNISSES NEBST DEN DARAUF BEZÜGLICHEN BRIEFEN UND DENKSCHRIFTEN, SANKT PETERSBURG / LEIPZIG 1873, NO. 143, S. 205–208, HIER S. 207F.

DIE GRÜNDUNG DER AKADEMIE DER WISSENSCHAFTEN

Dazu trug eine Einrichtung maßgeblich bei, die mit guten Gründen als Höhepunkt der petrinischen Bildungspolitik gilt – die Akademie der Wissenschaften zu Sankt Petersburg. Vom Beginn seiner Reformen an hatte Peter an eine solche Krönung durch eine Institution gedacht, die allein dem freien Geist gewidmet sein sollte. Nach dem Besuch in London 1698 vermerkte der kaiserliche Gesandte in Moskau schon 1701, dass der Zar einen entsprechenden Entschluss gefasst habe. Allgemein galten Aka-

---

Ihre Kaiserliche Majestät befahl, eine Akademie zu errichten, in welcher Sprachen, auch die übrigen Wissenschaften und edlen Künste gelehrt und Bücher übersetzt würden. […]

Wenn jetzt auch in Russland ein Gebäude für das Wachstum der Künste und der Wissenschaften errichtet werden soll, so ist es doch unmöglich, hier dem in anderen Staaten gewählten Beispiel zu folgen, sondern man muss auf den Zustand des hiesigen Staates schauen, wie in Erwägung der Lehrenden und auch der Lernenden ein solches Gebäude zu errichten ist, durch das nicht allein der Ruhm dieses Staates durch die Vermehrung der Wissenschaften in heutiger Zeit verbreitet würde, sondern durch deren Lehre und Gedeihen in der Zukunft auch ein Nutzen für das Volk zu erreichen wäre.

Bei der Einrichtung einer reinen Akademie werden beide Absichten nicht erfüllt, weil durch sie zwar die Künste und Wissenschaften auf ihrem Niveau gepflegt und verbreitet werden, doch diese im Volk nicht schnell Früchte tragen, wenn man berücksichtigt, dass es noch keine richtigen Schulen, Gymnasien und Seminare gibt, in denen junge Leute die Grundlagen gelehrt bekämen, um danach die höheren Grade der Wissenschaften zu erwerben und sich zum Vorteil aneignen zu können. Insofern wäre es auch nicht möglich, dass unter dieser Voraussetzung eine Universität irgendeinen Nutzen bringen kann.

Und so wäre es am notwendigsten, damit hier eine solche Versammlung eingerichtet werden könnte, dass sie aus den allerbesten Gelehrten bestände, denen es genügt, 1. die Wissenschaften zu pflegen und zu vervollkommnen, jedoch so, dass sie in jenen Wissenschaften 2. junge Leute (sofern diese dafür geeignet sind) öffentlich unterrichten und dass sie 3. einige Leute bei sich ausbilden, die junge Leute in den Anfangsgründen aller Wissenschaften unterrichten könnten. […]

Die Wissenschaften, die in dieser Akademie begründet werden können, kann man frei in drei Klassen gliedern: In der ersten Klasse wären alle mathematischen Wissenschaften und die, welche von diesen abhängen, enthalten; in der zweiten alle Bereiche der Physik; in der dritten die Humaniora, die Geschichte und die Rechte […]

QUELLE 11 VERORDNUNG ZUR GRÜNDUNG DER AKADEMIE DER WISSENSCHAFTEN

Mit seiner Verordnung vom 8. Februar [24. Januar] 1724 errichtete Peter I. die Akademie der Wissenschaften. Der feierliche Gründungsakt der neuen Akademie, die ihren Sitz in der neuen Hauptstadt Sankt Petersburg erhielt, wurde am 7. Januar 1726 [27. Dezember 1725] begangen – ihr erster Präsident wurde der renommierte Mediziner und Leibarzt des Zaren, Laurentius Blumentrost.

QUELLE: VERORDNUNG PETERS DES GROSSEN VOM 28. JANUAR 1724 NACH EINEM ENTWURF VON LAURENTIUS BLUMENTROST UND DEM BIBLIOTHEKAR JOHANN DANIEL SCHUMACHER, IN: PSZ BD. 7, NO. 4443. ÜBERS. VON CLAUS SCHARF.

demien zu seiner Zeit als höchste Errungenschaft der Gelehrsamkeit. In der Zusammenführung aller Disziplinen waren sie geradezu eine organisatorische Umsetzung jenes barocken, frühaufklärerischen Ideals der Universalwissenschaft, das sich im Laufe des 17. Jahrhunderts herausgebildet hatte. Nichts konnte den Anspruch des Zaren, dass der europäische Geist nun auch in Russland eine Heimstätte finden sollte, deutlicher machen, nichts größeres kulturelles Prestige in ganz Europa eintragen als eine solche Absicht.

Allerdings dauerte es noch zwei Jahrzehnte, bis sich entsprechende Pläne konkretisierten. Andererseits gerieten sie nicht aus dem Blick. Peter bat niemand Geringeren als Leibniz um Rat, der die Schaffung einer solchen „Sozietät" – wie er sie 1700 in Berlin gegründet hatte – mehrfach empfahl und nach der Torgauer Begegnung im Herbst 1711 berichten konnte, seinen hohen Gesprächspartner dafür gewonnen zu haben. Dennoch sah der Zar erst bei Beginn der Friedensverhandlungen mit Schweden im Mai 1718 die Zeit gekommen, eine entsprechende definitive Weisung zu erteilen. Die konkrete Vorbereitung übernahm sein deutschstämmiger Leibarzt Laurentius Blumentrost der Jüngere. Ende 1720 lag ein erster Planungsentwurf vor.

Wenig später reiste der zarische Bibliothekar durch Europa, um Mitglieder zu rekrutieren. Erneut dauerte es aber bis Ende Januar 1724, ehe Peter die letzte Instruktion abzeichnen konnte. Da ein Unterbau in Russland fehlte, fasste man nun unter Rücksichtnahme auf diese Besonderheit einen Verbund mehrerer Einrichtungen ins Auge: eine Akademie, deren Mitglieder in einer angegliederten Universität Vorlesungen halten und zugleich in einem Gymnasium Kurse geben und Nachwuchs ausbilden sollten. Präsident wurde Blumentrost. Die ersten gelehrten Mitglieder selber konnten aber nur aus dem Ausland kommen. Peter sparte keine Mühe und finanziellen Mittel, um so bedeutende Gelehrte wie Nikolaus und Daniel Bernoulli oder Leonhard Euler zu gewinnen. Sie halfen zu verschmerzen, dass sich Christian Wolff in Halle, einer der berühmtesten Philosophen seiner Zeit, seinem Drängen hartnäckig entzog. Zugleich legten sie den Grundstein für den schnellen Ruhm der Sankt Petersburger Akademie, die binnen kurzem zu den großen Akademien der Zeit aufschließen konnte. Auch in dieser Hinsicht gehörte Russland fortan zu Europa. Der Zar selber hat diesen Erfolg aber nicht mehr erlebt. Die Gründungssitzung fand nach seinem Tod, im August 1726 unter Katharina I., statt.

NACH PETER I.

Zum üblichen Bild der nachpetrinischen Jahrzehnte gehört, dass sich Stillstand und Paralyse auch auf das Bildungswesen legten. Was der große Reformer begonnen hatte, brach in dieser Sicht unrühmlich ab. Bei genauerem Hinsehen erweist sich jedoch die Liste von Neu- und Umgründungen als so gewichtig, dass es angemessener ist, zumindest – wie auch in ökonomischer und erst recht in künstlerischer Hinsicht – von einer Konsolidierung zu sprechen. Nicht überraschend verband sich diese mit der politisch-sozialen Gesamttendenz einer Stärkung des Adels. So wie die alte Elite begann, den Zugang zum Staatsdienst, den Peter durch die „Rangtabelle" von 1722 prinzipiell auch für andere Stände geöffnet hatte, wieder zu monopolisieren und die rigide Dienstpflicht abzuschütteln, die ihr der energische Zar schon 1714 aufgenötigt hatte, so bemühte sie sich auch um exklusive Schulen. Gleich nach der Thronbesteigung der Kaiserin Anna Iwanowna 1730 konnte sie dabei einen wichtigen Erfolg verbuchen. Im Juli 1731 gab die neue Kaiserin, die den Garden verpflichtet war, Order, eine Kadettenschule zu errichten. Vorbild kann das preußische Kadettenkorps Friedrich Wilhelms I. gewesen sein. Aufnahme sollten ausschließlich Adelige, 150 russische und 50 livländische, finden. Im Lehrplan standen neben militärisch wichtigen Fächern wie Arithmetik, Geometrie, Fortifikations- und Artilleriekunde auch zivile wie Fremdsprachen, Recht und Geschichte. 1743 ergänzte Kaiserin Elisabeth dieses Korps durch ein Marinekorps, das 1752 mit der Moskauer Navigationsschule aus petrinischer Zeit verschmolzen wurde. Als dritte Säule kam 1762 ein Artillerie- und Ingenieurskorps hinzu.

Schon diese Ergänzungen verweisen auf den großen Erfolg der Kadettenschule. Weil sie nicht nur eng auf die militärische Laufbahn vorbereitete, sondern auch „allgemeinbildend" war und sogar Gelegenheit bot, die schönen Künste zu studieren, wurde sie zur Wiege der russischen Literatur und Intelligenz. Träger bald berühmter Namen wie die Dichter Alexander Sumarokow und Michail Cheraskow oder Gelehrte wie Iwan Jelagin und Iwan Melissino, der Rektor der Moskauer Universität, zählten zu ihren Absolventen. Erfolgreich, an Zulauf und Dauer gemessen, war 1732 auch die Einrichtung von Garnisonsschulen. Für Kinder „tatsächlicher" Soldaten und niedriger, nichtadeliger Offiziere gedacht, bildeten sie eine Art ständischer Ergänzung zu den Elitenschulen, die auf erheblichen Bedarf stieß. Jedenfalls wurden sie offensichtlich als Alternative zu den Ziffernschulen betrachtet. Diese bestanden zwar noch fort, verloren aber immer mehr Schüler. Als 1744 gerade noch 222 im ganzen Land verblieben waren, verschmolz man sie mit den Garnisonsschulen. Diese fanden weiter Zuspruch und hatten Mitte der 1760er Jahre circa 9 000, gegen Ende des 18. Jahrhunderts sogar 12 000 Schüler.

DIE MOSKAUER UNIVERSITÄT

Erst recht passen einige Neugründungen aus der späten Herrschaftszeit der Zarin Elisabeth nicht in das Szenario eines fortschreitenden Verfalls. Sie waren sogar so auffällig und entfalteten eine solche Fernwirkung, dass man sie mit guten Gründen zum bildungspolitisch-pädagogischen „Neuaufbruch" nach 1762 gerechnet hat. An beiden war der belesene und weitgereiste letzte Günstling der alternden Kaiserin, Iwan Schuwalow, maßgeblich beteiligt. Die Rede ist zum einen von der Gründung der Moskauer Universität.

ABB. 19 DIE KUNSTKAMMER: ERSTER SITZ DER AKADEMIE DER WISSENSCHAFTEN

Nachdem Peter I., angeregt durch seine Erfahrungen in Holland, 1714 die Kunstkammer als ein Museum der Raritäten und Anomalien mit wissenschaftlichem Anspruch gegründet hatte, wurde 1718 mit dem Bau eines repräsentativen Gebäudes auf der Wassiljewski-Insel am Ufer der Newa begonnen. Die Bauplanung stammte von dem deutschen Architekten und Schlüter-Schüler Georg Johann Mattarnovi, der aber bereits 1719 starb. Unter der Leitung anderer Architekten zog sich der Bau bis 1734 hin. Dennoch wurden unmittelbar nach dem Tode Peters des Großen bereits seine Sammlungen in dem unfertigen Gebäude eingelagert, das obendrein erst einmal provisorisch die Bibliothek und das Observatorium der 1725 eröffneten Akademie der Wissenschaften aufnahm. Daher ist auch noch heute im Logo der Russländischen Akademie der Wissenschaften mit dem Hauptsitz in Moskau das Gebäude der Petersburger Kunstkammer abgebildet. QUELLE: WIKIMEDIA COMMONS / FOTOGRAF: ALEXXX1979.

Zwar gab es, wie erwähnt, eine solche Einrichtung samt einem Gymnasium bei der Sankt Petersburger Akademie. Nur vermochten beide die Erwartung, Keimzelle einer autochthonen russischen Intelligenz zu sein, nur unvollkommen zu erfüllen. Dem abzuhelfen, machte sich vor allem der Universalgelehrte Michail Lomonossow, seit 1745 erstes einheimisches Vollmitglied der Akademie, zur Aufgabe. Dieser „Urvater" der russischen Wissenschaft schlug Schuwalow im Sommer 1754 vor, nicht die bestehende, aber „eingeschlafene" Universität wiederzubeleben, sondern eine neue an einem anderen Standort, in der alten Hauptstadt, zu begründen.

Nach deutschem Vorbild – er hatte in Marburg studiert – plädierte er für eine Gliederung in Fakultäten, von denen er drei mit zehn Professoren vorsah (Jura, Medizin und Philosophie). Um Nachwuchs für sie heranzuziehen, sollte der Universität ein zweigeteiltes Gymnasium, für Adelige und Nicht-Adelige, angefügt werden. Als Sohn eines einfachen Fischers aus der Region Archangelsk, in jener Zeit zweifellos eine außergewöhnliche Karriere, legte Lomonossow Wert darauf, in die zweite Schule Zöglinge aus allen Ständen und sogar Leibeigene aufzunehmen. Begabung sollte entscheiden, nicht Herkunft. Dem entsprach ein pädagogisches Konzept, das die Versetzung bzw. das Aufrücken in das nächste Studienjahr konsequent an den erfolgreichen Abschluss der vorangegangenen Stufe band. Leistung stand auch hier im Vordergrund. Gemäß diesem Konzept wurde die Moskauer Universität im April 1755 feierlich eröffnet. Die ersten Studenten mussten aus Priesterseminaren rekrutiert werden. Danach rechnete man mit regem Interesse des Moskauer Adels und der Kaufmannschaft, was für Moskau als Standort gesprochen hatte, und von Absolventen des angeschlossenen Gymnasiums. Erster Kurator wurde Schuwalow, der gemeinsam mit Lomonossow 1757 auch die Gründung eines weiteren „zuführenden" Gymnasiums in Kasan unterstützte. Damit drang die höhere Bildung auch in die Provinz vor.

Zum anderen gelang es dem kunstsinnigen Schuwalow, der in Frankreich gelebt hatte und mit Voltaire korrespondierte, auch, ein besonderes Anliegen umzusetzen. Nach Pariser Vorbild öffnete 1757 eine Akademie der Künste ihre Pforten, der er selber bis 1763 vorstand. In Verbindung mit einer besonderen „Kunstklasse" der Moskauer Universität erhielten hier Begabte nicht zuletzt der unteren Schichten erstmals Gelegenheit zu einer ästhetischen Ausbildung. Unterstützt vom Hof – im Vorjahr war das erste Staatstheater gegründet worden – und von einflussreichen Liebhabern der europäischen, besonders der französischen Kultur, wurden auch die „nutzlosen" schönen Künste gemäß den Idealen der europäischen Aufklärung als Teil förderungswürdiger Bildung akzeptiert.

LITERATURHINWEISE

Lindsey Hughes, Russia in the Age of Peter the Great, New Haven 1998.

Jan Kusber, Eliten- und Volksbildung im Zarenreich während des 18. und in der ersten Hälfte des 19. Jahrhunderts. Studien zu Diskurs, Gesetzgebung und Umsetzung, Stuttgart 2004.

Lothar Maier, Deutsche Gelehrte an der Sankt Petersburger Akademie der Wissenschaften im 18. Jahrhundert, in: Friedhelm B. Kaiser / Bernhard Stasiewski (Hg.), Deutscher Einfluß auf Bildung und Wissenschaft im östlichen Europa, Wien 1984, S. 27–51.

Michael Schippan, Die Aufklärung in Russland im 18. Jahrhundert, Wiesbaden 2012.

Friedrich Christian Weber, Das veränderte Rußland. Leipzig 1738; Reprint Hildesheim 1992.

Reinhard Wittram, Peter I., Czar und Kaiser. Zur Geschichte Peters des Großen in seiner Zeit, Bde. 1–2, Göttingen 1964.

LEIBNIZ UND DIE BILDUNGSREFORMEN PETERS DES GROSSEN

KIRILL OSPOWAT

Die Gründung einer Akademie der Wissenschaften nach einem Projekt von Gottfried Wilhelm Leibniz und einem Statut, das Peter I. persönlich kurz vor seinem Tod 1724 in Kraft gesetzt hatte, bildete den Schlussakkord der petrinischen Reformen. In der Idee einer Akademie der Wissenschaften, deren Verwirklichung der Kaiser nicht mehr erlebte, bündelten sich viele scheinbar nicht miteinander verknüpfte politische und kulturelle Vorstellungen, die jedoch zusammen die petrinische Version der „Regierungskunst" in Theorie und Praxis prägten, wie sie Michel Foucault mit dem Begriff *gouvernalité* für den sich zu Beginn der Neuzeit formierenden differenzierten Komplex von Ideen über die Ziele und Techniken der Ausübung politischer Macht bezeichnete. Nach Foucault leitete die „Regierungskunst" konkrete Praktiken und Institutionen der Verwaltung aus den zur gleichen Zeit erarbeiteten und mit ihnen verflochtenen theoretischen Vorstellungen von der zu verwaltenden Welt ab: von der Natur und ihren Ressourcen, vom Menschen und der Ökonomie. Entsprechend war die politische Herrschaft eines neuen Typs undenkbar ohne eine systematische Wissensproduktion – der sogenannten „neuen", rationalen und experimentellen Wissenschaft, die nach Francis Bacon und Leibniz wiederum nicht ohne die Protektion und Zielvorgabe des Staates denkbar war. Auf diesem Hintergrund entstanden und entwickelten sich die europäischen naturwissenschaftlichen Akademien – im Unterschied zu den autonomen Universitäten – in einer demonstrativen Verbindung mit den monarchischen Höfen. So wurde die berühmte Pariser Akademie der Wissen-

https://doi.org/10.1515/9783110348712-010

schaften von Ludwig XIV. protegiert. Auf ihrem Vorbild basierten auch die Akademieprojekte, die Leibniz für verschiedene europäische Höfe erarbeitete und die in Berlin und St. Petersburg aufgegriffen und realisiert wurden.

Als Peter die Staatlichkeit Russlands, ihre gedanklichen Umrisse und ihre praktischen Formen erneuerte, orientierte er sich an den „absolutistischen" westlichen Mustern staatlicher Verwaltung. Sie waren in der „Revolution der Sozialdisziplinierung" des 17. Jahrhunderts geschaffen worden und verbanden das Beharrungsvermögen der politischen Ordnung mit der Fähigkeit der Macht, das Denken und die Emotionen der Untertanen, vor allem ihrer privilegierten Schichten, zu regulieren und Modelle des persönlichen Selbstbewusstseins und der

Lebensführung vorzuschreiben, die nach dem Gehorsam und dem Nutzen für den Staat ausgerichtet waren. Mit dieser politischen Aufgabe korrespondierten jetzt auch die Aufgaben der Bildung und der in der gleichen Zeit entstehenden „neuen Wissenschaft". Aus der erneuerten Ordnung wurde auch die Religion nicht ausgeschlossen, genauer – eine staatlich sanktionierte offizielle Religiosität, die im Unterschied zu einem gefährlichen Sektierertum als überaus wichtiges Instrument einer persönlichen wie kollektiven Disziplinierung verstanden wurde.

Dieser Logik folgte auch eine Reihe kulturpolitischer Maßnahmen Peters in den letzten Jahren seiner Herrschaft nach dem Ende des langwierigen Nordischen Krieges. 1721 wurde das von Feofan Prokopowitsch verfass-

---

Es ist Welt kündig wie schwach und unvollkommen die Rußische Armée gewesen, so lange sie keine regulirte Disciplin gehabt, und wie unvergleichlich hingegen derselbe[n] Stärcke zugenommen, und über Verhoffen groß und formidable worden sobald Unser Groß-Mächtigster Monarch Ihro Czarische Majestät Petrus der Erste, dieselbe auf einen trefflichen Fuß gesetzet. Eben also ist es mit der Architecteur, Medicin, politischen Regierungen und allen anderen Geschäften ergangen [...].

[...] und wann auch die Gelehrsamkeit der Christlichen Kirche oder dem Reiche schädlich wäre, so würden gewiß die besten Christen nicht selbst studirt, sondern vielmehr andern das Studiren verbothen haben. Wir sehen aber im Gegentheil, daß alle unsere alten Kirchen-Lehrer nicht allein in Heil[iger] Schrifft, sondern auch in der auswärtigen Philosophie sich informiren lassen [...].

Dann eine gute und gründliche Unterweisung ist zu vielen Dingen nütze, so wol im gemeinen Wesen als in der Kirchen, indem sie eine Wurtzel, Saamen, und Grund vieles Guten ist. Nur muß wohl darauf gesehen werden, daß dieselbe Unterweisung gut und gründlich sey.

QUELLE 12   GEISTLICHES REGLEMENT

Mit dem 1721 in Kraft gesetzten Geistlichen Regiment, verfasst von Feofan Prokopowitsch, wurde die orthodoxe Kirche in das System der staatlichen Verwaltung integriert. Es übertrug ihr Bildungsaufgaben und begründete die politische Notwendigkeit von Bildung. Weltliche Philosophie, christliche Glaubenslehre und absolutistische Politik sollten gemeinsam das auf Reformen zielende Staatswesen legitimieren.

QUELLE: GEISTLICHES REGLEMENT, AUF HOHEN BEFEHL UND VERORDNUNG DES VON GOTT GEGEBENEN UND MIT WEISSHEIT AUSGEZIERTEN HRN. CZAAREN UND GROSS-FÜRSTEN PETER DES ISTEN KAYSERS VON GANTZ RUSSLAND [...]. SANKT PETERSBURG 1721.

te Geistliche Reglement in Kraft gesetzt, das die orthodoxe Kirche in das System der staatlichen Verwaltung integrierte und ihr Bildungsaufgaben übertrug. Das Reglement begründete die politische Notwendigkeit der Bildung. Gestützt auf die Idee der „Wiedergeburt" staatlicher Herrschaft und der Wissenschaft in Europa, beschrieb Prokopowitsch nach diesem Modell auch die Reformen Peters in Russland: Weltliche „Philosophie", christliche Glaubenslehre und absolutistische Politik legitimierten gemeinsam das auf Reform zielende Staatswesen.

Die „Unterweisung" war in zweifacher Hinsicht von Nutzen. Einerseits waren die konkreten Zweige des neuen rationalen Wissens – die Medizin, die Kriegskunst, die politische Theorie – wichtige Technologien, den Staatskörper im Ganzen, „Bevölkerung und Territorium" (Foucault), zu regieren. Andererseits dienten weltliche und religiöse Unterweisung als die Hauptform, den Untertan zu disziplinieren. Peter selbst begründete die Unterweisung, die den „Verstand" oder die „Weisheit" entwickeln sollte, als eine dem Untertan notwendige Wissensvermittlung. Indem er diese Auffassung mit Zitaten aus dem Neuen Testament untermauerte, nahm er Stellung gegen die konservative Skepsis der Kirche gegenüber der weltlichen Wissenschaft.

Die politische Demut als sittliches Prinzip musste durch eine Unterweisung erworben werden, die die Grenze zwischen weltlicher „Vernunft" und evangelischer „Weisheit" verwischte. Diese Auffassung entsprach auch den politischen Veröffentlichungen, die in jenen Jahren auf Anordnung Peters vorbereitet wurden. Gleichzeitig mit dem Projekt der Akademie der Wissenschaf

ten genehmigte der Kaiser den Druck der Übersetzung des Buches von Samuel von Pufendorf über die Pflicht des Menschen und Bürgers, das dann schon 1726 mit einer Widmung an Katharina I. erschien. In dieser Widmung wurde die Logik der Kulturpolitik Peters betont: Bei seinen Verwaltungsreformen war der Reformzar darauf angewiesen, dass seine Untertanen „rascher jegliche Wahrheit und ihre Pflicht begreifen". Nach Pufendorf sollte die Erfüllung einer öffentlichen Pflicht von einem „leuchtenden Verstand" geleitet werden, der dem Menschen nicht nur für die Erkenntnis gegeben sei, sondern auch für die Bestimmung seiner Handlungsweise. Aus einer solchen Vorstellung von der Funktion des Wissens ergab sich natürlich ein Programm staatlich organisierter Bildung. Pufendorf selbst zählte die „öffentlichen Unterweisungen" zu den politischen Prärogativen der „Obrigkeit".

Die Gründung der Akademie der Wissenschaften und ihre Tätigkeit in den ersten Jahrzehnten waren ein Teil dieses großen Prozesses. Ein sächsischer Diplomat schrieb 1743, Peter habe die Akademie „zu Fortpflanzung fremder Sitten" gegründet. In den ihrer Gründung vorangehenden verschiedenen, aber nicht allzu sehr voneinander abweichenden Projekten wurde die Akademie fest in ein System von Verwaltungseinrichtungen und -funktionen eingefügt, die mit dem allgemeinen Begriff der „Ordnung" oder der „Policey" bezeichnet wurden. Baron Johann Ludwig Luberas von Pott (1687—1752) schlug vor, ein Policeykolleg zu gründen, das die „Einhaltung der geltenden Verordnungen [...] beim Bau von Häusern, bei der Aufsicht über die Straßen" und anderes kontrol

> Vor allem müssen jene unterrichtet werden, die selbst nichts wissen. Über allen Tugenden muss die Überlegung stehen, weil jegliche Tugend ohne Vernunft gehaltlos ist. [...] Die Wahrheit muss sich unschuldig halten nach dem Wort des heiligen Paulus: „Willst du dich aber nicht fürchten vor der Obrigkeit, so tue Gutes." Aber man muss diese Unschuld mit Vernunft und nicht in Dummheit wahren, nach dem Wort von Christus: „Seid klug wie die Schlangen und ohne Falsch wie die Tauben."

QUELLE 13 PETER I. ÜBER DIE NOTWENDIGKEIT DER „UNTERWEISUNG"

In der Kirche gab es durchaus konservative Skepsis gegenüber der Förderung der weltlichen Wissenschaft. Der Zar selbst untermauerte demgegenüber seine Auffassung, dass die Wissensvermittlung an die Untertanen notwendig für die Disziplinierung war, mit Zitaten aus dem Neuen Testament.

QUELLE: NIKOLAI WOSKRESSENSKI (HG.), SAKONODATELNYJE AKTY PETRA I. AKTY O WYSSCHICH GOSSUDARSTWENNYCH USTANOWLENIJACH, BD. 1, MOSKAU / LENINGRAD 1945. S. 151–152; ZITATE AUS DEM NEUEN TESTAMENT: RÖMER 13,10 UND MATTHÄUS 10, 16.

lieren sollte. Zugleich sollte es den Untertanen, „damit diese nicht unwissend bleiben", die Möglichkeit garantieren, „sich in der Mechanik oder anderen Künsten, im Kommerz oder den hohen Wissenschaften zu üben, zur Ehre Gottes, für unseren Dienst und zum Ruhme des Volkes". In ähnlichen Kategorien urteilte auch Leibniz, als er Peter das von diesem dann genehmigte Projekt einer Akademie als eines der administrativen Kollegien vorstellte – eines „Kollegiums der Wissenschaften".

Dem endgültigen Plan entsprechend, gehörten zur Akademie Einrichtungen von drei Typen, die als Institutionen eines Reformstaates nach Russland verpflanzt wurden: eine Kunstkammer, eine Universität und eine Druckerei. Zusammen sollten sie ein kulturpolitisches Programm realisieren, das um die Idee der Vernunft konstruiert war – eines Wissens, das von den Imperativen der Pflicht gegenüber dem Staat und dem halbutopischen Konstrukt einer allumfassenden Staatsverwaltung nicht zu trennen war.

Die Kunstkammer bestand als eine Sammlung mechanischer und „natürlicher" Raritäten unterschiedlicher Art aus eigenen Erwerbungen des Kaisers, darunter die Kollektionen des Amsterdamer Chirurgen Frederik Ruysch, und „Monstern", die gemäß höchsten Anordnungen aus ganz Russland zugesandt werden sollten. Peter wünschte sich die Kunstkammer als ein für die Bevölkerung der neuen Hauptstadt Sankt Petersburg offenes Museum. Die darin ausgestellten „Monster" sollten bei seinen Untertanen „Neugier" wecken, indem sie die zerstörerische Elementargewalt der Natur demonstrierten, die durch die wissenschaftliche, erzieherische und administrative Vernunft geordnet und unterworfen werden musste. In Gesprächen mit Andrei Nartow verglich Peter die Kunstkammer mit dem von ihm zu reformierenden Russland voller „abstoßender Sitten". Als Allegorie solcher Sitten, die die Akademie der Wissenschaften als politische Institution zu verändern berufen war, wurden totgeborene Kinder ausgestellt.

Der Besuch der Kunstkammer sollte durch die Lektüre von der Akademie herausgegebener Bücher und durch das Studium an der akademischen Universität, der dann noch ein Gymnasium angegliedert wurde, bei aus dem Ausland berufenen Gelehrten ergänzt werden. Selbständige naturwissenschaftliche Forschungen von der Astronomie bis zur Mineralogie und die Unterrichtung in diesen Disziplinen gehörten fortan verpflichtend zu der gemeinsamen Aufgabe der Erziehung sowohl eines Untertanen als auch eines Verwaltungsbeamten, der im Staatsapparat mitwirkte. Das in der akademischen Schule geweckte Interesse an der Erforschung wissenschaftlicher Realitäten wurde eng mit der Kunst der Verwaltung des Staates im Allgemeinen verbunden und besonders mit den dort erworbenen Verdiensten, die den nach der Rangtabelle geordneten Aufstieg versprachen. Insofern dienten die Wissenschaften für die Regierenden als Instrumente, die ihnen ermöglichten,

das Volk zu regieren und Gesetze zu erlassen. Damit wurden sie in das neue Modell einer Disziplinierung durch den Staat integriert.

In der Praxis der Lehre arbeiteten die Untergliederungen der Akademie unregelmäßig und wurden auch nicht zu vorrangigen Bildungseinrichtungen für den Adel im Staatsdienst wie später das Korps der adligen Landkadetten oder die Universität Moskau. Doch wurden die Veröffentlichungen der Akademie der Wissenschaften vom Lesepublikum nachgefragt – nicht zuletzt deshalb, weil die Akademie in den ersten Jahrzehnten ihres Bestehens ein Monopol auf die Herausgabe weltlicher Bücher besaß. Hauptsächlich waren das Übersetzungen historischer, militärischer und erbaulicher Werke, die sich in der Summe in ein weit ver-

---

Da sich schließlich die einzelnen bei ihren Handlungen stets von ihrer eigenen Ansicht leiten lassen, wobei die meisten über die Dinge so zu urteilen pflegen, wie sie es gewöhnt sind und wie aus ihrer Sicht gemeinhin geurteilt wird, können nur ganz wenige kraft eigenen Urteilsvermögens abschätzen, was recht und wahr ist. Daher ist es für den Staat nützlich, alle Lehren, die mit dem wahren Ziel und Vorteil der Staaten in Übereinstimmung stehen, öffentlich laut zu verkünden und alle Bürger von Kind an damit vertraut zu machen. Daher ist es Sache der Staatsgewalt, Lehrer zu bestellen, die diese Lehren öffentlich unterrichten. [...]

Voraussetzung für den inneren Frieden der Staaten ist, daß der Wille der Bürger so gelenkt und geleitet wird, wie es dem Staatswohl dient. Daher müssen die Träger der Staatsgewalt nicht nur für diesen Zweck geeignete Gesetze erlassen, sondern auch Zucht und Ordnung im Staat so verankern, daß sich die Bürger weniger aus Furcht vor harten Strafen als auch aus guter Gewohnheit den Vorschriften der Gesetze gemäß verhalten.

QUELLE 14 SAMUEL VON PUFENDORFS PFLICHTENLEHRE IN RUSSLAND

Auf Anordnung Zar Peters I. wurden in seiner Herrschaftszeit auch politische Veröffentlichungen vorbereitet. Dazu gehörte die Übersetzung des Buches „Über die Pflicht des Menschen und Bürgers" von Samuel von Pufendorf, deren Druck der Kaiser gleichzeitig mit dem Projekt der Akademie der Wissenschaften genehmigte. Als es 1726 erschien, betonte die Widmung an Katharina I. die Logik der Kulturpolitik Peters, die es den Untertanen des Reformzaren ermöglichen sollte, die „Wahrheit" hinter den Verwaltungsreformen und ihre öffentliche Pflicht zu verstehen.

QUELLE: SAMUEL VON PUFENDORF, ÜBER DIE PFLICHT DES MENSCHEN UND DES BÜRGERS NACH DEM GESETZ DER NATUR. HERAUSGEGEBEN UND ÜBERSETZT VON KLAUS LUIG, FRANKFURT AM MAIN / LEIPZIG 1994, BUCH 2, KAPITEL 7, PARAGRAPH 8, S. 170, UND KAPITEL 11, PARAGRAPH 4, S. 183.

standenes Programm der Unterweisung der Untertanen für das höfische
Leben und den zarischen Dienst füg-
ten. Außerdem gab die Akademie in
deutscher und russischer Sprache ein
populärwissenschaftliches Journal heraus: Die „Primetschanija k Sankt-
Peterburgskim wedomostjam" oder
„Anmerckungen über die Zeitungen"
vermittelten den Lesern grundlegende Vorstellungen von der Struktur
und den Aufgaben wissenschaftlicher
Kenntnisse. Ein Artikel „Über Philosophie", der in einigen Folgen der
„Anmerckungen über die Zeitungen"
veröffentlicht wurde, erläuterte, dass
für Adlige der Sinn, Wissen zu erwerben, darin bestehe, seine Bauern richtig zu verwalten, und auch darin, in
Bereichen sich auszukennen, die mit
seinem „Stand", also seinem sozialen
Status und seinem Platz in der Hierarchie des Dienstes, zu tun hätten. Die

Philosophie blieb jedoch nicht auf die
für den Dienst erforderlichen besonderen Kenntnisse beschränkt, sondern
schloss auch die Ethik der Ergebenheit
und des Diensteifers ein.

Wie erkennbar wird, nahm die Akademie der Wissenschaften in ihrer Zuständigkeit für die Herstellung und
Verbreitung neuen Wissens mit ihren
verschiedenen Formen von Institutionen und Veröffentlichungen eine symbolisch wichtige Position im Rahmen
der Reformpolitik Peters ein. In ihr
verkörperte sich die neue Rationalität
der Staatsräson, die sich mit dem modernen Staat im 17. Jahrhundert ausgeprägt hatte, eine spezifische „Philosophie" oder eine „Regierungslehre", die
die experimentelle Wissenschaftlichkeit mit den Erfordernissen der staatlichen Herrschaft über Territorien und
die Köpfe der Untertanen in Einklang
brachte.

LITERATURHINWEISE

Horst Bredekamp, Die Fenster der Monade. Gottfried Wilhelm Leibniz' Theater der Natur und Kunst, Berlin 2004.

Michel Foucault, Sécurité, territoire et population. Cours au Collège de France, 1977–1978, Paris 2004; deutsche Übers.: Sicherheit, Territorium, Bevölkerung, Frankfurt am Main 2004.

Michael D. Gordin, The Importation of Being Earnest. The Early Sankt Petersburg Academy of Sciences, in: Isis 91 (2000) 1, S. 1–31.

Wladimir Guerrier, Leibniz in seinen Beziehungen zu Russland und Peter dem Großen: Eine geschicht-liche Darstellung dieses Verhältnisses nebst den darauf bezüglichen Briefen und Denkschriften, Leipzig / Sankt Petersburg 1873.

Riccardo Nicolosi, Mikrokosmos des Neuen. Die Kunstkamera, Petersburg und die symbolische Ordnung der Petrinischen Epoche, in: Bianka Pietrow-Ennker (Hg.), Kultur in der Geschichte Russlands: Räume, Medien, Identitäten, Lebenswelten, Göttingen 2007, S. 128–142.

Marc Raeff, Transfiguration and Modernization. The Paradoxes of Social Disciplining, Paedagogical Leadership, and the Enlightenment in 18th Century Russia, in: Hans-Erich Bödeker / Ernst Hinrichs (Hg.), Alteuropa, Ancien Régime, Frühe Neuzeit: Probleme und Methoden der Forschung, Stuttgart / Bad Cannstatt 1991, S. 99–115.

Klaus Scharf, Osnowanie Berlinskoi i Peterburgskoi Akademii nauk i ich otnoschenija v XVIII w. w jewropeiskoi perspektiwe, in: Galina Smagina (Hrsg.), Nemzy w Rossii. Tri weka nautschnowo sotrudnitschestwa, Sankt Petersburg 2003, S. 7–38.

DER STREIT UM DIE ENTSTEHUNG DES RUSSISCHEN STAATES

1749

KIRILL OSPOWAT / CLAUS SCHARF

BÜHNEN FÜR EINE WISSENSCHAFTLICHE STREITFRAGE

Im Jahr 1749 entbrannte an der Petersburger Akademie der Wissenschaften ein Streit über die Herkunft und die Bedeutung des Völkernamens der frühmittelalterlichen *Rus*, eines Femininum im Singular, das auch im Deutschen mit einem langen „u" zu sprechen ist. Gerade in der Regierungszeit der Kaiserin Elisabeth Petrowna, die ihren Staatsstreich mit der notwendigen Rückkehr zu den Prinzipien der Herrschaft Peters I. legitimierte, der mit den Moskauer Traditionen gebrochen hatte, sich jedoch zur gleichen Zeit allem Russischen zuwandte, gerieten der ethnische Ursprung und die Legitimität des ersten Herrscherhauses Russlands, die Entstehung des russischen Staates und die kulturelle Identität der Russen gleichzeitig in

die Diskussion. Weil es dabei unter den Wissenschaftlern um unterschiedliche Auffassungen über die Rolle germanischer Skandinavier, Waräger, Wikinger, Normannen oder Nordmänner in der Frühgeschichte der Ostslawen ging, wurden im 19. Jahrhundert für die beiden Lager die Bezeichnungen „Normannisten" und „Antinormannisten" geprägt. Seither heißt der Streitgegenstand in der Geschichtswissenschaft die „Normannentheorie" oder die „Warägerfrage". Dass die Meinungsverschiedenheiten über ein eigentlich nur von Spezialisten zu beurteilendes wissenschaftliches Problem sofort „öffentlich" ausgetragen wurden, hatte mit den Persönlichkeiten der Sprecher beider Richtungen, aber mehr noch mit ihren prominenten Bühnen zu tun: der

https://doi.org/10.1515/9783110348712-011

Akademie der Wissenschaften in Sankt Petersburg und dem Hof der Kaiserin Elisabeth Petrowna.

Seit dem Dezember 1748 hielt sich Elisabeth ein Jahr lang in Moskau auf. Am 16. [5.] September 1749 feierte sie

sich die Kaiserin einen neuen Favoriten auserkoren hatte. Dieser genoss die Protektion der am Hofe bereits politisch einflussreichen Brüder Alexander und Peter Schuwalow. Mit ihrem attraktiven und westlich gebildeten jüngeren

INFO | **MICHAIL LOMONOSSOW (1711–1765)**

Michail Lomonossow wurde am 19. [8.] November 1711 im Gouvernement Archangelsk in der Familie eines Staatsbauern geboren. Er besuchte seit 1731 die Akademie beim Erlöserkloster in Moskau und studierte ab 1736 in Marburg Naturwissenschaften und Philosophie, später an der Bergakademie in Freiberg in Sachsen. 1741 kehrte er nach Russland zurück, wo er 1742 Adjunkt und 1745 Professor für Chemie an der Akademie der Wissenschaften wurde. 1755 gründete er mit Iwan Schuwalow die Universität Moskau. Er starb am 15. [4.] April 1765 in Sankt Petersburg. Lomonossow war ein Universalgelehrter. Als Naturwissenschaftler erforschte er die Struktur der Materie und das Gesetz zu ihrer Erhaltung, erarbeitete eine Wärmetheorie und entdeckte 1761 die Existenz einer Atmosphäre um den Planeten Venus. Seine Arbeiten auf dem Gebiet der russischen Grammatik und auch sein dichterisches Schaffen rechtfertigen es zudem, ihn als „Vater der russischen Literatursprache" zu bezeichnen.

MICHAIL LOMONOSSOW, ANONYMES ÖLGEMÄLDE, 2. HÄLFTE DES 18. JAHRHUNDERTS.

im Rahmen einer Wallfahrt im nahen Auferstehungskloster „Neues Jerusalem" – bei dem heutigen Städtchen Istra – ihren Namenstag. Dort hatte sie am Vorabend Iwan Schuwalow (1727–1797), den jugendlichen Kammerpagen der Großfürstin Katharina, in die Vertrauensstellung eines Kammerjunkers erhoben. Diese Beförderung signalisierte sowohl der höfischen als auch der akademischen Gesellschaft alsbald, dass

Vetter Iwan in der Rolle eines Favoriten wollten sie ihre eigene Position dauerhaft festigen und sich bereichern, was ihnen auch gelang, solange Elisabeth lebte. Der junge Schuwalow hingegen, wenn auch ein Autodidakt und ohne ein entsprechendes Staatsamt, nutzte das Privileg seines direkten Zugangs zur Kaiserin, um sich erfolgreich als Förderer der Aufklärung und als Bildungsreformer zu betätigen.

DER PLAN EINER FEIERLICHEN VERSAMMLUNG IN DER AKADEMIE DER WISSENSCHAFTEN

In Sankt Petersburg war für den folgenden Tag, den 17. [6.] September 1749, zu Ehren der Monarchin eine feierliche Versammlung der Akademie der Wissenschaften geplant. Schon im Februar hatte der Leiter der Akademiekanzlei Johann Daniel Schumacher,

geboren 1690 im elsässischen Colmar und unter Peter I. Bibliothekar, den Präsidenten der Akademie Kirill Rasumowski zu der Entscheidung veranlasst, welche beiden Akademiemitglieder bei diesem Festakt auftreten sollten. Seit der Präsident 1746 als 18-jähriger in sein Amt berufen worden war, leitete die Akademie faktisch dessen umfassend gebildeter Mentor Grigori Teplow mit dem Titel eines Assessors der Kanzlei als Vertrauensperson der Kaiserin. Da Schumacher selbst sich seit der Gründung der Akademie stets von neuem durch Intrigen behauptet hatte und mit fast allen Wissenschaftlern zerstritten war, spricht viel dafür, dass er mit seinem Personalvorschlag einen Eklat provozieren wollte. Jedenfalls wählte er zwei angesehene Mitglieder der Akademie aus, die er selbst hasste und die nach einer Serie von Zwistigkeiten einander nicht leiden konnten. Seine Wahl des Reichshistoriographen Gerhard Friedrich Müller (1705–1783) begründete er gegenüber Dritten mit dessen recht ordentlicher russischer Aussprache und lauter Stimme.

Gern hätte Schumacher auch einen Auftritt Michail Lomonossows (1711–

Ausführungen zu seinem Spezialgebiet das Lob für Kaiser Peter den Großen als den Gründer der Akademie und für deren aktuelle Protektorin, Kaiserin Elisabeth, nicht zu vergessen. Die Mahnung war eigentlich überflüssig, weil Lomonossow seit 1739, als er noch in Freiberg studiert hatte, bis zu seinem Lebensende aus eigenem Antrieb jeden Anlass nutzte, sich als Hofdichter und Lobredner den wechselnden Inhabern des russischen Throns mit feierlichen Oden zu empfehlen und ihnen seine Idealvorstellungen von einem Monarchen vorzutragen: der Kaiserin Anna Iwanowna, der Regentin Anna Leopoldowna und ihrem Sohn, dem als Säugling zum Kaiser erhobenen Iwan VI., und der Kaiserin Elisabeth an ihren Geburts-, Namens- und Krönungstagen. So wie in deutschen feierlichen Oden jener Zeit an antike Helden und Monarchen erinnert wurde, hatten in Lomonossows epischen Dichtungen die Großfürsten Altruss-

---

INFO   GERHARD FRIEDRICH MÜLLER (1705–1783)

Gerhard Friedrich Müller wurde am 29. Oktober 1705 als Sohn des Rektors des örtlichen Gymnasiums in Herford geboren. Er studierte in Rinteln und Leipzig Geschichte. 1725 kam er nach Sankt Petersburg, wo er als Adjunkt und ab 1731 als ordentlicher Professor an der Akademie der Wissenschaften wirkte. Nach einer Bildungsreise nach England, den Niederlanden und Deutschland 1730/31 befasste er sich verstärkt mit der russischen Geschichte und gründete eine Serie von Sammelbänden unter dem Titel „Sammlung Rußischer Geschichte", die von 1732 bis 1764 erschienen. 1733 bis 1743 nahm er an der Zweiten Kamtschatka-Expedition der Akademie teil. Nach seiner Rückkehr entstanden als Ergebnis seiner Forschungen im Verlauf der Expedition 40 Bände mit Materialien zur Geschichte Sibiriens. 1747 wurde er Rektor der mit der Akademie verbundenen Universität. Nach dem Streit um seine feierliche Rede in der Akademie, dem Entzug seines Professorenranges und seiner Rehabilitierung übernahm er 1753 die Leitung des Geographischen Departementes der Akademie und wurde unter der Herrschaft Katharinas II. mit der Leitung des Archivs des Kollegiums der Auswärtigen Angelegenheiten in Moskau betraut. Er starb am 22. [11.] Oktober 1783 in Moskau. Müller schuf mit seinen Arbeiten die Grundlagen der wissenschaftlichen Geschichtsschreibung Sibiriens und Russlands.

1765) vermieden, doch hielt er allein diesen Professor der Chemie, der kurz zuvor eine *Kurze Einführung in die Rhetorik* verfasst hatte, für fähig, eine Festrede nicht nur in lateinischer, sondern auch in russischer Sprache vorzubereiten. Immerhin ermahnte er den Gelehrten, vor

lands einen hohen Rang. Doch als herrscherliches Vorbild pries er jeweils Peter den Großen als Reformer und Volkserzieher, was dem proklamierten Ziel Elisabeths entsprach, sich als rechtmäßige und würdige Erbin ihres Vaters zu präsentieren.

DIE ENTWÜRFE LOMONOSSOWS
UND MÜLLERS FÜR IHRE FESTREDEN

Als im August 1749 der Kanzlei die beiden Beiträge nacheinander eingereicht wurden, gab es keine Probleme mit Lomonossows in lateinischer und russischer Sprache vorgelegter Laudatio aus Anlass des Namenstages der Kaiserin. Selbstverständlich rühmte der Autor ihren Staatsstreich „mit einer kleinen Anzahl treuer Söhne des Vaterlands", welche er sich als bewaffnete Krieger vorstellte, die der Jungfrau mit dem Kreuz gefolgt seien, zudem ihre rechtgläubige Frömmigkeit und die Protektion der Kirche, den Verzicht auf die Todesstrafe und den Sieg Russlands über Schweden im Krieg von 1741–1743. Doch legte er der abwesenden Kaiserin auch Worte an die jungen „Söhne Russlands" in den Mund, wie sie ihm besonders am Herzen lagen: „Lernt fleißig. Ich wünsche die Russische Akademie aus Söhnen Russlands bestehend zu sehen; strebt danach, Vollkommenheit in den Wissenschaften zu erlangen: zum Nutzen und zum Ruhm dem Vaterlande, dies war das Sinnen Meiner Eltern, das ist auch Mein Verlangen. Noch sind die Taten Meiner Ahnen nicht beschrieben, noch ist des Peters großer Ruhm nicht gebührend besungen." Mit seiner Unterschrift erteilte Akademiepräsident Rasumowski dem Lob der Herrscherin umgehend die Druckerlaubnis.

Anders verstand Müller seine Aufgabe. Anhand des Forschungsstandes, den weitgehend das frühere Akademiemitglied Gottlieb Siegfried Bayer (1694–1738) aus Königsberg zusammengetragen hatte, prä-

sentierte er einen detaillierten Bericht über die byzantinischen, lateinischen und vor allem skandinavischen Quellen zur Entstehung des Volkes und des Namens der Rus. Dabei verwarf er die vermeintliche Erwähnung der Slawen in der Bibel und stellte fest, dass vor der Slawenwanderung des 6. Jahrhunderts finnische und ugrische Völker das Gebiet des europäischen Russlands besiedelt hätten. Im Mittelpunkt seiner Ausführungen standen jedoch die maßgeblichen Passagen aus der altrussischen Nestorchronik von 1116 über die Berufung warägischer Fürsten aus Skandinavien durch Ostslawen und Ostseefinnen im 9. Jahrhundert. Den Fürsten seien auch Siedler und Händler gefolgt. Über das Finnische sei der Name der Rus für die Skandinavier von den Ostslawen übernommen worden, die Bevölkerung Russlands sei durch eine kulturelle Vermischung beider Völker entstanden, und die Herrschaftsbildung der militärisch überlegenen Waräger in Osteuropa sei im Zusammenhang mit den normannischen Staatsgründungen im westlichen Europa zu verstehen.

Offenkundig unterschätzte Müller die Brisanz dieser Thesen, zumal nicht alle Argumente gleichermaßen überprüft waren. Nachweislich war auch manche Erkenntnis im Hinblick auf den Anlass und das Auditorium im originalen Text oder in den Übersetzungen ungeschickt formuliert. Noch als Müllers lateinische Abhandlung im Sommer 1767 zum Druck nach Göttingen gelangte, meinte der anonyme

Petersburger Korrespondent, wahrscheinlich der Historiker August Ludwig Schlözer, im Rückblick, „dass es [...] Materien gebe, über die man frei kritische Untersuchungen anstellen darf, über die man aber bei Feierlichkeiten am Hofe keine Reden halten soll". Doch weder hatte Müller Russland herabsetzen wollen, noch hatte er seine Abhandlung naiv konzipiert. Wissenschaftlich fühlte er sich auf der Höhe der Zeit. Auch war er durchaus auf sein Ansehen als Reichshistoriograph bedacht und spendete im ersten und im letzten Teil seiner Abhandlung Elisabeth, ihrem Vater und ihrer Mutter reichlich Lob, zumal im Hinblick auf die Gründung und Förderung der Akademie. Obendrein hatte sich Müller in seiner Hinwendung an die Monarchin für eine aktuelle politische Botschaft entschieden: Er setzte die Herrschaft der Waräger, die unterschiedliche osteuropäische Völker vereint hatte, in eine Beziehung mit der weisen Heiratspolitik der Kaiserin Elisabeth, die dem gesamten Norden Europas Ruhe und Frieden beschert habe. Durch die Ernennung des Herzogs Karl Peter von Holstein-Gottorf, des Enkels Peters des Großen, zu ihrem Thronfolger und durch dessen Vermählung mit Katharina, der Prinzessin von Anhalt-Zerbst und Tochter einer Holsteinerin, habe die Monarchin auch die Voraussetzungen dafür geschaffen, dass diese Ära des Friedens in Zukunft bewahrt bleibe. Müllers Vision war keineswegs phantastisch, sondern hatte eine reale Grundlage. Denn nachdem Herzog Karl Peter mit der Entscheidung für den russischen Thron seine Rechte auf den schwedischen aufgegeben hatte, hatte Russland im Frieden von Åbo 1743 auf größere territoriale Gewinne verzichtet, setzte aber durch, dass des minderjährigen Herzogs früherer Vormund Adolf Friedrich, der Fürstbischof von Lübeck und Bruder der Mutter Katharinas, in Schweden zum Kronprinzen gewählt wurde. Mit seinen Überlegungen spielte Müller also auf die gesteigerte dynastische Bedeutung des Hauses Holstein-Gottorf an, das alsbald beide im Norden Europas konkurrierenden Staaten im Interesse Russlands regieren sollte.

POLEMIK

Obwohl diese mächtepolitischen Anspielungen in Müllers Rede allen offensichtlich waren, aber im Zuge der sich entfaltenden Polemik auch der Kritik unterzogen wurden, drehte sich der Streit hauptsächlich um seine Theorie von der Herkunft der Rus und der Entstehung des russischen Staates. Kaum dass erste seiner Thesen bekannt wurden, erwirkte Schumacher bei Teplow, der sich mit Rasumowski in der Umgebung der Kaiserin in Moskau aufhielt, eine unverzügliche Begutachtung der Abhandlung Müllers durch Mitglieder der Akademie, weil er nicht selbst für missverständliche Thesen verantwortlich gemacht werden wollte. Doch als sich Müller, mit kritischen Äußerungen konfrontiert, zu keinen Änderungen bewegen ließ, verfügte der Präsident kurzfristig gar eine Verschiebung des Festaktes vom Namenstag der Kaiserin auf ihren Krönungstag am 6. Dezember [25. November] 1749. Am 15. [4.] September beauftragte Schumacher vier russische und zwei deutsche Akademiemitglieder mit der Untersuchung, ob in Müllers Text „für Russland Anstößiges" zu entdecken sei, und am 27. [16.] September konnte Teplow in Moskau bereits das Ergebnis zusammenfassen.

Kein Kommentator sprang Müller bei, auch die deutschen Kollegen nicht, doch vor allem stützte sich Teplows Resümee auf einen Report Lomonossows, datiert vom selben Tag. Müllers Untersuchung wurde nicht nur wegen ihrer mangelnden Eignung für eine Festrede pauschal kritisiert. Vielmehr beanstandeten die Kritiker im Einzelnen die Auswahl der Materie, die Gliederung, die Interpretation der Quellen, den Stil und die Übersetzung. Ohne Quellenkritik argumentierte Lomonossow mit Moskauer historischen Werken des 16. und 17. Jahrhunderts, die eine Kontinuität der Rus seit der Antike hergestellt und ihre slawische Herkunft konstruiert hatten. Da ihre Vorläufer die seit dem 2. Jahrhundert vor Christus nachweisbaren Roxolanen gewesen seien – in Wahrheit ein sarmatisches Volk, also iranischer Herkunft, – habe Müller das Auftauchen der Rus in der Geschichte mit der Warägerberufung im Vergleich mit dem Alter anderer europäischer Völker viel zu spät angesetzt. Doch die härtesten Vorwürfe, die Teplow dokumentierte, unterstellten Müller ein viel zu wenig patriotisches und zu wenig heroisches Geschichtsbild. Sei es ursprünglich seine Absicht gewesen, den Hörern die rühmenswerten und großen Taten des russischen Volkes vorzustellen, so

habe er schon zu Beginn des Vortrags daran Zweifel gesät und anschließend nur Niederlagen aufgezeigt. So sei „es der Verwunderung würdig, mit welcher Unvorsichtigkeit er die Formulierung benutzte, dass die Skandinavier mit ihren siegreichen Waffen sich glücklich ganz Russland unterwarfen." Dies hätten Professor Lomonossow und Adjunkt Popow moniert. Faktisch zeichnete erst Lomonossov das Zerrbild eines „Normannismus", das er dann bekämpfte. Dazu gehörte zentral die These, die Müller überhaupt nicht vertreten hatte, die Slawen seien zu eigenen Herrschaftsbildungen unfähig gewesen.

Ende September wurde Lomonossows Lobrede nochmals ausdrücklich gutgeheißen und er allein als Redner für die Festversammlung im November bestimmt. Müller fühlte sich ungerecht behandelt, beharrte auf seiner Interpretation und wehrte sich erneut in einer Stellung nahme gegenüber Rasumowski. So zog sich die Auseinandersetzung in vielen akademischen Zusammenkünften vom Oktober 1749 bis Anfang März 1750 hin und nahm immer heftigere Formen an. In einem Bericht vom 21. Juni 1750 an die Kanzlei der Akademie erhob Lomonossow einen zusätzlichen Vorwurf gegen Müller: Wenn dieser von der Ansiedlung der Slawen am Dnjepr und in Nowgorod „nach den Zeiten der Apostel" spreche, so bedenke er nicht, dass die orthodoxe Kirche alljährlich den Jünger Andreas als Apostel der Slawen feiere, zu dessen Ehren Peter der Große einen Ritterorden gestiftet habe. Aber ohnehin war die Initiative schon an Teplow und Schumacher übergegangen, die gegen den deutschen Historiker immer weitere

Anklagen sammelten, auch aus seinen anderen Konflikten mit der Kanzlei. Zunächst wurde jegliche Veröffentlichung seiner Abhandlung verboten. Die Kanzlei konfiszierte sogar die Manuskripte und Abschriften. Im Juli 1750 wurde Müller aus seinem Amt als Rektor der akademischen Universität entlassen. Doch der bis dahin einzigartige Höhepunkt der Schikane in der Akademiegeschichte war schließlich, dass Präsident Rasumowski am 8. Oktober 1750 den Professor mit Kürzung seines Gehalts zum Adjunkt herabstufte. Obwohl er schon im März 1751

wieder in seine Würden eingesetzt wurde, stand sein Sturz in einem krassen Kontrast zu Lomonossows steilem Aufstieg in der Gunst des Hofes. Noch vor der Festversammlung im November 1749 wurde dem Hofdichter soufliert, dass er in seinen Würdigungen fortan mit Iwan Schuwalows neuer Rolle als Favorit Elisabeths zu rechnen habe, und alsbald näherten sich die beiden Männer in der Tat einander an: Schuwalow nahm Lomonossow als einen solchen hochgebildeten „Sohn des Vaterlands" einfacher sozialer Herkunft wahr, wie ihn sich

---

859. Im Jahre 6367. Die Waräger kamen über das Meer und erhoben Tribut von den Tschuden und Slowenen, von den Meriern und Wesen und Kriwitschen; die Chasaren aber nahmen Tribut von den Poljanen und Sewerjanen und Wjatitschen: sie nahmen je ein weißes Eichhorn von jedem Rauchfang.

862. Im Jahre 6370. Sie [die zuvor erwähnten ostslawischen und finnischen Völker aus dem Gebiet des Ladoga- und des Ilmensees – C. S.] hatten die Waräger über das Meer vertrieben, entrichteten ihnen keinen Tribut und begannen sich selbst zu regieren. Und es gab bei ihnen kein Recht, und eine Sippe erhob sich gegen die andere, und es entstand unter ihnen Streit, und sie begannen sich gegenseitig zu befehden. Und sie sagten zueinander; „Wir wollen uns einen Fürsten suchen, der über uns herrsche und gerecht richte."

Und sie gingen über das Meer zu den Warägern, zu den Rus, denn so hießen diese Waräger Rus, wie andere Schweden heißen, andere Norweger und Angeln, andere Gotländer: so hatten auch diese ihren Namen. Zu den Rus sprachen die Tschuden, Slowenen, Kriwitschen und Wesen: „Unser Land ist groß und reich, doch es ist keine Ordnung in ihm; so kommt, um über uns zu herrschen und zu gebieten."

Und drei Brüder wurden erwählt samt ihren Sippen, und sie nahmen alle Rus mit sich und kamen. Rurik, der älteste, ließ sich in Nowgorod nieder, der zweite Sineus am Beloosero, der dritte Truwor in Isborsk. Und nach diesen Warägern wurde das Land der Rus genannt, und die Nowgoroder sind vom warägischen Geschlecht, früher hingegen waren sie Slowenen.

QUELLE 15 DER BERICHT DER NESTORCHRONIK ÜBER DIE BERUFUNG DER WARÄGISCHEN FÜRSTEN

Die Nestorchronik, entstanden um 1116, berichtet von der Berufung der warägischen Fürsten im 9. Jahrhundert durch Ostslawen und Ostseefinnen in das Gebiet des heutigen europäischen Russlands und von der Schaffung eines Staatswesens unter ihrer Führung. Den Name Rus leitet die Nestorchronik von der ostslawischen Bezeichnung für die Waräger her.

QUELLE: HIER WIEDERGABE IN ANLEHNUNG AN DIE DEUTSCHEN ÜBERSETZUNGEN VON REINHOD TRAUTMANN; REINHOLD TRAUTMANN (ÜBERS., HG.), DIE ALTRUSSISCHE NESTORCHRONIK POVEST' VREMENNYCH LET, LEIPZIG 1931, S. 11F.

Peter der Große von der Gründung der Akademie einst erhofft hatte, und Schuwalow wurde für Lomonossows bildungs- und kulturpolitische Bestre- bungen der wichtigste Partner, der ihnen am Hofe zum Durchbruch verhalf, herausragend bei der Gründung der Universität Moskau 1755.

ZUM HINTERGRUND DER POLEMIK

Der Streit Lomonossows mit Müller, gewöhnlich als Ausgangspunkt der Beurteilung der Normannenfrage in der „modernen" russischen Historiographie gesehen, zeigt den in der Tat komplizierten Stand einer geschichtswissenschaftlichen Aussage in einer spezifischen Situation im 18. Jahrhundert. Die in jener Zeit erarbeiteten quellenkundlichen Methoden, die später der fachlichen Autonomie der Geschichte als Wissenschaft zu Grunde gelegt wurden, waren nach Meinung von Schlözer noch keinem der beiden Kontrahenten hinreichend vertraut, aber sie trennten die Wissenschaft auch noch nicht von den außerwissenschaftlichen Zielen der Geschichtsschreibung. Nach dem Vorbild der klassischen römischen Autoren wurde die Geschichtsschreibung als eine Form der politischen Reflexion verstanden, und verschiedenartige Annäherungen zwischen Vergangenheit und Gegenwart, die sich nicht in dem vereinfachenden Begriff der Analogie erschöpfen, gehörten zu ihren unmittelbaren Aufgaben.

Unter den Gattungen, die Peter I. im Zuge seiner Kulturreform förderte, nahmen historische Erzählungen – die Livius-Übersetzungen, apokryphe Heldensagen und die neu geschaffenen Apologien Peters und der regierenden Dynastie einen wichtigen Platz ein. Die Geschichte lieferte die konzeptionelle Sprache für die Erfassung der politischen Ereignisse und der symbolischen Strategien der petrinischen Herrschaft, und das Problem der Wirklichkeit der mitzuteilenden Ereignisse wurde nicht von ihrer politisch-semiotischen Resonanz getrennt. So verstand die Rolle der Geschichte auch Wassili Tatischtschew (1686–1750), Verfasser einer „Geschichte Russlands", einer umfangreichen Synthese der Chroniknachrichten über die mittelalterliche Rus, die von Betrachtungen über den Charakter der politischen Ordnung im alten und neuen Russland begleitet wurden. Diese Betrachtungen gingen in einem hohen Maße von der Erfahrung der gescheiterten „aristokratischen Revolution" von 1730 aus und waren der historischen Notwendigkeit der Selbstherrschaft gewidmet. Als Tatischtschew Ende der 1740er Jahre sein Werk zum Druck vorbereitete – in dem unter anderem die skandinavische Version der Herkunft der Waräger erhalten geblieben war –, beauftragte er über Schumacher Lomonossow als den Meister des neuen höfischen Stils, den Text einer Widmung für den Thronfolger Peter Fjodorowitsch zu verfassen. Lomonossow erfüllte diesen Auftrag. Die Widmung, geschrieben ein halbes Jahr vor Beginn der Polemik mit Müller, legte komprimiert die allgemein akzeptierten Vorstellungen von der politischen Funktion der Geschichtsschreibung dar:

„Auf die Taten der früheren Herrscher in Russland und besonders die so großen der selbstherrscherlichen Vorfahren Eurer Kaiserlichen Hoheit weisen klar die weit ausgedehnten Grenzen dieses Staates hin, aber wie dieser gewachsen ist und wie die Vermehrung seiner Macht und seines Ruhmes gegen starke Schwierigkeiten gelungen ist und wie diese überwunden wurden, davon haben überaus wenige Kenntnis, weil es an einer zuverlässigen Beschreibung der Taten Russlands fehlt, wodurch das Lob der Herrscher, zu dem Russland durch ihre Verdienste verpflichtet ist, wie auch der Ehrenname des alten russischen Volkes verdunkelt werden [...]".

Die Vorstellung, dass die Gattung der Geschichtsschreibung berufen sei, die Notwendigkeit der Selbstherrschaft zu beweisen, die Geographie der „Grenzen" des Reiches zu markieren und ein Bild der Vergangenheit einer dynastischen Kontinuität sogar dort zu konstruieren, wo sie der tatsächliche Verlauf der Geschichte unterbrochen hatte, lag Lomonossows Kollisionen mit Müller zu Grunde. Sie entfalteten sich im institutionellen Rahmen der Akademie der Wissenschaften, die Peter I. zu seiner Zeit nach einem Projekt von Leibniz gegründet hatte. Die Akademie hatte die Produktion und Reproduktion wissenschaftlicher Erkenntnis in die administrativen und symbolischen Strukturen der kaiserlichen Herrschaft integriert. 1747 „erneuerte" Elisabeth die Tätigkeit und das Programm der Akademie, als sie zu deren Präsidenten Rasumowski, den Bruder ihres Favoriten, ernannte und ihr ein Statut verlieh. Nach dessen Wortlaut waren „dem Wohl jedes Staates Wissenschaften und Künste

eine unbedingt nützliche Angelegenheit", und die Akademie sollte ihren Platz unter den Institutionen des Reiches einnehmen, wo „schon eine gute Policey eingerichtet ist und Künste, Manufakturen, eine Armee und eine Flotte" existierten. Der Erneuerung diente auch die direkte Verbindung der akademischen Expertise mit dem Hof und seiner Politik, die sich in öffentlichen Auftritten der Akademiemitglieder vor einem höfischen Auditorium realisierte. Wie schon gezeigt wurde, war die Rede Müllers direkt für einen solchen Akt vorgesehen.

Müller hatte Grund zu der Annahme, dass seine Arbeit für den panegyrischen Anlass geeignet sei: Indem er irgendwelchen umstrittenen Themen auswich, leitete er „den Namen und das Volk Russlands" von den siegreichen skandinavischen Warägern und ihrem Fürsten Rurik her und rechnete beiläufig die legendären skandinavischen Herrscher mit ihren Stammbäumen zur russischen Geschichte. Diese Themen waren üblich für die russische und die europäische Hofhistoriographie, zu der auch Leibniz beigetragen hatte. Die alten genealogischen Bindeglieder wurden als Argumente für die moderne dynastische Politik erforscht. Die Persönlichkeit Ruriks und die Frage der Herkunft der Waräger wurden erörtert im Kontext mit den Heiratsverbindungen zwischen dem russischen Zarenhaus und deutschen Dynastien – den Eheschließungen des Zarensohnes Alexei mit der braunschweigischen Prinzessin Charlotte 1711 und der Zarentochter Katharina Iwanowna mit Herzog Karl Leopold von Mecklenburg 1716. Als Lomonossow selbst in einer „Ode auf das Geburtstagsfest Iwans III." 1741 die kurze Regierung

Ich will hier nicht noch einmal dasselbe erwähnen, was ich schon ausführlich in meiner früheren Beurteilung dieser Dissertation dargelegt habe. Aber aus dem oben Beschriebenen ergibt sich, dass man jene Dissertation nicht so korrigieren kann, dass es möglich wäre, sie in der akademischen Versammlung zu publizieren. 1. Die Meinung des Herrn Müller, dass die Rossen von den Schweden abstammen, ihr Name jedoch aus dem Finnischen kommt, ist durchaus unbegründet. Die Meinung jedoch, die von berühmten europäischen Schriftstellern und von ganzen gelehrten Versammlungen anerkannt wird, dass die Rossen und ihr Name von den Roxolanen abstammen, ist völlig begründet. Hierbei gebe ich denen, die der Politik kundig sind, zu bedenken, ob es dem Ruhme des russischen Volkes nicht abträglich ist, wenn sein Auftreten auf einen so späten Zeitpunkt festgelegt und die ferne Vergangenheit verworfen wird, in der andere Völker für sich Ehre und Ruhm suchen. Ebenso gebe ich den Erfahrenen zu bedenken, ob aus der Annahme, dass Rurik und seine Nachkommen, die in Russland herrschten, aus schwedischem Geschlecht waren, nicht eine gefährliche Folgerung gezogen werden könnte. 2. Eine öffentliche Rede sollte nicht das Geringste enthalten, was den russischen Hörern unangenehm sein und in ihnen Unzufriedenheit mit der Akademie, ja Hass gegen sie hervorrufen könnte. Aber ich glaube, dass sie dann, wenn sie in dieser Dissertation auf Vermutungen beruhende neue Thesen über ihre Abstammung hören, wenn sie vernehmen, dass sie ihren Namen von den Finnen erhalten haben, dass ihre alte Geschichte missachtet wird, dass die Rossijanen besiegt und unterjocht wurden, dass ihr Land verheert und verwüstet wurde, Dinge, von denen sie früher nichts gehört haben, zum Schluss nicht nur über Herrn Müller, sondern über die ganze Akademie und ihre Leiter entrüstet sind, und das mit Recht. 3. Daher setzt es alle Gelehrten in Erstaunen, dass ein Mann, der in Russland lebt und große Wohltaten empfängt, das Alter, das fast alle ausländischen Schriftsteller dem russischen Volke und seinem Namen zuschreiben, leugnet.

Professor Michail Lomonossow

QUELLE 16 LOMONOSSOWS EINWÄNDE GEGEN DIE ABHANDLUNG MÜLLERS

Lomonossow lehnte in seinem Report über Georg Friedrich Müllers Abhandlung „Über Herkunft und Namen des Volkes der Russen" vom 27. [16.] September 1749 die These Müllers von der Abstammung der Russen von den Warägern ab und kritisierte dessen wissenschaftliche Vorgehensweise und fehlende Verbindung zum russischen Volk.

QUELLE: MICHAIL WASSILJEWITSCH LOMONOSSOW, AUSGEWÄHLTE SCHRIFTEN IN ZWEI BÄNDEN, BERLIN 1961, BD. 2, S. 18–39, HIER, S. 38F., LETZTER VON ZEHN ABSCHNITTEN, MIT EINIGEN LEICHTEN KORREKTUREN VON CLAUS SCHARF.

der braunschweigischen Dynastie gepriesen hatte, hatte auch er noch an Rurik als das Urbild fremdländischer Herrschaft in Russland erinnert.

Als Lomonossow acht Jahre später Müller genau dieselbe Interpretation der Berufung Ruriks anlastete und auf dessen slawischer Herkunft beharrte, folgte er einer politischen Logik: „Ich überlasse den Politikkundigen das Urteil, ob es nicht anstößig für den Ruhm des Volkes Russlands sein werde, […] wenn behauptet wird, dass Rurik und seine Nachkommen, die in Russland herrschten, schwedischer Herkunft waren, und ob daraus nicht ein gefährlicher Schluss gezogen werden kann." Offensichtlich spielte Lomonossow damit auf jene Tatsache an, dass vor dem Hintergrund des jüngsten russisch-schwedischen Krieges die Verwandtschaft des Thronfolgers Peter Fjodorowitsch mit der schwedischen Dynastie als Argument für eine Zuspitzung in der Außenpolitik angesehen werden könnte.

Doch wäre es falsch, den Streit Lomonossows mit Müller mit diesen hypothetischen Erwägungen zu erklären. Als die Verwaltung der Akademie Lomonossow und andere Akademiemitglieder zu einer Begutachtung der Ansprache Müllers aufforderte, verlagerte sie die Diskussion allein schon durch die Formulierung der Frage auf das Feld der politischen Denunziation: „wie am schnellsten zu beweisen ist, ob darin nicht etwas für Russland Abträgliches aufgedeckt werden kann." Lomonossow stellte sofort seine Fähigkeit unter Beweis, einer Anfrage solcher Art entsprechen zu können, und griff zu einer tendenziösen Worterklärung: Indem er die Bezeichnung der „Rus" auf die Slawen und nicht wie Müller auf die skandinavischen Waräger bezog, kam er zu dem Ergebnis, dass in Müllers Arbeit „auf fast jeder Seite die Skandinavier siegen, die Russen schlagen, glatt berauben, vernichten und mit Feuer und Schwert vertreiben." Die Differenzen zwischen Lomonossow und Müller hatten in vielerlei Hinsicht ihre Ursache darin, dass sie unterschiedliche Stilformen der historiographischen Interpretation und der Begrifflichkeit benutzten und sich dabei häufig von späteren Vorstellungen von „Wissenschaftlichkeit" unterschieden. So lehnte Lomonossow die skandinavischen Ethymologien der alten Fürs-

---

Er [Lomonossow – C. S.] möchte, dass nur über solche Dinge geschrieben wird, die den Ruhm betreffen. Denkt er etwa, dass es vom Willen des Historikers abhängt, zu schreiben, was er möchte? Oder kennt er nicht den Unterschied zwischen einer historischen Dissertation und einer panegyrischen Rede? Woher nimmt er diese Regel, dass man das verschweigen soll, was nicht zum Ruhm beiträgt?

Alles lässt sich in drei Sätze fassen: der Wahrheit, unvoreingenommen und bescheiden, treu zu sein. Die Pflicht des Historikers ist schwierig zu erfüllen: Sie wissen, dass er ohne Vaterland, ohne Glauben, ohne Herrscher auftreten muss. Ich fordere nicht, dass ein Historiker alles erzählt, was er weiß, noch auch alles, was wahr ist, weil es Gegenstände gibt, welche man nicht erzählen soll, und welche, die zu wenig interessant sind, als dass man sie vor der Öffentlichkeit ausbreiten sollte; aber alles, was der Historiker sagt, muss im strengsten Sinne wahr sein, und niemals darf er Anlass geben, den Verdacht der Schmeichelei auf sich zu ziehen.

QUELLE 17 GERHARD FRIEDRICH MÜLLER ÜBER DIE PFLICHT EINES HISTORIKERS

In der Kontroverse mit Lomossow über die „Über Herkunft und Namen des Volkes der Russen" versuchte sich Müller zu verteidigen, indem er auf die Unabhängigkeit des Historikers verwies und auf dessen Pflicht, vergangene Geschehnisse wahr zu berichten und keine panegyrischen Reden zu schreiben.

QUELLE: 1. ABSATZ: MICHAIL LOMONOSSOW, ZAMETSCHANIJA NA DISSERTAZIJU G.-F. MILLERA „PROISCHOSCHDENIJE IMENI I NARODA ROSSIJSKOWO", IN: DERS., POLNOJE SOBRANIJE SOTSCHINEN, BD. 6, MOSKAU / LENINGRAD 1952, S. 17–80, HIER S. 67F.; ÜBERS. VON BIRGIT SCHOLZ, RUSSISCHE GESCHICHTE AN DER PETERSBURGER AKADEMIE DER WISSENSCHAFTEN IN DER ERSTEN HÄLFTE DES 18. JAHRHUNDERTS, IN: GABRIELA LEHMANN-CARLI / MICHAEL SCHIPPAN / BIRGIT SCHOLZ / SILKE BROHM (HG.), RUSSISCHE AUFKLÄRUNGSREZEPTION IM KONTEXT OFFIZIELLER BILDUNGSKONZEPTE (1700–1825), BERLIN 2001, S. 515–535, HIER S. 524; 2. ABSATZ: GERHARD FRIEDRICH MÜLLER, ENTWURF EINES BRIEFES AN EINEN NICHT IDENTIFIZIERTEN AUTOR, DER EINE GESCHICHTE DER UNIVERSITÄT MOSKAU ZU SCHREIBEN PLANTE, DATIERT 24. APRIL OHNE JAHR, WAHRSCHEINLICH 1760, IN: PETR PEKARSKI, ISTORIJA IMPERATORSKOI AKADEMII NAUK V PETERBURGE, BDE. 1–2, SANKT PETERSBURG 1873, REPRINT LEIPZIG 1977, HIER BD. 1, S. 381. ÜBERSETZUNG VON CLAUS SCHARF UNTER VERWENDUNG EINES ÜBERSETZTEN BRUCHSTÜCKS VON BIRGIT SCHOLZ, RUSSISCHE GESCHICHTE AN DER PETERSBURGER AKADEMIE DER WISSENSCHAFTEN IN DER ERSTEN HÄLFTE DES 18. JAHRHUNDERTS, IN: EBD., S. 515–535, HIER S. 524.

tennamen deshalb ab, „weil aus Wladimir Waldemar hervorging […], aus
Wsewolod Wisawaldur […] Das ist
nicht nur als Wahrheit zu akzeptieren,
sondern es ist auch unmöglich ohne
Verdruss zu lesen, wenn man die of-
fenkundige Herkunft aus der slawi-
schen Sprache und die Übereinstimmung mit den herrscherlichen Personen erkennt und besonders sieht, dass
diese Namen in der skandinavischen
Sprache keinerlei Bedeutung haben“.
Mit anderen Worten: Lomonossow
beharrte auf der Unversehrtheit der
allegorischen Identität der sprechen-
den Namen Wladimir und Wsewolod
mit den so bezeichneten „herrscherlichen Personen“. Diese Beurteilung ist
weniger auf die moderne Geschichtsschreibung zurückzuführen als vielmehr auf das „barocke“ Denken, das
Peter I. erlaubte, seine Ansprüche auf

den Kaisertitel aus dem Namen seines
„Vorfahren“, des Großfürsten Wassili
(griech. Basileus, „Kaiser“), abzuleiten. „Am unerträglichsten“ erschien
Lomonossow die Ablehnung der Legende, dass der Apostel Andreas in
Russland gepredigt habe – einer Legende, die keiner Kritik standhielt,
die aber dem von Peter I. gegründeten
„Orden Andreas’ des Erstberufenen“
zu Grunde lag. Wie in der Epoche Peters konnte auch bei dem Panegyriker
Lomonossow die Geschichtsschreibung die Form politischer Mytholo-
gie annehmen. Dieser Zugang konnte
sich auch gerechtfertigt sehen: Denn
von ihm und nicht von ihrem offiziellen Historiographen Müller wünschte sich die Kaiserin nach einem Vorschlag Schuwalows „eine Geschichte
Russlands, verfasst in seinem Stil“.

LITERATURHINWEISE

Dittmar Dahlmann, G. F. Miller i russkaja kultura, Sankt Petersburg / Rostock 2007.

Peter Hoffmann, Zwei Auffassungen über Methoden und Ziele historischer Forschung. Zur Kontroverse zwischen Michail Vasil'evič Lomonosov und Gerhard Friedrich Müller im 18. Jahrhundert, in: Zeitschrift für Geschichtswissenschaft 60 (2012), S. 105–123.

Peter Hoffmann, Michail Vasil'evič Lomonosov (1711–1765). Ein Enzyklopädist im Zeitalter der Aufklärung, Frankfurt am Main u a., 2001.

Peter Hoffmann, Gerhard Friedrich Müller (1705–1783). Historiker, Geograph, Archivar im Dienste Russlands, Frankfurt am Main u. a. 2005.

Michail Wassiljewitsch Lomonossow, Ausgewählte Schriften in zwei Bänden, Berlin (Ost) 1961.

Birgit Scholz, Russische Geschichte an der Petersburger Akademie der Wissenschaften in der ersten Hälfte des 18. Jahrhunderts, in: Gabriela Lehmann-Carli / Michael Schippan / Birgit Scholz (Hg.), Russische Aufklärungsrezeption im Kontext offizieller Bildungskonzepte (1700–1825), Berlin 2001, S. 515–535.

Birgit Scholz, Von der Chronistik zur modernen Geschichtswissenschaft. Die Warägerfrage in der russischen, deutschen und schwedischen Historiographie, Wiesbaden 2000.

TEIL III

INTERNATIONALE BEZIEHUNGEN

ZUR EINFÜHRUNG

SERGEI POLSKOI / CLAUS SCHARF

Das 18. Jahrhundert gilt als jene Periode, in der sich das globale System der internationalen Beziehungen vollendete: Die europäischen Staaten bezogen Gebiete und Menschen „in Übersee" aktiv in den Aktionskreis ihrer Politik ein, und auch Europas Konflikte überschritten die Grenzen des Kontinents. Aber auch dieser europäische Kontinent dehnte sich im Bewusstsein der Zeitgenossen, auf den „mentalen Karten" der Epoche der Aufklärung, aus, als er neue politische Subjekte integrierte. Deren Wichtigstes wurde Russland, das sich, bedingt durch seine Selbstisolation, vor Peter dem Großen noch kaum direkt am aktuellen politischen Geschehen in Europa beteiligt hatte. Doch schon während seiner „Großen Gesandtschaft" versuchte Peter nicht einfach nur, europäische Innovationen für die Modernisierung der Realität seines Reiches zu entlehnen, sondern Russland auch in das System politischer Bündnisse, die in Europa aktiv waren, zu integrieren. Nachdem die Gründung einer antiosmanischen Liga gescheitert war, verstand es Peter immerhin, bei seinem Eintritt in den Großen Nordischen Krieg Verbündete in einer Koalition zu vereinen. Seit dieser Zeit nahm Russlands Beteiligung an den europäischen Angelegenheiten kontinuierlich zu und begann das Land, eine bedeutende Rolle im internationalen Mächtesystem zu spielen. Die Ergebnisse des Großen Nordischen Krieges veränderten grundlegend die geopolitische Situation in Osteuropa: Hatte Schweden dort seit dem Dreißigjährigen Krieg als Großmacht dominiert, so gewann nunmehr Russland mit dem Zugang zur Ostsee auch die Vorherrschaft in Nordosteuropa und wurde zugleich ein wichtiger Akteur in der internationalen Politik.

https://doi.org/10.1515/9783110348712-012

Ebenso gestalteten sich die Beziehungen zwischen Russland und den deutschen Staaten im 18. Jahrhundert in Abhängigkeit von den Veränderungen der Allianzen in Europa, die im Rahmen des Systems einer „Balance der Kräfte" miteinander konkurrierten. Diese „Balance" bedeutete, dass zwischen den souveränen Staaten Europas ein labiles Gleichgewicht gewahrt wurde, das sich im Verhältnis ihrer militärischen Stärke, ihrer territorialen Eroberungen oder ihrer diplomatischen Erfolge ausdrückte. Die verbündeten Mächte verfolgten ständig das Wachstum des Einflusses und der Stärke nicht nur ihrer Gegner, sondern auch ihrer Alliierten und waren jederzeit bereit, auf die Seite der schwächer werdenden Gegner zu wechseln, um das politische Gleichgewicht in Europa zu erhalten.

Unabhängig davon, dass den internationalen Beziehungen im 18. Jahrhundert immer häufiger pragmatische, also „nationale" Interessen der Staaten zugrundelagen, die religiöse oder dynastische Prinzipien überlagerten, blieb die Außenpolitik zu einem erheblichen Teil „Sache der Könige", die nicht nur die Ambitionen und Interessen unterschiedlicher Gruppen der Elite realisierten, die auf politische Entscheidungen Einfluss nahmen, sondern oft auch souverän den Verlauf der Ereignisse in der internationalen Arena bestimmten. So war es die persönliche Abneigung der Kaiserin Elisabeth Petrowna gegen den Preußenkönig Friedrich II., die sie veranlasste, sowohl im Österreichischen Erbfolgekrieg als auch im Siebenjährigen Krieg die Partei der „Kaiserin und Königin" Maria Theresia zu ergreifen. Als Elisabeths Neffe Peter Fjodorowitsch, der den „Alten Fritz" verehrte, die Thronfolge antrat, schloss er 1762 sofort mit ihm Frieden und gab ihm Ostpreußen zurück, das russische Truppen 1758 besetzt hatten. Im 18. Jahrhundert konnten dynastische Heiraten, die unter Verbündeten das gemeinsame politische Handeln in Krieg und Frieden unterstützen sollten, oft auch dazu führen, dass sich Spannungen zwischen den europäischen Staaten verschärften. Zum Beispiel entwickelte sich das „holsteinische Problem" durch die Heirat Annas, der Tochter Peters des Großen, mit Herzog Karl Friedrich von Holstein zu einem dauerhaften „Stein des Anstoßes" in Russlands zuvor traditionell guten Beziehungen mit Dänemark, und auch andere deutsche Stände und europäischen Mächte wurden in diesen Konflikt einbezogen.

Die wichtigsten Mittel, internationale Konflikte in dieser Epoche zu lösen, blieben wie früher Diplomatie und Krieg. Diplomatische Beziehungen zwischen den deutschen Staaten und Russland wurden schon in der Epoche Peters des Großen hergestellt. Entsprechend kam es zum wechselseitigen Austausch von Gesandten und zur Eröffnung ständiger diplomatischer Vertretungen in Sankt Petersburg, Wien, Berlin, Dresden, Hamburg und anderen Zentren des politischen Lebens wie auch zur zunehmenden Einbeziehung der Diplomaten in das Leben der Höfe und in die innere Politik der Staaten. In der gleichen Zeit wuchs auch die Bedeutung der stehenden Heere und der Kriegskunst. Zum Vorbild wurde die preußische Armee, die eine ganze Reihe österreichischer und russischer Monarchen und Heerführer sowohl beneideten als auch nachzuahmen suchten.

Die Situation in Ost- und Zentraleuropa war im gesamten 18. Jahrhundert vor allem von den Beziehungen zwischen den „Großmächten" Österreich, Preußen und Russland geprägt. Ihr Zusammenwirken war im Ursprung eine gemeinsame

Reaktion auf Frankreichs Politik einer „Nordischen", später „Östlichen Barriere" im Rücken der Habsburgermonarchie. Im Rahmen dieser Politik unterstützte Frankreich das Osmanische Reich, Polen-Litauen und Schweden mit der Begründung, das Gleichgewicht der Kräfte in Europa verteidigen zu müssen. Hingegen hatten Österreich, Preußen und Russland gemeinsame Interessen in Polen; Preußen und Russland waren bestrebt, Schwedens Einfluss rund um die Ostsee und in Norddeutschland einzudämmen; Russland und Österreich sahen im Osmanischen Reich einen gemeinsamen Feind und in einem Teil seiner Territorien mögliche eigene Eroberungsgebiete.

Zur gleichen Zeit traten die drei Mächte jedoch sowohl als Bündnispartner als auch als Konkurrenten in Erscheinung, wobei die „Konfliktlinien" häufig zur Basis einer Kooperation wurden und umgekehrt. Russland und Preußen waren in den Jahren des Nordischen Krieges Verbündete geworden, doch entfernten sie sich in der Mitte des 18. Jahrhunderts voneinander. Der Konflikt mit Österreich hingegen, der 1719 nicht zuletzt dadurch entstanden war, dass Russlands Status als eines neuen Kaiserreiches die imperiale Hegemonie des Heiligen Römischen Reiches herausgefordert hatte, schwächte sich ab, als beiden die Gemeinsamkeit ihrer Interessen bewusst wurde. Mit dem Bündnisvertrag von 1726 begann sogar eine lange Kooperation Österreichs und Russlands im Kampf gegen das Osmanische Reich und eine Erweiterung ihrer Einflusssphäre in Südosteuropa und am Schwarzen Meer. Die 1746 bekräftigte Allianz der beiden Reiche wurde zur Grundlage für ihre Kooperation auch in gesamteuropäischen Angelegenheiten, so im Kampf gegen eine Stärkung Preußens, für die Unterstützung der sächsischen Dynastie und für eine Koordinierung der Interessen beider in der Adelsrepublik Polen. Erst in den 1760er Jahren änderte Russland seine außenpolitischen Prioritäten, als es mit Preußen 1764 ein Bündnis schloss, das zur Basis eines „Nordischen Akkords" werden sollte. Entsprechend kühlten sich die Beziehungen mit dem Haus Habsburg über eine längere Periode ab. Diese Phase endete erst 1781 im Zusammenhang mit neuen grandiosen Plänen einer Koalition mit Österreich gegen das Osmanische Reich.

Doch diese Differenzen und Gegensätze hinderten die „Allianz der drei schwarzen Adler" nicht an einem Zusammenwirken bei der ersten Teilung Polens. Auch erwiesen sie sich als fähig, mit dem Frieden von Teschen 1779 einen neuen großen Krieg im Heiligen Römischen Reich zu vermeiden. Als zehn Jahre später durch die Französische Revolution von Westen her neue Gefahren drohten, waren die früheren Gegner gezwungen, sich in einer antifranzösischen Koalition zu vereinen, um in Europa das „Kräftegleichgewicht" und das „Ancien régime" zu bewahren. Ins 19. Jahrhundert traten Österreich, Preußen und Russland als einander misstrauende Verbündete. Zwar erhoben sie wechselseitig erhebliche Ansprüche, aber gemeinsam verteidigten sie mit Eifer das labile Gleichgewicht der „Welt der Könige" gegen die in Europa aufkommenden nationalen und sozialen Bewegungen.

DER WEG DES RUSSISCHEN REICHES ZUR HEGEMONIE IN OSTEUROPA

SERGEI MESIN / CLAUS SCHARF

Zu der Einsicht Peters I. in die ökonomische und technische Rückständigkeit des Russischen Reiches und in die Reformbedürftigkeit von Staat und Gesellschaft trug der vertraute Kontakt des jungen Zaren mit den Menschen in Moskaus „deutscher" Vorstadt entscheidend bei. Seine ersten praktischen Neuerungen realisierte er jedoch im Bereich des Militärs, weil er erkannt hatte, dass Russlands internationales Ansehen von der Befähigung zu einer zeitgemäßen Rüstung und Kriegführung abhing. Denn wer als Bündnispartner begehrt war, erst recht in den Türkenkriegen des ausgehenden 17. Jahrhunderts, wurde trotz mancher Vorbehalte gegen seine Gleichberechtigung in das europäische Mächtekonzert integriert. Erst 1681 hatte das Moskauer Zartum einen Krieg gegen das Osmanische Reich und das Krim-

khanat mit einem Frieden auf 20 Jahre beendet. Gerade deshalb begrüßten es der Papst und der Kaiser, dass sich die russische Regierung unter der Regentin Sophia in einer Kehrtwende 1686 durch einen Vertrag mit Polen-Litauen indirekt der antiosmanischen „Heiligen Liga" anschloss, die außer dem Heiligen Römischen Reich und der päpstlichen Kurie die Rzeczpospolita und Venedig vereinte. Diese Partner erwarteten nun von Russland effektive militärische Beiträge. Doch 1687 und 1689 scheiterten zwei Feldzüge Moskaus gegen das Krimkhanat. Die Niederlagen beschleunigten das Ende der Regentschaft Sophias und ebneten Peter I. den Weg zu seiner souveränen Herrschaft.

Das militärische Engagement des jungen Zaren begann allerdings zögerlich in einer Phase, in der sich sowohl die Kriege als auch ihre Eindäm-

https://doi.org/10.1515/9783110348712-013

mung durch völkerrechtliche Regelungen europäisierten. Im Westen führte Ludwig XIV. seit 1688 den sogenannten Pfälzischen Erbfolgekrieg gegen eine Koalition, der die Niederlande, das Heilige Römische Reich, Spanien, Schweden, Bayern, Sachsen, Hannover und Hessen angehörten. Als Kaiser Leopold I. 1689 der Abschluss einer Allianz mit Großbritannien und den Niederlanden gelang, störten französische Freibeuter auch deren Russlandhandel und dehnte sich der Krieg sogar auf die außereuropäischen Kolonien aus. Weil Frankreich als eine Art „zweite Front" im Rücken der Habsburgermonarchie das Osmanische Reich zu einer aktiven Kriegführung anhielt und Polen umwarb, war vor allem Österreich und Russland daran gelegen, die Heilige Liga zusammenzuhalten. Doch zunächst inszenierte Peter nur immer ernsthaftere Manöver seiner nach der „neuen Ordnung" organisierten Spielregimenter. Sein in früher Jugend entwickeltes Interesse an Schiffsbau, Nautik und Flottenrüstung wurde gestärkt, als er 1693 und 1694 jeweils im Sommer in Archangelsk das offene Meer kennenlernte, und blieb zeitlebens lebendig. Die militärische Bedeutung einer Kriegsflotte erlebte der Zar hautnah, als ein Eroberungszug der Russen gegen die türkische Hafenfestung Asow noch ohne Schiffe 1695 scheiterte und hingegen eine kombinierte Operation von Landstreitkräften mit einer schnell aufgebauten Flotte 1696 gelang. Dieser Erfolg steigerte bei den Partnern im Westen umgehend das Prestige des nunmehr vollwertigen Bundesgenossen. Weil sich die militärische Bedeutung seiner Flotte erwiesen hatte, befahl der Zar schon Ende 1696 einigen Dutzend bojarischen Inhabern von Hofämtern, nach Italien und Holland zu reisen, um dort den Schiffsbau zu erlernen und Nautik zu studieren.

DER AUFBRUCH DER „GROSSEN GESANDTSCHAFT"

Wenig später ordnete er zudem die Vorbereitung einer „Großen Gesandtschaft" an, die offiziell dazu bestimmt war, in Europa über eine koordinierte Kriegführung der Verbündeten gegen die Osmanen zu verhandeln. Die Zusammensetzung dieser Gesandtschaft schwankte zwischen 200 und 300 Personen. Die Planung sah für 1697 zunächst Wien als die Residenz der habsburgischen Kaiser, Rom als den Sitz des Papstes, die Republik Venedig, die Niederlande, England, Dänemark und das Kurfürstentum Brandenburg als Ziele vor. Erst allmählich wurde bekannt, dass Peter selbst teilnehmen wollte. In einem nachrangigen Inkognito erfüllte er sich den lange gehegten Wunsch, durch eigene Anschauung zu erfahren, was vom Westen zu lernen sei. Da noch nie ein russischer Herrscher im Ausland gereist war und persönlich mit ausländischen Monarchen verhandelt hatte, bedeutete die Reise einen markanten Bruch mit der Tradition. Mehrere Ereignisse veränderten jedoch kurzfristig die Reiseziele. Weil es auf Gesandtenebene gelang, das Bündnis Kaiser Leopolds I. mit Venedig und Moskau zu erneuern, erschien die Reise des Zaren nach Wien und Italien als weniger dringlich und wurden die Seemächte zu Hauptzielen. Ein anderes Problem gab es gleich nach dem Beginn der Reise in Riga. Obwohl Peter I. selbst auf sein Inkognito Wert legte, fühlte er sich dort von dem schwedischen Gouverneur schlecht behandelt, als eine Wache ihm verwehrte, die Festung zu besichtigen und mit der Anwendung von Waffengewalt drohte. Als eine der Ursachen des Krieges gegen Schweden nannte er drei Jahre später auch diese „berüchtigte Schmach".

DER KONFLIKT UM DIE KÖNIGSWAHL IN POLEN 1697

Noch vor dem Aufbruch löste zudem der Tod des Königs von Polen, Johann III. Sobieski, bei den Verbündeten der Liga Sorgen aus. Insbesondere der Wiener Hof war sehr daran interessiert, mit Schweden, Moskau und Kurbrandenburg gemeinsame Sache zu machen, um mit Druck und Bestechung die Wahl des von Ludwig XIV. nominierten Grafen Luis Francois de Conti oder eines anderen französischen Thronkandidaten zum König von Polen zu verhindern.

In Königsberg verhandelte Zar Peter I. mit dem Kurfürsten Friedrich III. von Brandenburg über ein Bündnis, hielt sich selbst aber mit Zugeständnissen zurück. Neben Handelserleichterungen erreichte Friedrich nur eine Gleichbehandlung der brandenburgischen Gesandten am Zarenhof mit den protokollarischen Gepflogenheiten in Wien, also ohne den erwünschten königlichen Rang. Dass beide noch vor dem öffentlichen Vertragsschluss sich mündlich wechselseitige Hilfe „mit allen Kräften" gegen Dritte, vor allem gegen den König von Schweden als „beider Staaten gemeinsamen Feind", versprochen hätten, wie eine spätere russische Aufzeichnung festhielt, entsprach nicht den Absichten Brandenburgs in einem Moment, in dem kurz zuvor König Karl XI. von Schweden gestorben war. Zurückhaltend reagierte die russische Seite hingegen auf den Vorschlag der Minister des Kurfürsten, eine allgemeine Defensivallianz zu vereinbaren: Vielmehr stimmte sie einer gemeinsamen Aktion lediglich zu, sollte ein Vertragspartner die Heilige Liga verlassen, womit aktuell allein Polen nach dem Thronwechsel gemeint sein konnte.

Tatsächlich war der Zar mit allen Mitteln, mit Versprechen wie mit Drohungen, bestrebt, eine Wahl des Prinzen Conti auf den polnischen Thron zu verhindern, und schließlich erreichte er auch sein Ziel. Die antifranzösischen Fraktionen der polnischen Adligen und ihre ausländischen Protektoren Österreich, Russland und Brandenburg einigten sich auf die Kandidatur des Kurfürsten Friedrich August von Sachsen, der sich kurz zuvor als habsburgischer Oberbefehlshaber in Ungarn gegen die Türken ausgezeichnet hatte und zur katholischen Kirche übergetreten war. Mit Unterstützung seiner Schutzmächte führte der Kurfürst die sächsische Armee nach Polen und wurde am 15. September 1697 als König August II. in Krakau gekrönt. Unter seiner Herrschaft blieb die Verfassung der Adelsrepublik in Kraft, nach der die Könige gewählt wurden und jeder Deputierte des Sejm das Recht auf das *liberum veto* besaß und damit die Arbeit dieses Reichstags lahmlegen konnte. Diese Verfassung erwies sich für die starken Nachbarn der *Rzeczpospolita* als ein geeignetes Instrument zur Einmischung in deren innere Angelegenheiten.

*Der Künstler Abraham Storck war ein Zeitgenosse und Zeuge des Baues der Fregatte „Heilige Apostel Peter und Paul",
an dem Peter I. beteiligt gewesen war. Storck schuf einige Darstellungen dieses Schiffes. Das vorliegende Werk Storcks
zeigt das Schiff umgeben von kleineren Kriegsschiffen und Booten. Im Vordergrund rechts ist eine Jacht dargestellt, die
der Fregatte salutiert, und auf der Jacht kann man Peter I. ausmachen, gekleidet in einen roten Mantel. In der Ferne
zeichnen sich die Umrisse von Amsterdam ab.*

ZAR PETER DER GROSSE AN BORD SEINER YACHT AUF DEM WEG ZUR PETER UND PAUL, ÖLGEMÄLDE VON ABRAHAM STORCK, ZWISCHEN 1698 UND 1708, AMSTERDAM MUSEUM.

PETER I. IN DEN NIEDERLANDEN, IN ENGLAND UND IN ÖSTERREICH

Nach langen Verhandlungen beendete im Herbst 1697 eine Serie von
Friedensverträgen im niederländischen
Rijswijk den Pfälzischen Erbfolgekrieg.
Zwar hielt sich Peter zu diesem Zeitpunkt längst in Holland auf, und russische „Gesandte" trafen sich mit Diplomaten aller am Kongress in Rijswijk ver-
tretenen Staaten außer Frankreichs, doch
war Russland offiziell keine teilnehmen-
de Macht. Vielmehr warb der Zar in sei-

nem immer transparenteren Inkognito
eines Lernenden und als pflichtbewuss-
ter Monarch eines als rückständig geltenden Landes im Westen um Vertrauen
für sein Projekt der Erneuerung Russlands. In Holland bildete er sich vor allem handwerklich im Schiffsbau fort, besuchte Werften, Werkstätten, Fabriken,
Museen und Städte und machte sich mit
den Errungenschaften von Naturwissenschaften und Technik vertraut.

Doch gelang es der Gesandtschaft aus Moskau nicht, die Generalstaaten, die nach dem Friedensschluss mit Frankreich wieder auf einen verstärkten Orienthandel hofften, für das Bündnis gegen die Osmanen zu gewinnen. Die Holländer wollten nicht einmal das russische Flottenprogramm finanziell und praktisch unterstützen und übernahmen bald sogar die geheime Vermittlung eines Friedens zwischen Kaiser und Sultan. Erfolg hatte die Gesandtschaft allerdings in Holland wie auf allen anderen Stationen ihrer Route vorher und nachher mit der Anwerbung zahlreicher Fachkräfte für den Dienst in Russland. Von Holland aus reiste Peter weiter nach England, wo er sich hauptsächlich mathematische Grundlagen des Schiffsbaus und der Nautik aneignete. Er traf wie zuerst schon in Holland auch mehrmals mit König Wilhelm III. von Oranien zusammen, besuchte die Royal Society und das Parlament. Als er auf dem Heimweg von England aus im Juli 1698 auch noch nach Wien kam, musste er erfahren, dass der ursprüngliche Anlass für sein europäisches Engagement erst einmal entfallen war: Kaiser Leopold I. wollte den Krieg gegen das Osmanische Reich beenden. Dafür verabredeten Peter und König August II. von Polen, der seinen Thron dem Zaren verdankte, am 13. August 1698 im polnischen Rawa einen anderen Krieg, diesmal mit Dänemark als faktischem Alliierten gegen Schweden.

Ich, unterschriebener Gerrit Claeß Pool, Meister-Schiffszimmermann der octroyirten ostindischen Companie zur Kammer von Amsterdam, bescheinige und bezeuge als die Wahrheit, dass Peter Michaeloff (zum Gefolge der großmoskowitischen Gesandtschaft gehörig, und daraus unter denjenigen, die allhier zu Amsterdam auf der ostindischen Schiffszimmerwerft vom 30. August 1697 bis heute gewohnt und unter unserer Aufsicht gezimmert haben), sich während der Zeit seines edlen Aufenthaltes dahier als ein fleißiger und tüchtiger Zimmermann benommen hat, als da ist im Rauarbeiten, Stoßhölzeranlegen, Abkrabben, Bröwen, Hobeln, Einfügen, Behauen, Abschlichten, Bohren, Sägen, Planken- und Stoßhölzerbrennen und was einem guten und vortrefflichen Zimmermann zu tun bekommt, und hat eine Fregatte, Peter und Paul, über 100 Fuß lang, von Anfang an (am Vordersteven und am Steuerbord) bis sie beinahe fertig war, machen helfen und das nicht allein, sondern ist durch mich überdies noch in der Schiffsarchitektur und Zeichenkunst vollkommen unterwiesen worden, so dass Se. Edeln dieselben aus dem Grunde versteht, und das, so weit als sie unseres Dafürhalten praktiziert werden kann. Zum Zeugnis der Wahrheit habe ich dies mit meiner eigenen Hand unterschrieben.

So geschehen in Amsterdam an unserem gewöhnlichen Wohnplatz bei der ostindischen Werft, den 15. Januar im Jahre unseres Herrn 1698.

Gerrit Claesz. Pool,
Mr. Schiffszimmermann der EE. octroyirten Ostindischen Compagnie in Amsterdam.

QUELLE 18 DER ZAR ALS ZIMMERMANN

Während Peters I. Aufenthalt in Holland wurde von September bis November 1697 auf der Werft der Ost-Indischen Kompanie unter Leitung des Schiffsbaumeisters Gerrit-Klaes Pool eine Fregatte gebaut und auf den Namen „Heilige Apostel Peter und Paul" getauft. Am Bau beteiligte sich vom Beginn bis zum Stapellauf der Zar als Lernender. Dafür erhielt er das abgedruckte Zeugnis.

QUELLE: ORIGINAL IN NIEDERLÄNDISCHER SPRACHE IM RUSSISCHEN STAATSARCHIV DER ALTEN AKTEN (RGADA) IN MOSKAU. HIER DEUTSCHE ÜBERSETZUNG NACH: ARCHIV FÜR WISSENSCHAFTLICHE KUNDE VON RUSSLAND, BD. 15, H. 4, BERLIN 1856, S. 481F.

DER GROSSE NORDISCHE KRIEG

Mit Friedensschlüssen in Karlowitz beendeten Österreich, Venedig und Polen 1699 den Türkenkrieg. Auch Russland schloss, weitgehend auf der Basis des Status quo, im Juni 1700 in Konstantinopel Frieden mit dem Osmanischen Reich.

ABB. 21 EINZUG DER RUSSISCHEN TRUPPEN IN MOSKAU

Mit der Schlacht von Poltawa in der Ukraine 1709, bei der das Hauptheer der Schweden von den russischen Truppen geschlagen wurde, wendete sich der Große Nordische Krieg zugunsten Russlands. Am Ende des Krieges büßte Schweden die Vormachtstellung in Nordosteuropa ein und Russland trat als die beherrschende Macht in diesem Teil Europas in Erscheinung. Der hier abgebildete Kupferstich von Alexei Subow aus dem Jahre 1711 zeigt den feierlichen Einzug der russischen Truppen in Moskau am 21. Dezember 1709 nach ihrem Sieg in der Schlacht von Poltawa.

DER FEIERLICHE EINZUG DER RUSSISCHEN TRUPPEN IN MOSKAU AM 21. DEZEMBER 1709 NACH IHREM SIEG IN DER SCHLACHT VON POLTAWA, KUPFERSTICH VON ALEXEI SUBOW, 1711, STAATLICHES MUSEUM FÜR BILDENDE KÜNSTE A.S. PUSCHKIN MOSKAU.

Schon Monate zuvor hatten Dänemark und Sachsen, die sich 1699 mit Russland in einem Offensivbündnis gegen Schweden unter dessen jungem König Karl XII. verbunden hatten, den Krieg bereits begonnen. War der Kriegsbeginn für Russland zu früh,

so war es bald eine günstige Konstellation, dass in diesen „Großen Nordischen Krieg" die westlichen Mächte, der Kaiser und Preußen nicht eingreifen konnten, weil sie seit 1701 in den Krieg um die spanische Thronfolge verwickelt waren, den letzten der Kriege Ludwigs XIV.

Peter I. nahm vor allem Russlands altes strategisches und handelspolitisches Ziel wieder auf, sich an der Ostsee zu etablieren, wobei Est- und Livland aber zunächst Polen versprochen wurden.

Der Kriegsverlauf machte allerdings die Absprachen zunichte. Nach einer schnellen Niederlage schied Dänemark schon im August 1700 aus der Koalition aus. Im November wurden die Russen bei Narwa geschlagen. Fortan hielt Karl XII. den Polenkönig August II. für seinen Hauptfeind. Tatsächlich gelang es ihm, 1701 und 1702 sächsisch-polnische Heere in Livland, Kurland und Polen zu schlagen und Warschau und Krakau zu besetzen, so dass August seinen Rückhalt im polnischen Adel einbüßte. 1704 wurde er sogar durch den Führer einer Friedenspartei, Stanisław Leszczyński, als König abgelöst, doch setzten seine Anhänger im polnischen Adel den Kampf fort. Erst 1706 sah sich der Kurfürst von Sachsen zum Frieden gezwungen: In Altranstädt bei Leipzig verzichtete er gegenüber Karl XII. auf die polnische Krone und erkannte Stanisław als König an. Natürlich musste er auch das Bündnis mit Russland offiziell aufkündigen. Russische Friedenssondierungen lehnte der schwedische König hingegen schroff ab.

Währenddessen hatte der Zar nach anfänglichen Verwüstungen eroberter Gebiete seine Heeresreform, die Rüstung, den Flottenbau und die Kriegsfinanzierung vorangetrieben und sich in Ingermanland, Livland und Estland ein militärisches Übergewicht geschaffen, das zunehmend auf eine dauerhafte Inbesitznahme zielte. 1703 riskierte er an der Mündung der Newa die Gründung der Festung und des Hafens Sankt Petersburg, das noch gegen schwedische Angriffe gewappnet sein musste und dennoch unter großen Anstrengungen und mit hohen Opferzahlen schrittweise bis 1712 zu einer neuen Hauptstadt westlichen Typs erweitert und ausgebaut wurde. Erst 1707 lenkte der Schwedenkönig seine Offensive gegen Russland. Zur eigentlichen Wende im Kriege wurde allerdings der Sieg der Russen über das schwedische Hauptheer bei Poltawa in der Ukraine am 8. Juli [27. Juni] 1709. Karl XII. und Iwan Masepa, der

ihn unterstützende Hetman der Kosaken von Saporoschje, retteten sich zwar auf osmanisches Territorium, doch erholte sich Schweden von diesem Schlag militärisch nicht wieder und verlor endgültig seine Vorherrschaft über Nordosteuropa.

Sofort wurde das Bündnis mit Dänemark und Sachsen-Polen gegen Schweden erneuert und der sächsische Kurfürst August wieder als König von Polen eingesetzt. 1710 annektierte Russland die Provinzen Estland und Livland, bestätigte dort die ständischen Privilegien, die die absolutistisch regierenden schwedischen Könige aufgehoben hatten, und garantierte den protestantischen Gemeinden die Glaubensfreiheit. Durch die Heirat Annas, der Tochter seines Bruders Iwans V., mit Friedrich Wilhelm Kettler, dem jungen Herzog von Kurland, verband Peter das von ihm schon eroberte polnische Lehen Kurland mit Russland

DER PRUTH-FELDZUG

Ob an der Stelle Schwedens Russland eine Hegemonie in Osteuropa werde errichten können, stand schon 1710 wieder in Frage. Unter dem Einfluss Karls XII., des Krimkhans und antirussischer Kräfte unter den Polen und den Kosaken von Saporoschje unter Masepa gewann in Konstantinopel eine neue Kriegspartei die Oberhand und erklärte Russland den Krieg. Obwohl sich der Hospodar der Moldau, Dimitrie Cantemir, auf Peters Seite schlug, verzögerten Nachschubprobleme die geplante Offensive des russischen Hauptheeres, das sich im Juli 1711 am Pruth gegenüber

einer osmanisch-tatarischen Übermacht unvorbereitet in einer hoffnungslosen Lage befand. In einem raschen und angesichts der unvermeidlichen Kapitulation unerwartet milden Friedensschluss erhielt die russische Armee das Recht, mit ihren Waffen und Fahnen abzuziehen. Doch musste Peter Asow zurückgeben und andere russische Festungen am Schwarzen Meer teils der Hohen Pforte überlassen, teils zerstören, auf jegliche Intervention in Polen und bei den Kosaken von Saporoschje verzichten und Karl XII. freies Geleit nach Schweden zusichern. Diese Vereinbarung wurde

1713 in Adrianopel durch einen weiteren Vertrag bestätigt, der den Frieden mit dem Osmanischen Reich dann immerhin bis 1735 wahrte.

Die peinliche Schlappe am Pruth konnte dank des günstigen Friedens jedoch nicht mehr Russlands starke internationale Position nach dem Sieg von Poltawa erschüttern. Danach verlagerte sich der Kriegsschauplatz überwiegend nach Norddeutschland, wo erstmals russische Truppen aufmarschierten und Peter wiederholt persönlich präsent war. Nach dem Ende des Spanischen Erbfolgekrieges erweiterte sich die antischwedische Koalition 1714 gegen territoriale Zugeständnisse um Preußen und 1715 kurzzeitig auch um Hannover und das mit diesem in Personalunion verbundene Großbritannien. Doch als Russland sich 1716 heiratspolitisch mit Mecklenburg verband und dort ein Heer von 40 000 Mann stationierte, sahen die britische Regierung, der Kaiser und die Reichsstände diese Ausweitung des russischen Interessengebietes nach der schwedischen Herrschaft über die Ostsee zunehmend als eine neue Gefahr für das europäische Mächtegleichgewicht an und forderten den Rückzug der russischen Streitmacht. Von einem Landeunternehmen mit Dänemark im schwedischen Schonen nahm Peter im Sommer 1716 Abstand, als er die Stärke der Befestigungen und das Misstrauen seiner Verbündeten erkannte. In Polen hingegen wuchs der Einfluss Russlands, als Tendenzen Augusts II., die Adelsrepublik durch Reformen seiner Verfassung zu stabilisieren, von einer oppositionellen Konföderation des Adels bekämpft wurden und das Zarenreich sich 1716/17 als Schlichter etablierte.

Zur gleichen Zeit unternahm Peter I. in seiner gestärkten Position nochmals eine große Auslandsreise, auf der er nicht zuletzt für Friedensverhandlungen mit Schweden nach einer Vermittlung suchte. Nach dem Tod Ludwigs XIV. stand diesmal Frankreich im Zentrum.

Ein erster Friedenskongress 1718/1719 auf den Åland-Inseln endete ergebnislos, nachdem Ende 1718 Karl XII. durch eine Kugel unbekannter Herkunft den Tod gefunden hatte. Noch einmal verstärkte Russland seine Kriegführung gegen Schweden, sogar mit militärischen Operationen nahe Stockholm. Zunächst vermittelte England 1720 Friedensschlüsse Schwedens mit Preußen und Dänemark, während ein französischer Vermittlungsversuch scheiterte. Doch gelang England nicht die Gründung einer großen antirussischen Koalition. Preußen wahrte den Kontakt mit Russland, das ihm schon früh Stettin und einen Teil Pommern zugestanden hatte. Österreich dagegen wollte eine hessische Thronfolge in Schweden verhindern, wie sie sich durch die Ehe von Karls Schwester Ulrike Eleonore mit Friedrich I. von Hessen angebahnt hatte, weil der Kaiser eine weitere Personalunion nach dem Vorbild Hannovers und Englands fürchtete. Daher unterstützte er an der Seite Peters die Thronansprüche des Hauses Holstein-Gottorf in Stockholm.

Als Zar Peter keine Rücksicht mehr auf Dänemark zu nehmen hatte, erklärte er sich sogar bereit, seine Tochter Anna mit Herzog Karl Friedrich zu verheiraten. Damit unterstützte er aber auch die territorialen Forderungen Holsteins gegen die dänische Krone.

DER FRIEDE VON NYSTAD

Schließlich zwang Russlands eindeutige Überlegenheit die neue schwedische Führung zum Nachgeben. Am 10. September [30. August] 1721 wurde im finnischen Nystad der Große Nordische Krieg weitgehend zu den russischen Bedingungen beendet. Es war das wichtigste Ergebnis, dass Ingermanland, Estland, Livland und die finnische Region um Wyborg „auf ewige Zeiten" unter die Herrschaft Russlands kamen, das allerdings den Ständen seiner neuen baltischen Provinzen Autonomie und den Protestanten Religionsfreiheit nunmehr auch völkerrechtlich zugestand. Durch diese Autonomie überdauerte die Verbindung Livlands und Estlands mit deren deutscher, vornehmlich protestantischer Sprach- und Kulturgemeinschaft die staatliche Integration in das Russische Reich.

Für Russland dienten die Ostseeprovinzen erstens als eine Region, die gebildete Fachleute für den Militär- und Zivildienst, für die Wirtschaft und den Bildungsbereich stellte, und zweitens als ein Bindeglied mit der Kultur der europäischen Aufklärung. Hingegen wurde der am Ende des Krieges ebenfalls besetzte größte Teil Finnlands wieder Schweden zugestanden. Außerdem erkannte der Zar Friedrich I., den hessischen Gemahl Ulrike Eleonores, als schwedischen König an und stellte damit die holsteinischen Thronansprüche vorerst zurück.

Im Rahmen der Siegesfeierlichkeiten gab Peter sogar den russischen Zarentitel auf und übernahm die römische Titulatur eines *pater patriae*, eines „Großen" und vor allem eines Imperator.

Die Zeremonie war nicht der Euphorie des Augenblicks geschuldet. Vielmehr orientierte sich die russische Monarchie in ihrer staatlichen Gestalt, in ihrer Repräsentation nach innen und nach außen und in ihren dynastischen Verbindungen zunehmend an den zeitgenössischen uneingeschränkten Monarchien des Westens. Hatten sich die Kurfürsten Friedrich August von Sachsen und Friedrich III. von Brandenburg zu Königen in Polen-Litauen und in Preußen erhoben, so entschied sich Peter I. mit der Kaiserwürde für das höchstmögliche Niveau: die Gleichberechtigung mit dem Römischen Kaiser. Nach innen trugen dem

Zu den Feierlichkeiten aus Anlass des Friedens von Nystad mit Schweden nahm Peter I. den Titel eines Kaisers an und demonstrierte damit seine Ansprüche auf eine Gleichrangigkeit mit dem Römischen Kaiser in Wien gegenüber den anderen europäischen Herrschern. Der Kupferstich stellt Peter I. auf einem Pferde als einen Heerführer dar, der von der Siegesgöttin Victoria gekrönt wird.

PETER I. AUF DEM PFERD, KUPFERSTICH VON ALEXEI FJODOROWITSCH SUBOW, 1721, STAATLICHES MUSEUM FÜR BILDENDE KÜNSTE A.S. PUSCHKIN MOSKAU,

imperialen Anspruch des russischen Staates wichtige Manifeste Rechnung, die den Zaren nicht mehr ausschließlich als „orthodoxen", sondern im Hinblick auf seine Untertanen anderer Konfession als „christlichen" Herrscher titulierten. Doch nach außen bot der Kaiser von Russland in den liturgischen Riten der Ostkirche verstärkt den orthodoxen Glaubensgenossen im Osmanischen Reich religiöse und politische Orientierung. Dabei ging es nicht etwa um die Nachfolge des byzantinischen Kaisertums. Schon vor und erst recht seit dem Fall von Konstantinopel galt Ostrom in Moskau keineswegs als geistliches und politisches Vorbild. Noch in der Zeremonie der Titelverleihung von 1721, die nicht einmal in einer Kaiserkrönung des Zaren gipfelte, erinnerte Peter an den Untergang der griechischen Monarchie, als er in der Freude über den Frieden sein Volk zu dauernder Wachsamkeit, Rüstung und wirtschaftlicher Stärkung ermahnte. Überhaupt begann in Peters letzten Lebensjahren

erst das Ringen um Anerkennung des russischen Kaisertums durch die europäischen Mächte, das sich durch das gesamte 18. Jahrhundert zog.

Der Frieden von Nystad eröffnete nicht etwa eine Ära ohne Krieg. Nur wenige Monate später lenkte Peter der Große einen Feldzug gegen das Reich des Schahs von Persien. Wollte der neue Kaiser zunächst angeblich die Handelswege durch Kaukasien sichern, so verbriefte ihm ein Friedensschluss in Sankt Petersburg 1723 den Besitz der Städte Derbent und Baku und gar dreier persischer Provinzen am Südufer des Kaspischen Meeres, aus denen die russischen Truppen erst 1735 abgezogen wurden. Die Ausdehnung der Grenzen des Russischen Reiches erforderte immer größere militärische Anstrengungen. Doch gesichert blieben als Erfolge der Herrschaft Peters I. die neue Hauptstadt Sankt Petersburg, Russlands freier Zugang zur Ostsee, die Hegemonie in Nordosteuropa und eine feste Position im Konzert der großen Mächte Europas.

LITERATURHINWEISE

Astrid Blome, Das deutsche Russlandbild im frühen 18. Jahrhundert (Forschungen zur osteuropäischen Geschichte, Band 57), Wiesbaden 2000.

Peter Englund, The Battle of Poltava. The Birth of the Russian Empire, London 1992.

Peter Hoffmann, Peter der Große als Militärreformer und Feldherr, Frankfurt am Main 2010.

Gennadi E. Kagan. Für und gegen Österreich. Österreich und die Österreicher aus der Sicht der Russen in zwei Jahrhunderten, Böhlau, Wien 1998.

Robert K. Massie, Peter der Große. Sein Leben und seine Zeit, Frankfurt am Main 1982.

Peter der Große in Westeuropa. Die Groß Gesandtschaft 1697–1698 (Ausstellungskatalog „Schätze aus dem Kreml – Peter der Grosse in Westeuropa". Übersee-Museum Bremen), Bremen 1991.

Richard S. Wortman, Scenarios of Power. Myth and Ceremony in Russian Monarchy, Vol. 1: From Peter the Great to the Death of Nicholas I, Princeton, N. J., 1995.

DYNASTISCHE BEZIEHUNGEN UND DAS THRONFOLGEPROBLEM IN RUSSLAND

NIKOLAI PETRUCHINZEW / CLAUS SCHARF

EINE NEUE HEIRATSPOLITIK IM ZEICHEN DES KULTURELLEN WANDELS IN RUSSLAND

Zu den Reformen Peters I. gehörte auch eine Veränderung in der Heiratspolitik der Herrscher Russlands, wie sie zuvor zwei Jahrhunderte lang Tradition gewesen war. Hatten die Moskauer Großfürsten bis zum Ende des 15. Jahrhunderts Ehen mit anderen Zweigen der Dynastie der Rurikiden und mit den Herrscherfamilien der Goldenen Horde und des Großfürstentums Litauen bevorzugt, so begann mit der Heirat des Großfürsten Wassilis III. 1505 eine Praxis, die Braut aus den Töchtern nichtfürstlicher Bojaren auszuwählen, die dem Großfürsten und Zaren dienten. Durch solche Ehen kamen nach dem Aussterben der Ruri-

kiden zu Beginn des 17. Jahrhunderts mit den Godunows und Romanows sogar im Rang niedrigere Adelsfamilien zu Kandidaturen auf den Zarenthron.

Im europäischen Vergleich galten die Romanows nach ihrem Herrschaftsantritt im Jahr 1613 als eine noch junge Herrscherfamilie. An ihrem geringeren Ansehen scheiterten ihre Heiratsprojekte – wie zuvor die der Godunows – mit den Herrscherhäusern in Schweden und Dänemark und mit der habsburgischen Kaiserfamilie. Als ein weiterer Hinderungsgrund galt der konfessionelle Unterschied. So blieben als Alternativen vorerst nur Ehen der Romanows mit noch weniger angesehenen Familien aus dem russischen Dienstadel. Doch diese Praxis führte dazu, dass jede neue Ehe das Machtgefüge innerhalb der thronnahen Elite durch Rivalitäten störte.

MEDAILLE ZUR FÜRSTEN-HOCHZEIT VON TORGAU

1711 heiratete Alexej, der Sohn Peters I., Charlotte Christine Sophie von Braunschweig-Wolfenbüttel in Torgau. Die Hochzeit fand in der sächsischen Stadt an der Elbe statt, da Charlotte von Christiane Eberhardine, der Gemahlin des sächsischen Kurfürsten Augusts des Starken, erzogen worden war. Abgebildet ist die Rückseite der Medaille, die anlässlich der Nachfeier der Hochzeit in Braunschweig geprägt wurde: Sie zeigt zwei verschlungene Hände über einem Feueraltar, geschmückt mit zwei Wappen – dem russischen Adler und dem braunschweigischen Ross. Die Vorderseite zeigt die Porträts von Alexei und Charlotte.

ANLÄSSLICH DER FÜRSTENHOCHZEIT IN BRAUNSCHWEIG GEPRÄGTE MEDAILLE, 1711, NIEDERSÄCHSISCHES MÜNZKABINETT DER DEUTSCHEN BANK HANNOVER, 02:072:002.

Bereits in der dritten Generation gerieten die Romanows zudem in eine dynastische Krise, die Veränderungen an der Staatsspitze zur Folge hatte. Dem Zaren Alexei Michailowitsch folgte 1676 sein 14-jähriger Sohn Fjodor auf den Thron, und als dieser schon

1682 ohne Erben starb, waren auch die nächsten Thronfolger, die Großfürsten Iwan aus der ersten und Peter aus der zweiten Ehe Alexejs, noch minderjährig. Der Konflikt zwischen ihren Anhängern endete in einem einzigartigen Kompromiss: Gemeinsam wurden der nicht regierungsfähige Iwan und sein Halbbruder Peter zu Zaren gekrönt, so dass fortan auch beider Nachkommen für den Thron in Betracht kamen. Doch zunächst errang ihre Schwester, die Zarentochter Sophia, die Anerkennung als Regentin. Damit wurde sie zur ersten Frau an der Spitze der russischen Monarchie, auch wenn sie nicht den Titel einer Zarin trug. Die gebildete Sophia regierte mit klugen Beratern achtbar, bis sie 1689 entmachtet und ins Kloster verbannt wurde. Die Herrschaft trat der 17-jährige Peter zunächst im Namen beider Brüder an und übte sie nach Iwans Tod 1696 allein aus.

Auf Betreiben seiner Mutter hatte Peter kurz vor der Machtübernahme 1689 Jewdokia Lopuchina, die Tochter eines Moskauer Adligen, geheiratet, derer er rasch überdrüssig wurde und die er 1698 ins Kloster verbannte. So war seit dem Tod des Zaren Alexei Michailowitsch zunehmend die Frage erwägenswert geworden, ob „ausländische" Heiraten politisch nicht von Vorteil wären. Es musste nur gewährleistet werden, dass die Familien der Ehepartner und die Herkunftsstaaten keinen Einfluss in Russland gewinnen konnten. Aber immerhin störten solche Ehen nicht das Gleichgewicht innerhalb der thronnahen Elite und versprachen der Herrscherfamilie ein höheres Ansehen in Russland und Europa.

Ein noch wichtigeres Motiv für einen Wandel in der Heiratsstrategie war jedoch Russlands Eintritt in die „große" europäische Politik. Schon Peters erste ausgedehnte Europareise – die „Große Gesandtschaft" 1696 bis 1698 – zeigte ihm die Bedeutung der vernetzten dynastischen Beziehungen in Europa. Für die mit dem Nordischen Krieg von 1700 bis 1721 beginnende aktive Einmischung in die Angelegenheiten des westlichen Europas wurde es auch erforderlich, die Mechanismen und die Traditionen seiner politischen Kultur, seine Rituale und Gepflogenheiten zu verstehen. Als ein möglicher Weg mochte es erscheinen, am russischen Hof den Thronfolgern die Erfahrung einer „europäischen" Erziehung über die „weibliche Linie" durch Gemahlinnen zu vermitteln, die im Milieu der europäischen Hofkultur aufgewachsen waren. Die sich unter Peter I. andeutende Tendenz vollendete schließlich Katharina II. durch die Eheschließungen ihres Sohnes, ihrer Enkel und Enkelinnen in einem System dynastischer Verbindungen mit durchweg ausländischen, darunter zu einem überwiegenden Teil deutschen regierenden Familien.

Die ersten Schritte, um eine solche neue Heiratspolitik zu gestalten, waren auch im buchstäblichen Sinn eine Folge wiederum ausgedehnter neuer Aufenthalte Peters in Europa, doch anders als die „Große Gesandtschaft" nunmehr im Zusammenhang mit den vom Zaren selbst angeführten Auslandsfeldzügen der russischen Armee. Die Heirat seines Sohnes Alexei 1711 in Torgau war einer der Beweggründe für die zweite Europareise Peters, die in zwei Abschnitten vom September bis Dezember 1711 und vom Juli 1712 bis zum März 1713 insgesamt 13 Monate dauerte. Die Eheschließung seiner Nichte Katharina Iwanowna mit dem

mecklenburgischen Herzog Karl Leopold 1716 in Danzig war ein Ergebnis des zweiten „pommerschen" Feldzugs und der Auftakt der dritten großen Europareise Peters in den Jahren 1716–1717, die wie einst die „Große Gesandtschaft" anderthalb Jahre währte.

Schon die vorangegangene Heirat von Peters Nichte, der Zarentochter Anna Iwanowna, mit dem kurländischen Herzog Friedrich Wilhelm 1710 in Sankt Petersburg, noch bevor die Neugründung von 1703 hauptstädtische Funktionen übernahm, hatte mit der Tradition eines „dynastischen Isolationismus" gebrochen. Sie hatte den Weg zu einer „Internationalisierung" der Romanow-Dynastie gebahnt, die sich im Laufe des gesamten 18. Jahrhunderts verstärkte. Dieser Prozess begünstigte die Überwindung der Abgeschlossenheit der russischen Gesellschaft und ihrer Elite, die sich an Mustern orientierte, die die Herrscher vorgaben.

Die durch die ersten Ehen der Zarenfamilie vorgezeichnete Politik religiöser Toleranz wurde im August 1721, genau am Vorabend der Proklamation Russlands zum Kaiserreich, durch einen Beschluss des Synods bestärkt, der die Ehen von Orthodoxen und Andersgläubigen im Zarendienst erlaubte. Die familiären Bindungen erweiterten den Raum der wechselseitigen Durchdringung der Kulturen und wurden einer der Kanäle, durch den der europäische Einfluss im Lande und neue Kontakte mit Europa verstärkt wurden.

In diesem Rahmen wurde die neue Heiratsstrategie der russischen Herrscher von Beginn an durch einen ausgeprägt „deutschen Vektor" gekennzeichnet. Er war nicht allein dadurch geprägt, dass die Vielzahl von Territorialfürstentümern einen günstigen

„Heiratsmarkt" darstellte. Viel größere Bedeutung hatte die Vorgeschichte, dass Russlands „europäische" Interessen mit den deutschen Landschaften in Mitteleuropa eng verbunden waren. Die alten Handelsbeziehungen mit dem norddeutschen Raum, vor allem mit der Ostseeküste, mit Lübeck und Hamburg, durch das ein bedeutender Anteil der Handels- und Finanzoperationen der russischen Regierung unter Peter I. abgewickelt wurde; der fast permanente Zustrom technischer und militärischer Fachleute, die von dort nach Russland übersiedelten; die bis ins Mittelalter zurückreichenden sozialen und kulturellen Beziehungen Russlands mit diesen Regionen durch die „Kontaktzone" Liv- und Estland mit ihrer deutschen Oberschicht – alle diese Faktoren trugen dazu bei, die Basis für eine Annäherung gerade dieses Teils der deutschen Territorien zu schaffen, deren Herrscherfamilien in solchen Ehen natürlich auch ihre eigenen Vorteile suchten und Interessen verfolgten.

DIE HEIRATSPOLITIK PETERS I.

Peter I. reiste im Herbst 1711 nicht wegen der Begegnung mit Gottfried Wilhelm Leibniz nach Torgau im Kurfürstentum Sachsen, wo im Schloss am 25. [14.] Oktober die Hochzeit des Zarensohnes Alexei mit Charlotte Christine Sophie aus dem Herzogshaus Braunschweig-Wolfenbüttel gefeiert wurde. Für Torgau als Ort der Eheschließung sprach, dass sich dort der Hof von Christiane Eberhardine, der Gemahlin Augusts des Starken, des Kurfürsten von Sachsen, befand, welche die Prinzessin erzogen hatte. Peter I. nutzte die Gelegenheit, um sich mit dem berühmten Gelehrten Leibniz zu treffen, der dem Herzog in Wolfenbüttel als Bibliothekar diente. Über die Braut entschied allerdings der Kriegsverlauf. Zwar hatten Moskauer Diplomaten schon 1707 die damals 13-jährige Charlotte in die engere Wahl genommen, doch erreichte der Kurfürst erst nach der Niederlage Karls XII. bei Poltawa, dass die zunächst zögerlichen Eltern der Ehe mit dem russischen Thronfolger zustimmten. Hatte Peter 1709 wenige Wochen nach seinem großen Sieg August sofort wieder als König von Polen eingesetzt und mit ihm ein neues Bündnis geschlossen, so erwies dieser nun mit seiner Brautwerbung dem Zaren einen Freundschaftsdienst. Peter gestand zu, dass die Prinzessin in Russland bei ihrem evangelischen Bekenntnis blieb, aber die Kinder sollten orthodox erzogen werden.

Gewiss verband diese Heirat die Romanows mit einer der ältesten und vornehmsten deutschen Herrscherfamilien, den Braunschweigern aus dem Herzogshaus der Welfen. Doch für Peter war von aktuellem Interesse, dass die Hochzeit seine Familie auch mit den Habsburgern verwandtschaftlich vernetzte: 1708 war Elisabeth Christine, eine ältere Schwester der Braut, mit dem habsburgischen Thronerben Karl verheiratet worden, der im gleichen Oktober 1711 in Frankfurt am Main zum Kaiser gewählt und als Karl VI. gekrönt wurde. Zum einen gab es für Russland, das kurz zuvor den gerade noch glimpflichen Frieden am Pruth hatte schließen müssen, im Falle künftiger militärischer Auseinandersetzungen mit dem

Osmanischen Reich keinen wertvolleren Bündnispartner als das Habsburgerreich. Zum anderen erhoffte sich Peter, die Verschwägerung mit dem Kaiserhaus des Heiligen Römischen Reiches könne dem Anspruch Russlands auf Gleichberechtigung im europäischen Mächtesystem Geltung verschaffen.

Dennoch improvisierte der Zar seine Heiratspolitik eher, als dass er einem längerfristigen Plan folgte, wofür auch die Voraussetzungen nicht günstig waren. Aus der Ehe mit Jewdokia Lopuchina überlebte von ihren drei Kindern nur der Sohn Alexei die frühen Jahre. Nach vielen Affären und nach der Verbannung Jewdokias ins Kloster machte der Zar 1703 Martha Skawronska, die aus Litauen stammende Hausmagd des deutschen Pastors und Philologen Johann Ernst Glück, zu seiner Geliebten. 1705 konvertierte sie unter dem Namen Katharina Alexejewna zur Orthodoxie. 1708 gebar sie eine Tochter Anna Petrowna und 1709 eine Tochter Elisabeth Petrowna, die nach der Heirat ihrer Eltern legitimiert wurden. Von insgesamt elf Kindern überlebten allein sie Vater und Mutter. Erst ein Jahr nach der Torgauer Hochzeit des Thronfolgers Alexei heiratete der Zar Katharina 1712 öffentlich in der neuen Hauptstadt Sankt Petersburg.

Peters Planungen von Ehen standen in einem engen Zusammenhang mit seiner Außenpolitik. Nach der Eroberung Liv- und Estlands vereinbarte er mit deren Ständen die Bedingungen zur Inkorporierung beider Provinzen in das russische Reich, obwohl er Riga und Livland zuvor König August II. dem Starken, seinem Verbündeten, in Aussicht gestellt hatte. Im gleichen Zeitraum gelang es ihm, das polnische Lehen Kurland, das russische Truppen bereits besetzt hatten, durch einen heiratspolitischen Schachzug faktisch an Russland zu binden: Die Zarentochter Anna, Tochter seines Bruders Iwans V., wurde mit dem jungen kurländischen Herzog Friedrich Wilhelm Kettler verheiratet, dessen Mutter eine Halbschwester König Friedrichs I. von Brandenburg-Preußen war. Weil auch der Berliner Hof die Verbindung billigte, sah der eigentlich betroffene Polenkönig August II. keine Möglichkeit, sich dem Geschehen zu widersetzen. Bereits der Heiratsvertrag schränkte die Unabhängigkeit des Herzogtums ein. Nach dem frühen Tod des Bräutigams zwei Monate später schickte der Zar die verwitwete Herzogin Anna Iwanowna bald darauf nach Kurland zurück. Formal blieb das Herzogtum ein Lehen der Krone Polens, doch faktisch unter einem russischen Protektorat, das auch die kurländischen Stände in Schach hielt.

Nicht weniger pragmatisch waren die Motive für die Heirat von Annas älterer Schwester Katharina Iwanowna mit dem allgemein schlecht beleumundeten Herzog Karl Leopold von Mecklenburg-Schwerin 1716 in Danzig. Zar Peter I. wollte den früheren Alliierten des Schwedenkönigs Karls XII. in einem Ehevertrag und in einem „ewigen Bündnis" auf seine Seite ziehen. Hingegen handelte der Herzog eine russische Unterstützung für territoriale Gewinne um das schwedische Wismar und gegen seine widerspenstigen Stände aus, die nach einer Klage beim Reichshofrat in Wien eine Reichsexekution gegen den Herzog erwirkt hatten. Tatsächlich diente Mecklenburg dann einem russischen Heer als Aufmarschgelände gegen Schweden. Dies nährte nach der russischen Annexion

Michail Fjodorowitsch
1613–1645

Alexei Michailowitsch
1645–1676

1. Maria Miloslawskaja

Fjodor III.
1676–1682

Sophia
Regentin 1682–1689

Iwan V.
1682–1696

Praskowja Saltykowa

Friedrich Wilhelm
von Kurland

Anna Iwanowna
1730–1740

Katharina Iwanowna

Karl Leopold von
Mecklenburg-Schwerin

Anton Ulrich von
Braunschweig-Bevern

Anna Leopoldowna
(Elisabeth Katharina Christine von Mecklenburg-Schwerin)
Regentin 1740–1741

Iwan VI.
1740–1741

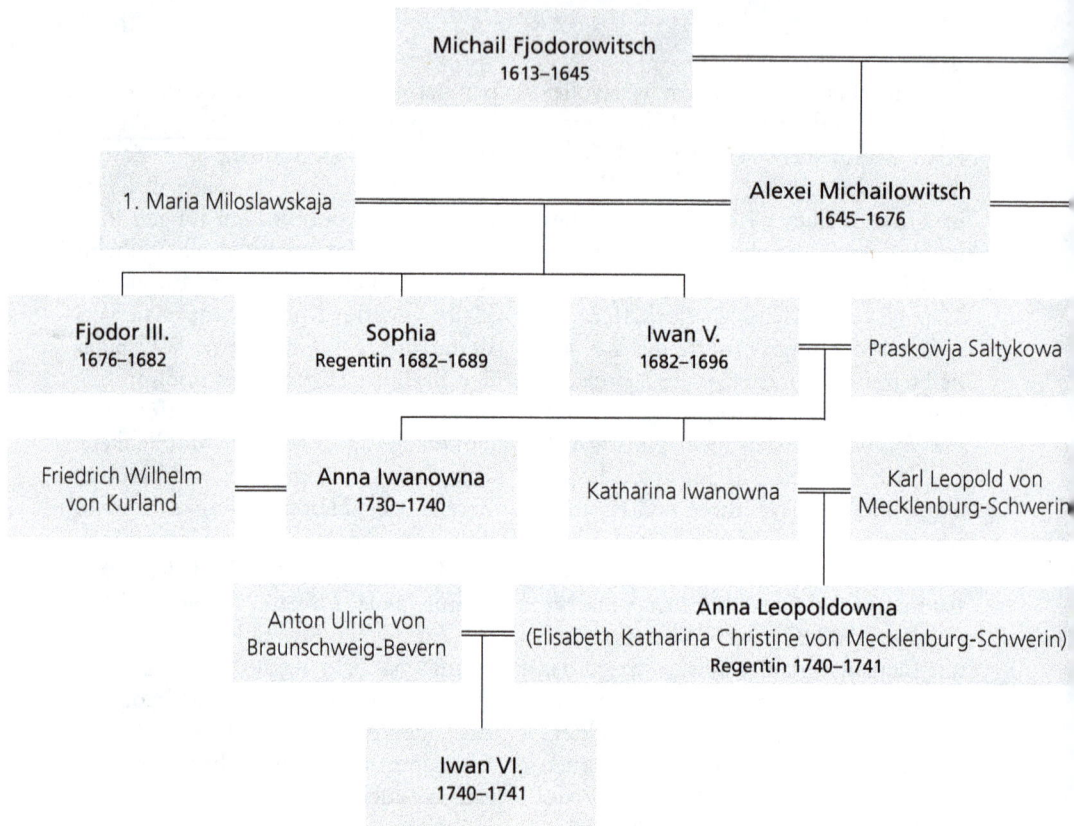

INFO   DIE STAMMTAFEL DER ROMANOWS

Der hier abgebildete Stammbaum zeigt die wichtigsten Vertreters des Zarenhauses der Romanows, beginnend bei Zar Michail Fjo dorowitsch Romanow, der nach dem Aussterben der Dynastie der Rurikiden und einer Zeit der Wirren 1613 von einer Landesver sammlung zum neuen Zaren gewählt und gekrönt worden war. Die Tafel führt alle russischen Herrscher des 17. und 18. Jahrhun derts auf (fett gedruckt, die Jahreszahlen geben jeweils die Regierungszeit an) und stellt ihre familiäre Beziehung zueinander dar.

QUELLE: MATTHIAS STADELMANN, DIE ROMANOVS, STUTTGART 2008, S. 250–253.

Est- und Livlands und Peters Coup in Kurland bei seinen Alliierten und in England den Verdacht, der Zar wolle sich auf gleiche Weise an der norddeutschen Ostseeküste festsetzen, um Russland als Handelsmacht oder gar als Reichsstand zu etablieren. Als Karl Leopold jedoch in der Tat alsbald eine militärische Intervention von Seiten des Reiches bevorstand, hielt Peter das „ewige Bündnis" bereits für einen politischen Fehler und versagte dem Herzog seine Hilfe. Nicht glücklicher verlief die Ehe Katharinas mit dem tyrannischen Herzog. Katharina Iwanowna lebte längst mit beider Tochter Elisabeth wieder in Sankt Petersburg, als Karl Leopold aufgrund einer Verfügung des Reichshofrats 1728 sogar das Herzogtum an seinen Bruder abtreten musste. In Russland trat seine Tochter Elisabeth unter dem Namen Anna Leopoldowna zur Orthodoxie über.

Jewdokija Streschnewa

2. Natalia Naryschkina

1. Jewdokija Lopuchina === **Peter I.**
1682–1725 === **2. Katharina I.**
(Martha Skawronskaja)
1725–1727

Charlotte Christine
Sophie von Braun-
schweig-Wolfenbüttel === Alexei

Peter

Elisabeth Petrowna
1741–1761

Peter II.
1727–1730

Natalia

Anna Petrowna === Karl Friedrich von
Holstein-Gottorf

Katharina II.
(Sophie Friederike Auguste von Anhalt-Zerbst)
1762–1796 === **Peter III.**
(Karl Peter Ulrich von Holstein-Gottorf)
1761–1762

Paul I.
1796–1801

PETERS GESETZLICHE REGELUNG DER THRONFOLGE

Schon zwischen den beiden Eheschließungen seiner Nichten misslang dem in seiner Kriegführung und
Reformpolitik erfolgreichen Zaren Peter I. ausgerechnet eine konfliktfreie
Vorbereitung seiner eigenen Nachfolge. Sein Sohn Alexei aus erster Ehe entwickelte nie Zuneigung zum Vater, widersetzte sich dessen Erziehungsplä-
nen, ließ sich höchstens gelegentlich

zu Diensten für den Staat heranziehen,
interessierte sich nicht für das Kriegswesen und teilte vor allem die Reform-
gesinnung des Zaren nicht. Seine kluge
Gemahlin, die Braunschweigerin Charlotte, verstand sich zwar mit Peter gut,
doch befand sie sich permanent in Geld-
not. Anfangs litt sie unter der Trennung
von Alexei, wenn der Zar ihn abkom-
mandierte, und später eher unter den

Launen und der Alkoholabhängigkeit ihres Gemahls. Dennoch wurden der zunehmend unerträglichen Ehe zwei Kinder, Natalia und Peter, geboren. 1715 starb die 21-jährige Charlotte kurz nach der Geburt ihres Sohnes.

Nochmals wenige Tage später gebar Katharina, die zweite Ehefrau des Zaren, ebenfalls einen Sohn Peter, was den Zaren veranlasste, endgültig Alexeis Thronanspruch in Frage zu stellen. Damit spitzte sich ein mehrjähriger erbitterter Vater-Sohn-Konflikt zu, dem sich der Großfürst sogar durch die Flucht ins Ausland an den verschwägerten Wiener Hof zu entziehen suchte, was das Drama vor die europäische Öffentlichkeit brachte. Nachdem es dem Zaren gelungen war, den Sohn zur Rückkehr zu bewegen, verzichtete Alexei Anfang 1718 unter dem Druck des Vaters auf sein Thronfolgerecht. Dennoch wurde er wegen Landesverrats umgehend zum Tode verurteilt. Nach

---

Da wir nun in eben dieser Absicht im verwichenen 1714ten Jahre, aus Mitleiden gegen unsere Unterthanen, damit deren *privat*-Häuser nicht etwan durch unwürdige Erben zu Grunde gerichtet werden möchten, zwar die *ordre* ergehen lassen, daß nur ein Sohn die unbeweglichen Güter erben solle, aber dabey der Eltern Willen anheim gestellet, welchem von ihren Söhnen sie solche Erbschaft in Ansehung ihrer Würdigkeit zuwenden wollten, ob auch gleich die Wahl, mit Vorbeygehung der älteren, auf den jüngsten fallen sollte, wann sie selbigen dafür ansehen, daß er sein Erbtheil nicht verliedern werde: So sind wir ja um so vielmehr verpflichtet, darauf zu sehen, daß unser Reich, welches durch Gottes Hülfe, wie jedermann in die Augen leuchtet, anjetzo um so viel weiter ausgebreitet ist, unversehrt erhalten werde. Derohalben haben Wir vor gut angesehen, durch gegenwärtige Verordnung fest zu stellen, daß es jederzeit in des regierenden Landes-Herrn Willkühr stehen solle, nicht allein die Succession, wem er will zuzuwenden, sondern auch den bereits designirten Successorem, wann er einige Untauglichkeit an ihm bemercket, wieder zu verändern, damit Unsere Kinder und Nachkommen dadurch im Zaum gehalten und abgeschrecket werden, in dergleichen Gottlosigkeiten zu verfallen. Befehlen demnach allen unseren getreuen Unterthanen, Geist- und Weltlichen Stades, ohne Ausnahme, sothane Unsere Verordnung bey GOTT und seinem heiligen EVANGELIO zu beschweren, dergestalt daß, wer sich dagegen setzen oder selbige anders ausdeuten wollte, in Todes-Straffe und den Kirchen-Bann verfallen seyn solle.

In Preobrazensky den 5. Februar 1722.

Das Original obstehender Verordnung haben Ihro Kayserliche Majestät in dem Senat eigenhändig unterschrieben

PETRUS.

QUELLE 19	DAS THRONFOLGEGESETZ PETERS I. VON 1722

Peter I. erließ 1722 ein Gesetz zur Thronfolge im Russischen Reich, das in dieser Form in keiner anderen Monarchie in Europa existierte. Das Gesetz gab dem Zaren das Recht, seinen Nachfolger unabhängig von den dynastischen Gegebenheiten selbst bestimmen und bereits getroffene Entscheidungen über die Nachfolge jederzeit revidieren zu können.

QUELLE: DAS RECHT DER MONARCHEN, IN WILLKÜHRIGER BESTELLUNG DER REICHS-FOLGE, DURCH UNSERES GROSSMÄCHTIGSTEN LANDES-HERRN, PETRI DES ERSTEN, VATER DES VATERLANDES KAYSERS UND SELBSTHALTERS VON ALLEN REUSSEN ETC. DEN 11. FEBRUARII DIESES 1722STEN JAHRES PUBLICIRTE VERORDNUNG FEST GESETZET, BERLIN 1724, VORREDE.

Folterungen starb er im Juni des gleichen Jahres in der Haft. 1719 starb aber auch der nunmehrige Thronerbe, der Zarensohn Peter, im Alter von vier Jahren, einer von drei gleichnamigen frühverstorbenen Söhnen Katharinas.

1722 hob der Zar, inzwischen Kaiser, die dynastische Erbfolge ganz auf und erklärte gemeinsam mit dem hochgebildeten Bischof Feofan Prokopowitsch als seinem maßgeblichen Interpreten in einer gelehrten Abhandlung die Entscheidung über die Thronfolge zum „Recht des monarchischen Willens". Jeder Throninhaber durfte fortan willkürlich bestimmen, wer ihm nachfolgen sollte, und frühere Entscheidungen auch widerrufen. Eine solche Regelung, auf die die Untertanen vereidigt wurden, gab es als Fundamentalgesetz in keiner anderen absoluten Monarchie Europas. 1724 krönte Peter eigenhändig seine zweite Frau zur Kaiserin. Doch noch im November des gleichen Jahres entstand zwischen beiden ein heftiger Konflikt, als Peter auf eine Liebschaft Katharinas unversöhnlich reagierte. Jedenfalls betrieb er nur Tage später die Verlobung Annas, der ältesten Tochter des Kaiserpaares, mit Herzog Karl Friedrich von Holstein-Gottorf, einem Neffen des Schwedenkönigs Karls XII. Der Heiratsvertrag sicherte in einem Geheimartikel dem latenten Anspruch des Herzogs auf den schwedischen Thron die Unterstützung Russlands zu, während beide Verlobte, der neuen Regelung der Nachfolge entsprechend, ihre und ihrer Kinder Erbansprüche auf den russischen Thron aufgeben mussten. Wohl aber behielt sich Peter in einem anderen Geheimartikel ausdrücklich vor, aus freien Stücken einen Sohn des Paares eines Tages zu seinem Nachfolger zu bestimmen.

KATHARINA I.

Zunächst trat allerdings der Tod Peters I. Anfang 1725 bei weitem plötzlicher ein, als er erwartet hatte. In der Konkurrenz der Thronkandidaturen setzte sich dann doch Katharina durch, wenn auch nicht vorrangig gegen ihre Tochter Anna. Vielmehr favorisierte eine mit den Reformen des Kaisers unzufriedene Hofpartei vornehmer alter Adelsfamilien zunächst vergeblich den Zarenenkel Peter, Alexeis und Charlottes minderjährigen Sohn. Als noch im selben Jahr in Sankt Petersburg die Ehe zwischen Katharinas Tochter Anna und Karl Friedrich von Holstein geschlossen wurde, erhob die Kaiserin auch den Herzog zu einem ihrer Berater, so dass sich zwischen braunschweigischen und holsteinischen Interessen ein Konflikt um den russischen Thron abzuzeichnen begann. Zugleich erbte Russland durch die holsteinische Verbindung ein neues politisches Problem. 1713 hatte Dänemark auf der Seite Russlands das mit Schweden verbündete Herzogtum Holstein-Gottorf besetzt, und bei den Friedensschlüssen war der dänischen Krone immerhin der Gottorfer Territorialbesitz in Schleswig verblieben. Daher hoffte das Herzogshaus auf Russlands Hilfe, um die verlorenen Gebiete zurückzugewinnen. Mit Rücksicht auf seinen gegen Schweden unentbehrlichen Alliierten Dänemark hatte Peter I. aber diese Hilfe ebenso wie die Heiratspläne mit einer seiner

Töchter bis zum Kriegsende hinausgeschoben. In seinen letzten Lebensjahren identifizierte er sich jedoch zunehmend mit den Interessen Holsteins. Katharina I. setzte diese Linie fort und sah sogar auch für ihre Tochter Elisabeth einen holsteinischen Bräutigam vor, ei-

nen Vetter Karl Friedrichs, den gerade 20-jährigen Lübecker Fürstbischof Karl August aus der jüngeren Linie des Hauses. Zuvor waren zähe Verhandlungen über eine Ehe Elisabeths mit dem Bourbonenkönig Ludwig XV. 1726 endgültig gescheitert, wobei am französischen Hof nicht zuletzt die niedere Herkunft der Mutter der Großfürstin eine Rolle gespielt haben soll.

PETER II.

Dann veränderte jedoch eine Serie von Todesfällen die Lage. Im Mai 1727 starb Kaiserin Katharina I., im Juni in Sankt Petersburg der zur Verlobung mit Elisabeth angereiste Karl August von Holstein, in den sich die Braut sofort verliebt hatte, im Mai 1728 in Kiel die auch erst 20-jährige Herzogin Anna Petrowna bald nach der Geburt eines Sohnes Karl Peter Ulrich und im Herbst Natalia, die Tochter des Großfürsten Alexei und seiner braunschweigischen Gemahlin Charlotte. Nunmehr bestieg deren früh verwaister und erst 12-jähriger Sohn als Kaiser Peter II. den russischen Thron. Sofort nach seiner Inthronisierung wechselten die Zusammensetzung des Obersten Geheimen Rates und der politische Kurs. In der Außenpolitik spielte die holsteinische Orientierung keine Rolle mehr. Das war der Anlass für Karl Friedrich gewesen, mit seiner Frau Russland zu verlassen und nach Kiel in sein reduziertes Herzogtum zurückzukehren. Schon drei Jahre später starb aber auch Peter II., der letzte Sohn eines Vaters aus der Familie Romanow. Nach der willkürlichen Thronfolgeregelung Peters des Großen wären nun zwar immer noch einige Kandidaturen

ABB. 24   DER ARREST DER REGENTIN ANNA LEOPOLDOWNA

Die russische Regentin Anna Leopoldowna und ihr Mann Anton Ulrich von Braunschweig-Bevern sowie ihr Sohn, der zweijährige Thronfolger Iwan VI., wurden 1741 nach dem Staatsreich Elisabeths gefangengesetzt. Anna Leopoldowna starb 1746 in der Gefangenschaft in Cholmogory bei Archangelsk. Ihr Mann blieb ebenfalls bis zu seinem Tode 1776 in Gefangenschaft, genauso ihr Sohn Iwan VI., der, isoliert von seinen Eltern, 1764 bei einem Befreiungsversuch aus der Festung Schlüsselburg von seinen Bewachern getötet wurde. Der populäre deutsche Stich aus den 1740er Jahren, ein wohl einzig erhaltenes Exemplar aus der Sammlung von Dmitri Rowinski, trägt die Bildunterschrift: „Tyrannen meines Reichs, weicht, eure Größ ist hin! Ich Peters Tochter bins, Verblendte Großfürstinn, Schau in Elisabeth der Russen Kaiserinn."

DER ARREST DER REGENTIN ANNA LEOPOLDOWNA, ANONYMER KUPFERSTICH, MITTE DES 18. JAHRHUNDERTS, STAATLICHES HISTORISCHES MUSEUM MOSKAU.

denkbar gewesen, doch alle konkreten Überlegungen an der Spitze des Staates konzentrierten sich weiterhin auf die wenigen überlebenden Mitglieder der Familie Romanow. So rückte der im fernen Kiel aufwachsende Prinz Karl Peter Ulrich, immerhin ein Enkel Peters des Großen, in der Rangfolge der Thronanwärter unverhofft voran. Allerdings blieben seine Aussichten vorerst gering, solange die verbleibenden Kandidatinnen, Herzogin Anna Iwanowna von Kurland, Peters Tochter Elisabeth und Anna Leopoldowna von Mecklenburg-Schwerin, den Entscheidungen in Sankt Petersburg näher waren, Anhänger unter den politischen Akteuren hatten, ja gar noch heiraten und Kinder gebären konnten.

ANNA IWANOWNA

Der mit aristokratischen Repräsentanten besetzte Oberste Geheime Rat brachte 1730 erst einmal Peters des Großen Nichte Anna Iwanowna, die früh verwitwete Herzogin von Kurland, auf den Thron. Im eigenen Interesse entschied sich der Rat für die scheinbar schwächste Kandidatin und ließ sie für ihre Thronbesteigung „Konditionen" unterschreiben, die ihre souveräne Herrschaft einschränken sollten. Doch einmal an der Macht und gestützt auf die überwiegende Mehrheit der Adligen erklärte die Kaiserin alle ihr abgerungenen Zusagen sofort für null und nichtig. Den Rat löste sie auf, und die bis dahin führenden russischen Adelsvertreter wurden verbannt. Unter den fortan zahlreichen kur- und livländischen Adligen am Hofe und noch vor Heinrich Ostermann als dem Leiter der Außenpolitik und Burckard Christoph von Münnich als dem Chef des Militärwesens verfügte, wenn auch ohne Amt, der Kurländer Ernst Johann von Biron über einen starken Einfluss auf die Kaiserin. Als ihr Favorit hatte er im Interesse der eigenen Stellung bereits zuvor Eheprojekte mit ausländischen Partnern verhindert.

ABB. 25 PETER FJODOROWITSCH UND KATHARINA ALEXEJEWNA

Das von Georg Christoph Grooth um 1745 geschaffene Gemälde zeigt das Porträt des Großfürsten Peter Fjodorowitsch und der Großfürstin Katharina Alexejewna. Der spätere Zar Peter III., Sohn von Karl Friedrich von Holstein-Gottorf und Anna Petrowna, heiratete 1745 Sophie von Anhalt-Zerbst, die als Katharina II. nach seinem Tod ab 1762 Russland regierte. Die verschiedenen von dem 1716 in Stuttgart geborenen Porträtmaler angefertigten Porträts Peters und Katharinas waren Vorlage für zahlreiche Kopien anderer Künstler.

GROSSFÜRST PETER FJODOROWITSCH UND SEINE GATTIN GROSSFÜRSTIN KATHARINA ALEXEJEWNA, ÖLGEMÄLDE VON GEORG CHRISTOPH GROOTH, UM 1745, KUNSTMUSEUM ODESSA.

Schon im Dezember 1731 traf die früh verwitwete und kinderlose Monarchin eine merkwürdige Vorsorge für die Thronfolge: Sie ließ die Garderegimenter auf einen von ihr zu bestimmenden, noch nicht geborenen und daher namenlosen Thronfolger vereidigen, ohne auch nur dessen Eltern zu erwähnen. Wahrscheinlich aber rechnete sie bereits fest mit ihrer damals 13-jährigen, in Mecklenburg geborenen Nichte Anna Leopoldowna. Vor allem sollte im Hinblick auf die Sympathien Elisabeth Petrownas für Holstein gerade diese Option unter den deutschen Höfen ausgeschlossen werden. Tatsächlich baute die Kaiserin in der Folgezeit Anna Leopoldowna als Kandidatin auf und entschied sich früh für deren Heirat mit dem Prinzen Anton Ulrich von Braunschweig. Diese Wahl fügte sich in die von Ostermann gepflegten Beziehungen Russlands mit Österreich und wurde auch vom Wiener Hof gefördert. Schon Anfang 1733 trat Anton Ulrich in den russischen Militärdienst,

in dem er Ansehen gewann, als er sich unter Münnich im Krieg gegen das Osmanische Reich auszeichnete. Doch einerseits zog Anna Leopoldowna eine Liaison mit dem sächsisch-polnischen Gesandten Moritz Graf zu Lynar der braunschweigischen Ehe vor, und andererseits intrigierte Biron gegen Anton Ulrich, weil er gern seinen Sohn mit der Thronkandidatin verheiratet hätte. 1737 erhob Kaiserin Anna ihren Favoriten immerhin zum Herzog von Kurland, doch blieb Biron in Petersburg. Gegen seinen Druck entschied sich Anna Leopoldowna schließlich für den ungeliebten Braunschweiger, für den vor allem Österreichs Diplomaten warben. Die Hochzeit fand im Juli 1739 statt, und im August 1740 wurde dem Paar ein Sohn Iwan geboren, den die todkranke Kaiserin im Oktober zum Thronfolger erklärte. Doch die Regentschaft übertrug sie statt den Eltern Biron, und wenige Tage später starb sie. Kaiser wurde der Säugling Iwan VI. Antonowitsch.

ELISABETH

Dann überschlugen sich die Ereignisse. Biron spielte umgehend seine Position aus, um zusätzliche Macht zu gewinnen. Doch nicht Anton Ulrich leistete Widerstand, sondern Münnich stürzte den Regenten schon drei Wochen nach dem Tod der Kaiserin Anna und ließ ihn verhaften. Selbst ernannte er sich zu einem „Premierminister" mit umfangreichen Vollmachten und Anton Ulrich zu einem Generalissimus ohne Oberbefehl, aber Anna Leopoldowna nun zur Regentin für ihren Sohn. Im März 1741 löste ein neuer Umsturz unter

Mitwirkung Ostermanns Münnich ab, was die Position des braunschweigisch-mecklenburgischen Paares zu festigen schien. Anton Ulrich wurde Oberbefehlshaber, sein Bruder Ludwig Ernst als Birons Nachfolger zum Herzog von Kurland gewählt, und obwohl sich die ehelichen Beziehungen nicht besserten, gebar Anna im Juli 1741 als zweites Kind eine Tochter Katharina.

Doch am 24. November [5. Dezember] 1741 kam es zum dritten Machtwechsel innerhalb eines Jahres, als Elisabeth, die Tochter Peters des Großen, an der Spitze der Garden die Herrschaft eroberte. Die gesamte braunschweigische Familie mit dem Kindkaiser Iwan VI. wurde festgenommen und in Riga inhaftiert. Abgeschoben wurde entgegen ersten Zusagen aber nur Ludwig Ernst, der mit der Aberkennung der kurländischen Herzogswürde davonkam. Beinahe begegnete er auf seiner Rückreise im Februar 1742 dem neuen Thronfolger, für den sich die unverheiratete und kinderlose Kaiserin Elisabeth sofort entschieden hatte: ihrem Neffen Karl Peter Ulrich, der nach dem Tode seines Vaters Karl Friedrich 1739 Herzog von Holstein-Gottorf geworden war und auch den Anspruch auf den schwedischen Thron geerbt hatte. Trotz der Interventionen Maria Theresias, Friedrichs II. von Preußen, des englischen Königs Georg II. und des in Wolfenbüttel regierenden Herzogs Karl I. ließ Elisabeth gegenüber den Braunschweigern keine Gnade walten. Mehrere echte und vermeintliche Vorhaben einer Befreiung der Inhaftierten bewirkten sogar das Gegenteil. Über mehrere Stationen wurde die Familie verlegt, bis sie in Cholmogory unweit von Archangelsk im hohen Norden dauerhaft gefangen gehalten wurde. Weil der kindliche Kaiser als der gefährlichste Prätendent galt, wurde jede Erinnerung an ihn systematisch unterdrückt. Er wurde sogar von der Familie isoliert. 1746 starb seine Mutter Anna Leopoldowna, die in der Gefangenschaft noch drei weitere Kinder geboren hatte, und dreißig Jahre später nach zwei weiteren Thronwechseln Anton Ulrich, bis Katharina II. beider längst erwachsene überlebende Kinder 1780 endlich in die Freiheit nach Dänemark entließ. Doch der zum Kaiser geborene Iwan VI. war schon 1764 in der Festung Schlüsselburg am Ladoga-See bei einem dilettantischen Befreiungsversuch eines Leutnants Wassili Mirowitsch befehlsgemäß von seinen Wachen getötet worden.

Dem neuen Thronfolger aus Holstein, der als Großfürst Peter Fjodorowitsch am Hofe eingeführt wurde, bestimmte Elisabeth auch frühzeitig eine Braut. Prinzessin Sophie Friederike Auguste von Anhalt-Zerbst erschien am Hofe als eine gute Wahl, war ihre ehrgeizige Mutter Johanna Elisabeth doch eine Schwester Karl Augusts, des frühverstorbenen Verlobten der Kaiserin, also auch eine Holsteinerin. Der Vater Fürst Christian August von Anhalt-Zerbst diente seit dem Spanischen Erbfolgekrieg im preußischen Heer und als Kommandant und Gouverneur von Stettin, ehe er 1742 als zweitgeborener Sohn neben seinem älteren Bruder die Herrschaft im Zerbster Fürstentum übernehmen konnte.

1745 fand in Petersburg die Hochzeit des Großfürsten Peter mit der zur Orthodoxie übergetretenen Braut statt, die zur Ehre der Mutter Elisabeths Katharina Alexejewna genannt worden war. Doch eine Liebesbeziehung wurde diese Ehe nicht. Neun Jahre musste Kaiserin Elisabeth auf einen Thronerben warten, und als Katharina 1754 endlich einen Sohn Paul gebar, war den Eingeweihten klar, dass nicht Peter Fjodorowitsch der Vater des Knaben war, sondern Katharinas Geliebter Sergei Saltykow. Dennoch erkannte Kaiserin Elisabeth ihn als Thronfolger an und sorgte schon in seinen frühen Jahren für eine gute Erziehung.

Die Mutterschaft festigte Katharinas Position am Hofe. Bald sahen sie russische Staatsmänner, ausländische Diplomaten und sogar die Kaiserin selbst als eine würdigere Thronfolgerin an als ihren unreifen Gemahl. In einer Zeit wachsenden russischen Nationalbewusstseins provozierte Peter am Hofe mit einer überheblichen Betonung seiner deutschen und lutherischen Herkunft und interessierte sich mehr für sein holsteinisches Erbe als für Russland. Mitten im Siebenjährigen

Krieg verbarg er nicht seine Verehrung für Friedrich II. Katharina hingegen bildete sich fort im Einklang mit den Prinzipien der europäischen Aufklärung, knüpfte Kontakte und gewann Anhänger in der höfischen Gesellschaft und im Militär und bereitete sich zielstrebig darauf vor, eines Tages an die Spitze des großen Reiches zu treten.

LITERATURHINWEISE

Manfred von Boetticher (Hg.), Braunschweigische Fürsten in Rußland in der ersten Hälfte des 18. Jahrhunderts, Göttingen 1998.

Wladimir Guerrier, Die Kronprinzessin Charlotte von Rußland, Schwiegertochter Peters des Großen, nach ihren noch ungedruckten Briefen (1707–1715), Bonn 1875.

Eckhard Hübner, Staatspolitik und Familieninteresse. Die gottorfische Frage in der russischen Außenpolitik 1741–1773, Neumünster 1984.

Igor Kuruin, Epocha „dworskich bur": Otscherki polititscheskoi istorii poslepetrowskoi Rossii, 1725–1762 gg., Rjasan 2003.

Antony Lentin (Hg.), Peter the Great: His Law on the Imperial Succession. The Official Commentary, Oxford 1996.

Carol S. Leonard, Reform and Regicide. The Reign of Peter III of Russia, Bloomington / Indianapolis 1993.

Leonid Lewin, Rossiski generalissimus gercog Anton Ulrich. (Istorija „Braunschweigskowo semeistwa" w Rossii), Sankt Petersburg 2000.

Martha Lindemann, Die Heiraten der Romanows und der deutschen Fürstenhäuser im 18. und 19. Jahrhundert und ihre Bedeutung in der Bündnispolitik der Ostmächte, Berlin / Bonn 1935.

Ljudmila Markina, Sofija Scharlotta Braunschweigskaja – perwaja nemezkaja prinzessa w Rossii, in: Ljudmila Slawgorodskaja (Hg.), Nemzy w Rossii. Problemy kulturnowo wsaimodejstwija, Sankt Petersburg 1998, S. 41–52.

Walther Mediger, Mecklenburg, Rußland und England-Hannover 1706–1721. Ein Beitrag zur Geschichte des Nordischen Krieges, Bde. 1–2, Hildesheim 1967.

Matthias Stadelmann, Die Romanovs, Stuttgart 2008.

Claus Scharf, Katharina II., Deutschland und die Deutschen, Mainz 1995.

Günther Stökl, Das Problem der Thronfolgeordnung in Rußland, in: Johannes Kunisch (Hg.) in Zusammenarbeit mit Helmut Neuhaus, Der dynastische Fürstenstaat. Zur Bedeutung von Sukzessionsordnungen für die Entstehung des frühmodernen Staates, Berlin 1982, S. 273–289.

Hans-Joachim Torke (Hg.), Die russischen Zaren 1547–1917, München 1995.

DER FRIEDE VON BELGRAD

MÄCHTEGLEICHGEWICHT IN ZENTRAL- UND OSTEUROPA

1739

AXEL GOTTHARD / SERGEI POLSKOI

Vor den Mauern des von den Türken belagerten Belgrad unterzeichneten Österreich und Russland im Herbst des Jahres 1739 im Eilverfahren Friedensverträge mit dem Osmanischen Reich, die den Krieg zwischen den drei Mächten beendeten. Der Krieg, der mit ehrgeizigen Plänen der russischen Regierung begonnen hatte, hatte sich als verheerend für das Russische Reich und als katastrophal erfolglos für die habsburgische Herrschaft in Österreich erwiesen. Die Kriegshandlungen und das diplomatische Ringen in den Jahren 1735–1739 offenbaren einen Komplex von Problemen, der das bis dahin stabile Gleichgewicht der beiden verbündeten Mächte zu erschüttern drohte.

Russland und Österreich verband seit einem in Wien geschlossenen Vertrag vom 6. August [27. Juli] 1726

eine Defensivallianz: Würde einer der Bündnispartner angegriffen, stünde ihm der andere mit 30 000 Mann bei. Ein dem Vertrag beigefügter Geheimartikel bestimmte allerdings, dass Österreich im Falle eines Krieges Russlands gegen das Osmanische Reich anstelle der vereinbarten militärischen Unterstützung nach seinem eigenen Erwägen der „Hohen Pforte" auch den Krieg erklären könne. Ebenso verfolgten Russland und Österreich gegenüber Polen gemeinsame Interessen, und nicht zuletzt fürchteten sie die im Jahre 1725 geschlossene Herrenhausener Allianz zwischen England-Hannover, Preußen und Frankreich.

Einer ersten wirklichen Bewährungsprobe wurde das Bündnis von 1726 im Polnischen Thronfolgekrieg von 1733–1738 unterzogen, als Russ-

https://doi.org/10.1515/9783110348712-014

land und Österreich gemeinsam August III., den sächsischen Bewerber für den polnischen Thron, unterstützten, der gegen den französischen Kandidaten Stanisław Leszczyński antrat. Dass aber Russland auf dem Territorium der Rzeczpospolita militärisch intervenierte, hatte zur Folge, dass Österreich gezwungen war, am Rhein gegen Frankreich und auf der Apennin-

halbinsel gegen Spanien allein kämpfen zu müssen. Erst 1735 entsandte Russland einen 13 000 Mann starken Truppenverband unter dem Kommando von General Peter von Lacy an den Rhein, um die Österreicher zu unterstützen. Doch alsbald wurde dieser Verband wieder in die Heimat zurückgerufen, wo Vorbereitungen für einen neuen Krieg liefen.

Jahr 1736

Asow wird uns gehören; Wir werden uns des Dons, des Dnjeprs, der Landenge von Perekop, der Territorien der Nogaier zwischen dem Don und dem Dnjepr entlang des Schwarzen Meers bemächtigen, und, so Gott es will, wird die Krim auf uns übergehen.

Jahr 1737

Ihre Kaiserliche Majestät wird sich die Krim und das Kuban-Gebiet vollständig unterwerfen, und sie wird das Fürstentum Kabarda vollständig annektieren. Sie wird die Herrscherin des Asowschen Meers und [...] von der Krim bis zum Kuban-Gebiet.

Jahr 1738

Ihre Kaiserliche Majestät wird sich vollkommen risikolos die Belgoroder und Budschaker Horde hinter dem Dnjepr, wie auch Moldau und die Walachei untertan machen, die unter dem türkischen Joch ächzen. Die Griechen werden sich unter die Flügel des Russischen Adlers retten.

Jahr 1739

Die Banner und Standarten Ihrer Kaiserlichen Majestät werden erhoben ... wo? – in Konstantinopel. In der allerersten, ältesten griechisch-christlichen Kirche, in der berühmten östlichen Kathedrale Hagia Sophia in Konstantinopel, wo sie als griechische Kaiserin gekrönt wird und Frieden schenken wird ... wem? – dem unendlichen Weltall, nein – unzähligen Völkern. Das ist Ruhm! So sieht eine Herrscherin aus! Und wer, wird man dann fragen, hat das Anrecht auf die kaiserliche Würde? Derjenige, der gekrönt und gesalbt ward in Frankfurt oder in Istanbul?"

QUELLE 20 BURKHARD CHRISTPOPH VON MÜNNICHS „GENERALPLAN"

Der Präsident des Kriegskollegiums und Oberbefehlshaber des russischen Heeres, Generalfeldmarschall Burkhard Christoph von Münnich, entwarf am 14. April 1736 einen auf vier Jahre angelegten, ehrgeizigen „Generalplan" für einen erneuten Krieg Russlands mit dem Osmanischen Reich in Form eines Schreibens an den Oberkammerherrn Ernst Johann von Biron. Er sah nicht nur die Eroberung der Stadt Asow, der Landenge von Perekop und der Krim-Halbinsel vor, sondern gar eine Vertreibung der Türken aus Konstantinopel, die Wiederherstellung des „Griechischen Reiches" und eine Krönung der Zarin Anna Iwanowna als dessen Herrscherin. Das hier abgedruckte Original in deutscher Sprache des früher nur in französischer Wiedergabe bekannten Dokuments wurde erst kürzlich bei Archivforschungen im Russischen Staatsarchiv der alten Akten Moskau entdeckt.

QUELLE: RUSSISCHES STAATSARCHIV DER ALTEN AKTEN (RGADA) MOSKAU, FOND 177, OP. 1, 1736 G., D. 10, S- 30–34.

„DIE BANNER UND STANDARTEN IHRER MAJESTÄT WERDEN IN KONSTANTINOPEL AUFGEPFLANZT"

Nachdem die „polnische Frage" geklärt worden war, konnte sich die russische Regierung den neuen Krisenherden an den südlichen Grenzen des Reiches zuwenden. Der Konflikt zwischen Russland und dem Osmanischen Reich hatte sich bereits in den Jahren 1720–1730 zugespitzt. Zum einen zeigte sich das Petersburger Kabinett bestrebt, den Pruth-Frieden von 1711 zu revidieren. Zum anderen beunruhigte die russischen Minister das Erstarken der Position des Osmanischen Reiches in Persien. Anlass für die Eskalation des Konflikts bot die Verletzung der russischen Grenzen in der Kabardei durch tatarische Truppen, die auf Befehl des Sultans nach Transkaukasien gezogen waren. Schon im Herbst 1733 hatten die Kriegsvorbereitungen begonnen und war eine Aushebung von Rekruten verkündet worden. Anfang 1734 berichteten englische Diplomaten aus Sankt Petersburg, dass „Russland zu einem Bruch mit der Türkei bereit" sei und dass dieser Krieg „den Kaiser der Hilfe berauben wird, die er von Russland erwartet". Ein großer Teil des stehenden Heeres Russlands befand sich zu dieser Zeit noch in Polen.

Bereits im Sommer 1733 hatte Kabinettsminister und Vizekanzler Heinrich Ostermann ein mögliches Kriegsszenario vorgelegt, in dem sowohl der Verteidigungs- als auch der Angriffsfall durchgespielt worden waren. Der Vizekanzler gab dem ersten den Vorzug. Der zweite Fall sah eine Belagerung Asows und einen Vorstoß der russischen Armee auf die Krim vor. Dieser Plan eines „lokalen Kriegs" gegen den Krim-Khan wurde im Juni 1735 von der Kaiserin Anna Iwanowna bestätigt, nachdem die russischen Truppen, den Bedingungen eines Vertrages mit dem Iran folgend, zwar aus den Territorien am Kaspischen Meer abgezogen worden waren, doch der Krim-Khan erneut versucht hatte, nach Transkaukasien vorzustoßen. Als Reaktion darauf schlug General Johann Bernhard Graf von Weißbach einen Straffeldzug gegen die Krim vor. Doch zog sich die Vorbereitung des Feldzugs so in die Länge, dass eine Einheit unter General Michail Leontjew erst am 1. Oktober 1735 ausrückte. Sie erreichte nicht einmal die Landenge von Perekop, musste aufgrund von Regen und Frost den Rückzug antreten und dabei einen Verlust von einem Viertel der Mannschaft hinnehmen.

Der Präsident des Kriegskollegiums und Oberbefehlshaber des russischen Heeres, Generalfeldmarschall Burkhard Christoph von Münnich (1683–1767), entwarf den Plan für die Fortsetzung des Krieges. Dafür versicherte er sich der Unterstützung von Ernst Johann von Biron, dem einflussreichen Favoriten der Kaiserin. Der ehrgeizige „Generalplan" vom 14. April 1736 rechnete mit einer Kriegsdauer von vier Jahren. Zunächst sollte das Heer in eine Don- und eine Dnjepr-Armee aufgeteilt werden. Die Don-Armee unter dem Kommando von Lacy bekam die Aufgabe, Asow zu erobern, während die Dnjepr-Armee unter dem Befehl von Münnich selbst die

Landenge von Perekop einnehmen sowie „die Krim erobern und befrieden" sollte. Doch darüber hinaus sah der Plan eine Vertreibung der Türken aus Konstantinopel, die Wiederherstellung des „Griechischen Reiches" und Annas Krönung als dessen Herrscherin vor. Diese abenteuerlichen Projekte, die niemand außer Münnich selbst ernst nahm, stießen auf den Widerstand Ostermanns, des eigentlichen Lenkers der Außenpolitik. Für ihn hatte sich die Strategie darauf zu konzentrieren, Asow und die anliegenden Territorien erneut in den Reichsbestand einzugliedern und möglichst bald Frieden zu schließen.

Die entschlossene Haltung des Russischen Hofs wurde genährt von den übermäßig optimistischen Berichten Alexei Weschnjakows, des russischen diplomatischen Vertreters in Stambul. Dieser hatte behauptet, das Osmanische Reich sei durch den Krieg in Persien geschwächt. Alle christlichen Untertanen des Sultans würden sich einmütig erheben, sobald sie erführen, dass sich die russischen Truppen näherten und der Sultan deshalb aus Stambul fliehen müsse. Außerdem seien die Türken beim Abschluss eines Friedensvertrages schnell bereit, zugunsten Russlands auf die Krim zu verzichten. Diese Frage beunruhigte die

österreichischen Bündnispartner zutiefst. Der Gesandte Karls VI. in Sankt Petersburg, Johann Franz Heinrich Carl Graf von Ostein, erklärte, dass sein Kaiser seine Bündnisverpflichtungen erfüllen werde, doch auf der Lösung des Konflikts durch einen Friedensschluss bestehe und die Russen vor „allzu leichten Eroberungen" warne. Damit waren eventuelle Eroberungen Asows und der Krim gemeint, deren Folgekosten den „erhofften Nutzen" übersteigen und Neid und Missgunst der Nachbarn wecken würden.

Noch am 12. April hatte Ostermann der Hohen Pforte eine Note zugesandt, die die Vorwürfe und Erwartungen Russlands im eskalierenden Konflikt darlegte. Die Zarin sehe sich gezwungen, die Sicherheit ihres Landes bewaffnet zu schützen. Sei der Pforte am Frieden gelegen, möge sie Diplomaten an die Grenze entsenden und Verhandlungen aufnehmen. Hierzu erklärte sich Großwesir Mehmed-Pascha sogar bereit, allerdings unter der Voraussetzung, dass sich die russischen Truppen zunächst von den Grenzen zurückzögen. Doch war das russische Heer bereits am 20. April ausgerückt. Am 2. Mai fiel in Konstantinopel die Entscheidung, den Krieg gegen Russland anzunehmen, und am 28. Mai erklärte ihn die Pforte offiziell.

DIE NÖTE UND LASTEN DES KRIEGES

Die Don-Armee unter der Führung des Generalfeldmarschalls von Lacy umzingelte Asow, und nach einer kurzen Belagerung ergab sich die Stadt Anfang Juli 1736. Zur gleichen Zeit brach die Dnjepr-Armee unter Münnichs Führung Richtung Krim auf.

Nach der Einnahme der Landenge von Perekop stieß die russische Armee Ende Mai 1736 auf die Feuer und Schwert überlassene Halbinsel vor. Die Krimtataren stellten sich nicht zu einer entscheidenden Schlacht, doch ihre Städte und Siedlungen wurden verwüstet, das

Proschect und Belagerung der Vestung Asoph

Schon seit den 1720er Jahren zeigte sich das russische Kabinet bestrebt, den 1711 nach der Niederlage am Pruth geschlossenen Frieden mit dem Osmanischen Reich zu revidieren. Bereits in den ersten Szenarios eines neuerlichen Krieges mit dem Osmanischen Reich spielte die Rückgewinnung der Stadt Asow eine Rolle, die Russland über das Asowsche Meer einen Zugang zum Schwarzen Meer ermöglichen konnte. Die russische Armee rückte am 20. Mai 1736 aus, und bereits Anfang Juli musste Asow vor der Belagerung durch die russische Don-Armee unter dem Kommando des Generalfeldmarschalls Peter von Lacy kapitulieren. Obwohl der 7. Russisch-Österreichische Türkenkrieg letztlich verheerend für das Zarenreich sein sollte und es die meisten Gebietsgewinne im Frieden von Belgrad 1739 wieder zurückgeben musste, verblieb Asow in russischem Besitz – das Kaiserreich musste allerdings die dortigen Befestigungsanlagen schleifen und verpflichtete sich, keine Flotten im Asowschen und im Schwarzen Meer zu stationieren.

russische Heer eroberte Bachtschissarai, und die Hauptstadt des Khanats wurde geplündert und gebrandschatzt.

Da Münnich auf die „gesegnete Fruchtbarkeit der Krim" setzte, nahm er nur eine unbedeutende Menge Proviant mit, was zu bitteren Konsequenzen führte. Die unter Hitze, Hunger und Wassermangel leidenden Soldaten setzten ihren Marsch nur unter großen Mühen fort. Die unbestatteten Überreste der Toten aus der Bevölkerung türmten sich zu Leichenbergen auf und wurden zu neuen Krankheitsherden. Gegen das Abenteuer Münnichs, der das Vorrücken auf die Stadt Kaffa ungeachtet der hohen Sterberate seiner Soldaten fortsetzte, stellte sich die Generalität, die sich um den Prinzen Ludwig Gruno von Hessen-Homburg scharte. Sie zwangen Münnich zu einer Unterbrechung des Vormarsches, und Ende Juli 1736 führte er sein Heer aus der Krim heraus. Die Ergebnisse des Feldzugs waren desaströs: Von den 54 000 Soldaten, die auf die Krim ausgerückt waren, verloren 30 000 ihr Leben, wobei kaum mehr als 2 000 Tote auf Kriegshandlungen zurückzuführen sind. Der Rest fiel Krankheiten zum Opfer.

Obwohl Münnich die Tatsachen zu verschleiern suchte, indem er behauptete, die Truppen befänden sich „in einem einsatzfähigen Zustand", erfuhr man am Hofe vom katastrophalen Ausgang des Feldzugs. Die Generalität forderte Münnichs Absetzung, und er selbst reichte seinen Rücktritt ein. Doch mit Birons Unterstützung verzieh ihm die Kaiserin. Die Untersuchung seiner Verfehlungen wurde ausgesetzt, und er konnte wieder zu Planungen eines Angriffskriegs zurückkehren. Doch sah sich die Regierung nun gezwungen, innenpolitisch andere Maßnahmen zu ergreifen, um die Armee mit Personal und Proviant zu versorgen. Es wurde eine neue Aushebung durchgeführt, die mehr als 47 000 Rekruten in den Dienst an der

Waffe brachte und von der nicht einmal mehr Vertreter der Kirche verschont wurden. Wie sich ein Zeuge erinnerte, „zog man nicht wenige Kirchendiener, Popen und Pfaffen ein".

Zur gleichen Zeit verabschiedete die über den Unmut im Adel besorgte Regierung am 31. Dezember 1736 ein Manifest, das es Adligen erlaubte, sich statt der bisher geltenden lebenslangen Dienstpflicht bereits nach einem 25-jährigen Militärdienst in den Ruhestand zu verabschieden. Bedingung dafür war allerdings, dass der Adlige an seiner statt für einhundert seiner Leibeigenen einen Rekruten stellte.

„EIN BESCHWERLICHER FRIEDEN IST STETS EINEM KRIEG VORZUZIEHEN"

Ende 1736 ließ Kaiserin Anna Iwanowna Ostermann wissen, dass „es uns allein nicht gelingen wird, den türkischen Staat vollständig zu ruinieren oder ins Verderben zu stürzen". Folglich sei es unumgänglich, sich mit der Bitte um militärische Unterstützung an Österreich zu wenden. Eine Bündnisverpflichtung bestand für die Hofburg nicht, denn Russland war eindeutig der Aggressor. Doch war die Zarin die einzige Verbündete Österreichs, das zudem hoffte, zuletzt auf der Apenninhalbinsel erlittene Gebietsverluste durch Eroberungen in Südosteuropa kompensieren zu können. Daher versprach Karl VI. in einer Wiener Konvention vom 9. Januar 1737 [28. Dezember 1736], 80 000 Mann gegen das Osmanische Reich ins Feld zu führen und keinen Separatfrieden zu schließen. Bereits im Juni 1737 begannen die kaiserlichen Truppen unter der Führung des Grafen Friedrich Heinrich von Seckendorff Kriegshand-

lungen in Serbien, Bosnien und der Walachei. Doch nach dem Ende ihres Krieges gegen Persien verlegten die Türken ihre Truppen auf den Balkan und zwangen die kaiserliche Armee nach deren anfänglichen Erfolgen zum Rückzug.

Für die russischen Truppen verlief der Feldzug im Jahr 1737 insgesamt erfolgreich. Am 2. Juli eroberte Münnich im Sturm die Festung Otschakow, einen überaus wichtigen türkischen Vorposten an der Dnjeprmündung. Aber nachdem er vergeblich Bender belagert hatte, zog er sich ins Winterquartier zurück. Zur gleichen Zeit war die Don-Armee unter Lacys Führung in den Monaten Juli bis Oktober auf die Krim vorgedrungen und hatte deren am dichtesten besiedelten Bereiche verwüstet.

Von Anfang an war Karl VI. darauf bedacht, den Konflikt friedlich beizulegen. Er bestand auf Verhandlungen und erklärte dem russischen Hof unumwunden, dass „ein beschwerlicher Frieden stets einem Krieg vorzuziehen" sei. Die Verhandlungen zwischen den kriegführenden Seiten fanden von Juli bis Oktober 1737 in Nemirow statt, einer kleinen Stadt auf dem Gebiet der Rzeczpospolita. Die Vertreter Wiens und Sankt Petersburgs stimmten ihre Forderungen an das Osmanische Reich untereinander nicht ab, was zum Streit zwischen den beiden Bündnispartnern führte. Dies wiederum spielte den Vertretern der Pforte in die Hände, die vom Sultan die Anweisung erhalten hatten, in keinem der verhandelten Punkte nachzugeben. Russische Bevollmächtigte hatten verschiedene Varianten von Forderungen und Konzessionen in petto, wobei die radikalste die Eingliederung der Krim in das Russische Reich vorsah, freilich ohne das Recht, dort eine Kriegsflotte zu stationieren. Am meisten ließ die österreichischen Unterhändler die Forderung aufhorchen, die Walachei und Moldawien unter die Protektion der Zarin zu nehmen, weil Österreich in diesen Fürstentümern eigene Interessen verfolgte. Die Meinungsverschieden-heiten unter den Teilnehmern des Kongresses von Nemirow waren jedenfalls unauflösbar, und so scheiterten die Friedensinitiativen Karls VI.

Der Feldzug des folgenden Jahres 1738 stellte sich für die Bündnispartner als der erfolgloseste heraus. Die Armee Münnichs wurde auf dem Weg nach Bessarabien von der Kunde über die sich ausbreitende Pest aufgehalten, die die russische Garnison in Otschakow heimgesucht und die Truppen gezwungen hatte, die Festung zu verlassen. Lacys Krimfeldzug erwies sich als ebenso unergiebig. Österreichs Feldherren waren auf der ganzen Front auf dem Rückzug und räumten dabei Festungen und Städte in Südosteuropa. Die Hohe Pforte machte sich interne Probleme des Habsburgerreiches zunutze: Der Sohn von Franz II. Rákóczi Joseph, dessen Kandidatur auf den transsylvanischen Thron von den Türken unterstützt worden war, wandte sich wiederholt an die Ungarn mit dem Aufruf zum Aufstand gegen die österreichische Herrschaft.

DER „SCHANDFRIEDEN" UND DIE KRIEGSBILANZ

Im Jahr 1739 setzten die österreichischen Truppen ihren Rückzug fort, und bereits im Juli standen die Türken vor den Mauern Belgrads, nachdem sie die österreichische Armee des Generalfeldmarschalls Georg Olivier von Wallis in einer blutigen Schlacht bei Grozka geschlagen hatten. In Wien verstand man die immensen Gefahren, mit denen eine Fortsetzung des Kriegs verbunden wäre, zumal die Lebenstage des Kaisers gezählt waren. Seine Nachfolgerin Maria Theresia sah sich nicht nur einer geplünderten Staatskasse, einer desorganisierten Armee und einem unvollendeten türkischen Krieg gegenübergestellt, sondern auch zahlreichen Gegnern in Europa, die die „Pragmatische Sanktion" nicht anerkannt hatten und nach einer Aufspaltung ihrer Länder dürsteten. Aus diesem Grund begann Graf Wilhelm Reinhard von Neipperg im August 1739 vor den Mauern des belagerten Belgrad unverzüglich Verhandlungen über einen Separatfrieden. Den Zeitgenossen war anders als späteren Historikern nicht so deutlich, dass jene Epochengrenze, bis zu der die

Wir verfolgten die Tataren weiter bis auf die Krim, dort nahmen wir Koslow, ihre gro-ße Stadt am Schwarzen Meer, ein, danach verwüsteten wir die tatarische Hauptstadt Bachtschissarai; der Proviant war uns schon ausgegangen; die Leute begannen ihre Kräfte zu verlieren und an Hunger zu sterben, doch Münnich weigerte sich, davon Notiz zu nehmen. Obwohl er viele alte Soldaten tot vor sich liegen sah, bedauerte er niemals: es waren ja nicht seine Bauern, nicht seinem Land waren sie entrissen; und von den russischen Adligen stand ihm keiner nahe, was sollte er Mitleid mit ihnen ha-ben? Er wollte nicht ewig in Russland bleiben, nur die Gelegenheit dazu nutzen, dem Hof von seinen mutigen Taten zu berichten, um damit seinen Ruhm und seinen Reich-tum zu mehren. Und wer hätte zu jener Zeit bei Hof vernünftig urteilen können? Das Sagen hatten die Deutschen, seine Freunde und Gleichgesinnte; sie hielten russische Generäle und Senatoren nicht einmal für Menschen und trachteten nur danach, bei Gelegenheiten dem einen oder anderen den Kopf abzusäbeln, oder ihn wenigstens in die Verbannung zu schicken, um nicht dabei gestört zu werden, die Geschäfte zu ihren Gunsten zu betreiben … Wir kehrten aus der Krim nach Perekop zurück, die Leute wa-ren so ausgezehrt, dass sie nur noch als menschliche Gerippe, aber nicht als Soldaten zurückkamen: selbst Pferdefleisch aßen sie damals. Über das Unvermögen der Russen wollte er, Münnich, damals nichts hören und sprach häufig: „Ah, ah! Väterchen! Für die Russen ist nichts unmöglich!"

QUELLE 21   DER KRIM-FELDZUG IN ERINNERUNG EINES ZEITZEUGEN

Während die Stadt Asow schon bald nach Beginn des Krieges vor den russischen Truppen kapitulieren musste, erwies sich der Vorstoß auf die Krim als weniger erfolgreich: Die Dnjepr-Armee unter Generalfeld-marschall Burkhard Christoph von Münnich setzte Ende Mai 1736 auf die Halbinsel über. Die Krimtataren stellten sich nicht zu einer entscheidenden Schlacht, doch mangelte es den russischen Truppen an Provi-ant. Die Soldaten litten unter Hitze, Hunger, Wassermangel und den Krankheitsherden der Leichenberge aus den Toten der Krim-Bevölkerung. Die Generalität stellte sich schließlich gegen den Generalfeldmar-schall, der die Armee wieder von der Halbinsel führte. Von den 54 000 russischen Soldaten, die auf die Krim ausgerückt waren, verloren 30 000 ihr Leben – davon kaum mehr als 2 000 durch Kriegshandlungen. Der Rest fiel Krankheiten zum Opfer. Der abgedruckte Zeitzeugenbericht stammt aus einem handschrift-lich verbreiteten Text, als dessen Autor ein russischer Adliger vermutet wird, der auch den Unmut eines Großteils des Adels im Militärdienst über die Vorherrschaft der Deutschen zum Ausdruck bringen wollte.

QUELLE: GESPRÄCHE ZWEIER RUSSISCHER SOLDATEN AUF DER GALEERENFLOTTE WÄHREND DES FELDZUGS 1743, IN: TSCHTENIJA W IMPERATORSKOM OBSCHTSCHESTWIJE ISTORII I DREWNOSTJEI ROSSISKICH PRI MOSKOWSKOM UNIWERSITETE. 1862, BUCH 1, JANUAR–MÄRZ, TEIL V. SMES, S. 160.

Errichtung eines Osmanischen Groß-reiches noch möglich gewesen war, be-reits überschritten war. 1683 hatte das türkische Heer vor Wien gestanden. Jetzt fürchtete die Hofburg, ohne dafür wirklich militärische Erkenntnisse zu haben, einen schnellen Vormarsch tür-kischer Truppen ins Innere Österreichs und wünschte deshalb einen schnellst-möglichen Friedensschluss. Ein krank-haftes Feindbild und eine allgemeine „Türkenfurcht" trugen dazu bei, dass die Hofburg am Ende einer jahrelangen

Kriegszeit unbedacht den hastigen Ab-schluss eines Friedens zu ungünstigen Bedingungen zuließ. Auf der Schluss-etappe der Verhandlungen kam es sogar noch zu einer Kommunikationspanne: Geschickt isolierten die Osmanen vor den Mauern von Belgrad Graf Neip-perg. Getrennt von seinen Informan-ten waren ihm nicht einmal die letzten Wendungen des Kriegsglücks bekannt. Jedenfalls war er in so großer Eile, dass er nicht einmal die in der türkischen, lateinischen und italienischen Sprache verfassten Versionen des Friedensvertrags miteinander abglich, die er unterzeichnete. Erst im Nachhinein stellte sich heraus, dass sie nicht übereinstimmten. Wegen seiner diplomatischen Zugeständnisse musste er sich sogar vor Gericht verantworten, doch wurde der Prozess alsbald abgebrochen.

Die Truppen Münnichs, die nach Moldawien vorgerückt waren, zerschlugen am 17. August 1739 bei Stawutschani das Heer des Veli-Pascha und griffen, nachdem sie das von der Garnison verlassene Chotyn eingenommen hatten, Jassy an, das sich der Gnade des Siegers ergab. Doch hinter der erfolgreichen Kampagne verbargen sich zahlreiche innen- und außenpolitische Probleme, die in Petersburg nicht weniger Sorgen bereiteten als in Wien. Die größte dieser Gefahren – ein Eintritt Schwedens in den Krieg gegen Russland – konnte zur Bildung einer zweiten Front unweit der Hauptstadt führen. Aus diesem Grund akzeptierte die russische Regierung eine Vermittlerrolle Frankreichs in den Friedensverhandlungen mit der Pforte. Ostermann hatte bereits im September 1738 dem französischen Gesandten in Istanbul, Marquis Louis Sauveur de Villeneuve, Vollmachten zur Vereinbarung „vorläufiger Regelungen" übertragen. Sie sahen vor, dass Russland auf die Krim und Otschakow verzichtete. Ostermann bestand lediglich darauf, dass Asow bei Russland verbleibe, das sich freilich verpflichten werde, keine Flotten im Asowschen und im Schwarzen Meer zu stationieren.

Marquis de Villeneuve, der Vermittler zwischen allen kriegführenden Parteien, nahm regen Anteil am Friedensschluss von Belgrad zwischen dem Osmanischen Reich und Österreich am 1. September [21. August], und er unterzeichnete am 18. [7.] September auch stellvertretend für Russland den Friedensvertrag mit dem Osmanischen Reich. Beide Verträge wurden in Wien und Sankt Petersburg alsbald ratifiziert, doch waren die Regierungen der verbündeten Mächte damit höchst unzufrieden. Karl VI. sprach von einem „Schandfrieden" und stellte, wie schon erwähnt, den Grafen Neipperg vor Gericht. In den Jahrzehnten zuvor hatte die Hofburg nicht so sehr die Rolle des Hauses Österreich als Schutzmacht der Christenheit betont, als vielmehr die Verteidigung vor den Türken auf die Ebene einer Staatsräson im kulturell zersplitterten multinationalen Reich gehoben. Deshalb hielten die Einwohner Wiens den Friedensschluss von 1739 für ehrlos, so dass es zu tumultuarischen Straßendemonstrationen und Unruhen kam. Doch auch am Bosporus war man der Ansicht, der Frieden sei überstürzt abgeschlossen worden, hatte doch der Sultan von Russland Kompensationen für die erlittenen Kriegsverluste erhofft. Der eigentliche Gewinner des Friedens war Frankreich, das die Habsburgermonarchie, seine alte Rivalin, schwächen und im Mai 1740 durch einen Vertrag mit dem Sultan für französische Kaufleute einzigartige Handelsprivilegien sichern konnte.

Laut den Vertragsvereinbarungen gab Österreich Serbien und die Kleine Walachei an die Pforte zurück. Die Befestigungsanlagen Belgrads mussten geschleift und die Stadt den Türken überlassen werden. Somit wurden die Bedingungen des Friedens von Passarowitz von 1718 revidiert. Russland wurde Asow zugesprochen, doch musste es dort die Befestigungsanlagen schleifen. Hingegen erhielt es die Konzession für einen Festungsbau auf der Doninsel

Tscherkassy. Dafür durften die Osmanen im Gegenzug eine Festung an der Kubanmündung errichten. Flotten im Asowschen und im Schwarzen Meer blieben Russland verwehrt, so dass es nur auf türkischen Schiffen Handel treiben durfte. Die Große und die Kleine Kabardei wurden zu einem neutralen Territorium zwischen den Reichen erklärt.

Der Kriegsteilnehmer General Christoph Hermann von Manstein schrieb, dass „der Vorteil, den sich Russland aus diesem Krieg erstritt, angesichts der immensen Summen, die er gekostet hat, und des Bevölkerungsverlusts von 100 000 Menschen verschwindend gering" gewesen sei. Nach Berechnungen des zeitgenössischen russischen Historikers Nikolai Petruchinzew forderte der Krieg 150 000 bis 160 000 Menschenleben, was zu dieser Zeit annähernd einem Prozent der russischen Gesamtbevölkerung entsprach. Undurchdachte und inkonsequente Pläne des Petersburger Kabinetts sowie abenteuerliche Unternehmungen und taktische Fehlgriffe Münnichs stellten sich am Ende als zu kostspielig heraus.

Der beschwerliche Krieg, der den Bündnispartnern riesige Opfer und Verluste abverlangt hatte, endete mit einem für sie nicht zufriedenstellenden Frieden. Dieser wurde zum Ausgangspunkt neuer Konfliktlinien zwischen den drei Reichen am Schwarzen Meer und in Südosteuropa. Österreich gab seine aktive antiosmanische Politik auf, als die Rivalität mit Preußen Vorrang erhielt. Daher ging die führende Rolle im Südosten Europas an Russland über, das in der zweiten Hälfte des 18. Jahrhunderts seine Expansion nach Süden verstärkte. Russlands und Österreichs geopolitische Prioritäten zwangen sie, ihr Bündnis, das sie zum ersten Mal im Jahre 1726 geschlossen hatten, bis in die Mitte des 19. Jahrhunderts zu wahren, als dann zwischen den Bündnispartnern unauflösbare Gegensätze, die sich bereits beim Kongress zu Nemirow im Jahre 1737 abgezeichnet hatten, ihre gemeinsamen Interessen übertrafen.

LITERATURHINWEISE

Alexei Baiow, Russkaja armija w zarstwowanije imperatrizy Anny Ioannowny. Woina Rossii s Turziei w 1735–1739 gg., Bde. 1–2, Sankt Petersburg 1906.

Heinz Duchhardt, Balance of Power und Pentarchie. Internationale Beziehungen 1700–1785, Paderborn / München / Wien / Zürich 1997.

Daniel Goffman. The Ottoman Empire and Early Modern Europe, Cambridge (New York) 2002.

Charles Ingrao, The Habsburg Monarchy, 1618–1815, 2. Auflage, Cambridge 2000.

Alexander Kotschubinski, Graf Andrei Iwanowitsch Osterman i rasdel Turzii, Odessa 1899.

Rumjana Michnewa, Rossija i Osmanskaja imperija w meschdunarodnych otnoschenijach w seredine XVIII weka (1739–1756), Moskau 1985.

Georgi Nekrassow, Rol Rossii w jewropeiskoi meschdunarodnoi politike 1725–1739 gg., Moskau 1976.

Sergei Nelipowitsch, Sojus dwuglawych orlow. Russko-awstriski woenny aljans wtoroi tschetwerti XVIII w., Moskau 2010.

Ivan Parvev, Habsburgs and Ottomans between Vienna and Belgrade (1683–1739), New York 1995.

Nikolai Petruchinzew, Wnutrennjaja politika Anny Ioannowny (1730–1740), Moskau 2014, S. 635–940.

Ferenc Tóth, La guerre des Russes et des Autrichiens contre l'Empire ottoman 1736–1739, Paris 2011.

HERRSCHERWECHSEL IN EUROPA

1740

HELMUT NEUHAUS / SERGEI POLSKOI

In der Frühen Neuzeit waren die meisten europäischen Fürstenhäuser nicht nur bestrebt, ständische Teilhabe an ihrer Macht zurückzudrängen, sondern zugleich ihre Herrschaft durch Hausgesetze zu stabilisieren und sie ihren Familien dauerhaft zu sichern. Das geschah durch thronfolgerechtliche oder erbrechtliche Festlegungen, die im Falle des Todes eines Monarchen dessen Nachfolge eindeutig regelten. Trotzdem konnte die angestrebte Kontinuität nicht immer in dem Sinne realisiert werden, wie sie beim Tode eines französischen Königs durch den Ausruf eines Herolds geradezu sprichwörtlich geworden ist: „Le roi est mort: Vive le roi!" („Der König ist tot: Es lebe der König!"). Mit der Bekanntgabe des Todes des alten Königs wurde zugleich der junge als sein Thronerbe öffentlich benannt.

Neben den auf Kontinuität angelegten Erbmonarchien wie Frankreich, Großbritannien, Spanien, Dänemark, Österreich, Preußen oder die weltlichen Kurfürsten- und Reichsfürstentümer gab es wenige auf Diskontinuität beruhende Wahlmonarchien, zu denen im 18. Jahrhundert noch das Papsttum, Polen (bis 1791), das Heilige Römische Reich und dessen geistliche Kurfürsten- und Fürstentümer gehörten. Im Jahre 1740 starben nacheinander vier Monarchen in Europa: am 6. Februar im Alter von 88 Jahren Papst Clemens XII. in Rom, am 31. Mai in Potsdam 52-jährig König Friedrich Wilhelm I. in Preußen, zugleich Kurfürst von Brandenburg, am 20. Oktober Kaiser Karl VI., der auch Erzherzog von Österreich, König von Ungarn und König von Böhmen war, im Alter von 55 Jahren in Wien und am 28. Oktober in Sankt Petersburg 47-jährig Zarin Anna Iwanowna von Russland.

https://doi.org/10.1515/9783110348712-015

149

Papst Clemens XII.
(1652–1740)

König Friedrich Wilhelm I.
in Preußen (1688–1740)

Kaiser Karl VI.
(1685–1740)

Zarin Anna Iwanowna
von Russland (1693–1740)

INFO DIE TODESFÄLLE DES JAHRES 1740

DIE DYNASTISCHE KATASTROPHE DES HAUSES HABSBURG UND DAS HEILIGE RÖMISCHE REICH

Während mit Papst Benedikt XIV. der Nachfolger von Clemens XII. nach fast genau einem halben Jahr gemäß Papstwahlordnung von den Kardinälen im Konklave zu Rom gewählt worden war, dauerte das Interregnum im Heiligen Römischen Reich nach Kaiser Karls VI. Ableben mit etwa eineinviertel Jahren sehr viel länger. Der Grund für die lange Thronvakanz lag in der politischen Situation und nicht in der Königswahlordnung, der Goldenen Bulle Kaiser Karls IV. aus dem Jahre 1356, denn ihre Vorschriften waren eindeutig: Es gab mit den Erzbischöfen von Mainz, Köln und Trier sowie dem König von Böhmen, dem Pfalzgrafen bei Rhein, dem Herzog von Sachsen und dem Markgrafen von Brandenburg sieben Wähler, die Kurfürsten. Ihre Zahl hatte sich im 17. Jahrhundert um zwei erhöht, nachdem die Herzöge von Bayern 1623 und von Braunschweig-Lüneburg (Hanno-

ver) 1692 zu Kurfürsten erhoben worden waren. Diese neun Königswähler des Heiligen Römischen Reiches versammelten sich nach dem Tod eines Römischen Königs oder Kaisers auf Einladung des Kurfürsten von Mainz am Wahlort Frankfurt am Main, um einen Nachfolger nach dem Mehrheitsprinzip zu wählen. Allerdings fehlte 1742 der Böhme, denn Kaiser Karl VI. war auch König von Böhmen und damit Kurfürst gewesen und seine Nachfolge war heftig umstritten.

Mit Karl VI. war der letzte männliche Habsburger gestorben, ohne Söhne zu hinterlassen. Für die Kurfürsten bedeutete dies, dass sie nicht – wie stets seit 1438 – wieder einen Habsburger zum Römischen König wählen konnten, sondern auf einen Vertreter einer anderen Dynastie verwiesen waren. Im Wahlkampf, der die politische Situation der Jahre 1740 bis 1742 im Reich bestimmte, konkurrierten der

Herzog und Kurfürst Karl Albrecht von Bayern aus dem Hause Wittelsbach, der Herzog und Kurfürst Friedrich August II. von Sachsen aus dem Hause Wettin, der zugleich als August III. König von Polen war, und Franz Stephan von Lothringen, der Großherzog von Toskana und Schwie- gersohn des verstorbenen Kaisers. Erst am 24. Januar 1742 wurde mit dem Wittelsbacher Karl Albrecht ein neuer römisch-deutscher König gewählt, der als Karl VII. gleichzeitig Kaiser wurde, da es die traditionelle Kaiserkrönung durch den Papst schon seit dem 16. Jahrhundert nicht mehr gab.

DIE DYNASTISCHE KATASTROPHE DES HAUSES HABSBURG UND ÖSTERREICH, UNGARN UND BÖHMEN

Eine dynastische Situation wie die beim Ableben Karls VI. 1740 war im Hause Habsburg schon zu Beginn des 18. Jahrhunderts und von ihm selber früh in Betracht gezogen worden. Obwohl er – verheiratet mit der sechs Jahre jüngeren Elisabeth Christine von Braunschweig-Wolfenbüttel (1691– 1750) – erst 28 Jahre alt war und später noch Vater eines nach wenigen Mo-

Es seye aus denen abgelesenen Instrumentis die errichtete und Beschworne disposition und das ewige pactum mutuae Successionis zwischen Beyden Joseph- und Carolinischen linien zu vernehmen gewesen [...]. Auf Ihres Mannlichen stammens abgang aber (so Gott gnädiglich abwenden wolle) [soll das Erbe] auf die eheliche hinterlassende Töchter allezeit nach ordnung und Recht der primo-genitur [Erstgeburt] gleichmäßig ohnzertheilt kommen: Ferners in ermanglung oder abgang der von Ihrer Key[serlichen] May[estät] herstammender aller Ehelichen descendenten [Nachkommen] Mann- und Weiblichen geschlechts, dises Erbrecht aller Erb-Königreich und Landen ohnzertheilter auf Ihrer Maytt. herrn Brueders Josephi [Joseph I.] Key. Maytt. und Lbd. [Liebden] see- ligster gedächtnus, nachgelassene Frauen Töchter, und deren Eheliche descendenten widerumb auf obige weiße nach dem Jure primo-geniturae fallen, eben nach disem Recht und ordnung auch Ihnen Frauen Erzherzoginen alle andere Vorzüge und vor- gänge gegenwertig zustehen, und gedeyen müesten: Alles in dem Verstand, daß nach Beyden, der Jetzt Regierenden Carolinischen, und nachfolgender in dem Weiblichen geschlecht hinterlassenen Josephinischen linien, Ihrer Key. Maytt. Frauen Schwestern, und allen übrigen linien des Durchleüchtigsten Erzhaußes nach dem Recht der erstge- burth in Ihrer daher entspringenden ordnung Jedes Erb-Recht, und was deme anklebet, gebühre, allerdings Bevor Bleibe, und vorbehalten seye.

| QUELLE 22 | AUSZUG AUS DER „PRAGMATISCHEN SANKTION" KARLS VI. FÜR DAS HAUS HABSBURG VON 1713 |

Unter einer „Pragmatischen Sanktion" versteht man eine über privatrechtliches Hausrecht hinausge- hende, den Staat insgesamt betreffende immerwährende Satzung und Ordnung von grundgesetzlicher Bedeutung im Sinne von moderner Verfassung. Auch der Westfälische Frieden von 1648 wurde zum Beispiel als „Pragmatische Sanktion" bezeichnet. In der Pragmatischen Sanktion von 1713 legte Karl VI. fest, dass im Falle des Fehlens männlicher Erben im Haus Habsburg die Töchter und deren Nachkommen gemäß Primogeniturprinzip erbberechtigt und herrschaftsfähig sein sollten.

QUELLE: DIE PRAGMATISCHE SANKTION. AUTHENTISCHE TEXTE SAMT ERLÄUTERUNGEN UND ÜBERSETZUNGEN, HERAUSGEGEBEN VON GUSTAV TURBA, WIEN 1913, S. 48–53.

naten verstorbenen Sohnes (Leopold, 1716) und dreier Töchter (Maria Theresia, Maria Anna und Maria Amalie) werden sollte, rechnete er schon 1713 nicht mehr mit der Geburt eines männlichen Erben. Dies ließ es ihm mit Blick auf seine erbmonarchisch verbundenen Herrschaftsgebiete ratsam erscheinen, den geheimen wechselseitigen Erbfolgevertrag des Hauses Habsburg

---

INFO   LEX SALICA

Unter der „Lex Salica" (Salisches Recht) versteht man ein unter dem Merowingerkönig Chlodwig zu Beginn des 6. Jahrhunderts in lateinischer Sprache niedergeschriebenes Gesetzbuch des germanischen Stammes der Salfranken, das mündlich überliefertes Volksrecht zusammenfasste. Zu den erbrechtlichen Bestimmungen gehörte die Vorschrift, dass Frauen von der Erbfolge bei Grundstücken, also von Land, ausgeschlossen waren. Sie wurde später in den meisten europäischen Herrscherdynastien auch auf die Thronfolge angewandt. Damit wurde selbst für den Fall, dass es keinen männlichen Erben gab, weibliche Erb- und Thronfolge ausgeschlossen. („De terra autem Salica nulla in muliere hereditas est, sed ad virilem sexum, qui fratres fuerint, tota terra pertineat.")

(„Pactum mutuae cessionis et successionis") von 1703 zehn Jahre später in einem großen Staatsakt in Wien durch Verlesung öffentlich zu machen und den Schritt hin zur „Verstaatlichung des dynastischen Verbandes" (Rudolf Vierhaus) zu tun. Das privatrechtliche „Pactum" wurde zur „Pragmatischen Sanktion", das heißt zu einer immerwährenden Satzung und Ordnung, in der für Haus und Staat geregelt wurde, dass im Falle des Fehlens männlicher Erben die Töchter und deren Nachkommen gemäß Primogeniturprinzip erbberechtigt und herrschaftsfähig sein sollten. Das war zugleich eine Ab-

kehr von der in Europa vorherrschenden Tradition der „Lex Salica" aus dem Anfang des 6. Jahrhunderts, wonach Frauen auch dann nicht erben konnten, wenn es keine männlichen Nachkommen gab.

Im Hause Habsburg wie im Erzherzogtum Österreich war 1740 Kaiser Karls VI. älteste Tochter die 1717 geborene Maria Theresia, deren Herrschaft trotz jahrzehntelanger Bemühungen ihres Vaters um internationale und völkerrechtliche Anerkennung der „Pragmatischen Sanktion" umstritten blieb. In ihren österreichischen Stammlanden konnte sich die Erbtochter schnell durchsetzen, aber als Königin von Ungarn wurde sie vom Landtag in Pressburg erst im Mai 1741 angenommen und am 25. Juni mit der Stephanskrone gekrönt.

Und noch länger dauerte es, bis sie ihrem Vater auch als Königin von Böhmen nachfolgen konnte, denn die selbstbewussten böhmischen Stände betrachteten das Aussterben der Habsburger im Mannesstamm als Ende der Erbmonarchie. Sie sahen sich berechtigt – aber angesichts der Eroberung Prags durch den bayerischen Kurfürsten Karl Albrecht Ende November 1741 auch gezwungen –, mit den Wittelsbachern eine neue Königsdynastie und mit Karl Albrecht am 7. und 19. Dezember einen neuen König zu wählen und provisorisch zu krönen. Aufgrund der politischen Situation musste er allerdings die Wenzelskrone und damit auch die böhmische Kurwürde schon im Frühjahr 1743 wieder aufgeben, und die böhmischen Stände knüpften mit der Krönung Maria Theresias am 12. Mai 1743 zur Königin von Böhmen unter Beachtung der „Pragmatischen Sanktion" an ihre eigentlich ungeliebte erbmonarchische Tradition an. Maria Theresia wurde damit zugleich zur einzigen Kurfürstin in der Geschichte des Heiligen Römischen Reiches.

HERRSCHERFOLGE IN RUSSLAND

In Russland folgte auf Zarin Anna Iwanowna im Jahre 1740 der von ihr ernannte und bei ihrem Tod noch nicht zwei Monate alte Iwan VI., der Enkel ihrer Schwester. Das war ganz im Sinne des von Zar Peter I. am 5. Februar 1722 erlassenen „Statuts über die Nachfolge auf dem Thron", wonach es „immer im Willen des regierenden Herrschers liegen [sollte, denjenigen] zu seinem Nachfolger zu bestimmen, wen er will". Schon Peter selbst hatte die Praxis der Primogenitur-Erbfolge durch den Verzicht auf eine Regelung der Thronfolge ersetzt. Der durch die Regentschaft seiner Mutter regierende nominelle Zar Iwan VI. wurde schon ein Jahr später nach einem Staatsstreich von Zarin Elisabeth abgelöst, der Tochter Peters I. und seiner Nachfolgerin Katharina I. Unter Elisabeth trat Russland später an der Seite Österreichs in den Siebenjährigen Krieg gegen Brandenburg-Preußen ein.

PREUSSENS GELEGENHEIT: DER ERSTE SCHLESISCHE KRIEG

Nur im außerhalb des Heiligen Römischen Reiches liegenden Preußen und in Kurbrandenburg vollzog sich der Herrscherwechsel unter den Hohenzollern ganz im Sinne des Ausrufes „Le roi est mort: Vive le roi!" Wie für alle weltlichen Kurfürstentümer hatte die Goldene Bulle von 1356 auch für das Kurfürstentum Brandenburg Primogenitur-Erbfolge und Unteilbarkeit der Kurlande vorgeschrieben, und für das Haus der Hohenzollern insgesamt galten die hausvertraglichen Regelungen der „Dispositio Achillea" des Kurfürsten Albrecht III. (Achilles) von Brandenburg aus dem Jahr 1473 mit der Festlegung auf den ältesten lebenden Sohn als Nachfolger eines verstorbenen Herrschers im Sinne der „Lex Salica". Auf den sogenannten „Soldatenkönig" Friedrich Wilhelm I., der wegen seiner epochalen Verwaltungsreformen mehr noch „Preußens größter innerer König" gewesen war (Carl Hinrichs), folgte unmittelbar sein ältester Sohn Friedrich II., für den der Vater schon 1722 in einer Art politischen Testaments Richtlinien für die Ausübung der Herrschaft formuliert hatte. Seine Tochter Wilhelmine erinnerte sich in ihren Memoiren daran, dass Friedrich Wilhelm I. in Gegenwart ihres Bruders als Thronfolger und im Beisein von Ministern und Generälen auf dem Sterbebett abdankte und seine Herrschaftsrechte und -pflichten unmittelbar seinem Sohn übertrug.

Alle politische Umsicht Kaiser Karls VI. zur Sicherung der Herrschaft für seine Tochter Maria Theresia innerhalb des europäischen Mächtesystems und alle seine Erfolge bei der Anerkennung der „Pragmatischen Sanktion" verhinderten nach seinem Tod am 20. Oktober 1740 nicht, dass es zu einem Krieg um das habsburgische Erbe kam. Das Aussterben des Hauses Habsburg war eine dynastische Katastrophe und eine Situation politischer Schwäche, die einen Erbfolgekrieg entstehen ließ, der – wie der Spanische Erbfolgekrieg zu Beginn des Jahrhunderts – fast ganz Europa in Mitleidenschaft zog.

Als Erster ergriff der gerade einmal sechs Monate regierende, äußerst ehrgeizige und ruhmbegierige Preußenkönig Friedrich II. die günstige Gelegenheit, obwohl sein Vater die „Pragmatische Sanktion" 1728 anerkannt hatte, und marschierte – Macht vor Recht setzend – ins habsburgische Schlesien ein. Bevölkerungsgröße und Wirtschaftskraft des Herzogtums verdoppelten Einwohnerschaft und ökonomisches Potential der zersplitterten hohenzollerischen Besitzungen

---

Instruckcion wie sich mein Successor von der Kron Preussen nach mein toht sich zu richten hat und die informacion vom Gantzen Etat der Armée Laender darin zu finden hat, habe es in Potsdam den 22. Jan[uar] 1722 aufgesetzet.

Weill ich wohl abnehme das mit meine gesundtheit von zeit zu zeit schlegter wierdt und menschlich weiße nicht lange bestandt haben wierdt so habe ich diese Instruccion aufgesetzet das mein lieber Successor sich danach richten kan. [...]

Wen Gott wollte das ich sollte so lange lehben bis mein Successor Mündig werde und er das 18. Jahr seines alters wehre als hat er zu observiren und zu tuhn sobald ich mein Geist zu Gott gehbe und ich sterbe. sogeleich darauf sol mein Successor alles versigellen und alle meine schlüsselen zu sich nehmen und soll an die Kollegia ordre gehben da[ß] sie sich nicht versammellen biß sie euch gehuldiget haben. mein Successor mus auch geleich ordre gehben an die Gen[eral] cassessen [Kassen] das Keine ordinere und extraordinere assignacions, es mag nahmen haben wie es wolle, aus der gen[eral] Kri[eg]s und finantz cassa nichts auszuzahlen ausgenommen die Regimenter der Armeé. die mus bestendigst ausgetzahlet werden wie der Etat Lauttet. mein Successor mus aber in wehrende ersterhe 6 wochen sein gantzen Ettat und Neue verfaßung folgender gestaldt Reguhlieren.

[...] und wünsche [...] das es euch mein lieber Succeßor und eure nachKommen an der Krohn und Kuhr wohl[er]gehen biß ans ende der weldt und das seine Prowincen floriren möhge[n] von stundt zu stundte [...]

QUELLE 23 **DIE INSTRUKTION KÖNIG FRIEDRICH WILHELMS I. FÜR SEINEN NACHFOLGER VON 1722**

Im Stile eines „Politischen Testaments", wie es 1752 und 1768 sein Sohn und Nachfolger Friedrich II., der Große, vorlegen sollte, hat Friedrich Wilhelm I. 18 Jahre vor seinem Tod seine „Instruckcion" verfasst und unterschrieben. In ihr beschrieb er den inneren und äußeren Zustand seines räumlich zersplitterten Herrschaftsbereiches. Der Vater erläuterte seinem Erben die Grundsätze seiner Politik und legte ihm die Befolgung bestimmter Richtlinien in Politik und Verwaltung nahe. Seine „Instruckcion" aktualisierte König Friedrich Wilhelm I. in einer „letzten Ansprache an den Kronprinzen" am 28. Mai 1740, die sein Minister Heinrich von Podewils am 30. Mai, einen Tag vor dem Todestag des Königs, schriftlich zusammengefasst hat.

QUELLE: POLITISCHE TESTAMENTE DER HOHENZOLLERN, HERAUSGEGEBEN VON RICHARD DIETRICH, MÜNCHEN 1981, S. 100–124.

vom Niederrhein bis zur Memel. Mit dem Einmarsch bestens ausgebildeter Truppen Mitte Dezember 1740 ins kaum verteidigungsfähige Schlesien, mit der Besetzung seiner Hauptstadt Breslau Anfang Januar 1741, weiteren schnellen militärischen Erfolgen und den Siegen in den Schlachten bei Mollwitz (10. April 1741) und Chotusitz (17. Mai 1742) über schlecht ausgebildete habsburgische Truppen

hatte nicht nur der Erste Schlesische Krieg, sondern der länger andauernde Österreichische Erbfolgekrieg begonnen. Der Präliminarvertrag von Breslau vom 11. Juni 1742 wie der endgültige Berliner Frieden vom 28. Juli 1742 wurden von der Wiener Politik wegen der großen Gebietsverluste an Preußen nur widerwillig geschlossen und nicht als endgültig betrachtet.

ÖSTERREICHISCHER ERBFOLGEKRIEG UM BÖHMEN

Finanziell und militärisch bei weitem nicht so gut ausgestattet wie Brandenburg-Preußen stellte sich das Herzogtum Bayern dar, dessen Kurfürst Karl Albrecht als Schwiegersohn des 1711 verstorbenen Kaisers Joseph I., des älteren Bruders Karls VI., Erbansprüche erhob, obwohl er als Kurprinz und seine Gemahlin Maria Amalia schon 1722 Verzicht auf das habsburgische Erbe geleistet hatten. Politisch, finanziell und militärisch maßgeblich unterstützt von Frankreich, das traditionell eine gegen Österreich gerichtete Politik und eine Aufteilung des immens großen habsburgischen Erbes verfolgte, eröffnete der überforderte und kaum vorbereitete bayerische Kurfürst einen zweiten Kriegsschauplatz. Er marschierte im Sommer 1741 ins Hochstift Passau ein, dann ins Erzherzogtum Österreich und ließ sich Anfang Oktober 1741 von den oberösterreichischen Ständen in Linz huldigen. Sein erfolgreicher Feldzug durch Böhmen endete in der Hauptstadt Prag, wo er Anfang Dezember 1741 zum böhmischen König gewählt und gekrönt wurde und damit eine zweite Kurwürde erwarb. Nachdem es Frankreich in einem Vertrag mit Friedrich II. von Preußen gelungen

war, die kurbrandenburgische Wahlstimme für Karl Albrecht zu gewinnen, dem schon die Mehrheit der Kurfürsten als zukünftigem Römischen König zuneigte, stand einem wittelsbachischen Kaisertum ab Januar 1742 nichts mehr im Wege. Maria Theresias Situation schien aussichtslos.

Aber seit dem Erwerb der ungarischen Königskrone Mitte 1741 in Pressburg und seit der von Großbritannien vermittelten geheimen Vereinbarung von Kleinschnellendorf (9. Oktober 1741) zwischen Österreich und Brandenburg-Preußen vor allem über den Abzug habsburgischer Truppen aus Schlesien begann sich in der Auseinandersetzung mit dem Wittelsbacher das Blatt zu Gunsten der Habsburgerin in Süddeutschland zu wenden. Sie hielt Bayern und seine Hauptstadt München genau zu der Zeit besetzt, als der bayerische Kurfürst Karl Albrecht in Frankfurt am Main zu Kaiser Karl VII. erhoben wurde. Die Rückeroberung seines Herzogtums ging anschließend mit dem Verlust Böhmens einher, dessen Königskrone Maria Theresia im Frühjahr 1743 errang. Nach dem Tod des Kaisers am 20. Januar 1745 fanden die bayerisch-österreichischen Aus-

einandersetzungen schnell ein Ende im Frieden von Füssen (22. April 1745), mit dem Kurfürst Maximilian III. Joseph Bayern zurückerhielt, die Erbfolge Maria Theresias anerkannte und zusagte, ihren Gemahl Franz Stephan aus dem Hause Lothringen zum Nachfolger seines Vaters als Reichsoberhaupt zu wählen.

ZWEITER SCHLESISCHER KRIEG

Der Österreichische Erbfolgekrieg aber fand mit dem Einmarsch brandenburgisch-preußischer Truppen in Sachsen und Böhmen und der handstreichartigen Einnahme Prags, Maria Theresias Königsstadt seit mehr als einem Jahr, im August 1744 seine Fortsetzung im Zweiten Schlesischen Krieg. Friedrich II. bekräftigte mit seinen Schlachtensiegen bei Hohenfriedberg (4. Juni 1745), Soor (30. September 1745), Hennersdorf (23. November 1745) und Kesselsdorf (15. Dezember 1745) seine machtpolitischen Am-

bitionen. Der mit Österreich geschlossene Friede von Dresden (25. Dezember 1745) bestätigte ihm seinen doppelt erkämpften Besitz Schlesiens, während er die Wahl Franz' I. zum Römischen König und Kaiser (13. September 1745) nachträglich anerkannte. Auch wenn der neue Kaiser kein Habsburger war, so wurde Wien doch wieder zur Kaiserstadt.

Beendet wurde der Österreichische Erbfolgekrieg völkerrechtlich mit dem Frieden von Aachen vom 18. Oktober 1748. Die vertragschließenden Staaten Österreich, Großbritannien, Vereinigte Niederlande und Sardinien einerseits, Frankreich, Spanien, Modena und Genua andererseits verweisen auf zahlreiche weitere Auseinandersetzungen in Europa, die vom Aussterben des Hauses Habsburg im Mannesstamm 1740 ihren Ausgang genommen hatten. Frankreich erreichte sein Ziel, das habsburgische Erbe aufzuteilen, endgültig nicht und musste die von ihm besetzten Österreichischen Niederlande an seiner Nordgrenze an Maria Theresia zurückgeben,

die ihrerseits bei der Neugestaltung der staatlichen Verhältnisse in „Italien" territoriale Zugeständnisse des Hauses Österreich machen musste. Mit dem Frieden von Aachen wurde die „Pragmatische Sanktion" von 1713 endgültig völkerrechtlich anerkannt. Brandenburg-Preußen, das am Friedensschluss gar nicht beteiligt war, erhielt seine schlesischen Eroberungen ebenso endgültig zugesprochen und stieg damit zu einer europäischen Großmacht auf.

RUSSLANDS AUFSTIEG ZUR EUROPÄISCHEN GROSSMACHT

Wie Brandenburg-Preußen gehörte auch Russland nicht zu den vertragschließenden Parteien, aber

es setzte in den 1740er Jahren seinen machtpolitischen Aufstieg in Europa fort. Nach dem Tod der Zarin Anna

ABB. 28 EUROPA 1740

Die Karte zeigt das politische Europa im Jahre 1740. Deutlich sind die fünf Großmächte zu erkennen: Links auf der Karte das Königreich Großbritannien (hellrot) und das Königreich Frankreich (violett). Blau die Länderein des Hauses Hohenzollern, allen voran das Kurfürstentum Brandenburg und das Königreich Preußen, sowie in gelb der Herrschaftsbereich des Hauses Habsburg, unter anderem das Erzherzogtum Österreich und das Königreich Ungarn. Rechts auf der Karte schließlich in grün das russische Zarenreich. Die rot markierte Grenze gibt die Reichsgrenze wieder: Die östlich der Reichsgrenze gelegenen Gebiete wie die Königreiche Preußen und Ungarn gehörten nicht zum Heiligen Römischen Reich. QUELLE: EIGENE DARSTELLUNG.

nutzte Schweden die unklare dynastische Situation im Zarenreich, um sich in einem Krieg gegen Russland für seine Niederlage im Großen Nordischen Krieg (1700–1721) zu revanchieren.

Doch das Ziel Schwedens, zumindest teilweise die verlorene Großmachtstellung zu Lasten Russlands wiederherzustellen, endete in einem militärischen Debakel. Im Frieden von Åbo (7. Au-

ZEITTAFEL

19. April 1713

Pragmatische Sanktion Karls VI. für das Haus Habsburg

22. Januar 1722

Instruktion König Friedrich Wilhelms I. in Preußen für seinen Nachfolger

5. Februar 1722

„Statut über Nachfolge auf dem Thron" Zar Peters I., des Großen

6. Februar 1740

Tod Papst Clemens XII.

31. Mai 1740

Tod König Friedrich Wilhelms I. in Preußen

31. Mai 1740

Herrschaftsantritt Friedrichs II. als König in Preußen und Kurfürst von Brandenburg

20. Oktober 1740

Tod Kaiser Karls VI., zugleich Erzherzog von Österreich, König von Böhmen und König von Ungarn

20. Oktober 1740

Herrschaftsantritt Maria Theresias von Habsburg als Erzherzogin von Österreich

28. Oktober 1740

Tod Zarin Anna Iwanownas von Russland

28. Oktober 1740

Iwan VI., geboren am 23. August, unter der Regentschaft seiner Mutter nomineller Nachfolger Annas

Dezember 1740

König Friedrichs II. in Preußen Einfall in Schlesien und Beginn des Ersten Schlesischen Krieges als Teil des Österreichischen Erbfolgekrieges

16. Februar 1741

Antipreußisches Bündnis von Dresden unter Beteiligung Russlands

10. April 1741

Schlacht bei Mollwitz

25. Juni 1741

Krönung der Erzherzogin Maria Theresia von Österreich in Preßburg zur Königin von Ungarn

Sommer 1741

Einfall von Kurfürst Karl Albrecht von Bayern ins Erzherzogtum Österreich und Königreich Böhmen und Beginn eines weiteren Teils des Österreichischen Erbfolgekrieges

August 1741

Beginn des schwedischen Krieges gegen Russland

9. Oktober 1741

Geheimkonvention von Kleinschnellendorf zwischen Österreich und Brandenburg-Preußen

6. Dezember 1741

Staatsstreich Elisabeths, neue Zarin von Russland

7. Dezember 1741

Wahl Kurfürst Karl Albrechts von Bayern zu König Karl von Böhmen

19. Dezember 1741

Krönung des neuen böhmischen Königs

24. Januar 1742

Wahl des bayerischen Kurfürsten Karl Albrecht zum Römischen König / Kaiser Karl VII.

17. Mai 1742

Schlacht bei Chotusitz

11. Juni 1742

Breslauer Präliminarvertrag

28. Juli 1742

Berliner Frieden, Ende des Ersten Schlesischen Krieges

12. Mai 1743

Krönung der Erzherzogin Maria Theresia von Österreich zur Königin von Böhmen

7. August 1743

Frieden von Åbo zwischen Rußland und Schweden

August 1744

König Friedrichs II. in Preußen Einfall in Sachsen und Böhmen, Beginn des Zweiten Schlesischen Krieges als weiteren Teils des Österreichischen Erbfolgekrieges

20. Januar 1745

Tod Kaiser Karls VII.

22. April 1745

Friede von Füssen zwischen Österreich und Bayern

4. Juni 1745

Schlacht bei Hohenfriedberg

13. September 1745

Wahl des Großherzogs von Toskana, Franz Stephan von Lothringen, zum Römischen König / Kaiser Franz I.

30. September 1745

Schlacht bei Soor

23. November 1745

Schlacht bei Hennersdorf

15. Dezember 1745

Schlacht bei Kesselsdorf

25. Dezember 1745

Friede von Dresden, Ende des Zweiten Schlesischen Krieges

18. Oktober 1748

Friede von Aachen

1756–1763

Siebenjähriger Krieg

13. Mai 1779

Friede von Teschen

INFO   DIE NACHFOLGENDEN HERRSCHER

gust 1743) wurde das Ziel nicht nur nicht erreicht, sondern das skandinavische Königreich musste wichtige Gebiete im südöstlichen Finnland an die inzwischen an die Regierung gekommene Zarin Elisabeth abtreten.

Zugleich markiert 1742 der Wechsel an der Spitze der russischen Außenpolitik von dem aus dem westfälischen („preußischen") Bochum stammenden Heinrich Johann Friedrich Ostermann (1687–1747) zu dem preußenfeindlichen Alexei Bestuschew-Rjumin (1693–1768) eine klare Hinwendung zu Österreich. Schon seit dem Dresdener Bündnis vom 16. Februar 1741 zusammen mit Großbritannien, der Republik der Vereinigten Niederlande und dem Kurfürstentum Sachsen auf der Seite Maria Theresias stehend, wurde Russlands österreichfreundliche Haltung im Russisch-Österreichischen Bündnis von 1746 bekräftigt. Es wurde 1756 erneuert, als die Zarin an der Seite Österreichs Russland in den Siebenjährigen Krieg führte, der auch ein Dritter Schlesischer Krieg war. Russland bekräftigte mit seiner Außenpolitik die

europäische Mächtekonstellation mit Frankreich und Preußen auf der einen, Großbritannien und Österreich auf der anderen Seite, obwohl sich schon vor Beginn des Siebenjährigen Krieges eine diplomatische Revolution ankündigte, ein „renversement des alliances" („Umkehrung der Allianzen"). Nach dem Tod der Zarin Elisabeth 1762 wechselte der nur ein halbes Jahr regierende Zar Peter III. als Verehrer des aufgeklärten Friedrichs II., des Großen, auf die Seite des Preußenkönigs, bevor das Zeitalter Katharinas II., der Großen, begann. Nachdem Russland zum Beispiel schon 1771 zu den europäischen Garantiemächten der Wiedervereinigung der badischen Markgrafschaften gehört hatte, vermittelte und garantierte die Zarin zusammen mit Frankreich den Teschener Frieden vom 13. Mai 1779, der den Bayerischen Erbfolgekrieg beendete. Damit war Russlands Bedeutung für das Heilige Römische Reich einmal mehr völkerrechtlich dokumentiert und sein Aufstieg zur europäischen Großmacht vollendet.

BEGINN DES DEUTSCHEN DUALISMUS

Aufs Ganze gesehen brachten die Todesfälle des Jahres 1740 in die Herrschaftsverhältnisse der europäischen Staaten – außer in Russland – sehr bald wieder Kontinuität, wie sie zum Beispiel auch über diese Zäsur hinweg in Großbritannien mit dem Königtum Georgs II. bis 1760 oder in Frankreich mit dem Königtum Ludwigs XV. gar bis 1774 gegeben war. Innerhalb des Heiligen Römischen Reiches markiert der Kampf um das Erbe des Hauses Habsburg nach 1740 für die Wittelsbacher den Beginn eines machtpolitischen Niedergangs, für die Hohenzollern in Berlin aber den Aufstieg zum gleichwertigen Gegenspieler zur Habsburgerin und ihrer Nachfolger.

Von 1740 an entwickelte sich jener Dualismus zwischen Brandenburg-Preußen und Österreich, der auch auf das europäische Mächtesystem erhebliche Auswirkungen hatte. Der Wettbewerb zwischen Berlin und Wien auf allen politischen Feldern schaffte in Brandenburg-Preußen alle Voraussetzungen für die Etablierung und Anerkennung als europäische Großmacht. Für das in seiner Bedeutung immer stärker abnehmende Heilige Römische Reich hatte dieser österreichisch-preußische Dualismus spätestens seit dem Siebenjährigen Krieg mehr und mehr eine mentale Teilung in ein norddeutsches und ein süddeutsches Teilreich zur Folge, ohne dass das im Mittelalter entstandene Gebilde vor 1806 aufgelöst wurde.

LITERATURHINWEISE

Maxim Anissimow, Semiletnaja woina i rossiskaja diplomatija w 1756–1763 gg., Moskau 2014.

Heinz Duchhardt / Matthias Schnettger, Barock und Aufklärung [Neubearbeitung des Bandes „Das Zeitalter des Absolutismus"] (= Oldenbourg Grundriss der Geschichte, Bd. 11), 5. Auflage, München 2015.

Johannes Kunisch, Absolutismus. Europäische Geschichte vom Westfälischen Frieden bis zur Krise des Ancien Régime, 2. Auflage, Göttingen 1999.

Johannes Kunisch (Hg.), Der dynastische Fürstenstaat. Zur Bedeutung von Sukzessionsordnungen für die Entstehung des frühmodernen Staates, Berlin 1982.

Johannes Kunisch, Staatsverfassung und Mächtepolitik. Zur Genese von Staatenkonflikten im Zeitalter des Absolutismus, Berlin 1979.

Igor Kurukin, Epocha „Epocha dworskich bur". Otscherki polititscheskoi istorii poslepetrowskoi Rossii 1725–1750 gg., Rjasan 2003.

Dominik Lischtenan, Rossija wchodit w Ewropu. Imperatriza Jelisaweta Petrowna i woina sa Awtriskoe nasledstwo, Moskau 2000.

Helmut Neuhaus (Hg.), Zeitalter des Absolutismus 1648–1789, Stuttgart 1997.

Georg Schmidt, Wandel durch Vernunft. Deutsche Geschichte im 18. Jahrhundert, München 2009.

DER SIEBENJÄHRIGE KRIEG

1756–1763

SERGEI POLSKOI / CLAUS SCHARF

Dass Preußen und das Russische Reich vom Sommer 1757 bis zur Jahreswende 1761/62 viereinhalb Jahre lang Krieg gegeneinander führten, hatte keine Tradition und begründete auch keine Tradition in den Beziehungen zwischen den beiden Staaten. Die Ursachen des Konflikts sind nicht so sehr in diesen Beziehungen zu suchen als vielmehr in einer Krise des europäischen Staatensystems, die diesen Krieg auslöste. Er dauerte dann von 1756 bis 1763 und wurde der „Siebenjährige" genannt.

Begonnen hatte den Krieg König Friedrich II. von Preußen, als er 1756 mit einem Angriff auf das neutrale Kurfürstentum Sachsen Mitteleuropa zum Kriegsschauplatz machte. Doch schon 1746 hatten Österreich und Russland ihren Bündnisvertrag von 1726 erneuert und durch eine Geheimklausel über eine Allianz gegen Preußen ergänzt. Die Tochter Kaiser Karls VI. Maria Theresia konnte sich seit der Eroberung Schlesiens durch Friedrich II. 1740 nicht mit diesem Verlust abfinden, und auch Russland erkannte die Annexion nicht an.

Kaiserin Elisabeth sympathisierte in den ersten Jahren nach ihrer Thronbesteigung mit Frankreich, doch nachdem sie 1744 Graf Alexei Bestuschew-Rjumin (1693–1766) zum Kanzler berufen hatte, kehrte Russland zu einem politischen System zurück, in dem Österreich, England und Holland für seine natürlichen Verbündeten gehalten wurden, Frankreich aber als Hauptgegner galt. Vor allem missfiel Bes-

https://doi.org/10.1515/9783110348712-016

tuschew, dass Friedrich sich nicht als Juniorpartner in die österreichisch-russische Allianz einordnete, sondern für Preußen den Status einer Großmacht beanspruchte. Nachdem Friedrich II. seine Eroberung wiederholt gegen Österreich behauptet hatte, sah der Petersburger Hof in ihm den Störer des Gleichgewichts in Europa und nahm sogar eine Gefahr für Russlands im Nordischen Krieg eroberte Provinzen Est- und Livland an. Um Russlands Vorfeld an seiner Westgrenze nicht preiszugeben, suchte der Kanzler als Alternative zu der Unzuverlässigkeit Preußens eine politische Annäherung an Sachsen, dessen Kurfürst August III. König von Polen war.

DIE „DIPLOMATISCHE REVOLUTION"

Zum eigentlichen Architekten jener Koalition, die den großen Krieg gegen Friedrich II. vorbereitete, wurde jedoch nicht Bestuschew. Sein System zielte hauptsächlich gegen Frankreich und ordnete Preußen als eine Macht ein, die sinnwidrig von der richtigen Seite auf die gegnerische gewechselt war. Doch für den österreichischen Diplomaten Wenzel Anton Graf von Kaunitz (1711–1794), 1750 bis 1753 Gesandter am französischen Hof und dann von Maria Theresia zum Staatskanzler berufen, war Friedrich II. der Hauptfeind. Kaunitz verfolgte das Ziel, nicht nur Schlesien zurückzugewinnen, sondern Preußen entscheidend und dauerhaft zu schwächen. Als Mittel zum Zweck war er bestrebt, seinen Gegner bündnispolitisch zu isolieren. Seit 1748 arbeitete er darauf hin, einen Keil in die Beziehungen zwischen Preußen und Frankreich zu schlagen und Frankreich auf die Seite Österreichs und in eine Allianz mit Russland zu ziehen.

Insofern brach die „Diplomatische Revolution", die 1756 in ein angeblich nie für möglich gehaltenes Bündnis zwischen Habsburgern und Bourbonen mündete, nicht wie ein Naturereignis über Europa herein. Sie wurde jahrelang in Wien und Sankt Petersburg diplomatisch vorbereitet. Vor diesem Hintergrund ist auch der Grad der jeweiligen Verantwortung der Mächte für den Beginn des Krieges zu ermessen. 1740 hatte sich Friedrich II. die habsburgische Provinz Schlesien mit Waffengewalt angeeignet. Nachdem er sich nach zwei Kriegen gegen Österreich in den anschließenden Friedensverträgen seine Eroberung hatte bestätigen lassen, beschränkte sich die preußische Politik jedoch darauf, Schlesien zu behaupten und einen neuen Krieg zu vermeiden. Noch 1752 hielt es der König für möglich, mit Russland den Frieden wahren zu können, weil es überhaupt nicht zu Preußens natürlichen Feinden gehöre. Im Hinblick auf Polen hätten beide sogar gemeinsame Interessen. Die Spannungen zwischen beiden Staaten seien nur auf Intrigen Bestuschews zurückzuführen.

Doch akut wurde die Krise, auf die Kaunitz und Bestuschew hinwirkten, 1756 durch Vertragsabschlüsse, die ihre Ziele verfehlten. Noch im September 1755 ließ sich Russland auf einen Vertrag mit England ein, der russischen Truppen zum Schutz des Kurfürstentums Hannover als des Stammlandes des englischen Königshauses gegen eine französische oder preußische Bedrohung britische Subsidien in Aussicht stellte. Bestuschew hoffte, mit diesem Geld den schon lange geplanten Krieg an der Seite Österreichs gegen Preußen führen zu können. Die Londoner Regierung hingegen war in direkten Verhandlungen mit Preußen froh, am 16. Januar 1756 zusätzlich durch die sogenannte Westminster-Konvention eine wechselseitige Garantie der Integrität ihrer beider Territorien zu vereinbaren. Doch statt mehr Sicherheit zu gewinnen, verloren beide Mächte sofort ihre bisherigen Verbündeten: England das von seiner mangelnden Unterstützung seit langem enttäuschte Österreich, Preußen das sich brüskiert fühlende Frankreich. Russland brach zwar den gesamten Siebenjährigen Krieg hindurch – vor allem mit Rücksicht auf den Handel – die Beziehungen mit England nicht ab. Aber empört über die britische Doppelstrategie, sahen sich Kaiserin Elisabeth und Bestuschew nun erst recht veranlasst, mit Österreich gemeinsame Aktionen gegen Preußen zu vereinbaren. Dennoch verlor der Kanzler durch das Scheitern seines Kurses rasch an Ansehen und Einfluss. Schon im März 1756 berief Elisabeth eine ständige Kriegskonferenz, in der Bestuschew zwar Sitz und Stimme behielt, aber überstimmt werden konnte. In den Kriegszielen gab es jedoch keinen Dissens: Alle waren sich einig, dass der Preußenkönig entscheidend geschwächt werden sollte, und in einem erfolgreichen Krieg sah die Konferenz auch die Chance, sich Kurland einzuverleiben und für dieses Lehen der polnischen Krone und bisher strittige Grenzgebiete den Polen Ostpreußen anzubieten.

Seit Österreichs überraschendem Defensivbündnis mit Frankreich vom 1. Mai 1756 näherte sich Russland auch diesem alten Gegner an. Im September nahm Elisabeth die zu ihrem eigenen Bedauern seit 1748 unterbrochenen diplomatischen Beziehungen mit König Ludwig XV. von Frankreich wieder auf. Am 11. Januar 1757 [31. Dezember 1756] traten Russland

---

Russland darf nicht unter die Zahl unserer wirklichen Feinde gerechnet werden: es hat keine Reibereien mit Preußen; es ist nur gelegentlich unser Feind. Ein von England und Österreich bestochener Minister [Kanzler Bestuschew – C. S.] hat mit großer Mühe einen scheinbaren Vorwand für die Entzweiung unserer beiden Höfe gefunden. Der Sturz dieses Ministers müsste die Dinge in ihren natürlichen Stand zurückversetzen. Die Politik dieses Hofes ist es, die Überlegenheit über Polen zu bewahren, in guter Übereinstimmung mit dem Hause Österreich zu sein, um sich mit dessen Hilfe gegen einen unverhofften Angriff der Türken zu sichern und so viel Einfluss wie möglich in den Affären des Nordens zu behalten.

QUELLE 24 | **FRIEDRICH II. ÜBER RUSSLAND**

In seinem politischen Testament aus dem Jahr 1752 befasste sich Friedrich II. mit allen Belangen der preußischen Politik. Im Abschnitt über „äußere Politik" skizzierte er unter anderem seinen Blick auf die verschiedenen europäischen Großmächte und Bündnisse.

QUELLE: FRIEDRICH II., POLITISCHES TESTAMENT VON 1752, HIER NACH: RICHARD DIETRICH (BEARB.), DIE POLITISCHEN TESTAMENTE DER HOHENZOLLERN, TASCHENBUCHAUSGABE, MÜNCHEN 1981, S. 179.

und im März auch noch Schweden der antipreußischen Allianz zwischen Wien und Versailles bei. Am 2. Februar [22. Januar] 1757 aktualisierten Österreich und Russland ihr Bündnis von 1746 im Hinblick auf eine gemeinsame Kriegführung gegen Preußen. Jede Seite versprach, 80 000 Mann bereitzustellen, und verpflichtete sich, keinen separaten Frieden mit dem Feind zu schließen. Mit einer erheblichen Verzögerung hatte also die Petersburger Regierung doch noch Anteil an der „Umkehrung der Bündnisse". Am 1. Mai 1757 bauten Frankreich und Österreich ihre Allianz zu einem Offensivbündnis aus.

DER BEGINN DES KRIEGES

Insofern erklärt die „Diplomatische Revolution" den Beginn der militärischen Aktionen nicht einmal für Europa hinreichend, denn bis zu ihrer zähen Vollendung war der große Krieg längst im Gang. In Nordamerika hatten die Kampfhandlungen zwischen England und Frankreich schon 1755 begonnen. Und als Russland am 1. August [21. Juli] 1757 mit dem Einmarsch einer Armee in Ostpreußen in diesen Krieg eintrat, war auch auf dem mitteleuropäischen Kriegsschauplatz schon elf Monate lang gekämpft worden.

Bereits am 29. August 1756 hatte Friedrich II., um koordinierte militärische Operationen der bourbonisch-habsburgischen Allianz abzuwenden, sein Heer in das neutrale Kurfürstentum Sachsen eindringen lassen. Am 13. September griff er ohne Kriegserklärung von dort aus Österreich an, das er weiterhin für seinen Hauptgegner hielt. Damit wollte er der übermächtigen, zum Kriege entschlossenen Koalition seiner Gegner zuvorkommen, zu denen er inzwischen auch Russland zählte. In der propagandistischen Rechtfertigung seiner Offensive unterstellte er dem habs-

Der Petersburger Hof wünschte den Krieg bis zum nächsten Jahre zu verschieben, und die Kaiserin-Königin wollte offenbar warten, bis alle ihre Bundesgenossen bereit wären, um den König mit vereinten Kräften anzugreifen. Diese Erwägung führte zur Prüfung des Problems, ob es vorteilhafter sei, den Feinden durch einen raschen Angriff zuvorzukommen oder lieber zu warten, bis sie ihre großen Rüstungen beendet hätten, so daß es dann nur von ihnen abhinge, was sie tun wollten. Welchen Entschluß aber auch der König faßte, der Krieg war in beiden Fällen gleich sicher und unvermeidlich.

| QUELLE 25 | FRIEDRICH II. ÜBER DIE ENTSCHEIDUNG ZUM KRIEGSBEGINN |

Der schriftstellerisch überaus aktive Friedrich II. verfasste auch eine „Geschichte des Siebenjährigen Krieges", in der seine Sicht auf diesen darlegte. Er ging davon aus, dass Maria Theresia unabwendbar zu einem Krieg zur Rückeroberung Schlesiens entschlossen war, und rechtfertigte damit seinen Entschluss zum „raschen Angriff" auf das neutrale Kurfürstentum Sachsen.

QUELLE: DIE WERKE FRIEDRICHS DES GROSSEN. IN DEUTSCHER ÜBERSETZUNG, HG. VON GUSTAV BERTHOLD VOLZ, BDE. 1–10, HIER BD. 3: GESCHICHTE DES SIEBENJÄHRIGEN KRIEGES, ERSTER TEIL, BERLIN 1913, KAP. 3, S. 38.

burgischen Kaisertum die Vorbereitung eines Religionskriegs gegen den Protestantismus im Reich, doch weil er selbst ein evangelisches Land überfallen hatte, folgten dieser durchsichtigen Argumentation nur wenige protestantische Reichsfürsten. Hingegen beschloss eine Mehrheit des Reichstags in Regensburg auf Antrag von Kaiser Franz I. im Januar 1757 eine Reichsexekution gegen Preußen, für die ab Februar ein Reichsheer aufgestellt wurde.

DER KRIEGSVERLAUF

In möglichst nur einem einzigen schnellen Feldzug hoffte Friedrich II., die Österreicher besiegen zu können, doch schon am 1. Oktober 1756 kam sein Vorhaben beim nordböhmischen Lobositz ins Stocken, weil der Gegner sich als weit stärker erwies als 1740. Lediglich die sächsische Armee kapitulierte. Auch die Fortsetzung des Krieges 1757 brachte Friedrich seinen Zielen nicht näher. Eine große und besonders verlustreiche Schlacht bei Prag am 6. Mai endete mit einem Pyrrhussieg: Zwar traten die Österreicher den Rückzug an, doch hatten sie geringere Verluste als die Preußen. Am 18. Juni 1757 erlitt der sieggewohnte König bei Kolin an der oberen Elbe gegen ein zahlenmäßig überlegenes österreichisches Heer eine schwere Niederlage mit erneut hohen Verlusten. Die Österreicher vertrieben die Preußen nach Sachsen und Brandenburg, und im Oktober fielen österreichische Truppen sogar kurz in Berlin ein. Ab Mitte April hatten die Franzosen bereits die preußischen Territorien am Rhein, in Westfalen und Ostfriesland eingenommen, und im Sommer besetzten sie das Kurfürstentum Hannover. Am 30. August 1757 siegte eine russische Armee von 55 000 Mann unter Feldmarschall Stefan Apraksin bei Groß-Jägersdorf in Ostpreußen über ein preußisches Korps von 32 000 Mann, zog sich dann aber wieder über die Grenze zurück. Apraksin hatte die Nachricht von der schweren Erkrankung der Kaiserin Elisabeth Petrowna erhalten und wollte sich für den Fall absichern, dass kurzfristig der Thronfolger Peter Fjodorowitsch an die Macht kommen könne, der als ein großer Verehrer des Preußenkönigs bekannt war. Doch Apraksins Entscheidung löste in Russland einen Sturm der Entrüstung aus. Die Kaiserin hielt ihn für einen Verräter und bestrafte ihn entsprechend: Apraksin wurde im Oberkommando durch General Wilhelm Graf Fermor abgelöst und kam vor Gericht. Im Frühjahr 1758 verlor auch Bestuschew seine Position wegen des Vorwurfs, an Planungen eines Staatsstreichs beteiligt gewesen zu sein. Verdächtigt wurde zudem der „Kleine Hof", er habe Druck auf Apraksin ausgeübt, um ihn zum Rückzug zu veranlassen, und weil die Großfürstin Katharina mit ihm einen vertraulichen Briefwechsel geführt hatte. Nur durch ein besonders kluges Verhalten gegenüber Elisabeth gelang es Katharina, sich am Hofe zu behaupten, während der Thronfolger Peter Fjodorowitsch ungeschoren blieb.

Die Unterbrechung der russischen Offensive verbesserte natürlich unverhofft die militärische Lage Preußens. Doch ohnehin hatte Friedrich II. im

The Ballance turnd; or the Rusſian Cat-arse-trophy.
MENE TEKEL.

Turkey   England   Pruſſia   Ruſſia   Empress   Joseph   France   Holland   Spain Oct 4 1758

Während des Siebenjährigen Krieges begann die politische Propaganda eine wichtige Rolle zu spielen. Die Regierungen bestellten Zeitungsartikel und Pamphlete, die ihre Gegner verleumden und die Heldentaten der eigenen Streitkräfte rühmen sollten. Auch die Karikatur wurde zu einem Mittel, die eigene Außenpolitik darzustellen. So unterstützten die englischen Karikaturisten Friedrich II. als Verbündeten Englands und als Vorkämpfer des Protestantismus.

Hier wird das Kräfteverhältnis in Europa in der Karikatur durch Waagschalen dargestellt. Friedrich II. und Georg II. („Wert gegenüber Menge") haben ein Übergewicht gegenüber der Allianz von Maria Theresia, Franz I. Stephan, Karl Eugen von Württemberg und Ludwig XV. („Die widernatürlichen Verbündeten"). Zu guter Letzt zerrt Friedrich (in Anspielung auf die Schlacht von Zorndorf) am Mantel der Kaiserin Elisabeth Petrowna, die mit ihrem ganzen Gewicht direkt auf den unter ihr hingestreckten August III. fällt, der nach der Besetzung Sachsens am Kriege schon nicht mehr beteiligt sein kann. Im Fluge wendet sich Elisabeth mit einem Hilferuf an Maria Theresia, aber die schaut zum Himmel und wiederholt nur: „Zu Hilfe! Schlesien! Religion!" Friedrich kommentiert: „Einen solchen Fall hat sie bisher noch nicht erlebt." Der daneben stehende Türke meint, dass die günstige Gelegenheit genutzt werden sollte und er bereit sei, Russland anzugreifen. Die Unterschrift „Mene Tekel" bezeichnet ein unheildrohendes Vorzeichen (nach der Erzählung über König Belsazar im alttestamentlichen Buch Daniel 5, 26–28).

sich ausweitenden Mehrfrontenkrieg keine Kapitulation erwogen. Das in Ostpreußen geschlagene Korps entsandte er umgehend gegen die Schweden, die im September Teile des preußischen Pommerns besetzt hatten. Am 5. November 1757 gelang ihm persönlich sogar wieder ein Aufsehen erregender Erfolg: Bei Roßbach unweit von Weißenfels schlug er mit weniger als 22 000 Mann durch einen überraschenden Angriff und eine überlegene Artillerie eine gegnerische Streitmacht von 41 000 Mann, bestehend aus Franzosen und der durch Österreicher verstärkten Reichsexekutionsarmee. Einen Monat später attackierte Friedrich mit seinen 35 000 Mann die Österreicher und Reste der Reichsarmee mit insgesamt 65 000 Mann in Mittelschlesien bei Leuthen westlich von Breslau und fügte ihnen eine ähnlich verheerende Niederlage zu. Ungeachtet dessen, dass innerhalb von kurzer Zeit 37 000 Österreicher in preußische Gefangenschaft gerieten, suchte bis Ende 1757 keine Seite eine politische Entscheidung des Krieges.

Großbritannien, das bereit war, sich mit jedem Gegner Frankreichs zu verbünden, also auch mit Preußen, verstärkte im ersten Halbjahr 1758 seine Kontinentalarmee auf bis zu 55 000 Mann und verdrängte die Franzosen aus dem Kurfürstentum Hannover und dem Rheinland. Hingegen scheiterte Friedrich mit einem Feldzug in Mähren gegen die Österreicher. Zur gleichen Zeit besetzte eine russische Armee unter einem neuen Oberbefehl bis

Ende Januar 1758 ganz Ostpreußen. Dort wurde eine russische Verwaltung eingesetzt, und die Bewohner leisteten der Kaiserin von Russland den Treueid. Im Sommer drangen die russischen Truppen weiter nach Westen bis an die Oder vor. Dort kam es nahe Küstrin bei Zorndorf am 25. August zu einer Schlacht, in der beide Seiten schwere Verluste erlitten und dennoch den Sieg für sich reklamierten. In Sankt Petersburg war die Führung diesmal mit Fermor unzufrieden, so dass er im Juni 1759 durch General Peter Saltykow abgelöst wurde. Im Oktober erlitten die Preußen hohe Verluste, als ihr Lager bei Hochkirch in der Oberlausitz von einer Übermacht der Österreicher angegriffen wurde.

DIE SCHLACHT VON KUNERSDORF

Friedrich II. wartete 1759 zunächst einmal ab. Wieder konnten britisch-hannoversche Verbände ihr Kurfürstentum gegen die Franzosen behaupten. Doch im Osten kam es erstmals zu einem Zusammenschluss russischer und österreichischer Truppen zu einer Armee von 79 000 Mann, die der König am 12. August bei Kunersdorf nahe Frankfurt an der Oder durch knapp 50 000 Preußen angreifen ließ. Die Schlacht endete durch eine der Situation nicht angemessene Taktik allerdings mit einem Debakel für die preußische Armee, die 19 000 Mann verlor und die überhaupt schwerste Niederlage des gesamten Krieges erlitt. Der König war verzweifelt und sah das Ende seiner Herrschaft und seines Lebens nahe, ohne aber eine Verantwortung für sein eigenes Versagen zu überneh-

men. Doch den Gegnern fehlte ebenfalls die Kraft, ihre militärische Überlegenheit in einen politischen Erfolg umzumünzen. Entgegen den Befehlen aus ihren Hauptstädten stießen sie nicht konsequent nach Berlin vor, sondern zogen sich in südlicher und östlicher Richtung zurück. Diese Wendung hielt Friedrich alsbald für sein Glück, in einem Brief vom 1. September 1759 an seinen Bruder Heinrich für „das Wunder des Hauses Brandenburg". So konnte er sein Heer wieder ergänzen und den Krieg fortsetzen, obwohl seine Ressourcen an Menschen und Material im Vergleich mit den Gegnern nun spürbar rascher aufgezehrt wurden.

Nach einigen militärischen Erfolgen der Österreicher in Sachsen und Schlesien verursachte im Juli 1760 ein erneuter Angriff Friedrichs auf Dresden große Zerstörungen in der Stadt, die europaweit Empörung auslösten. Noch einmal griff Russland mit einer Armee von 60 000 Mann in den Krieg ein. Diese vereinigte sich an der Oder mit den Österreichern und zwang Anfang Oktober 1760 die Hauptstadt Berlin zur Kapitulation.

Für den Magistrat von Berlin verhandelte der Manufakturunternehmer, Kaufmann und Kunstsammler Johann Ernst Gotzkowsky mit dem Kommandierenden des russischen Korps, General Gottlob Heinrich Graf von Tottleben, über die Bedingungen der Kapitulation und erreichte eine erhebliche Verringerung der geforderten Kontribution und eine weitgehende Verschonung vor Zerstörungen und Plünderungen. Nach wenigen Tagen zog die Besatzung wieder ab. Obwohl das Ereignis in ganz Europa Eindruck machte, blieb es militärisch und politisch eine Episode.

Noch einmal kam es am 3. November 1760 bei Torgau zu einer Schlacht zwischen einem österreichischen und einem preußischen Heer von je 50 000 Mann, doch wieder führten die hohen Verluste auf beiden Seiten dazu, dass sie sich nicht in der Lage sahen, den Krieg bis zu einer politischen Entscheidung fortzusetzen. Auch dass eine preußisch-britische Armee im Juli 1761 bei Vellinghausen in Westfalen eine doppelt so starke französische Armee besiegte, änderte nichts daran, dass Preußen nicht mehr zu einer offensiven Kriegführung fähig war und weder Schlesien noch Sachsen dauerhaft behaupten konnte. Eigentlich versuchten die Kriegsparteien nur noch, im Hinblick auf Friedensverhandlungen ihre Positionen zu bewahren. Auch der König selbst wich weiteren Schlachten aus.

Ich habe heute morgen um 11 Uhr den Feind angegriffen. Wir haben sie bis zum Judenkirchhof bei Frankfurt zurückgedrängt. Alle meine Truppen haben Wunder an Tapferkeit vollbracht, aber dieser Kirchhof hat uns ungeheure Verluste gekostet. Unsere Leute gerieten durcheinander, ich habe sie dreimal wieder rangiert, am Ende war ich selber drauf und dran, gefangen zu werden, und musste das Schlachtfeld räumen. Meine Kleidung ist von Kugeln durchlöchert. Zwei Pferde wurden mir unter dem Leib erschossen, mein Unglück ist, dass ich noch am Leben bin. Unsere Niederlage ist enorm. Von einer Armee von 48 000 Mann habe ich keine dreitausend mehr. Indem ich dies schreibe, flieht alles, und ich bin nicht mehr Herr meiner Leute. Man wird gut daran tun in Berlin, an seine Sicherheit zu denken.

Das ist ein grausamer Rückschlag, ich werde ihn nicht überleben; die Folgen dieses Treffens werden schlimmer sein als das Treffen selbst. Ich habe keine Reserve mehr, und, um nicht zu lügen, ich glaube, dass alles verloren ist. Ich werde den Untergang meines Vaterlandes nicht überleben. Adieu für immer! Friedrich

QUELLE 26   FRIEDRICH II. NACH DER SCHLACHT VON KUNERSDORF

Die desaströse Niederlage des preußischen Heeres gegen vereinigte österreichische und russische Truppen bei Kunersdorf nahe Frankfurt an der Oder kostete 19 000 von knapp 50 000 preußischen Soldaten das Leben und wurde zur schwersten Niederlage Friedrichs II. im gesamten Krieg. Wie sehr der König selbst hernach verzweifelt war, zeigt sich in seinem Brief an den Staatsminister Karl Wilhelm Graf Finck von Finckenstein vom Tag der Schlacht.

QUELLE: FRIEDRICH II. EIGENHÄNDIG AN STAATSMINISTER GRAF FINCK VON FINCKENSTEIN NACH BERLIN, 12. AUGUST 1759, IN: POLITISCHE CORRESPONDENZ FRIEDRICH'S DES GROSSEN, BD. 18, BERLIN 1890, NO. 11.335, S. 481, DEUTSCHE ÜBERSETZUNG.

„DAS MIRAKEL DES HAUSES BRANDENBURG"

Im selben Monat beschloss das britische Parlament, die Zahlungen von Subsidien an Preußen einzustellen. Unter einer neuen Regierung suchte Großbritannien trotz seiner Überlegenheit außerhalb Europas verstärkt nach einer Friedenslösung auf dem mitteleuropäischen Kriegsschauplatz. Zunehmend isoliert, versuchte Friedrich noch vergeblich, das Osmanische Reich in den Krieg gegen Russland hineinzuziehen. Doch bald verbesserte ein lange erwartetes Ereignis die Lage Preußens: Am 5. Januar 1762 [25. Dezember 1761] starb Kaiserin Elisabeth von Russland. Obwohl die Kaiserin seit langem nicht mehr davon überzeugt gewesen war, dass der von ihr nominierte Thronfolger Peter Fjodorowitsch geeignet sei, das Land zu regieren, hatte sie keine Entscheidung getroffen, ihn zu ersetzen. So wurde er nun unter dem Namen Peter III. Kaiser. Kurz nach der Thronbesteigung unternahm er entscheidende Schritte, den Krieg gegen den von ihm verehrten Preußenkönig zu beenden. Diese Wende in der Politik Russlands wurde in der Geschichtsschreibung oft mit jenem Briefzitat Friedrichs nach seinem Debakel bei Kunersdorf als „das Mirakel des Hauses Brandenburg" bezeichnet. Tatsächlich befahl Peter III. den russischen Streitkräften außerhalb Russlands, die Waffen ruhen zu lassen, und kündigte die Koalition mit Österreich und Frankreich. Schon am 5. Mai [24. April] 1762 wurde der Waffenstillstand in einen von Friedrich konzipierten und von Peter unverändert akzeptierten Friedens- und Freundschaftsvertrag umgewandelt, der Russland verpflichtete, alle besetzten Gebiete, also vor allem Ostpreußen, an Preußen zurückzugeben. Am 19. [8.] Juni schlossen beide Seiten gar für zwanzig Jahre ein Defensivbündnis. Russland garantierte Preußen den Besitz Schlesiens, und erneut bestätigten die Partner in Geheimartikeln auch frühere Absprachen über Polen. Schon seit März hatte Peter III. zudem versucht, seinen neuen Alliierten für eine gemeinsame militärische Aktion gegen Dänemark zu gewinnen, das am Ende des Nordischen Krieges Anteile der holsteinischen Herzogsfamilie in Schleswig besetzt hatte. Zwar versprach Friedrich seinen Beistand, doch zugleich warnte er den Kaiser, für diesen Zweck noch vor seiner Krönung Russland zu verlassen. Das Vorhaben war im kriegsmüden russischen Heer in der Tat überhaupt nicht populär und fand angesichts der finanziellen Auszehrung Russlands auch unter den einflussreichen Hofparteien keine Unterstützung.

Am 8. Juli [28. Juni] unternahm Peters Gemahlin Katharina mit Hilfe der Garderegimenter einen Staatsstreich. Peter III. wurde entmachtet, und sie trat als Kaiserin Katharina II. selbst die Herrschaft an. Für diesen Umsturz führte sie auch außenpolitische Beweggründe an: Mit dem Ausscheiden aus der antipreußischen Koalition habe er eigenmächtig auf alle Eroberungen und sonstigen Vorteile verzichtet, die dank einer im Ganzen erfolgreichen russischen Kriegführung erkämpft worden waren. Den von ihm geplanten Feldzug gegen Dänemark sah sie ebenfalls im Widerspruch zu den Interessen Russlands. Hatte sich Katharina selbst bei Kriegsbeginn der Sympathie für Preußen und England verdächtig gemacht, so hatte sie es danach zunehmend verstanden, sich in der höfischen Gesellschaft von der Prussophilie ihres Gemahls zu distanzieren. Doch rasch bestätigte die Kaiserin den Frieden mit Preußen und den Befehl zum Abzug der russischen Truppen aus Ostpreußen. Auch wenn sich die militärische Räumung und die Auflösung der russischen Verwaltung dann noch bis zum Jahresende 1762 hinzogen, wurde mit der Entscheidung immerhin der Verzicht Russlands auf Eroberungen in Deutschland verkündet.

DAS ENDE DES KRIEGES

Deutschland erlebte seit dem Ende des verheerenden Siebenjährigen Krieges eine nur durch die Episode des Bayerischen Erbfolgekrieges kurz unterbrochene Friedensperiode von drei Jahrzehnten. Preußen, Österreich, Sachsen und viele kleinere deutsche Fürstenstaaten nutzten diese Zeit für Verwaltungs-, Finanz-, Justiz- und Bildungsreformen und für eine Wirtschaftsbelebung, um ihre durch den Krieg verursachte materielle und finanzielle Misere zu überwinden. Auch Russland musste erst von neuem zu Kräften kommen. Später erklärte Katharina II. ihre Entscheidung, die militärischen Aktionen nicht wieder aufzunehmen, vor allem mit der finanziellen Erschöpfung des Russischen Reiches und mit der überfälligen Hinwendung zu einer Politik innerer Reformen. Dauerhaft wollte sie einen allgemeinen Frieden sichern, doch verstand sie darunter allein die Vermeidung neuer Kriege Russlands gegen die übrigen europäischen Großmächte und eine Konsolidierung der informellen Machtpositionen Russlands jenseits seiner Westgrenze. Dabei war sie auch zu verhindern bestrebt, dass Frankreich seine „Ostbarriere" gegen Russland erneuern konnte. In diesem Ziel waren sich auch die konkurrierenden Hofparteien einig. Aber in ihrem Ringen um Einfluss auf die Kaiserin empfahlen sie unterschiedliche Konzeptionen, wie Russlands Machtposition und ein dauerhafter Frieden am zweckmäßigsten zu sichern seien. Nikita Panin, ein erfahrener Staatsmann, Erzieher des Thronfolgers Paul Petrowitsch und aktiver Teilnehmer an dem Umsturz von 1762, und Angehörige seiner Klientel sprachen sich für die Schonung Preußens aus und gaben einem Bündnis mit Friedrich II. den Vorzug als Voraussetzung für einen „Nordischen Akkord" auch noch mit Schweden und Dänemark. Hingegen blieb der aus der Verbannung zurückgeholte ehemalige Kanzler Bestuschew, gleichfalls unterstützt von einer Fraktion prominenter Mitverschwörer, bei der Auffassung, die er schon vor dem Siebenjährigen Krieg vertreten hatte: Er wollte Preußen weiter schwächen, Russland wieder an seine „natürlichen" Verbündeten England und Österreich annähern und die Habsburger aus der Allianz mit den Bourbonen herausziehen.

Katharina II. selbst folgte zunächst keiner dieser Konzeptionen. Sie war vielmehr überzeugt, dass ihr Reich stark genug sei, sich selbst zu verteidigen, und es nicht nötig habe, sich von neuem durch unkalkulierbare Bündnisverpflichtungen in die Händel anderer Mächte verstricken zu lassen. Nach

ABB. 30   DIE EINNAHME BERLINS AM 28. SEPTEMBER 1760

Zweimal wurde Berlin während des Siebenjährigen Krieges von feindlichen Armeen erobert: Mit dem „Berliner Husarenstreich" besetzte zunächst der kaiserliche Feldmarschallleutnant Andreas Graf Hadik von Futak im Oktober 1757 die preußische Hauptstadt. Drei Jahre später musste die Stadt erneut kapitulieren, dieses Mal vor einem gemeinsamen österreichisch-russischen Heer unter dem Kommando von General Gottlob Heinrich Graf von Tottleben. Die zweite Einnahme machte europaweit Eindruck, auch wenn die Besatzer bereits nach vier Tagen vor der heranrückenden preußischen Hauptarmee abzogen. Das Gemälde des deutsch-russischen Schlachten- und Historienmalers Alexander von Kotzebue entstand fast 90 Jahre nach der Einnahme der Stadt als Teil einer von Zar Nikolaus I. georderten Reihe von fünf Gemälden über den Siebenjährigen Krieg. Es zeigt in der Bildmitte zu Pferd den russischen Brigadegeneral und Stadtkommandanten Johan von Bachmann, der Brot und Salz vom Berliner Magistrat entgegennimmt. Links im Bild ist die russische Kavallerie in Aufstellung vor dem Berliner Schloss zu sehen, die Berliner Bevölkerung vor allem in der rechten Bildhälfte. Im Hintergrund ist klein, aber von Bachmann entgegengesetzt, das Reiterdenkmal von Friedrich Wilhelm I. zu erkennen.

DIE EINNAHME BERLINS AM 28. SEPTEMBER 1760, ÖLGEMÄLDE VON ALEXANDER VON KOTZEBUE, 1849, EREMITAGE SANKT PETERSBURG.

ihrer Auffassung hatte Russland nur fremden Interessen gedient, als es der seltsamen Koalition zwischen Bourbonen und Habsburgern beigetreten war. Der Siebenjährige Krieg hatte ihr zudem die Erfahrung vermittelt, dass Russland sich im Heiligen Römischen Reich von keiner der beiden verfeindeten Parteien gegen die andere manipulieren lassen dürfe, sondern an einem Kräftegleichgewicht zwischen ihnen interessiert sein müsse. Daher lehnte sie den Wiedereintritt Russlands in die Kriegskoalition ab, bestätigte aber auch nicht die von Peter III. angebahnte Allianz mit Preußen. Stattdessen gefiel ihr die Situation, von Österreich und Preußen gleichzeitig umworben zu werden. Um dennoch auf den bevorstehenden Friedensschluss im Reich einwirken zu können, hätte sie gern die Vermittlung zwischen beiden kriegführenden Seiten übernommen. Diese waren jedoch nicht an einer solchen Aufwertung der Position Russlands interessiert. Nach dem Friedensvertrag von Paris vom 10. Februar 1763 zwischen Großbritannien und Portugal einerseits und den bourbonischen Mächten Frankreich und Spanien andererseits kam schon am 15. Februar im sächsischen Hubertusburg ohne russische Mitwirkung der Frieden zwischen Österreich und Preußen zustande.

Doch bald zeichnete sich ab, dass das Bündnis zwischen Wien und Versailles den Krieg überdauern werde. Damit drohte die Katharina zunächst attraktiv erscheinende Bündnisfreiheit frühzeitig in eine politische Isolation Russlands umzuschlagen. Wenn Russland aber daran interessiert sein musste, in Deutschland die Balance zwischen den beiden Großmächten zu wahren, erschien der Kaiserin eher die politische Annäherung an das ebenfalls isolierte Preußen als vorteilhaft. Auch ohne eine förmliche Allianz begünstigte der Preußenkönig bereits die russische Politik in Kurland, wo Katharina im April 1763 mit militärischen Mitteln durchsetzte, dass ihr Kandidat den Herzogsthron in Mitau besteigen konnte und nicht ein sächsischer Prinz, den Österreich und Frankreich unterstützten. Die Krise um die Thronfolge in Polen nach dem Tode König Augusts III. im Oktober 1763 beschleunigte die Annäherung Russlands an Preußen. Katharina wollte ebenso dort ihren Kandidaten inthronisieren, und Friedrich bot ihr seinen Beistand an. Dieses Zusammenwirken wurde auch zum Hauptinhalt eines vom Preußenkönig sehnlichst erwünschten Bündnisvertrages, der am 11. April [31. März] 1764 in Sankt Petersburg unterzeichnet wurde. Außerdem verpflichteten sich Russland und Preußen für den Kriegsfall zu gegenseitiger Waffenhilfe und garantierten einander wechselseitig ihren territorialen Besitzstand. Erst jetzt sah Friedrich II. nach dem für ihn unerwartet günstigen militärischen Ausgang des Siebenjährigen Krieges die Selbstbehauptung Preußens als zweiter deutscher Großmacht gegen das habsburgische Kaisertum als politisch gesichert an.

LITERATURHINWEISE

Maxim Anissimow, Semiletnjaja woina i rossiskaja diplomatija w 1756–1763 gg., Moskau 2014.

Sven Externbrink, Der Siebenjährige Krieg (1756–1763). Ein europäischer Weltkrieg im Zeitalter der Aufklärung, Berlin 2010.

Marian Füssel, Der Siebenjährige Krieg. Ein Weltkrieg im 18. Jahrhundert, 2. Auflage, München 2012.

Nikolai Jakowlew, Jewropa nakanune Semiletnei voiny, Moskau 1997.

Nikolai Korobkow, Semiletnjaja woina (Deistwija Rossii w 1756–1762 gg.), Moskau 1940.

Johannes Kunisch, Das Mirakel des Hauses Brandenburg. Studien zum Verhältnis von Kabinettspolitik und Kriegführung im Zeitalter des Siebenjährigen Krieges, München / Wien 1978.

Lothar Schilling, Kaunitz und das Renversement des alliances. Studien zur außenpolitischen Konzeption Wenzel Antons von Kaunitz, Berlin 1994.

Hamish M. Scott, The Emergence of the Eastern Powers 1756–1775, Cambridge 2001.

Franz A. J. Szabo, The Seven Years War in Europe, London / New York 2008.

DIE TEILUNGEN POLENS

1772 1793/1795

MICHAEL G. MÜLLER / BORIS NOSSOW

Am 5. August [25. Juli] 1772 schlossen Russland, Preußen und Österreich in Sankt Petersburg untereinander Verträge, in denen sie vereinbarten, große Teile des Staatsterritoriums der polnischen-litauischen Republik zu annektieren. Dem Russischen Reich wurden Polnisch Livland sowie die Gebiete von Mogilew, Witebsk und Polozk inkorporiert; Preußen erhielt das Ermland und große Teile des Königlichen Preußen; an Österreich fiel Kleinpolen samt der Westukraine.

Diese Entscheidung über die erste Teilung Polens hatte für die Entwicklung der deutsch-russischen Beziehungen weitreichende Folgen. Sie stellte nicht nur die Weichen für eine bald folgende zweite und dritte Teilung (1793 und 1795) und damit für den einstweiligen Untergang des polnisch-litauischen Staates. Vielmehr begründete das 1772 begonnene gemeinsame Vorgehen gegen Polen auch eine dauerhafte gegenseitige Abhängigkeit. Für mehr als 100 Jahre sollten die drei Teilungsmächte in dem gemeinsamen Interesse miteinander verbunden bleiben, die Wiederherstellung eines polnischen Staats zu verhindern. Trotz aller folgenden Krisen in den gegenseitigen Beziehungen bestimmte dieses Interesse die Logik ihres Handelns in der europäischen Politik bis zum Ersten Weltkrieg – bei der Neuordnung der europäischen Machtverhältnisse nach dem Sieg über Napoleon, in den europäischen revolutionären Krisen zwischen

https://doi.org/10.1515/9783110348712-017

THE TROELFTH CAKE. | LE GÂTEAU DES ROIS.

ABB. 31 **„LE GÂTEAU DES ROIS"**

Die zeitgenössische Karikatur von Jean-Michel Moreau dem Jüngeren, wiedergegeben in einem Stich von Noel Lemire, zeigt, wie sich Zarin Katharina II. (links), Kaiser Joseph II. (2. von rechts) und König Friedrich II. (rechts) untereinander Polen wie einen Kuchen aufteilen. Der polnische König Stanisław II. August in der Mitte wendet sich verzweifelt ab und greift nach seiner Krone, die ihm vom Kopfe rutscht. Die Bildunterschrift „Le gâteau des rois" ist eine Wortspiel und bezieht sich auf den traditionell zu „Heilige Drei Könige" (6. Januar) zubereiteten sogenannten „Dreikönigskuchen".

STANISŁAW II. AUGUST, KÖNIG VON POLEN, STICH VON NOEL LEMIRE NACH EINEM ENTWURF VON JEAN MICHEL MOREAU DEM JÜNGEREN, UM 1772, ÖSTERREICHISCHE NATIONALBIBLIOTHEK, INVENTARNUMMER NB 514.694 - B.

einander – mit dem Effekt, dass die bis dahin ungelöste „polnische Frage" im Ersten Weltkrieg zu einem der Faktoren wurde, welche die Ordnung imperialer Herrschaft Russlands, Deutschlands und Österreich-Ungarns in Ostmitteleuropa zum Einsturz brachten.

DER WEG ZUR TEILUNG

Ihren Ursprung hatten die Entwicklungen, die zur ersten Teilung Polens von 1772 führten, in den machtpolitischen Verschiebungen in Osteuropa seit dem Großen Nordischen Krieg (1700–1721). Während das Russische Imperium seit Peter dem Großen rasch expandierte und Preußen schrittweise zu einer europäischen Großmacht aufstieg, geriet Polen-Litauen unter dem Druck seiner Nachbarn in eine dauerhafte „Souveränitätskrise". Schon 1717 erlangte Russland durch seine Intervention in den innerpolnischen Machtkonflikten den Status einer Garantiemacht der polnischen ständischen Verfassung. Erstmals 1720 verständigten sich Russland und Preußen darauf, gemeinsam auf die Erhaltung der „Anarchie" in Polen hinzuwirken, das heißt die längst überfälligen Reformen des polnischen Staatswesens (Einführung eines modernen Steuersystems, Schaffung eines stehenden Heeres) zu verhindern und die ständische Republik in einem Zustand politischer Handlungsunfähigkeit zu halten. Im Jahr 1733, nach dem Tod des sächsischen Kurfürsten und polnischen Königs August II., verbanden sich Russland und Preußen mit Österreich zu einer „Allianz der drei schwarzen Adler", die dem Zweck diente, die nächste pol-

1830 und 1848, angesichts des polnischen „Januar-Aufstands" von 1863 oder im Zusammenhang der deutschen „Reichsgründung" von 1871. Erst am Vorabend des Ersten Weltkriegs gingen die Wege der Teilungsmächte aus-

nische Königswahl im Sinne ihrer Interessen zu steuern. Im Polnischen Thronfolgekrieg (1733–1736) setzten sie gemeinsam durch, dass die Wahl des von Frankreich wie auch von der Mehrheit des polnischen Adels unterstützten Thronkandidaten Stanisław Leszczyński annulliert und der sächsische Gegenkandidat als August III. zum polnischen König gekrönt wurde.

An dieser Machtkonstellation, die einer Art Protektoratsherrschaft Russlands, Österreichs und Preußens über Polen glich, änderte sich in den folgenden drei Jahrzehnten wenig. Die Bemühungen Augusts III. und seiner aristokratischen Parteigänger um staatliche Reformen, vor allem um den Aufbau eines modernen Heeres, scheiterten an der gezielten Einmischung der Nachbarstaaten. Auch die Konflikte zwischen Preußen einerseits sowie Russland und Österreich andererseits in der Zeit der ersten beiden Schlesischen Kriege und des Siebenjährigen Krieges (1740–1763) boten Polen letztlich keine Chance, sich aus dem „Protektorat" zu befreien. Als August III. 1763 starb, fanden sich die drei Nachbarstaaten Polens wiederum in einer Allianz zur Steuerung der polnischen Königswahl zusammen. Der von Russland favorisierte Kandidat Stanisław August Poniatowski wurde 1764 als letzter König der alten polnisch-litauischen Wahlmonarchie gekrönt.

DIE MOTIVE DER AKTEURE

ABB. 32 STANISŁAW II. AUGUST: DER LETZTE POLNISCHE KÖNIG

Stanisław August Poniatowski, geboren 1732, wurde 1764 als Stanisław II. August zum polnischen König gewählt. Im Zuge der Aufteilung Polens durch Russland, Österreich und Preußen musste er am 25. November 1795 seine Abdankung vom polnischen Thron erklären. Danach lebte er, alimentiert von den drei Mächten, in Grodno. Nach dem Tod von Zarin Katharina II. ließ er sich in Sankt Petersburg nieder, wo 1798 verstarb. Das abgebildete Gemälde wurde von dem zeitgenössischen Maler Marcello Bacciarelli gefertigt.

STANISŁAW II. AUGUST PONIATOWSKI, ÖLGEMÄLDE VON MARCELLO BACCIARELLI, UNDATIERT, GALLERIA DEGLI UFFIZI FLORENZ © BPK / SCALA, BILD-NR. 00061380.

Warum es nur acht Jahre später, also 1772, zum ersten Akt der territorialen Aufteilung Polens kommen sollte, lässt sich daraus aber keineswegs erklären. Was die späteren Teilungsmächte bis dahin verbunden hatte, war vor allem das Interesse daran gewesen, Polen schwach zu halten, also zu verhindern, dass die Republik sich mit den Gegnern Russlands, Österreichs oder Preußens verband. Weder Österreich noch Russland hegten dagegen Absichten, auf Kosten Polen-Litauens territorial zu expandieren. Außerdem hatte Russlands Einfluss in der Region so stark zugenommen, dass Kaiserin Katharina II. sich durchaus in der Lage sah, Polen weitgehend „alleine zu gouverniren", das heißt die russischen Interessen im Zweifelsfall auch ohne aktive Hilfe der beiden anderen Nachbarn Polens durchzusetzen. Preußen allerdings verfolgte andere Perspektiven: Der kleine und territorial zersplitterte Staat der Hohenzollern konnte nur auf Kosten Sachsens und vor allem Polens expandieren; die Visionen Friedrichs II. richteten sich schon seit 1731 auf die Annexion des zu Polen gehörenden Königlichen Preußen, und in seinem „Politischen Testament" von 1752 schrieb er, dass die Erwerbung von Sachsen, Polnisch-Preußen und Schwedisch-Pommern als Hauptziele

preußischer Politik zu betrachten seien. Auf geradem Weg ließen sich solche Pläne freilich nicht realisieren, da, wie Friedrich wusste, weder Russland noch Österreich ein Interesse daran hatten, preußische Annexionen auf Kosten Polens zu unterstützen. Man musste vielmehr auf eine internationale Krise warten, die es Preußen erlauben würde, die eigenen Annexionspläne ins Spiel zu bringen. Erst 1768 trat eine solche Krise tatsächlich ein.

Der Ausgangspunkt der Krise war eine russische Intervention, unterstützt durch Preußen, gegen die Reformpolitik des polnischen Königs Stanisław August und seiner Anhänger. Um politischen Druck gegen die Reformer aufzubauen, hatte Kaiserin Katharina II. ultimative Forderungen in Bezug auf den Schutz der religiösen „Dissidenten", also des Adels griechisch-orthodoxen wie auch protestantischen Bekenntnisses in Polen-Litauen, erhoben. In Opposition gegen solche und ande-

---

Über Eroberungen.

(Sachsen, Polnisch-Preußen und Schwedisch-Pommern kommen in Betracht.) Nur so kann der preußische Staat den nötigen Zusammenhang und eine gute Grenze gewinnen. […]

Polnisch-Preußen wird besser nicht durch Waffen erobert, sondern im Frieden verspeist, in der Weise einer Artischocke, Stück für Stück: gerade so, wie der König von Sardinien sich das Herzogtum Mailand aneignet. Polens Wahlmonarchie wird die Gelegenheit dazu geben. Preußen kann seine Neutralität in den polnischen Wirren verkaufen, indem es sich durch eine Stadt nach der andern, einen Distrikt nach dem andern bezahlen läßt, mit Danzig zuletzt, denn es wird als Emporium des Getreidehandels das größte Geschrei bei den Polen verursachen.

QUELLE 27   **AUSZUG AUS DEM POLITISCHEN TESTAMENT FRIEDRICHS II.**

Bereits in seinem politischen Testament von 1752 stellte Friedrich II. Überlegungen über künftige Eroberungen Preußens an. Neben der Erwerbung Schwedisch-Pommerns und Sachsens lag die stückweise Einverleibung Polens – „in der Weise einer Artischocke" – im Kalkül des preußischen Königs.

QUELLE: FRIEDRICH II., POLITISCHES TESTAMENT VON 1752, IN: DIE WERKE FRIEDRICHS DES GROSSEN. SIEBENTER BAND: ANTIMACHIAVELL UND TESTAMENTE, HERAUSGEGEBEN VON GUSTAV BERTHOLD VOLZ, BERLIN 1913, S. 161.

ABB. 33   DIE DREI TEILUNGEN POLENS 1772, 1793 UND 1795

Bei der ersten Teilung (Verträge von Sankt Petersburg zwischen Russland, Österreich und Preußen vom 5. August [25. Juli] 1772) erhielt Russland die dunkelgrün, Österreich die dunkelgelb und Preußen die dunkelblau markierten Gebiete. Bei der zweiten Teilung (Verträge von Grodno zwischen Russland und Polen vom 22. [11.] Juli 1793 und zwischen Preußen und Polen vom 25. September 1793) gingen an Russland die mittelgrün und an Preußen die mittelblau gefärbten Teile Polens. Im Zuge der dritten Teilung (Verträge von Sankt Petersburg zwischen Russland und Österreich vom 3. Januar 1795 [23. Dezember 1794] und zwischen Russland und Preußen vom 24. [13.] Oktober 1795) bekam Russland die hellgrün, Österreich die hellgelb und Preußen die hellblau bezeichneten polnischen Landesteile. QUELLE: EIGENE DARSTELLUNG.

re russische Forderungen, die in einen förmlichen russisch-polnischen Vertrag über Garantien der Dissidentenrechte und der bestehenden polnischen Verfassung mündeten, formierte sich im Februar 1768 in der Kleinstadt Bar eine Adelskonföderation zur Verteidigung der Souveränität Polens: Dies veran-

lasste Russland zu einem militärischen Eingreifen, das seinerseits Anlass für eine Kriegserklärung des Osmanischen Reichs an Russland war. Damit aber nahm der ursprünglich regionale Konflikt die Dimensionen einer internationalen, gesamteuropäischen Auseinandersetzung an.

DIE ERSTE TEILUNG

Als die russischen Armeen rasche Erfolge gegen die Osmanen errangen und sich ein überwältigender Sieg Russlands abzeichnete, wurden sowohl Österreich als auch Preußen gegenüber Russland aktiv. Beide Staaten forderten ultimativ, dass künftige russische Expansionsgewinne im Süden begrenzt bleiben oder aber kompensiert werden

ABB. 34   **DIE SEESCHLACHT VON ÇEŞME**

Die Seeschlacht von Çeşme ereignete sich zwischen dem 5. und dem 7. Juli 1770 in der Nähe der gleichnamigen osmanischen Hafenstadt an der Ägäis. Es war die erste einer Reihe von siegreichen russischen Seeschlachten gegen das Osmanische Reich im Rahmen des 5. Russisch-Türkischen Krieges – und die größte osmanische Niederlage auf See seit der Schlacht von Lepanto im Jahr 1571. Der Sieg sicherte Russland die Kontrolle in der Ägäis und mag dazu beigetragen haben, dass die russische Regierung zeitweise das Interesse und die Aufmerksamkeit für den vermeintlich weniger wichtigen Schauplatz Polen verlor.

QUELLE: DIE SEESCHLACHT VON ÇEŞME, ÖLGEMÄLDE VON IWAN AIWASOWSKI, 1848, NATIONALES KUNSTMUSEUM AIWASOWSKI FEODOSIA.

müssten, um das Kräftegleichgewicht nicht zu gefährden. Als Kompromisslösung bot sich an, Österreich und Preußen als Ausgleich für den erwarteten russischen Expansionsgewinn eigene Gebietserwerbungen zuzugestehen – und zwar auf Kosten Polens. Österreich schuf dafür durch die Besetzung polnischer Grenzgebiete 1769 und 1770 Präzedenzfälle. Die entscheidende politische Initiative ging jedoch von Preußen aus. Seit Anfang 1771 verhandelte König Friedrichs Bruder Prinz Heinrich in Sankt Petersburg über die Teilungspläne, und Preußen besetzte unter dem Vorwand der Seuchenabwehr seinerseits polnische Gebiete. Im Sommer 1771 ließ sich die russische Regierung auf Verhandlungen ein, die in die preußisch-russische Vereinbarung vom Februar 1772 und den endgültigen Teilungsvertrag vom Sommer desselben Jahres mündeten.

Warum Kaiserin Katharina II. und ihre Regierung in die Teilung einwilligten, ist letztlich nicht völlig klar. Russlands Außenminister hatte sich dieser Lösung lange widersetzt und stattdessen Verhandlungen mit den polnischen Konfliktparteien unterstützt. Hier schien dank britischer Vermittlung 1771 auch eine Friedensregelung erreichbar, die den von den Barer Konföderierten geführten Bürgerkrieg beendet und Russlands politische Kontrolle über ganz Polen wiederhergestellt hätte. Dagegen waren die österreichischen und preußischen Drohungen mit Sanktionen gegen Russland, gar mit militärischer Intervention zugunsten des Osmanischen Reichs, zu diesem Zeitpunkt kaum glaubhaft. Eher mochte die Regierung in Sankt Petersburg besorgt sein über den Aufstand in Moskau 1770 oder die Rebellion der Jaik-Kosaken Anfang 1771. Man kann aber auch darüber spekulieren, ob die russische Regierung nach mehreren spektakulären Siegen in dem „Türkenkrieg", vor allem nach der berühmtem Seeschlacht von Çeşme (Sommer 1770), vielleicht zeitweise das Interesse und die Aufmerksamkeit für den vermeintlich weniger wichtigen Schauplatz Polen verloren hat.

DIE ZWEITE TEILUNG

Die Ergebnisse und Wirkungen der ersten Teilung Polens lagen jedenfalls nicht im Interesse Russlands. Die politischen und territorialen Ambitionen Preußens und Österreichs waren durch das Teilungsgeschäft von 1772 keineswegs befriedigt worden, weshalb neue Spannungen zwischen den drei Teilungsmächten sozusagen vorprogrammiert waren. Aber auch der territorial reduzierte polnische Staat kam politisch nicht zur Ruhe, da die Anhänger der seit 1764 betriebenen Reformpolitik bzw. die Gegner Russlands nach einer Revision der Teilungsentscheidung strebten. Eine Wiederholung der Krise von 1768 und, in der Konsequenz, eine Fortsetzung der Teilung schien daher unausweichlich.

Als Russland 1787/88 in einen Zweifrontenkrieg gegen das Osmanische Reich und Schweden verwickelt wurde, flammte der Konflikt erneut auf. Der 1788 in Polen einberufene „Große Reichstag" beschloss zügig eine Vielzahl von Reformgesetzen und verabschiedete am 3. Mai 1791 eine neue Verfassung für das Königreich – die erste moderne Verfassung Europas. Zeitgleich hielt der erste Koalitionskrieg gegen das revolutionäre Frankreich Europa in Atem, und Preußen konnte seine militärische Schlüsselrolle dabei ausspielen, um sein Interesse an weiteren Annexionen auf Kosten Polens durchzusetzen.

Mit der Drohung, die anti-französische Koalition zu verlassen und mit der Forderung, dass die „Jakobiner" in Polen (gemeint waren die Schöpfer der Mai-Verfassung) bekämpft werden müssten, setzte Preußen nach einer erneuten russischen Militärintervention in Polen das preußisch-russische Abkommen über die zweite Teilung Polens durch. Es brachte Preußen den Erwerb Großpolens sowie der Städte Danzig und Thorn im ehemaligen Königlichen Preußen ein, Russland wurden Wilna und Minsk sowie die östlichen Teile Wolhyniens und Podoliens zuerkannt.

DIE DRITTE TEILUNG

In dem ohnehin nicht mehr lebensfähigen polnischen Rumpfstaat formierte sich dann 1794 unter der Führung von Tadeusz Kościuszko eine Aufstandsbewegung zur militärischen Wiedergewinnung polnischer Souveränität. Die Aufständischen erzielten eine Reihe von beachtlichen militärischen Erfolgen, verteidigten auch erfolgreich das aufständische

ABB. 35 DIE VERFASSUNG VOM 3. MAI 1791

Das großformatige Gemälde des bedeutenden polnischen Historienmalers Jan Matejko entstand 1891 anlässlich der Hundertjahrfeier der polnischen Verfassung vom 3. Mai 1791. Entsprechend handelt es sich nicht um eine historische, sondern stilisierte Darstellung, die versucht, den Geist der Verfassung zu erfassen, die heute als erste moderne Verfassung Europas bezeichnet wird. Sie legte unter anderem die Erblichkeit des polnischen Throns im Hause Wettin (Kursachsen) und die Gewaltenteilung fest. Die Einflussnahme ausländischer Mächte wurde durch die Abschaffung des Wahlkönigtums und des Liberum veto (des Einspruchsrechts eines einzelnen Abgeordneten im Parlament) begrenzt. Die Verfassung wurde 1792 wieder aufgehoben. Im Bild zu sehen sind unter anderem König Stanisław II. August (links im Königsmantel) sowie der maßgebliche Urheber der Verfassung, Sejmmarschall Stanisław Małachowski, mit dem Verfassungsdokument in der rechten Hand und von seinen beiden Stellvertretern Aleksander Linowski und Ignacy Zakrzewski auf den Schultern getragen (Bildmitte). Zur Identifizierung der Personen auf seinen Gemälden fertigte Matejko normalerweise eine Bildlegende an – nicht aber bei diesem Gemälde. Bis heute sind daher manche der abgebildeten Personen nicht eindeutig zu identifizieren. Seit 1984 hängt das Gemälde im Warschauer Königsschloss, im Vorraum der Senatorenkammer, in der die Verfassung vom 3. Mai 1791 verabschiedet wurde.

DIE VERFASSUNG VOM 3. MAI 1791, ÖLGEMÄLDE VON JAN MATEJKO, 1891, KÖNIGSSCHLOSS WARSCHAU - MUSEUM, ZKW/1105, FOTO: ANDRZEJ RING, LECH SANDZEWICZ.

Warschau gegen preußische Truppen, unterlagen letztlich aber im Herbst 1794 der erdrückenden Übermacht der russischen Interventionsarmee. Im Januar 1795 [Dezember 1794] schlossen Österreich und Russland einen Vertrag über die dritte und endgültige Teilung Polens, dem Preußen im Oktober 1795 beitrat. Preußen annektierte jetzt Masowien mit der polnischen Hauptstadt Warschau, Österreich das westliche Kleinpolen mit Krakau, Russland ganz Litauen sowie die westlichen Gebiete Wolhyniens und Podoliens. Eine weitere zwischen den Teilungsmächten im Januar 1797 geschlossene Konvention stellte fest, dass der polnische Staat als Völkerrechtssubjekt nicht mehr existiere und die von den drei Teilungsmächten annektierten Territorien den jeweiligen Staaten auf Dauer und vollständig inkorporiert seien.

NAPOLEON – REVISION DER TEILUNGEN POLENS UND WIEDERHERSTELLUNG DER TEILUNGSHERRSCHAFT

Die Hoffnungen der Teilungsmächte, sich Polens und der polnischen Frage damit endgültig entledigt zu haben, erfüllten sich allerdings nicht. Schon Napoleons Kriege gegen Preußen und Österreich setzten die Frage einer Wiederherstellung Polens wieder auf die Tagesordnung der europäischen Politik, und obgleich das 1807 geschaffene napoleonische Herzogtum Warschau eine Episode blieb, hinterließ die Krise politische Spuren. Auf dem Wiener Kongress von 1815 bildete die polnische Frage wohl den am heftigsten umstrittenen Verhandlungsgegenstand. Bei der hier beschlossenen Wiederherstellung der Teilungsherrschaft über die Länder Polens kamen die Teilungsmächte nicht umhin, die Existenz Polens oder zumindest einer polnischen „Nationalität" völkerrechtlich und symbolisch anzuerkennen: Das mit Russland durch Personalunion verbundene Königreich Polen blieb – bis zu seiner Auflösung nach dem Januar-Aufstand von 1863 – formal ein souveräner Staat. Dem Großherzogtum Posen sicherte Preußen in der Wiener Schlussakte von 1815 einen Sonderstatus zu, der eigene Institutionen und den Schutz der polnischen Nationalität beinhalten sollte. Das österreichische Teilungsgebiet bildete als „Königreich Galizien und Lodomerien" dauerhaft ein eigenes Kronland des habsburgischen Kaisertums – und erlangte 1873 schließlich weitgehende Autonomie und Selbstverwaltung.

Die letzten Ereignisse, welche die Auflösung des Königreichs Polen herbeigeführt, sind zu neu und zu bekannt, als daß es nöthig wäre, hier alle die aus dem Drange der Umstände geschöpften Betrachtungen zu bezeichnen, welche die beiden KaiserHöfe und Se. Majestät, den König von Preußen, zu dem Entschluß gebracht haben, zu der Vernichtung dieses StaatsKörpers mitzuwirken.

Indem die drei Höfe der allgemeinen teutschen ReichsVersammlung diese Begebenheit, und die darauf erfolgte Einverleibung der Länder und Gebiete dieser Republik in ihre allerseitigen Staaten bekannt machen, sind sie überzeugt, daß dieselbe diesen in so gemeinschaftlichem Einverständnisse bewerkstelligten, und durch den glücklichen Fortgang, womit die Vorsehung ihre Bemühungen gekrönt, zum Vollzug gebrachten Planen ihren Beifall nicht wird versagen können. […]

QUELLE 28   ERKLÄRUNG GEGENÜBER DEM REICHSTAG 1797

Bei der Mitteilung der Abkommen über die Auflösung Polens von 1795 [1794] gegenüber dem Reichstag in Regensburg am 25. Juli 1797 gaben Russland, Österreich und Preußen eine – hier im Auszug wiedergegebene – gemeinsame Erklärung ab.

QUELLE: ERNST LUDWIG POSSELT, EUROPÄISCHE ANNALEN, JAHRGANG 1797, 4. BAND, TÜBINGEN 1797, S. 20F.

DIE FOLGEN

Ein langfristiger Ausgleich zwischen den Teilungsmächten und ihren polnischen Untertanen war freilich auch auf dieser Grundlage nicht möglich – außer vielleicht im habsburgischen Galizien, das noch am Vorabend des Ersten Weltkriegs als ein Musterland der Kaisertreue gelten konnte. Im russischen wie im preußisch-deutschen Teilungsgebiet dagegen wuchsen die Spannungen zwischen der jeweiligen Staatsmacht und ihren polnischen Untertanen vor dem Hintergrund der Entstehung einer modernen polnischen Nationalbewegung stetig an – und steigerten sich im letzten Viertel des Jahrhunderts im Zeichen der Eskalation von Repression und „Nationalitätenkämpfen" zu Konflikten von beispielloser Schärfe.

Früh, nämlich schon 1848, hat Friedrich Engels hellsichtig bemerkt, dass die ungelöste (und nach den Logiken preußischer und russischer Groß-machtpolitik auch tatsächlich unlösbare) nationale Frage Polen zum „revolutionären Teil Preußens, Österreichs und Russlands" hatte werden lassen. Oder wie es ein radikaldemokratisches Flugblatt aus dem Frankfurter Paulskirchenparlament von 1848 pathetisch formulierte: „Das Ende Polens wäre das Ende Deutschlands, die Theilung Polens... theilt Deutschland zwischen Russland und Frankreich, zwischen Republik und Despotie, zwischen französische Freiheit und russische Knute". Auch wenn man die Dinge nüchterner betrachtet und die polnische nationale Perspektive dabei außer Acht lässt, bleibt etwas davon richtig. Die Entscheidung von 1772, Polen zu teilen, hat auf lange Sicht weder Preußen-Deutschland noch Russland gestärkt oder stabilisiert. Vielmehr sollte sich daraus einer der großen Krisenherde entwickeln, an denen die alte politische Ordnung in Europa scheiterte.

LITERATURHINWEISE

Herbert H. Kaplan, The First Partition of Poland, New York 1962.

Michael G. Müller, Die Teilungen Polens, 1772, 1793, 1795, München 1984.

Tadeusz Cegielski / Łukasz Kądziela, Rozbiory Polski. 1772-1793-1795, Warschau 1990.

Pjotr Stegni, Rasdely Polsi i diplomatija Jekateriny II.: 1772, 1793, 1795, Moskau 2002.

Michael G. Müller, Rozbiory Polski: historia Polski i Europy XVIII wieku, Poznań 2005.

DER FRIEDE VON TESCHEN

RUSSLAND UND DIE REICHSVERFASSUNG

1779

MARIA PETROWA / CLAUS SCHARF

Am 5. August [25. Juli] 1772 schlossen Russland, Österreich und Preußen nach langen Grenzverhandlungen in Sankt Petersburg den Vertrag über die Teilung Polens. Doch schon in der Ausgabe vom Juli 1772 veröffentlichte die Zeitschrift „London Magazine" einen satirischen Beitrag, in dem sich ein Chinese eine Abbildung der aktuellen Lage Europas von einem Politiker („politician") erklären lässt.

Die anonyme Radierung zeigt Polens König Stanisław II. August in Ketten mit gesenktem Haupt und beschädigter Krone vor dem Tribunal Katharinas II., Josephs II. und Friedrichs II., die auf einer Karte Polens ihre Gebietsforderungen anmelden. Ohnmäch-tig und ebenfalls in Ketten wohnt im Hintergrund der Sultan dem Verfahren bei. Interessiert, aber untätig schauen die Bourbonenkönige Frankreichs und Spaniens dem Geschehen zu. Die eigentliche Zielscheibe des Spotts in Bild und Text ist jedoch der abseits schlafende, also zum Handeln unfähige, britische König Georg III. Eine Waage über den Akteuren zeigt an, dass Großbritannien das Gleichgewicht der Mächte Europas nicht mehr ausbalanciert. Treffend stellt die Karikatur dar, dass im Teilungsprozess keine andere Macht Polen zu Hilfe kam. Nur das Osmanische Reich hatte Russland wegen dessen Intervention in Polen 1768 den Krieg erklärt, sich dann aber rasch als militärisch unterlegen erwiesen.

https://doi.org/10.1515/9783110348712-018

DIE KONKURRENZ DER GROSSMÄCHTE

Die Karikatur vom Juli 1772 erfasst allerdings nicht, dass sich nach dem Siebenjährigen Krieg in Europa gerade, als die nordamerikanischen Kolonien offen um ihre Unabhängigkeit vom britischen Mutterland zu kämpfen begannen, wieder die interkontinentale Rivalität zwischen Großbritannien einerseits und den bourbonischen Mächten Frankreich und Spanien andererseits verschärfte. Und ein wirkliches Einvernehmen, wie es die Zeichnung nahelegt, gab es auch nicht zwischen den drei Mächten, die Polen teilten. Vielmehr überdauerte der österreichisch-preußische Dualismus sowohl den Frieden von Hubertusburg 1763 als auch die Teilung Polens. Schon seit Erzherzog Joseph nach dem Tode seines Vaters Franz I. Stephan 1765 als Joseph II. zum Kaiser gekrönt worden war und als Mitregent seiner Mutter Maria Theresia die Herrschaft in den Erblanden der habsburgischen Dynastie angetreten hatte, verfolgten der Preußenkönig und andere Reichsstände mit Argwohn, dass der junge Monarch danach strebte, die Institutionen des Reiches den Machtinteressen

Österreichs nutzbar zu machen und dem Kaisertum durch Reformen des Gerichtswesens, der Finanzverfassung und des Zeremonialwesens stärkeren Einfluss im Reich zu verschaffen. Zugleich blieb die Frage offen, ob und wie Österreich an dem Ziel festhalte, den Verlust Schlesiens auszugleichen.

Obwohl das Bündnis zwischen Russland und Preußen von 1764 fortbestand, war die russische Politik gegenüber dem Heiligen Römischen Reich darauf bedacht, das Kräftegleichgewicht zwischen den beiden deutschen Großmächten zu kontrollieren. Und auf keinen Fall sollte Russland noch einmal in einen Krieg um „deutsche Streitigkeiten" („querelles allemandes") verwickelt werden. Dass sich die drei Monarchien durch ihre territoriale Ausdehnung nach Polens Teilung räumlich näher kamen, verstärkte sogar ihr Misstrauen gegeneinander. Mit Skepsis beobachteten die Regierungen in Wien und Berlin Russlands Machtsteigerung, doch zugleich wetteiferten sie darum, für die Durchsetzung ihrer gegensätzlichen Ziele im Reich jeweils Katharinas Unterstützung zu gewinnen.

DIE DEUTSCHLANDPOLITIK KATHARINAS II.

Im übrigen Europa ließ die Methode der Teilung Polens von 1772 die Befürchtung aufkommen, die drei Mächte könnten sich bestärkt fühlen, auf gleiche Weise in Zukunft erneut einen Ausgleich ihrer widerstreitenden Interessen auf Kosten schwächerer Nachbarn zu finden. Als potentielle Opfer waren vor allem die kleineren Reichs-

stände alarmiert. Auch Katharina II. sah es als eine Gefahr für den Frieden in Europa, sollten sich der Kaiser und der König von Preußen zu paritätischen Annexionen im Reich verabreden. Zudem könnte Russland durch das Bündnis mit Preußen wieder in einen für die eigenen Interessen nutzlosen Konflikt hineingezogen werden. Daher gewann

ABB. 36 **PICTURE OF EUROPE FOR JULY 1772**

Die englischen Radierung eines unbekannten Künstlers, die im Juli 1772 im London Magazine erschien, zeigt den in Ketten gelegten polnischen König Stanisław II. August vor einem aus Katharina II., Joseph II. und Friedrichs II. bestehenden Tribunal, das Forderungen auf polnische Gebiete erhebt. Im Hintergrund sind der ebenfalls in Ketten gelegte osmanische Sultan und die desinteressiert dreinschauenden Könige Frankreichs und Spaniens zu erkennen. Der schlafende britische König Georg III. und die Waage über den Akteuren symbolisiert die Kritik an der Tatenlosigkeit Großbritanniens, nicht für das Gleichgewicht der Mächte in Europa zu sorgen.

PICTURE OF EUROPE FOR JULY 1772, ANONYME RADIERUNG, ERSCHIENEN IM LONDON MAGAZINE VON JULI 1772, ZWISCHEN S. 304 UND 305, LIBRARY OF CONGRESS WASHINGTON D.C.

in der Deutschlandpolitik Katharinas und ihrer Regierung seit 1774 über die Wahrung des Gleichgewichts zwischen den beiden deutschen Mächten hinaus ein weiteres Ziel Konturen: Russland werde die Rechte der kleineren Reichsstände schützen und die Reichsverfassung verteidigen, womit hauptsächlich der territoriale Status quo gemeint war.

Zwar folgten diesen Leitlinien noch keine konkreten Schritte. Aber die russische Regierung registrierte in jener Phase, dass die Garantiemächte des Westfälischen Friedens von 1648 ihren einstigen Einfluss im Reich verloren hatten. Schweden spielte schon seit dem Großen Nordischen Krieg keine maßgebliche Rolle mehr, und der Hof von Versailles erwies sich seit dem Siebenjährigen Krieg als finanziell schwach und konnte durch seine fortdauernde Allianz mit dem habsburgischen Kaisertum nicht mehr glaubwürdig als Schutzmacht der kleineren Reichsstände auftreten, erst recht nicht gegen eine territoriale Expansion Österreichs. So lag bei den Petersburger Kennern der Verhältnisse im Heiligen Römischen Reich der ehrgeizige Gedanke nahe, Russland könne in jenem sogenannten „Dritten Deutschland", wie ausländische Diplomaten die kleineren und mittleren Reichsstände zwischen Österreich und Preußen mitunter zusammenfassend bezeichneten, faktisch die Funktion einer Schutzmacht übernehmen: Reichsstände, die sich im deutschen Süden durch Österreich bedroht fühlten, sollten sich vertrauensvoll an Russland wenden. Stärker als Maria Theresia verfolgte Joseph II. den Ausbau der österreichischen Hausmacht als Ziel und stand somit im Verdacht, das innerdeutsche Gleichgewicht zu stören. Deshalb ging die Petersburger Regierung nicht darauf ein, als er 1774/75 vorsichtig eine Annäherung an Russland suchte.

Tatsächlich erhofften sich manche Reichsfürsten gegen die territorialen Ambitionen Österreichs Schutz und Hilfe von der aus einem kleinen deut-

schen Fürstentum stammenden Kaiserin von Russland. Als Bündnispartner Katharinas und in der Rolle eines Anwalts mittlerer und kleiner Reichsstände förderte Friedrich II. nach besten Kräften die Vertiefung dieser Beziehungen. Auch deshalb beteiligte er sich 1772 an der Suche nach einer Braut für den russischen Thronfolger Paul an befreundeten Höfen. Nach dem frühen Tod der hessisch-darmstädtischen ersten Gemahlin Pauls arrangierte der König 1776 die erste Begegnung des Großfürsten mit der württembergischen Prinzessin Sophie Dorothee sogar in Berlin und war nach deren Petersburger Heirat unter dem Namen Maria Fjodorowna überzeugt, er habe die preußisch-russische Allianz langfristig gefestigt.

DER STREIT UM DAS BAYERISCHE ERBE

Wenig später schien sich dieser Eindruck zu bestätigen. Angesichts mancher Ansätze zu einer territorialen Expansion der österreichischen Erblande im Reich kam bei den Gegnern Josephs II. die Sorge auf, der Wiener Hof werde den absehbaren Erbfall in Bayern zu einer Vergrößerung seiner Herrschaft nutzen, noch dazu in direkter Nachbarschaft zu den von Preußen als Erbe beanspruchten Markgrafschaften Ansbach und Bayreuth. Damit hätte sich Wien eine späte Genugtuung für das wittelsbachische Kaisertum Karls VII. verschafft, das Frankreich und Preußen 1742–1745 unterstützt hatten. Akut wurde die Krise, als am Jahresende 1777 der Sohn Karls VII., der bayerische Kurfürst Maximilian III. Joseph, ohne Nachkommen starb. Verträge über die Erbfolge sahen vor, dass

das Kurfürstentum Bayern an Karl Theodor aus der pfälzischen Linie der Wittelsbacher fallen sollte, der allerdings ebenfalls keine erbberechtigten Kinder hatte. Da dieser zuvor schon das Kurfürstentum Pfalz mit dem niederrheinischen Herzogtum Jülich-Berg geerbt hatte, bahnte sich im Heiligen Römischen Reich die Gründung eines größeren wittelsbachischen Staates an. Doch sofort erhob Joseph II. für das Haus Habsburg Erbansprüche auf Teile Niederbayerns und der Oberpfalz, weil seine zweite und bereits verstorbene Frau als Tochter des Kurfürsten von Bayern geboren worden war. Zwar war Karl Theodor anfangs nicht einmal abgeneigt, Österreich ganz Bayern zu überlassen, wenn er dafür die wohlhabenden Österreichischen Niederlande, auf dem Gebiet des heutigen Belgiens, erhalten hätte. Aber noch vor entsprechenden Verhandlungen wurde seinem Gesandten in Wien sofort Anfang Januar 1778 ein Vertrag abgepresst, der allein den Forderungen Josephs II. entsprach und verstreute Tauschobjekte nur im sog. Vorderösterreich vorsah, also in den habsburgischen Territorien zwischen Freiburg und dem Bodensee. Österreichisches Militär besetzte sogar umgehend die in Bayern beanspruchten Gebiete. Gegen diesen erzwungenen Verzicht protestierten bayerische Patrioten in München, Karl Theodors nächster Verwandter und künftiger Erbe Herzog Karl II. August von Pfalz-Zweibrücken und der sächsische Kurfürst Friedrich August, der durch das Vorpreschen des Kaisers eigene Forderungen gegenüber Bayern gefährdet sah.

Ein neuer Krieg von einer europäischen Dimension drohte jedoch erst, als sich der Preußenkönig an die Spitze der durch das Wiener Abkommen Benachteiligten stellte. Einerseits erwartete er Russlands militärische Unterstützung, andererseits rief er wie auch der Herzog von Zweibrücken das Reich und die Garantiemacht Frankreich zum Eingreifen auf. Allerdings gelang es Friedrich II. nicht, über die direkt betroffenen Fürsten hinaus eine breite Allianz für einen Protest vor dem Regensburger Reichstag zu schmieden. Im Gegenzug wandte sich auch Joseph II. an den Reichstag und an Frankreich und forderte vom König den Verzicht auf Preußens Anwartschaft in den Markgrafschaften Ansbach und Bayreuth. In Wien missbilligten sogar Maria Theresia, der leitende Minister Wenzel Anton Graf von Kaunitz und Josephs jüngerer Bruder und Thronerbe Leopold von Toskana un-

verhohlen das offensive Vorgehen des Kaisers und suchten eher nach möglichen Schlichtern des Konflikts. Zudem konnte Joseph II. Frankreich nicht davon überzeugen, dass es die territoriale Expansion Österreichs als einen jener Bündnisfälle akzeptieren solle, die im Allianzvertrag beider Mächte 1756 definiert worden waren. Aber ebenso wenig unterstützte der französische Hof den Preußenkönig, sondern versuchte zwischen beiden deutschen Großmächten zu vermitteln.

Erst recht erfüllte sich Friedrichs Hoffnung nicht, Katharina II. für eine militärische Strafaktion gegen den „despotischen" Kaiser gewinnen zu können. Zwar teilte sie die preußische Auffassung, dass Joseph den Streit mit einer fadenscheinigen rechtlichen Begründung vom Zaun gebrochen hatte, doch zögerte sie eine Entscheidung hinaus. Immerhin hatten sich Österreich und Russland seit dem Frieden von Küçük Kaynarca 1774 faktisch als Partner in ihrer expansiven Orientpolitik erwiesen. Russland hatte sich nicht einmal widersetzt, als Österreich im August jenes Jahres die Schwäche des Osmanischen Reiches ausgenutzt und den nördlichen Teil des Fürstentums Moldau, die Bukowina, annektiert hatte. Und als Russland wegen Unruhen im Krimkhanat Ende 1777 fast wieder an der Schwelle eines Krieges gegen das Osmanische Reich stand, kam es der Petersburger Regierung überaus gelegen, dass Österreich und Frankreich eine Annäherung an Russland suchten. Schließlich vermittelten diese beiden Mächte sogar im Streit und übten Druck auf die Hohe Pforte aus, Russland nachzugeben.

Im Streit um das bayerische Erbe hingegen blieben Verhandlungen der

Deutschland ist durch seine Lage wie durch seine Stärke das Zentrum aller Angelegenheiten und aller Interessen Europas. Die Unverletzlichkeit seiner Regierungsform oder Veränderungen, die vorgenommen werden, die Ruhe, die es genießt, oder der Krieg, der es entzweit, interessieren in einem überaus hohen Maße alle anderen Staaten, vor allem jene, die wie das Russische Reich mit ihm gemeinsame Interessen haben und natürliche zwischenstaatliche Beziehungen unterhalten und die freundschaftliche Verbindungen mit den meisten der Reichsstände pflegen, die ein enges Bündnis erwägen mit einer Macht, die gerüstet ist, um den Gewaltakten des Kaiserlich-Königlichen Hofes entgegenzutreten.

QUELLE 29 KATHARINAS BEGRÜNDUNG FÜR RUSSLANDS ENGAGEMENT IN DEUTSCHLAND

Katharina II. begründete in der Anlage „Représentation" zu der am 2. Oktober [21. September] 1778 in Sankt Petersburg ausgefertigten Depesche Nikita Panins an den Gesandten Russlands in Wien, Fürst Dmitri Golizyn, das russische Engagement in Deutschland.

QUELLE: SBORNIK IMPERATORSKOWO RUSSKOWO ISTORITSCHESKOWO OBSCHTSCHESTWA, BD. 65: FEDOR MARTENS (HG.), DIPLOMATITSCHESKIJE AKTY IS ARCHIVA KNJASJA N. W. REPNINA, OTNOSJASCHTSCHIJESJA DO TESCHENSKOWO KONGRESSA 1779 GODA, SANKT PETERSBURG 1888, S. 15–17, HIER S. 16.

Kontrahenten und Vermittlungsversuche erfolglos. Am 3. Juli 1778 erklärte Preußen, diesmal mit Sachsen im Bunde, Österreich den Krieg. Schon zwei Tage später führten Friedrich II. und sein Bruder Heinrich Truppen von mehr als 150 000 Mann nach Böhmen und Mähren. Das Heer verfügte aber nicht mehr über die Schlagkraft der früheren Kriege. Da der König keine entscheidende Schlacht suchte und auch die Österreicher unter dem Oberbefehl Josephs II. überwiegend defensiv agierten, ergab sich ein Stellungskrieg auf engem Raum mit erheblichen logistischen Problemen. Die meisten Opfer verursachten Epidemien und die schlechte und einseitige Versorgung der Truppen, auf die der populäre Name „Kartoffelkrieg" für den Bayerischen Erbfolgekrieg zurückgeht. Eine weitere Besonderheit dieses Krieges bestand darin, dass seit seinem Beginn Maria Theresia und Kaunitz ihre Bemühungen fortsetzten, mit dem preußischen Hauptquartier zu verhandeln und Vermittler zu finden. Immer-

hin zog sich schon im September ein großer Teil des preußischen Heeres aus Mähren wieder nach Schlesien zurück. Am Ende war es aber doch Katharina, die über ihren Gesandten in Wien durch ein energisches Ultimatum vom 2. Oktober [21. September] Österreich an den Verhandlungstisch zwang.

Ihr Engagement für eine Wiederherstellung des Friedens begründete sie mit Prinzipien der Humanität und mit Russlands eigenem politischem Interesse wegen seiner guten Beziehungen mit einer Mehrheit unter den Reichsfürsten und wegen der Allianz mit Preußen. Durch Deutschlands Lage in Europas Mitte seien deutsche Angelegenheiten, also auch Österreichs Verstoß gegen den Westfälischen Frieden, gesamteuropäische Angelegenheiten. Zudem hätten betroffene Reichsstände Russlands Intervention erbeten. Allerdings wünschte sich der von den österreichischen Expansionszielen am stärksten gefährdete pfälzisch-bayerische Kurfürst Karl Theodor erst im

Dezember 1778 die Hilfe Katharinas, weil er es zuvor für ungewiss gehalten hatte, welche Seite obsiegen werde: die Bayern bedrohlich nahen habsburgischen Nachbarn oder der ihn unterstützende König von Preußen. Die Position Russlands im Heiligen Römischen Reich erwies sich jedenfalls als so stark, dass Katharina II. gar nicht militärisch intervenieren musste und alle am Streit beteiligten Staaten dennoch ihrer politischen Linie folgten. Während Friedrich II. immer noch ein militärisches Eingreifen Russlands gegen Österreich bevorzugt hätte, beschleunigte das russische Ultimatum den Kurs zu einem raschen Kriegsende.

Schon einen Tag nach ihrem Ultimatum schlug die russische Regierung Frankreich eine gemeinsame Friedensvermittlung vor. Da dem Versailler Hof an einer Annäherung an Russland gelegen war, ging er rasch auf den Vorschlag ein. Weil aber Joseph II. eine Entscheidung hinauszögerte und Maria Theresia wie beim Frieden von Hubertusburg 1763 am liebsten ohne ausländische Mächte allein mit Preußen verhandelt

hätte, erhöhte Russland symbolisch seinen Druck: Zu ihrem Unterhändler ernannte Katharina II. einen Monat nach ihrem Ultimatum an Österreich den sowohl militärisch als auch diplomatisch erfahrenen Fürsten Nikolai Repnin, der seit 1763 von Warschau aus die russische Interventionspolitik in Polen-Litauen geleitet hatte. Einerseits gab sie ihm das Kommando über zwei russische Korps im Raum Lublin. Damit sollte weniger Österreich ernsthaft bedroht, als der Bündnisverpflichtung gegenüber Preußen formal genügt werden. Doch andererseits instruierte Katharina Repnin über die Ziele ihrer Deutschlandpolitik in den bevorstehenden Verhandlungen: Da sich aktuell eine französisch-russische Mediation anbahnte, erschien der Moment geeignet, eine mit Frankreich gleichberechtigte Position im Heiligen Römischen Reich durch eine Garantie auch Russlands für die Reichsverfassung durchzusetzen. Davon versprach sich die russische Regierung eine Verstetigung und zusätzliche Legitimierung ihres starken Einflusses in Deutschland.

DER FRIEDEN VON TESCHEN

Ohne dass es zu weiteren Kämpfen kam, trat am 10. März 1779 ein Waffenstillstand in Kraft. Gleichzeitig begannen unter der Regie Frankreichs und Russlands im mährisch-schlesischen Teschen Verhandlungen der Kriegsparteien über einen Friedensvertrag. Immerhin waren vier der fünf europäischen Großmächte vertreten, dazu von den größeren Reichsständen die Kurfürstentümer Pfalz-Bayern und Sachsen sowie der Herzog von Pfalz-Zweibrücken. Die Federführung folgte

der deutschlandpolitischen Routine des französischen Vertreters Louis Auguste Baron de Breteuil, doch das Prestige der Mediation, die einen ausgedehnten neuen Krieg zwischen dem habsburgischen Kaiserhaus und Preußen im Keim erstickte, wurde in der deutschen Öffentlichkeit überwiegend Katharina II. zuteil. Am 13. Mai 1779 kam der Vertrag zustande, der den Konflikt im Kern auf der Basis des Vorkriegsstandes beilegte. Österreich und Preußen erkannten die Erbfolge der pfälzischen Wittelsbacher in Bayern an. Zur Ablösung der kaiserlichen Lehen in Bayern trat Kurfürst Karl Theodor in einem Separatvertrag dem Haus Österreich das Innviertel zwischen Donau, Inn und Salzach ab. Der Gewinn Friedrichs II. bestand darin, dass die Habsburger auf ihre Einsprüche gegen die Vereinigung der Markgrafschaften Ansbach und Bayreuth mit dem Königreich Preußen verzichteten, und auch die sächsischen Forderungen wurden befriedigt. Wie bei früheren Anlässen praktiziert, bestätigten die Vertragsparteien den Westfälischen Frieden von 1648, der als ein Reichsgrundgesetz allgemein geachtet wurde. Zugleich baten sie die vermittelnden Mächte Frankreich und Russland, den Frieden von Teschen fortan auch zu garantieren.

Aus der Garantie für den Teschener Frieden in Artikel 16 in Verbindung mit dem Bezug auf den Westfälischen Frieden von 1648 in Artikel 12 leitete die Regierung Russlands wie geplant bald darauf ab, den Status einer Garantiemacht des Westfälischen Friedens und der Reichsverfassung erreicht zu haben. Ob dieser Schluss berechtigt war, hielt noch im gleichen Jahr der führende Experte des Reichsrechts, Johann Jacob Moser, für fragwürdig. Vor allem bezweifelte er aufgrund der historischen Erfahrung seit 1648, dass die Garantie der ohnehin instabilen Reichsverfassung durch ausländische Mächte

für das Heilige Römische Reich jemals von Vorteil gewesen sei.

In der Tat hatten Österreich, Preußen und Frankreich in Teschen keineswegs Russland zu einer Garantiemacht der Reichsverfassung erheben wollen. Selbst Repnin hatte weder diesen Anspruch auf die Tagesordnung der Verhandlungen gesetzt, noch an der französischen Initiative mitgewirkt, die im Interesse des Hofes von Versailles den Bezug auf den Westfälischen Frieden in den Vertragstext aufnehmen ließ. Das Reich war unter der Meinungsführerschaft der drei geistlichen Kurfürsten Mainz, Köln und Trier und des Kurfürsten von Hannover, also des Königs von England, sogar schon gegenüber der Friedensvermittlung Frankreichs und Russlands skeptisch gewesen. Im Februar 1780 konnte Russlands Gesandter in Regensburg Achatz Ferdinand von der Asseburg jedenfalls nicht mehr verhindern, dass der Reichstag den Frieden von Teschen als Reichsrecht nur mit der einschränkenden Klausel bestätigte, er beeinträchtige weder den Westfälischen Frieden noch die übrigen Reichsgrundgesetze. Auch in der Frage der Garantiemächte sollte alles beim Alten bleiben. Für eine vorbehaltlose Aufnahme des Teschener Friedens in das Reichsrecht erklärten sich allein die Teschener Vertragspartner Kurpfalz, Kursachsen und Kurbrandenburg, also der König von Preußen.

RUSSLAND UND DAS „DRITTE DEUTSCHLAND"

Folgenreich war der Frieden von Teschen dennoch für Russlands Deutschlandpolitik. Schon im Jahr darauf bahnte sich ein Bündnis mit dem Kaiser an. Damit fand Katharina scheinbar jene aus russischer Sicht ideale Konstellation gleichwertiger Beziehungen zu beiden deutschen Großmächten, die sie seit dem Ende des Siebenjährigen Krieges angestrebt hatte.

Präambel

Kund und zu wissen seye hiermit allen und jeden für jetzt und künftig, denen daran gelegen ist, oder seyn möchte. Daß obgleich zwischen Ihro Majestät, der Allerdurchlauchtigsten und Großmächtigsten verwittweten Römischen Kayserin, und Königin von Ungarn und Böhmen, und Ihro Majestät dem Allerdurchlauchtigsten, Großmächtigsten Fürsten, Fridrich Könige von Preussen, bey Gelegenheit der Irrungen wegen der Bayerischen Erbfolge, ein Krieg zu beyderseits Leidwesen entstanden; so sind Höchstgedachte Ihre Majestäten nichts desto weniger stets auf die Mittel bedacht gewesen, der Fortdauer desselben zu steuern, und die durch disen unangenehmen Vorfall, zwischen beyden hohen Möchten unterbrochene Freundschaft und das gute Verständniß baldmöglichst wieder herzustellen. Bey disen Ihren gemeinschaftlichen Gesinnungen haben Höchstgedachte Majestäten den Weg der gütlichen Unterhandlungen zwar verschidentlich und zu wiederhohltenmalen versucht und erneuert. Weil aber der Erfolg davon mit Ihren Wünschen nicht überein gekommen, und Sie daher wohl eingesehen haben, daß durch disen bißher versuchten Weg die Unterhandlungen unmittelbar unter Sich fortzusetzen, die Wiederherstellung des Fridens schwerlich zu Stande gebracht werden möchte, ohngeachtet Sie von beyden Seiten nicht aufgehöret haben selbigen aufrichtigst zu wünschen; so haben Sie Sich entschlossen, Ihre beyderseitigen Bundesgenossen um Ihre Vermittlung zu ersuchen, in der völligen Zuversicht, daß Sie in derselben billigen und unpartheyischen Gesinnungen, wovon Sie Ihnen, während der Dauer dieser Irrungen die überzeugendsten Beweise gegeben, das unumschränkteste Zutrauen setzen könnten. Ihro Majestät die Kayserin aller Reussen sowohl, als auch Ihre Allerchristlichste Majestät haben auch auf Ersuchen und Verlangen beyder vorgedachten Hohen Mächte, diese Vermittlung gern und willig übernommen, und durch diese löbliche vereinigte Bemühungen Höchstgedachter Ihrer beyder Majestäten, ist die Wiederaussöhnung beyder Kriegführenden Hohen Mächte glücklich zu Stande gekommen; […]

Artikel 12

Der Westphälische Friden, und alle seit der Zeit zwischen Ihro Kayserliche und Preußische Majestäten geschlossene Fridens-Tractaten, und namentlich der Breßlauer und Berliner Friden vom Jahr 1742, der Dresdner von 1745, und der Hubertusburger Friden vom 15. Februar 1763 werden durch gegenwärtigen Fridens-Tractat ausdrücklich erneuert und bestätiget, als wenn sie demselben von Wort zu Wort mit eingerückt wären. […]

Artikel 16

Ihro Majestäten die Kayserin aller Reussen, und der Allerchristlichste König, welche durch ihre freundschaftliche Verwendung, und durch ihre kräftige und billige Vermittelung, das meiste zu dem glücklichen Erfolg dises Fridens beygetragen haben, werden von allen contrahirenden und theilnehmenden Partheyen ersucht und eingeladen, die Garantie dieses Tractats und aller dazu gehörigen Conventionen, Versprechungen und Zusagen, zu übernehmen.

QUELLE 30 AUSZUG AUS DEN FRIEDEN VON TESCHEN 1779

In dem hier wiedergegebenen Auszug aus der Präambel und den Artikeln 12 und 16 des Teschener Friedensvertrages von 1779 wurde die Vermittlung und Garantie des Friedens von Teschen durch die Kaiserin von Russland und den König von Frankreich festgestellt. In einer Nachschrift beurkundeten die bevollmächtigten Gesandten Russlands und Frankreichs, Nikolai Fürst Repnin und Louis Auguste Baron de Breteuil, die erwähnte Garantie des Friedensvertrages mit allen seinen Anhängen zu Teschen am 13. Mai 1779.

QUELLE: DEUTSCHE ÜBERSETZUNG DES VERTRAGES NACH JOHANN JACOB MOSER, DER TESCHENISCHE FRIDENSSCHLUSS VOM JAHR 1779 MIT ANMERKUNGEN, FRANKFURT AM MAIN 1779, S. 24–48, HIER S. 24F., 29F.

Verstärkt richtete sie nun auch ihre Aufmerksamkeit auf das „Dritte Deutschland". Im Kollegium des Auswärtigen wurde eine deutsche Abteilung gegründet. Obwohl die Gesandtschaften Russlands in Wien, Berlin, Dresden, Hamburg, Eutin und Regensburg nicht an Bedeutung verloren, wurden die diplomatischen Beziehungen ins Reich durch weitere Gesandtschaften und Konsulate verdichtet. Katharinas Kenntnis der aktuellen Vorgänge im Reich vertieften bis zu ihrem Lebensende neben dem Gesandten in Wien vor allem die Depeschen des Grafen Nikolai Rumjanzow, der nach dem Abschluss des Bündnisvertrages mit Österreich als außerordentlicher Gesandter mit Sitz in Frankfurt am Main bei den südwestdeutschen Reichsständen akkreditiert worden war. Sowohl die Instruktion von 1782 für diesen jungen Diplomaten als auch alle Instruktionen für die anderen diplomatischen Vertreter Russlands im Reich betonten zwar, dass die Kaiserin von Russland durch ihre Garantie des Teschener Friedens aktiv und unmittelbar an der politischen Verfassung des deutschen Reiches teilhabe, bezogen aber nicht ausdrücklich den Teschener Vertrag auf den Westfälischen Frieden und erhoben auch nicht den Anspruch, Russland sei völkerrechtlich eine Garantiemacht der Reichsverfassung geworden. Als Hauptgefahrenherd im Reich wurde in Sankt Petersburg immer noch der österreichisch-preußische Dualismus hervorgehoben, und Rumjanzow sollte allen Reichsständen, insbesondere den kleineren, verdeutlichen, dass Russland keine eigennützigen Interessen im Reich verfolge und ihnen „ein wahrer Freund und eine verlässliche Stütze" sein wolle. Doch als der potentielle Friedensstörer galt nicht mehr der Kaiser, sondern neuerdings der König von Preußen, und der Gesandte sollte seinen Auftrag vor allem im Interesse der Reichspolitik Josephs II. erfüllen, die Russland bislang im Interesse der kleineren Reichsstände mit Misstrauen beobachtet hatte. Mit diesem Frontenwechsel setzte Katharina II. allerdings im „Dritten Deutschland" jenes Vertrauen aufs Spiel, das sie dort bis zum Frieden von Teschen gewonnen hatte.

LITERATURHINWEISE

Karl Otmar Freiherr von Aretin, Das Reich. Friedensgarantie und europäisches Gleichgewicht 1648–1806, Stuttgart 1986, Neudruck 1992.

Karl Härter, Möglichkeiten und Grenzen der Reichspolitik Rußlands als Garantiemacht des Teschener Friedens (1778–1803), in: Claus Scharf (Hg.), Katharina II., Rußland und Europa. Beiträge zur internationalen Forschung, Mainz 2001, S. 133–181.

Georgij A. Nersesow, Politika Rossii na Teschenskom kongresse (1778–1779), Moskau 1988.

Claus Scharf, Katharina II., Deutschland und die Deutschen, Mainz 1995, illustrierte Ausgabe 1996.

Aleksandr Tratschewskij, Sojus knjasej i nemezkaja politika Jekateriny II, Fridricha II i Iosifa II. 1780–1790, Sankt Petersburg 1877.

Adolf Unzer, Der Friede von Teschen. Ein Beitrag zur Geschichte des bayrischen Erbfolgestreites, Kiel 1903.

TEIL IV

AUFKLÄRUNG UND ABSOLUTISMUS

ZUR EINFÜHRUNG

HORST MÖLLER / MAJA LAWRINOWITSCH War der Absolutismus in Europa vom 17. bis zum 18. Jahrhundert die beherrschende politische Herrschaftsform, so war die Aufklärung über mehrere Generationen die dominierende gesellschaftlich-kulturelle Bewegung mit politischem Gestaltungsanspruch. Dadurch gerieten beide in Gegensatz, doch bestanden auch gemeinsame Ziele. So blieb das wechselseitige Verhältnis stets dynamisch, veränderte sich in den jeweiligen zeitlichen und räumlichen Kontexten, entwickelte sich nicht allein in den einzelnen Staaten unterschiedlich, sondern ebenso unter den einzelnen Monarchen. In manchen europäischen Staaten geriet der Absolutismus unter den Einfluss der Aufklärung, in anderen blieb die absolute Herrschaftsform erhalten, beispielsweise in Frankreich bis zur Revolution von 1789. Im ersten Fall entwickelte sich im Preußen Friedrichs des Großen, im habsburgischen Großherzogtum Toskana Peter Leopolds, Großherzog von Toskana, des späteren Kaisers Leopolds II., und später im Habsburgerreich Kaiser Josephs II. ein „aufgeklärter Absolutismus" bzw. „Reformabsolutismus", der im Russland Zarin Katharinas II. ebenfalls eine eigene Ausprägung fand. In wieder anderen Staaten wie England war der Absolutismus bereits im 17. Jahrhundert infolge der Revolutionen gescheitert, die im englischen Parlamentarismus ein Gegengewicht zum Königtum bewirkten. In den deutschen Territorialstaaten entwickelte sich in der Regel ein Reformabsolutismus, abgesehen von der spezifisch republikanisch-patrizischen Verfassungs- und Sozialstruktur der Freien Reichsstädte, zu denen es in den italienischen Stadtrepubliken Analogien gab. Ein europäischer „Normalweg" existierte also nicht.

https://doi.org/10.1515/9783110348712-019

Der Absolutismus kannte zudem unterschiedliche Formen und Phasen. Für die Zeit des 17. und 18. Jahrhunderts handelte es sich um einen dynastischen Absolutismus mit höfischen Ausdrucksformen. Kennzeichnend war die Zurückdrängung ständischer Mitwirkung; für Russland gilt das nicht, weil es hier Stände als politische sowie Rechtspersönlichkeit im verfassungsrechtlichen Sinne, die ein Steuerbewilligungsrecht hatten, nicht gab. In den deutschen Territorialstaaten wurden zwar in der Regel soziale Privilegien des Adels konserviert, doch wurde er wie in Frankreich meist politisch entmachtet, in Brandenburg-Preußen allerdings für staatliche Aufgaben in Dienst genommen. Außer der Beendigung von Bürgerkriegen gelang dem Absolutismus die administrative Modernisierung: Der frühmoderne Staat mit klar strukturierten Verwaltungen, stehenden Heeren und in der Regel reorganisierten Regierungsgremien, Justiz- und Bildungsreformen, ist weitgehend das Werk absoluter Herrscher gewesen. Die höfische Repräsentation mit bedeutenden kulturellen Schöpfungen, beispielsweise im Schlossbau und in den kulturell aufblühenden Residenzstädten ist ebenfalls für den absoluten Fürstenstaat charakteristisch, wobei der königliche Hof Ludwigs XIV. in Versailles selbst für viel kleinere Fürstentümer zum Vorbild wurde. Doch darf solche Typisierung nicht darüber hinwegtäuschen, dass im einzelnen beträchtliche Unterschiede existierten. Dies gilt ebenfalls für die Spätform des aufgeklärten Absolutismus in der zweiten Hälfte des 18. Jahrhunderts. Doch auch in Staaten, die keinen aufgeklärten Absolutismus kannten, entwickelten sich Aufklärungsbewegungen. Allerdings entstanden sie nicht unbedingt zur gleichen Zeit, besaßen verschiedene Ansatzpunkte und eine unterschiedliche Ausbreitung und Intensität.

Aufklärung verstanden ihre Protagonisten nicht als einen abgeschlossenen Vorgang, sondern als Prozess. Sie organisierte sich wesentlich durch öffentliche Diskussion in Schriften sowie in spezifischen aufgeklärten Vergesellschaftungsformen, die im Gegensatz zur Forderung öffentlicher Transparenz durchaus geheim sein konnten. Die Aufklärer schufen geradezu Netzwerke, die in unterschiedlichem Grade öffentlich, bilateral oder multilateral organisiert waren. Nicht sozial begrenzt, erstrebten sie in der sozialständisch strukturierten Gesellschaft einen ständeübergreifenden bildungsbürgerlichen Charakter, in dem zwar Bürgerliche dominierten, aber Adlige ebenso wenig ausgeschlossen waren wie aufsteigende Schichten – Bildung bedeutete das „Eintrittsbillet" in die Gesellschaft der Aufklärer: Unterschiedliche Konfessionen bis hin zu den in dieser Zeit benachteiligten Juden gewannen in Berlin ebenfalls Zutritt zu aufgeklärten Gesellschaften und Salons und spielten mitunter – wie Moses Mendelssohn – eine wichtige Rolle. In manchen Staaten, vor allem in Preußen, dominierten neben Schriftstellern aufgeklärte hohe Staatsbeamte und Theologen, in anderen wie Frankreich wurden die Salons hochadliger Damen, in denen freie Schriftsteller, Philosophen, Künstler verkehrten, oder große Buchprojekte wie die „Encyclopédie" zu Kristallisationspunkten. In Deutschland gruppierten sich die Aufklärer außer in freien Vereinigungen vor allem um Zeitschriften, an denen oft Hunderte Autoren und Rezensenten aus unterschiedlichen Orten mitwirkten.

Ländliche Gebiete waren der Aufklärung nicht verschlossen, zumal sie sich auch für die Verbesserung der Landwirtschaft einsetzte und vor allem die Leibeigenschaft kritisierte. Doch waren die oft zählebigeren traditionalen Mentalitäten für die Aufklärung weniger günstig als städtische Kommunikationsstrukturen. So boten die dichten deutschen, italienischen oder schottisch-englischen Städtelandschaften einen der aufgeklärten Kommunikation förderlichen Raum, wie auf andere Weise in Frankreich die zentrale Rolle von Paris für sie optimal war. Hingegen bildeten die riesigen Agrarlandschaften des Russischen Reiches mit seiner multinationalen Bevölkerung und langen Verkehrswegen keine günstigen Voraussetzungen für die Verbreitung aufgeklärter Ideen. Auch wenn einige der bekannten russischen Aufklärer aus der Provinz stammten, wurde ihr Wirkungsraum letztlich Sankt Petersburg oder Moskau.

Wegen der partikularistischen Struktur des Heiligen Römischen Reiches deutscher Nation fehlte es zwar an einem alles überragenden Zentrum, doch begünstigte sie die Vielfalt kultureller und wissenschaftlicher Aktivitäten in den Residenzen und freien Reichsstädten. Die vergleichsweise große Zahl von Bildungs- und Wissenschaftseinrichtungen in den deutschen Städten dokumentiert diese Zusammenhänge. Jeder größere Territorialstaat wollte mindestens eine Universität oder Akademie, Gymnasien und mindestens ein Theater haben, viele hatten eine Druckerei, einen Verlag oder ein Journal. Während es im 18. Jahrhundert in den deutschen Territorialstaaten schon mehrere Dutzend Universitäten gab, darunter manche mit einer langen Tradition, wurde in Russland 1755 die erste in Moskau gegründet.

In vielen Ländern gab es enge Verbindungen mit Freimauerorden. Doch während etwa Friedrich II. von Preußen selbst Freimaurer war, verspottete Katharina II. zunächst die Freimaurer als Mystiker. Danach bekämpfte sie die Freimaurer dezidiert, weil sie sie verdächtigte, mit dem Thronfolger Großherzog Paul Petrowitsch, den Moskauer Rosenkreuzern sowie der preußischen Regierung gegen sie zu intrigieren und so das gerade geschmiedete russische Bündnis mit Österreich zu gefährden. Auch in einzelnen deutschen Territorialstaaten wie Bayern gerieten die Freimaurer unter Verdacht, weil eine ihrer Abspaltungen, der dann verbotene Illuminatenorden, politisch radikale Ziele verfolgte. Die Aufklärung wollte, wie Immanuel Kant es ausgedrückt hat, die Menschen aus ihrer selbstverschuldeten Unmündigkeit befreien und zum „Selbstdenken", also zur geistigen Autonomie, führen. Die Aufklärer beanspruchten, kirchlich-religiöse, gesellschaftliche, politisch-staatliche Prinzipien und Gesetze grundsätzlich unter dem Prinzip der Vernünftigkeit, Nützlichkeit, des Gemeinwohls zu prüfen und öffentlich darüber zu räsonieren. In manchen Staaten, insbesondere in Frankreich und Deutschland, bildete die Kirchenkritik einen wesentlichen Ausgangspunkt. Aufklärung war im deutschen Sprachraum lange ein starkes geistig-geistliches Bedürfnis, in England hingegen eher ein gesellschaftliches und in Frankreich ein politisches Anliegen.

Im Laufe des 18. Jahrhunderts vermischten sich diese Sektoren immer stärker. „Kritik" und „Vernunft" bildeten Schlüsselbegriffe, mit denen alle Sektoren von Kirche, Staat, Gesellschaft und Kultur öffentlich debattiert und überprüft wurden. Unveräußerliche Menschenrechte, Bürgerrechte, ein Humanitätsideal und staatlich sanktionierte Religionstoleranz gehörten ebenso zum Programm der Aufklärung wie die kritische Analyse des menschlichen Erkenntnisvermögens überhaupt, wie sie Kant in seiner „Kritik der reinen Vernunft" (1781) durchführte. Die Ziele der Aufklärung betrafen, wenngleich in den einzelnen Staaten unterschiedlich, die gesamte Gesellschaft, weshalb das 18. Jahrhundert nicht allein ein philosophisches, sondern auch ein pädagogisches Jahrhundert war. Zudem richtete sich der forschende Geist der Aufklärer zeitgleich auf die Natur, weshalb bei vielen Gelehrten philosophisches mit naturwissenschaftlichem Interesse verbunden war, was dann oft zu praktischer Anwendung führte. Nicht zufällig wirkten an der Petersburger Akademie zahlreiche bedeutende Naturwissenschaftler, darunter Deutsche und Schweizer. Einer von ihnen war der große Mathematiker Leonhard Euler aus Basel, der 1727 an die Petersburger Akademie berufen wurde und 1741 durch Friedrich den Großen an die Berliner; seit 1755 war er zugleich auswärtiges Mitglied der Pariser Akademie. 1766 kehrte er nach Sankt Petersburg zurück, wo er 1783 starb. Der wissenschaftliche und intellektuelle Austausch war international.

Trotz ihrer nationalen Spezifika entwickelten sich zwischen dem Ende des 17. und dem Beginn des 19. Jahrhunderts europäische Aufklärungen als prinzipiell kosmopolitische und transnationale Bildungsbewegungen, die Staaten, Stände und Kirchen transzendierten. Die wechselseitige Rezeption wird nicht allein in den Bildungsreisen und den über Grenzen hinweg sich erstreckenden Korrespondenzen, sondern eindrucksvoll in der reichen Übersetzungtätigkeit des 18. Jahrhunderts manifest. Kein russischer, deutscher, österreichischer, italienischer, spanischer oder britischer Aufklärer, der nicht Voltaire im Original oder in Übersetzung gelesen hätte! Es gibt sogar ein französisch-deutsch-russisches Beispiel, dass ein bedeutendes Werk in Übersetzung überliefert wurde, bevor Generationen später das Original auftauchte: Jahrzehnte nach seiner Entstehung wurde der gegen 1772 verfasste Dialogroman „Le Neveu de Rameau" des französischen Aufklärers Denis Diderot 1804/05 von Johann Wolfgang von Goethe ins Deutsche übersetzt. Der in russischem Dienst stehende „Sturm und Drang"-Dichter Friedrich Maximilian Klinger hatte eine Abschrift in der von Katharina II. erworbenen Bibliothek Diderots in Sankt Petersburg entdeckt. Durch Vermittlung von Friedrich Schillers Studienfreund Wilhelm von Wolzogen, dem Weimarer Gesandten in Sankt-Petersburg, gelangte das Manuskript nach Weimar, wo Schiller den Text des verschollenen Werkes erkannte und Goethe darauf aufmerksam machte. Dessen Übersetzung wurde 1805 als Buch in Leipzig veröffentlicht, doch ging die französische Vorlage verloren. In französischer Sprache wurde dieser zentrale Text Diderots über den russisch-deutschen Umweg vielmehr erst 1823 als Rückübersetzung aus Goethes deutscher Version veröffentlicht. Zufällig wurde das originale Manuskript Diderots Anfang der 1890er Jahre bei einem Bouquinisten am heutigen Quai Voltaire in Paris entdeckt und veröffentlicht.

Gottfried Wilhelm Leibniz hatte nicht nur 1700 das Konzept zur Gründung der brandenburgisch-preußischen Akademie in Berlin entworfen, sondern auch Pläne für Akademiegründungen in Dresden, Wien und Sankt Petersburg, die jedoch zunächst erfolglos blieben, anderseits aber später wieder aufgenommen wurden, beispielsweise 1725 in Sankt Petersburg. Neben Leibniz zählte der Naturwissenschaftler, Philosoph, Manufakturgründer und Bergbauingenieur Ehrenfried Walther Tschirnhaus (1651–1708) zu den Bahnbrechern der deutschen Frühaufklärung. Er verband ebenfalls Theorie und Praxis und wurde zu einem Protagonisten deutsch-slawischer Wissenschaftsbeziehungen und Lehrer einer Reihe russischer Gelehrter. Seine von Michail Lomonossow gerühmten Verdienste sind heute weitgehend vergessen, während die später durch den Göttinger Historiker und Publizisten August Ludwig Schlözer (1735–1809) entwickelte deutsche Russlandkunde zum Ausgangspunkt weiterwirkender Initiativen wurde. Die deutsche Frühaufklärung gewann durch Leibniz, Tschirnhaus, Samuel Pufendorf, Christian Wolff, auch durch die Universität Halle und den Pietisten August Hermann Francke wesentlichen Einfluss auf die russische kulturelle und wissenschaftliche Entwicklung, seit Peter der Große viele Deutsche ins Land geholt hatte. Dennoch beeinflussten die französische Aufklärer nicht allein Friedrich II., sondern ebenso Katharina II.

Der preußische König Friedrich II. korrespondierte mit Voltaire und dem Naturwissenschaftler d'Alembert, der gemeinsam mit Diderot seit 1751 die große französische „Encyclopédie" herausgab. Zarin Katharina II. korrespondierte ebenfalls mit Diderot und d'Alembert, Diderot hielt sich 1773 bei ihr auf und entwarf für die Zarin 1775 einen „Plan d'une université pour le gouvernement de Russie", sie unterstützte den in materielle Schwierigkeiten geratenen Philosophen und Schriftsteller durch ein Gehalt, außerdem erhielt Diderot 1765 von Katharina II. eine bedeutenden Summe für den Verkauf seiner Bibliothek, die er jedoch lebenslang weiter benutzen durfte. Beide Monarchen luden weitere bedeutende Aufklärer zu sich ein. Friedrich versammelte in seiner „Tafelrunde von Sanssouci" führende französische Gelehrte der Aufklärung. D'Alembert allerdings schlug sowohl die Einladung nach Potsdam als auch die nach Sankt Petersburg aus, wo er Prinzenerzieher hätte werden sollen. Wie immer man die Politik Friedrichs des Großen oder Katharinas II. im einzelnen beurteilen mag, keinem Zweifel unterliegt: Beide bekannten sich zur Aufklärung, waren hochgebildete Persönlichkeiten von kultureller Ausstrahlung und beförderten energisch den kulturellen und wissenschaftlichen Aufschwung ihrer Länder. Ihre eigene Sprache war indes das Französische, was den intimen Kenner der französischen Literatur und Philosophie Friedrich II. zu einer Geringschätzung der deutschen Literatur führte, die sich – seinem kritischen Essay „De la Littérature allemande" (1780) zum Trotz – gleichwohl in seinem Zeitalter außergewöhnlich dynamisch entwickelte. Katharina bekannte sich zwar dezidiert zur russischen Kultur, doch führten der Einfluss der Aufklärung und die Europäisierung des Adels zu einer Französisierung, die bis weit ins 19. Jahrhundert nachwirkte. Allerdings hatte schon Peter der Große Initiativen zur Entwicklung einer modernen russischen Schriftsprache entwickelt. Solche Bildungsanstrengungen setzte Katharina fort. Wenngleich deutlich später als in Deutschland bildete die Entwicklung der Volkssprache zur Literatursprache auch in Russland eine entscheidende Voraussetzung für die nationale kulturelle Entwicklung.

Als erster russischer Autor wurde im Westen der Dichter und Diplomat Fürst Antioch Kantemir bekannt, den der Leipziger Philosoph, Schriftsteller und Literaturtheoretiker Johann Christoph Gottsched ins Deutsche übersetzte. Der Universalgelehrte, Dichter, Naturwissenschaftler und Philologe Lomonossow – auf den wesentlich die Gründung der heute nach ihm benannten Moskauer Universität zurückgeht – studierte in Freiberg in Sachsen – einem der früheren Wirkungsorte von Tschirnhaus – und in Marburg unter anderem bei Wolff, dem großen Systematiker der deutschen Frühaufklärung. Der Schriftsteller und Historiker Nikolai Karamsin, dessen seit 1791 publizierte „Briefe eines russischen Reisenden" bereits 1798 ins Deutsche übersetzt wurden, besuchte den bedeutendsten Philosophen der Neuzeit, Kant, 1789 im preußischen Königsberg.

Die Reihe dieser wenigen Beispiele grenzüberschreitender Kontakte im Geiste der Aufklärung ließe sich leicht verlängern. Aufklärung bedeutete gesellschaftliche Kommunikation in den einzelnen Staaten, zugleich aber europäische Kommunikation und transnationale literarische Öffentlichkeit. Beides setzte Lesefähigkeit voraus, die noch im 18. Jahrhundert überall, wenngleich in unterschiedlichem Ausmaß, nur auf einen Teil der Gesellschaft beschränkt war. Nach neueren Forschungen galten im Durchschnitt des 18. Jahrhunderts allerdings bei stark steigender Tendenz 10 Prozent der erwachsenen Deutschen als lesefähig, 1770 waren es vermutlich 15 Prozent, um 1800 etwa 25 Prozent, um 1830 schon 40 Prozent.

Obwohl Katharina ebenfalls Reformen der Bildungsanstalten und des Schulwesens betrieb, beschränkte sich das Volksschulwesen in Russland auch im späten 18. Jahrhundert noch auf die Städte. Die Lesefähigkeit blieb auf eine Minderheit der gebildeten Oberschichten begrenzt, zu der selbst ein großer Teil des Adels noch nicht zählte. Das galt zumal auf dem Lande, wo am Ende des 18. Jahrhunderts von den 36 Millionen Einwohnern fast 95 Prozent lebten. Allerdings bestanden erhebliche regionale Unterschiede: Waren um 1767 im Gouvernement Orenburg 60 Prozent der Adligen Analphabeten, so in Moskau 17 Prozent und in Sankt Petersburg sogar nur fünf Prozent. Beim Stand der Stadtbewohner betrug der Anteil der Analphabeten in Moskau 33 und in Nischni Nowgorod 48 Prozent, beim Adel dort 11 Prozent. Wenngleich von einer vergleichbar breiten Leserevolution, Lesesucht mit Lesegesellschaften und Leihbibliotheken wie in Deutschland im Russland des 18. Jahrhunderts schon aufgrund der riesigen territorialen Ausdehnung des Zarenreiches keine Rede sein kann, muss doch betont werden: Auch in Russland verstärkte sich die lesende Bevölkerungsschicht erheblich, wozu neu entstehende Druckereien und Buchhandlungen beitrugen.

Je intensiver sich die literarische Öffentlichkeit in den west- und mitteleuropäischen Staaten im Laufe des 18. Jahrhunderts ausprägte, desto mehr verstärkte sich ihre gesellschaftspolitische Wirkung. Entwickelte sich die literarische Öffentlichkeit zu einer politischen, betraf sie den Absolutismus, der dagegen traditionell das Mittel der Zensur einsetzte. Andererseits war auch den absoluten Fürsten in der Regel an einer Hebung des Bildungsstandards gelegen, weswegen sie wie die Aufklärer für die Verbesserung der Schulen eintraten und sie reformierten. Und dies war nicht die einzige Gemeinsamkeit von Absolutismus und Aufklärung. So paradox es erscheint, entwickelte sich die Aufklärung in Europa erst nach dem Absolutismus und in absolutistisch regierten Staaten.

Wie ist diese Paradoxie zu erklären? Der erste spezifische Grund lag in den Ursachen für die Entstehung des Absolutismus, der zweite prinzipielle in einem analogen Rationalismus. Die absolute Herrschaft entstand als Antwort auf die religiösen Bürgerkriege und Revolutionen des 16. und 17. Jahrhunderts. Auch in Russland gab es eine bürgerkriegsähnliche „Zeit der Wirren" (*Smuta*) und dem Raskol folgten Konfessionalisierung- und Disziplinierungtendenzen. Allerdings waren Ursache und Wirkung dieser Bürgerkriege verschieden, der insbesondere in Deutschland ausgeprägte Bikonfessionalismus zweier christlicher Religionen seit der Reformation im 16. Jahrhundert – des Katholizismus und des Protestantismus – besaß folglich in Russland keine Analogie, was wesentliche Unterschiede der historischen Entwicklung von Absolutismus und Aufklärung erklärt, weil sich in den deutschen Territorialstaaten beide unter konfessionellem Kontext unterschiedlich entwickelten. Da es sich bei beiden Begriffen um Typologien handelt, ist es in der Forschung umstritten, wie weit in Bezug auf Russland von einem vergleichbaren Absolutismus gesprochen werden kann, zumal dort die Herrschaft nicht durch ständische Mitwirkung eingeschränkt war. Auch die Frage, ob Peter der Große im Kontext der Frühaufklärung zu interpretieren ist, wird unterschiedlich beantwortet: Sein Zeitgenosse Voltaire und sein Biograph Reinhard Wittram beurteilten den Zar als (Früh)aufklärer, neuere Untersuchungen zur russischen Aufklärung hingegen nicht (Michael Schippan).

Der Entwicklung des Absolutismus gingen in gewisser Weise seine Theorien voraus. Die religiösen Bürgerkriege empfand einer der frühesten Begründer des Absolutismus, der englische Philosoph Thomas Hobbes (1588–1679), gewissermaßen als anarchisch. Er unterschied einen natürlichen und einen gesellschaftlichen Zustand des Menschen. Während im natürlichen Zustand uneingeschränkter individueller Eigennutz herrsche – der Mensch also des Menschen Wolf sei – diene der gesellschaftliche Zustand – die bürgerliche Gesellschaft – dem Gemeinwohl. Zugleich aber postulierte Hobbes natürliche Rechte des Menschen. Folglich könne die bürgerliche Gesellschaft nur auf einem Vertrag beruhen, genauer einem Gesellschaftsvertrag, dem ein Herrschaftsvertrag folge: Der Herrscher galt folglich als friedensstiftende Macht, die den Gesellschaftsvertrag und damit das Gemeinwohl garantierte. Durch diese Theorie wurden als die prinzipiellen Aufgaben des Monarchen Friedenssicherung und Wohlfahrt der Untertanen definiert, und von dieser Definition gingen auch spätere Staatstheoretiker aus, in Deutschland etwa Pufendorf, Wolff und Christian Thomasius.

Ein zweiter konstitutiver Strang der Theorie des Absolutismus, die Souveränitätslehre, geht auf den französischen Staatstheoretiker Jean Bodin (1529/30–1596) zurück. In seinem grundlegenden Werk „Six livres de la république" (1576) postulierte er die Souveränität als höchste und dauernde, also zeitlich nicht begrenzte Gewalt im Staat. Sie werde mit dem Begriff „majestas" bezeichnet und erkenne allein Gott als größeren über sich an. Damit wurde sowohl die absolute Gewalt des Monarchen als auch sein schon im Mittelalter angenommenes Gottesgnadentum benannt. Zu diesen beiden Theorien trug auch der Florentiner Staatsmann und Gelehrte Niccolò Machiavelli (1469–1527) bei, der ebenfalls vom Staatszweck ausging. Auch er reagierte auf eine Krise seiner Zeit, den Zerfall der italienischen Staatenwelt. Seine Staatstheorie basierte auf zwei Schlüsselbegriffen, der „virtù" – der Fähigkeit des Fürsten zur Staatsgründung und Staatserhaltung – sowie der „necessità" – dem Zwang einer dem Fürsten feindlichen Umwelt. Aus diesen Prämissen entwickelte er seine bis weit ins 18. Jahrhundert einflussreiche Lehre von der Staatsräson sowie ihrer machtpolitischen Realisierung durch den Fürsten.

Worin also korrespondierten auf dieser Basis Aufklärung und Absolutismus? Im Prinzip stimmten diese Theorien des Absolutismus mit den Zielen der Aufklärung überein, weil sowohl der Staatszweck als auch die monarchische Herrschaft als solche rational begründet wurden. Die Postulierung natürlicher individueller Rechte wies Analogien mit dem aufgeklärten Naturrecht auf. Und nicht zuletzt: Die Lösung der konfessionell bedingten Auseinandersetzungen war nur mit Hilfe der Religionstoleranz möglich. Aus diesem Grunde erschienen in Ländern, in denen es eine konfessionelle Spaltung seit der Reformation oder wie in England seit der Einführung der anglikanischen Kirche gegeben hatte, seit Ende des 17. Jahrhunderts mit Beginn der Aufklärung allerorten Traktate, die Toleranz predigten. Und aus dem gleichen Grund zählte religiöser Dogmatismus oder kirchlicher Wahrheitsanspruch zu den zentralen Kritikpunkten der Aufklärung, in denen sie zwar keineswegs mit allen, doch aber mit einigen absoluten Herrschern übereinstimmten, so mit Friedrich II. von Preußen, jedoch nicht mit seinem Vorgänger Friedrich Wilhelm I., der für den klassischen Absolutismus stand. Die Stellung der orthodoxen Kirche in Russland wiederum war nicht vergleichbar mit der in den westlichen Staaten dieser Zeit, weil sie im 18. Jahrhundert ihren Grundbesitz durch Verstaatlichungen verlor, stärker in den Dienst des Staates genommen wurde und die russische Aufklärung keine antikirchliche Tendenz aufwies. So gab es Priester in den Freimauerlogen sowie Absolventen von Priesterseminaren im Staatsdienst. Die Aufklärer begnügten sich im Zuge ihrer steigenden öffentlichen Resonanz nicht damit, Gemeinsamkeiten mit dem Absolutismus zu beschwören, sondern verstärkten und verschärften viele ihrer Forderungen. Pressefreiheit wollten sie nicht nur in religiös-kirchlichen und gelehrten Angelegenheiten, sondern auch in politischen. Sie wollten nicht nur über die rationale Begründung der Herrschaft reden, sondern auch über ihre aufgeklärte Praxis. Zündstoff gab es also genug. Und dieser entwickelte sich zunächst durch staats- und naturrechtliche Diskurse. Begründete man die Herrschaft rational, wurde das Gottesgnadentum hinterfragt, erklärte man die Herrschaft als Übertragung von Herrschaftsrechten auf den Monarchen durch die Untertanen, dann stellte sich die Frage fortwirkender Rechte der Vertragsparteien, dann konnte eine solche Herrschaft kaum absolut sein. Anders gesagt: Auch der Herrscher hatte sich an den Vertrag zu halten. Was geschah, wenn er es nicht tat oder als Erbe des Vorgängers sich als unfähig dazu erwies? Und schließlich: Wer kontrollierte die Einhaltung des Herrschaftsvertrages, und wie geschah dies? In welchem Verhältnis standen schließlich die natürlichen Menschenrechte, die sowohl das christliche als auch das aufgeklärte Naturrecht postulierte, zu den Pflichten des Untertanen?

Die Prämisse, die monarchische Herrschaft beruhe auf einem Gesellschafts- und einem Herrschaftsvertrag, war freilich eine Fiktion. Aber über diese Fiktion ließ sich trefflich disputieren. Und genau das taten die aufgeklärten Staatstheoretiker und Publizisten. Dazu bedienten sie sich der rechtswissenschaftlichen Traktate, aber auch des klassischen, schon im Mittelalter verbreiteten Genre des „Fürstenspiegels", in dem den Herrschern buchstäblich der Spiegel vorgehalten, ihre Pflichten genannt und erläutert wurden. Und immer stärker kamen Satiren hinzu, indirekte politische Kritik, die den Regenten nicht nannte, aber beispielsweise seinen Vorgänger oder andere Fürsten genau in den Feldern kritisierte oder lobte, um die es dem eigenen König ging. Auch die Literatur bot mit Dramen oder Lustspielen reiche Möglichkeiten indirekter Kritik. Wenn Schiller in seinem „Don Carlos" (1785/87) den Marquis Posa ausrufen lässt: „Sire, geben Sie Gedankenfreiheit", dann dachte der Autor natürlich weniger an den seit Jahrhunderten verblichenen spanischen König Philipp II., sondern an die Regierenden der eigenen Zeit, und jeder im Theater verstand dies.

Zunächst aber besaßen auch die Staatsrechtslehrer konkrete Anknüpfungspunkte, denn selbst in der Theorie war die absolute Herrschaft des 17. und 18. Jahrhunderts keine unbeschränkte Herrschaft: Der Absolutismus begründete keine Diktatur im Sinne des 20. Jahrhunderts. Tatsächlich war die absolute Herrschaft in mehrfacher Weise gebunden. Schon Bodin betonte, dass auch derjenige, der absolute Gewalt besitzt, an göttliches Recht, Naturrecht, Völkerrecht und historisch begründetes Rechtsherkommen gebunden sei. Auf Letzteres beriefen sich auch die Stände, gegen die sich der Absolutismus durchsetzte. Sie reklamierten beispielsweise ihr Recht auf Mitwirkung bei der Steuererhebung. Und einer der großen Staatstheoretiker der Neuzeit, auf den gemeinsam mit dem britischen Philosophen John Locke das Prinzip der Gewaltenteilung zurückgeht – die Trennung von legislativer, exekutiver und judikativer Gewalt –, Charles Secondat de Montesquieu, griff in seinem von Katharina II. immer wieder zitierten Grundwerk „De l'esprit des lois" (1748) den absoluten Monarchen nicht nur mit progressiven Argumenten an, wie es die Aufklärer gemeinhin taten, sondern mit Betonung der traditionellen Ständerechte: In Frankreich hatten die Könige seit 1614 die Generalstände nicht mehr einberufen, doch Montesquieu kannte als Parlamentsrat in Bordeaux die alten Rechte genau. Das Verhalten der französischen Könige besaß formal eine gewisse Ähnlichkeit mit dem der Zaren, die die Landesversammlung seit 1684 nicht mehr einberiefen. Ein weiteres, grundsätzlich vom Absolutismus akzeptiertes und von der Aufklärung propagiertes Prinzip lag in der Verpflichtung der Fürsten auf das Gemeinwohl.

Das Ziel der Aufklärer war es, die monarchische Herrschaft in ein System vernünftiger Zwecke einzubinden und durch Gesetze nicht allein die Machtfülle der Fürsten zu begrenzen, sondern ihre verfassungsrechtliche Stellung grundsätzlich zu verändern: Stand ein absoluter Monarch über den Gesetzen, so sollte er in den Staatstheorien der Aufklärung sich an diese Gesetze selbst halten müssen. Grundsätzliche Menschen- und Bürgerrechte sollte er respektieren müssen, er selbst nicht mehr ein Monarch von Gottes Gnaden, sondern des Herrschaftsvertrages werden, der allein dem Gemeinwohl dienen sollte. Im Ergebnis liefen diese Forderungen darauf hinaus, die monarchische Herrschaft an eine Verfassung zu binden, sie also zu konstitutionalisieren.

Dieser theoretische Widerspruch wurde auch im aufgeklärten Absolutismus nicht aufgelöst. Allerdings ließ sich Friedrich der Große als erster Monarch auf eine öffentliche Diskussion über diese Fragen ein. Er erkannte an, wie schon vor ihm Peter der Große, dass der König der erste Diener des Staates sein müsse. Und in ihrem berühmten Nakas von 1767 ging Katharina einen ähnlichen Weg, indem sie die monarchische Herrschaft nicht mehr allein vom Gottesgnadentum ablei-

tete, sondern auch als Pflicht für ihr Volk interpretierte. Katharinas „Instruktion für die gesetzgebende Versammlung" wurde ins Deutsche, Französische, Hol-
ländische, Italienische und Griechische übersetzt und Teil der europäischen Diskussion über die beste Regierungsform. Die diskursiven Diskrepanzen gewannen
auch praktische Folgen, weil die Politik der aufgeklärten Monarchen oft widersprüchlich war und gegen die eigenen Prinzipien verstieß, die Zarin ließ – wie andere Könige – sogar Aufklärer verhaften, allerdings wie Alexander Radischtschew
und Nikolai Nowikow nicht mit der Begründung, dass sie Aufklärer waren. Vielmehr wurde ihnen vorgeworfen, dass von ihnen herausgegebene Schriften gegen
die Pressegesetze verstießen oder „Fanatismus" propagierten. Novikov wurde
verdächtigt, in den Freimaurerelogen mit Großherzog Paul zugunsten Preußens
zu agieren. Eine zentrale Rolle spielte beispielsweise die aufgeklärter Forderung
nach Abschaffung der Leibeigenschaft, die die aufgeklärt-absolutistischen Monarchen in der Regel als prinzipiell berechtigt beurteilten, die sie aber dennoch mit
Rücksicht auf die adligen Privilegien nicht realisierten. Das galt, wenngleich in
unterschiedlichem Ausmaß, für die meisten Herrscher, auch für Katharina II. Unter anderem wegen solcher Widersprüche ist in der Forschung bestritten worden,
dass der Begriff „aufgeklärter Absolutismus" überhaupt zutreffend sei, zumal für
Russland. Trotzdem veränderte die transnationale öffentliche Diskussion, ebenso
wie viele praktische Reformen, mittelfristig doch die Stellung des Herrschers in
der Verfassungsordnung, auch wenn sie am Gottesgnadentum festhielten und sich
über den Gesetzen wähnten. Bis zur Französischen Revolution und den Reformen
des frühen 19. Jahrhunderts blieb zwar auch der aufgeklärte Absolutismus ein Absolutismus, aber in Deutschland stieß er eine Tür auf, die im 19. Jahrhundert nicht
mehr zu schließen war. In Russland aber verstärkte die Aufklärung die seit dem
17. Jahrhundert beginnende und mit Peter dem Großen fortgesetzten Verwestlichung der gebildeten Oberschichten und ihrer kulturellen Entwicklung.

„ANTI-MACHIAVELL"?
DIE FRIDERIZIANISCHEN
REFORMEN IN PREUSSEN

HORST MÖLLER / MAJA LAWRINOWITSCH

Einige Monate bevor Kronprinz Friedrich 1740 den preußischen Thron bestieg, hatte er ein Aufsehen erregendes Werk verfasst – den „Versuch einer Kritik über Nic. Machiavells Regierungskunst eines Fürsten", der ohne Angabe des Verfassers vom damals bekanntesten Philosophen der europäischen Aufklärung, Voltaire, unter dem Titel „Anti-Machiavell" veröffentlicht wurde. Friedrich warf dem florentinischen Staatsdenker vor, in seinem berühmten machtpolitischen Traktat „Der Fürst" (1513) „den Keim des Verderbens in das staatliche Leben" gepflanzt zu haben. Es handele sich um „eines der gefährlichsten unter allen Büchern von Weltverbreitung". Gegen dieses Buch wollte der Kronprinz „die Verteidigung der Menschlichkeit" aufnehmen, gegen reine Machtpolitik humanes aufgeklärtes Denken und Humanität setzen. Friedrich hatte zuvor sein Manuskript an Voltaire geschickt, mit dem er seit 1738 von seinem kleinen, nördlich von Berlin gelegenen Musenhof Rheinsberg aus korrespondierte. Er bat Voltaire, den Text für den Druck vorzubereiten. Der große französische Aufklärer kritisierte Kleinigkeiten und zeigte sich begeistert. Friedrich wurde zur Hoffnung der aufgeklärten Elite Europas. Nach sehr schwierigen Jahren unter dem Druck

https://doi.org/10.1515/9783110348712-020

seines ausgesprochen harten und autoritären Vaters Friedrich Wilhelm I., der in Brandenburg-Preußen die moderne Staatlichkeit mit Verwaltung und Heer

geschaffen hatte, konnte sich der junge Friedrich in Rheinsberg geistig immer stärker emanzipieren.

Als König setzte er in seinem – wesentlich von ihm selbst architektonisch gestalteten – Schlösschen Sanssouci bei Potsdam den geistigen Austausch mit führenden Vertretern der französischen Aufklärung fort. In einem berühmten Gemälde stellte Adolf von Menzel 1850 die Potsdamer „Tafelrunde von Sanssouci" dar und versinnbildlichte damit wie in vielen anderen Gemälden und Illustrationen das Bild des „Philosophen von Sanssouci": So hatte sich hundert Jahre zuvor auch der König selbst gesehen, veröffentlichte er doch unter diesem Titel eine Ausgabe seiner Schriften. Bilder machen selbst Geschichte und prägen für lange Zeit das Urteil über eine historische Persönlichkeit oder Ereignisse. Und tatsächlich: Einen vergleichbar umfassend gebildeten König, der als Philosoph, Literat, Architekt, Komponist, Flötist und Geschichtsschreiber aktiv und kreativ war, hatte die Welt bis dahin nicht gesehen.

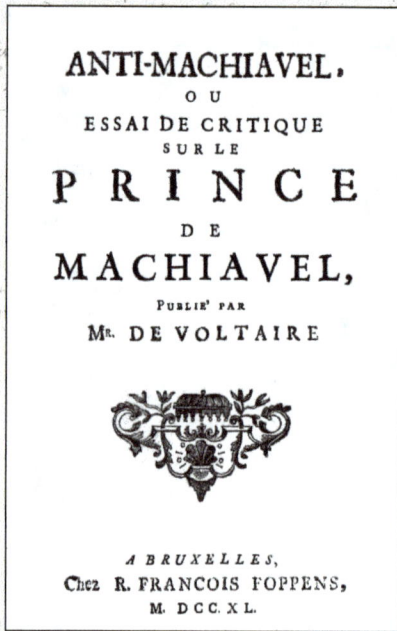

ABB. 37 TITELBLATT DES ANTI-MACHIAVELL

In seinem auf Französisch verfassten „Essai de Critique sur le Prince de Machiavel" setzt sich Friedrich II. Kapitel für Kapitel mit dem berühmten machtpolitischen Traktat „Der Fürst" des Florentiners Niccolò Machiavelli aus dem Jahr 1513 auseinander. Als Ziel der Schrift, die er in Korrespondenz mit dem französischen Aufklärer, Philosoph und Schriftsteller Voltaire in den Jahren vor seiner Thronbesteigung verfasst hatte, gab Friedrich an: „Ich übernehme die Verteidigung der Menschlichkeit wider diesen Unmenschen [...]; ich setze die Vernunft und die Gerechtigkeit dem Betrug und dem Laster entgegen." Als sich Friedrichs Thronfolge abzeichnete, versuchte Voltaire vergeblich, die ursprüngliche Publikation zu verhindern, und veröffentlichte im Anschluss eine überarbeiteten Fassung als „einzige authentische Fassung". Abgebildet ist die Veröffentlichung aus dem Jahr 1740 bei François Poppens in Brüssel.

ANTI-MACHIAVEL, OU ESSAI DE CRITIQUE SUR LE PRINCE DE MACHIAVEL, BRÜSSEL 1740 / WIKIMEDIA COMMONS.

AUSSENPOLITISCHER MACHIAVELLIST

Was hieß das für seine Politik, wie verhielt sich der aufgeklärte Staatstheoretiker in der politischen Praxis? Der Hoffnung folgte sogleich nach der Thronbesteigung ein mehrfacher Schock: Anders als nach dem „Anti-Machiavell" zu erwarten, erwies sich der junge König schon kurz nach der Thronbesteigung als Machtpolitiker und politischer Stratege. Er setzte außenpolitisch auf territoriale Gewinne und marschierte in das bis dahin habsburgische Schlesien ein. In mehreren Kriegen arrondierte und vergrößerte er Brandenburg-Preußen und etablierte nach dem Siebenjährigen Krieg 1756 bis 1763 seinen Staat als fünfte europäische Großmacht. Ohne Bedenken setzte er das vom Vater geschaffene Heer ein – das Heer des sogenannten „Soldatenkönigs", der als König selbst jedoch nie einen Krieg geführt hatte. Von da an war die „Janusköpfigkeit" Preußens offensichtlich, die die französisch-schweizerische Schriftstellerin Madame des Staël in ihrem Werk „De l'Allemagne" (1810) konstatierte. Wie die Bilder beeinflusste auch dieses Buch das Urteil: „Preußen zeigte ein Doppelgesicht wie ein Januskopf: ein militärisches und ein philosophisches". Doch attestierte die Beobachterin Preußen ebenso „civile Gerechtigkeit".

Am militärisch-politischen Erfolg Friedrichs zu Beginn der 1760er Jahre war Russland nicht unbeteiligt, weil Zar Peter III., ein Verehrer des preußischen Königs, nach seiner Thronbesteigung aus der antipreußischen Allianz ausschied. Dadurch verbesserte er die militärisch fast aussichtslose Lage Preußens entscheidend und ermöglichte die Wende im Siebenjährigen Krieg. Und es gibt einen weiteren Zusammenhang: Wie Friedrich II. gehörte Peters III. von solchen Sentimentalitäten allerdings freie Nachfolgerin Zarin Katharina II. zu den Herrschern des 18. Jahrhunderts, die sich zur Aufklärung bekannten und doch ihr Staatsgebiet ohne Rücksicht auf Verluste vergrößerten. Ein mehrfach wiederholter Coup dieser Art richtete sich gegen Polen: Gemeinsam mit Friedrich II. und der zwar mit schlechtem Gewissen zögernden, sich aber

dann doch beteiligenden habsburgischen Kaiserin Maria Theresia erfolgte 1772 die erste polnische Teilung.

Aber anders als die meisten Könige blieb Friedrich seinen philosophischen Interessen treu – selbst während des Siebenjährigen Krieges ließ er sich in sein Zelt in der Nähe der Schlachtfelder die neuesten Bände eines der zentralen Werke der europäischen Aufklärung bringen – der von Denis Diderot und D'Alembert herausgegebenen „Encyclopédie". Und er las darin sogar in seinem Kriegszelt. Seine etwa 5 000 Werke umfassenden, in den verschiedenen Schlössern gleichen Büchersammlungen waren keine Dekoration, sondern Lesebibliotheken. Anders als die meisten Könige seiner Zeit machte sich der preußische Herrscher, wie seine vielfältigen politischen und historischen Werke belegen, keine Illusionen über sein eigenes Handeln: „Ich hoffe, die Nachwelt, für die ich schreibe, wird bei mir den Philosophen vom Fürsten und den Ehrenmann vom Politiker zu scheiden wissen. Ich muß gestehen: Wer in das Getriebe der großen europäischen Politik hineingerissen wird, für den ist es schwer, seinen Charakter lauter und ehrlich zu bewahren."

Nach außen und gegenüber den Nachbarstaaten betrieb Friedrich wie die anderen Herrscher seiner Zeit eine dynastisch geprägte offensive und wenn er es für nötig hielt, aggressive, militärische Politik: Sie richtete sich unverhohlen auf territoriale Vergrößerung und machtpolitische Steigerung seines heterogenen und deshalb fragilen Staates. Wenngleich auch er Juristen und Historiker beschäftigte, um dynastische Erbansprüche zu begründen und so propagandistisch seine Eroberungen zu legitimieren, sogar selbst zu diesem Zweck zur Feder griff, reflektierte er sie doch in seinen späteren Werken ohne Beschönigung und ohne Illusion. In dieser Hinsicht erwies sich der kronprinzliche Anti-Machiavell von vor 1740 schnell als königlicher Machiavellist reinsten Wassers – jedoch als einer mit Einsicht.

INNENPOLITISCHE REFORMEN

Wie aber sah es in der Innenpolitik aus, betrieb Friedrich II. aufgeklärte Reformen? Diese Frage ist mit einigen Einschränkungen nachdrücklich zu bejahen und eröffnet dadurch einen Blick auf eine weitere Ambivalenz seines Charakters und seiner Politik. Tatsächlich wurde Friedrich der Große nicht allein theoretisch, sondern auch praktisch zum königlichen Prototyp des „aufgeklärten Absolutismus", wozu nicht allein sein theoretisches Werk, sondern zahlreiche Reformen in unterschiedlichen Sektoren beitrugen.

Noch im Jahr seiner Thronbesteigung schaffte er in Brandenburg-Preußen 1740 die Folter ab und war allein dadurch den Herrschern seiner Zeit voraus, beispielsweise Österreich, wo sie erst 1776 abgeschafft wurde. Allerdings musste der König sein Dekret mehrfach wiederholen (1754, 1756), weil immer wieder dagegen verstoßen wurde und die inquisitorische Mentalität in der Ermittlungspraxis nicht mit einem Federstrich zu beseitigen war, zumal die Verurteilung ein Geständnis voraussetzte, Indizienprozesse also nicht möglich waren. Friedrich stimmte hier mit dem Philosophen Christian Thomasius überein, der unter anderem an der brandenburgischen Universität Halle lehrte und nicht allein (religiöse) Gewissensfreiheit, sondern im Zusammenhang mit den Hexenprozessen auch die Abschaffung der Folter forderte, lange bevor der italienische Jurist und Schriftsteller Cesare Beccaria in seinem Werk „Von den Verbrechen und Strafen" (1764) dieses Postulat zu einem europäischen Thema machte und auch die Abschaffung der Todesstrafe forderte – Friedrich schränkte zumindest ihre Verhängung deutlich ein, übrigens auch im Falle der Abtreibung: Ohne Umschweife wandte er sich dagegen, Frauen, die aus Angst vor der Schande abgetrieben oder ihr Kind getötet hatten, zum Tode zu verurteilen. Erst die bestehenden Gesetze würden eine Frau zu solchen Taten bringen, weil sie sie für ehrlos erklärten. Modern war der preußische König auch in seiner Kritik am Duellwesen.

JUSTIZREFORM

König Friedrich II. beschränkte sich aber keineswegs auf Einzelmaßnahmen, so bedeutsam sie sein mochten, sondern strebte von Beginn seiner Herrschaft eine systematische neue Rechtskodifikation im aufgeklärt-rationalen Geist an, obwohl es dann Jahrzehnte dauerte, bis sie realisiert wurde. Der König handelte selbst nicht aus juristischer Kompetenz, sondern aus aufgeklärt-rechtsphilosophischer Überzeugung; er betrachtete die Geschichte der Gesetze in seiner Abhandlung „Über die Gründe, Gesetze einzuführen oder abzuschaffen" (1749) mit „philosophischem Blick". Einer der führenden Juristen Brandenburg-Preußens, Samuel von Cocceji, hatte Friedrich II. schon 1740 eine Denkschrift zur Justizreform zugeleitet, die den Anstoß zu diesem grundlegenden Projekt gab. 1747 beauftragte der König den zum Großkanzler beförderten Cocceji mit der Ausarbeitung eines neuen Gesetzbuches. Es ging dem König um Klarheit, um Widerspruchsfreiheit, um Kürze der Verfahren, um Rationalisierung und Systematisierung. In dem durch territorial zersplitterte Rechtsverhältnisse charakterisierten Brandenburg-Preußen sollten zunächst vor allem Gerichtswesen und Strafrecht vereinheitlicht und modernisiert werden. Dies war der Beginn einer sich mehr als fünfzig Jahre erstreckenden rechts- und verfassungsgeschichtlichen Entwicklung, die vor allem wegen des Thronwechsels nach dem Tode Friedrichs des Großen 1786 nicht nur Fortschritte, sondern auch Rückschritte kannte. Im Ergebnis handelte es sich gleichwohl um eine justizpolitische Modernisierung von hohem Rang und großer Reichweite.

Als Cocceji 1755 starb, war der erste Teil dieses Modernisierungsprozesses realisiert: Gerichtsverfassung und Prozessrecht waren vereinheitlicht und zentralisiert, schon in den 1740er Jahren wurden die Gerichte in den Provinzen umstrukturiert, 1754 eine Visitationsordnung geschaffen, die eine turnusmäßige Kontrolle der Gerichte vorsah. Ein Jahr später erhielt Brandenburg-Preußen eine Justizprüfungskommission, die reguläre Examen für die Anwärter auf Richterstellen durchführte und

damit zu ihrer Professionalisierung beitrug. Mit diesen Prüfungen und Kontrollen ging eine Einschränkung richterlicher Willkür und Bestechlichkeit einher. Auch der Instanzenzug – mit drei Instanzen – wurde geregelt, Prozesse wesentlich verkürzt, ihre Dauer sollte ein Jahr nicht überschreiten.

ABB. 38   FRIEDRICH DER GROSSE

Nach seinen rebellischen und schwierigen Jugendjahren unter dem Druck seines harten Vaters Friedrich Wilhelm I. zeigte Friedrich der Große als Herrscher zwei Gesichter: Einerseits den Künsten und der Kultur zugetan, im Austausch mit den führenden Vertretern von Aufklärung und Philosophie, umfassend gebildet und kreativ – auf der anderen Seite außenpolitisch ein Machtpolitiker, der das vom Vater geschaffenen Heer ohne Bedenken einsetzte, in mehreren Kriegen das preußische Territorium arrondierte und erheblich vergrößerte und strategisch die Macht seines Staates zu steigern versuchte. Betrachtet aus der Perspektive seiner Zeit, war Friedrich der Große ein Monarch zwischen den Zeiten: Zwar der Machtpolitik verhaftet, bestand für die meisten aufgeklärten Geister kein Zeifel an der Größe seiner Reformleistungen.

ANTON GRAFF: FRIEDRICH DER GROSSE, GK I 5615. STIFTUNG PREUSSISCHE SCHLÖSSER UND GÄRTEN BERLIN-BRANDENBURG (SPSG) / FOTOGRAF: JÖRG P. ANDERS.

Der nächste Schritt war ein Allgemeines Gesetzbuch, dem nicht allein die Vereinheitlichung oblag, sondern die Regelung weiterer Rechtsmaterien des bürgerlichen Rechts von gesellschaftspolitischen Grundlagen bis hin zum Familienrecht – eines Gesetzbuches überdies, das zugleich verfassungsrechtliche Prinzipien verankerte. Cocceji hatte auch dafür Entwürfe hinterlassen, die allerdings nicht komplett überliefert sind. Nicht nur sein Tod unterbrach nun die rechtspolitischen Reformen, sondern in erster Linie der Siebenjährige Krieg und die folgende Wirtschaftskrise. Doch bedeutete Unterbrechung nicht Abbruch, Friedrich der Große blieb von der Notwendigkeit einer fundamentalen Gesetzeskodifikation überzeugt und ließ bis in seine letzten Lebensjahre hinein daran arbeiten.

Als die Arbeiten sehr weit gediehen waren, fasste der preußische König 1784 auf Vorschlag des nun federführenden Großkanzlers Johann Heinrich von Carmer einen Beschluss, der für einen absoluten Herrscher des 18. Jahrhunderts revolutionär wirkt: Er stellte den Entwurf zum „Allgemeinen Gesetzbuch für die preußischen Staaten" abschnittsweise zur öffentlichen Diskussion.

ABB. 39 VOLTAIRE

Voltaire, eigentlich François-Marie Arouet, war einer der meistgelesenen und einflussreichsten Vertreter der französischen und europäischen Aufklärung. Der Philosoph und Schriftsteller formulierte seine Kritik an den Missständen des Absolutismus und der Feudalherrschaft sowie am weltanschaulichen Monopol der katholischen Kirche in zahlreichen Werken in ganz Europa, sein allgemein verständlicher Stil, sein oft sarkastischer Witz und seine feine Ironie gelten bis heute als unübertroffen. Friedrich der Große hatte als 24-jähriger Kronprinz brieflichen Kontakt mit Voltaire aufgenommen; schnell verband beide ein freundschaftliches Vertrauensverhältnis. Als Voltaire 1750 auf Einladung des Monarchen Königlicher Kammerherr an Friedrichs Hof in Sanssouci wurde, kam es jedoch zu Verstimmungen, die 1752 in der unehrenhaften Entlassung des Franzosen endeten. Schon 1757 vermittelte Friedrichs Schwester Wilhelmine wiederum eine Versöhnung, und beide nahmen ihren regelmäßigen Briefwechsel wieder auf.

VOLTAIRE, ÖLGEMÄLDE AUS DEM ATELIER VON NICOLAS DE LARGILLIÈRE, 1724/25, MUSÉE CARNAVALET PARIS.

REFORMEN IN RUSSLAND

Allerdings wurden in diesen Jahrzehnten auch in anderen Staaten Rechtsreformen eingeleitet, in Russland gab es sogar ein auf den ersten Blick verwandtes Verfahren. Da das Gesetzbuch von 1649 (Uloschenije) längst überholt war, setzte Zarin Katharina II. in der Tradition der 1754 auf Vorschlag von Peter Schuwalow gebildeten elisabethinischen Gesetzeskommission 1766 eine Große Kommission ein. Bereits die Vorgängerkommission sollte ein neues vierteiliges Gesetzbuch beraten, von dem 1760 zwei Teile vorgelegt wurden, die das Strafrecht sowie Fragen des Zivilrechts regelten, darunter die Beziehungen der Stände. Innenpolitische Probleme und Interessengegensätze bewirkten schließlich die Einstellung der Kommissionsarbeit. Aufgrund dieser Vorgeschichte und einer von Katharina II. 1766 veröffentlichten Instruktion (Nakas) begann die neue Kommission 1767 mit der Arbeit an dem von der Zarin inspirierten Gesetzbuch. Ihr gehörten gewählte Vertreter des Adels, der Städte, der freien Landbevölkerung, der Kosaken, der „Fremdstämmigen", der Provinzen sowie aller zentralen Verfassungsorgane an. Allerdings war die Kommission viel zu groß, um konstruktiv arbeiten zu können.

Katharinas eigene Instruktion enthielt, anders als es in Friedrichs historisch vergleichenden rechtsphilosophischen Überlegungen der Fall war, etliche Entlehnungen aus den Schriften westeuropäischer Autoren, in erster Linie von Charles Secondat de Montesquieu und Cesare Beccaria, desgleichen des politischen Schriftstellers Jakob Friedrich Freiherr von Bielfeld (der zeitweise in Diensten Friedrichs II. stand) sowie der von Diderot und d'Alembert herausgegebenen „Encyclopédie". Der Text zeigte die Belesenheit der Zarin, aber keine realisierbaren Handlungsmaximen. Zwar übernahm die Zarin nicht allein Ideen, sondern ganze Textpassagen, arbeitete sie aber zum Teil so um, dass sich aus ihrer Instruktion ein vergleichsweise geschlossenes politisches Modell ergab.

In der neueren Forschung ist die frühere Interpretation bestritten worden, Katharina II. habe – anders als Friedrich II. – ihre rechtspolitischen Absichten in erster Linie propagandistisch genutzt. Obwohl Katharinas Instruktion nur eine „Absichtserklärung" gewesen ist, hat sie Wassili Kljutschewski zufolge „neue zivilbürgerliche Orientierungen in den oberen Gesellschaftsschichten Russlands bewirkt". Auch die russische Justizreform wurde durch einen Krieg – den russisch-türkischen Krieg von 1768 – unterbrochen. Zwar wurde die weitere Vorbereitung des Gesetzbuches anders als in Preußen nach dem Krieg insgesamt in Russland nicht wieder aufgenommen, jedoch in mehreren Unterkommissionen weitergeführt, die sich um Vereinheitlichung und Systematisierung einzelner Rechtssektoren bemühten. Auf dieser Grundlage erließ Katharina II. in der Folgezeit wichtige Gesetze wie die Gouvernementsreform, Gesetze über Freiheiten und Privilegien des Adels und eine „Gnadenurkunde" für die Städte.

Wenngleich also die Vergleichbarkeit Katharinas II. mit dem rechtsreformerischen Elan Friedrichs II. auch Grenzen hatte, gilt doch für beide Herrscher, dass ihre Reformziele erst nach ihrer Regierungszeit weiter verfolgt wurden. So führte Friedrichs Justizpolitik schließlich, wenn auch erst nach seinem Tod, zum „Allgemeinen Landrecht für die Preußischen Staaten" (1794).

Wenngleich es sich bei der öffentlichen Debatte über den Entwurf des Gesetzbuchs in Preußen nicht um eine „Volksbefragung" handelte, so doch um eine spürbare Einwirkung von Fachleuten, „Gelehrten" und Aufklärungsgesellschaften auf ein zentrales Gesetzgebungsvorhaben. Und hierin lag ein Reformschritt von singulärer Bedeutung neben den Inhalten des Gesetzgebungsvorhabens, weil er eine neue Form gesellschaftlicher Mitbestimmung innerhalb der bis dahin absolutistischen Herrschaft dokumentierte. Insofern kann die Schlussfolgerung des führenden Journals der preußischen Aufklärung, der „Berlinischen Monatsschrift", für die Interpretation der verfassungspolitischen Entwicklung gar nicht hoch genug bewertet werden. Dort hieß es 1784: Es sei einer der größten Vorzüge der preußischen Länder, „daß daselbst wichtige Materien, auch solche, die in Staats- und Regierungsgeschäfte einschlagen, ziemlich frei behandelt werden, selbst von einer Seite, die den angenommenen Grundsätzen des Staates gerade zu widersprechen scheint. Dies beweisen mehrere in diesen Landen erschienene Schriften von Privatpersonen. Fast nichts beweist es aber mehr als das soviel ich weiß einzige Beispiel, womit vor kurzem von einem hohen Department selbst der Entwurf des allgemeinen Gesetzbuchs für die preußischen Staaten angekündigt ward."

DIE „AUFKLÄRERPARTEI"

Tatsächlich waren an der Vorbereitung des Gesetzbuchs neben dem Großkanzler Carmer sowie den Juristen Carl Gottlieb Svarez und Ernst Ferdinand Klein mehrere Mitglieder der „Berliner Mittwochsgesellschaft" beteiligt, in der sich 24 führende preußische Aufklärer, darunter mehrere Staatsminister, hohe Beamte, Schriftsteller, Publizisten, Gelehrte und Theologen zusammengeschlossen hatten. Sie diskutierten und beeinflussten regelmäßig sogar staatliche Reformvorhaben. Viele der Beteiligten veröffentlichten, sei es anonym, sei es unter ihrem Namen, regelmäßig in der „Berlinischen Monatsschrift", anderen Journalen und selbständigen Schriften. Eine Schlüsselfigur war der Berliner Verleger, Publizist, Schriftsteller, Zeitschriftenherausgeber und Historiker Friedrich Nicolai, der oft als Haupt der Berliner „Aufklärerpartei" bezeichnet wurde.

Diese Aufklärer, die zum größeren Teil bürgerlicher, zum kleineren Teil adliger Herkunft waren, agierten unabhängig von der französisch geprägten königlichen Aufklärung in Sanssouci oder der von ihr beherrschten Königlichen Akademie der Wissenschaften, die sich erst nach dem Tod Friedrichs allmählich auch deutschen Gelehrten öffnete. Im Unterschied zum philosophisch, literarisch, künstlerisch und naturwissenschaftlich orientierten Räsonnement des Königs und seiner Tafelrunde stand bei den Berliner Aufklärern und anderen Aufklärungszentren preußischer Städte stärker die Praxis der Aufklärung und die Realisierung ihrer Ziele im Vordergrund.

Wesentliches Mittel war neben den aufgeklärten Assoziationen, Gutachten usw. die Veröffentlichung einschlägiger Schriften. Solche Publikationen benötigten die Pressefreiheit. Und obwohl es auch in Preußen eine Zensur gab, war sie zu Lebzeiten Friedrich des Großen doch sehr viel liberaler als in den meisten anderen absoluten Fürstenstaaten dieser Jahrzehnte. Diese Freiheiten begannen mit der im 18. Jahrhundert keineswegs überall geltenden Religionsfreiheit. Sie profitierte zwar von Friedrichs eigener religiöser Indifferenz, war aber alles andere als selbstverständlich. Jedenfalls galt Friedrichs Maxime, jeder solle nach seiner eigenen Façon selig werden. Diese Religionstoleranz widersprach vielen kirchlichen Tendenzen der Zeit, im Süden Deutschlands dem Katholizismus, in Preußen vor allem der protestantischen Orthodoxie und dem Pietismus. Jedenfalls war so weitgehende Religionstoleranz damals alles andere als selbstverständlich. Wie zentral dieses Problem für die Aufklärer war, zeigen eine Fülle von Schriften, allen voran Gotthold Ephraim Lessings berühmtes Drama „Nathan der Weise" (1779). Insofern wird man seinen kritischen Satz in einem Brief an Nicolai, die preußische Freiheit erschöpfe sich darin, soviel Sottisen gegen die Religion zu Markte zu tragen, wie man nur wolle, relativieren müssen. Und ebenfalls nicht absolut zu verstehen ist der auf Friedrich den Großen gemünzte Satz des bedeutendsten Philosophen des 18. Jahrhunderts, Immanuel Kant, über einen Herrscher, der sage: Räsoniert so viel ihr wollt, aber gehorcht! Auch eine noch begrenzte politische und religiöse Freiheit war im zeitgenössischen Vergleich ein großer Gewinn.

Den Unterschied erfuhren auch die Preußen ziemlich schnell, als nach dem Tode Friedrichs des Großen sein Neffe Friedrich Wilhelm II. 1788 ein Religionsedikt erließ: Es stand unter dem Einfluss seines Ministers Johann Christoph von Woellner und der Geheimgesellschaft der Rosenkreuzer und schränkte die Pressefreiheit massiv ein.

Ich hoffe, die Nachwelt, für die ich schreibe, wird bei mir den Philosophen vom Fürsten und den Ehrenmann vom Politiker zu scheiden wissen. Ich muß gestehen: wer in das Getriebe der großen europäischen Politik hineingerissen wird, für den ist es sehr schwer, seinen Charakter lauter und ehrlich zu bewahren. [...] Als Grundgesetz der Regierung des kleinsten wie des größten Staates kann man den Drang zur Vergrößerung betrachten. [...] Die Fürsten zügeln ihre Leidenschaften nicht eher, als bis ihre Kräfte erschöpft sind: das sind die feststehenden Gesetze der europäischen Politik, denen jeder Staatsmann sich beugen muß. Wäre ein Fürst weniger auf seinen Vorteil bedacht als seine Nachbarn, so würden sie immer stärker, er zwar tugendhafter, aber schwächer werden.

QUELLE 31   AUS DEN „DENKWÜRDIGKEITEN"

Neben dem „Anti-Machiavell" schrieb Friedrich II. noch zahlreiche andere Werke in französischer Sprache. Zu ihnen gehören die „Denkwürdigkeiten", von denen hier ein Auszug abgedruckt ist, ebenso wie die „Geschichte des Siebenjährigen Krieges", die „Denkwürdigkeiten zur Geschichte des Hauses Brandenburg" und die „Geschichte meiner Zeit". Auch hier setzt er sich mit dem Spannungsverhältnis zwischen Philosophie und Staatskunst und zwischen Tugend und Macht auseinander.

QUELLE: FRIEDRICH II., DENKWÜRDIGKEITEN, 1742, IN: DIE WERKE FRIEDRICHS DES GROSSEN. ZWEITER BAND: GESCHICHTE MEINER ZEIT. HG. VON GUSTAV BERTHOLD VOLZ, DEUTSCH VON FRIEDRICH V. OPPELN-BRONIKOWSKI, BERLIN 1912, S. 2.

DIE ERSATZVERFASSUNG

Wesentlich für die Beurteilung von Friedrichs aufgeklärter Reformtätigkeit ist aber das „Allgemeine Landrecht für die Preußischen Staaten" von 1794. Die Veränderungen gegenüber dem ursprünglichen Entwurf, die nach dem Tod Friedrichs des Großen 1786 vorgenommen wurden, schwächten an einzelnen Stellen die radikalere politische Zielsetzung ab, doch blieb

insgesamt die aufgeklärte Handschrift erhalten. Und dabei ging es nicht allein um die einzelnen Rechtsmaterien, sondern um die verfassungspolitische Bedeutung dieses Gesetzgebungswerkes. Nicht zufällig zählte ein großer Teil des privilegierten Adelsstandes zu den heftigen Kritikern. Einer der dezidierten Gegner der Aufklärung, der preußische Altkonservative Friedrich August von der Marwitz, charakterisierte das Werk abschätzig als „Gleichheitskodex".

Denn tatsächlich hat das Allgemeine Landrecht zwar die Sozialstruktur in gewisser Weise konserviert, zugleich aber rationalisiert, weil es gemäß Friedrichs gesellschaftspolitischen Maximen jedem sozialen Stand seine Funktion in Staat und Gesellschaft zuwies, also Privilegien nicht durch Erbanspruch, sondern durch spezifische Pflichten rational begründete. Soziale Machtpositionen wurden zwar nicht abgeschafft, die traditionale ständische Gesellschaftsordnung jedoch relativiert. Natürliche Rechte des Menschen wurden erstmals in einem derartigen Gesetzbuch sanktioniert. Jedoch wurde nach 1786 das ursprünglich im Entwurf enthaltene Verbot königlicher Machtsprüche in Rechtsstreitigkeiten ebenso gestrichen wie die Vorschrift, dass Gesetze nur dann verbindlich seien, wenn eine Gesetzeskommission sie geprüft hatte. Und trotzdem stellte das Allgemeine Landrecht insgesamt einen wesentlichen Schritt zur Konstitutionalisierung der monarchischen Herrschaft dar, was Friedrich ganz offenbar billigte.

ABB. 40 ALLGEMEINES LANDRECHT FÜR DIE PREUSSISCHEN STAATEN

Nachdem schon Friedrich I. Überlegungen angestellt hatte, ein einheitliches Recht für Preußen zu schaffen, beauftragte Friedrich der Große seinen Großkanzler Samuel von Cocceji mit der Umsetzung. Dessen Versuch eines „Corporis Juris Fridericiani" aus den Jahren 1749 bis 1751 blieb allerdings erfolglos. Ein weiterer Anlauf ab 1780 unter Großkanzler Johann Heinrich von Carmer führte schließlich unter neuartiger Beteiligung der preußischen Öffentlichkeit zum unter Friedrichs Nachfolger Friedrich Wilhelm II. 1794 in Kraft getretenen Allgemeinen Landrecht. Es war der erste und bis heute einzige neuzeitliche Versuch einer umfassenden und zusammenhängenden Kodifikation des Zivilrechts, des Strafrechts und weiter Teile des öffentlichen Rechts in einem einzigen Gesetzbuch und band gleichzeitig als „Ersatzverfassung" den König an seine Normen und begrenzte damit die absolute Herrschaft.

Einen Schlüssel für diese Zielsetzung bildet ein Vortrag, den der Hauptautor des Landrechts, Svarez, am 1. April 1789 in der „Berliner Mittwochsgesellschaft" hielt. Dort hieß es unter anderem: Die Aufgabe der Gesetzgebung sei es, „feste, sichere und fortdauernde Grundsätze über Recht und Unrecht festzustellen, die besonders in einem Staat, welcher keine eigentliche Grundverfassung hat, die Stelle derselben gewissermaßen ersetzen soll, die also für den Gesetzgeber selbst Regeln enthalten muß, denen er auch in bloßen Zeitgesetzen nicht zuwiderhandeln darf, [...]."

Diese und andere Ziele zeigen klar: Das Allgemeine Landrecht sollte die fehlende Verfassung ersetzen, den König an ihre Normen binden und so die absolute Herrschaft begrenzen. Diese Zielsetzung widersprach den staatstheoretischen Reflexionen Friedrich des Großen keineswegs. Doch auch hier finden sich Ambivalenzen: Sie ergaben sich zum einen daraus, dass auch Friedrich II. keineswegs bereit war, allen Forderungen der Aufklärer Rechnung zu tragen, zum anderen aus der nach seinem Tod weiter wachsenden konservativen ständischen Ablehnung derartiger Reformen. Schon früher hatte sich gezeigt, dass Friedrich II. zwar ein oft sehr progressiver Reformer war, aber an der bestehenden Gesellschaftsstruktur nichts Grundsätzliches ändern wollte, auch wenn er nicht wie Katharina II. aus machtpolitischen Motiven den Adel stärkte.

Ein sozialpolitisches Beispiel zeigt den Zwiespalt: So bejahte der preußische König zwar grundsätzlich die aufgeklärte Forderung, die Lage der leibeigenen Bauern im östlichen Preußen grundlegend zu verbessern (und sie so der vergleichsweise weit gehenden Freiheit in den westlichen Landesteilen anzupassen), doch führte er 1763 die auch von ihm bejahte starke Abschwächung bzw. Beseitigung der Leibeigenschaft aus staatspolitisch begründeter Rücksicht auf den Adel nur in den königlichen Domänen durch, in den östlichen adligen Gutsherrschaften blieb diese strenge Form der Leibeigenschaft erhalten.

MODERNISIERUNG DES BILDUNGSWESENS

Zu den wesentlichen Reformzielen der Aufklärung zählten die Modernisierung des Bildungs- und Schulwesens sowie die Reform der Universitäten. Wenn man das 18. Jahrhundert als „philosophisches Jahrhundert" bezeichnet, so kann man es ebenso sehr als „pädagogisches Jahrhundert" betrachten, hunderte von pädagogischen Schriften bezeugen dies ebenso wie die praktische Erprobung neuer Bildungsmodelle und staatlicher Reformen. Auch in diesem Sektor ist der europäische Charakter offensichtlich, für den Jean-Jaques Rousseaus Werk „Emile ou l'éducation" (1762) eine Schlüsselrolle spielt. Die natürliche Erziehung vom Kinde her wurde seitdem eine der einflussreichsten Maximen der Bildungspolitik. In Deutschland spielten die sogenannten Philantropen eine wesentliche Rolle. Wie umfassend die Zielsetzung der Bildungsreformer war, zeigt beispielsweise die von Johann Heinrich Campe herausgegebene 16-bändige Enzyklopädie der deutschen Aufklärungspädagogik „Allgemeine Revision des gesammten Schul- und Erziehungswesens" (1785–1792). Die große Anziehungskraft und den starken grenzüberschreitenden Einfluss der philanthropischen Ideen belegt nicht zuletzt die Tatsache, dass Katharina II. die zweite Ausgabe des vom Begründer des Dessauer Philanthropin Johann Bernhard Basedow (1724–1790) verfassten „Elementarwerk" (1774) finanziell förderte. Sie kaufte für sich einige Exemplare und verteilte sie in den Hauptbildungsanstalten. Schon 1770 wurde Basedow, während er noch am „Elementarwerk" arbeitete, vom Präsidenten der Petersburger Akademie der Wissenschaften nach Russland eingeladen, um als Berater für die Bildungsreform zu wirken. Allerdings nahm er diese Einladung nicht an.

In den meisten deutschen Territorialstaaten wurde schon früh eine Schulpflicht eingeführt, in Brandenburg 1662, in Brandenburg-Preußen landesweit 1717, doch gelang die Realisierung nur in Ansätzen, weswegen die Forderung 1736 nochmals bekräftigt wurde. Doch auch danach konnte die Schulpflicht mehrere Jahrzehnte lang nur begrenzt durchgesetzt werden. Der friderizianische Minister Karl Abraham Freiherr von Zedlitz sowie die Berliner Gymnasialdirektoren Johann Heinrich Biester und Anton Friedrich Büsching betrieben während der Regierungszeit Friedrichs II. Schulreformen, die sich

nicht bloß auf die sogenannten Lateinschulen konzentrierten, sondern das Volksschulwesen und die Ausbildung praxisorientierter Realschulen betraf. Unter dem Einfluss des Pietisten August Hermann Francke entstanden im damals preußischen Halle an der Saale umfassend angelegte sozialpädagogische Einrichtungen sowie 1694 die erste moderne Reformuniversität, die in den 1740er Jahren mit etwa 1 500 Studenten die größte Universität Deutschlands war. Dorthin holte König Friedrich II. den in der ersten Hälfte des 18. Jahrhunderts wichtigsten deutschen Philosophen, Christian Wolff, zurück, den sein Vater aus Preußen vertrieben hatte. Insgesamt besaß Preußen damals fünf Universitäten: Halle, Frankfurt/Oder, Duisburg, Breslau und vor allem Königsberg, wo der Begründer der modernen Erkenntnistheorie Immanuel Kant lehrte.

Friedrich der Große erließ unmittelbar nach dem Siebenjährigen Krieg 1763 in Preußen das Generalschulreglement. Noch konsequenter als das bereits sein Vater Friedrich Wilhelm I. mit der Einführung turnusmäßiger zehnjähriger Schulvisitationen getan hatte, wollte Friedrich II. die Schulpflicht vom 6. bis zum 13. Lebensjahr durchsetzen und die Schulen verbessern. Tatsächlich waren die preußischen Schulen nicht allein auf dem Lande, sondern selbst in Berlin meist noch in einem miserablen Zustand. Friedrichs Ziel besaß nicht nur einen aufgeklärten Selbstzweck, vielmehr war er überzeugt, ein wohlunterrichtetes Volk sei leicht zu regieren. 1769 veröffentlichte er mit Anspielung auf Rousseau den aufklärerischen „Brief eines Genfers. Über die Erziehung".

Allerdings blieb der preußische König widersprüchlich, hinderte sein aufgeklärtes schulpolitisches Credo doch nicht seine fortdauernde praktische Orientierung an einer standesbezogenen Erziehung. Die Standespyramide wurde auch im Schulwesen nicht angetastet, die Schüler sollten „nützlich und tugendhaft" erzogen werden, wozu der sonst religionskritische Monarch weiterhin die Kirche zur Vermittlung christlicher Tugendlehre benötigte. Tatsächlich hinderte die Tatsache, dass die ländlichen Schulen keineswegs vom Staat, sondern von der Kirche organisiert und dominiert wurden, die Durchsetzung zentraler Ziele der aufgeklärten Reformpädagogik. 1779 beauftragte Friedrich II. in einer Kabinettsorder seinen Kultur- und Kirchenminister von Zedlitz, einen konkreten Reformplan für das höhere Schulwesen Preußens auszuarbeiten.

1787 wurde ein Oberschulkollegium eingesetzt und schließlich bedeutete die friderizianische Geseteskodifikation des „Allgemeinen Landrechts für die Preußischen Staaten" (1794) auch schulpolitisch einen Meilenstein. Es begründete ein staatliches Monopol, durch Schulbesuch für den Erwerb „nützlicher Kenntnisse" zu sorgen, führte Eignungsprüfungen für Schulmeister ein, untersagte Misshandlungen der Schulkinder durch die Lehrer und bekräftigte erneut die allgemeine Schulpflicht.

Insgesamt gilt für die friderizianische Bildungspolitik trotz partieller Erfolge und durchaus nennenswerter Fortschritte: Wie in den anderen europäischen Staaten nahm die Realisierung dieser pädagogischen und schulorganisatorischen Reformziele noch weitere Jahrzehnte in Anspruch. Friedrichs Verdienst besteht also zunächst darin, die Bildungs- und Schulreform proklamiert und eingeleitet zu haben. Der Staat übernahm so zwar nicht alle, aber wesentliche Maximen der aufgeklärten Bildungsprogrammatik.

ZUR BEURTEILUNG FRIEDRICHS DES GROSSEN

Bis heute ist die Gesamtbeurteilung Friedrichs des Großen umstritten. Warum ist dies so – trotz unbestreitbarer großer Reformleistungen, seiner singulären kulturell so reichen Persönlichkeit und seiner außergewöhnlichen staatspolitischen Leistung, die Preußen zur europäischen Großmacht formte? Vor allem drei Beurteilungskriterien sind dafür verantwortlich:

Die negative Beurteilung misst die politische Praxis Friedrichs II. an seinen theoretischen Überlegungen und verweist folglich auf die Diskrepanzen: Der König wird dadurch nicht am Maßstab des absoluten Fürsten gemessen, sondern dem des Aufklärers.

Friedrichs unbedenkliche Kriegs- und Eroberungspolitik wird moralisch verurteilt und unter der Perspektive des 20. Jahrhunderts als „Vorgeschichte" brutaler Machtpolitik beurteilt.

Die Verherrlichung Friedrichs des Großen in Bild, Denkmal und Wort hat einen einseitigen Erinnerungskult geschaffen, der nach 1945 ins Gegenteil umschlug: Der militärisch geprägte Machtstaat Preußen und seine die Stände konservierende „Sozialdisziplinierung" (Gerhard Oestreich) gerieten ebenso in die Kritik wie die Abneigung gegen große, „Geschichte machende" Männer überhaupt.

Was ist an solchen Verurteilungen falsch? In all diesen Interpretationen wird Friedrich II. aus seinem historischen Kontext gelöst: Natürlich blieb der Aufklärer als König im Prinzip ein absoluter Monarch, der nach den durchaus konkurrierenden Vorstellungen seiner Epoche agierte und deshalb von ihren Widersprüchen nicht frei war. Eine Bewertung

auf Grund späterer historischer Erfahrung kann jedoch nur ein Aspekt sein, jede historische Persönlichkeit muss zugleich aus der Perspektive ihrer eigenen Zeit und vorhergehender Entwicklungen erfasst werden. Das legt eben nicht den Vergleich mit späteren Epochen nahe, sondern mit anderen Herrschern seiner Zeit. In dieser Perspektive war Friedrich ein Monarch zwischen den Zeiten, seine Größe und Reformleistung haben die meisten aufgeklärten Geister seiner Zeit ohne Probleme anerkannt – Historiker können Friedrichs des Großen Leistungen ebenfalls positiv würdigen, wenn sie alle Faktoren abwägen.

LITERATURHINWEISE

Horst Möller, Aufklärung in Preußen, Berlin 1974.

Horst Möller, Fürstenstaat oder Bürgernation. Deutschland 1763 bis 1815, 4. Auflage, Berlin 1998.

Horst Möller, Wie aufgeklärt war Preußen?, in: Horst Möller, Aufklärung und Demokratie, Hg. von Andreas Wirsching, München 2003, S. 87–111.

Johannes Kunisch, Friedrich der Grosse, München 2004.

Handbuch der Preußischen Geschichte. Hg. von Wolfgang Neugebauer unter Mitarbeit von Frank Kleinehagenbrock, Bd. I: Das 17. und 18. Jahrhundert und Große Themen der Geschichte Preußens, Berlin / New York 2009 (darin besonders die Beiträge von Wolfgang Neugebauer sowie die reichen Literaturangaben).

DIE REFORMEN MARIA THERESIAS IN ÖSTERREICH

OLGA CHAWANOWA / WOLFGANG NEUGEBAUER

In der zweiten Hälfte des 17. und den ersten Jahrzehnten des 18. Jahrhunderts erlebten Österreich und das Haus Habsburg eine neue goldene Epoche. Nach den Krisenzeiten vor und im Dreißigjährigen Krieg hatte das Heilige Römische Reich deutscher Nation sich um Leopold I. und Karl VI. im Abwehrkampf gegen die französische Expansion einerseits und die zweite große Offensive der Osmanen andererseits versammelt, und das Ansehen des Kaiserhauses hatte in Europa seit den 1660er Jahren einen neuen Höhepunkt erreicht.

In der Hofburg zu Wien waren freilich spätestens seit dem zweiten Jahrzehnt des 18. Jahrhunderts neue, künftige Gefahren erkannt worden. Was würde geschehen, wenn das Haus Habsburg keine männlichen Erben vorweisen könnte? Karl VI., der seit 1711 regierte, war nicht der erste seines Hauses, der für diesen Fall Vorsorge in doppelter Gestalt treffen musste. Die „Pragmatische Sanktion" des Jahres 1713 sollte für den Krisenfall Abhilfe schaffen. Zum einen sollte durch dieses Textcorpus die staatsrechtliche Einheit aller Länder des Erzhauses gesichert werden, und zum anderen sollten künftig „eheliche Descendenten Mann- und Weiblichen geschlechts" erbberechtigt sein.

https://doi.org/10.1515/9783110348712-021

Hierbei werde was weniges von meinen Vorfahren melden. Diese haben aus großer Pietät viel und zwar die meisten Cameralgüter und Einkommen verschenket, welches zu selber Zeit zu Unterstützung der Religion und zu Aufnehmung der Geistlichkeit wohl hat geschehen können. [...]

Bei allen diesen Kaisern kunte es ohnmöglich sotanen Ministris an Ansehen und Credit gebrechen, weilen jeder Minister in dem ihme zugeteilten Departement werktätig den Souverain abgegeben. Derlei Ministri hatten fast durchgehends in allen Ländern die Stände zu ihrer freien Disposition, allermaßen jeder Ministre, so einem Lande vorstunde, gemeiniglich daselbst am stärksten begütert, mithin im ständischen Gremio das stärkste Ansehen und Credit hatte, eben darumben viele aus ihnen alljährlich von denen Ständen reichlich remuneriert wurden. Wollte nun der Landesfürst zur Unterhaltung seiner Armeen und zur Rettung des gemeinen Wesens die erforderliche Subsidia von denen Ländern erhalten, so mußte er notgedrungener denenjenigen Ministris, die allein vermögend waren, ihm solche beizuschaffen das anverlangte Gnädige und Gefällige erweisen.

Dieser Zufall nun erteilte denen Ministris einen solchen Credit, daß selbst der Landesfürst solchen zu unterstützen zu Behuf seines eigenen Interesse für nützlich erachtete [...]

Gewiß ist, daß in keinem Lande die Stände ihre Freiheiten jemals so hoch angezogen haben würden, wann nicht selbige von denen Ministris da deren Autorität und Ansehen lediglich davon abgehangen, kräftigst wären unterstützet worden, daran aber hauptsächlich der Hof schuld gewesen, weilen niemals keine Einrichtung in nichts und, umb Geld gleich zu haben, man alles weggeben und getan hätte; allermaßen, sobald der Landesfürst der willkürlichen Gewähr- oder Abschlagung denen Ständen in seinen Ansinnungen nicht unterworfen gewesen wäre, selbter nicht nötig gehabt hätte, deren Ministrorum Credit und Ansehen zu Erfüllung seiner Intention anzuwenden.

Dieses ist die wahre Quelle, warum unter meinen Vorfahren zu Schwächung der landesfürstlichen Autorität der Ministren Ansehen und Credit so hoch und über alle billigen Grenzen gestiegen und warumen, in so lange sotane Hauptverfassung fürgedauret, solche zu beeinträchtigen oder zu schmälern nicht für ratsam erachtet worden.

Diese Ministri haben den bei dem Landesfürsten praeferenter vor andern erworbenen Credit ferners dahin auch angewendet, umb jenes Land, deme sie vorgesetzet und darinnen begütert waren, dermaßen zu begünstigen, daß die andere Erblande andurch gedrucket und gleichsam angesehen worden, als wann selbige frembde Länder wären, und nicht einem Herren gehöreten.

Dieses ware die einzige Ursach, wodurch ehender in das Klare gekommen und nach und nach meine messures genommen, die völlige Abänderung in der Regierungsform vorzunehmen.

QUELLE 32 **MARIA THERESIA ÜBER DAS HABSBURGERREICH VOR DEN REFORMEN**

Maria Theresia beschrieb in ihrer Denkschrift von 1750/51, die zu ihren politischen Testamenten gezählt wird, sehr eindringlich die Zustände in ihrem Reich, die sie zur Einführung von Reformen veranlasst hatten. Sie kritisierte die Verschenkung von Kammergütern, insbesondere an die Kirche, die Macht der Stände, der Länder sowie der Minister und die daraus resultierende Uneinigkeit in der Monarchie, „als wenn selbige fremde Länder wären, und nicht einem Herren gehöreten".

QUELLE: KAISERIN MARIA THERESIAS POLITISCHES TESTAMENT, HERAUSGEGEBEN UND EINGELEITET VON JOSEF KALLBRUNNER, MÜNCHEN 1952, S. 25–73; HIER ZITIERT NACH: DEUTSCHE GESCHICHTE IN QUELLEN UND DARSTELLUNGEN. BAND 5: ZEITALTER DES ABSOLUTISMUS 1648–1789, HERAUSGEGEBEN VON HELMUT NEUHAUS, STUTTGART 1997, S. 339–355.

Bis zum Tode Karls VI. im Oktober 1740 war das die Hauptaufgabe der Wiener Politik: die Pragmatische Sanktion durch die Stände, die verschiedenen Landtage der Länder des Hauses Habsburg und durch die europäischen Mächte anerkennen und bestätigen zu lassen.

ERBFOLGEKRIEG UND STAATSREFORM DER 1740ER UND 1750ER JAHRE

Die mit Mühe und ganz erheblichem politischen Aufwand aufgebauten Sicherungen aber versagten, als Maria Theresia (1717–1780) im Herbst 1740 ihrem bedeutenden Vater nachfolgte. Die politischen und die kriegerischen Ereignisse des Österreichischen Erbfolgekrieges, beendet erst mit dem Frieden von Aachen am 18. Oktober 1748, können wir an dieser Stelle übergehen, die dramatischen Folgen einer militärischen Konfrontation und Überlast nicht nur durch die preußische Aggression von Norden, sondern in europäischen Konstellationen auch etwa gegen Frankreich und gegen Kurbayern. Mit dem Wittelsbacher Karl VII. regierte 1742 bis 1745 ein Mann aus Bayern als Kaiser das deutsche Reich.

Kein Zweifel: Die Monarchia austriaca ging nicht eben gut vorbereitet in diesen Schicksalskampf. Die politischen Strukturen waren der Situation der großen Krise nicht gewachsen.

Die Organe, die die Monarchie führen und verwalten sollten, gingen letztlich zurück auf die Epoche Maximilians I. um 1500 bzw. auf die im frühen 16. Jahrhundert entstandenen Institutionen. Seitdem waren weitere Kollegien hinzugekommen, gleichsam additiv zu der altösterreichischen Ämterorganisation der Ratsgremien, der Kanzleien und der für die Einnahmen zuständigen (Hof-)Kammer. Auch in den Länderregierungen dominierten die Traditionen und die Organe der Stände. Maria Theresia hat in ihrem aus den 1750er Jahren stammenden „politischen Testament" plastisch beschrie-

ABB. 41   MARIA THERESIA

Obwohl die Pragmatische Sanktion von 1713 die subsidiäre weibliche Erbfolge für das Aussterben des Mannesstammes festgelegt hatte, musste Maria Theresia ihren Herrschaftsanspruch zunächst im acht Jahre dauernden Österreichen Erbfolgekrieg durchsetzen. Das Bild zeigt die Erzherzogin von Österreich und Königin von Ungarn in den 1750er Jahren, zu sehen ist neben der Herrscherin selbst unter anderem links in der Bildmitte die ungarische Stephanskrone.

MARIA THERESIA, ÖLGEMÄLDE VON MARTIN VAN MEYTENS, UM 1759, AKADEMIE DER BILDENDEN KÜNSTE WIEN.

ben, wie die in Wien amtierenden Minister zwischen Krongewalt und Ständen standen: Sie hatten „fast durchgehends in allen Ländern die Stände zu ihrer freien Disposition", und die organisierten Ländereliten, zumal der alte Landesadel, stützten seinerseits diejenigen hohen Amtsträger, die Privilegien und Landesfreiheiten schützten. In den 1740er Jahren war es deshalb gar nicht möglich, vorhandene Ressourcen für den Kampf in Europa im erforderli-

In vornationalen Zeiten, in den Epochen der Frühen Neuzeit, kam es in der europäischen Geschichte nicht selten vor, dass eigene Defizite dadurch angegangen wurden, dass vom Feind gelernt worden ist. Österreichische Forscher haben, als sie anhand der Quellenüberlieferung die Geschichte der theresianischen Verwaltung erforschten, die Feststellung gemacht, dass gerade das preußische Beispiel für die Staatsreform um 1750 das Muster

INFO — **FRIEDRICH WILHELM GRAF VON HAUGWITZ (1702–1765)**

Friedrich Wilhelm Graf von Haugwitz entstammte sächsisch-schlesischem Adel und diente in der österreichen Verwaltung Schlesiens. 1743 unterbereitete er Maria Theresia erste Reformvorschläge und wurde 1747 nach ersten Erfolgen mit ähnlichen Reformen in Krain und Kärnten beauftragt. Im selben Jahr entschied sich Maria Theresia für eine Gesamtreform nach dem „Haugwitzschen System": Haugwitz trat an die Spitze des neu gegründeten „Directoriums in publicis et cameralibus" und wurde 1753 böhmischer Oberster und österreichischer Erster Kanzler. Aufgrund der Überlastung des Direktoriums wurde er auf Betreiben seiner Gegner 1760 seiner Ämter enthoben und auf den Posten eines Staatsministers in inländischen Geschäften in den neu errichteten Staatsrat berufen. Er starb im September 1765 in Knönitz (Mähren).

FRIEDRICH WILHELM GRAF VON HAUGWITZ, KOHLE- UND PINSELZEICHNUNG VON WILHELM HECHT NACH EINEM GEMÄLDE VON JOHANN MICHAEL MILITZ (1763), VOR 1897. QUELLE: ÖSTERREICHISCHE NATIONALBIBLIOTHEK, INVENTARNUMMER PK 1131, 1020.

chen Ausmaß zu mobilisieren. Daraus ergab sich für die Monarchin die zwingende Notwendigkeit, eine – wie sie damals notierte – „völlige Abänderung in der Regierungsform vorzunehmen."

Es war gewiss kein Zufall, dass zunächst die außenpolitischen Materien an der Hofburg in Wien neu organisiert und in der 1742 eingerichteten Haus-, Hof- und Staatskanzlei konzentriert worden sind; seit 1753 amtierte hier für vier Jahrzehnte Wenzel Anton Graf Kaunitz. Aber die eigentliche theresianische Staatsreform griff bei der inneren Verwaltung an, um künftig die Ressourcenextraktion für militärische Zwecke zu maximieren.

abgab, in der habsburgischen Monarchie und in ihren deutschen und böhmischen Ländern. Woher stammten diese Ideen?

Nicht die Minister aus den alten Familien und den Ländern der Monarchia austriaca haben das Programm geschaffen, um das es jetzt ging – sie haben es mit allen Mitteln nachdrücklich bekämpft. Friedrich Wilhelm Graf von Haugwitz (1702–1765) stammte aus sächsisch-schlesischem Adel, aus einer alten Familie mit Beziehungen auch nach Böhmen. In jungen Jahren war er zum katholischen Glauben konvertiert und hatte in kaiserlichen Diensten eine Zivilkarriere begon-

Wie nun aber preussischerseits in der getroffenen guten einrichtung das politicum von dem camerali unzertrennlich ist und sowohl in Schlesien als zu Berlin nur ein dicasterium formiret, massen die kräften des cameralis zu beförderung des a. h. interesse zu schwach, wenn es nicht zugleich das brachium in händen hat, sondern allererst durch verzögernde beschwerliche umbwege von dem politico erbitten muß, also ist unmöglich, das kgl. interesse in denen finanzien, wann es auch in dem lande nur einer versorgung anvertraut bliebe, in aufrechten stand zu erhalten, wenn es nicht auch zugleich dahier bei hof zusammen vereiniget würde. Ich unterwinde mich zwar nicht ..., ihro kgl. Mt. hierob einige vorschläge zu thun, nichtsdestoweniger, da ich darinnen eine vollkommene kenntnis besitze ..., so möchte wohl sehnlichst wünschen, ... mit einer neu acquirirten provinz als Schlesien ... eine ... diensame probe zu machen, mithin pro politicis et cameralibus Silesiticis ein eigene dicasterium dahier in Wienn zu bestellen.

QUELLE 33 **NOTATA DES GRAFEN HAUGWITZ VON DEZEMBER 1743**

Im Dezember 1743 legte Graf Haugwitz Maria Theresia Reformvorschläge für die Verbesserung der Verwaltung in Schlesien vor, insbesondere für den Fall einer Rückeroberung der Provinz. Er nahm dabei auf die preußischen Einrichtungen als Vorbild Bezug und hob die Vorteile einer Zentralbehörde hervor.

QUELLE: RUDOLF HOKE / ILSE REITER, QUELLENSAMMLUNG ZUR ÖSTERREICHISCHEN UND DEUTSCHEN RECHTSGESCHICHTE, WIEN / KÖLN / WEIMAR 1993, NR. 1309, S. 274.

nen, in Schlesien just zu der Zeit, als es zum größten Teile preußisch wurde. Seine Option für Österreich sollte ihm in Preußen teuer zu stehen kommen. Seine Gegnerschaft zu Friedrich II. besaß eine persönliche Note. Mit dem schlesischen Steuersystem hatte er sich zuvor abgemüht und sah nun aber staunend, was die neuen Herren aus diesem Lande herauszogen, als er selbst die Finanzadministration in den kleinen bei Österreich verbliebenen Gebieten Restschlesiens reformierte. Zum Jahresende 1743 gelang es Haugwitz, Maria Theresia prinzipielle Reformvorschläge zu unterbreiten, in denen bereits auf das preußische Muster verwiesen worden ist – „nach dem preussischen Fuss in ihro M[ajestä]t sämblichen[!] Landen", wie er dann 1746 einmal schreibt. Die traditionell-komplizierte Spitzenorganisation der politischen Führung durch die stark von ständischen Interessen bestimmten Hofkanzleien, die österreichische und die böhmische zumal,

Placet, und ist diese sache nur allzuwahr also abgelofen; in 50 jahren wird man nicht glauben, daß dieses meine ministre waren, die von mir allein creirt worden.

QUELLE 34 **MARIA THERESIA ÜBER DEN WIDERSTAND IHRER MINISTER**

Anmerkung Maria Theresias unter das Protokoll der Kronratssitzung vom 29. Januar 1748, die vom heftigen Widerstand der Minister gegen die Haugwitzschen Reformen geprägt war.

QUELLE: HEINRICH KRETSCHMAYR, DIE ÖSTERREICHISCHE ZENTRALVERWALTUNG, II. ABTEILUNG, BAND 2, AKTENSTÜCKE, BEARBEITET VON JOSEPH KALLBRUNNER UND MELITTA WINKLER, WIEN 1925, S. 195–206.; HIER ZITIERT NACH: DEUTSCHE GESCHICHTE IN QUELLEN UND DARSTELLUNGEN. BAND 5: ZEITALTER DES ABSOLUTISMUS 1648–1789, HERAUSGEGEBEN VON HELMUT NEUHAUS, STUTTGART 1997, S. 393.

ABB. 42 DIE HABSBURGISCHEN TERRITORIEN IM JAHR 1775

Das Reich der Habsburger bestand aus einer Vielzahl unterschiedlicher Länder und Region mit eigenen Traditionen und Kulturen. Die Karte zeigt die Länder in den Grenzen von 1775.

QUELLE: C. E. RHODE, HISTORISCHER SCHUL-ATLAS ZUR ALTEN, MITTLEREN UND NEUEREN GESCHICHTE, GLOGAU 1861, TAFEL XIX, KARTE 48. SCAN: GEORG-ECKERT-INSTITUT – LEIBNIZ-INSTITUT FÜR INTERNATIONALE SCHULBUCHFORSCHUNG.

und die finanziellen Zuständigkeiten der alten Hofkammer wurden – nach dem Vorbild des Berliner „Generaldirektoriums" – im neuen „Directorium in politicis et cameralibus" vereinigt; die Rechtsmaterien wurden einer gesonderten Obersten Justizstelle zugewiesen. Das Directorium fand in den 1750er Jahren seine Amtsräume in der alten Böhmischen Hofkanzlei in der Wipplingerstraße. Die Entscheidung zur Neuorganisation fiel – gegen heftigen Widerstand der Hochbürokratie – in der Kronratssitzung vom 29. Januar 1748 durch Entscheidung der Monarchin für das System Haugwitz'.

DIE LÄNDER

In den Ländern wurde, zuerst in Krain und Kärnten, die Verwaltung neu organisiert, unter tendenzieller Schwächung der regionalen Autonomie. Das war überhaupt die zweite Stoßrichtung der theresianischen Reform der späten 1740er Jahre: die Integration der deutsch-böhmischen (nicht aber schon der ungarischen) Länder. Schon die Reform der Zentralstellen wurde im hohen Amtsadel als – so heißt es in einem Tagebuch aus Hofkreisen – „Revolution" empfunden. Nun wurden die finanziellen Kompetenzen der Stände – nicht beseitigt, aber doch – eingeschränkt. An die Stelle der traditionalen Ämter in den Ländern traten landesfürstliche

„Repräsentationen und Kammern", ganz so wie in Preußen seit den Tagen Friedrich Wilhelms I. Kriegs- und Domänenkammern geschaffen worden waren; seit den 1760er Jahren fungierten in den österreichischen Ländern die „Gubernien". An die Stelle kurzzeitiger, bisweilen jährlicher Steuerbewilligungen durch die Landstände traten durch Haugwitz zumeist auf zehn Jahre bewilligte „Dezennalrezesse", in der Steiermark freilich nur Bewilligungen für drei Jahre. Zehnjährige Bewilligungen hat es aber schon vor 1740 gegeben, und auch nach 1750 blieb den Ständen mancher Verhandlungsspielraum, ferner Handlungsmöglichkeiten innerhalb der nun unter der Wiener Zentrale amtierenden Landesstellen. Im großen Krieg nach 1756, vor allem seit der Erschöpfungsphase von

1759/60, war ja der ständische Kredit der österreichisch-böhmischen Länder für das Haus Habsburg lebenswichtig. Auch unter Maria Theresia folgten auf Phasen der Schwächung der regionalen Autonomie Gelegenheiten zu neuerlichem Einflussgewinn. Landtage hat es in den 1770er Jahren noch gegeben.

Die Organisation der Zentrale, das Directorium in politicis, litt alsbald unter der Überlastung durch weitere Zentralisierung, und im Kriege konnte es die gesteigerten, nicht zuletzt finanziellen und militärischen Anforderungen nicht mehr erfüllen. Die Opposition gegen das Haugwitzsche System führte Kaunitz an, und er erreichte eine Neuorganisation, wenngleich die administrative Zusammenfassung der böhmisch-österreichischen Länder erhalten blieb.

Lieber graf von Ulfeld,

zum besten meines dienstes habe unentbehrlich gefunden, eine neue einrichtung allhier sowohl als in denen ländern vorzunehmen, vermöge welcher die publica, provincialia et cameralia von dem justizwesen vollkommen separiret, die bisherige böhmisch- und österreichisch canzlei vollends aufgehoben, die provincialia, publica et cameralia unter des kaisers Mt. und Liebden, dann meiner eigenen direction, die justizangelegenheiten aber nebst etlichen mixtis durch eine aus beeden canzleien zusammengesetzte obriste justizstelle hinfüro werden besorget werden.

Die hienach von mir angeordnete ab- und eintheilung, deren allseitigen materien theile euch theils zur nachricht, theils zu dem ende gnädigst hierbei mit, damit ihr darob ersehet, was vor agenda der staatscanzlei hinfüro zufallen. […]

Maria Theresia

QUELLE 35 | **MARIA THERESIA ÜBER DIE STAATSREFORM**

Mit der Entscheidung auf der Kronratssitzung vom 29. Januar 1749 für die Staats- und Verwaltungsreform hatte sich Maria Theresia für eine Zentralisierung und Verstaatlichung der Verwaltung ausgesprochen, insbesondere für die Schaffung eines „Directorium in publicis et cameralibus". In dem Handschreiben an ihren Hof- und Staatskanzler Corfiz Anton Graf Ulfeldt vom 2. Mai 1749 legte sie in wenigen Worten die Grundzüge der Reform an der Staatsspitze dar.

QUELLE: HEINRICH KRETSCHMAYR, DIE ÖSTERREICHISCHE ZENTRALVERWALTUNG, II. ABTEILUNG, BAND 2, AKTENSTÜCKE, BEARBEITET VON JOSEPH KALLBRUNNER UND MELITTA WINKLER, WIEN 1925, S. 272F.; HIER ZITIERT NACH: DEUTSCHE GESCHICHTE IN QUELLEN UND DARSTELLUNGEN. BAND 5: ZEITALTER DES ABSOLUTISMUS 1648–1789, HERAUSGEGEBEN VON HELMUT NEUHAUS, STUTTGART 1997, S. 394–395.

DER STAAT VOR ORT

Wichtiger ist etwas anderes: Die Reform der Jahre um 1750 war in einem entscheidenden Punkte über das preußische Vorbild hinausgegangen. Dort behielten auf dem platten Lande die vom Adel ausgewählten Landräte, die ständischen Kreistage und von ihnen bestellte Amtsträger das Heft in der Hand.

In Österreich wurden dagegen nun, nach böhmischem Vorbild, rein lan-desherrliche Kreisämter eingesetzt, in Niederösterreich oder auch etwa in Tirol in Anlehnung an die älteren Landesviertel.

An die Spitze wurden Kreishauptleute gestellt für alle Materien im Bereich des „Publico et Politico", für alle Sachen im „Polizeywesen". Der Kreishauptmann hatte auf die Einhaltung der landesfürstlichen Befehle zu achten und stand direkt unter der jeweiligen Landesstelle, der „Repräsentation und Kammer". „Obrigkeiten" und „Stände", so verlautet in einem Reskript für Niederösterreich aus dem Jahre 1753, hatten den Anweisungen der Kreishauptleute – und späterhin eines bald anwachsenden Amtspersonals in den Kreisen – Folge zu leisten.

Die Kreishauptleute stammten anfangs aus dem Landesadel, bald wurden aber auch Bürgerliche dazu berufen, und ihre Agenden, ihre Aufgabenbereiche nahmen stetig zu. Mit den Kreisämtern in den deutschen Erbländern – Ungarn behielt auch in dieser Hinsicht unter Maria Theresia sehr viel mehr Autonomie – bestand nun die Möglichkeit, mit den Untertanen in den adligen Herrschaften in direkten Kontakt zu treten.

War damit anfangs erst ein recht weitmaschiges Netz landesfürstlicher Amtsträger geschaffen, so zeigen die Agenden sehr bald eine deutliche Tendenz zur Intensivierung, ja Bürokratisierung, getragen von rasch wachsendem Fachpersonal. Auf den Feldern intensivierter Staatsreform, etwa in Schulsachen, wurde damit ein Zugriff des Staates bis in die einzelne Gemeinde möglich.

ABB. 43 WAPPEN DES DIRECTORIUMS IN PUBLICIS ET CAMERALIBUS

Für die vom Directorium in publicis et cameralibus ausgestellten Urkunden diente ein Siegelstempel als Beglaubigungsmittel. Siegel und Wappen, die das große Majestätssiegel Maria Theresias tragen, zeigen den mit einer Königskrone bekrönten Wappenschild mit dem Reichsadler auf der Brust, von der stilisierten Kaiserkrone überhöht. Um den Adler und auf dem Wappenschild herum sind insgesamt 42 Länderwappen des Habsburgerreiches abgebildet.

QUELLE: ÖSTERREICHISCHES STAATSARCHIV, SIGNATUR: HAUS-, HOF- UND STAATSARCHIV, SIEGEL- UND TYPARSAMMLUNG NR. 235.

STAATSAUSBAU UND REFORMABSOLUTISMUS

Die Behördenreform ging seit den 1740er Jahren voran, Reformen auf mancherlei Feldern folgten, vor allem in spättheresianischer Zeit, als Joseph II. seit 1765 als Kaiser im Reich fungierte. Vielleicht ist auf lange Sicht die Verstaatung in den Vierteln bzw. Kreisen noch bedeutsamer gewesen als die Staatsreform der Wiener Hofstellen. Zu den zahlreichen Veränderungen auf zentraler Ebene zählte die Gründung einer Studienhofkommission (seit 1760) mit besonderen Schulkommissionen in den Ländern. In den frastruktur in der Fläche ein mit Wirkungen vor allem in den böhmischen und deutschen Ländern. Der Regionalismus wurde geschwächt, nicht freilich egalitär beseitigt, wie Daten zum Schulbesuch zeigen.

Maria Theresias Reformimpuls war, wie wir bei der Haugwitzschen Reform erfuhren, sehr viel mehr pragmatisch als später die Motive Josephs II., dessen aufgeklärter Reformabsolutismus Züge der Radikalität aufwies. Die Reformen Maria Theresias wurden, wie Karl Vocelka betonte, in einer Weise durchge-

INFO WENZEL ANTON GRAF KAUNITZ (1711–1794)

Wenzel Anton Graf Kaunitz, geboren 1711 in Wien, seit 1764 Reichsfürst von Kaunitz-Rietberg. Als enger Vertrauter Maria Theresias bestimmte er als Staatskanzler seit 1753 maßgeblich die Außenpolitik des Habsburgerreiches. Er setzte sich für die Auflösung des „Directorium in publicis et cameralibus" 1761 und für die Entmachtung von Graf von Haugwitz ein, auch wenn er dessen Reformen nicht grundsätzlich ablehnte. Nach dem Tode Maria Theresias 1780 diente er, wenn auch in einer weniger machtvollen außenpolitischen Position, Kaiser Joseph II., Leopold II. und Franz II. bis zu seinem Rücktritt 1792 als Staatskanzler und gilt als ein Meister der klassischen Kabinettspolitik. Er starb 1794 in Mariahilf.

WENZEL ANTON GRAF KAUNITZ, KUPFERSTICH VON JAKOB MATTHIAS SCHMUTZER, 1765.
QUELLE: ÖSTERREICHISCHE NATIONALBIBLIOTHEK, INVENTARNUMMER PORT_00123502_01.

österreichischen Regionen gelang, was auch in der zweiten Hälfte des 18. Jahrhunderts nicht selbstverständlich war: die Schaffung und Verdichtung einer Schulstruktur, gegliedert nach Trivialschulen in den Dörfern und Gemeinden, Hauptschulen in größeren Städten und Normalschulen in den Landeshauptorten, Anstalten, die auch Funktionen für Ausbildung und Prüfung künftiger Lehrer wahrnahmen. Seit den 1770er Jahren griff der Staat auf der Basis spezieller Steuern auch finanzierend in die kulturelle Inführt, die durchaus die alten Rechte der historischen Individualitäten wahrte. Der „gegenseitige Vertrag" war das gewählte Mittel; die Stände behielten das Recht auf Steuerbewilligung, wenn auch ihre Spielräume eingeschränkt und sie in das effektivierte politische System integriert wurden. Der Staat durchdrang das Land, etwa durch die Aufnahme des Maria-Theresianischen Katasters seit 1748, der Boden wurde verzeichnet, wenngleich die Steuern der Herrschaften noch auf der Basis von Selbsteinschätzungen, von „Fassionen" erhoben

Während man das 18. Jahrhundert in der russischen Geschichte häufig als „Jahrhundert der Frauen auf dem russischen Thron" bezeichnet hat, kann in Bezug auf Österreich und sogar Deutschland vor allem vom Jahrhundert einer Frau gesprochen werden – Maria Theresia. Sie ist mit keiner der russischen Autokratinnen so recht zu vergleichen. Wie Elisabeth war sie tief religiös, im Unterschied zu Peters Tochter zeigte sie jedoch kein Interesse an Prachtkleidern und rauschenden Festen. Mit Katharina II. verband sie die Angewohnheit, täglich und pedantisch kleinste Detailfragen der Staatsverwaltung zu erörtern. Maria Theresia, der die Bigotterie nicht fremd war, hätte jedoch niemals einen Briefwechsel mit einem freidenkerischen französischen Philosophen aufgenommen und sich auch nicht mit Günstlingen umgeben.

In der Historiographie wird Maria Theresia traditionell „Kaiserin" genannt, obwohl sie in Wirklichkeit eine „ungarische" und eine „böhmische Königin" sowie Gattin des Kaisers des Heiligen Römischen Reiches war (auf dem Kaiserthron durfte keine Frau sitzen). Nach der Erbfolgeregelung des Hauses Habsburg vereinigte sie die ganze Fülle der Macht in der Österreichischen Monarchie (Monarchia austriaca) in ihren Händen; die Zuständigkeit für die übrigen deutschen Territorien oblagen ihrem Mann, Kaiser Franz I. von Lothringen, und seit 1765 – ihrem Sohn und Mitregenten Joseph II.

In den vierzig Regierungsjahren von Maria Theresia erlebten die Beziehungen zu Russland Stadien der Intensivierung, des Bruches und der Stagnation. Beide Mächte galten als ideale Partner, da sie keinerlei gegenseitige territoriale Ansprüche hatten, dafür aber in Anbetracht eines gemeinsamen Feindes – des Osmanischen Reiches – zusammenhalten mussten. Die Notwendigkeit, eine dauerhafte, handlungsfähige Koalition gegen Preußen zu bilden, zwang die Herrscherin von den ersten Regierungsjahren an, nach einer Annäherung mit Russland zu suchen.

Einer Verständigung zwischen den beiden sich ohnehin wenig ähnlichen Höfen stand der Kaisertitel im Wege, den Peter I. 1721 angenommen hatte, womit er gegen die Hierarchie der Herrscherhäuser in Europa verstieß. Erst 1742, während des österreichischen Erbfolgekrieges (1740–1748), als der Wittelsbacher Karl Albert auf den Thron des Heiligen Römische Reiches gewählt wurde, erkannte Maria Theresia im Namen des österreichischen Hauses den Kaisertitel der Zaren an. Ihre Bedingung dafür war, dass – sobald Franz von Lothringen zum Kaiser des Heiligen Römische Reiches wurde – im Verkehr zwischen den beiden Höfen der vorherige Titel der russischen Autokraten wiederhergestellt werde; dies geschah jedoch nicht. 1746 unterzeichneten die beiden Höfe ein neues Bündnis- und Verteidigungstraktat; zu einer gemeinsamen Aktion der österreichischen und russischen Truppen auf den Schlachtfeldern kam es jedoch nicht.

Nach der berühmten „diplomatischen Revolution" von 1756, als Wien im Vorfeld eines neuen europäischen Krieges – als Antwort auf die Annäherung zwischen Großbritannien und Preußen – ein Bündnis mit seinem einstigen Feind, Frankreich, geschlossen hatte, wurde es zur neuen Aufgabe, Russland davon zu überzeugen, sich der neuen Allianz anzuschließen, was in Form einer Reihe von Verträgen von 1756, 1757 und 1760 tatsächlich geschah.

Die Ebenen und Formen der Beziehungen zwischen den beiden Dynastien und Höfen waren im 18. Jahrhundert recht vielfältig. Das katholische und das orthodoxe Herrscherhaus schlossen untereinander keine Ehen. Als Ausnahme kann der Ehebund zwischen einem Vertreter des jüngeren Zweigs der Habsburger, Erzherzog Joseph, und der Tochter von Paul I., Alexandra, gelten; lediglich weil das Ehepaar keine Chancen hatte,

◀◀ den österreichischen oder den russischen Thron zu erben, wurde der Großprinzessin gestattet, ihre Konfession zu behalten.

Gleichzeitig waren die beiden Dynastien über die Prinzessinnen aus protestantischen deutschen Fürstenhäusern miteinander verwandt: Die Mutter von Maria Theresia war eine Schwester der Ehefrau des Zarensohnes Alexei Petrowitsch, und die Kaiserin selbst war eine Cousine von Peter II. 1747, vor dem Hintergrund der österreichisch-russischen Annäherung, nahm Elisabeth Petrowna die Einladung an, Taufpatin des dritten Sohnes von Maria Theresia, Leopold, zu werden, der in Erinnerung an Elisabeths Vater als zweiten Namen Peter (Petr) bekam. 1754 kam die Gelegenheit, sich zu revanchieren: Maria Theresia und Franz I. erklärten sich bereit, Taufpaten des neugeborenen Großfürsten Paul Petrowitsch (des späteren Zaren Paul I.) zu werden. Die Verwandtschaft der russischen Zaren mit den deutschen Fürsten und der Titel des Herzogs von Holstein-Gottorp, den der Neffe von Elisabeth Petrowna, Peter Fjodorowitsch, trug, führten zu einer Kollision im Zeremoniell und in der Diplomatie, da der russische Thronerbe somit ein Untertan des Kaisers des Heiligen Römischen Reiches war.

Besonders lebendig waren die beiderseitigen Beziehungen während des Siebenjährigen Krieges (1756–1763), als beide Höfe regelmäßig Delegationen austauschten, die die militärische und politische Kooperation sicherstellten. Österreichische Generäle, die in die russische Hauptstadt kamen, wurden großzügig (mit Ringen, Tabakdosen mit Porträts von Elisabeth und mit Waffen) beschenkt. Eine ganze Reihe von russischen Würdenträgern, die für die Aufrechterhaltung der beiderseitigen Beziehungen sorgten, erhielten damals den Titel von Reichsgrafen: die Brüder des Kanzlers Michail Woronzow (Reichsgraf seit 1744), Roman und Iwan Woronzow, Karl Sievers, Alexander Stroganow, Peter Schuwalow. In kleinerem Umfang blieb diese Gepflogenheit noch in den Anfängen der Herrschaft von Katharina II. erhalten, als der Günstling der Kaiserin, Grigori Orlow, und der Botschafter in Wien, Dmitri Matjuschkin, zu Grafen des Heiligen Römische Reiches ernannt wurden.

Dem Eintritt Russlands in den Siebenjährigen Krieg auf Seiten Österreichs folgten wechselseitige Verständigungsschwierigkeiten und Anmaßungen. In Sankt Petersburg war man der Meinung, dass Wien die russischen Truppen einsetzte, um eigene Ziele zu erreichen, die quer zu den russischen Zielen standen. Aus Wien kam die Ermahnung, dass sich die Beteiligung Russlands auf die Aufstellung eines Hilfskorps (mit österreichischem Geld) beschränken und nicht zu selbständigen Aktivitäten zur Erweiterung des eigenen Territoriums führen sollte.

Der kaiserliche Botschafter Nikolaus Esterhazy gab 1759 in seinen Berichten zu, er flehe Gott an, dass Elisabeth solange lebe, bis der Krieg mit Preußen beendet sei. Doch die Hoffnungen auf die baldige Einberufung eines Friedenskongresses erfüllten sich nicht. Nachdem Peter III. 1762 die russische Thronfolge angetreten hatte, schloss er mit seinem Idol, Friedrich II., Frieden und ließ dadurch das Bündnis mit dem Hause Österreich in die Brüche gehen. In den letzten 18 Regierungsjahren von Maria Theresia, als die beiden Mächte die Rzeczpospolita (1772) teilten, jeder für sich seine eigene Politik gegenüber der Türkei betrieb, als sie (1779) den Vertrag von Temeschburg schlossen, in dem Russland erstmals in der Geschichte als Garant des Friedens zwischen Österreich und Preußen auftrat, waren Wien und Sankt Petersburg keine Verbündeten mehr. Ein (zunächst geheimes) Abkommen verband sie erst 1781 wieder miteinander.

Olga Chawanowa

wurden. In den letzten Jahren der Monarchin setzten erste Maßnahmen zu einer Justizreform ein, Schritte zur Kodifikation des vorhandenen Rechts. Die „Constitutio Criminalis Theresiana" (Wien 1769) regelte noch die Praktiken der Tortur: Erst 1776 wurde die Folter dann abgeschafft.

Die Reformen unter Maria Theresia bauten auf alteuropäischen Grundlagen auf. Die Mächtekonkurrenz seit 1740 erzwang eine Intensivierung von Integration und politischer Rationalität. Impulse kamen – auch – von außen, nicht zuletzt vom preußischen Rivalen, der auch für die Schulreformen

Anregungen bot. Das neuartige Konskriptionssystem der 1770er Jahre, mit dem die Rekrutenaufbringung auf modernere Fundamente gestellt wurde, folgte in auffälligem Maße dem preußischen (Kanton-)System. Auch für die Militaria besaßen die österreichischen Kreisämter große Bedeutung.

Die theresianischen Reformen steigerten politische Effizienz in den epochentypischen Grenzen. Zugleich schufen sie strukturelle Voraussetzungen für die nach 1780 neue Radikalität annehmenden josephinischen Reformen, die schon in manchem auf das 19. Jahrhundert vorausweisen.

LITERATURHINWEISE

Maxim Anissimow, Semiletnjaja woina i rossiskaja diplomatija w 1756–1763 gg., Moskau 2014.

Olga Chawanowa, Saslugi otzow i talenty synowei. Wengerskije dworjane w utschebnych sawedenijach monarskii Gabsburgow 1746–1785, Sankt Petersburg 2006.

Josef Kallbrunner, Kaiserin Maria Theresias politisches Testament, Wien 1952.

Grete Klingenstein, The meanings of „Austria" and „Austrian" in the Eighteenth Century, in: Roberto Oresko / G. C. Gibbs / H. M. Scott (Hg.), Royal and Republican Sovereignty in Early Modern Europe. Essays in Memory of Ragnhild Hatton, Cambridge 1997, S. 423–478.

Heinrich Kretschmayr (Hg.), Die österreichische Zentralverwaltung, II. Abt., Bd. 2 und 3, Wien 1925, 1934.

Dominik Lischtenan, Rossija wchodit w Ewropu. Imperatriza Jelisaweta Petrowna i woina sa Awtriskoe nasledstwo, Moskau 2000.

Pawel Mitrofanow, Istorija Awstrii. C drewneischich wremen do 1792 g., Sankt Petersburg 1910, S. 106–125.

Wolfgang Neugebauer, Staat – Krieg – Korporation. Zur Genese der politischen Strukturen im 17. und 18. Jahrhundert, in: Historisches Jahrbuch 123 (2003), S. 197–237.

Wolfgang Neugebauer, Staatswirksamkeit in Österreich und Preußen im 18. Jahrhundert. Problemskizze am Beispiel des niederen Bildungswesens, in: Karl-Ernst Jeismann (Hg.), Bildung, Staat, Gesellschaft im 19. Jahrhundert, Stuttgart 1989, S. 103–115.

Jewgeni Schtschepkin, Russko-awtriski sojus wo wremja Semiletnei woina 1746–1758 gg., Sankt Petersburg 1902.

Barbara Stollberg-Rilinger, Maria Theresia. Die Kaiserin in ihrer Zeit. Eine Biographie, München 2017.

Franz Szabo, Kaunitz and Enlightened Absolutism 1753–1780, Cambridge 1994.

Karl Vocelka, Glanz und Untergang der höfischen Welt. Repräsentation, Reform und Reaktion im habsburgischen Vielvölkerstaat, Wien 2001.

Friedrich Walter, Die Geschichte der österreichischen Zentralverwaltung in der Zeit Maria Theresias (1740–1780), Wien 1938.

Friedrich Walter, Die theresianische Staatsreform von 1749, Wien 1958.

Karl Wozelka, Istorija Awstrii, Moskau 2007, S. 193–209.

DIE REFORMPOLITIK KATHARINAS II.
IN STAAT UND GESELLSCHAFT RUSSLANDS

MANFRED HILDERMEIER / MAJA LAWRINOWITSCH

Das Motto „Petro Primo / Catharina Secunda" („Peter dem Ersten / Katharina die Zweite") auf dem Sockel des beeindruckenden Denkmals, das Katharina II. ihrem großen Vorgänger auf dem heutigen Senatsplatz in Sankt Petersburg errichten ließ, gilt auch für Russlands Verhältnis zu Europa: Wenn Peter der Große sein Reich nach Europa führte, dann war es Katharina, die den Prozess der Integration in das europäische Mächtesystem vollendete. Auch innenpolitisch und geistig-kulturell orientierte sich Russland an Europa. Angeführt von Voltaire, Denis Diderot und d'Alembert, rechneten die meisten Aufklärer die Zarin seit deren Eroberung des Thrones nächst Friedrich II. von Preußen und noch vor Joseph II. von Österreich zu den aufgeklärten Herrschern Europas. Nur Diderot äußerte sich bei seinem Besuch in Petersburg 1773 im Dialog mit ihr unzufrieden über den Stand der Europäisierung.

KATHARINAS „INSTRUKTION FÜR DIE GESETZBUCHKOMMISSION"

Katharina dagegen behauptete in ihrer wichtigsten politischen Schrift, dass Russland sogar schon vor Peter dem Großen zu Europa gehört habe. Jene Instruktion von 1767 wandte staatstheoretische Grundthesen aus dem Werk „Vom Geist der Gesetze" des französischen Aufklärers Charles Secondat de Montesquieu (1689–1755) auf Russland an, obwohl gerade die-

https://doi.org/10.1515/9783110348712-022

229

ABB. 44 DIE GROSSE INSTRUKTION KATHARINAS II.

Um ein neues Gesetzbuch für das Russische Reich zu beraten, berief die russische Kaiserin Katharina II. eine Kommission ein. Die Grundziele ihres Reformprogramms legte sie in ihrer „Instruction für die zu Verfertigung des Entwurfs zu einem neuen Gesetzbuche verordnete Commission" nieder, die 1770 in den vier Sprachen Russisch, Latein, Deutsch und Französisch von der Petersburger Akademie der Wissenschaften herausgegeben und veröffentlicht wurde.

ser Autor absolute Monarchien wegen ihrer Tendenz zum Despotismus kritisiert hatte. In enger Anlehnung an Montesquieu führte Katharina einerseits aus, wie sie sich den für das Russische Reich besten, also möglichst effizienten Staat, seine soziale Verfassung und sein Rechtswesen konkret vorstellte. Andererseits beanspruchte sie wie andere Monarchen zur Durchsetzung aufgeklärter Reformen ausdrücklich die unumschränkte Macht, die sie in Russland zudem, ebenfalls im Einklang mit Montesquieu, wegen der Ausdehnung des Reiches für naturgegeben hielt. Gekleidet war Katharinas Reformprogramm in die Form einer „Instruktion" für eine Kommission, die sie dazu berufen hatte, in Moskau ein neues Gesetzbuch für das Russische Reich zu beraten. Weit über diesen Adressatenkreis hinaus sollte die Instruktion aber auch die Öffentlichkeit im Inland und vor allem im Ausland informieren, dass in Russland eine aufgeklärte Herrscherin regierte. Dennoch erschöpfte sich die Wirkung der Instruktion Katharinas keineswegs in bloßer Propaganda. Vielmehr finden sich in diesem Dokument die Ansätze ihrer bedeutendsten Reformen: der Rechtsvereinheitlichung; einer neuen Ordnung für die Verwaltung des gesamten Reiches; der Einführung einer korporativen Selbstverwaltung des Adels auf regionaler Ebene und der wohlhabenden Stadtbewohner; einer Trennung der Gerichtsbarkeit von der Staatsverwaltung; einer wirksameren Gerichtsverfassung; einer Humanisierung des Strafrechts; eines erweiterten

Katalogs der Aufgaben der „Policey" sowie der Gründung eines flächendeckenden Schulwesens.

Gegenüber früheren Gesetzbuchkommissionen in Russland war neu, dass ihre Mitglieder diesmal im gesamten Reich von regionalen „Ständen" – sogar von Staatsbauern und sesshaften „Andersgläubigen" – als „Deputierte" gewählt wurden. Obendrein wurden diese Deputierten angewiesen, die Aufträge, Beschwerden und Wünsche ihrer Wähler in schriftlichen „Instruktionen" mit sich zu führen und dem Plenum der Kommission vorzutragen. Bei dessen Eröffnung am 31. Juli 1767 waren immerhin 480 Deputierte anwesend. Aus allen Regelungen vor und während der Sitzungen der Kommission wird Ka-

tharinas kreative Grundidee erkennbar: Da die Verwaltungsmisere des Riesenreiches trotz der Maßnahmen Peters I. hauptsächlich auf ein quantitativ und qualitativ unzureichendes Personal zurückzuführen war, wollte die Kaiserin diesen Mangel vorrangig mit Hilfe des lokalen Adels und wohlhabender Stadtbewohner beheben. Anders als ihr Vorgänger kommandierte und drohte sie aber nicht nur. Vielmehr appellierte sie an jene beiden Schichten, sich für das Gemeinwohl und das Vaterland zu engagieren, und setzte voraus, dass Gutsherren, Kaufleute und Gewerbetreibende an einer effektiveren Verwaltung ebenso interessiert waren wie der Staat. Dazu hielt sie es für nötig, die Adligen und die Stadtbewohner auf regionaler

---

Rußland ist eine Europäische Macht.

Hier ist der Beweiß davon. Die Veränderungen, die Peter der Große mit Russland vorgenommen, haben einen um so viel glücklicheren Erfolg gehabt, weil die Sitten der damaligen Zeiten gar nicht dem Klima gemäß und uns durch Vermischung verschiedener Völker, und durch die Eroberung fremder Länder, zugebracht worden waren. Da Peter der Erste Europäische Sitten und Gebräuche bey einem Europäischen Volke einführte, fand er dasselbe hiezu aufgelegt, als er selbst je vermutet hatte. [...]

Der Beherrscher des russischen Reichs ist unumschränkt [in griechischen Lettern: Autokrator]: denn keine andere als eine nur in dessen Person vereinte Macht kann auf eine der Weitläuftigkeit eines so großen Reichs gemäße Weise wirken.

Ein weitläuftiges Reich setzt eine unumschrenkte Gewalt in derjenigen Person voraus, die solches regieret. Die Geschwindigkeit in der Entscheidung der Sachen, die aus fernen orten einlaufen, muß die Langsamkeit ersetzen, die aus dieser weiten Entfernung entstehet.

Jede andre Regierungsform würde für Russland nicht nur schädlich seyn, sondern auch zuletzt die Ursache seiner gänzlichen Zerstörung werden.

QUELLE 36   AUSZUG AUS DER GROSSEN INSTRUKTION KATHARINAS II.

In ihrer Großen Instruktion formulierte die Kaiserin nicht nur die Ziele ihres Reformprogramms, sondern bekannte sich auch zur europäischen Identität des Russischen Reiches. Die Instruktion ließ andererseits keinen Zweifel am Anspruch der Kaiserin auf unumschränkte Macht, deren Naturgegebenheit und Unverzichtbarkeit sie auf die große Ausdehnung des Reiches zurückführte.

QUELLE: KATHARINA DER ZWEITEN, KAISERIN UND GESETZGEBERIN VON RUSSLAND, INSTRUCION FÜR DIE ZU VERFERTIGUNG DES ENTWURFS ZU EINEM NEUEN GESETZBUCHE VERORDNETE COMMISSION, HG. VON M. HAIGOLD [= AUGUST LUDWIG SCHLÖZER], RIGA / MITAU 1768, NACHDRUCK FRANKFURT AM MAIN 1970, I. KAPITEL, §§ 6–7, 9–11, S. 4F.

Ebene jeweils zu Korporationen zusammenzuschließen und ihnen ständische Rechte zu gewähren.

Hingegen dachte sie nicht etwa daran, an der Staatsspitze ihre Macht durch zentrale ständische oder gar parlamentarische Gremien förmlich einschränken zu lassen. Und obwohl sie sich zu humanen Prinzipien bekannte, hielt sie an der Leibeigenschaft vor allem fest, weil die verpflichtende wie eine freiwillige Mitwirkung der adligen Gutsherren in Militär und Staatsverwaltung letztlich von der Fronarbeit und den Abgaben der Gutsbauern und deren Beaufsichtigung abhing. Die Voraussetzungen für eine erneuerte Sozialverfassung hatten sich erst ergeben, als Kaiser Peter III. in seiner kurzen Herrschaft 1762 die traditionelle Dienstpflicht des Adels aufgehoben hatte. Erst damit war für die adligen Gutsherren überhaupt die Alternative zum Militär- und Zivildienst interessant geworden, fortan auf dem Lande zu leben und sich um die Bewirtschaftung ihres Gutsbesitzes zu kümmern.

Überraschend frei und kontrovers debattierte die Versammlung der Deputierten, trotz einer routinierten Steuerung durch Vertraute der Kaiserin, bis zum Jahreswechsel 1768/69 die größten Probleme des Russischen Reiches. Mehrere Probleme wurden in Details sogar noch jahrelang in Sonderkommissionen weiter erörtert. Zu dem eigentlich angestrebten einheitlichen neuen Gesetzbuch kam es in Katharinas Regierungszeit zwar nicht, doch wurden die Beratungsergebnisse in der sich anschließenden Gesetzgebung durchaus berücksichtigt.

DIE GOUVERNEMENTSREFORM VON 1775

Die Serie großer Statuten Katharinas II., die zu den in die Zukunft weisenden Kodifikationen des aufgeklärten Absolutismus in Europa gehören, begann mit den „Verordnungen zur Verwaltung der Gouvernements des Russischen Reichs" am 7. November 1775. Zunächst wurde das Russische Reich neu gegliedert. Die riesigen Gouvernements seit Peter I. wurden in neue kleinere Gouvernements mit einer Bevölkerung von je 300 000 bis 400 000 (männlichen) „Seelen" unterteilt. An der Spitze sollte ein Generalgouverneur oder „Statthalter" stehen, der die kaiserliche Gewalt vor Ort vertrat und eine Gouvernementsregierung leitete. Dieser neuen Einrichtung gehörten noch ein Stellvertretender Gouverneur und zwei Gouvernementsräte an. Außerdem sollte in jedem Gouvernement eine separate „Finanzkammer" eingerichtet werden, die über untergeordnete Instanzen auf Kreisebene verfügte. An der Spitze der Finanzkammer stand ein Stellvertreter des Gouverneurs. Die verkleinerten Gouvernements wurden in Kreise mit je 20 000 bis 30 000 (männlichen) „Seelen" gegliedert. Jeder Kreis sollte eine Kreisstadt haben, und wo sie fehlte, war sie zu gründen. Auf diese Weise entstanden aus 25 alten Gouvernements 1775 erst einmal 41 neue etwa in der Größe der früheren Provinzen. Durch die Expansion des Reiches erhöhte sich die Anzahl bis zum Tod Katharinas 1796 auf 50. Im gleichen Zeitraum wuchs die Anzahl der Kreise von 169 alten auf 493 neue.

Insbesondere durch die kleineren Kreise rückte der Staat näher an die Be-

Barentssee

SCHWEDEN

HALBINSEL KOLA

Weißes Moor

● Archangel'sk

FINNLAND

Dvina

OLONEC

Ostsee

● Reval
ESTLAND ● St. Petersburg
● Vologda
● Vjatka Perm

● Novgorod
LIVLAND
KURLAND ● Riga ● Pskov
● Kostroma
Jaroslavl'
Tver' N. Novgorod *Wolga* Kazan' UFA

● Kovno Vitebsk Moskau ● Vladimir
● Wilna ● Smolensk Kaluga ● Rjazan' ● Simbirsk
● Grodno ● Minsk Mogilev Tula
● Samara

POLEN
WOLHYNIEN Orel ● Tambov Penza *Wolga*
● Čremigov Kursk Voronež Saratov
● Žitomir ● Kiev *Dnepr* Ural

Dnestr PODOLIEN Poltava Char'kov *Don* URAL-GEBIET

Ekaterinoslav DON-GEBIET
CHERSON
● Kišinev ● Don
BESSARABIEN Odessa ● Cherson *Dnepr* TAURIEN Novočerkassk Astrachan'

KRIM KUBAN-GEBIET
Schwarzes Meer Simferopol' ● Ekaterinodar ● Stavropol' *Kaspisches Meer*

ABB. 45 | DIE GLIEDERUNG DES RUSSISCHEN REICHES IN GOUVERNEMENTS SEIT 1775

Mit den „Verordnungen zur Verwaltung der Gouvernements des Russischen Reichs" gliederte Katharina II. das Russische Reich im Jahr 1775 neu: Die 25 großen Gouvernements aus der Zeit Peters I. wurden in 41 kleinere neue Gouvernements geteilt. Auch deren Verwaltung wurde reformiert: An ihrer Spitze sollten zukünftig ein Generalgouverneur, sein Stellvertreter sowie zwei Gouvernementsräte stehen. Durch die Expansion des Reiches stieg die Zahl der Gouvernements bis zum Tode Katharinas 1796 auf 50.

QUELLE: DIE EUROPÄISCHEN GOUVERNEMENTS DES ZARENREICHES (19. JH.), AUS: CHRISTOPH SCHMIDT, RUSSISCHE GESCHICHTE 1547–1917, MÜNCHEN 2003, S. 261.

völkerung heran. Insofern entspricht dieses Vordringen der regulierenden und kontrollierenden Verwaltung in die Kreise dem frühneuzeitlichen Prozess der inneren Staatsbildung in Westeuropa.

Die Gouvernementsreform sah erstmals eine Herauslösung der Justiz aus der Verwaltung vor. Zwar oblag dem Generalgouverneur die Oberaufsicht über die Verwaltung und die Finanzen in seinem gesamten Amtsbereich; aber er sollte „kein Richter" sein, sondern nur der „Bewahrer" der kaiserlichen Gesetze. Neben der „Finanzkammer" und einem Landvermessungsamt wurden daher in jedem Gouvernement eine Straf- und eine Zivilkammer als Berufungsinstanzen gegründet. Darunter, also als normale, erstinstanzliche Gerichte, schuf das Statut separate, jeweils in eine Straf- und eine Zivilkammer unterteilte, ständisch exklusive Gerichte, wie sie dem Strukturprinzip aller Gesellschaften des Ancien régime in Europa entsprachen. Adlige trugen ihren Streit vor dem „Oberlandgericht" oder einem „Kreisgericht" aus. Beiden gleichgeordnet waren für Kaufmannschaft und übrige Stadtbewohner ein Gouvernementsmagistrat und je ein Stadtmagistrat bzw. ein „Rathaus".

In den Kreisen trugen die untersten Verwaltungsbehörden die Bezeichnung „Niederlandgerichte", obwohl sie unter der Leitung eines „Kreishauptmanns" sowohl „policeyliche", also exekutive Aufgaben als auch begrenzte Gerichtsfunktionen zu erfüllen hatten. Analoge Aufgaben nahm in den Kreisstädten ein „Stadtvogt" und in den Hauptstädten ein General-Gouverneur wahr, oder der Kommandant einer Garnison sorgte für Sicherheit und Ordnung.

Neu war vor allem, dass der Staat mit der Gouvernementsreform fortan systematisch gewählte Vertreter der Adligen

eines Gouvernements oder eines Kreises bzw. der Bürger einer Stadt an der Regelung der lokalen Belange mitwirken ließ. Die Wahlen fanden in Wahlversammlungen statt, die zuvor ebenfalls gewählte Adelsmarschälle bzw. „Häupter der Bürgerschaft" als Sprecher ihrer Korporationen einberiefen. Alle drei Jahre wählte der Gouvernementsadel aus seiner Mitte zehn Beisitzer für das „Oberlandgericht", der Kreisadel für das „Niederlandgericht" sowohl den „Kreishauptmann" als auch zwei oder drei Beisitzer. Analog wählten „Kaufleute und Bürger" Beisitzer in den Gouvernementsmagistrat und Richter (Bürgermeister) und Beisitzer (Stadtälteste, *ratmany*) in die städtischen Magistrate.

Dem Gedanken der Mitwirkung war auch eine weitere neue Einrichtung verpflichtet: das „Kollegium allgemeiner Fürsorge". Ihm wurde unter dem Vorsitz des Gouverneurs vor allem die „Aufsicht und dauerhafte Gründung" von Schulen, Waisenhäusern, Hospitälern, Altersheimen, Irrenanstalten und Arbeits- und Zuchthäusern anvertraut. Insofern wurde die Verkündung der Gouvernementsordnung zur Geburtsstunde weltlicher Bildungseinrichtungen, des staatlichen Gesundheitswesens und der Sozialfürsorge in Russland. Diese Maßnahme war ähnlich modern wie die genannten Grundsätze der Herauslösung der Justiz aus der Administration und der gesellschaftlichen Partizipation und hatte ihre Parallelen in Westeuropa, wo ebenfalls gewählte Vertreter aus Adel und Kaufmannschaft unter staatlicher (oder kirchlicher) Verantwortung sich zunehmend für ein humanitäres Engagement gewinnen ließen.

Da die Reformen Peters I. in den Regionen des Reiches unzulänglich geblieben waren, entstand in Russland erst mit der Gouvernementsreform Katharinas II. ein Beamtenstaat. Der Ausbau der Provinzverwaltung vermehrte das Personal auf mehr als das Fünffache, überforderte aber zugleich die ohnehin geringe Finanzkraft des Staates. Die Anzahl der Staatsbediensteten im Verhältnis zur Einwohnerzahl blieb dennoch gering: Fortan war in Russland ein Beamter im Durchschnitt für 980 Einwohner zuständig, in Frankreich für 290. Da es weiterhin an qualifiziertem Personal mangelte, konnte die Professionalisierung der Verwaltung in den Provinzen noch lange nicht den Standard der zentralen Behörden in den beiden Hauptstädten erreichen.

Vor allem unter drei Aspekten führte die Gouvernementsreform langfristig zu den angestrebten Resultaten. Erstens sorgte sie im gesamten Reich für die Durchsetzung des je nach Stand geltenden Rechts. Zweitens fasste sie den lokalen Adel und die Stadtbewohner in Korporationen zusammen, damit sie in begrenztem Umfang an Rechtsprechung und Verwaltung mitwirken konnten. Drittens wurde die Provinz aufgewertet, weil zuvor unbedeutende Orte zu Kreis- und sogar Gouvernementsstädten erhoben wurden und Adlige zunehmend von der Aufhebung der Dienstpflicht Gebrauch machten und auf ihre Güter zurückkehrten. Auch wenn sich die Attraktivität der Wahlämter in Grenzen hielt, schuf die Reform die Voraussetzungen für die Entstehung eines gesellschaftlichen und kulturellen Lebens in der Provinz.

GNADENURKUNDEN FÜR DEN ADEL UND DIE STÄDTE

Diese Tendenz wurde verstärkt, als der Gouvernementsordnung am 21. April 1785 zwei umfangreiche und ebenfalls grundlegende Gesetze folgten. Diese beiden „Gnadenurkunden" statteten den Adel und als den „mittleren Stand" die Stadtbewohner als Korporationen mit je besonderen Privilegien bzw. Pflichten und mit Einrichtungen zu ihrer Wahrnehmung aus. Überwiegend brachten sie kaum Neues, sondern bestätigten vor allem für den Adel die bestehenden Rechte und die Kernbestimmungen der Gouvernementsordnung. Auch für die Stadtbewohner hatten diese Reform und eine im März 1775 verfügte, auf Steuerleistung begründete Neudefinition der Kaufmannsgilden Sonderrechte vorweggenommen. Dennoch erzeugte die demonstrative Zusammenführung aller geltenden Regelungen zu förmlichen Privilegien mit Verfassungscharakter eine neue Qualität: Sie erst verwandelte beide Gruppen in „staatliche Stände" innerhalb eines uniformen Untertanenverbandes.

Die Adelsurkunde gewährte ihren Adressaten das Recht, sich nicht nur in den Kreisen, sondern auch auf der Ebene der seit 1775 geschaffenen Gouvernements als „Gesellschaften" zu formieren, die ein „Geschlechterbuch" führen sollten und Beiträge erheben durften. Eine solche Korporation sollte mit Ausnahme derer, die im aktiven Militär- oder Zivildienst standen, alle drei Jahre in Wahlversammlungen zusammenkommen und zwei ihrer Adelsmarschälle aus den Kreisen vorschlagen, von denen der Gouverneur dann einen zum „Gouvernements-Adelsmarschall" zu ernennen hatte. Auch die Wahl der Beisitzer für die Gerichte galt erst, wenn der Gouverneur zustimmte. Einerseits wollte Katharina den Adel nach den Grundsätzen der Gouvernementsreform in die lokale Verwaltung einbinden; andererseits sollten die von ihr ernannten Gouverneure das letzte Wort behalten. Zusätzlich entschied ein Zensus über das aktive und passive Wahlrecht: Über Stimmrecht verfügte nur, wer im Gouvernement Grundeigentum besaß, mindestens 25 Jahre alt und im „Geschlechterbuch" eingetragen war, und kandidieren durfte nur, wer von

12. Ein Edelmann soll von niemand anders als von Seines gleichen gerichtet werden. [...]

17. Wir bestätigen dem wohlgebohrnen rußischen Adel auf ewige Zeiten und seine späteste Nachkommen, die Freyheit.

18. Wir bestätigen dem in Diensten befindlichen Adel die Erlaubniß, entweder im Dienste zu bleiben oder den deshalb ertheilten Vorschriften gemäß um Verabschiedung zu bitten.

19. Wir bestätigen dem Adel die Erlaubniß, bey andern mit Uns verbündeten europäischen Mächten in Dienste zu treten, und in fremde Länder zu reisen.

20. Da aber der Name und die Würde des wohlgebornen Adels von Alters her, und jetzt, und künftig, nur durch die dem Reiche und Throne geleistete nützliche Dienste und Bemühungen erworben wird, und der Stand des rußischen Adels wesentlich von der Sicherheit des Vaterlandes und Thrones abhängt, so ist jeder wohlgebohrne von Adel verbunden, sobald es die rußische Monarchie bedarf und der Dienst des Adels dem gemeinen Besten nöthig und erforderlich ist, auf die erste von Seiten der monarchischen Gewalt geschehene Aufforderung, zum Dienste des Reiches, weder irgend einer Bemühung noch selbst seines Lebens zu schonen. [...]

23. Das ererbte Vermögen eines Edelmannes soll, selbst in dem Fall wenn er wegen eines sehr wichtigen Verbrechens verurtheilt würde, seinem gesezlichen Erben oder Erbnehmern ausgeliefert werden.

24. Da es jederzeit Unser Wunsch und Wille war, ist, und mit Gottes Hilfe unwandelbar bleiben wird, daß das rußische Reich, nach den von Unserer alleinherrschenden Gewalt zur Bewahrung des Rechts und gerechten Gerichts und zur Sicherung des Eigenthums und aller Besizungen, ertheilten Gesezen und Anordnungen regieret werde, so finden Wir für gut, von neuem zu verbieten und die deshalb ergangene alte Verbote aufs strengste einzuschärfen, daß niemand sich unterfange einem Edelmanne, ohne gerichtliche Untersuchung und ein gesezliches Urtheil derjenigen Gerichtsstellen denen die Verwaltung des Rechts anvertraut ist, eigenmächtig sein Vermögen zu nehmen oder solches zu Grunde zu richten. [...]

36. Jeder Edelmann ist für seine Person von persönlichen Abgaben befreyt.

QUELLE 37   DER ADEL ALS PRIVILEGIERTER STAND BESTÄTIGT

Die „Urkunde für die Rechte, Freiheiten und Privilegien des wohlgeborenen russländischen Adels" vom 21. April 1785 war eine der beiden Gnadenurkunden. Sie brachten indes kaum Neues, sondern bestätigten vor allem für den Adel die bestehenden Rechte und die Kernbestimmungen der Gouvernementsordnung. Die Gutsbauern wurden überhaupt nicht erwähnt, sondern gehörten zum geschützten Vermögen des adligen Gutsherren.

QUELLE: URKUNDE FÜR DIE RECHTE, FREIHEITEN UND PRIVILEGIEN DES WOHLGEBORENEN RUSSLÄNDISCHEN ADELS, 21. APRIL 1785, IN: PSZ I, BD. 22, NO. 16187; HIER DIE ZEITGENÖSSISCHE DEUTSCHE AUSGABE: VOM ADEL. AUF ALLERHÖCHSTEN BEFEHL AUS DEM RUSSISCHEN ÜBERSETZT VON C[HRISTIAN] G[OTTLIEB] ARNDT, SANKT PETERSBURG 1786, S. 15–19.

seinem Land ein Jahreseinkommen von mindestens 100 Rubel erzielte.

Die Gnadenurkunde für den Adel bestätigte auch die Aufhebung der Verpflichtung zum Staatsdienst von 1762 und erlaubte damit den Gutsherren weiterhin, sich jederzeit auf ihre Güter zurückzuziehen. Zugleich privilegierte sie den Dienst jedoch deutlich: Wer es in der Rangtabelle nicht mindestens bis zum Oberoffizier (der 14. Rang im Militärdienst oder der 8. Rang im Zivildienst, was dem Kollegienassessor entsprach) gebracht hatte, durfte weder wählen noch gewählt werden. Erwünscht war vorrangig der Dienst für den Zentralstaat und danach als Gutsherr die Übernahme von Ämtern in der Lokalverwaltung, die genau besehen nicht etwa eine Selbstverwaltung des Adels war, sondern eine Verwaltung im Auftrag des Staates, an der Adlige mitwirken sollten.

Über das Recht zur Selbstorganisation hinaus verbriefte die Gnadenurkunde dem Adel als sozialem Stand erstmals unaufhebbare, auch künftige Herrscher bindende individuelle Rechte. Sie erklärte das Adelsprädikat für erblich und bestätigte die Privilegien, die sich mit ihm verbanden. Adlige blieben von persönlichen Abgaben befreit und mussten keine Einquartierungen von Offizieren ertragen. Ihr Besitz durfte nicht konfisziert werden. Außer für definierte Kapitalverbrechen durften sie nicht zum Tode verurteilt, körperlich gezüchtigt und ihrer adligen Würde beraubt werden. Sie durften frei ihre Produkte verkaufen und Manufakturen und Hütten betreiben. Vor allem aber behielten sie das Monopol auf den Besitz von besiedeltem Land und profitierten weiterhin von der Arbeit und den Abgaben ihrer leibeigenen Bauern. Damit erkannte

der Staat den Adel als eine privilegierte, durch eigenen Grundbesitz unabhängige regionale Elite an, über die er verfügen konnte, die aber ebenso zu der schmalen Schicht der reichen, die hohen Staatsämter einnehmenden Aristokratie in einem Verhältnis von Patronage und Klientel stand. Obwohl der Adel in Russland nur auf regionaler Ebene politisch mitwirken durfte, hatte ihm Katharina II. kurz vor der Französischen Revolution wesentliche Merkmale eines westeuropäischen Standes verbrieft.

Vergleichbare Rechte und Pflichten formulierte die „Gnadenurkunde für die Städte". Alle in Städten lebenden Einwohner erklärte sie zu „Bürgern". Auch diese durften sich versammeln, eine „Stadtgemeinde" bilden und freiwillige Beiträge erheben. In einem „Bürgerbuch" gliederte die Stadt ihre Bürger nach Besitz, Ansehen und beruflicher Qualifikation in sechs Kategorien. Alle drei Jahre sollten die Bürger „auf Befehl und mit Erlaubnis" des Gouverneurs zusammentreten und die Personen wählen, die die Gouvernementsordnung vorsah: das „Stadtoberhaupt", die Bürgermeister und die „Stadtältesten", in der Gouvernementshauptstadt zudem Beisitzer für den Gouvernementsmagistrat, die der Gouverneur zu bestätigen hatte. Wahlberechtigt und wählbar waren aber nur jene im Bürgerbuch registrierten Bürger, die mit ihrem in der Stadt befindlichen Kapital 50 Rubel oder mehr im Jahr erwirtschafteten und mindestens 25 Jahre alt waren.

Weil Katharina wie schon Peter I. daran interessiert war, in Russland einen wirtschaftlich leistungsfähigen bürgerlichen Stand nach westeuropäischen Vorbildern zu schaffen, räumte sie den Stadtbewohnern in einem begrenzten Umfang sogar Selbstverwaltungsrech-

Der Name der Stadteinwohner, des mitlern Standes, oder der Bürger überhaupt, ist eine Folge der Arbeitsliebe und guter Sitten, wodurch selbige diesen vorzüglichen Stand erhalten haben.

Die Städte sind von Unsern Vorfahren und von Uns selbst nicht nur für die Bewohner derselben, sondern auch zum allgemeinen Besten errichtet worden, indem sie nicht nur die Einkünfte des Reichs vermehren, sondern auch vermittelst ihrer Einrichtungen den Unterthanen desselben Gelegenheit darbieten, sich durch Handel, Gewerbe, Manufakturen und Handwerke Vermögen zu erwerben. Dieserwegen soll der vorzügliche Stand der Stadteinwohner, des mitlern Standes, oder der Bürger überhaupt, erblich seyn.

QUELLE 38 | **DIE STADTEINWOHNER ALS PRIVILEGIERTER STAND BESTÄTIGT**

Die „Urkunde über die Rechte und Vorteile für die Städte des Russischen Reiches" vom 21. April 1785 war die zweite Gnadenurkunde. Die demonstrative Zusammenführung aller geltenden Regelungen zu förmlichen Privilegien mit Verfassungscharakter in diesen Urkunden verwandelte Adel und Bürger in „staatliche Stände" innerhalb eines uniformen Untertanenverbandes.

QUELLE: URKUNDE ÜBER DIE RECHTE UND VORTEILE FÜR DIE STÄDTE DES RUSSISCHEN REICHES, 21. APRIL 1785, IN: PSZ I, BD. 22, NO. 16188; HIER DIE ZEITGENÖSSISCHE DEUTSCHE AUSGABE: STADT-ORDNUNG. AUF ALLERHÖCHSTEN BEFEHL AUS DEM RUSSISCHEN ÜBERSETZT VON C[HRISTIAN] G[OTTLIEB] ARNDT, SANKT PETERSBURG 1785, ABSCHNITT E, 80 UND 81.

te ein. So erlaubte sie die Wahl zweier repräsentativer Organe: Die registrierten Einwohner wählten, getrennt in die sechs Kategorien, einen „Gemeinsamen Stadtrat". Dieser trat allerdings nur alle drei Jahre unter dem Vorsitz des Stadtoberhauptes zusammen, um einen „Sechsstimmigen Rat" aus je einem Vertreter jeder Kategorie zu wählen und „wenn die Stadtbelange und Bedürfnisse das erfordern". Dieser Rat tagte zwar ebenfalls unter dem Vorsitz des Stadtoberhauptes, doch wöchentlich und bildete das eigentliche Exekutivgremium der Stadt. Faktisch leitete es die Tagesgeschäfte vom öffentlichen Bauwesen über die Magazinierung von Notvorräten und die Markt- und Gewerbeaufsicht bis zur allgemeinen Fürsorge für die öffentliche Ordnung.

Wie die Gnadenurkunde für den Adel verlieh auch die Urkunde für die Städte deren registrierten Bewohnern bestimmte kollektive und individuelle Rechte, so die Sicherheit ihres Eigen-

tums. „Kein Bürger" sollte „ohne Urtheil und Recht seines guten Namens, seines Lebens, oder seines Vermögens beraubet werden." Erstmals wurde die Ehre eines Kaufmanns und sogar eines einfachen Stadtbürgers durch Androhung einer Geldbuße unter Schutz gestellt. Jeder besaß einen Anspruch darauf, nur vor einem „bürgerlichen Gericht" Rechenschaft ablegen zu müssen. Erst bei der nächsthöheren Instanz dominierten Adlige die Gerichtsbarkeit.

Ausdrücklich gehörte die Gewerbe- und Handelsfreiheit zu den Privilegien des „mittleren Standes" der Stadtbewohner, wobei die Steuerleistung die Zugehörigkeit zu einer der drei Kaufmannsgilden bestimmte. Die Angehörigen der beiden ersten Gilden durften Fabriken und Hüttenwerke betreiben, doch war die Betätigung im Außenhandel und der Besitz von Schiffen der ersten Gilde vorbehalten. Mitglieder der zweiten Gilde hingegen durften sich ausschließlich im Binnenhandel betätigen, Kaufleute der dritten Gilde nur im Kleinhandel und im Kleingewerbe. Zur Aufwertung der Kaufmannschaft ergänzte die Stadtreform die wirtschaftlichen Privilegien durch soziale Ehrenzeichen. Die Gildenmitglieder konnten sich von der Rekrutierung freikaufen und wurden weitgehend von Dienstverpflichtungen durch den Staat entlastet. Von Körperstrafen wurden allerdings nur die Angehörigen der ersten beiden Gilden befreit. Noch stärker differenzierte das Gesetz die Anzahl der Pferde und die Qualität der Kutschfahrzeuge für die drei Gilden. Doch die großzügigsten Privilegien wurden der neu ein-

gerichteten Kategorie der „namhaften Bürger" gewährt, zu denen mehrfach gewählte Bürgermeister oder besonders reiche Kaufleute gehörten. Sie durften Unternehmen aller Art betreiben, aber auch in vierspännigen Kutschen fahren und außerhalb der Stadt „Höfe und Gärten" besitzen. Hinter all diesen Bestimmungen lässt sich ein für das Zeitalter der Aufklärung typischer pädagogischer Gedanke erkennen: Um erst jenen „mittleren Stand" zu schaffen, versprach der Staat, Leistung je nach Vermögen und Steuerkraft durch rechtliche Vergünstigungen und äußere Symbole sozialen Prestiges zu belohnen.

Für den Adel und die Städte hat nun die Kaiserin huldreichst gesorgt, vielleicht kömmt jetzt die Reihe an die zahlreichste und brauchbarste Klasse der Unterthanen, nämlich an die Bauern, welche fast im ganzen russischen Reich; und wie man aus manchen vorhandenen Schriften schließen muß, fast am sichtbarsten in Lief- und Ehstland, als armselige, dem Willkür [sic] des Adels kläglichst unterworfene Sklaven, unter dem drückendsten Joch, und in vielen Gegenden bey aller Arbeitsamkeit, doch unter eben so drückendem Mangel und Hunger schmachten. Möchte doch die große Kaiserin, die schon so viele vortreffliche und unvergeßliche Einrichtungen gemacht hat, nun auch auf die Millionen von unglücklichen Sklaven herabblicken, deren Schicksale erleichtern, dem tyrannischen Willkür [sic] des Adels Schranken setzen, und genau bestimmen, wie viele Frohndienste und Abgaben er gesetzlich von seinen Bauern fodern, und wie weit er bey der ihm vergönneten Hauszucht, in der Bestrafung gehen könne! Freylich werden sich dabey tausend Schwierigkeiten finden: aber Katharina die Große hat schon sattsam bewiesen, daß ihr großer schöpferischer Geist auch solche zu überwinden vermag. Kleine versuchte Erleichterung verfehlen, wie eine alte Erfahrung bestätigt, immer des gesuchten Zwecks, wenn die Quelle des Uebels nicht auf immer verstopft wird. Aber kein Verdienst, kein Ruhm ist größer, als Millionen unglückliche Menschen dem Elend entrissen, und die heiligen Rechte der Menschheit wieder hergestellt zu haben.

QUELLE 39   WANN DENKT DIE KAISERIN AN DIE BAUERN?

Katharina II. äußerte sich durchaus kritisch über die Leibeigenschaft. Obwohl sie noch 1767 auch die Staatsbauern zur Beteiligung an der Gesetzbuchkommission aufgefordert hatte, blieb eine Gnadenurkunde für diesen Bevölkerungsteil 1785 aber bloßer Entwurf. Dass die Bauern damit im Reformwerk der Kaiserin weitgehend außen vor blieben, wurde auch in Deutschland bemerkt und kommentiert. Als Autor der abgedruckten Rezension der Gnadenurkunden kommt Pfarrer Heinrich Johann von Jannau in Betracht, der im selben Jahr ebenfalls anonym sein Buch „Geschichte der Sklaverei, und Charakter der Bauern in Lief- und Ehstland. Ein Beytrag zur Verbesserung der Leibeigenschaft" (Riga 1786) veröffentlichte.

QUELLE: ANONYME REZENSION DER BEIDEN DEUTSCHEN ÜBERSETZUNGEN DER ADELSCHARTA UND DER STADTORDNUNG VON 1785, IN: ALLGEMEINE DEUTSCHE BIBLIOTHEK, BD. 66, ERSTES STÜCK, BERLIN / STETTIN 1786, S. 3–11, HIER S. 10F.

FAZIT

Wie die Praxis dieser Reformen Katharinas II. aussah, kann nur relativ beantwortet werden. Gewiss entfaltete sich durch die Versammlungen des Adels in den Gouvernementsstädten und durch eine verstärkte Rückkehr Adliger auf ihre Landsitze ein gesellschaftliches und kulturelles Leben auch außerhalb der Hauptstädte. Doch schon Ausbildung und Bildung mussten junge Adlige meist genau dort suchen, und wie früher boten weiterhin allein der Zivil- und der Militärdienst Karrierechancen und Prestige. Immerhin wurden die Versammlungen und Ämter des Adels in den Provinzen des Reiches wie auch die städtische Selbstverwaltung zu Gelegenheiten, bei denen die verantwortliche Mitwirkung wenigstens der privilegierten Schichten an der Lösung öffentlicher Probleme und Aufgaben geübt werden konnte. Weit schwerer wiegt der kritische Einwand, den schon aufgeklärte Zeitgenossen gegen die Gesellschaftsreformen Katharinas erhoben: Hatte die Kaiserin noch 1767 auch die Staatsbauern zur Beteiligung an der Gesetzbuchkommission aufgefordert, so blieb 1785 eine Gnadenurkunde für diese Bevölkerungskategorie nur ein Entwurf. Je niedriger der sozialrechtliche Status eines Untertanen war, desto weniger Selbstregulierung wurde ihm gestattet und desto großzügiger war die Staatsaufsicht bemessen. Die Rechte und Privilegien, die die Gnadenurkunden von 1785 verbrieften, waren nicht gleichwertig. Vor allem aber wich die Kaiserin dem Problem aus, die Leibeigenen auch nur durch minimale Rechte in die von ihr kodifizierte ständische Gesellschaft einzubeziehen. Vielmehr betrachtete auch sie, von der manche kritische Äußerungen über die Leibeigenschaft bekannt sind, die schollengebundenen Gutsbauern in ihrer konkreten Gesetzgebung weiterhin allein als geschütztes Eigentum ihrer Herren. Der Besitz von Leibeigenen war die unerlässliche Bedingung des adeligen Dienstes für den Monarchen. Überhaupt wurden sie, obwohl sie etwa die Hälfte der Gesamtbevölkerung ausmachten, in den Gnadenurkunden nur einmal eher nebenbei erwähnt: als Bestandteil des adeligen Vermögens. Vieles spricht aber dafür, dass sich das Ancien régime in Russland nicht in eine moderne Gesellschaft transformieren konnte, ohne die Leibeigenschaft abzuschaffen.

LITERATURHINWEISE

Janet M. Hartley, Katharinas II. Reformen der Lokalverwaltung – die Schaffung städtischer Gesellschaft in der Provinz, in: Claus Scharf (Hg.), Katharina II., Russland und Europa: Beiträge zur internationalen Forschung, Mainz 2001. S. 457–477.

Janet M. Hartley, Provincial and Local Government, in: Lieven Dominic (Hg.), The Cambridge History of Russia, Vol. 2: Imperial Russia 1689–1917; Cambridge 2006, S. 449–467.

Janet M Hartley, Governing the City: Sankt Petersburg and Catherine II's Reforms, in: A. Cross (Hg.), St. Petersburg 1703–1825, Palgrave 2003, S. 99–118.

Manfred Hildermeier, Bürgertum und Stadt in Russland 1760–1870, Köln 1986.

Alexander Kamenski, Ot Petra I do Reformy w Rossii XVIII weka, Moskau 1999.

Oleg Omeltschenko, „Sakonnaja monarchija" Jekateriny II. Prosweschtschenny absoljutism w Rossii, Moskau 1993.

WECHSELHEIRATEN
RUSSLANDS DYNASTISCHE BEZIEHUNGEN ZUM „DRITTEN DEUTSCHLAND"

SERGEI ISKJUL / CLAUS SCHARF

In einem Rückblick auf das gesamte 18. Jahrhundert zählte der Göttinger Historiker, Russlandkenner und kritische Publizist August Ludwig Schlözer (1735–1809) im Jahr 1802 dreizehn „Wechselheiraten" zwischen dem russischen Herrscherhaus und europäischen Höfen. Dabei betonte er nicht ausdrücklich, dass diese Ehen die russische Monarchie allein mit deutschen regierenden Häusern verbunden hatten. Zum Teil erklärt sich diese Tatsache aus der Voraussetzung, dass es nirgends so viele regierende Familien gab wie im Heiligen Römischen Reich deutscher Nation. Und weil jede dieser Familien zuvor bereits mit anderen Höfen innerhalb und außerhalb des Heiligen Römischen Reiches vernetzt war, gewann die russische Herrscherfamilie mit jeder Heirat sogar noch weitere Verwandte hinzu.

Diese „Wechselheiraten" des russischen Kaiserhauses, so kommentierte Schlözer, hätten die von Peter I. eingeleitete politische und kulturelle Orientierung Russlands nach Westen gefestigt und, „wenigstens in Deutschland", Chancen für eine bessere Kenntnis Russlands eröffnet. Mit diesem Be-

https://doi.org/10.1515/9783110348712-023

fund verknüpfte der Historiker eine aktuelle politische Überlegung: Angesichts des zunehmenden Drucks, den die Französische Republik unter dem Ersten Konsul Napoleon Bonaparte zu Beginn des 19. Jahrhunderts auf die Mitte Europas ausübte, erhoffte er sich durch die dynastischen Beziehungen des Petersburger Hofes mit deutschen Höfen vom Russischen Reich unter Kaiser Alexander I. ein machtpolitisches Gegengewicht.

genden Herrschern unabhängig vom Erbrecht die größtmögliche Freiheit in der Entscheidung über die Thronfolge eingeräumt hatte, keineswegs dazu geführt, dass andere Thronkandidaten als allein Angehörige der Romanows und ihrer angeheirateten deutschen Familienmitglieder in Betracht gezogen wurden.

Ausgerechnet Peters Tochter Elisabeth, die betonte, dessen Politik fortsetzen zu wollen, setzte sich bei ihrem

INFO   AUGUST LUDWIG SCHLÖZER (1735–1809)

August Ludwig Schlözer wurde am 5. Juli 1735 in Gaggstatt bei Kirchberg/Jagst (Grafschaft Hohenlohe) geboren. Von 1751 bis 1754 studierte er Theologie in Wittenberg, anschließend Geographie, orientalische Sprachen und Statistik in Göttingen. Nach einer Zeit als Hauslehrer und Privatsekretär in Stockholm, Uppsala und Lübeck kehrte er 1759 zum Studium der Medizin, Naturwissenschaften, Jurisprudenz und Staatswissenschaften nach Göttingen zurück, wurde dort 1764 (Titular-) Professor und 1765 ordentliches Mitglied der Akademie der Wissenschaften und Professor der russischen Geschichte in Sankt Petersburg. Zurück in Göttingen übernahm er 1770 eine ordentliche Professur an der Philosophischen Fakultät. 1787 wurde ihm die Nominalprofessur für Politik übertragen. Schlözer starb am 9. September 1809 in Göttingen. Er war einer der wichtigsten Historiker, insbesondere der russischen Geschichte, seiner Zeit und erlangte auch als aufklärerischer und frühliberaler Publizist Berühmtheit.

AUGUST LUDWIG SCHLÖZER, ANONYMES ÖLGEMÄLDE, 1779, SAMMLUNG DER UNIVERSITÄT GÖTTINGEN.

Zu Schlözers politischen Hoffnungen, die er mit den russisch-deutschen dynastischen Beziehungen verknüpfte, hätte natürlich keine kritische Bilanz der Heiratspolitik des russischen Hofes gepasst. Tatsächlich waren die meisten jener Ehen des 18. Jahrhunderts durch einen Mangel an Liebe und Treue zwischen den Partnern, frühe natürliche Todesfälle oder Staatsstreiche unglücklich verlaufen. Sie hatten insofern auch nicht dazu beigetragen, die russische Thronfolge in ruhige Bahnen zu lenken. Zudem hatte das „Recht des monarchischen Willens", mit dem Peter I. sich selbst und den ihm nachfol-

Staatsstreich 1741 über die rechtmäßige Erhebung des Kleinkindes Iwan Antonowitsch zum Kaiser Iwan VI. durch Kaiserin Anna Iwanowna hinweg und berief sich darauf, als Tochter Peters ein höheres Recht auf den Thron zu haben. Entsprechend präsentierte sie ihren eigenen Thronfolger Herzog Karl Peter Ulrich von Holstein-Gottorf, den Sohn ihrer Schwester Anna Petrowna, unter dem Namen Peter Fjodorowitsch erbrechtlich als Enkel Peters des Großen. Ebenso missachtete die Großfürstin Katharina 1762 die Thronfolgeregelung Peters des Großen und die Herrschaftsrechte Peters III., eines gesetzmäßig inthronisierten Kaisers. Während einige der prominenten adligen Verschwörer sie nur als eine Regentin für ihren noch minderjährigen Sohn Paul unterstützt hatten, trat sie nach dem Beispiel Elisabeths mit Hilfe der Garde und ihres Geliebten Grigorij Orlow selbst die Herrschaft als Kaiserin Katharina II. an.

DIE HEIRATSPOLITIK KATHARINAS II.

Dank einer aktiven Reformpolitik gelang es Katharina II., ihre Macht zu festigen. Nach den Kriterien der Zeit führte sie auch eine erfolgreiche Außenpolitik. Klug wahrte sie die Balance zwischen Österreich und Preußen, um Russland nach dem Siebenjährigen Krieg nicht erneut in einen bewaffneten Konflikt der beiden deutschen Großmächten geraten zu lassen. Wegen der Fortdauer der Allianz zwischen Habsburgern und Bourbonen schloss sie ein Bündnis mit Friedrich dem Großen, das auch die Adelsrepublik Polen in Abhängigkeit von beiden Mächten halten sollte. Parallel förderte der Preußenkönig im eigenen Interesse den Ausbau der Beziehungen Russlands zum „Dritten Deutschland", jenen mittleren und kleinen Reichsständen, die früher auf Frankreich orientiert gewesen waren. Von der in Deutschland geborenen Monarchin erhofften sie eine Eindämmung der territorialen Ambitionen der Habsburger, die im deutschen Süden ihre Hausmacht auszubauen suchten.

Als es an der Zeit war, ergänzte Katharina ihre Diplomatie durch eine entsprechende Heiratspolitik. Die einzige Möglichkeit, die Thronfolge zu sichern, bestand in einer Eheschließung ihres Sohnes Paul. Allerdings veranlasste auch dessen Volljährigkeit 1772/73 Katharina nicht, ihm die Herrschaft zu übertragen. 1773 konnte wenigstens der jahrzehntelange Streit mit Dänemark um das Haus Holstein beendet werden, dessen Führung und Besitzansprüche Paul von seinem Vater geerbt hatte. In einem Vergleich verzichtete die dänische Krone auf die Grafschaften Oldenburg und Delmenhorst zugunsten der jüngeren Linie der Herzöge von Holstein und erhielt dafür Holstein-Gottorf.

Zur gleichen Zeit ließ Katharina seit 1771 im Einvernehmen mit Friedrich II. ihre Diplomaten im Heiligen Römischen Reich nach einer Braut für Paul suchen. Am Ende konzentrierte sich die Suche auf drei Töchter des Landgrafen Ludwigs VIII. von Hessen-Darmstadt, der sich lange einer solchen Verbindung widersetzte. Hingegen nahm seine Gemahlin, die gebildete und von Katharina hochgeschätzte Landgräfin Karoline Henriette, eine geborene Prinzessin von Pfalz-Zweibrücken, die mit dem Preußenkönig und auch mit den französischen Aufklärern in Verbindung stand, das Heiratsgeschäft entschlossen in ihre eigene Hand. Selbst präsentierte sie alle drei Töchter 1773 in Petersburg, begleitet von dem darmstädtischen Minister und politischen Schriftsteller Friedrich Karl von Moser und dem „empfindsamen" Autor Johann Heinrich Merck, der zu den Freunden des jungen Goethe zählte. Gemeinsam mit dem Erbprinzen Ludwig, dem Bruder der jun-

INFO **ÜBERSICHT ÜBER DIE RUSSISCH-DEUTSCHEN „WECHSELHEIRATEN"**

Die hier dargestellte Übersicht zeigt die russisch-deutschen „Wechselheiraten" bis zu den vor 1800 geborenen Töchtern und Söhnen der Zarenfamilie. Korrekt zählte Schlözer unter den sechs Heiraten zwischen 1710 und 1745 die Verlobung von Elisabeth Petrowna von 1727 nicht mit. Hingegen zählte er die sich seit 1799 anbahnende Heirat von Maria Pawlowna bereits zu den sieben Ehen „seit 1773". In der Übersicht wurde hier unter dem Jahr 1781 die von Katharina II. arrangierte Heirat ihres Vetters Peter Friedrich Ludwig von Holstein-Oldenburg mit Maria Fjodorownas jüngerer Schwester Friederike von Württemberg eingefügt.

1710 Anna Iwanowna (1693–1740), 1730 Kaiserin, und Friedrich Wilhelm Kettler (1692–1711), 1698 Herzog von Kurland

1711 Alexei Petrowitsch (1690–1718) mit Charlotte Christine Sophie (1694–1715) von Braunschweig-Wolfenbüttel

1716 Katharina Iwanowna (1691–1733) mit Karl Leopold (1678–1747), 1713 Herzog von Mecklenburg-Schwerin

1725 Anna Petrowna (1708–1728) mit Karl Friedrich (1700–1739), 1702/1718 Herzog von Holstein-Gottorf

1727 Verlobung von Elisabeth Petrowna (1709–1761/62) mit Karl August von Holstein-Gottorf (1706–1727), 1726 Fürstbischof von Lübeck

1739 Elisabeth (in Russland Anna Leopoldowna) von Mecklenburg-Schwerin (1718–1746) mit Anton Ulrich (1715–1775), Herzog von Braunschweig-Wolfenbüttel

1745 Karl Peter Ulrich (in Russland Peter Fjodorowitsch) von Holstein-Gottorf, 1762 als Peter III. Kaiser, mit Sophie Friederike Auguste (in Russland Katharina Alexejewna) von Anhalt-Zerbst (1729–1796), 1762 als Katharina II. Kaiserin

1773 Paul Petrowitsch (1754–1801), mit Wilhelmine (in Russland Natalia Alexejewna) von Hessen-Darmstadt (1755–1776)

1776 Paul Petrowitsch (1754–1801), 1796 als Paul I. Kaiser, mit Sophie Dorothee (in Russland Maria Fjodorowna) von Württemberg (1759–1828)

1781 Peter Friedrich Ludwig von Holstein-Oldenburg (1755–1829), 1785 Administrator von Lübeck und Oldenburg, 1823 Herzog von Oldenburg, mit Friederike von Württemberg (1765–1785)

1793 Alexander Pawlowitsch (1777–1825), 1801 als Alexander I. Kaiser, mit Luise Marie Auguste (in Russland Elisabeth Alexejewna) von Baden (1779–1826)

1796 Konstantin Pawlowitsch (1779–1831) mit Juliana (in Russland Anna Fjodorowna) von Sachsen-Coburg-Saalfeld (1781–1860)

1797 Alexandra Pawlowna (1783–1801) mit Joseph, Erzherzog von Österreich (1776–1847)

1799 Helena Pawlowna (1784–1803), mit Friedrich Ludwig von Mecklenburg-Schwerin (1778–1819)

1804 Maria Pawlowna (1786–1859) mit Karl Friedrich von Sachsen-Weimar (1783–1853), 1828 Großherzog

1809 Katharina Pawlowna (1788–1819) mit Peter Friedrich Georg von Oldenburg (1784–1812)

1816 Katharina Pawlowna (1788–1819) mit Wilhelm von Württemberg (1781–1864), 1816 als Wilhelm I. König von Württemberg

1816 Anna Pawlowna (1795–1865) mit Wilhelm, Prinz von Oranien-Nassau (1792–1849), 1840 als Wilhelm II. König der Niederlande

1817 Nikolai Pawlowitsch (1796–1855), 1825 als Nikolaus I. Kaiser, mit Charlotte (in Russland Alexandra Fjodorowna) von Preußen (1798–1860)

1824 Michael Pawlowitsch (1798–1849) mit Charlotte (in Russland Helena Pawlowna) von Württemberg (1807–1873)

gen Prinzessinnen, reiste der Pariser Korrespondent Karolines, der Schriftsteller Friedrich Melchior Grimm, an, und drei Wochen später traf noch eine prominente Persönlichkeit ein: Denis Diderot, Herausgeber und führender Kopf der „Enzyklopädie", des Universallexikons der französischen Aufklärung. Im Herbst und Winter 1773/74 diskutierten Katharina und Diderot am Hofe die Realisierung von Reformen im Russischen Reich. Grimm dagegen wurde fortan außerhalb Russlands zum vertrautesten Korrespondenten der Kaiserin bis zu deren Lebensende.

Der Großfürst entschied sich bald für Prinzessin Wilhelmine, die unter dem Namen Natalia Alexejewna zur Orthodoxie konvertierte, was Friedrich der Große als die „natalisation" der Braut bezeichnete. Da Friederike, eine der Schwestern der Braut, zuvor bereits mit dem preußischen Thronfolger Friedrich Wilhelm verheiratet worden war, verschwägerte sich somit das Haus Hohenzollern mit dem russischen „Kaiserhaus", das eigentlich nur aus Katharina und ihrem Sohn Paul bestand. Nach der Heirat der Schwester Luise von Darmstadt mit Herzog Carl August von Sachsen-Weimar-Eisenach im Jahr 1775 entstand zudem eine Verbindung mit der ernestinischen Linie der Wettiner, die ihrerseits mit den Braunschweigern und den Hohenzollern eng verwandt war. Schon im April 1776 starb Natalia jedoch im Wochenbett, und auch das Kind überlebte nicht. Erst auf diese Weise erfuhr Paul, dass sie ihm nicht treu gewesen war.

Umgehend planten Katharina II. und Friedrich II. für den russischen Thronerben eine neue Ehe. Günstig war, dass sich Prinz Heinrich, der Bruder des Königs und ein Freund der Kaiserin seit ihren Kindertagen, gerade in Sankt Petersburg aufhielt. Diesmal fiel die Wahl auf die württembergische Prinzessin Sophie Dorothee, die Katharina schon früher gefallen hatte, aber 1773 für eine Ehe noch zu jung gewesen war. Dass sie inzwischen mit dem darmstädtischen Erbprinzen Ludwig, dem Bruder der verstorbenen Natalia, verlobt worden war, hinderte die Ehestifter nicht, diesen Bräutigam und die Eltern der Braut mit Versprechun-

ABB. 46   KATHARINA II.

Katharina II., genannt Katharina die Große, ergänzte ihre Diplomatie durch Heiratspolitik. Über die erste Ehe ihres Sohnes und späteren Thronfolgers Paul mit Wilhelmine (in Russland Natalia Alexejewna) von Hessen-Darmstadt stärkte sie nicht nur ihre Beziehungen zum „Dritten Deutschland", sondern verschwägerte das russische Kaiserhaus auch mit den Hohenzollern. Auch die zweite Ehe Pauls mit Sophie Dorothee (in Russland Maria Fjodorowna) von Württemberg sollte die Bindungen an die deutschen Höfe stärken. Das Bild des schwedischen Malers Alexander Roslin von 1776/77 zeigt die Monarchin etwa zur Zeit der zweiten Eheschließung.

KAISERIN KATHARINA II., ÖLGEMÄLDE VON ALEXANDER ROSLIN, 1776/77, EREMITAGE SANKT PETERSBURG.

gen und mit Geld zu einer Meinungs-
änderung zu bewegen.

Sophie Dorothee kam aus einer kin-
derreichen und gut gebildeten Familie. Ihr Vater Herzog Friedrich Eugen
von Württemberg-Mömpelgard hatte
lange Zeit im preußischen Militär gedient, und ihre Mutter war eine Nichte des Königs von Preußen. Während
einer ersten Begegnung, die der Berliner Hof im August 1776 umsichtig in

*Da ein Sohn aus der Beziehung der Monarchin mit Grigo-
ri Orlow nicht als legitim galt, bestand das russische Kaiserhaus in den 1770er Jahren eigentlich nur aus Kaiserin
Katharina II. und ihrem Sohn Großfürst Paul Petrowitsch,
dem späteren Kaiser Paul I. Umso wichtiger war es, die
Thronfolge zu sichern und den Thronfolger geschickt zu
verheiraten. Nachdem seine erste Ehefrau Natalia Alexejewna (die geborene Wilhelmine von Hessen-Darmstadt)
im Wochenbett verstorben war, schenkte ihm seine zweite
Gemahlin Maria Fjodorowna (geborene Sophie Dorothee
von Württemberg) in einer glücklichen Ehe vier Söhne und
sechs Töchter, unter ihnen die späteren Kaiser Alexander I.
und Nikolaus I. Das Bild Alexander Roslins zeigt den Großfürsten im Jahr 1777, kurz nach seiner zweiten Hochzeit.*

GROSSFÜRST PAUL PETROWITSCH, ÖLGEMÄLDE VON ALEXANDER ROSLIN, 1777,
EREMITAGE SANKT PETERSBURG.

Berlin ausrichtete und die beide dauerhaft mit Preußen verband, lernten
Bräutigam und Braut einander kennen
und lieben. Kurz nach dem Übertritt
der evangelischen Braut zur Orthodoxie unter dem Namen Maria Fjodorowna fand im Oktober 1776 in Sankt
Petersburg die Hochzeit statt. Aus dieser glücklichen Ehe wurden zwischen
1777 und 1798 vier Söhne, unter ihnen
die späteren Kaiser Alexander I. und
Nikolaus I., und sechs Töchter geboren, von denen nur ein Mädchen als
Kleinkind starb. So wurde die württembergische Prinzessin zur Stamm-
mutter aller folgenden Monarchen des
Russischen Reiches.

Mit der Geburt der Söhne Alexander und Konstantin 1777 und 1779
schienen alle natürlichen Probleme der
Thronfolge erstmals gelöst zu sein. Vor
allem stabilisierte die württembergische Eheschließung die Beziehungen
zwischen Russland und Preußen. Es
wurde der Höhepunkt der Deutschlandpolitik Katharinas II., dass sie 1779
einen Krieg um die bayerische Erbfolge
erfolgreich im Keim erstickte und gemeinsam mit Frankreich in Teschen einen Frieden zwischen dem Wiener und
dem Berliner Hof vermittelte. Aus dem
Frieden leitete die Petersburger Regierung sogar den Anspruch ab, zu einer
Garantiemacht des Westfälischen Friedens avanciert zu sein. Allerdings wäre
Friedrich dem Großen ein Krieg im
Bunde mit Russland gegen den ehrgeizigen Kaiser Joseph II. lieber gewesen.
Als Katharina im Zuge ihrer antiosmanischen Politik 1780 dann noch während eines Besuchs Josephs im Russischen Reich gar ein zunächst geheimes Bündnis mit Österreich abschloss,
hielt der Preußenkönig seine Allianz
mit Russland endgültig für wertlos.

Enttäuscht reagierten aber auch manche der Sympathisanten Katharinas unter den deutschen Fürsten, die erleben mussten, dass ihre Hoffnungsträgerin fortan die Reichspolitik des Kaisers unterstützte, statt weiterhin die Front gegen die habsburgischen territorialen Ansprüche im Reich zu stärken.

Fortan entwickelte sich in der Frage der russischen Preußenpolitik allmählich ein offener Konflikt zwischen Katharina und dem Großfürsten Paul und dessen engster Umgebung. Dabei stand Maria Fjodorowna fest an der Seite ihres prussophilen Gemahls, während Katharina ihre Enkel zunehmend gegen die Eltern instrumentalisierte. Wenn die württembergische Herkunft der Großfürstin anfangs bestimmt gewesen war, die russisch-preußischen Beziehungen zu festigen, so entriss Katharina Friedrich dem Großen nunmehr die Initiative, über die Ehen der jüngeren Schwestern Maria Fjodorownas zu entscheiden. 1781 wurde Friederike mit Katharinas Vetter, Peter Friedrich Ludwig von Holstein, verheiratet, der von 1785 an das Herzogtum Oldenburg verwaltete, und zur Erbitterung des Preußenkönigs wurde Elisabeth gar Erzherzog Franz, dem habsburgischen Thronfolger und Sohn des Großherzogs Leopold von Toskana, versprochen. Diese Ehe wurde erst 1788 geschlossen, nachdem die Braut eine katholische Erziehung in Wien erhalten hatte, doch schon 1790 starb Elisabeth fast gleichzeitig mit Kaiser Joseph II. Der ältere Bruder Maria Fjodorownas, der württembergische Erbprinz Friedrich Wilhelm Karl, den Friedrich der Große im Zorn aus dem preußischen Dienst gejagt hatte, trat 1782 in den russischen Dienst. 1786 entließ ihn allerdings

ABB. 48 GROSSFÜRSTIN NATALIA ALEXEJEWNA

ABB. 49 GROSSFÜRSTIN MARIA FJODOROWNA

Als Modeporträtist der europäischen Aristokratie malte Alexander Roslin nicht nur Kaiserin Katharina II. und Großfürst Paul I., sondern auch dessen beide Ehefrauen Natalia Alexejewna und Maria Fjodorowna.

GROSSFÜRSTIN NATALIA ALEXEJEWNA, ÖLGEMÄLDE VON ALEXANDER ROSLIN, 1776, EREMITAGE SANKT PETERSBURG; GROSSFÜRSTIN MARIA FJODOROWNA, ÖLGEMÄLDE VON ALEXANDER ROSLIN, 1777, TROPININ MUSEUM MOSKAU.

auch Katharina wieder, weil er seine braunschweigische Gemahlin Auguste schlecht behandelte.

Eins der Hauptziele der inneren Reformen Katharinas II. war es, das staatliche Handeln an Recht und Gesetz zu binden. So versuchte sie in mehreren Phasen, die willkürliche Thronfolgeregelung Peters des Großen mit dem in Europa als Fundamentalgesetz geltenden Erbfolgerecht nach der Erstgeburt (Primogenitur) in Einklang zu bringen. Doch andererseits spielte sie im Alter ernsthaft mit dem Gedanken, nicht ihren Sohn, sondern ihren geliebten Enkel Alexander auf den Thron zu bringen, weil sie fürchtete, Paul werde nicht ihre innen- und außenpolitische Linie weiterverfolgen und sich durch Preußen, Württemberg oder seine freimaurerischen Kontakte mit dem Ausland manipulieren lassen. Ob sie je ein Dokument dieses Inhalts vorbereitet hatte, ist bis heute unklar. In jedem Fall bestritt Alexander nach dem Tode der Kaiserin 1796 nicht das Recht seines Vaters auf den Thron, und Paul wurde Kaiser, worauf er seit Jahrzehnten ungeduldig gewartet hatte.

Maria Fjodorowna gebar noch weitere Kinder, als Katharina bereits die beiden ältesten Söhne des Paares und künftigen Thronfolger verheiratet hatte, Alexander 1793 mit der badischen Prinzessin Luise Marie Auguste, einer Enkelin des aufgeklärten Markgrafen Karl Friedrich, die den Namen Elisabeth Alexejewna annahm, und Konstantin 1796 mit Prinzessin Juliane von Sachsen-Coburg-Saalfeld, die unter dem Namen Anna Fjodorowna konvertierte. Mit dem Markgrafen Karl Friedrich von Baden war Katharina über ihre Großmutter mütterlicherseits sogar verwandt, aber vor allem ge-

hörte sie mit ihm und seiner gebildeten Gemahlin Karoline Luise über Voltaire und Grimm eindeutig zur Partei der Aufklärung unter den Fürsten Europas. Allerdings hatten die unterschiedlichen Bewertungen der Reichspolitik Josephs II. in den 1780er Jahren konkrete Heiratsverhandlungen um fast zehn Jahre hinausgezögert. Die Coburger Prinzessin wurde zusammen mit zwei Schwestern sogar erst ein Jahr vor der Heirat von ihrer Mutter am Petersburger Hof vorgestellt. Auf das Haus Coburg richtete Katharina ihre Aufmerksamkeit, weil ein Onkel der Braut, Prinz Friedrich Josias, im kaiserlichen Kriegsdienst im russisch-österreichischen Krieg gegen das Osmanische Reich 1788–1792 und im Ersten Koalitionskrieg gegen das revolutionäre Frankreich hohe Achtung gewonnen hatte und zum Generalfeldmarschall des Heiligen Römischen Reiches befördert worden war. Die Ehe Konstantins und Julianes von Sachsen-Coburg wurde der Beginn eines erstaunlichen Aufstiegs dieser eigentlich armen Familie, die sich 1826 mit Gotha vereinte, sich im 19. Jahrhundert mit den Königshäusern von Portugal und Großbritannien verschwägerte und Belgien den ersten König und Bulgarien den ersten Zaren der Neuzeit stellte.

Zwei Monate vor dem Tode Katharinas II. scheiterten in Sankt Petersburg die Verhandlungen über eine Eheschließung zwischen dem schwedischen König Gustav IV., dem Sohn ihres Vetters Gustavs III., und ihrer ältesten Enkelin Alexandra. Obwohl diese Ehe den Frieden hätte festigen können und das junge Paar sogar bereits verlobt war, weigerte sich der 17-jährige Monarch zur Erbitterung Katharinas und zur Verzweiflung Alexandras im letzten Moment, ein Dokument zu unterzeichnen, das der Braut erlaubt hätte, in Schweden ihre orthodoxe Konfession zu behalten. Die Episode zeigt, dass nicht einmal die Verwandtschaft zwischen den Monarchen Russlands und Schwedens, die beide der holsteinischen Dynastie entstammten, ihre spannungsreichen zwischenstaatlichen Beziehungen mildern konnten, denn 1788–1790 und 1808–1809 führten sie zum wiederholten Male Kriege gegeneinander.

DIE HEIRATSPOLITIK PAULS I. UND ALEXANDERS I.

Kaiser Paul I., dessen Weg auf den Thron seine Mutter ihr Leben lang blockiert hatte, erließ 1797 ein Fundamentalgesetz, das die Thronfolge an das Erstgeburtsrecht band, wie es Katharina zeitweilig erwogen und dann jeweils wieder verworfen hatte. Der Text ging zurück auf eine Art testamentarischer Verfügung Pauls und Maria Fjodorownas vom Januar 1788, als die Kaiserin ihren Sohn im Krieg gegen Schweden an die Front beordert hatte.

Statt der willkürlichen Entscheidung für einen Nachfolger, die Peter der Große sanktioniert hatte, sollte der Thron nunmehr dem ältesten Sohn und dessen Nachkommen vererbt werden. Insofern kann man erst von diesem Zeitpunkt an von einer im Wortsinn dynastischen Politik der russischen Herrscherfamilie sprechen. Darüber hinaus bedeutete der Akt einen wichtigen Schritt zu einer gesetzlichen Begrenzung der absoluten Herrschaft in Russland.

Kaiser Paul I. und Maria Fjodorowna waren stolz auf ihre kinderreiche Familie, die die Thronfolge auch genetisch sicherte. Im Prinzip setzten beide die auf deutsche Höfe orientierte Heiratspolitik Katharinas ebenso fort wie ihr Sohn Alexander, der 1801 nach der Ermordung Pauls durch eine Verschwörergruppe die Herrschaft antrat. Vor allem in Fragen der Familienpolitik blieb Kaiser Alexander I. unter dem starken Einfluss seiner Mutter, die ihn noch überlebte. Vorherrschend war die Tendenz, die dynastischen Beziehungen nicht auszuweiten, sondern durch Heiraten mit bereits verwandten Häusern zu verdichten. 1797 verheiratete der Hof die unglückliche Alexandra mit Erzherzog Joseph Anton, einem Bruder Kaiser Franz' II., doch starb sie schon 1801. 1799 kam eine Ehe zwischen ihrer Schwester Helena und Friedrich Ludwig von Mecklenburg-Schwerin zustande, die mit dem Tod der Großfürstin 1803 ebenfalls früh endete. Nach Verhandlungen seit 1799 heiratete 1804 die dritte Schwester Kaiser Alexanders, Maria Pawlowna, den Erbprinzen Karl Friedrich von Sachsen-Weimar. 1809 wurde die vierte, Katharina, die Gemahlin des Prinzen Friedrich Georg von Oldenburg, der schon vor der Besetzung Oldenburgs durch die Franzosen im russischen Militär diente. Nach seinem Tod am Typhus im Krieg von 1812 heiratete die Witwe im Januar 1816 in Petersburg den Erbprinzen Wilhelm von Württemberg, ihren Vetter. Dieser war der Sohn von Maria Fjodorownas Bruder Friedrich, den Friedrich der Große aus dem preußischen und Katharina die Große aus dem russischen Dienst geworfen hatten, der aber 1806 durch Napoleon zum König von Württemberg erhoben worden war. Nach dessen Tod noch im selben Jahr 1816 bestieg Katharinas Gemahl als Wilhelm I. den württembergischen Königsthron. Im gleichen Jahr heiratete Kaiser Alexanders fünfte Schwester Anna den Prinzen Wilhelm von Oranien und Nassau, der 1840 als Wilhelm II. König der Niederlande wurde.

Die beiden Ehen, die noch Katharina II. für ihre beiden ältesten Enkel gestiftet hatte, verliefen ebenfalls unglücklich. Die zwei Töchter Elisabeths und des russischen Thronfolgers Alexander starben noch als Kleinkinder, doch als Kaiser erlaubte er sich, außereheliche Kinder zu haben. Aus der Ehe des Großfürsten Konstantin mit Juliane wurden keine Kinder geboren, doch bekam die Gemahlin zwei Kinder außerhalb der Ehe. 1813 verließ sie ihren aggressiven Mann und lebte fortan in Bern. 1820 stimmte Konstantin der Scheidung zu und verzichtete gleichzeitig auf seine Thronrechte als Zweitgeborener. Insofern setzten trotz der zahlreichen Kinder aus der Ehe von Paul und Maria Fjodorowna nur die beiden jüngsten Söhne die Dynastie fort. Nikolaus war kurz vor dem Tod der Kaiserin Katharina geboren worden, Michael sogar erst 1798, 21 Jahre nach der Geburt des Thronfolgers Alexander. Auch sie wurden beide mit Töchtern aus deutschen Herrscherfamilien verheiratet: Nikolaus 1817 mit Charlotte von Preußen, die den Namen Alexandra Fjodorowna annahm, und Michael 1824 mit Prinzessin Charlotte von Württemberg, der jüngeren Schwester König Wilhelms I., die als Helena Pawlowna zur Orthodoxie wechselte.

ERGEBNISSE DER HEIRATSPOLITIK

Mit der Beobachtung, dass die dynastischen „Wechselheiraten" des 18. Jahrhunderts über die Hofkultur Russland den Deutschen im Heiligen Römischen Reich Russland näher rückten, hatte der Historiker Schlözer gewiss recht. Doch trog seine Hoffnung von 1802, Russland werde in Mitteleuropa nicht zuletzt durch die Heiratsverbindungen ein Gegengewicht gegenüber dem napoleonischen Frankreich bilden. Vielmehr billigte das Zarenreich zunächst, dass jene deutschen Fürsten, die linksrheinische Gebiete an Frankreich hatten abtreten müssen, rechts des Rheins territorial entschädigt wurden. Der Römische Kaiser setzte die Tradition fort, sich vor allem an den österreichischen Interessen zu orientieren, und die deutschen Staaten mittlerer Größe banden sich zunehmend an Frankreich. Zu ihren und zu Preußens Gunsten wurden 1803 die geistlichen Kurfürstentümer, Bistümer und Abteien säkularisiert und in der Folge die meisten kleineren, zuvor souveränen Territorien und viele Reichsstädte „mediatisiert", das heißt unter die größeren Fürstentümer aufgeteilt.

Alexander I. achtete in den Verhandlungen mit Frankreich vor allem darauf, dass jene deutschen Herrscherfamilien, die mit ihm verwandt waren, also die Häuser von Württemberg, Baden und Hessen-Darmstadt,

ABB. 50 KAISER PAUL I. MIT SEINER FAMILIE

Das 1799/1800 entstandene Ölgemälde des deutschen Porträt- und Historienmalers Franz Gerhard von Kügelgen, Mitglied der Königlich Preußischen Akademie der Künste in Berlin und Mitglied der Kaiserlich Russischen Akademie der Künste in Sankt Petersburg, zeigt im Zentrum des Bildes sitzend den russischen Kaiser Paul I. und im weißen Kleid seine zweite Frau Sophie Dorothee von Württemberg (in Russland Maria Fjodorowna). Das Monarchenpaar ist umringt von ihren Kindern: Von links sind zu sehen die Söhne Alexander (der spätere Kaiser Alexander I.), Konstantin und Nikolaus (der spätere Kaiser Nikolaus I.). Zwischen Maria und Paul sind die Töcher Katharina, Maria und Anna sowie eine Büste der verstorbenen Olga abgebildet. Rechts neben dem Kaiser sitzt Sohn Michael und stehen die ältesten Töchter Alexandra und Helena. Am linken Bildrand betont eine Büste Peters I. die Abstammung der Kaiserfamilie vom „großen" Monarchen und seinem imperialen Anspruch; am rechten Bildrand ist im Hintergrund das Schloss Pawlowsk zu sehen, wo das Werk, das sich heute in der Petersburger Eremitage befindet, lange Zeit hing.

KAISER PAUL I. MIT SEINER FAMILIE, ÖLGEMÄLDE VON FRANZ GERHARD VON KÜGELGEN, 1799/1800, EREMITAGE SANKT PETERSBURG.

territorial profitierten. 1806 löste sich das Heilige Römische Reich deutscher Nation selbst auf. Kaiser Franz II. legte die Kaiserkrone nieder, als die meisten der größeren deutschen Staaten aus dem Reich aus- und in den Rheinbund eintraten.

Die Rheinbund-Staaten wurden nach französischem Vorbild modernisiert und mussten sich an den Kriegen Napoleons beteiligen, auch am Russlandfeldzug von 1812. Allein die Familie der Herzöge von Oldenburg führte die „Russisch-Deutsche Legion", als nicht nur die Mitglieder des Rheinbunds, sondern widerwillig auch Österreich und Preußen als

Verbündete Napoleons ihre Soldaten nach Russland kommandierten und die Niederlage der Grande Armée teilen mussten. Die Kraft, aber auch den begrenzten politischen Wert dynastischer Beziehungen illustriert am besten das Beispiel Württembergs. Während die militärischen Einheiten König Friedrichs Napoleon bis nach Moskau begleiteten, standen am russischen Hof seine Schwester, die Kaiserinmutter Maria Fjodorowna, und deren Tochter Katharina Pawlowna schon einige Jahre lang an der Spitze der konservativen patriotischen Opposition, die alle Schritte hasste, mit denen sich Kaiser Alexander und seine Ratgeber Napoleon angenähert hatten, vor allem den Abschluss des Friedens von Tilsit 1807 und die Hinnahme der Demütigung Preußens. Die jüngeren Brüder des Königs von Württemberg kämpften 1812 sogar im russischen Heer gegen ihre Landsleute in der Grande Armée. Aus der ernestinischen Linie der Wettiner sah sich Karl August von Sachsen-Weimar, der Schwiegervater Maria Pawlownas, ungeachtet seiner oppositionellen Haltung gegenüber Napoleon, gezwungen, das Bündnis mit ihm lange zu bewahren, während Herzog Ernst I. von Sachsen-Coburg-Saalfeld, der Schwager des Großfürsten Konstantin, und auch die mecklenburgische Dynastie im Laufe des Jahres 1813 der Allianz gegen Napoleon beitraten.

Obwohl der Rheinbund seit 1813 verfiel, bestätigte der Wiener Kongress einen erheblichen Teil der territorialen Veränderungen der napoleonischen Ära. Die Rheinbundfürsten wurden nicht politisch zur Rechenschaft gezogen. Sie behielten jene Titel, die sie dem Kaiser der Franzosen verdankten, und die territorialen Zugewinne aus Säkularisierung und Mediatisierung. Namentlich das Königreich Württemberg und die Großherzogtümer Baden und Hessen gingen dank der Protektion durch Alexander I. sogar gestärkt aus der für ihre Existenz kritischen napoleonischen Ära hervor.

LITERATURHINWEISE

Harald Bachmann (Hg.), Coburg und Rußland um 1800. Die historischen Vorträge vom 20. und 21. März 1992 während der Coburg-russischen Kulturtage vom 16. bis 21. März 1992, Coburg 1993.

Heinz Duchhardt, Die dynastische Heirat, in: European History Online (EGO), published by the Institute of European History (IEG), Mainz 2010. Online verfügbar unter http://www.ieg-ego.eu/duchhardth-2010-de.

Eckhard Hübner, Staatspolitik und Familieninteresse. Die gottorfische Frage in der russischen Außenpolitik 1741–1773, Neumünster 1984.

Serkei Iskjul, Rokowyje gody Rossii: god 1762. Dokumentalnaja chronika, Sankt Petersburg 2001.

Oleg Omeltschenko, Stanowlenije sakonodatelnowo regulirowanija prestolonasledija w Rossiskoi imperii, in: Themis 7 (2006), Moskau 2007, S. 15–54.

Christine Roll, Dynastie und dynastische Politik im Zarenreich: Befunde und Überlegungen zur Heiratspolitik der Romanovs im 17. und 18. Jahrhundert, in: Jahrbuch für Europäische Geschichte 8 (2007), S. 77–102.

Paul Sauer, Der schwäbische Zar. Friedrich – Württembergs erster König, Stuttgart 1984.

Claus Scharf, Katharina II., Deutschland und die Deutschen, Mainz 1995.

Heinrich Schmidt (Hg.), Peter Friedrich Ludwig und das Herzogtum Oldenburg. Beiträge zur oldenburgischen Landesgeschichte um 1800, Oldenburg 1979.

Ewgenij Schumigorskij, Imperatriza Maria Fjodorowna (1759–1828), Sankt Petersburg 1892.

Matthias Stadelmann, Die Romanovs, Stuttgart 2008.

Hans-Joachim Torke (Hg.), Die russischen Zaren 1547–1917, 3. Auflage, München 2005.

Robert Uhland (Hg.), 900 Jahre Haus Württemberg. Leben und Leistung für Land und Volk, Stuttgart 1984.

Gert-Dieter Ulferts / Hartmut Reck (Hg.), „Ihre Kaiserliche Hoheit". Maria Pawlowna, Zarentochter am Weimarer Hof, Weimar / München / Berlin 2004.

POTJOMKINSCHE DÖRFER

JOSEPH II. ZU GAST BEI KATHARINA II.

1787

MARIA PETROWA / CLAUS SCHARF

Es war 1787 in der Nogai-Steppe zwischen Cherson nahe der Mündung des Dnjepr und der Landenge von Perekop eine schöne Mainacht, als Joseph II. nach einem Empfang bei Katharina II. den Grafen Louis-Philippe de Ségur noch zu einem Spaziergang zu zweit anregte. Auf freiem Felde hielt er beim unverhofften Anblick einiger Kamele und einer Gruppe tatarischer Wanderhirten inne und fragte sich, welche politischen Veränderungen ihn, den Kaiser des Heiligen Römischen Reiches, in diese fremde Welt gebracht hatten. Besonders wunderte er sich über sich selbst, dass er überhaupt einer Einladung seiner Bündnispartnerin zu einer gemeinsamen Tour durch Gegenden gefolgt war, die bis 1783 der Khan der Krimtataren regiert hatte,

wenn auch schon seit 1774 unter der Kontrolle Russlands. Ségur, von 1784 bis zum Oktober des Revolutionsjahres 1789 am Petersburger Hof Gesandter König Ludwigs XVI. von Frankreich, fühlte sich gar in ein Märchen aus „Tausendundeiner Nacht" versetzt. Den Kaiser verglich er mit dem Kalifen Harun al-Raschid, „nach seiner Gewohnheit verkleidet", und sich selbst mit dem Großwesir Djafar.

Sonst verhielt sich der Kaiser, dem die ständige Aufmerksamkeit seiner Umgebung zuteil wurde, auf der Reise reserviert. Über deren Verlauf äußerte er sich in Briefen und Gesprächen sogar oft abfällig. Bei aller Liebenswürdigkeit Katharinas II., die in jenem Jahr das 25-jährige Jubiläum ihrer Herrschaft feierte, hielt er die Organisation

https://doi.org/10.1515/9783110348712-024

der Tour durch ihren Vertrauten Grigori Potjomkin mal für großspurig, mal für dilettantisch. Joseph und Potjomkin konnten einander auch sonst nicht leiden, obwohl der Kaiser den Favoriten und heimlichen Ehemann Katharinas 1776 zu einem Fürsten des Heiligen Römischen Reiches erhoben hatte. Das Programm der Reise, das Potjomkin für Katharina, ihre Gäste und deren Gefolge vorbereitet hatte, empfand der Kaiser als eine Führung „von Illusion zu Illusion", und in der Fülle der Zeugnisse von Teilnehmern decken sich erstaunlich viele Urteile mit seiner Kritik.

Selbst was Joseph von den Neubauten und Ansiedlungen gelten ließ, überforderte seiner Meinung sowohl die Staatsfinanzen als auch die Leistungsfähigkeit und Menschenwürde der Arbeitskräfte. Nur der Stand der Rüstung in Russlands neuen Schwarzmeerprovinzen beeindruckte ihn wirklich. Dass ein Krieg gegen das Osmanische Reich drohte, lag zu diesem Zeitpunkt überhaupt nicht in seinem Interesse, doch war ihm die militärische Stärke Russlands nicht gleichgültig, wenn Österreich dann seine Bündnisverpflichtungen erfüllen musste.

POTJOMKIN, KATHARINA II. UND DER SÜDEN RUSSLANDS

Auch wenn die Liebesbeziehung zwischen Katharina II. und Potjomkin vor Jahren geendet hatte, hielt Joseph II. den Einfluss dieses Favoriten auf die Kaiserin und damit auf Russlands Politik nach wie vor für stark und gefährlich. Potjomkin galt als die treibende Kraft hinter dem „Griechischen Projekt", obwohl er es nicht selbst zu Papier gebracht hatte. Es spielte auch bereits keine entscheidende Rolle mehr in Russlands Politik. Die Hauptziele des Projekts hatten darin bestanden, nach Möglichkeit die gesamte Nordküste des Schwarzen Meeres zu annektieren, eine Kontrolle Russlands über die Meerengen zwischen Europa und Kleinasien zu etablieren und seine Präsenz im Mittelmeer zu festigen. Von Anfang an gab es in dem Projekt auch die Zukunftsidee einer Aufteilung des Osmanischen Reiches, an dessen Stelle ein griechisch-orthodoxes Reich mit der Hauptstadt in Konstantinopel gegründet werden sollte. Vorgesehen war

für dessen Thron Katharinas zweitältester Enkel, der deshalb schon 1779 Konstantin getauft worden war. Aktuell blieb von diesen Zielen nur der Ausbau der Hegemonie Russlands im östlichen Mittelmeerraum, der auf den zu erwartenden Widerstand aller interessierten Mächte traf.

Dass sich die Beziehungen zwischen der Kaiserin und Potjomkin geändert hatten, schadete seiner Karriere nicht. Seit 1783 amtierte er als Statthalter der neuen, aus den Gouvernements Neurussland und Asow zusammengefügten Statthalterschaft Jekaterinoslaw („Katharinas Ruhm"), und Regie führte er auch im früheren Krimkhanat, das in Anlehnung an die griechische Bezeichnung aus der Antike als „Taurisches Gebiet" in die territoriale Gliederung Russlands integriert worden war. Schon bald danach verfolgten Katharina und Potjomkin die Idee einer Aufsehen erregenden Reise des Hofes in diesen neuen Süden des Reiches. Dabei

Der kolorierter Kupferstich von Johann Hieronymus Löschenkohl zeigt das Zusammentreffen der Kaiserin von Russland Katharina II. mit dem Kaiser des Heiligen Römischen Reiches Joseph II. bei Nowyje Kaidaki unweit von Cherson am Dnjepr am 18. [7.] Mai 1787. Zu sehen sind neben dem Kaiser und der Zarin links wohl der kaiserliche Gesandte in Sankt Petersburg Johann Ludwig von Cobenzl und der kaiserliche Feldmarschallleutnant Charles-Joseph de Ligne, rechts Katharinas Kammerfräulein Alexandra Branicka geborene von Engelhardt und Katharinas Vertrauter Grigori Potjomkin.

ZUSAMMENKUNFT JOSEPH II. RÖMISCHEN KAISERS MIT CATHARINA II. KAISERIN VON RUSSLAND BEI KOIDAK, KOLORIERTER KUPFERSTICH VON JOHANN HIERONYMUS LÖSCHENKOHL, 1787, WIEN MUSEUM.

war es von Anfang an ihr Ziel, nicht allein prominenten ausländischen Gästen, sondern mehr noch skeptischen Mitgliedern der Petersburger Hofgesellschaft Gelegenheit zu bieten, sich durch den Augenschein von Russlands militärischen und zivilisatorischen Erfolgen zu überzeugen. Als sichtbare Beweise dieser Erfolge dachten die Organisatoren an die Aufstellung neuer Regimenter, die Eingliederung der Kosaken in die regulären Truppen, den Flotten-, Hafen- und Festungsbau, den Städte- und Straßenbau, die Besiedlung und Kultivierung der Steppe, die Belebung des russischen Seehandels, die Verbreitung von Aufklärung und die Durchsetzung religiöser Toleranz.

Zu dieser Reise in den Süden des Russischen Reiches brach die Kaiserin schließlich Anfang Januar 1787 in Begleitung des Hofes auf, und sie kehrte erst ein halbes Jahr später nach Sankt Petersburg zurück. Mit von der Partie waren der Botschafter Österreichs und die Gesandten Frankreichs und Großbritanniens. Die Tour der 14 Karossen auf hohen Kufen, der 124 Schlitten und 40 Lastfuhrwerke führte von Zarskoje Selo über Smolensk, Tschernigow, Kiew, einen Abschnitt auf dem Dnjepr in einer Flotte von fast 90 Galeeren und Booten, über Kaniew an der polnisch-litauischen Grenze, Krementschug, Cherson, Perekop bis auf die Krim in die frühere Residenz des Khans Bachtschissarai (Bāġče Sarāy) und zur Hafenstadt Sewastopol. Als höchstrangige Ehrengäste stießen zu der Reisegesellschaft in Kaniew König Stanisław II. August von Polen in der durchschaubaren Tarnung eines Grafen Poniatowski und nahe Cherson Kaiser Joseph II., wie stets auf seinen Reisen im Inkognito eines Grafen Falkenstein.

Für Potjomkin als Gastgeber stand sein persönliches Ansehen auf dem Spiel. Seine fast eigenmächtige Herrschaft im Süden des Russischen Reiches hatte die Zahl seiner Gegner in Sankt Petersburg und Moskau wachsen lassen. Zu ihnen rechneten der „kleine Hof" um den Thronfolger Paul Petrowitsch, unterschiedliche Kritiker der expansionistischen Politik am Schwarzen Meer, die Freimaurer und sich benachteiligt fühlende Vertreter der Hofparteien mit einzelnen angesehenen Amtsträgern wie Peter Rumjanzow, dem Statthalter von Kleinrussland in Kiew, und wie Alexander Woronzow, dem Präsidenten des Kommerzkollegiums. In diesen Kreisen wurden wie im Westen die offenkundigen Vorbereitungen eines neuen Krieges gegen das Osmanische Reich kritisch kommentiert. Daneben war es schon vor Beginn der Reise ein Thema, wie Potjomkin wohl seine militärischen und zivilen Amtsbereiche in ein gutes Licht rücken werde: Die Kaiserin werde statt

neuer Siedlungen nur Attrappen zu sehen bekommen. Insofern prägte die Unterhaltungen der russischen wie der ausländischen Reisenden von vornherein ein unterschwelliges Misstrauen gegen die gesamte Inszenierung, was Katharina II. und Potjomkin nicht verborgen blieb, zumal die Korrespondenzen der Gesandten überwacht wurden. So warteten viele Teilnehmer bereits auf die „Potjomkinschen Dörfer". Doch populär wurde der Begriff für eine Vorspiegelung falscher Tatsachen erst nach dem Tode Potjomkins und Katharinas II. durch einen zunächst anonymen Autor, der gar nicht an der Reise teilgenommen hatte: Von 1797 bis 1800 druckte die in Hamburg erscheinende Zeitschrift „Minerva" in Fortsetzungen eine Serie „Potemkin. Der Taurier", für die später Georg Adolph Wilhelm von Helbig als Verfasser wahrscheinlich gemacht wurde. Helbig war von 1782 bis 1796 Legationsrat in der Gesandtschaft des Kurfürsten von Sachsen in Sankt Petersburg gewesen und hatte offenbar vor und nach der Tour von Teilnehmern viele Informationen bekommen. Jedenfalls beschrieb er genau die Methoden, mit denen Potjomkin der Kaiserin und ihren Begleitern die tatsächlichen Zustände von Land und Leuten verschleiert habe. In Deutschland verarbeitete er dann die Details in mehreren Veröffentlichungen, die auch in andere Sprachen übersetzt wurden, zu insgesamt negativen Bildern von Staat und Gesellschaft in Russland.

In Wirklichkeit hatte Potjomkin in wenigen Jahren in seinem Herrschaftsbereich beachtliche Leistungen zur Integration der neuen Provinzen in das Russische Reich vollbracht und vor allem die Rüstung vorangetrieben. Vor und während der spektakulären Reise war er verständlicherweise bestrebt, seine Erfolge herauszustreichen und umsichtig und trickreich jeden unangenehmen Eindruck zu vermeiden. Die Phantasie wurde angeregt durch Illuminationen, Triumphbögen, Lorbeerhaine, in Schlösser verwandelte und mit Blumen geschmückte Häuser, ein Regiment von Amazonen in luxuriösen Kostümen und eine ganze Flotte von Galeeren in römischem Stil – alles das gab es wirklich, doch war nicht Mystifikation das Ziel, sondern der Wunsch,

der Kaiserin das neu erworbene Land in ganzer Fülle und Schönheit zu präsentieren und seine Möglichkeiten aufzuzeigen. Dafür scheute Potjomkin keine Anstrengungen und Mittel. Katharina vertraute ihm jedenfalls und wollte sich vom Stand der Entwicklung ihrer neuen Provinzen ein zutreffendes Bild verschaffen. Sie konnte die Reise auch genießen und sich freuen, wenn einzelne ihrer Gäste, wie der befreundete wallonische Fürst Charles Joseph de Ligne, dankbar und enthusiastisch von den einzigartigen Erlebnissen schwärmten.

JOSEPH II. IN RUSSLAND

Jedoch wurden alle in ihrer Auffassung bestätigt, die wie Joseph II. die große Tour in den Süden als eine Veranstaltung im Rahmen der propagandistischen Vorbereitung eines neuen Krieges gegen das Osmanische Reich verstanden und sich – öfter unter vier Augen als offen – kritisch dazu geäußert hatten. Was also hatte den Kaiser veranlasst, die Einladung Katharinas II. anzunehmen und sie im Mai 1787 zu besuchen? Immerhin hatte ihm die Kaiserin noch 1778 mit einem Kriegseintritt Russlands gedroht, sollte er die österreichischen Truppen nicht aus Bayern zurückziehen und dem pfälzischen Kurfürsten die Anerkennung als Erben Bayerns verweigern.

Letztlich hatten Maria Theresia und Joseph II. sogar noch Glück gehabt, dass Russland nicht auf der Seite Preußens in den Bayerischen Erbfolgekrieg eingetreten war, wie Friedrich der Große gehofft hatte. Dass Österreich im Frieden von Teschen 1779 wenigstens das Innviertel von Bayern zugesprochen worden war, minderte allerdings

nicht Josephs II. Interesse an ganz Bayern. Jedenfalls hatte der Dualismus zwischen dem Kaisertum und Preußen Katharina II. faktisch, wenn auch nicht nach dem Reichs- und dem Völkerrecht, in die Rolle einer Schiedsrichterin im Heiligen Römischen Reich gebracht. Doch weil sich ihr Hauptinteresse im Einvernehmen mit Potjomkin zur gleichen Zeit wieder einer offensiven Politik am Schwarzen Meer zugewandt hatte, erkannte Joseph II. die Chance, sich Katharina II. als Bündnispartner in einer Region zu empfehlen, in der ihr Preußen nicht von Nutzen war und Russland und Österreich gemeinsame Interessen verfolgen konnten. Da zudem die Allianz zwischen den Höfen von Wien und Versailles fortbestand, konnte Österreich Russland auch anbieten, auf Frankreich als Schutzmacht des Osmanischen Reiches mäßigend einzuwirken.

Im Frühjahr 1780 ergriff sogar Joseph II. selbst die Initiative, sich gegen den Willen seiner Mutter zum ersten Mal auf eine Reise nach Russland zu begeben, um das angestrebte Bündnis einer Verwirklichung näherzubringen. Natürlich irritierte diese Annäherung den Preußenkönig und die preußenfreundliche Partei am russischen Hof unter Führung Nikita Panins und des Großfürsten Paul Petrowitsch. Im Juni 1780 traf Joseph II. in Mogi-

ABB. 52 FÜRST GRIGORI POTJOMKIN

Grigori Potjomkin, geboren am [24.] 13. September 1739 in Tschischowo bei Smolensk, gilt als einer der wichtigsten Staatsmänner in Russland im 18. Jahrhundert und war ein enger Vertrauter und Günstling von Kaiserin Katharina II. Als Feldherr eroberte er an der Südgrenze des Reiches neue Gebiete (Neurussland) und erschloss als von Katharina eingesetzter Statthalter das Territorium für das Zarenreich. Er organisierte die Reise von Katharina II. nach Neurussland und ihr Zusammentreffen mit Kaiser Joseph II. im Jahr 1787. Als er am 16. [5.] Oktober 1791 mit 52 Jahren starb, äußerte Katharina: „Sie können sich das Ausmaß meines Kummers nicht vorstellen. Er hatte ein wunderbares Herz und ein seltenes Verständnis, mit ungewöhnlicher Großzügigkeit gepaart."

FÜRST GRIGORI POTJOMKIN, ÖLGEMÄLDE VON JOHANN BAPTIST LAMPI DEM ÄLTEREN, UM 1790, EREMITAGE SANKT PETERSBURG.

lew in Russlands weißrussischem Anteil aus der Ersten Teilung Polens mit der Kaiserin zusammen. Da Katharina Wert darauf legte, dass er seinen Aufenthalt verlängerte und auch die beiden Hauptstädte kennenlernte, reisten beide gemeinsam nach Smolensk, Joseph II. dann allein nach Moskau, und abschließend empfing ihn Katharina nochmals in Sankt Petersburg. Beide respektierten und schmeichelten einander, wenn ihre wechselseitigen Urteile sich auch erheblich unterschieden. Jedenfalls führten sie in einer freundschaftlichen Atmosphäre zahlreiche offene Gespräche. Darin dominierten drei politische Themen, die für eine Zusammenarbeit über den Tag hinaus geeignet waren.

Ausführlich ließ sich die Kaiserin erstens über das habsburgische System der „Normalschulen" für Schüler aller Stände, Konfessionen und Nationalitäten informieren. Maria Theresia und Joseph hatten die Erfahrungen in Schlesien aufgegriffen, wo solche Normalschulen zuerst nach der Eroberung durch Preußen eingeführt worden waren. Katharina erschien das System rasch als ein attraktives und bereits bewährtes Modell für ihre Schulreform im multinationalen Russischen Reich.

Hatten die Eheschließungen des Thronfolgers Paul 1773 und 1776 die Allianz mit Preußen untermauern sollen, so nutzte Katharina II. zweitens den Besuch Josephs II. in Russland, um der inzwischen nicht mehr erwünschten einseitigen Prussophilie ihres Sohnes und seiner württembergischen Gemahlin Maria Fjodorowna entgegenzuwirken: Zur Erbitterung Friedrichs II. verabredeten Katharina II. und Joseph II. eine Heirat Elisabeths, der nächstjüngeren Schwester Marias, mit Erzherzog Franz, dem habsburgischen Thronfolger, Sohn des Großherzogs Leopold von Toskana und Neffen Josephs II. Vorrangig wollten sie damit ihr angestrebtes Bündnis durch eine Ehe besiegeln, und ausgerechnet dem russischen Thronfolgerpaar, das seine politischen Zielvorstellungen am preußischen König ausrichtete, war die Rolle eines Bindeglieds zugedacht.

An einem Bündnis waren Joseph und Katharina drittens gleichermaßen interessiert. Maria Theresia und Kanzler Wenzel Anton Graf von Kaunitz hatten zwar dem Kaiser vor seiner Reise auferlegt, vorrangig zur Entfremdung zwischen Russland und Preußen beizutragen und höchstens ein Defensivbündnis vorzubereiten. Doch Joseph II. wollte Südosteuropa und den Schwarzmeerraum nicht allein Russland als Interessengebiet

überlassen. Vielmehr fand er es auch für Österreich vorteilhaft, das Osmanische Reich weiter zu schwächen. Schon während Russlands Türkenkrieg 1768–1774 hatte die Wiener Regierung insgeheim unterschiedliche Pläne einer Teilung des Osmanischen Reiches beraten, die seither auch im Österreichischen Staatsarchiv bewahrt wurden. Katharina II. hingegen machte aus ihren Eroberungsabsichten auf Kosten des Osmanischen Reiches keinen Hehl. Es gab sogar schon einen ersten Entwurf des „Griechischen Projekts" aus der Feder des kaiserlichen Sekretärs Alexander Besborodko. In dem Maße, wie der Einfluss Panins, des Chefs des Kollegiums für auswärtige Angelegenheiten und Architekten der Allianz mit Preußen, schwand, gewannen Potjomkin und Besborodko an Einfluss auf Russlands Außenpolitik.

DER BÜNDNISVERTRAG

Zeitlich fiel der Beginn der Vertragsverhandlungen mit dem Tod Maria Theresias Ende 1780 zusammen, als Joseph II. mit der alleinigen Herrschaft in den Erbländern der Habsburgermonarchie auch die außenpolitische Handlungsfreiheit gewann. Rasch waren sich beide Seiten einig, dass ihr Vertrag die jeweils bestehenden Bündnisse – Russland mit Preußen und Österreich mit Frankreich – nicht in Frage stellen sollte. Für zunächst acht Jahre garantierten sie sich wechselseitig ihre Territorien und versprachen einander im Fall eines Angriffs militärische oder finanzielle Hilfe, wo dies einen Sinn machte. Doch eine viel längere Zeit erforderten unerwartete protokollarische Probleme: Joseph II.

beharrte unter Berufung auf seine rechtliche Position als Oberhaupt des Heiligen Römischen Reiches darauf, in beiden sprachlichen Fassungen des Vertrages an erster Stelle aufgeführt zu werden. Katharina II. fand dies der Würde Russlands abträglich, war aber so stark an dem Bündnis interessiert, dass sie eine annehmbare Lösung vorschlug, die der Kaiser akzeptierte: Statt der völkerrechtlich üblichen Ausfertigungen mit den Unterschriften beider tauschten sie zwei inhaltlich identische Briefe aus. Insgeheim hatte der Vertrag das Osmanische Reich als Gegner im Visier, doch waren die Kriegsszenarien noch unklar.

Allein schon die in Mogilew vereinbarten Heiratspläne ließen den Preußenkönig nichts Gutes ahnen, aber weder er noch das russische Thronfolgerpaar konnten ihre Realisierung aufhalten. Dass Friedrich II. noch im August 1780 seinen Neffen und Thronfolger Friedrich Wilhelm nach Sankt Petersburg entsandt hatte, um dem persönlichen Erfolg Josephs II. entgegenzuwirken, missglückte, weil Katharina den Kronprinzen nur langweilig fand. Auf dem Papier bestand das russisch-preußische Bündnis zwar fort, doch hatte es für Friedrich II., als er schließlich von den Ergebnissen der russisch-österreichischen Verhandlungen erfuhr, seinen Wert verloren. Im September 1781 musste Panin die Leitung der

Außenpolitik Russlands endgültig an Vizekanzler Iwan Ostermann und Besborodko abgeben.

In jenem selben Mai 1781, in dem Katharina und Joseph ihre Allianz vereinbarten, schloss sich Preußen sogar noch einem Vertragssystem der bewaffneten Neutralität an, zu dem die Kaiserin von Russland am 10. März [28. Februar] 1780 aufgerufen hatte. Mit diesem System kollektiver Sicherheit wehrten sich die im amerikanischen Unabhängigkeitskrieg neutralen Staaten im Interesse ihres Handels gegen das Kapern ihrer Schiffe durch die kriegführenden Mächte, aber hauptsächlich gegen das britische Dik-

---

Man trat nun mit dem Anfange der schönen Jahreszeit die Wasserreise an, und in diesem Augenblicke wurde das theatralische Maschinenwerk in Gang gesetzt, durch dessen Féerey [féerie – Zauberwerk C. S.] sich niemand täuschen ließ, als die Kayserin. Dieses Blendwerk wurde, nachdem die Monarchin zu Lande reißte, auf dem ganzen Wege in den Statthalterschaften des Fürsten Potemkin noch stärker fortgesetzt. Wir wollen jetzt von diesen Verwandlungen sprechen […]

Man glaubte in einiger Entfernung Dörfer zu sehen, aber die Häuser und Kirchenthürme waren nur auf Breter gemalt. Andere nahegelegene Dörfer waren erst erbauet worden, und schienen bewohnt zu seyn. Die Einwohner waren oft 40 Meilen weit herbey getrieben worden. Abends mußten sie ihre Wohnungen verlassen, und des Nachts in der größten Eil andere Dörfer erreichen, die sie abermals nur auf einige Stunden, und nur so lange bewohnten, bis die Kayserin vorbeygefahren war. Es versteht sich, daß man diesen Leuten Entschädigungen versprochen hatte, und kaum läßt es sich deuten, daß man ihnen nichts gab. Und doch war es so. Viele von ihnen wurden ein Raub der Verzweiflung und aller physischen Plagen. Heerden Vieh wurden in der Nacht von einem Orte zum andern getrieben, und oft bewunderte sie die Monarchin fünf bis sechsmal.

QUELLE 40   DIE POTJOMKINSCHEN DÖRFER

Bekannt wurden die sprichwörtlich gewordenen Potjomkinschen Dörfer als eine Vorspiegelung falscher Tatsachen vor allem durch eine anonym verfasste Berichtsserie in der Hamburger Zeitschrift Minerva, die unter dem Titel „Potemkin. Der Taurier" von 1797 bis 1800 erschien und aus der hier ein Auszug wiedergegeben ist. Als Autor wurde Georg Adolph Wilhelm von Helbig identifiziert, der von 1782 bis 1796 als Legationsrat an der sächsischen Gesandtschaft in Sankt Petersburg gearbeitet und dabei offenbar von Teilnehmern der Reise Katharinas nach Neurussland, bei der er selbst nicht zugegen war, viele Informationen erhalten hatte. Diese Kenntnisse nutzte er erfolgreich für seine Veröffentlichungen, vielfach in andere Sprachen übersetzt, und schuf so den Begriff von den Potjomkinschen Dörfern.

QUELLE: ANONYM [GEORG ADOLPH WILHELM VON HELBIG], POTEMKIN. DER TAURIER, IN: MINERVA. EIN JOURNAL HISTORISCHEN UND POLITISCHEN INHALTS, HRSG. VON J. W. V. ARCHENHOLZ, HAMBURG 1797–1800, HIER 1798, BD. 2: APRIL, S. 300F.

tat des internationalen Seerechts. Auf Drängen Katharinas II. trat im Herbst 1781 auch Österreich bei. Zwar verfügten die beiden deutschen Großmächte über keine Kriegsflotten und mussten sich folglich nicht zu maritimen Aktionen gegen die Seemächte verpflichten, doch waren sie durchaus an der Sicherheit ihres Seehandels interessiert. Mit den Friedensschlüssen in Paris von 1783 war das breite Bündnis zwar hinfällig, doch dass die britische Regierung Österreich und Russland um Vermittlung gebeten hatte, zeigt das hohe Ansehen, das die beiden Verbündeten auch im Westen genossen.

DER PREIS DES BÜNDNISSES

Ihr Bündnis hatte allerdings für jede Seite letztlich einen hohen Preis. Für Joseph II. war es eine Zumutung, dass Katharina II. ihm eine zweite Auflage ihres „Griechischen Projekts" präsentierte: In dem berühmten Brief an den Kaiser vom 21. [10.] September 1782 stand im Zentrum weiterhin die Inthronisierung ihres Enkels Konstantin in Konstantinopel; die russischen Grenzen sollten bis zur Mündung des Südlichen Bug vorgeschoben werden; weiter westlich war zwischen Russland und dem Habsburgerreich ein vermutlich Potjomkin zugedachter unabhängiger Pufferstaat Dakien vorgesehen, bestehend aus der Walachei, Moldau und Bessarabien.

Im Gegenzug bezeichnete Joseph II. ein Territorium vom Dnjestr und der westlichen Walachei über Serbien bis Bosnien als Interessengebiet der Habsburgermonarchie und betonte auch die zu erwartenden Widerstände namentlich Frankreichs und Preußens. Von hoher Bedeutung war dem Kaiser außerdem der Erwerb venezianischer Besitzungen am Adriatischen Meer. Doch diesen Wunsch erfüllte Katharina II. ihm nicht, weil Venedig für diesen Verlust mit griechischen Inseln hätte entschädigt werden müssen, die für das künftige Herrschaftsgebiet des Großfürsten Konstantin vorgesehen waren. Die tiefe Enttäuschung Josephs bedeutete eigentlich das Ende des „Griechischen Projekts". Auch deshalb ging er während der Krise um die Krim 1783 letztlich nicht auf Katharinas Vorschläge ein, selbst irgendwelche Territorien anzustreben, doch leistete er Russland eine verlässliche diplomatische Unterstützung, die in Petersburg hoch geschätzt wurde, und verstärkte sogar die militärische Präsenz an der ungarischen Grenze zum Osmanischen Reich. Hingegen blieben Reaktionen Frankreichs und Englands aus, weil sie mit Friedensverhandlungen in ihrem Krieg in Nordamerika beschäftigt waren. Immerhin hatte das Krim-Khanat schon seit 1774 unter russischer Kontrolle gestanden und waren dort bürgerkriegsähnliche Unruhen tatarischer Untertanen gegen den russlandfreundlichen Khan durch bewaffnete Interventionen Russlands unterdrückt worden.

Die Annexion der Krim durch Russland hatte eine unverhoffte Konsequenz auch für das Heilige Römische Reich. Denn vorrangig verfolgte der Kaiser statt der unrealistischen Expansionspläne in Südosteuropa nun erneut das Projekt, Bayern im Tausch gegen die habsburgischen Niederlande zu erwerben. Dafür erhielt er sogar sofort die erwartete Unterstützung Katharinas II. Auch Kurfürst Karl Theodor verhielt sich wie 1778 gegenüber dem Tauschangebot aufgeschlossen, weil ihm immer noch ein Königreich links des Rheins vorschwebte. Als aber Joseph ohne jede Rechtsbasis zudem das Erzbistum Salzburg und die Fürstpropstei Berchtesgaden begehrte, weil die Einkünfte Bayerns geringer waren als die der österreichischen Niederlande, irritierte diese Willkür die katholischen Bischöfe und Äbte im Reich, die traditionell zu den Unterstützern des Kaisers rechneten. Dann empörte sich wieder öffentlich vor allem Karl Theodors Erbe, Karl II. August von Pfalz-Zweibrücken, über das Ansinnen Josephs und Katharinas, ihn finanziell abfinden zu wollen. Und wie zu erwarten war, widersetzten sich auch Frankreich und Preußen einem Ausbau der habsburgischen Präsenz im Süden Deutschlands. Wieder beschuldigte Friedrich II. den Kaiser des Rechtsbruchs und griff eine Initiative mehrerer Reichsfürsten auf, die seit 1782 Pläne einer einvernehmlichen Reform der Reichsverfassung beraten hatten. Dabei waren zwei Alternativen diskutiert worden: Ein Vorschlag des Markgrafen von Baden sah vor, die Landeshoheit der Fürsten zu stärken und das Kaisertum zu schwächen, während der pfälzisch-bayerische Thronerbe aus Zweibrücken das Amt mit vermehrten Machtbefugnissen auszustatten wünschte, denn mit seinen zwei künftigen Kurfürstentiteln konnte er sich selbst als Kandidaten für die Kaiserwürde vorstellen.

DIE IDEE EINES FÜRSTENBUNDES

Die Idee eines Fürstenbundes nutzte der Preußenkönig erneut in der Rolle eines Protektors der kleineren Reichsstände gegen die Habsburger. Um eine der Zukunft zugewandte Reform der Reichsverfassung ging es ihm dabei nicht mehr, als er sich im Juli 1785 durch ein Bündnis mit den Kurfürsten von Hannover und Sachsen an die Spitze der Opposition gegen den Kaiser setzte. Vielmehr war das Ziel konservativ formuliert: Die drei Mächte und alle Fürsten, die sich ihnen anschließen wollten, vereinbarten eine wechselseitige Sicherung ihrer Besitzrechte, für die sie notfalls mit Waffengewalt eintreten wollten. Nachdem Frankreich sich bereits gegen das Tauschprojekt positioniert hatte, zog Friedrich II. mit diesem Schachzug auch England auf seine Seite, dessen König der Kurfürst von Hannover war. In der Folge traten viele prominente Reichsfürsten dem Bündnis der drei Kurfürsten bei. Das größte Aufsehen erregte aber im Oktober 1785 der Beitritt des Mainzer Erzbischofs und Kurfürsten Friedrich Karl von Erthal, der als Erzkanzler des Reiches das zweithöchste Amt im Heiligen Römischen Reich ausübte. Jetzt wurde offensichtlich, dass auch katholische Reichsstände gegen die kaiserliche Interessenpolitik für das Haus Österreich und gegen die Kirchenpolitik Josephs II. opponierten, weil sie Anlass hatten, Säkularisierungen zu fürchten. Hatte der Kaiser unmittelbar nach seiner Wahl in den 1760er Jahren zunächst Hoffnungen auf eine Reform der Institutionen des Reiches auf sich gelenkt, so entstand mit dem Fürstenbund erstmals in Deutschland eine von Fürsten, Adligen und Bildungsbürgern getragene reichspatriotische Reformbewegung. Obwohl die Rechtmäßigkeit eines Bundes gegen den Kaiser in

---

Katharina II. über Joseph II. an Friedrich Melchior Grimm in Paris:

Mogilew, 25. Mai (5. Juni) 1780

Wir haben gestern den ganzen Tag zusammen verbracht. Es schien, als langweile er sich nicht. Ich fand ihn sehr unterrichtet. Er liebt es zu reden und redet sehr gut.

Mogilew, 26. Mai (6. Juni) 1780

Gestern hatten wir abends eine komische Oper. Herr von Falkenstein sagte mir bei der Unterhaltung Dinge, die wert wären, sie zu veröffentlichen, die sicherlich ihm unendliche Ehre machen würden, wenn er sie in die Praxis umsetzte. Ich wage es nicht, sie zu publizieren, weil sie mir nur mündlich gesagt wurden, nicht aus Feigheit, sondern wegen der Diskretion.

Peterhof, am 24. Juli (4. August) 1780

Herr von Falkenstein ist hier am 16. dieses Monats abgereist, und er dürfte in der Nähe von Wien sein. Ich werde nicht enden, wenn ich es unternehme, sein Lob zu singen. Er ist ein sehr solider Kopf, sehr gründlich und wohl unterrichtet.

Joseph II. über Katharina II. an Maria Theresia:

Sankt Petersburg, 18. (29.) Juli 1780

Alles zeigt, sie möchte von Geschäften und Projekten reden; aber ihre Eigenliebe ist im Spiele, und sie wagt es entweder nicht oder sie will pfiffig sein. In beiden Fällen kann und muss ich ruhig des Ausgangs harren. Sobald man einen ernsten Ton gegen sie anschlägt, ändert sie das Gespräch und scheint sich damit entschuldigen zu wollen, dass sie das Vorhergegangene nur so leichthin gesagt habe. Ihr gegenüber muss man daher durchaus die Sache zur Reife kommen lassen und ihr die Genugtuung nicht gewähren, von ihr irregeführt worden zu sein.

Joseph II. an Kaunitz über die Notwendigkeit einer Allianz mit Katharina,

Wien, 9. Januar 1781

Ihre Eitelkeit ist ihr Götzenbild; ihr rasendes Glück und der Wetteifer ganz Europas in übertriebenen Huldigungen für sie haben sie verdorben. Man muss schon mit den Wölfen heulen; wenn nur das Gute geschieht, liegt wenig an der Form, in welcher man es erreicht.

QUELLE 41 KATHARINA II. UND JOSEPH II. URTEILEN ÜBEREINANDER

Kaiser Joseph II. und Kaiserin Katharina II. äußerten sich vielfach bewundernd, aber auch hin und wieder weniger schmeichelhaft übereinander. Mit dem von Katharina in den ersten der hier auszugsweise zitierten Briefe bezeichneten Herrn von Falkenstein ist Joseph II. gemeint, der seine Reisen stets unter diesem Namen durchführte.

QUELLE: BRIEFE 1–3: HANS JESSEN (HG.), KATHARINA II. VON RUSSLAND IN AUGENZEUGENBERICHTEN, TASCHENBUCHAUSGABE, MÜNCHEN 1978, S. 289F; BRIEF 4: ALFRED RITTER VON ARNETH, GESCHICHTE MARIA THERESIA'S, BD. 10: MARIA THERESIA'S LETZTE REGIERUNGSZEIT, WIEN 1879, S. 688; BRIEF 5: ALFRED RITTER VON ARNETH (HG.), JOSEPH II. UND KATHARINA VON RUSSLAND. IHR BRIEFWECHSEL, WIEN 1869, S. VII–VIII.

der öffentlichen Meinung kontrovers beurteilt wurde, erreichte Friedrich das von ihm angestrebte Ziel, dass sich Joseph II. trotz der Unterstützung Russlands gezwungen sah, das Tauschprojekt aufzugeben. Es war der letzte politische Erfolg des Preußenkönigs, der am 17. August 1786 starb.

Mit der einseitigen Festlegung auf Joseph II. als Bündnispartner enttäuschte Katharina II. zunehmend auch jene Reichsstände und Publizisten, die zuvor gehofft hatten, sie werde ihre Übermacht wie 1778 schlichtend für den Frieden in Europa und unparteiisch für Recht und Herkommen im Reich zur Geltung bringen. Stattdessen erwartete die Kaiserin von den deutschen Fürsten nunmehr Unterstützung für Joseph II. Und waren Russlands militärische Erfolge gegen das Osmanische Reich 1768 bis 1774 wie in der von Voltaire angeführten europäischen Öffentlichkeit auch in Deutschland bewundert und begrüßt worden, so verlor Katharina II. an Ansehen darunter auch durch die Eroberung der Krim und durch die sich fortsetzende offensive Politik Russlands auf der Balkanhalbinsel.

Erst recht konnte Joseph II. mit den Ergebnissen der Allianz nicht zufrieden sein. Als ihn „die katharinisierte Prinzessin von Zerbst", wie er die Kaiserin gegenüber Kaunitz abfällig nannte, im Sommer 1786 zu dem Triumphzug in die 1774 und 1783 von Russland eroberten Gebiete am Schwarzen Meer einlud, sagte er nur notgedrungen zu. Die ganze Reise in die „Potjomkinschen Dörfer" ließ er dann missmutig über sich ergehen, und eigentlich war ihm bewusst, dass er selbst die Entscheidungen mitgestaltet hatte, die ihn letztlich in die Nogai-Steppe führten. Wie er dort befürchtete, wurde sein Bündnis mit Katharina rasch auf die Probe gestellt: Am 4. September [24. August] des gleichen Jahres 1787 kam das Osmanische Reich Russland mit einer Kriegserklärung zuvor, und vertragsgemäß sah Österreich sich gezwungen, im Februar 1788 an der Seite Russlands in einen Krieg einzutreten, den es nicht gewollt hatte. Nichtsdestoweniger verlängerte Joseph II. im Mai 1789 unter Druck von Kanzler Kaunitz den Bündnisvertrag mit Katharina II., denn andere Verbündete hatte er nicht mehr.

LITERATURHINWEISE

Alfred Ritter von Arneth (Hg.), Joseph II. und Katharina von Rußland. Ihr Briefwechsel, Wien 1869.

Eckhard Hübner / Jan Kusber / Peter Nitsche (Hg.), Russland zur Zeit Katharinas II. Absolutismus, Aufklärung, Pragmatismus, Köln / Wien 1998.

Hans Jessen (Hg.), Katharina II. von Rußland in Augenzeugenberichten, Taschenbuchausgabe, München 1978.

Simon Sebag Montefiore, Katharina die Große und Fürst Potemkin. Eine kaiserliche Affäre, Frankfurt am Main 2009.

Louis-Philippe de Segur, Mémoires ou souvenirs et anecdotes, Bd. 3, hg. v. P. Tardieu, Paris 1826, S. 159. Deutsche Übersetzung: Denkwürdigkeiten, Rückerinnerungen und Anekdoten aus dem Leben des Grafen von Segür, Pair von Frankreich. Dritter Theil. Stuttgart 1827, S. 111.

NIKOLAI KARAMSINS KAVALIERSTOUR ZU DEN DEUTSCHEN MUSENHÖFEN

1789/1790

FRANK-LOTHAR KROLL

Die Existenz zahlreicher kleinerer und kleinster landesfürstlicher Residenzstädte, von denen viele in den Jahrzehnten vor 1789, und dann erneut im Jahrhundert zwischen 1815 und 1914, als Mittelpunkte einer teilweise sehr beachtlichen und weitstrahlenden regionalen Kunstförderung Ruhm und Wertschätzung genossen, gehört zu den charakteristischen Phänomenen der neueren deutschen Kultur-, Geistes- und Sozialgeschichte. Seit der Entstehung und Konsolidierung landesherrschaftlicher Territorien im Heiligen Römischen Reich Deutscher Nation besaßen oftmals winzige und unscheinbare Örtchen wie Coburg, Bad Arolsen oder Meiningen den Rang von Landeshauptstädten und genossen alle damit verbundenen Privilegien und Auszeichnungen: ein Residenzschloss von teilweise beachtlicher Grö-ße, ein Hoftheater, ein Schauspielhaus und, nicht zuletzt, eine gut ausgebaute Dienstleistungs- und Infrastruktur.

Einige dieser landesfürstlichen Residenzorte galten, bedingt durch die spezifischen Vorlieben, Aktivitäten und Interessen der jeweils herrschenden Regenten und deren höfisch-dynastischer Umgebung, schon den Zeitgenossen des 18. Jahrhunderts in ganz Europa als Zentren intellektueller Gesellschkeit und Versammlungsorte bedeutender Geister – allen voran die kursächsische Haupt- und Residenzstadt Dresden unter den beiden nacheinander amtierenden Kurfürsten Friedrich August I. (regierend 1694–1733) und Friedrich August II. (regierend 1733–1763), sodann die Haupt- und Residenzstadt der Landgrafschaft Hessen-Kassel unter den Landgrafen Carl (regierend 1670–1730) und

https://doi.org/10.1515/9783110348712-025

265

Friedrich II. (regierend 1760–1785), ferner die Haupt- und Residenzstadt der Landgrafschaft Hessen-Darmstadt unter Landgraf Ludwig IX. (regierend 1768–1790) bzw. seiner ihn intellektuell weithin dominierenden Gemahlin Henriette Caroline (1721–1774), der von Johann Wolfgang von Goethe so genannten „Großen Landgräfin", sowie die Haupt- und Residenzstadt des Herzogtums Sachsen-Weimar und Eisenach unter der Regentin Herzogin Anna Amalia (regierend 1758–1775) und ihrem bis 1815 als Herzog, danach, bis 1828, als Großherzog amtierenden Sohn Carl August, dem Freund und Förderer Goethes.

RUSSISCHE KAVALIERSTOUREN

Es war vor allem der Weimarer Musenhof, dessen künstlerische Strahlkraft die Phantasie vieler bildungsbeflissener Zeitgenossen beflügelte und manchen unter ihnen einen Besuch dieses berühmten Bildungszentrums nahelegte. Zur Gruppe der nach Weimar pilgernden Kunstfreunde zählte auch der Schriftsteller und Historiker Nikolai Karamsin (1766–1826), der – in späteren Jahren einer der maßgeblichen Begründer der neueren russischen Prosasprache – 1789/90 von Moskau aus eine Europareise antrat, die ihn durch Deutschland, die Schweiz, Frankreich und England führte, und deren Erlebnisse und Erfahrungen er später in seinen *Briefen eines reisenden Russen* niederschrieb – einem beispiellos erfolgreichen Buch, das durch feinsinnig-empfindsame Städte- und Landschaftsbeschreibungen ebenso für sich einzunehmen vermochte wie es in der Schilderung von persönlichen Begegnungen mit zahlreichen Berühmtheiten der europäischen Geisteswelt um 1790 hervorstach.

Die andernorts seit langem üblichen Bildungs- und Studienreisen junger adliger Kavaliere durch ganz Europa waren in Russland erst am Ende des 18. Jahr-

ABB. 53   NIKOLAI KARAMSIN

Nikolai Karamsin wurde am 12. [1.] Dezember 1766 im Dorf Michailowka im Gouvernement Simbirsk geboren. Als Jugendlicher lernte er in Moskau Sprachen und Literatur, schloss sich als 17-jähriger dem Kreis um den Aufklärer Nikolai Nowikow an und publizierte erste eigene Werke. 1789/90 reiste er durch Europa, besuchte Königsberg, verschiedene deutsche Höfe, die Schweiz, Paris und London, um die Bekanntschaft der großen Gelehrten seiner Zeit zu machen. Karamsin wurde später ein bedeutender Schriftsteller und Historiker: Er markiert in der russischen Literatur den Übergang vom Klassizismus zum Sentimentalismus und veröffentlichte als Reichshistoriograph eine hochgelobte 12-bändige Geschichte des russischen Staates. Das von Giovanni Battista Damon-Ortolani gemalte Porträt entstand im Jahre 1805.

NIKOLAI KARAMSIN, ÖLGEMÄLDE VON GIOVANNI BATTISTA DAMON-ORTOLANI, 1805, RUSSISCHE STAATSBIBLIOTHEK MOSKAU.

hunderts üblich geworden. Zwar hatte es auch schon zuvor Berichte von russischen Reisenden – Kaufleuten und Handelsfahrern, Pilgern und frommen Klerikern – über ihre Erlebnisse und Erfahrungen im Westen gegeben. Und bekannt wurde auch jener Frankreichaufenthalt, der den russischen Satiriker

[Berlin, d]en 4. Juli [1789]

Gestern morgen um sechs Uhr ritt ich mit D. nach Potsdam. Nichts kann so langweilig sein als dieser Weg. Überall tiefer Sand und nirgends ein auffallender oder angenehmer Gegenstand für die Augen. Aber die Ansicht Potsdams und vorzüglich Sanssoucis ist über die Maßen schön. [...] Auf dem Paradeplatze, dem mit römischen Säulenordnungen umgebenen Palaste gegenüber, exerzierte die Garde. Schöne Leute und herrlich gekleidet! Die Ansicht des Palastes von der Gartenseite ist vortrefflich. Die Stadt ist durchaus schön gebaut, und auf der sogenannten Römerstraße sind die prächtigsten Gebäude, die zum Teil nach den schönsten römischen Palästen gebaut sind. Der verstorbene König ließ die Häuser auf seine Kosten errichten, und dann verschenkte er sie. Jetzt stehen diese herrlichen Gebäude entweder leer oder sind von Soldaten bewohnt. Denn die Zahl der Einwohner Potsdams ist nicht groß. Die Ursache davon ist die Abwesenheit des Hofes, denn der jetzige König zieht Charlottenburg vor. [...]

Nach Tisch ritten wir nach Sanssouci. Dieses Lustschloss liegt auf einer Anhöhe, von welcher man die Stadt und die umliegenden Gegenden übersieht. – Ein außerordentlich schönes Gemälde! Hier lebte Friedrich, nicht der König, sondern der Philosoph – kein Stoiker oder Zyniker, sondern ein Philosoph, der das Vergnügen liebte und es in den schönsten Künsten und in den Wissenschaften zu finden wusste. Er wollte hier Einfalt mit Pracht vereinigen. Das Haus ist klein und niedrig, aber jeder, der es sieht, wird gestehen, dass es vortrefflich ist. Die innere Zimmerverzierung ist reich und geschmackvoll. In dem runden Marmorsaale muss man die Säulenordnung, die Malerei und den ausgelegten Fußboden bewundern. Die Zimmer, wo sich der König mit verstorbenen und lebenden Philosophen unterhielt, sind mit Zedernholz getäfelt. Von der Anhöhe stiegen wir auf Rasenstufen – die einander so geschickt decken, dass es von unten scheint, als sähe man nur einen grünen Berg – in den schönen Garten hinab, der mit marmornen Figuren und Gruppen verziert ist. Hier wandelte Friedrich mit seinem Voltaire und D'Alembert. Wo bist du jetzt? dacht ich – ein Klafter Erde fasst deine Asche. Dein Lieblingsaufenthalt, zu dessen Verschönerung du die geschicktesten Künstler riefest, steht jetzt verwaist und leer. – Aus dem Garten gingen wir in den Park, wo sogleich auf der linken Seite der Hauptallee das japanische Häuschen in die Augen fällt. Weiterhin, jenseits der steinernen Brücke, sieht man zu beiden Seiten vortreffliche Tempel. Darauf besahen wir den neuen Palast, den Friedrich mit wahrer königlicher Pracht erbaute. Das Innere übertrifft noch das Äußere an Glanz, und man erstaunt ebensosehr über den Reichtum der Verzierung, als man den überall herrschenden Geschmack bewundert. Dieser Palast kostete dem König über sechzig Millionen Taler.

QUELLE 42 AUS DEN AUFZEICHNUNG KARAMSINS: POTSDAM

Karamsins nächste große Station nach seinem Besuch in Königsberg, wo er Kant getroffen hatte, war Berlin. Während seines 11-tägigen Aufenthalts besuchte er nicht nur Sanssouci, sondern auch die Königliche Bibliothek, mehrfach Schauspielhaus und Theater, erlebte den Empfang des Königs in der Stadt und traf die Berliner Aufklärer Friedrich Nicolai, Karl Wilhelm Ramler und Karl Philipp Moritz.

QUELLE: NIKOLAI KARAMSIN, BRIEFE EINES RUSSISCHEN REISENDEN, ÜBERSETZT VON JOHANN RICHTER, BERLIN 1959, S. 71–74.

ABB. 54 KÖNIG FRIEDRICHS II. TAFELRUNDE IN SANSSOUCI

Adolph von Menzel schuf ab 1849 eine Serie von Darstellungen aus dem Leben Friedrichs des Großen, darunter jene der Tafelrunde in Sanssouci, wie sie etwa 100 Jahre zuvor stattgefunden haben mochte. In der anonymen Reproduktion des 1945 zerstörten Werkes sind zu sehen (von links): Lordmarschall Georg Keith, Voltaire, General Christoph Ludwig von Stille, der König selbst, Jean-Baptiste de Boyer, Francesco Graf von Algarotti, Feldmarschall James Keith, Graf Friedrich Rudolf von Rothenburg und mit dem Rücken zum Betrachter Julien Offray de La Mettrie. Zum Zeitpunkt von Karamsins Besuch in Berlin war Friedrich II. freilich bereits verstorben und die Tafelrunde Geschichte. Als sich die Berliner Residenz unter Friedrichs Nachfolger Friedrich Wilhelm II. erneut zu einem Musenzentrum von europäischem Format entwickelte, weilte der Bildungsreisende bereits wieder in seiner russischen Heimat.

KÖNIG FRIEDRICHS II. TAFELRUNDE IN SANSSOUCI, ANONYME REPRODUKTION DES 1945 ZERSTÖRTEN ÖLGEMÄLDES VON ADOLPH VON MENZEL, 1850.

und Komödiendichter Denis Fonwisit (1745–1792) 1778/79 in den Languedoc, die Provence, die Bourgogne, die Champagne und bis nach Paris geführt und sich in umfangreichen, seinerzeit allerdings unveröffentlicht gebliebenen Briefen niedergeschlagen hatte, übrigens mit einer stark frankreichkritischen Tendenz. Doch Karamsin war, neben seinem radikal-aufklärerischen Zeit- und Zunftgenossen Alexander Radischtschew (1749–1802), der erste russische Autor von Format, der seine Reiseerlebnisse und Reiseerfahrungen in literarisch gültiger Form zu Papier brachte und das damals in Europa überaus populäre Genre des „sentimentalen Reisejournals" virtuos bediente.

Karamsins Fahrt zu den deutschen Musenhöfen war, nicht zuletzt, eine Fahrt in die herausragenden Zentren der europäischen Aufklärung. In Mos-

Dresden, den 12. Juli [1789]

Der Morgen war herrlich. Die Vögel sangen, und die jungen Hirsche spielten am Wege. Auf einmal lag Dresden vor mir auf einer weitläufigen Ebene, durch welche die stille Elbe fließt. Die grünen Hügel auf der einen Seite des Flusses, die majestätische Stadt und eine weite fruchtbare Ebene – dies machte zusammen eine herrliche Ansicht. In einer sehr heiteren Stimmung kam ich nach Dresden, und auf den ersten Blick schien mir diese Stadt noch schöner als Berlin zu sein. […]

Über eine Stunde stand ich auf der Brücke, welche die sogenannte Neustadt von Dresden trennt, und konnte nicht satt werden, das herrliche Gemälde zu betrachten welches beide Stadtteile und die schönen Flussufer der Elbe bieten. Diese Brücke, die 670 Schritte lang ist, wird für die beste in Deutschland gehalten. An den Seiten sind Wege für die Fußgänger und Plätze zum Ausruhen. […]

Von hier ging ich in die berühmte Gemäldegalerie, die unter die ersten in Europa gezählt wird. Ich war über drei Stunden dort, aber ich hatte lange nicht Zeit genug, um alle Gemälde zu betrachten. Nicht drei Stunden, sondern einige Monate sind nötig, um die Schätze dieser Galerie gehörig zu besehen. […] Die schönsten Stücke sind aus Modena nach Dresden gekommen, zum Beispiel die Nacht des Correggio und andere. Der König von Polen, August III., war ein großer Liebhaber der Kunst und schonte kein Geld, um gute Stücke zu kaufen. […]

Nun hatte ich noch das sogenannte Grüne Gewölbe zu besehen; dies ist eine Sammlung von Kostbarkeiten und Seltenheiten, vorzüglich von edlen Steinen, die vielleicht in der ganzen Welt nicht ihresgleichen hat. Der Blick auf dieses prächtige Kabinett des Kurfürsten von Sachsen und der Vorzug, in Zukunft sagen zu können: Ich habe die Rarität gesehen, kostet wieder einen holländischen Dukaten. […]

Nach der Gemäldegalerie und dem Grünen Gewölbe ist die Bibliothek das Merkwürdigste in Dresden, und jeder Reisende, der einige Ansprüche auf Gelehrsamkeit macht, hält es für notwendig, sie zu besehen, das heißt auf die langen Reihen der Bände zu schauen und auszurufen: Was für eine große Büchersammlung! – Unter den griechischen Manuskripten zeigt man eine sehr alte Handschrift einer Tragödie des Euripides, welche der ehemalige moskowitische Professor Matthäi an die Bibliothek verkauft hat. Für dieses und noch einige andere Manuskripte hat er von dem Kurfürsten über 1500 Taler erhalten. Ich wüsste freilich zu gern, woher er diese Handschriften hatte! […]

Den 12. Juli

Heute habe ich der Messe in der Hofkirche beigewohnt. Das prächtige Gotteshaus, der rauschende und schöne, von der Orgel begleitete Gesang, die gegen den Himmel ausgestreckten Arme der Priester, alles erregte in mir einen angenehmen Schauer. Mir schien es, als wäre ich in einer Versammlung der Engel und hörte die Stimmern der heiligen Chöre, die den Unaussprechlichen priesen. Meine Knie beugten sich unwillkürlichen, ich sank nieder und betetet aus vollem Herzen.

QUELLE 43   AUS DEN AUFZEICHNUNG KARAMSINS: DRESDEN

Aus Dresden berichtet Karamsin nicht über die Begegnung mit deutschen Literaten und Gelehrten. In der Residenzstadt des sächsischen Kurfürsten Friedrich August III. widmete sich der junge Reisende vor allem der beeindruckenden Architektur und den gesammelten Kulturschätzen.

QUELLE: NIKOLAI KARAMSIN, BRIEFE EINES RUSSISCHEN REISENDEN, ÜBERSETZT VON JOHANN RICHTER, BERLIN 1959, S. 88–94.

kau hatte sich der junge Karamsin dem Kreis um Nikolai Nowikow (1744–1818) angeschlossen. Nowikow galt als wichtigster Repräsentant der russischen Aufklärung, zugleich pflegte er enge Kontakte zu den Moskauer Freimaurern, die sich 1782 in der „Gesellschaft gelehrter Freunde" zusammengefunden hatten und deren mystisch-okkulte Neigungen eine eigenartige Verbindung mit

aufklärerischem Gedankengut eingingen. Das schwärmerische Streben nach „menschheitlicher" Bildung und christlich-humaner Selbstvervollkommnung war den Moskauer Aufklärern und Freimaurern gleichermaßen eigen, und die Empfehlungen seiner Freimaurerbrüder waren es auch. die Karamsin seine Reiseroute und manche seiner deutschen Reiseziele vorgaben.

KARAMSIN IN DARMSTADT, DRESDEN, BERLIN UND WEIMAR

Während Karamsin Darmstadt, dessen Herrscherhaus immerhin durch eine – freilich gescheiterte – dynastische Liaison mit Russland in Verbindung gestanden hatte – der russische Thronfolger und spätere Zar Paul I. (regierend 1796–1801) hatte 1773 die hessen-darmstädtische Prinzessin Wilhelmine (als russische Kronprinzessin Natalia Alexejewna) geheiratet, die jedoch schon 1776 unter fragwürdigen Umständen im

Wochenbett verstarb – nur einen eintägigen, durch keinerlei charakteristische Eindrücke herausragenden Aufenthalt widmete, war ihm Dresden einer ausführlicheren Darlegung wert. Karamsin fand dabei nicht nur anerkennende Worte über die „schönen Sächsinnen", sondern lobte neben der großartigen innerstädtischen Architektur ausdrücklich auch die Wohltaten kurfürstlicher Kunstbeflissenheit – allen voran die Ge-

---

Weimar, den 20. Juli [1789]

[…] Die Lage Weimars ist artig. Die umliegenden Dörfer mit ihren Feldern und Gehölzen gewähren eine anmutige Aussicht. Die Stadt ist nur klein, und außer dem herzoglichen Palaste gibt es hier weiter keine großen Gebäude. Als man mich am Stadttore befragt hatte, befragte ich auch meinerseits den wachhabenden Sergeanten: „Ist Wieland hier? Ist Herder hier? Ist Goethe hier?" – „Ja, ja", antwortete er […]

Der Lohnlakai wurde nun sogleich abgefertigt, um sich zu erkundigen, ob Wieland zu Hause sei? – „Nein", war die Antwort, „er ist bei Hofe." – Ob Herder zu Hause sei? – „Nein, er ist bei Hofe." – Ob Goethe zu Hause sei? – „Nein, er ist bei Hofe." – „Bei Hofe, bei Hofe", spottete ich dem Bedienten nach, nahm meinen Stock und ging in den dicht an der Stadt liegenden Park.

QUELLE 44 AUS DEN AUFZEICHNUNG KARAMSINS: WEIMAR

An Weimar interessierten den jungen Karamsin weniger Bauwerke und Kunstsammlungen als die großen Geister: Wieland, Herder und Goethe. Gleich nach seiner Ankunft erkundigte er sich erfolglos nach deren Aufenthalt und wurde unmittelbar mit der zentralen Rolle konfrontiert, die der Herzogshof für die drei Gelehrten spielte. QUELLE: NIKOLAI KARAMSIN, BRIEFE EINES RUSSISCHEN REISENDEN, ÜBERSETZT VON JOHANN RICHTER, BERLIN 1959, S. 121.

Weimar, den 20. Juli [1789]

[…] Der Lohnlakai meldete mir endlich, dass Herder zu Hause sei; ich ging also zu ihm. […] Herder kam mir im Vorhause entgegen und empfing mich so freundlich, dass ich den berühmten Schriftsteller und den großen Geist vergaß und nur den liebenswürdigen, höflichen Mann in ihm sah. – Er erkundigte sich nach den politischen Verhältnissen Russlands, doch mit großer Bescheidenheit. Darauf wandte sich das Gespräch der Literatur zu, und da er hörte, wie sehr ich die deutschen Dichter liebe, so fragte er mich, welchen von allen deutschen Dichtern ich allen anderen vorzöge? Diese Frage setzte mich in Verlegenheit. Endlich antwortet ich stotternd: „Ich halte Klopstock für den erhabensten der deutschen Sänger." – „Und zwar mit Recht", sagte Herder, „Doch wird er weniger gelesen als andere Dichter, und ich kenne mehrere, die beim zehnten Gesange der ‚Messiade' mit dem Vorsatze aufgehört haben, dies berühmte Gedicht nie wieder anzurühren." Er lobte Wieland, aber besonders Goethe; er ließ durch seinen kleinen Sohn die neue Ausgabe von den Werken dieses letzteren holen und las mir mit vieler Empfindung einige kleine Gedichte vor, worunter ihm vorzüglich das Lied „Meine Göttin" gefiel. […] Ich nahm von Herder, der ein außerordentlich liebenswürdiger Mann ist, Abschied bis auf den anderen Tag.

Den 21. Juli [1789]

Gestern bin ich zweimal bei Wieland gewesen, und beide Male hieß es, er wäre nicht zu Hause. Heute ging ich wieder zu ihm, und zwar des Morgens um acht Uhr; und diesmal traf ich ihn. Stellt euch einen ziemlich großen, hageren und etwas pockennarbigen Mann mit einem langen Gesicht und spärlichem blonden Haarwuchs vor, dessen Augen einmal grau waren, jetzt aber vom ständigen Lesen gerötet sind – und da habt ihr Wieland. „Der Wunsch, Sie zu sehen, hat mich nach Weimar gebracht", war meine Anrede. – „Das hat die Mühe nicht gelohnt", antwortete er mit kaltem Blicke […] Wieland: Ich bin kein Freund von neuen Bekanntschaften und am wenigsten von Bekanntschaften mit Leuten, die mir durchaus unbekannt sind. Ich kenne Sie nicht. Ich: Das gestehe ich, aber was fürchten Sie von mir? Wieland: Es ist jetzt in Deutschland Mode geworden, zu reisen und dann seine Reise zu beschreiben. Dergleichen Reisebeschreiber, deren Anzahl nicht gering ist, ziehen von Stadt zu Stadt und suchen mit berühmten Leuten nur deswegen zu sprechen, um das, was sie von ihnen hören, drucken zu lassen. Was unter vier Augen gesprochen wurde, wird dann vor dem Publikum ausposaunt, und dadurch haben schon manche gelitten. […] Wieland (indem er mich lächelnd anblickte): Zwar bin ich kein Physiognomiker, aber Ihre Miene flößt mir ein gewisses Zutrauen ein. Mir gefällt Ihre Aufrichtigkeit […]. Wenn es Ihnen also gefällig ist, kommen Sie heute nachmittag um halb drei Uhr wieder. […]

Zur bestimmten Stunde ging ich zu Wieland. […] Mit liebenswürdiger Offenheit entdeckte mir Wieland seine Gedanken über einige der wichtigsten Gegenstände für den Menschen. Er verwirft nichts und behauptet nichts; nur macht er einen Unterschied zwischen Vermutung und Überzeugung. Man könnte ihn einen Skeptiker, in der besseren Bedeutung dieses Wortes, nennen. […] Um sechs Uhr stand ich auf. Er drückte mir die Hand und wünschte mir recht herzlich Glück und Zufriedenheit.[…] Er umarmte mich und schien gerührt […].

| QUELLE 45 | AUS DEN AUFZEICHNUNG KARAMSINS: HERDER UND WIELAND |

Johann Gottfried Herder empfing den jungen russischen Reisenden sofort freundlich und sprach ausführlich über seine Werke, Literatur und die antike Kunst Italiens mit ihm. Christoph Martin Wieland dagegen trat Karamsin zunächst mit deutlicher Reserviertheit entgegen, die jedoch schnell überwunden war und ebenfalls in ein langes, freundschaftliches Gespräch über Literatur, Philosophie und Wielands Werk mündete.

QUELLE: NIKOLAI KARAMSIN, BRIEFE EINES RUSSISCHEN REISENDEN, ÜBERSETZT VON JOHANN RICHTER, BERLIN 1959, S. 121–124, 125–130.

mäldegalerie, das Grüne Gewölbe und die kurfürstliche Bibliothek.

Ähnliche Beobachtungen hatte er zuvor bereits bei seinem Aufenthalt in Berlin machen können, Platz- und Parkgestaltung, Bauplastiken und Büchersammlungen fanden dort nicht weniger seinen Beifall als Theater- und Musikaufführungen im Schauspiel- und Opernhaus. Ausführliche Gespräche mit führenden Berliner Schriftstellern, allen voran mit Friedrich Nicolai (1733–1811), ließen ihn freilich zu einer verhalten kritischen Einstellung gegenüber der intoleranten Gesinnung mancher Vertreter der preußischen Aufklärung gelangen. Ein Besuch Potsdams erinnerte ihn an den einstigen „Musenhof" Friedrichs des Großen, dessen Tafelrunde in Sanssouci Künstler, Wissenschaftler und Philosophen in lockerer Geselligkeit zusammengeführt hatte, indes schon lange vergangen war. Unter Friedrichs Nachfolger, dem seit 1786 regierenden neuen preußischen König Friedrich Wilhelm II., einem ausgesprochen kunstsinnigen und kulturinteressierten Monarchen, soll-

te sich die Berliner Residenz dann zwar bald zu einem neuen Musenzentrum von europäischem Format entwickeln – doch zu diesem Zeitpunkt weilte Karamsin bereits wieder in seiner russischen Heimat.

Alle künstlerischen Eindrücke und Erlebnisse verblassten jedoch vor Karamsins Weimarer Erfahrungen. Dort, am Musenhof des philanthropisch gesinnten Herzogs Carl August, der 1775 Goethe in seine Regierung berufen hatte und sich unermüdlich darum bemühte, seine Haupt- und Residenzstadt zum Zentrum eines vom Geist der Aufklärung durchdrungenen Modellstaates zu machen, begegnete der reisende Russe Herder und Wieland, während er Goethe, „ein wahrhaft griechisches Gesicht", nur im Vorübergehen am Fenster eines Weimarer Bürgerhauses zu erblicken vermochte. Der zunächst eher unfreundliche und kühl-abweisend wirkende Empfang bei Wieland endete für Karamsin schließlich mit Umarmung, Wärme und Rührung, während Herders „sanfte Freundlichkeit" in eine gelehrte Diskussion über die aktuellen politi-

---

[Weimar, d]en 21. Juli [1789]

[…] Goethe habe ich nur gestern im Vorbeigehen am Fenster gesehen und betrachtete ihn einige Minuten. Ein wahres griechisches Gesicht! Heute morgen, da ich ihn besuchen wollte, fand ich ihn nicht. Er war ganz früh nach Jena gefahren. […] Die Herzogin Amalia liebt die Talente. Sie ist es, die Wieland an ihren Hof rief und ihm die Erziehung der jungen Herzoge übertrug. Auch zog sie Goethe nach Weimar, der sich durch seinen „Werther" berühmt gemacht hatte, und Herder erhielt durch sie die Stelle eines Generalsuperintendenten in Weimar.

QUELLE 46   AUS DEN AUFZEICHNUNG KARAMSINS: GOETHE

Ein direktes Zusammentreffen mit Johann Wolfgang von Goethe kam in Weimar nicht zustande, wenngleich der große Dichter und seine Werke in Karamsins Gesprächen mit Herder und Wieland Thema waren. Auch die zentrale Rolle, die die Herzoginmutter Anna Amalia von Braunschweig-Wolfenbüttel – nach dem Tode ihres Gemahls von 1759 bis 1775 Regentin des Herzogtums Sachsen-Weimar-Eisenach – für die Entstehung des Musenhofs in Weimar gespielt hatte, war dem russischen Besucher bewusst.

QUELLE: NIKOLAI KARAMSIN, BRIEFE EINES RUSSISCHEN REISENDEN, ÜBERSETZT VON JOHANN RICHTER, BERLIN 1959, S. 132.

schen Entwicklungen in Russland einmündete – vielleicht ein Beleg für Herders damaliges intensives Nachdenken über das Verhältnis Russlands zu Europa, gipfelnd in seiner geschichtsphilosophischen Konzeption, die dem Zarenreich die Aufgabe eines zukünftigen Trägers und Repräsentanten der europäischen Kultur zusprach. Weimar blieb übrigens auch im nachfolgenden 19. Jahrhundert, infolge dynastischer Eheverbindungen, ein Fixpunkt im politisch-gesellschaftlichen Koordinatensystem russischer Deutschlandreisender.

RUSSLAND UND DIE DEUTSCHEN MUSENHÖFE

Karamsin jedenfalls war fasziniert von der Fülle und Erscheinungsvielfalt der deutschen „Musenhöfe", in deren Einzugsfeld sich nach den Verwerfungen der Französischen Revolution und des Napoleonischen Zeitalters landesfürstliche Kunstpflege und kulturstaatliches Mäzenatentum vielerorts noch einmal zu bemerkenswerten Aktivitäten verdichteten.

Der Hof – als das personelle, soziale und architektonische Umfeld der jeweils regierenden Ersten Familie – blieb in den meisten mittel- und kleinstaatlichen Residenzen Deutschlands bis zum Ausbruch des Ersten Weltkriegs der wichtigste Bezugspunkt gesellschaftlichen Lebens. Er vermittelte Leitbilder des Benehmens, des Geschmacks und der Etikette, und er war in diesem Sinn eine mentalitätsprägende Kraft von erheblicher Bedeutung. Darüber hinaus ermöglichten finanzielle Aufwendungen aus landesherrlichen Privatschatullen unzähligen bildenden Künstlern, Schriftstellern und Musikern, ihre schöpferische Individualität, unabhängig von ökonomischen Sachzwängen und aktuellen Modetrends, zu entfalten und in einer zunehmend von Marktinteressen diktierten Gesellschaft zu behaupten.

Man wird nicht fehl gehen, die auch in späteren Aufzeichnungen russischer Europafreunde immer erneut zum Ausdruck gebrachte Hochschätzung der kulturellen Mannigfaltigkeit an deutschen Fürstenhöfen – von denen es bis zum Ende der Monarchie 1918 immerhin noch 22 vollauf funktionsfähige Exemplare gegeben hat – zumindest partiell mit dem vollständigen Fehlen vergleichbarer Einrichtungen im eigenen Land zu erklären. Im Moskauer Staat, und erst recht im Petersburger Imperium, ist es nicht zur dauerhaften Herausbildung eigenständiger adliger Herrschaftsbezirke gekommen, die sich gegen die zentralisierenden Bestrebungen der zarischen Obergewalt behaupten oder gar zu autonomen landesstaatlichen Territorien entwickeln konnten. Das im frühen 14. Jahrhundert einsetzende „Sammeln des russischen Landes" durch die Moskauer Großfürsten beendete Schritt für Schritt die Eigenständigkeit der zahlreichen kleinen Teilfürstentümer und städtischen Gemeinwesen im russischen Nordosten und ließ keinen Raum für die Entfaltung regional verankerter Machtzentren.

Zwar hat es, besonders in der zweiten Hälfte des 18. Jahrhunderts, während der um aufklärerische Reputation und europäisches Renommee bemühten Herrschaft Zarin Katharinas II. (regierend 1762–1796), mancherlei Unternehmungen gegeben, die auf einen Import deutscher Kultur- und Literaturstandards setzten – gipfelnd in den Russlandaufenthalten der drei deutschen Aufklärungsautoren Friedrich Melchior Grimm (1723–1807), Johann Heinrich Merck (1741–1791) und Friedrich Karl von Moser (1723–1798), die solchen Zwecken dienen sollten. Und auch an der temporären Existenz bedeutsamer kultureller Förderzentren, getragen von hochadligen Mäzenen und Kunstliebhabern, fehlte es im Russland Katharinas II. nicht. So versuchte beispielsweise kein Geringerer als Grigori Orlow (1734–1783), der als Liebhaber der Kaiserin und Mörder des Zaren Peter III. (regierend 1761–1762) zu trauriger Berühmtheit gelangte, seinem Gut Gattschina dadurch den Rang eines russischen „Musenhofes" zu verleihen, dass er 1767 den aus Genf stammenden Philosophen Jean-Jacques Rousseau (1712–1778) aufforderte, dort seinen dauerhaften Wohnsitz zu nehmen – was Rousseau, unter Verweis auf seinen angegriffenen Gesundheitszustand und das schlechte Klima im Nordosten, indes höflich ablehnte. Auch im Umfeld manch anderer großer Adelssitze – etwa im Archangelskoe der Jussupow oder im Kuskowo der Scheremetew – formierte

sich an der Wende vom 18. zum 19. Jahrhundert ein kulturelles Milieu eigener Prägung, und viele großfürstlichen „Nebenhöfe" trugen seit Beginn des 19. Jahrhunderts ebenso zur Entfaltung des intellektuellen und künstlerischen Lebens in Russland bei wie die Residenzstätten der Zarenwitwen.

Stilbildend im Vergleich zur Strahlkraft klein- und mittelstaatlicher deutscher Residenzorte sind solche Aktivitäten indes nicht gewesen. Erst im späteren 19. Jahrhundert entwickelten sich in urbanen Metropolen wie Moskau oder Sankt Petersburg Ansätze zu einem nunmehr großbürgerlich geprägten kulturellen Mäzenatentum fernab vom Zarenhof, bis die Machtergreifung der Bolschewiki 1917 alledem ein blutiges Ende bereiten sollte.

So blieb das Phänomen der fürstlich dominierten deutschen „Musenhöfe" weit über das 18. Jahrhundert hinaus ein fester Bestandteil des russischen Deutschlandbildes: geschätzt, bewundert und vielleicht auch ein wenig beneidet – wie man denn stets das am meisten zu vermissen pflegt, was einem im eigenen Lebensumfeld unerreichbar bleibt.

LITERATURHINWEISE

Nikolai Karamsin, Briefe eines russischen Reisenden, übersetzt von Johann Richter, Berlin 1959.

Frank-Lothar Kroll, Rousseau in Preußen und Russland. Zur Geschichte seiner Wirkung im 18. Jahrhundert, Berlin 2012.

Frank-Lothar Kroll, Russland und Europa. Historisch-politische Probleme und kulturelle Perspektiven, in: Peter Jurczek / Matthias Niedobitek (Hg.), Europäische Forschungsperspektiven. Elemente einer Europawissenschaft, Berlin 2008, S. 13–58.

Frank-Lothar Kroll / Martin Munke (Hg.), Die Reise nach Russland. Wahrnehmungen und Erfahrungsberichte aus fünf Jahrhunderten, Berlin 2014.

Hans Rothe, Reisen und Reiseerlebnisse in der russischen Literatur 1825–1855, in: B. J. Krasnobaev / Gert Robel / Herbert Zeman (Hg.), Reisen und Reisebeschreibungen im 18. und 19. Jahrhundert als Quellen der Kulturbeziehungsforschung, Berlin 1980, S. 281–329.

Hans Rothe, N. M. Karamzins europäische Reise. Der Beginn des russischen Romans, Bad Homburg 1968.

2

NIKOLAI KARAMSIN AUF DER SUCHE NACH DER GRENZE ZWISCHEN EUROPA UND RUSSLAND 1789/1790

ANDREI KOSTIN

Die „Briefe eines reisenden Russen" sind für die russische Kultur das, was im Englischen zumeist mit dem weiten Begriff „milestone" bezeichnet wird. Dieses Werk von Nikolai Karamsin, über mehrere Jahre hinweg und in unterschiedlichen Fassungen geschrieben und publiziert, gilt als Meilenstein, der den Übergang von der alten Sprache zur neuen markiert (vor allem die Abkehr von kirchenslawischen und dialektalen Erscheinungsformen). Es ist der Wendepunkt von der „klassischen" Literatur (mit ihrer zumeist gehobenen, ciceronischen Rhetorik und einem in der Regel strikten Genresystem, ihrer Betonung unverrückbarer, außerpersönlicher Wahrheiten und ihrem Schwerpunkt auf religiösen und staatspolitischen Themen) – hin zur Literatur der „Empfindsamkeit" (mit

ihrer Überschreitung der Genregrenzen, ihrem Streben nach einer „natürlichen" Sprache sowie ihrer Konzentration auf die Individualität und die persönlichen Probleme des Menschen), die Wende von der „großen" Literatur als Freizeitbeschäftigung für Staatsmänner – hin zum Schreiben als Beruf (seit 1784 galt Karamsin als außer Dienst gestellt; nach seiner Rückkehr von der Reise verdankte er sein Einkommen vorwiegend seinem erfolgreichen und wirtschaftlich klugen Auftreten auf dem Buchmarkt).

Die „Briefe eines reisenden Russen" stellen allerdings auch deshalb einen „Meilenstein" dar, weil der Autor darin die Stellung Russlands und der russischen Kultur im europäischen Raum einer konzeptionellen Überprüfung unterzieht. Von überaus großer

https://doi.org/10.1515/9783110348712-026

Bedeutung für die narrative Struktur der „Briefe" ist die Gestalt des Anacharsis, eines Weisen aus einem Barbarenland im Norden, der in die Metropole mit ihrer blühenden Kultur kommt. Er legt eine Klugheit an den Tag, die derjenigen der besten Philosophen der Hauptstadt Athen in nichts nachsteht. Er zeigt nicht nur auf, wie relativ die Vorstellung von der kulturellen Dominanz der Metropole ist, sondern auch,

dass die Völker des Schwarzmeer- und des Mittelmeergebiets einen einheitlichen Kulturraum bewohnen. Es ist kein Zufall, dass eine der zentralen Episoden in den Briefen Karamsins aus Paris dessen Begegnung mit Jean-Jacques Barthélemy beschreibt, dem Autor des intellektuellen Bestsellers der ausgehenden 1780er-Jahre – der „Reise des jungen Anacharsis durch Griechenland" (1788).

DER JUNGE SKYTHE

Als „junger Scythe K." (so wird der Schreiber der Briefe im Vorfeld seines Treffens mit Barthélemy genannt), kommt Karamsin nach Europa und sieht es als Raum einer Kultur, die er gut kennt, an die er sich assimiliert hat und die sein „moralisches Dasein" bestimmt, ihm aber dennoch fremd bleibt. Er begegnet den besten Köpfen und den klingendsten Namen (von Immanuel Kant und dem Physiognomiker Johann Caspar Lavater bis hin zu Jean-François Marmontel und dem Forschungsreisenden François Levaillant) und ist ihnen ein geschätzter, ebenbürtiger (und manchmal sogar herablassender) Gesprächspartner aus einer anderen Welt, der die ihn umgebenden, altehrwürdigen Sehenswürdigkeiten aus den Reiseführern, aber auch die aufsehenerregenden Neuheiten mit einer gewissen Distanziertheit betrachtet. Nachdem er durch einige deutsche Fürstentümer, die Schweiz, das revolutionäre Frankreich und England gereist ist, kehrt er schließlich nach Kronstadt – dem Petersburger Meerestor – zurück und ruft aus: „Land! Land! – Ich segne dich, Vaterland! – Ich bin in Rußland. [...] – Ich

halte jedermann an und rede mit ihm, um nur russisch zu sprechen und zu hören. Ihr wißt, daß es nicht leicht ein elenderes Nest als Kronstadt gibt; aber mir erscheint es als ein reizendes Städtchen. Das Wirtshaus ist eine wahre Bettelherberge; aber ich gefalle mir da."

Mit seiner Beschreibung Europas sagt Karamsins Buch nicht weniger etwas über Russland aus – über Russland als integralen Bestandteil Europas, das innerhalb der anderen europäischen Kulturen einen eigenen, gleichrangigen Platz einnimmt. Der „junge Skythe" hatte seine Gründe, einen Blick auf die von ihm bereisten Länder zu werfen: Es war nicht ein gewöhnlicher junger Adliger, der im Mai 1789 Russland verließ, um sich auf die in der damaligen Zeit für Russen übliche Grand Tour zu begeben, sondern ein Autor, der sich bei dem wichtigsten privaten Literaturunternehmen im Russland der 1780er Jahre einen Namen als Redakteur gemacht hatte. Gemeint ist die Zeitschrift „Kinderlektüre für Herz und Verstand", deren Leserschaft sich keineswegs nur auf Kinder beschränkte. Hier wirkte Karamsin – Mitglied des einflussreichen Freimaurerzirkels um Nikolai Nowikow – nicht so sehr prägend auf die Kreise der *Kinder*lektüre, sondern setzte vielmehr seine eigene Vorstellung von der aktuellen europäischen Literatur um, für die Félicité de Genlis und Charles Bonnet nicht weniger bedeutsam waren als Christian Felix Weiße und Karl Philipp Moritz. Einige Jahre vor seiner Reise hatte Karamsin mit einem der wichtigsten Protagonisten seiner „Briefe" korrespondiert – mit Lavater. Als Karamsin Moskau verließ, fühlte er sich als zeitgemäßer europäischer Schriftsteller, der nicht unterwegs war, um Idolen zu huldigen, sondern um sich zu beweisen und Erfahrungen zu sammeln. In diesem Licht sind besonders die ersten, russischen, Briefe aus Karamsins Buch interessant – als Beschreibung der Reise eines in Russland geborenen Europäers durch einen Raum, der bedauerlicherweise durch Grenzen und Sprachen getrennt ist.

Karamsin orientierte sich bei der Darstellung seiner Reise als einer Serie von sehr persönlichen Briefen an seine Freunde an der damals reichen Tradition der europäischen „empfindsamen Reise", die vor allem durch die Werke von Laurence Sterne und Jean-Baptiste Mercier Dupaty repräsentiert wird. Sowohl Dupaty als auch Sterne beginnen ihre Erzählung außerhalb der Grenzen ihres eigenen Landes: Dupaty in Avignon (er betont bewusst – durch die Geschichte des zur Galeerenstrafe verurteilten Lorenzo – die nicht-französische Gerichtsbarkeit dieser Stadt), Sterne in Calais. Die Anfangskapitel der „Sentimental Journey" – mit dem berühmten Satz „[…] sat down to my dinner upon a fricasseed chicken, so incontestably in France, that had I died that night of an indigestion, the whole world could not have suspended the effects of the droits d'aubaine […]." („[…] saß ich um drei Uhr an der Mittagstafel bei einem fricassirten Huhn so unzweifelhaft in Frankreich, daß, wäre ich in der Nacht an einer Indigestion gestorben, die ganze Welt nicht die Vollziehung des droit d'aubaine hätte verhindern können […]", Übersetzung Karl Eitner, 1868), waren Karamsin gut bekannt – wie das gesamte Buch. In seinem Brief aus Calais an die Freunde beschreibt er eine Unterhaltung mit einem französischen Offizier, die mit der Frage beginnt: „Was suchen Sie, mein Herr?" und sich dann in eine enthusiastische, abwechselnd vorgetragene Auflistung der zwölf ersten Episoden von Yoricks – dem Alter Ego Sternes – Reise verwandelt.

GRENZERFAHRUNGEN

Indessen beschließt Karamsin selbst, seine Reisebeschreibung mit einigen Briefen aus Russland zu beginnen – aus Moskau, Sankt Petersburg und Riga. Es entsteht der Eindruck, dass er bewusst versucht, die Grenze, welche die ihm bekannte „eigene" Welt von der „fremden" trennt, zu suchen – und sie nicht findet. Moskau und die umliegenden Orte scheinen bei Karamsin nicht weniger europäisches Terrain zu sein (eher sogar mehr) als Mitau und die Orte danach. Aus den Fenstern seiner Moskauer Wohnung erblickt der Reisende einen „gotischen Dom", auf einer der Poststationen zwischen Moskau und Twer fällt ihm eine Karikatur von Marie Antoinette und Joseph II. ins Auge. Plötzlich begreift er, dass er sich wirklich von seinen Freunden getrennt hat. Er möchte, mit den Worten William Shakespeares (der Hinweis auf den Urheber wurde in der zweiten Textfassung bewusst eingefügt), sein „Herz ausweinen". Das Einzige, was dem Reisenden in den ersten Briefen als typisch russisch erscheint, ist das bürokratische Missverständnis, aufgrund dessen er Sankt Petersburg nicht mit dem Schiff verlassen kann und den Landweg nehmen muss. Seine Reisegefährten in Sankt Petersburg sind übrigens sein Freund D. und ein „englischer Bekannter".

Der erste Schriftsteller, über den der Wanderer in seinen Briefen spricht, ist Jakob Michael Lenz (der Anlass ist eine Begegnung mit dessen Bruder in Dorpat) – ein Dichter des „Sturm und Drang", der, nachdem er zum Bekanntenkreis von Johann Wolfgang von Goethe, Johann Gottfried Herder und Lavater gezählt hatte, nach Moskau kam und dort den Verstand verlor. Das russische Estland und Livland ziehen den Reisenden durch ihre internationale Vielfalt in ihren Bann. Das Wirtshaus, in dem er absteigt, trägt den Namen der russischen Hauptstadt und nennt sich auf Französisch „Hôtel de Petersbourg". „Die Post von Narwa bis Riga wird die deutsche Post genannt, weil die Postkommissärs auf den Stationen Deutsche sind." Auf einer dieser Poststationen begegnet er einem russischen Bekannten, der nach Italien unterwegs ist. Die Sprachen der Fuhrleute (Esten und Letten) seien „ganz verschieden; die Letten haben in der ihrigen viel deutsche und einige slawonische Wörter". An der Börse in Riga

„hört man [überall] deutsch sprechen, hie und da auch russisch, und überall rechnet man nach Talern und nicht nach Rubeln". Sehr bezeichnend ist, wie Karamsin die Überquerung der – lediglich in Bezug auf die Geschichte denkwürdigen – russischen Grenze beschreibt: „Der deutsche Teil von Narwa, oder das eigentlich sogenannte Narwa, besteht größtenteils aus steinernen Häusern; der andere Teil, der durch den Fluß von diesem getrennt ist, wird Iwangorod genannt. In jenem ist alles auf deutschem, in diesem hingegen alles auf russischem Fuß. Hier war ehemals unsere Grenze – o Peter, Peter!" Aufschlussreich ist hier, dass Karamsin, obwohl er auf den offensichtlich national geprägten Charakter der städtischen Siedlungen auf beiden Seiten des Flusses hinweist, sich dennoch weigert, sie als etwas Getrenntes zu betrachten, sondern sie zu einer einzigen – eigentlich russischen – Stadt ohne Grenze verschmilzt. Nicht weniger wichtig ist, dass der Reisende an dieser Stelle Überlegungen über den Grund für diese Situation anstellt und ihn in den Kriegen und Reformen Peters I. sieht, der Russland in ein europäisches Land verwandelt hatte.

Der Wanderer verlässt Riga – eine zu Russland gehörende Stadt mit deutscher Sprache und deutschem Handelswesen und mit einem Wirtshaus mit französischem Namen, aus dem am nächsten Morgen ein (aus Italien stammender) französischer Kaufmann in Gesellschaft eines russischen Adligen in der Kibitka abreisen wird – und beendet seinen Brief wie folgt: „Noch bin ich in Rußland und schon längst, scheint es mir, sei ich in fremdem Lande – denn schon längst hab' ich euch verlassen." In der ersten Fassung folgte auf diese Worte noch ein weiterer pathetischer Abschied, auf den Karamsin jedoch später verzichtete, um folgenden, für ihn wichtigen Gedanken zu unterstreichen: Die Grenze zwischen Europa und Russland ist eine mentale Fiktion. Unser wirkliches „Zuhause" – alles „Unsrige" – ist nur dort, wo wir mit unseren Freunden weilen. Wie funktional Grenzen sind, wird noch mehr im nächsten Brief betont, der bereits nach Überquerung der Staatsgrenze entsteht. Nachdem er den kurländischen Krug bei ruhigem Abendwetter verlassen hat, erinnert sich der Reisende daran, wie er ein Jahr zuvor „mit der Phantasie" die künftige Fahrt als „Gedankenreise" beschrieben hatte. In diesem „Roman" sei die Überquerung der Grenze mit wilden Naturgewalten verbunden gewesen. Dort habe er geschrieben, „daß der Abend sehr stürmisch und unangenehm gewesen sei, daß der Regen keinen trockenen Faden an mir gelassen habe und daß ich mich am Kamine habe trocknen müssen". Bezeichnenderweise wurde genau diese Episode – mit dem Regen, der durchnässten Kleidung und dem Kamin – zuvor vom Reisenden im Zusammenhang mit der Abfahrt aus „seinem" Narwa beschrieben. Indem er die „eingebildete" der „wirklichen" Reise gegenüberstellt, nimmt Karamsin der

Überquerung der Grenze ihren sakralen Status.

Zugleich treibt die Frage nach der Grenze zwischen Russland und Europa als mentale Konstrukte den Wanderer weiterhin um. Für ihn ist sie nicht nur mit den Gegensätzen „eigen" und „fremd", „alt" und „neu" verbunden, sondern auch mit der Rangordnung „gut" oder „schlecht". Sich durchaus bewusst, dass eine Grenzüberquerung etwas Relatives ist, beschreibt Karamsin den Übertritt in den „fremden" Raum folgendermaßen: „Wir betraten nun Kurland und der Gedanke, daß ich außer dem Vaterlande sei, erzeugte in meiner Seele sonderbare Empfindungen. Auf alles, was mir in die Augen fiel, blickte ich mit besonderer Aufmerksamkeit, obgleich die Gegenstände an sich ganz gewöhnlich waren. Ich empfand eine Freude, meine Lieben, die ich seit unserer Trennung noch nicht gefühlt hatte. Sehr bald erblickten wir Mitau. Die Ansicht dieser Stadt ist eben nicht schön; für mich aber war sie reizend. ‚Das ist die erste ausländische Stadt', dacht' ich, und meine Augen suchten etwas Besonderes und Neues." Im „objektiv" grenzlosen und einheitlichen europäischen Kulturraum bleiben die gedachten nationalen Grenzen erhalten.

UNTERHALTUNG MIT DEUTSCHEN

Es ist kein Zufall, dass der erste, „jenseits der Grenze" verfasste Brief bei Karamsin mit einer aufschlussreichen, mit Deutschen geführten Unterhaltung endet, die den europäischen Raum aufteilen und dabei den westlichen Ländern positive und

Russland negative Eigenschaften zuschreiben: „Unterdessen kamen auch unsere Deutschen ans Ufer, legten sich neben mich ins Gras und schmauchten ihr Pfeifchen. Aus langer Weile fingen sie an, auf die Russen zu schimpfen. Ich hörte auf zu schreiben und fragte sie ganz gleichgültig: ob sie weiter in Rußland gekommen wären, als bis nach Riga? ‚Nein‘, antworteten sie. ‚Wenn das ist, meine Herren,‘ sagte ich, ‚so können Sie über die russische Nation nicht urteilen, da Sie nur in einer Grenzstadt gewesen sind.‘ Sie hielten es nicht für ratsam, ihre Meinung zu verfechten und ich fand es nicht für gut, sie gründlicher zu widerlegen. Da ich aus ihren Reden hörte, daß sie mich für einen Franzosen nahmen, so hielt ich es für Pflicht, sie aus ihrem Irrtume zu reißen; aber sie wollten mir lange nicht glauben, indem sie es für unmöglich hielten, daß wir Russen auch Deutsch und Französisch sprächen. In dem Verfolge der Unterhaltung erzählte mir der eine, daß er das Glück gehabt habe, in Holland gewesen zu sein, und daß er da viel Gutes gelernt habe. ‚Wer die Welt kennen will,‘ sagte er, ‚der muss nach Rotterdam reisen. Dort lebt man herrlich, und alles fährt auf Schaluppen. Nirgends sieht man, was man dort sieht. Glauben Sie mir, mein Herr, in Rotterdam bin ich erst zum Menschen geworden.‘ O du Simpel! dachte ich, stand auf, ging noch ein wenig auf der Wiese herum und kehrte dann in den Krug zurück, wo ich diese Zeilen schrieb.“

Wie bedeutsam und emotional aufwühlend dieser Wortwechsel für Karamsin war, lässt sich daraus ablesen, dass es ihm erst im Jahr 1803 möglich war, ihn herunterzuspielen. Er verwandelte die pauschalen „Deutschen“ in Einwohner von Königsberg, entfernte den Verweis darauf, dass er selbst mehrere Sprachen spreche und ersetzte zum Schluss die seine Irritation nicht verhehlenden Worte „stand auf, ging noch ein wenig auf der Wiese herum und kehrte dann in den Krug zurück, wo ich diese Zeilen schrieb“, durch die leidenschaftslose Formulierung „und wünschte ihnen einen guten Abend“.

Zu diesem Zeitpunkt war die Frage nach dem Platz der russischen Kultur im europäischen Koordinatensystem für Karamsin entschieden: Man brauchte den Europäern gar nicht zu beweisen, dass das Russische ihnen ebenbürtig war und konnte dennoch die Einwohner Ostpreußens auf ihre Provinzialität aufmerksam machen. Doch dazu musste der junge Schriftsteller zuerst seine europäische Rundreise unternehmen, nach der Rückkehr eine neue – die früheren Lehrer nicht verherrlichende – russische Literatur begründen (eines der ersten Werke Karamsins nach seiner Reise war eine Nachdichtung von Friedrich Schillers Ode „An die Freude“– das „Lied des Friedens“) und schließlich seine literarischen Aktivitäten einstellen, um ein Werk zu schaffen, das Gründung, Besonderheiten und Größe der russischen Nation umfassend darstellt. Im Oktober 1803 nimmt Karamsin den offiziellen Rang eines „Historiografen“ an und beginnt mit der Arbeit an seiner zwölfbändigen „Geschichte des russischen Staates“.

LITERATURHINWEISE

Nikolai Karamsin, Briefe eines russischen Reisenden, übersetzt von Johann Richter, Berlin 1959.

Hans Rothe, N. M. Karamzins europäische Reise. Der Beginn des russischen Romans, Bad Homburg 1968.

TEIL V

DIE FRANZÖSISCHE REVOLUTION UND EUROPA

ZUR EINFÜHRUNG

HORST MÖLLER / ALEXANDER TSCHUDINOW

Die Revolutionäre stürmten die Bastille, den berüchtigten Kerker in Paris: Nur noch wenige Gefangene befanden sich dort, doch verminderte dies die mächtige Symbolik dieses Sturms nicht, er wurde zum Fanfarenstoß der Französischen Revolution von 1789, trotz ihrer tatsächlich viel komplexeren Vor- und Frühgeschichte. Voraus ging zwischen 1787 und 1789 eine prärevolutionäre Phase, die keineswegs mit einer Empörung der Nichtprivilegierten bzw. einem Aufstand des Bürgertums oder einer der zahlreichen Hungerrevolten des Ancien régime gegen die Erhöhung des Brotpreises begann, sondern mit einer antireformerischen Adelsrevolte gegen den König. Danach folgten verschiedene Phasen mit zum Teil unterschiedlichen sozialen ländlichen oder städtischen Akteuren. Doch spielten solche später von der Historiographie herausgearbeiteten Differenzierungen seit dem Frühsommer 1789 keine Rolle mehr. Schlüsselereignisse liefern historische Orientierung, indem sie reduzieren. Die Botschaft des Sturms auf die Bastille lautete folglich: Die absolute Monarchie ist in Frankreich nicht mehr in der Lage, die klotzige Zwingburg in der Metropole zu sichern!

Jedoch ahnte am 14. Juli 1789 niemand, dass von diesem Tag an eine fundamentale Erschütterung Europas ausging. Dieser Umbruch ergriff die Innenpolitik der meisten Staaten, aber auch die internationalen Beziehungen, kurz das europäische, durch fünf dynastische Großmächte bestimmte Staatensystem. Und zu denjenigen, die diese weitreichenden Wirkungen damals am wenigsten erkannten, zählten die absolut regierenden Könige. Das galt selbst dann noch, als das revolu-

https://doi.org/10.1515/9783110348712-027

tionäre Frankreich mit den Monarchien des alten Europa Kriege führten – Kriege, die nicht, wie es bis dahin die Regel war, dynastische Kriege um Erbstreitigkeiten und territoriale Interessen waren, sondern durch die Revolution ideologisch begründet wurden.

Und doch: Während des ersten Revolutionskrieges 1792, in der der Dichter und Weimarer Staatsminister Johann Wolfgang von Goethe seinen Landesherrn, den Großherzog Carl August von Weimar, auf das französische Schlachtfeld, die „Campagne in Frankreich", begleitete, passierte es: Die monarchischen Koalitionsheere konnten am 20. September 1792 in der „Kanonade von Valmy" die französischen Truppen nicht besiegen und mussten sich sogar zurückziehen. Goethe erlebte die unvorhergesehene Stärke des Revolutionsheeres als Wendepunkt und sagte zu seinen Begleitern: „Von hier und heute geht eine neue Epoche der Weltgeschichte aus, und ihr könnt sagen, ihr seid dabei gewesen." Dies war kein spontaner Einfall, vielmehr hat Goethe seine Sicht in einem Brief an Carl Ludwig von Knebel schon am 27. September 1792 erläutert. Jahre später bekräftigte er in einem Gespräch die frühe zeitgenössische Erkenntnis: „Die Kanonade von Valmy entschied das Schicksal der Welt." Tatsächlich traf Goethes Prognose zu, weil von hier der – militärische – Siegeszug der Revolution ausging. Doch blieben die militärischen Siege des revolutionären Frankreich zeitlich begrenzte Siege, die inhaltlichen Botschaften aber wirkten weit über die revolutionäre und napoleonische Epoche zwischen 1789 und 1815 hinaus, sie begründen die Postulate der politischen Ethik bis heute.

„Freiheit, Gleichheit, Brüderlichkeit": Mit diesen Fanfarenstößen veränderte die Französische Revolution seit 1789 die Maßstäbe der Politik keineswegs nur in Frankreich, sondern in Europa, in der Welt. Warum konnte das so sein? Die Inhalte und Ziele der ersten Phase der Revolution bis 1791 waren keineswegs bloß nationale französische Forderungen, sondern universale. Die geistesgeschichtlichen Wurzeln der Menschenrechte, Gleichheit und Brüderlichkeit finden sich bereits in der griechisch-römischen Stoa und im Christentum sowie im christlichen und aufgeklärten Naturrecht. Und nicht zu vergessen: Englische Edikte des 17. Jahrhunderts verliehen einigen damals noch abstrakten Postulaten bereits mehr als ein Jahrhundert zuvor Gesetzeskraft, so die Petition of Rights (1628), die Habeas-Corpus-Akte (1679), schließlich die Bill of Rights (1689). Die politisch und gesellschaftlich zugespitzte Form dieser Forderungen entstammte weitgehend der europäischen Aufklärung und hatte ihre erste Realisierung bereits 1776 in der Menschenrechtserklärung des amerikanischen Unabhängigkeitskrieges erfahren. Aus diesem Grund sowie der Verquickung beider Revolutionen mit außenpolitisch-internationalen Problemen hat man von einer euro-atlantischen „Doppelrevolution" (Robert R. Palmer) gesprochen.

Jedenfalls formulierten die französischen Revolutionäre ihre Erklärung der Menschen- und Bürgerrechte vom 26. August 1789 nicht allein mit nationalem, sondern gemäß ihrer Tradition mit universalem Anspruch. Indem aber die Menschen- und Bürgerrechtserklärung die erste revolutionäre Verfassung Frankreichs vom 3. September 1791 einleitete, wurde diese Verbindung künftig zum ehernen fundamentalen Verfassungsgrundsatz der Moderne. Am prinzipiellen Geltungsanspruch unveräußerlicher natürlicher Menschenrechte sowie der die Verfassung konstituierenden Bürgerrechte als Basis der Volkssouveränität muss sich seitdem jede moderne Verfassung messen lassen – nicht allein in der Theorie, sondern nicht minder in der Praxis.

Doch nicht nur Menschen- und Bürgerrechte, zu denen essentiell die Freiheit des Einzelnen, die Meinungsfreiheit, die Pressefreiheit, das Recht auf Eigentum zählen, wurden wegweisend in der Verfassung von 1791 formuliert. Auch das Prinzip, dass jede Gewalt im Staat von der Souveränität der Nation ausgeht und dem Gemeinwohl zu dienen hat, sowie die Trennung von legislativer, exekutiver und richterlicher Gewalt gehörten wie in der amerikanischen Verfassung zum unverzichtbaren Fundament der modernen rechtsstaatlichen Demokratie.

Ein wesentlicher Unterschied der amerikanischen Verfassung von 1776 und der französischen von 1791 lag jedoch in der gesellschaftspolitischen Stoßrichtung. Während die amerikanische Grundrechtserklärung bereits bestehende bürgerliche Rechte für Nordamerika sicherte, erzwang die Französische Revolution neues Recht. Beseitigten die neuen Verfassungsprinzipien das Gottesgnadentum des Monarchen und seine Stellung über dem Gesetz, brach das Postulat der gleichen Rechte für alle Bürger radikal mit der prinzipiell geburtsständischen Gesellschaftsordnung des Ancien régime und ihrer Privilegierung einzelner Stände, also des Adels und des Klerus. Hierin lag das fundamental Neue dieses in der Revolution zum Ausdruck kommenden Politikverständnisses. Schon die Kampfschrift des Abbé Sieyès „Was ist der Dritte Stand?" kündigte 1789 die neue Zeit mit drei Fragen und Antworten an: „ 1. Was ist der dritte Stand? ALLES. 2. Was ist er bis jetzt in der politischen Ordnung gewesen? NICHTS. 3. Was verlangt er? ETWAS ZU SEIN."

Nach Zusammentritt der seit 1614 vom französischen König nicht mehr einberufenen Generalstände 1789 in Versailles, die aus je 300 Vertretern der drei Stände Adel, Klerus und Bürgertum bestanden, erklärte sich der Dritte Stand zur Nationalversammlung und damit zur Repräsentation der französischen Nation. Nachdem der Finanzminister Jacques Necker zur Beruhigung des Dritten Standes eine Verdoppelung ihrer Delegiertenzahl erreicht hatte, beanspruchten diese, nach Köpfen, nicht mehr nach Ständen abzustimmen. So gewannen sie die Mehrheit, da sich reformwillige Adlige wie der Graf Mirabeau sowie zahlreiche Vertreter des Klerus (vor allem des niederen) anschlossen. Ziel und Ergebnis ihrer Beratungen waren die erwähnten fundamentalen Gesetze und die liberale Verfassung von 1791.

Da die Verfassungsgrundsätze universal und nicht national waren, bedeuteten sie einen Angriff auf die bestehende Verfassungs- und Sozialstruktur der absoluten Monarchien in Europa, auch derjenigen des aufgeklärten Absolutismus. Zu den Herrschern, die das schnell erkannten, gehörte die Zarin Katharina II., die ihrem früheren Günstling und von ihr eingesetzten polnischen König Stanisław Poniatowski die Einführung der neuen polnischen Verfassung vom 3. Mai 1791 untersagte, weil sie deren Sprengkraft voraussah. Diese Verfassung besaß zwar auch polnische Traditionen, etwa im repräsentativen Charakter der „Adelsnation", stand aber andererseits als erste europäische Repräsentativverfassung im Kontext der Französischen Revolution.

Konnte man solche Entwicklungen zur Not noch als innenpolitische Angelegenheit betrachten, so änderte sich der ideelle Angriff auf die monarchische Staatenwelt des Ancien régime, als die Französische Revolution ihre nationalen und innenpolitischen Interessen mit einer universalen ideologischen Missionsidee verband. Der Krieg wurde von der Revolutionsführung nicht allein als Instrument gesellschaftlicher und politischer Integration in Frankreich selbst benutzt und führte mit der „levée en masse" zum ersten modernen Volks- und Massenheer. Mit diesem Heer, das erstmalig auf der Wehrpflicht beruhte und die Söldnerheere des Ancien régime ablöste, veränderte sich die Kriegführung. Kriege wurden zu Volkskriegen, die nationale Erhebung bezweckten. Das Ergebnis war ein durch die Revolutionsideen missionarisch verbrämter nationaler Eroberungskurs gegen Frankreichs Nachbarstaaten. Obwohl die Frage der Kriegsschuld für die Revolutionskriege nicht eindeutig zu beantworten ist, unterliegt es doch keinem Zweifel: Die französische Revolutionsführung wollte den Krieg, sie wollte ihn um jeden Preis, während sich die alten Monarchien zunächst in traditionelle Händel verstrickten: Im Osten betrieben Russland, Habsburg und Preußen etwa die zweite (1793) und dritte (1795) polnische Teilung. Russland und Habsburg verfolgten darüber hinaus ihre Interessen auf dem Balkan, Preußen schloss 1795 nicht gerade ehrenvoll den Frieden von Basel und verließ so die Koalition gegen das revolutionäre Frankreich, während dieses einen Staat nach dem anderen angriff.

Der Revolutionsgeneral Napoleon Bonaparte wurde durch einen Staatsstreich am 18. Brumaire (gemäß dem Revolutionskalender) seit 1799 Erster Konsul und seit 1804 Kaiser der Franzosen. Er radikalisierte die französische Annexionspolitik in einem für die Frühe Neuzeit unbekannten Ausmaß, er wurde nicht allein Erbe, sondern Vollstrecker imperialer Politik nach innen und außen. Napoleon hatte schon als Feldherr im völlig sinnlosen Feldzug in Ägypten eine Niederlage erlitten, doch hielt ihn das 1812 nach zahlreichen Eroberungen nicht davon ab, mit riesigen, zum großen Teil zwangsweise ausgehobenen Armeen sogar bis nach Moskau zu marschieren, womit der letzte Akt seiner Eroberungszüge eingeleitet wurde und er in der Völkerschlacht bei Leipzig 1813 den Sturm erntete, den er gesät hatte. Napoleon personifizierte die Verquickung revolutionärer Ideen, innen- und außenpolitischer Ambitionen, militärischer Eroberungen und Reformpolitik in den besetzten bzw. Frankreich assoziierten Territorien, in denen die aufgezwungene nationalistische französische Fremdherrschaft nun ihrerseits nationalistische Gegenreaktionen provozierte.

Die nach kulturell orientierten Vorläufern nun entstehenden politischen Nationalbewegungen, insbesondere in Italien und Deutschland, wurden durch die revolutionären Ideen inspiriert, zwar siegte ihre Dynamik nicht von heute auf morgen, doch entfesselt waren die Zukunftsentwürfe allemal. Denn zum einen besaßen sie in den erwähnten aufgeklärten Reformforderungen eine solide Basis, die längst die Eliten der öffentlichen Meinungsbildung beherrschte, zum anderen elektrisierte die ungeheure Beschleunigung und Verstärkung, die die Revolution diesen Ideen verschaffte, die Aufklärer: Sie reagierten viel schneller als die Herrscher auf die Herausforderung von 1789.

Die Politisierung der Nation in Frankreich bewirkte auch in anderen europäischen Staaten einen nachhaltigen Politisierungsschub. So hatte zwar die Aufklärung seit den 1770er Jahren beispielsweise in den deutschen Territorialstaaten die Entstehung politischer Strömungen eingeleitet, doch die Revolution im Nachbarland wurde zum Katalysator moderner politischer Ideologien und schließlich Parteibildungen. Sehr viel später prägte der französische Staatsmann Georges Clemenceau die Formel: „La Révolution est un bloc" – man konnte dieser Maxime zufolge nur für oder gegen die Revolution sein, sie insgesamt akzeptieren oder ablehnen. Darin lag ein wahrer Kern, doch traf er trotzdem nicht das zeitgenössische Bewusstsein.

Tatsächlich erhitzte kein zweites politisches Ereignis auch außerhalb Frankreichs derart die Gemüter. In England veröffentlichte der Liberale Edmund Burke unter dem Titel „Reflections on the Revolution in France" (1790) eine Apologie des französischen Ancien régime. Mit dieser brillanten Streitschrift eröffnete er die konservative Interpretation und gab zugleich den Ton vor: Reformen ja, Revolution nein. So unkritisch seine Darstellung mancher Charakteristika der absoluten Monarchie auch war, in der Prognose erwies sich Burke als hellsichtig, weil er im ideologischen Anspruch die Gefahr einer terroristischen Diktatur bloßlegte und damit die „Terreur" der Jakobinerdiktatur Maximilien de Robespierres voraussah. In erster Linie aber schrieb Burke für ein englisches Publikum und dokumentierte so eine weitere Pointe. Wer immer sich damals zur Französischen Revolution äußerte, wollte selbst Politik machen: Lehnte er die Revolution in Frankreich ab, wollte er sie auch nicht im eigenen Land, stimmte er ihr zu, wollte er ihre ideellen Errungenschaft auch bei sich zu Hause.

Und selbst bei der dritten Variante ging es um die Politik des eigenen Staates. Wenn preußische Aufklärer die Frage stellten, ob auch in Deutschland eine Revolution drohe, antworteten sie in der Regel: Die Revolution in Frankreich sei berechtigt gewesen, weil sich dort die absolute Monarchie nicht reformiert habe. Wo aber rechtzeitig – aufgeklärte! – Reformen stattfänden, sei – wie in Preußen – Revolution überflüssig. Doch handelte es sich selbst hier um eine bewusst doppelbödige Argumentation. Da nach dem Tod Friedrichs des Großen 1786 in Preußen eine antiaufklärerische politische Reaktion eingesetzt hatte, sollte König Friedrich Wilhelm II. zugleich erinnert und ermahnt werden: Ein Rückfall vor den aufgeklärten Absolutismus berge Revolutionsgefahr!

Tatsächlich zählten die meisten deutschen Schriftsteller und Philosophen, die sich zur Französischen Revolution äußerten, zunächst zu ihren Anhängern. Das galt beispielsweise für die Philosophen Immanuel Kant, Georg Wilhelm Friedrich Hegel, Johann Gottlieb Fichte, Friedrich Wilhelm Schelling, Friedrich Schlegel und Johann Benjamin Erhard, die Dichter Christoph Martin Wieland, Friedrich Schiller und Friedrich Hölderlin, den Philologen und Pädagogen Johann Heinrich Campe und viele andere. Schiller und Campe wurden sogar Ehrenbürger der revolutionären Republik, die ihren Bruch mit dem alten Recht, mit der Herkunft überhaupt, durch den Revolutionskalender dokumentierte: Er wurde nach der Abschaffung der Monarchie und der Gründung der Republik 1792 als dem Jahr 1 begonnen.

Die begeisterte Zustimmung zur Revolution – der „Morgenröte der Menschheit" – begründete die erste politische Strömung, die sich im 19. Jahrhundert zur radikalreformerischen demokratischen entwickelte. In deutschen Territorien entstanden Gruppen „deutscher Jakobiner", denen es 1792/93 in Mainz kurzzeitig sogar gelang, eine französisch-revolutionär orientierte „Mainzer Republik" zu begründen, der bekannteste Vertreter war der radikale Aufklärer, Kulturwissenschaftler und Reiseschriftsteller Georg Forster, der sie mit Frankreich vereinigen wollte.

Nicht wenige deutsche Anhänger der Revolution schockierte die Abschaffung der Monarchie 1792, die Hinrichtung König Ludwigs XVI. und seiner Gemahlin Marie Antoinette im Januar 1793 sowie der sich anschließende viele Tausend Opfer fordernde Jakobinerterror. In der Regel befürwortete diese Gruppe aber weiterhin die bis 1792 reichende liberale und konstitutionelle Phase, ihre Auffassungen mündeten in die spätere liberale Bewegung. Zu dieser Gruppe zählten gemäßigte Aufklärer wie die preußischen Rechtsreformer Carl Gottlieb Svarez und Ernst Ferdinand Klein sowie der Schriftsteller, Publizist und Verleger Friedrich Nicolai und der Göttinger Historiker und Publizist August Ludwig Schlözer, aber auch die Schriftsteller Friedrich Gottlieb Klopstock, Christoph Martin Wieland und der Theologe und Philosoph Johann Gottfried von Herder. Sie wünschten eine dezidierte Fortführung aufgeklärter Reformen und wollten zwar die monarchische Herrschaft beibehalten, aber an eine Verfassung binden. Sie forderten die Gleichheit und Freiheit der Bürger, strebten Gewaltenteilung an und positionierten den König nicht mehr über dem Gesetz.

Schließlich beförderte die Revolution eine dritte, entschieden anti-revolutionäre, legitimistische Strömung, die zum Konservativismus führte. Mit anderen Worten, die großen Ideologien, die vor allem in Deutschland und Westeuropa das 19. Jahrhundert bestimmtem, Liberalismus, Konservativismus, radikaldemokratische Bewegungen, Sozialismus entstanden oder verstärkten sich in der Reaktion auf die Französische Revolution.

Führende Philosophen hielten ungeachtet der realpolitischen Entwicklung der Revolution und ihrer innen- und außenpolitischen Radikalisierung den ideellen Gehalt der Revolution lebendig, Hegel interpretierte die Reformation des 16. Jahrhunderts als „deutsche Revolution", die den Weg in die geistige Freiheit eröffnet habe, und Kant schrieb 1798 über die Französische Revolution: „Denn ein solches Phänomen in der Menschengeschichte vergißt sich nicht mehr, weil es eine Anlage und ein Vermögen in der menschlichen Natur zum Besseren aufgedeckt hat, [...]." Blieb die Revolution für die einen Traum, wurde sie für die anderen zum Trauma.

Allerdings wäre es verfehlt, für alle europäischen Länder das Jahr 1789 gleichermaßen als Jahr eines epochalen Umbruchs anzusehen, und auch in diesem Epochenbruch zeigen sich Kontinuität und Diskontinuität, wie am Beispiel Frankreichs schon Alexis de Tocqueville in seinem Werk „L'Ancien Régime et la Révolution" (1856) beobachtet hat. Die Wirkungen verliefen national unterschiedlich schnell und unterschiedlich intensiv, weshalb man die eineinhalb Jahrzehnte zwischen 1789 und 1814/15 insgesamt in den Blick nehmen und überdies die langfristigen Folgen im Auge behalten muss. Und auch hier greifen in Aktion und Reaktion die innenpolitischen Entwicklungen und die internationalen Beziehungen ineinander. Wo die militärische Eroberung die revolutionären Ideen hintrug, wurden viele Anliegen der Revolution mit Druck oder in Reaktion auf sie realisiert. Andere Staaten wiederum konnten sich weder dem generellen Sog entziehen, noch dem durch die Niederlage gegen Napoleon offensichtlich gewordenen Reformzwang ausweichen, beispielsweise in Bezug auf die Notwendigkeit von Heeresreformen.

Ein einfaches „weiter so" war jedenfalls kaum möglich, zumal sich die aufgeklärten Reformen des 18. Jahrhunderts nicht allein mit dem massiven revolutionären Schub verbanden, sondern im Vergleich zu ihnen oftmals halbherzig erschienen. Wie unterschiedlich die nationale und territoriale Entwicklung im einzelnen auch verlaufen mochte, symbolisierte die Französische Revolution doch zugleich einen ungeheuren Bruch mit einer Jahrhunderte alten europäischen Verfassungs-, Rechts- und Gesellschaftskultur sowie eine der möglichen Konsequenzen aus der politischen, geistigen und sozialen Entwicklung des 18. Jahrhunderts. Wesentliche Tendenzen des Zeitalters wurden durch die Französische Revolution ungemein gesteigert: Die ideelle Konstitutionalisierung der Herrschaft, die Modernisierung des Staates und des Heerwesens, die soziale Emanzipation nicht-privilegierter Schichten und weiter Kreise des Volkes, die Nationalisierung des kulturellen und politischen Lebens. Diese durch Revolution und Napoleon beförderte politische Nationalisierung erwies ihren dialektischen Charakter, als sich die Völker nach und nach gegen die napoleonische Herrschaft erhoben und damit das Ende des Empire einleiteten, zuerst 1808 in Spanien – nicht die französischen Revolutionsarmeen befreiten schließlich die Nationen, sondern der Geist, den sie entfacht hatten.

In Großbritannien blieb infolge der Abschaffung des Absolutismus durch die frühe Parlamentarisierung (die freilich einen ständischen Charakter behielt) sowie durch die erwähnten Reformgesetze des 17. Jahrhunderts der Einfluss revolutionärer Ideen vergleichsweise gering. Hingegen erwies sich die doppelte Einwirkung revolutionärer und napoleonischer Politik durch die Gründung napoleonisch dominierter Staaten in Deutschland, Italien, den Niederlanden, Spanien, Portugal und der Schweiz als vergleichsweise massiv. Zwar gerieten – zum Teil durch Bündnisse mit England – kurzzeitig auch die skandinavischen Staaten in den Sog revolutionärer Kriege, doch führte dies zu keinem Zeitpunkt zu einer französischen Dominanz. Die Ermordung des schwedischen Königs Gustav III. 1792 erfolgte durch adlige Feinde, nicht aber Revolutionäre, Kriegsbeteiligungen und Friedensschlüsse Schwedens führten beispielsweise zur Abtretung Finnlands an Russland 1809/1812 und schließlich zur auf Russland zurückgehenden Entschädigung Schwedens durch den Anschluss Norwegens auf Kosten Dänemarks 1814.

Die russische Reaktion auf die Französische Revolution bildete einen Sonderweg: Hatte die Aufklärung durch ihren Einfluss auf die Eliten die seit Peter dem Großen engen Verbindungen mit dem Westen Europas gestärkt, so führte die revolutionäre Herausforderung nun zum gegenteiligen Kurs. Ursprünglich eine Form konservativer Defensive gegen die Gefahren einer revolutionären Umgestaltung von Herrschaft und Gesellschaft, entwickelte sich die Slawophilie in Russland zu einem neuen prononcierten Selbstverständnis. Allerdings teilten keineswegs alle Angehörigen der Eliten diese Sicht, sondern blieben weiterhin westlich orientiert. Wenngleich sich keine den westlichen Staaten vergleichbaren, auf Parteibildungen vorausweisenden breiten politischen Strömungen entwickelten, gab es doch auch in Russland Ansätze, die als Antwort auf die revolutionären Herausforderungen gelesen werden können. So hatte der Hofhistoriograph, Dichter und Schriftsteller Nikolai Karamsin, der zwischen 1816 und 1829 eine zwölfbändige „Geschichte des russischen Staates" veröffentlichte, schon 1811 eine „Denkschrift über das alte und neue Russland" verfasst. Sie enthielt aus adliger Sicht eine antireformerische Pointe, bewirkte den Sturz eines außerordentlich einflussreichen reformerischen Staatssekretärs und formulierte das Programm eines russischen Konservativismus.

Zarin Katharina II. erlebte das ganze Ausmaß der Veränderungen im westlichen Europa allerdings nicht mehr, da sie 1796 starb. Ihr ungeliebter Sohn und Nachfolger Zar Paul I. brach mit einigen ihrer Maßnahmen, beispielsweise legte er

---

INFO **RUSSLAND UND DIE FRANZÖSISCHE REVOLUTION**

Russland wurde durch die Französische Revolution weniger beeinflusst als alle anderen europäischen Länder – sei es ideell oder politisch. Selbst wenn ein aufgeklärter Russe, zumindest anfänglich, irgendwelche Sympathien für die Ideen der Revolution empfunden hatte, so waren diese Sympathien dennoch zu abstrakt, um im Russischen Imperium zum Auftreten eigener „Jakobiner" zu führen, wie dies etwa in Deutschland, Italien oder Großbritannien der Fall war. Diejenigen Russen, die sich 1789/1790 in Paris aufhielten und die Revolutionsereignisse mit eigenen Augen verfolgen konnten, wie zum Beispiel die Fürsten Boris und Dmitri Golizyn, Graf Pawel Stroganow oder der Schriftsteller Nikolai Karamsin, beobachteten das Geschehen lediglich mit gespannter Neugier und begegneten danach spontanen Volkserhebungen zeitlebens mit Abscheu. Sogar Alexander Radischtschew, der aufgrund seiner pointiert-kritischen Schrift „Reise von Petersburg nach Moskau" von den Historikern als der „erste russische Revolutionär" bezeichnet wird und am Beginn der Französischen Revolution deren gemäßigten Akteuren sein Mitgefühl ausgedrückt hatte, prangerte sie in der Folge als „reißenden Strudel" an, der Glück, Tugend und Freiheit „verschlungen" habe.

Katharina II., die – wie andere Monarchen auch – der Französischen Revolution äußerst negativ gegenüberstand und den aus Frankreich emigrierten Konterrevolutionären moralische und materielle Unterstützung zukommen ließ, war dennoch keineswegs der Ansicht, dass ihre eigene Herrschaft durch die Ereignisse in Frankreich in irgendeiner Weise bedroht sei, und verzichtete als einziges Oberhaupt einer Großmacht auf eine direkte Einmischung. Mehr noch, die durch die Revolution ausgelösten Veränderungen im System der internationalen Beziehungen kamen der Kaiserin sogar zustatten. 1789 sah sich Russland genötigt, gleich zwei Kriege zu führen: im Süden gegen das Osmanische Reich und im Norden gegen Schweden. Beide Gegner Russlands genossen die politische Unterstützung Preußens, und die europäischen Diplomaten jener Zeit diskutierten lebhaft über einen möglicherweise demnächst ausbrechenden russisch-preußischen Krieg. Die Französische Revolution zwang jedoch die preußische Regierung dazu, das Zentrum ihrer Aufmerksamkeit vom Osten nach dem Westen zu verlagern, was es Katharina II. ermöglichte, beide Kriege erfolgreich zu Ende zu führen, und die Grundlage für eine weitere Zusammenarbeit Russlands und Preußens bei der zweiten und dritten Teilung Polens schuf.

Während Katharina II. nie in einen Krieg gegen Frankreich eintrat und sich auf die moralische Unterstützung der ersten antifranzösischen Koalition beschränkte, beteiligte sich ihr Sohn, Paul I., sehr aktiv am Krieg der zweiten antifranzösischen Koalition. Der Kaiser ließ sich hier allerdings nicht von ideologischen, sondern von rein ▶▶

---

die Thronfolge klar auf den ältesten Sohn des Herrschers fest. Verwaltungs- und Gesetzgebungsreformen leitete Paul I. bald nach der Thronbesteigung ebenso ein wie eine Reduzierung der Frondienste der leibeigenen Bauern. Abschaffen wollte er jedoch die Leibeigenschaft nicht. Widersprüchlich blieb seine Haltung zu den Ideen der Aufklärung. Einerseits ließ er Aufklärer frei, die seine Mutter hatte einsperren lassen, andererseits verbot er jegliche Diskussion über Ideen der Französischen Revolution und ihrer Schlüsselbegriffe. Pauls Sohn Alexander I., der seinem bei einem Putschversuch getöteten Vater 1801 auf den Zarenthron folgte, nahm unter dem Einfluss liberaler Berater sowohl Ideen seiner Großmutter als auch sol-

geopolitischen Motiven leiten. Die ägyptische Expedition Napoleons, die zur Eroberung von Malta und Ägypten durch die Franzosen geführt hatte, stellte eine Bedrohung für das strategische Gleichgewicht im Mittelmeerraum dar, was Paul I. dazu veranlasste, die russische Armee und Flotte in diese Region zu entsenden. Davon, dass der Kaiser nicht danach strebte, zur alten Ordnung in Europa zurückzukehren, zeugte zunächst die von Russland geförderte Errichtung einer republikanischen Staatsform auf den Ionischen Inseln nach der Vertreibung der Franzosen und danach der Austritt Pauls I. aus der Koalition sowie seine schnelle Annäherung an den Ersten Konsul Frankreichs, nachdem sich die geopolitische Situation geändert hatte. Mit anderen Worten, selbst unter Paul I., der mehr als andere russische Selbstherrscher jener Epoche nostalgische Gefühle für die Ritterzeit hegte, wurde Russland nicht zu einem Hort der Konterrevolution. In der russischen Politik hatte Pragmatismus stets Vorrang vor Ideologie.

Dies trifft umso mehr auf die Regentschaft Alexanders I. zu, der in seiner frühen Jugend ein glühender Anhänger der Revolution gewesen war. Diese für einen Thronfolger ungewöhnliche Gesinnung ist dann nicht verwunderlich, wenn man bedenkt, dass sein Erzieher der Schweizer Republikaner Frédéric-César de la Harpe war, der 1798 an der Spitze der Helvetischen Republik stand. Als Zar umgab er sich ebenfalls mit liberal gesinnten Persönlichkeiten. Graf Stroganow, ein Schüler von Charles-Gilbert Romme, dem späteren Konventsmitglied und Schöpfer des republikanischen Kalenders, hatte 1790 eine Woche lang formal dem Klub der Jakobiner in Paris angehört. Graf Adam Czartoryski war früher am Kościuszko-Aufstand beteiligt gewesen. Als Alexander den Thron bestieg, versuchten er und seine Freunde, die liberalen englischen Juristen und Ehrenbürger des revolutionären Frankreich, James Mackintosh und Jeremy Bentham, dafür zu gewinnen, die Gesetze des Russischen Imperiums auszuarbeiten. Als Kaiser Alexander I. im Jahr 1805 in den Krieg gegen Napoleon zog, verwendete er in seiner Rhetorik häufig den Begriff „Befreiung der Völker" und betonte, er habe nicht die Absicht, die alte Ordnung wiederherzustellen. Seine liberalen Vorlieben zeigten sich darin, dass er Finnland und dem Königreich Polen eine Verfassung gab und, nach der Niederlage Napoleons im Jahr 1814, Ludwig XVIII. praktisch dazu zwang, Frankreich die Charte constitutionnelle zu verleihen. Somit hatte die Französische Revolution, wenn auch die russische Gesellschaft jener Zeit für ihre Strömungen noch praktisch undurchlässig war, dennoch einen bedeutenden Einfluss auf die Politik Russlands in der Person des Kaisers Alexander I., der in seiner Jugend die Anziehungskraft der neuen Ideen kennengelernt hatte.

Alexander Tschudinow

che des Vaters auf, obwohl er andere Entscheidungen Pauls I., darunter wichtige Personalentscheidungen, demonstrativ rückgängig machte. Verfassungspläne und Bildungsreformen Alexanders I. zeigten jedoch wiederum den Einfluss aufgeklärten Zeitgeistes, so dass – außer der dezidierten Ablehnung der Revolutionsideen – insgesamt kein eindeutiges Bild zu gewinnen ist.

Alle drei Herrscher betrieben jedoch weiterhin die traditionelle, auf territoriale Stärkung ausgerichtete Außenpolitik Russlands, bis Napoleons Russlandfeldzug 1812 zunächst die internationale Szenerie für kurze Zeit grundlegend veränderte und damit die revolutionäre Herausforderung bis in die Mauern Moskaus trug. Genau dort aber scheiterte sie grandios: Am Einmarsch in Moskau konnte sich Napoleon nicht lange erfreuen, setzten die Russen doch ihre Metropole in Brand, wovon in dieser an eindrucksvollen Symbolen so reichen Zeit wiederum ein Fanal ausging, das die Niederlagen des französischen Kaisers in den folgenden Schlachten einleitete. Militärische Verluste, Ernährungs- und Nachschubschwierigkeiten dezimierten Napoleons aus vielen Völkern zusammengewürfeltes 600 000-Mann-Heer auf ein Fünftel. Lew Tolstoi hat diesem erfolgreichen Ringen Russlands gegen den Vollstrecker der Revolution – einen bis dahin in Europa unbesiegbaren Feind – in seinem grandiosen Nationalepos „Krieg und Frieden" (1864–1869) ein literarisches Denkmal gesetzt. Auch die Ära Alexanders I. war reich an aufgeklärten Reformen, doch handelte es sich nicht um die napoleonischen Reformen, die weite Teile Europas prägten. Hatte sich der Zar im Frieden von Tilsit 1807 noch mit dem französischen Kaiser verständigt und dessen imperialen Expansionsdrang unterschätzt, so wurde das Russland Alexanders I. nach Napoleons Angriff eine der wichtigsten Mächte der antinapoleonischen großen Koalition, die zur zeitweiligen Restauration des europäischen Staatensystem seit dem Wiener Kongress 1814/15 führte.

Nicht restauriert wurde das Heilige Römische Reich deutscher Nation, es zerbrach 1806 zwar auch an langem Siechtum, inneren Widersprüchen, aufgeklärter Kritik an geistlichen Fürstentümern und der Existenz dualistischer Großmächte. Den Todesstoß aber versetzten dem viele Jahrhunderte alten Reich die Revolutionskriege und vor allem Napoleon – darin bestand eine der gravierendsten und nachhaltigsten politischen Wirkungen der Französischen Revolution in Europa.

KAISER FRANZ II. LEGT DIE KAISERKRONE NIEDER

1806

HORST MÖLLER / JELENA KOTOWA

Als der römische Kaiser und deutsche König am 6. August 1806 die Krone niederlegte, handelte es sich um den Schlussakt eines Prozesses, an dessen Anfang die Französische Revolution und an dessen Ende die napoleonische Herrschaft über große Teile des Alten Reiches stand.

Der Kaiser hatte die Auflösung vorhergesehen und nahm bereits 1804 den Titel eines Kaisers von Österreich an, um keinen Statusverlust zu erleiden, denn sonst wäre er „nur" noch König gewesen – König von Ungarn. König von Böhmen und Erzherzog von Österreich. Allein dieser Vorgang zeigte, wie er die Lage des Reiches einschätzte, nämlich als hoffnungslos. Ein weiterer Grund kam hinzu: Der französische Erste Konsul Napoleon hatte sich 1804 zum Kaiser der Franzosen gekrönt. Die inneren Auflösungstendenzen wurden durch Napoleons wachsenden Druck auf das Alte Reich verstärkt. Doch handelte es sich nicht bloß um allgemeine Entwicklungen, vielmehr kristallisierten sie sich stets an konkreten Ereignissen heraus. Außenpolitisch handelte es sich um die wachsenden Divergenzen der deutschen Staatenwelt während und am Ende der Revolutionskriege, die sich in den verschiedenen Friedensschlüssen manifestierten und in einem strukturellen Verfassungsproblem des Alten Reiches wurzelten. Seit dem Westfälischen Frieden von 1648 konnten die Reichsfürsten Bündnisse mit außerdeutschen Mächten schließen, allerdings durften sie sich nicht gegen Kaiser und Reich richten. Doch ließ ein solches Prinzip Interpretationsspielraum, und vor allem war es eine Machtfrage, ob der Kaiser und das Reichsheer mächtig genug waren, seine Einhaltung zu erzwingen.

https://doi.org/10.1515/9783110348712-028

DAS ENDE DES REICHES

Aber auch ohne solche Bündnisse betrieben die größeren Reichsfürsten ihre eigene Politik und verfolgten ihre Interessen nachdrücklich, selbst wenn sie nicht mit denen des Reiches übereinstimmten. Auf der anderen Seite war auch der Habsburger als Herrscher seiner Erblande Reichsfürst, der seine eigenen Ziel keineswegs denen des Reiches unterordnete. Um nur ein Beispiel zu nennen, das unmittelbar in den Auflösungsprozess mündete: Kaiser Joseph II. betrieb im Geiste der Aufklärung, aber auch im materiellen Interesse seiner Dynastie im Kontext der sogenannten josephinischen Reformen während der 1780er Jahre eine radikale Säkularisation des Klosterbesitzes. Dabei handelte es sich zwar zunächst um eine Enteignung kirchlichen Besitzes in einem und durch einen Staat, doch legte er damit zugleich die Axt an die Wurzel des Alten Reiches: Er weckte die Begehrlichkeiten kleinerer Fürsten, die damit vor allem eine Arrondierung ihres weltlichen Territorialbesitzes anstrebten. Da das Alte Reich aber aus ganz unterschiedlichen Territorien bestand, neben Reichsfürstentümern und freien Reichsstädten stark durch geistliche Fürstentümer strukturiert und geprägt war, war es nach den zwar noch territorial begrenzten, gleichwohl massiven Säkularisationen nur noch eine Frage der Zeit, wann die geistlichen Fürstentümer an der Reihe waren, zumal zahlreiche aufgeklärte Publizisten sie als anachronistisch ansahen. Und in der französischen Monarchie gab es ohnehin nichts Vergleichbares, die Revolution enteignete den Kirchenbesitz radikal schon an ihrem Beginn 1789.

1803 war es dann soweit: Der sogenannte Reichsdeputationshauptschluss des Reichstags in Regensburg führte die Säkularisation und damit eine komplette Neugliederung des Alten Reiches durch. Bis zu diesem Zeitpunkt war das Alte Reich die vielgestaltigste Ländermasse des europäischen Ancien régime: Auf etwa 670 000 Quadratkilometern lebten etwa 24 Millionen Menschen. Zwischen der Großmacht Österreich, die circa 30 Prozent der Fläche mit etwa 10 Millionen Einwohnern umfasste, und dem kleinsten Fürstentum Liechtenstein mit 5 800 Einwohnern gab es fast jede Zwischengröße. Neben 314 selbständigen Territorien standen über 1 400 Reichsritterschaften, die keinem Landesherrn untertan unmittelbar zu Kaiser und Reich waren, sowie 68 größere freie Reichsstädte neben zahlreichen kleineren, für die das ebenfalls galt und die eine quasi republikanisch-patrizische Verfassung besaßen. Die immer wieder modifizierte sogenannte Wormser Reichsmatrikel von 1521 führt alle diese Herrschaften auf. Aufklärungsschriftsteller wie Johann Pezzl beklagten folglich 1784 das „Elend der Polykratie". 1787 forderte der Reichspublizist Friedrich Carl von Moser die Aufhebung der geistlichen Staaten in Deutschland. Und 1799, während des Friedenskongresses in Rastatt, veröffentlichte das französische Journal „Moniteur" einen Artikel, der die revolutionäre französische Politik gegenüber dem alten deutschen Reich auf den Punkt brachte: „Da die deutsche Reichsverfassung der Zentralpunkt aller Adels- und Feudalvorurteile von Europa ist, so muß es

ABB. 55 **DIE KRÖNUNG NAPOLEONS ZUM KAISER**

Jacques Louis David erwies sich als Chronist, der die jeweiligen Epochen in grandiose Malerei umsetzte. 1804 malter er gleichsam offiziell die Selbstkrönung Napoleon Bonapartes zum Kaiser der Franzosen. Das Bild zeigt den Augenblick, wo Napoleon, der sich zuerst selbst gekrönt hat, seiner Gattin Joséphine die Krone aufsetzt. Wie andere seiner Werke hielt es einen Schritt der Geschichte fest und glorifizierte zugleich die Entwicklung: Die Krönung in Notre Dame rechtfertigte die Eigenmächtigkeit Napoleons aus der Idee des sich selbst legitimierenden neuen Kaisertums.

DIE KRÖNUNG NAPOLEONS, ÖLGEMÄLDE VON JACQUES LOUIS DAVID, 1805–1808, MUSÉE DU LOUVRE PARIS.

das einzige Ziel der französischen Politik sein, sie zu vernichten." Bis zu den Diskussionen der 1790er Jahre gingen also die Geheimabkommen deutscher Fürsten mit dem napoleonischen Frankreich über diese Fragen zurück. Nach dem Frieden von Lunéville zwischen Frankreich und dem Reich 1801 kam es zu Verhandlungen Frankreichs und Russlands, das seit 1779 Garantiemacht der Reichsverfassung war. Dabei suchte Zar Alexander I. eine Verständigung mit Frankreich und vertrat dabei die Interessen derjenigen deutschen Fürstenhäuser, mit denen er verwandtschaftlich verbunden war. In Lunéville wurden Entschädigungen für die deutschen Fürsten vorgesehen, die linksrheinische Territorien aufgrund der napoleonischen Kriege an Frankreich verloren hatten. Als

Entschädigungsmasse wurde die Säkularisierung von Kirchenbesitz bzw. der geistlichen Fürstentümer vorgesehen. Hierfür bedurfte es allerdings eines Reichsgesetzes, das nur durch den in Regensburg tagenden Reichstag erlassen werden konnte. Der Frieden von Lunéville bedeutete also den entscheidenden Schritt zur Realisierung der bis dahin noch eher programmatischen Säkularisierungsdebatte

Insofern hatte der Reichsdeputationshauptschluss, den am 25. Februar 1803 alle drei Reichstagskollegien in Regensburg beschlossen und den Kaiser Franz II. am 27. April 1803 ratifizierte, eine längere Vorgeschichte. In ihr verbanden sich seit dem späten 18. Jahrhundert das Vorbild josephischer Säkularisierungen im Habsburger Reich aufgeklärtes Rationalisierungs-

293

denken, revolutionär-napoleonische Einflüsse, linksrheinische Kriegsverluste und materielle Begehrlichkeiten. Die geistlichen Fürstentümer wurden 1803 säkularisiert und 112 Reichsstädte mediatisiert, also den umgebenden Territorien eingegliedert, ebenso der Klosterbesitz. Auf diese Weise wurde – wenngleich auf legalem Wege – die geltende Reichsverfassung schlagartig au-

ßer Kraft gesetzt und die umfassendste territoriale Neuordnung Deutschlands zwischen der Reformation des 16. Jahrhunderts und der Kriegsniederlage 1945 realisiert. Hinzu kam der Verlust linksrheinischer Gebiete, die von Frankreich annektiert wurden. 4,8 Millionen Untertanen, also 25 bis 30 Prozent der deutschen Bevölkerung, wechselten zu anderen Herrschaften.

DER RHEINBUND

Zwar existierte ein erheblicher Druck Napoleons, doch hatten sich weder Kaiser noch Territorialstaaten wirklich widersetzt, sogar die geistlichen Fürsten wehrten sich nur schwach gegen Zeitgeist und politische Übermacht. Die Gewinner waren in der Regel die mittelgroßen Territorialstaaten, die sich mit ihrem zeitweiligen Gönner Napoleon verbündeten. Nach dem Dritten Koalitionskrieg 1805 wurde auf Veranlassung Napoleons der (zweite, nach dem ersten, 1658 bis 1668 bestehenden) Rheinbund geschlossen. Unter dem Protektorat des französischen Kaisers gehörten ihm zunächst 16 süd- und westdeutsche Fürsten an, denen weitere folgten. Napoleon wollte mit dem Rheinbund weite Teile Deutschlands der französischen Oberherrschaft unterwerfen. So mussten die Rheinbundstaaten Napoleon Truppenkontingente stellen und waren politisch abhängig. Allerdings erreichten auch die Mitgliedstaaten Vorteile, vor allem territoriale Gewinne und Standeserhöhungen. Bayern und Württemberg wurden so zu Königreichen. 1808 umfasste der Rheinbund mit 325 800 Quadratkilometern ungefähr die Hälfte des Territoriums des alten Reiches mit 14,6 Millionen Einwoh-

nern, was etwa drei Fünfteln der deutschen Bevölkerung entsprach.

Die beiden Großmächte Österreich und Preußen zählten nicht zum Rheinbund, wodurch die Spaltung bereits klar wurde, im Falle Habsburgs aber eine besonders gravierende, weil diese Dynastie den Kaiser stellte. Damit war auch klar: Aufgrund der vom Kaiser unabhängigen verfassungspolitischen und territorialen Umgestaltung Deutschlands richtete sich der Rheinbund bzw. auch die Außenpolitik der Mitglieder gegen Kaiser und Reich. Zwar war die Reichsverfassung nicht formell aufgehoben, faktisch aber war sie seit 1803 beseitigt worden, der Rheinbund bildete die letzte Bestätigung: Napoleons Aufforderung an Kaiser Franz II., den Rheinbund anzuerkennen und die römisch-deutsche Kaiser- und Königskrone niederzulegen, sowie der in der Regensburger Erklärung vom 1. August 1806 vollzogene Austritt der Rheinbundstaaten protokollierten die tatsächliche Auflösung des Alten Reiches. Die wenige Tage später, am 6. August 1806, erfolgte Niederlegung der Kaiserkrone des Heiligen Römischen Reiches deutscher Nation durch Franz II. bestätigte nur noch sein bereits vollzogenes Ende.

Art. 1. Die Staaten Ihrer Majestäten der Könige von Baiern und Wirtemberg, Ihrer Durchlauchten der Churfürsten Erzkanzler und von Baden, des Herzogs von Berg und Cleve, des Landgrafen von Hessen-Darmstadt, der Fürsten von Nassau-Usingen und Nassau-Weilburg, der Fürsten von Hohenzollern-Hechingen und Hohenzollern-Sigmaringen, der Fürsten von Salm-Salm und Salm-Kyrburg, des Fürsten von Isenburg-Birstein, des Herzogs von Ahremberg und des Fürsten von Lichtenstein und des Grafen von der Leyen werden für immer vom teutschen Reichsgebiete abgesondert, und unter sich durch eine besondere Conföderation unter dem Namen: rheinische Bundesstaaten vereinigt.

Art. 2. Alle teutsche Reichsgesetze, welche Ihren Majestäten und Durchlauchten die im vorigen Artikel benannten Könige, Fürsten und die Grafen, ihre Unterthanen und ihre Staaten oder Theile derselben bisher angehen, oder für sie verbindlich seyn konnten, sollen für die Zukunft in Hinsicht Ihrer benannten Majestäten und Durchlauchten und des gedachten Grafen ihrer Staaten und Unterthanen nichtig und von keiner Wirkung seyn. Ausgenommen hievon sind jedoch die Rechte, welche die Staatsgläubiger und Pensionisten durch den Rezeß von 1803 erlangt haben […]

Art. 3. Jeder der conföderirten Könige und Fürsten verzichtet auf jene seiner Titel, welche irgend eine Beziehung auf das teutsche Reich ausdrücken, und wird am ersten Tage des nächsten Monats August dem Reichstage seine Trennung vom Reiche bekannt machen lassen. […]

Art. 25. Ein jeder der conföderirten Könige und Fürsten soll die in seinen Besitzungen eingeschlossenen ritterschaftlichen Güter mit voller Souverainetät besitzen. Die zwischen zwei conföderirten Staaten gelegenen ritterschaftlichen Güter sollen in Hinsicht auf Souverainetät so gleich als möglich getheilt werden, dergestalt jedoch, daß daraus weder eine Zerstückelung noch eine Vermischung der Gebiete entstehe.

Art. 26. Die Rechte der Souverainetät sind: Gesetzgebung, obere Gerichtsbarkeit, Ober-Polizei, militärische Conscription oder Rekrutenzug, und Recht der Auflagen. […]

Art. 35. Zwischen dem französischen Reiche und den rheinischen Bundesstaaten soll in ihrer Gesammtheit sowohl als mit jedem einzelnen ein Bündniß Statt haben, vermöge dessen jeder Krieg auf dem festen Lande, den einer der contrahirenden Theile zu führen haben könnte, für alle andere unmittelbar zur gemeinsamen Sache wird.

Art. 36. Im Falle eine diesem Bündnisse fremde und benachbarte Macht sich rüstet, sollen die hohen contrahirenden Theile, um nicht unvorbereitet überfallen zu werden, auf die Anforderung, welche der Minister eines conföderirten Staates desfalls zu Frankfurt machen wird, sich ebenfalls bewaffnen.

QUELLE 47   DAS ENDE DES ALTEN REICHES AM 6. AUGUST 1806

Am 12. Juli 1806 schlossen der Bevollmächtigte des französischen Kaisers Napoleon Bonaparte und die Bevollmächtigten 16 deutscher Fürsten jenes Abkommen, das als „Rheinbundakte" bekannt wurde. Die Unterzeichner erklärten nicht nur ihre Trennung vom Gebiet des Reiches und die Bildung der neuen Konföderation, sondern vereinbarten auch, dass die Reichsgesetze mit Ausnahme der Bestimmungen des Reichsdeputationshauptschlusses und des Rheinschifffahrtsprotokolls keine Geltung mehr in ihren Staaten haben sollten. Die Fürsten verzichteten auf alle Titel, die eine Beziehung zum Reich ausdrückten, dafür wurde ihnen die volle Souveränität in ihren Territorien zugesprochen. Manche Mitgliedstaaten profitierten von territorialen Gewinnen und Standeserhöhungen. Bayern und Württemberg wurden so zu Königreichen. Militärisch war der Rheinbund eine auf Frankreich ausgerichtete Offensiv- und Defensivallianz. So mussten die Rheinbundstaaten Napoleon Truppenkontingente stellen und waren politisch von ihm abhängig. 1808 umfasste der Rheinbund mit 325 800 Quadratkilometern ungefähr die Hälfte des Territoriums des Alten Reiches mit 14,6 Millionen Einwohnern, was etwa drei Fünfteln der deutschen Bevölkerung entsprach.

QUELLE: DIE CONSTITUTIONEN DER EUROPÄISCHEN STAATEN SEIT DEN LETZTEN 25 JAHREN (BAND 2). LEIPZIG / ALTENBURG 1817, S. 78–107.

ABB. 56 KARTE EUROPAS 1812

Im Jahr 1812 stand Europa unzweifelhaft unter der Vorherrschaft Frankreichs. Das Staatsgebiet des Kaiserreichs dehnte sich im Osten bis weit in die deutschen Länder und nach Italien aus; im Königreich Italien im Norden der Appeninenhalbinsel herrschte in Personalunion Napoleon als König, der Kirchenstaat war per Dekret 1808 an Frankreich angegliedert worden. Im Königreich Neapel regierte seit demselben Jahr Napoleons Schwager Joachim Murat, während die gegenüberliegende Adriaküste, Teile des heutigen Sloweniens und Kroatiens, wiederum als Illyrische Provinzen teil des Kaiserreiches war. In Spanien hatte Napoleon seinen Bruder Joseph Bonaparte zum König ernannt. Der Rheinbund stand unter dem Protektorat Napoleons, und das Großherzogtum Warschau war letztlich ein napoleonischer Satellitenstaat, hauptsächlich gebildet aus Teilen des Territoriums, das Preußen im Zuge des polnischen Teilungen annektiert hatte.

QUELLE: EIGENE DARSTELLUNG

NACH DEM UNTERGANG

In dem territorial neu gestalteten Deutschland, das nur noch ein geographischer, aber kein staatsrechtlicher Begriff mehr war, existierten nun drei Staatengruppen: erstens diejenigen, die sich dem Einfluss Napoleons zu entziehen versuchten, zweitens die staatsrechtlich selbständigen, aber politisch abhängigen Rheinbundstaaten sowie drittens die direkt dem französischen Kaiser unterstehenden Staaten wie das Königreich Westfalen unter dem Bruder Napoleons Jérôme Bonaparte (1807–1813). Entsprechend unterschiedlich verlief bis 1814/15 die innenpolitische Entwicklung. Da Napoleon danach trachtete, seine Herrschaft sowohl in Deutschland als auch Europa insgesamt weiter auszudehnen, folgten weitere Kriege. Mit Habsburg-

Österreich gelangte er 1810 durch seine Ehe mit der Kaisertochter Marie Louise zu einem Arrangement, das seine fehlende monarchische Legitimität kompensieren sollte, mit Russland verständigte er sich 1807 – allerdings nur zeitweise – durch einen Interessenausgleich. Also blieb Preußen, das nicht bereit war, sich Napoleons Bündnissen in der einen oder anderen Weise anzuschließen. Für Napoleon konnte es aber nur ein Für oder Wider geben, so war der Krieg unausweichlich, die Niederlage für das unter Friedrich dem Großen einst so ruhmreiche Preußen fiel vernichtend aus. Die Einquartierungen, Plünderungen, schließlich die Friedensbedingungen im Frieden von Tilsit 1807, wohin das Königspaar Friedrich Wilhelm III. und seine Gemahlin Luise geflohen waren, konnten demütigender kaum sein. Ähnliches galt auch für die kleineren Staaten, die sich nicht in Napoleons Schlepptau begeben und auf Preußen gehofft hatten. Ein Beispiel bildet das Großherzogtum Sachsen-Weimar, wo selbst Goethe die dramatische Einquartierung erleiden musste, doch immerhin die Genugtuung erfuhr, zu Napoleon gebeten zu werden, der ein Verehrer seines „Werther" war. Preußen, so lautete die Kritik im Land, habe sich auf den Lorbeeren Friedrichs II. ausgeruht und sei deshalb schwächlich geworden.

Da aber weder die Revolution noch Napoleon sich mit bloßen Eroberungen zufrieden geben wollten, sondern eine politische Mission verfolgten, ergaben sich daraus rationale Konzeptionen politischer Umgestaltung. Das galt nicht allein für den napoleonischen Modellstaat des Königreichs Westfalen, sondern die Rheinbundstaaten insgesamt. Auch in diesem Fall verbanden sich vorrevolutionäre Reformtraditionen und realpolitische Zwänge aufgrund der territorialen Veränderungen seit 1803 mit napoleonischen Forderungen, die auf eine Modernisierung von Staat, Verwaltung und Gesellschaft hinausliefen. Unabhängig von ihren Entstehungsbedingungen handelte es sich um ein gewaltiges Reformwerk, das nun in den Rheinbundstaaten in Gang gesetzt wurde.

REFORMEN IN PREUSSEN

Und Preußen? Auch hier verbanden sich aufgeklärte Reformtraditionen, deren letztes großes Werk das nach langer Vorbereitung 1794 in Kraft getretene „Allgemeine Landrecht für die Preußischen Staaten" gewesen war, mit realpolitischen Zwängen: Zwar war es nicht dem direkten Einfluss Napoleons zuzuschreiben, welche großen Reformen auch Preußen ins Werk setzte, aber indirekt gewann er auch darauf Einfluss, zumal er sogar die Entlassung von Ministern erzwang. Nach der Niederlage war klar: Wollte man das Land wieder aufrichten, wollte man dem reformerischen Gewalt- und Fremdherrscher Napoleon gewachsen sein, musste man den Staat und sein Heer so grundlegend reformieren, wie dieser selbst Frankreich umgeformt hatte. In diesem Sinne nahm Preußen also eigene Reformtraditionen wieder auf, lernte aus der Revolution und von Napoleon und schuf ein umfassendes Reformwerk. Staat, Heer und Gesellschaft wurden radikal modernisiert und dadurch nachhaltig gestärkt, die Reformen ermöglichten den politischen Wiederaufstieg aus der verheerenden Niederlage und machten das Land zu einem Hauptakteur in den Befreiungskriegen, denen Napoleon schließlich erlag. Insofern entwickel-

ten sich im napoleonisch beherrschten Deutschland drei eigenständige und doch analoge Reformstränge, die die Entwicklung des 19. Jahrhunderts entscheidend prägten. Welche dieser Reformen waren zentral und welche Ziele verfolgten sie?

HEERESREFORM

Der von der Französischen Revolution und der napoleonischen Besetzung ausgehende Modernisierungsdruck erstreckte sich zwar auf alle politischen und gesellschaftlichen Sektoren, betraf aber in Preußen vorrangig die Heeresreform. Zwar hatte Zar Alexander I. in seinen Verhandlungen mit Napoleon am 7. bis 9. Juli 1807 in Tilsit, bei denen sich beide Kaiser auf eine gemeinsame Herrschaft über Europa einigten, den Fortbestand Preußens durchsetzen können, doch verlor Preußen mehr als die Hälfte seines Territoriums mit fünf Millionen Einwohnern. Anders als die mit Napoleon verbündeten Rheinbundstaaten, die gewonnen hatten, war Preußen der große Verlierer und keine europäische Großmacht mehr. Nur mit neuer militärischer Stärke besaß das Land Chancen, daran etwas zu ändern.

Sie erwies sich umso notwendiger, als die Revolution und Napoleon die Kriegführung revolutioniert hatten. Statt Söldnerheeren, deren Soldaten teuer und die nicht durch ein Nationalgefühl geleitet waren, zum erheblichen Teil nicht einmal dem Staat entstammten, für den sie kämpften, zogen in Frankreich seit 1792 auf der Basis der allgemeinen Wehrpflicht Massenheere in den Krieg. Sie folgten einem durch die revolutionäre Kriegspropa-

ganda entwickelten nationalen Sendungsbewusstsein. Infolge dieser Voraussetzungen veränderten sich nicht nur Aufbau und Charakter der Heere, sondern ebenfalls militärische Strategie und Taktik.

Hatte schon Erzherzog Karl das österreichische Heer 1807/1808 reorganisiert, so führten die preußischen Generäle Gerhard von Scharnhorst, August Graf Neidhardt von Gneisenau und Hermann von Boyen zwischen 1807 und 1814 eine umfassende Heeresreform durch, mit der Preußen 1813 als erster Staat nach Frankreich die allgemeine Wehrpflicht einführte. Die Restriktionen des Tilsiter Friedens, der eine Reduzierung der Heeresstärke vorsah, umging man mit Hilfe des sogenannten Krümpersystems: Durch eine nur kurzzeitige Rekrutenausbildung, die eine große Zahl von Reservisten bereitstellte, vergrößerte man das Heer schnell. Für Gneisenau, der bereits 1782/83 in Nordamerika mit dem Prinzip des Volksheeres vertraut geworden war, spielte das Freiheitspathos eine ebenso wesentliche Rolle wie im amerikanischen Unabhängigkeitskrieg und in der Französischen Revolution. Bei Gneisenau wurde es zu einem Pathos der Befreiung von französischer Fremdherrschaft. Damit verband sich das Ziel einer Demokratisierung der Armee. Daraus folgte eine funktional gedachte Hierarchie nach Leistungs- und nicht sozialen Herkunftskriterien. Die Formierung eines neuen Offizierskorps gehörte zu den vornehmsten Anliegen Gneisenaus.

Die preußischen Reformer waren hochgebildete Männer, insofern verstanden die Militärs Heeresreform als Bildungsreform. Den Wehrdienst betrachteten sie als Verfassungspatriotismus – freilich einer modernen Verfassung Preußens, die die preußische Aufklärung konsequent fortführte und aus den Errungenschaften der liberalen Phase der Französischen Revolution für den eigenen Staat Konsequenzen zog. Nicht zufällig gründete Scharnhorst 1810 die Preußische Kriegsakademie und ebenso wenig zufällig erschien 1816 das zur Weltliteratur zählende Standardwerk „Vom Kriege": Carl von Clausewitz vereinigte in ihm die Fähigkeiten des preußischen Generals mit denen des Philosophen und Erziehers. Auf dieser Basis entwickelten die Reformer eine moderne Strategie und Taktik der Kriegführung.

BILDUNGSREFORM

Die Grundgedanken der Heeresreformer fanden ihre Analogie in zahlreichen weiteren Reformen, unter anderem den neuhumanistischen Bildungsreformen Wilhelm von Humboldts, der als preußischer Kultusminister nicht allein einen neuen Typus des Gymnasiums schuf, sondern in Berlin 1810 eine moderne Universität gründete, die als Gemeinschaft der Lehrenden und Lernenden verstanden wurde. Der erste Rektor der Universität, Johann Gottlieb Fichte, einer der

führenden Philosophen des deutschen Idealismus, erklärte in seiner Antrittsrede am 19. Oktober 1811 wegweisend: „Der eigentlich belebende Odem der Universität [...] die himmlische Luft" sei „ohne Zweifel die akademische Freiheit". Humboldt und Freiherr Karl von Altenstein führten eine

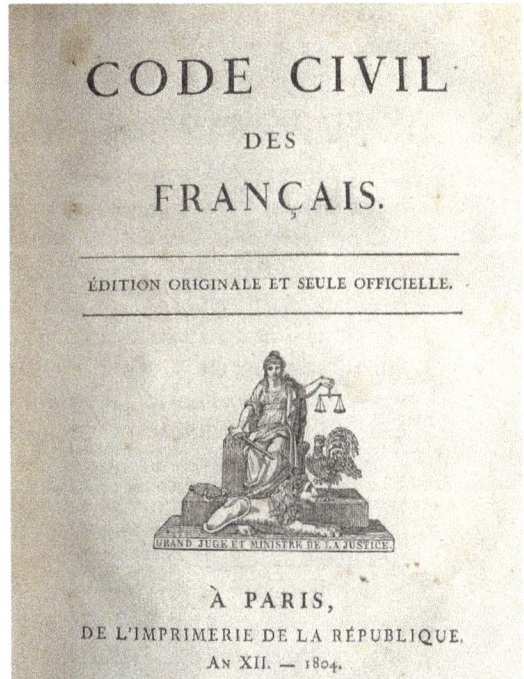

CODE CIVIL DES FRANÇAIS.

ÉDITION ORIGINALE ET SEULE OFFICIELLE.

À PARIS,
DE L'IMPRIMERIE DE LA RÉPUBLIQUE.
AN XII. — 1804.

ABB. 57 TITELBLATT DER ERSTEN AUSGABE DES CODE CIVIL

Der Code civil oder auch Code Napoléon war das große Gesetzeswerk, das unter Napoleons Leitung geschaffen wurde. Er verschmolz sehr verschiedenartige Rechtstraditionen, vor allem die regional unterschiedlichen Gewohnheitsrechte – die Coutumes – mit dem römischen Recht sowie den Errungenschaften der Revolution. Die Errichtung immer neuer Vasallenstaaten jenseits der französischen Grenze war durch Gewalttätigkeit und Modernisierungswillen zugleich gekennzeichnet. Das Gesetzbuch wurde rücksichtslos in den eroberten Regionen eingeführt, was aber für die betroffene Bevölkerung zumeist mit Fortschritt verbunden war. Die napoleonische Herrschaft hatte so bei aller Gewalttätigkeit ein Element der Rationalität und wurde selbst bei den unterworfenen Völkern oftmals begrüßt.

CODE CIVIL DES FRANÇAIS. EDITION ORIGINALE ET SEULE OFFICIELLE, PARIS 1804.

Reform des gesamten Bildungswesens durch, die anders als die Heeresreform auf Vorläufer des 18. Jahrhunderts zurückgreifen konnte und auch die Reorganisation des Volksschulwesens einbezog.

STAATS- UND VERWALTUNGSREFORMEN

Doch war das Reformkonzept für Staat und Gesellschaft weit umfassender: Zu ihm zählte eine Reorganisation der obersten Staatsverwaltung, eine Verwaltungsreform auf provinzialer und kommunaler Ebene mit dem Herzstück der durch den Freiherrn vom Stein konzipierten kommunalen Selbstverwaltung, eine Finanz- und Steuerreform. Die wirkungsmächtigsten sozialen und ökonomischen Maßnahmen waren 1810 die Bauernbefreiung, mit der Leibeigenschaft und Gutsuntertänigkeit beseitigt wurden, sowie die Einführung der Gewerbefreiheit, die 1810/11 unter Aufhebung des Zunftzwanges früher als in den meisten anderen Staaten durchgeführt wurde. Hinzu kamen schließlich einzelne Rechtsreformen.

Ein wesentliches Teilstück der Reformen bildete 1812 die Emanzipation der Juden und ihre staatsbürgerliche Gleichstellung. Wenngleich das Edikt ihnen noch nicht in jeder Hinsicht eine reale Gleichstellung brachte, so doch entscheidende Verbesserungen ihrer Rechtsstellung mit dem Niederlassungsrecht, der Eröffnung neuer beruflicher Möglichkeiten und gleicher Bildungschancen. Auch in diesem Sektor wurden aufgeklärte Forderungen aufgenommen, die im England des 18. Jahrhunderts unter anderen in England John Locke, in Preußen Gotthold Ephraim Lessing und Christian Wilhelm Dohm in seiner Abhandlung „Über die bürgerliche Verbesserung der Juden" (1781) vertreten hatten. Im Habsburgerreich wurde durch das Toleranzpatent Kaiser Josephs II. 1782 ein erster gesetzlicher Schritt zur Judenemanzipation getan.

Natürlich griffen die bis 1814 erfolgten Reformen nicht in allen Sektoren gleich schnell, naturgemäß brachten sie mit neuen Freiheiten neue Risiken und materielle, sich oft über Jahrzehnte erstreckende neue soziale Probleme. Sie waren allerdings nicht allein Folge der rechtlichen und gesellschaftlichen Reformen, sondern ebenso der industriellen Revolution. Das galt insbesondere für die massenhafte Proletarisierung der landlosen Bauern: Die rechtliche Freiheit bedeutete zugleich den Wegfall der paternalistischen gutsherrlichen Fürsorgepflicht, wobei jedoch auch erhebliche territoriale Unterschiede ins Gewicht fielen. Keine Frage aber ist, dass sämtliche Reformen in die Zukunft wiesen. Das Werk der führenden Reformminister Reichsfreiherr Karl vom und zum Stein und des Grafen Karl August von Hardenberg bedeutete trotz der Rückschläge, die sie selbst erlebten, einen mächtigen Schub zur Ausbildung moderner Staatlichkeit und der Modernisierung der gesellschaftlichen und rechtlichen Strukturen. In keinem Staat sind in nur sechs Jahren auf evolutionär-bürokratischem Wege so umfassende und nachhaltige Reformen durchgeführt worden wie in Preußen zwischen 1807 und 1813/14.

DER EINFLUSS FRANKREICHS

Die Reformen der Rheinbundstaaten, auch die der größten Mittelstaaten wie dem Königreich Bayern, standen unter starkem französischem Einfluss. Doch wurde in der Regel das weit radikalere Vorbild der Französischen Re-

In der Verwaltung des Innern setzte ich mein Ziel. Es kam darauf an, die Disharmonie, die im Volke stattfindet, aufzuheben, den Kampf der Stände unter sich, der uns unglücklich machte, zu vernichten, gesetzlich die Möglichkeit aufzustellen, daß jeder im Volke seine Kräfte frei in moralischer Richtung entwickeln könne, und auf solche Weise das Volk zu nötigen, König und Vaterland dergestalt zu lieben, daß es Gut und Leben ihnen gern zum Opfer bringe. [...] Der letzte Rest der Sklaverei, die Erbuntertänigkeit, ist vernichtet, und der unerschütterliche Pfeiler jedes Throns, der Wille freier Menschen, ist gegründet. Das unbeschränkte Recht zum Erwerb des Grundeigentums ist proklamiert. Dem Volke ist die Befugnis, seine ersten Lebensbedürfnisse sich selbst zu bereiten, wiedergegeben. Die Städte sind mündig erklärt, und andere minder wichtige Bande, die nur einzelnen nützten und dadurch die Vaterlandsliebe lähmten, sind gelöst. [...]

Das nächste Erfordernis scheint mir

4. eine allgemeine Nationalrepräsentation. Heilig war mir und bleibe uns das Recht und die unumschränkte Gewalt unsere Königs! Aber damit dieses Recht und diese unumschränkte Macht das Gute wirken kann, was in ihr liegt, schien es mir notwendig, der höchsten Gewalt ein Mittel zu geben, wodurch sie die Wünsche des Volkes kennen lernen und ihren Bestimmungen Leben geben kann [...] Von der Ausführung oder Beseitigung eines solchen Plans hängt Wohl und Wehe unsers Staats ab, denn auf diesem Wege allein kann der Nationalgeist positiv erweckt und belebt werden. [...]

8. Damit aber alle diese Einrichtungen ihren Zweck, die innere Entwicklung des Volkes, vollständig erreichen und Treue und Glauben, Liebe zum Könige und Vaterlande in der Tat gedeihen, so muß der religiöse Sinn des Volks neu belebt werden. [...]

9. Am meisten aber hierbei, wie im Ganzen, ist von der Erziehung und dem Unterrichte der Jugend zu erwarten. Wird durch eine auf die innere Natur des Menschen gegründete Methode jede Geisteskraft von innen heraus entwickelt und jedes edle Lebensprinzip angereizt und genährt, alle einseitige Bildung vermieden, und werden die bisher oft mit seichter Gleichgültigkeit vernachlässigten Triebe, auf denen die Kraft und Würde des Menschen beruht, Liebe zu Gott, König und Vaterland sorgfältig gepflegt, so können wir hoffen, ein physisch und moralisch kräftiges Geschlecht aufwachsen und eine bessere Zukunft sich eröffnen zu sehen.

QUELLE 48   **DAS POLITISCHE TESTAMENT DES FREIHERRN VOM STEIN**

Am Tag seiner Entlassung aus dem preußischen Staatsdienst am 24. November 1808 ließ Friedrich Karl Freiherr vom und zum Stein seinen Mitarbeiter Theodor von Schön dieses Rundschreiben an die königliche Familie und die Mitglieder des Staatsrats ausfertigen. Es skizzierte die Ziele und Ergebnisse der bisherigen preußischen Reformpolitik und die Aufgaben der nächsten Zukunft. Es wurde als „Politisches Testament" Steins bekannt und untermauerte, spätestens als es 1817 an die Presse gelangt war, sein öffentliches Bild als Reformer.

QUELLE: FREIHERR VOM STEIN, BRIEFE UND AMTLICHE SCHRIFTEN, BEARB. VON ERICH BOTZENHART UND NEU HG. VON WALTHER HUBATSCH IM AUFTRAG DER FREIHERR-VOM-STEIN-GESELLSCHAFT MIT FÖRDERUNG DES BUNDES UND DER LÄNDER, BD. 2/2, STUTTGART 1960, NR. 910, S. 988–992.

volution nicht vollständig umgesetzt, beispielsweise im Falle der Judenemanzipation, die die französische Nationalversammlung schon am 27. September 1791 mit der Zuerkennung voller Bürgerrechte für die Juden beschlossen hatte, obwohl auch dies noch keine widerspruchsfreie Realisierung garantierte. Durch diesen Akt wurde das Judentum als Konfession, nicht aber als eigene Nation definiert.

In der vielgestaltigen deutschen Staatenwelt bestanden zwei Alternativen der Modernisierung, die reformerisch-evolutionäre und die revolutionäre. Doch beide Varianten benötigten für die Realisierung längere Zeiträume: Was Gesetze dekretieren, ist nicht von heute auf morgen gesellschaftliche Realität. Selbst in den unterschiedlichen Phasen der Französischen Revolution wechselten Vor- und Rückschritte und schließlich bestand die republikanische Staatsform selbst dort bei großzügiger Rechnung nur zwölf Jahre, bis zunächst eine neue Dynastie installiert und seit 1814 die alte Dynastie restauriert wurde. Der mit dem Wiener Kongress 1814/15 entstehende Deutsche Bund hatte nur noch 38 Mitglieder, darunter vier freie Städte,

es handelte sich um einen Bund souveräner Staaten, die allerdings verpflichtet wurden, eine landständische Verfassung einzuführen, an die die Monarchen künftig gebunden sein sollten.

Die Reformen in den deutschen Staaten bedeuteten eine entscheidende Etappe in der sich mental und real seit dem 18. Jahrhundert nahezu ein Jahrhundert hinziehenden Auflösung der ständischen Verfassungs- und Gesellschaftsordnung. Die Reformen bildeten die entscheidende Voraussetzung für die verfassungsrechtliche Modernisierung der Fürstenstaaten und die Befreiung von der französischen Herrschaft, die dann militärisch erkämpft wurde. Sie wäre nicht möglich gewesen, ohne eine weitere Politisierung der deutschen Kulturnation, die nun nicht zuletzt in Reaktion auf den französischen Nationalismus in eine deutsche Nationalbewegung mündete, die ihrerseits von nationalistischen Zügen nicht mehr frei blieb. Nach der Niederlage Napoleons gegen Russland 1812 brachten die Befreiungskriege mit der Völkerschlacht bei Leipzig 1813 endgültig die Wende, für die sich verstärkende Nationalbewegung entstand ein grundlegender Mythos.

LITERATURHINWEISE

Wolfgang Burgdorf, Ein Weltbild verliert seine Welt. Der Untergang des Alten Reiches und die Generation 1806, München 2006.

Heinz Duchhardt, Andreas Kunz (Hg.), Reich oder Nation? Mitteleuropa 1780–1815, Mainz 1998.

Elisabeth Fehrenbach, Vom Ancien Régime zum Wiener Kongress, 4. überarb. Auflage, München 2001.

Peter C. Hartmann / Florian Schuller (Hg.), Das Heilige Römische Reich und sein Ende 1806. Zäsur in der deutschen und europäischen Geschichte, Regensburg 2006.

Andreas Klinger / Hans-Werner Hahn / Georg Schmidt (Hg.), Das Jahr 1806 im europäischen Kontext. Balance, Hegemonie und politische Kulturen, Köln / Weimar / Wien 2008.

Hans-Christof Kraus, Das Ende des alten Deutschland. Krise und Auflösung des Heiligen Römischen Reiches Deutscher Nation 1806, Berlin 2006.

Horst Möller, Fürstenstaat oder Bürgernation. Deutschland 1763 bis 1815, 4. Auflage, Berlin 1998.

ZU GAST BEI ANNA AMALIA

DIE DEUTSCHE KULTUR VON DER AUFKLÄRUNG BIS ZUR ROMANTIK

HORST MÖLLER

Es war der erste Freitag eines Monats im Jahr 1795 im Wittumspalais der Großherzogin Anna Amalia von Sachsen-Weimar: Im Tafelrundenzimmer steckten die Gäste ihre Köpfe zusammen und debattierten angeregt. Handelte es sich um die adlige Elite des Großherzogtums? Nein, allerdings um einen Teil der geistigen Elite: Johann Wolfgang von Goethe, der als Dichter weit berühmter war denn als Staatsminister, Johann Gottfried von Herder, der als Generalsuperintendent eine herausgehobene Stellung einnahm, aber als Geschichtsphilosoph, Theologe, Kulturhistoriker der Nachwelt bekannter ist, Friedrich Schiller, den jedes Kind als Dichter kennt, aber weniger als Professor der Geschichte der benachbarten Universität Jena, Christoph Martin Wieland, Romancier, Satiriker, politischer Publizist, Übersetzer, den Anna Amalia einst von der Universität Erfurt an ihren Hof als Prinzenerzieher für ihren Sohn Carl August geholt hatte, der seinerseits später Goethe nach Weimar lotste und dessen Gönner und Freund wurde. Georg Melchior Kraus, Maler und erster Direktor der Fürstlichen Zeichenschule und Zeichenlehrer der Großherzogin, hat die Szene in einem berühm-

https://doi.org/10.1515/9783110348712-029

303

ten Aquarell festgehalten. Und gelegentlich kamen weitere große Geister hinzu, sei es aus Jena oder von weit her, darunter Wilhelm und Alexander Humboldt aus dem nahen Jena, der Dichter Jean Paul, der zum „Göttinger Hain" zählende Dichter und Homer-Übersetzer Johann Heinrich Voß, die Schriftstellerinnen Sophie von La Roche und Madame de Staël bei ihren Besuchen in Weimar.

Kann das sein, in einem Städtchen von 5 500 Einwohnern wie Weimar so viele führende Repräsentanten der deutschen Literatur, Kunst, Philosophie; Wissenschaft? Und was bedeuteten hier Standesunterschiede?

DIE SALONS AUSSERHALB WEIMARS

Der Weimarer Parnass dieser Jahrzehnte war tatsächlich einzigartig und besaß doch Analogien, zunächst bei der Großherzogin selbst in ihrem nur wenige Kilometer entfernten Sommerschlösschen Tiefurt, dem Gut Oßmannstedt benachbart, wohin Wieland einlud. Aber auch bei ihrer Romreise 1788 bis 1790 verzichtete Anna Amalia nicht auf diese kulturellen Geselligkeiten, eine von ihnen hielt der Maler Johann Georg Schütz 1789 im Bild fest, auf dem neben der Fürstin unter anderen Herder und die Malerin Angelika Kauffmann zu sehen sind. Und natürlich sind weitere Beispiel zu nennen: Die berühmte Tafelrunde von Anna Amalias Onkel Friedrich dem Großen in Sanssouci beispielsweise, wo aber die französischen Aufklärer, Voltaire und Pierre Louis Moreau de Maupertuis an der Spitze, dominierten. Ähnliche Zusammenkünfte intellektueller Eliten boten ohne Rücksicht auf Standesunterschiede die Berliner Aufklärungsgesellschaften und die Einladungen des Verlegers Friedrich Nicolai in seinem großzügigen Haus in der Berliner Brüderstraße oder die regelmäßigen Tischgesellschaften des Philosophen Immanuel Kant in Königsberg, das er nie verlassen hat, doch wo er außer seinen Kollegen auch die Welt empfing. Allerdings konnte Kant in seinem Haus nicht repräsentieren. Nikolai Karamsin fand es bei seinem Besuch im Juni 1789 klein und unansehnlich: Überhaupt sei alles bei Kant alltäglich, außer seiner Metaphysik. Der russische Aufklärer Andrei Bolotow, der Kant ebenfalls besuchte, beschränkte seine Schilderung indes auf die philosophischen Dispute Kants über Wolffianismus und Pietismus.

Die romantischen Salons in Berlin, die um und nach 1800 die Aufklärerzirkel ergänzten bzw. ablösten, blieben nicht mehr wie diese oder die Tafelrunde in Sanssouci reine Herrenklubs. Vielmehr dominierten hier nach dem Vorbild der französischen Salons des 18. Jahrhunderts die geistreichen gastgebenden Damen, darunter mehrere Jüdinnen – etwa Rahel Varnhagen und Dorothea Veit –, aber auch Caroline Schelling, um nur diese zu nennen: Hierin spiegelte sich ein doppelter Emanzipationsprozess, der der Frauen und der Juden. Allerdings hatte schon die Großherzogin Anna Amalia zu ihren Tischgesellschaften mit Selbstverständlichkeit auch Damen eingeladen, darunter Goethes Freundin Charlotte von Stein und Herders Frau Caroline.

ABB. 58 ABENDGESELLSCHAFT BEI HERZOGIN ANNA AMALIA

Das um 1795 entstandene Aquarell von Georg Melchior Kraus, seit 1776 Direktor der von Herzog Carl August gegründeten und finanzierten „Fürstlichen freien Zeichenschule" in Weimar, zeigt eine Abendgesellschaft bei Herzogin Anna Amalia von Sachsen-Weimar-Eisenach. Anwesend sind laut Bildunterschrift (v.l.n.r.): Johann Heinrich Meyer, Henriette Albertine Antonie Fritsch, geb. Freiin Wolfskehle von Reichenberg, Johann Wolfgang von Goethe, Friedrich Hildebrand Freiherr von Einsiedel-Scharfenstein, Herzogin Anna Amalia von Sachen-Weimar-Eisenach, geb. Prinzessin vom Braunschweig-Wolfenbüttel, Elisa Gore, Charles Gore, Emily Gore, Luise Ernestine Christiane Juliane von Goechhausen und Johann Gottfried von Herder. Auffällig ist, dass in der ständeübergreifenden Geselligkeit jeder Teilnehmer in sein eigenes Tun versunken ist: Es wird gelesen, gemalt und sinnierend umhergeschaut. Erst bei anderer Gelegenheit werden sich die Protagonisten gegebenenfalls über ihre jeweiligen Erkenntnisse austauschen.

ABENDGESELLSCHAFT BEI HERZOGIN ANNA AMALIA VON SACHSEN-WEIMAR-EISENACH, AQUARELL VON GEORG MELCHIOR KRAUS, UM 1795, KLASSIK STIFTUNG WEIMAR, MUSEEN.

KULTURELLE ENTWICKLUNG UND TERRITORIALE VIELFALT

Zwar hoben diese Zusammenkünfte die Standesgrenzen nicht auf, doch spielten sie hier keine trennende Rolle, hier ging es nicht um eine soziale, sondern eine kulturelle Gemeinsamkeit, die die Aufklärung als ständeübergreifendes Prinzip nicht allein propagiert, sondern in solchen durch die Bildung elitären Zirkeln realisiert hatte. Entscheidende politische Voraussetzung dieser kulturellen Entwicklung war die territoriale Vielfalt und der Föderalismus Deutschlands, der in jeder Residenz eine eigene kulturelle Blüte bewirkt hatte, nicht zwangsläufig eine literarische, meist aber eine architektonische. Sie wurde nicht nur in der großen Kaiserstadt Wien, sondern auch in damals noch kleineren Residenzstädten wie Berlin, München, Dresden oder Karlsruhe sichtbar und sogar in recht kleinen Fürstentümern wie Anhalt-Dessau, das dem Herkunftsort der Zarin Katharina II. aus Anhalt-Zerbst benachbart war.

Die schon von Zeitgenossen im 18. Jahrhundert kritisierte politische Zersplitterung, das kaum minder beklagte Fehlen einer wirklichen Hauptstadt, die politische Schwäche und schließlich die Auflösung des Alten Reiches gewannen als Kehrseite eine kaum glaubliche Reichhaltigkeit der Kultur auf nahezu allen Sektoren – eine vergleichbare kulturelle Vielfalt aufgrund politischer Heterogenität existierte nur in Italien, das ebenfalls noch keine politische, aber eine kulturelle Nation mit reicher vielfältiger städtischer Kultur war. Und eine Besonderheit der deutschen Entwicklung bestand seit der Reformation im bikonfessionellen Charakter der deutschen Kultur, die sich beispielsweise seit dem 18. Jahrhundert nicht allein in der Dichtung deutscher Pfarrerssöhne zeigte – protestantischer, versteht sich. Überdies manifestierte sich diese Differenz beispielsweise darin, dass die Barockmusik eine Domäne der (oft mitteldeutschen) Protestanten, die sakrale und weltliche Architektur des Barock aber der (meist süddeutschen) Katholiken wurde.

Auf diese Voraussetzungen ging der reichsstädtische Frankfurter Goethe seltsamerweise so wenig ein wie der spätere Weimarer Olympier, als er die Mängel der deutschen Literatur in der Mitte des 18. Jahrhunderts beschrieb: „Deutschland, so lange von auswärtigen Völkern überschwemmt, von anderen Nationen durchdrungen, in gelehrten und diplomatischen Verhandlungen an fremde Sprachen gewiesen, konnte seine eigene unmöglich ausbilden". Goethe beklagte nicht allein das Fehlen einer deutschen Literatursprache, sondern ebenso den Mangel an Inhalten. Der deutschen Poesie fehle „ein Gehalt, und zwar ein nationeller". Schiller fragte, wie können wir Deutschen denn ein Nationaltheater ausbilden, wo wir doch keine Nation sind und befand noch um 1800, „Deutsches Reich und deutsche Nation sind zweierlei Dinge". Auf solche Diagnosen gingen spätere

ABB. 59   HERZOGIN ANNA AMALIA

Anna Amalia, geborene Prinzessin von Braunschweig-Wolfenbüttel, war durch ihre Heirat mit Ernst August II. Constantin am 16. März 1756 Herzogin von Sachsen-Weimar-Eisenach. Nach dem frühen Tod ihres Mannes führte sie von 1759 bis 1775 die Staatsgeschäfte für ihren unmündigen Sohn Carl August, zu dessen Lehrer sie unter anderem den Dichter Christoph Martin Wieland bestellte. Anna Amalia begeisterte sich für ein Ideal „sinnlicher" Bildung: Sie nahm selbst Zeichenunterricht bei Georg Melchior Kraus, lernte Englisch, Italienisch und Griechisch, verfasste einige kleine literarische Manuskripte. Die wichtigsten Künste für ihre persönliche Kunstliebhaberei und die Geselligkeit ihres Hofes waren Musik und Musiktheater. So wundert es nicht, dass sich die Herzogin schon 1769 auf dem hier abgebildeten Gemälde von Johann Ernst Heinsius mit Buch und Cembalo abbilden ließ.

HERZOGIN ANNA AMALIA VON SACHSEN-WEIMAR-EISENACH, ÖLGEMÄLDE VON JOHANN ERNST HEINSIUS, UM 1769, KLASSIK STIFTUNG WEIMAR, MUSEEN.

historiographische Unterscheidungen zurück, die die Deutschen als Kulturnation, die Franzosen als Staatsnation, also als politische Nation definierte. Und Goethe sah schließlich Anzeichen eines Wandels: „Der erste wahre höhere eigentliche Lebensgehalt kam durch Friedrich den Großen und die Taten des Siebenjährigen Kriegs in die deutsche Poesie. Jede Nationaldichtung muß schal sein oder schal werden, die nicht auf dem Menschlich-Ersten ruht, auf den Ereignissen der Völker und ihrer Hirten, wenn beide für einen Mann stehn.“

Dies war nun freilich eine auffallende Bemerkung, noch auffallender als diejenige in „Dichtung und Wahrheit“, als er die Stimmung in Frankfurt während des Siebenjährigen Krieges als „fritzisch gesinnt“ beschrieb, war es doch ausgerechnet Friedrich II. – zweifellos einer der bedeutendsten Geister des 18. Jahrhunderts –, der für die lite-rarische Entwicklung Deutschlands in seiner Zeit so gar keinen Sinn bewies, weil er sie, wenn er sie überhaupt zur Kenntnis nahm, unbeirrt an den Maßstäben der klassischen französischen Dramatiker des 17. Jahrhunderts – Jean Racine, Pierre Corneille, Molière – maß und verkannte. Und aufschlussreich genug ist folgende Begebenheit: Als Goethe mit seinem Großherzog Carl August einmal nach Potsdam und Berlin zum preußischen König reiste, suchte Goethe keineswegs die sich bietende Gelegenheit, ihn auch zu Friedrich II. zu begleiten, ganz im Gegenteil: Goethe vermied diese Begegnung – bedauerlich für die Historiker, wäre doch ein Zusammentreffen des großen Königs mit dem großen Dichter besonders spannend gewesen, zumal sich beide auch auf Französisch hätten unterhalten können, in der Sprache, die der König sehr viel besser beherrschte als seine Muttersprache.

SPRACHE UND LITERATUR

Die Befreiung der deutschen Nationalsprache hatte zwar schon Martin Luthers Bibel-Übersetzung gebracht, die literarische Befreiung aber erfolgte tatsächlich in der Auseinandersetzung mit dem als erstarrt angesehenen französischen Klassizismus und der Hinwendung zunächst zu dem als original und natürlich-urwüchsig bewerteten William Shakespeare, der zuerst von Wieland und dann in der Romantik von August Wilhelm Schlegel und Ludwig Tieck übersetzt wurde. „Shakespeare und der deutsche Geist“, wie es Friedrich Gundolf genannt hat, bildet tatsächlich eine Initialzündung der neueren deutschen Literaturge-schichte. Allerdings blieb die Beschäftigung mit außerdeutscher Literatur und die außerordentlichen Übersetzungsleistungen nicht auf den genialen englischen Dramatiker beschränkt. Die deutschen Schriftsteller des 18. Jahrhunderts übersetzten aus allen großen Literaturen von der Antike bis zu ihren englischen, französischen und italienischen Zeitgenossen, so dass man darin auch eine der Goetheschen Maximen erkennen kann, die auf „Weltliteratur“ zielte. Kaum zufällig wählte Schiller die meist historischen Stoffe seiner Dramen aus der Geschichte mehrerer Nationen, um an ihnen dann doch das Allgemeingültige zu zeigen.

Die Besonderheiten der Nationalkultur blieben im Wechselspiel stets transnational, der Geist kennt keine Grenzen und darf keine kennen.

Derjenige, der den Durchbruch der deutschen Literatur dann in erster Linie erreichte, war der aus der Aufklärung kommende, in ihr aber nicht vollkommen aufgehende Gottfried Ephraim Lessing mit seiner „Hamburgischen Dramaturgie" und seinen bürgerlichen Trauerspielen, zum Beispiel „Emilia Galotti", die eine nationale Pointe aufwiesen – zunächst noch unzeitgemäß, aber seit der Nationalbewegung des frühen 19. Jahrhunderts und den Befreiungskriegen gegen Napoleon zweifelsfrei als literarische Schlüsselereignisse in die Zukunft weisend.

Die größte Paradoxie aber bleibt trotz der geschilderten Ursachen dann doch der Kontrast zur politischen Entwicklung Deutschlands zwischen der Mitte des 18. und dem frühen 19. Jahrhundert. Warum? Weil sich in diesen drei Generationen im deutschsprachigen Raum eine einzigartige Entwicklung vollzog, die Literatur, Philosophie, Musik, Malerei und Baukunst gleichermaßen ergriff und eine solche Fülle genialer Werke hervorbrachte, dass man von einem augusteischen Zeitalter sprechen muss – einem augusteischen Zeitalter freilich ohne Augustus, konnte doch der einzige, der für diese Rolle prädestiniert gewesen wäre – Friedrich der Große – aus persönlichen, vor allem aber strukturellen politischen Gründen diese Rolle nicht oder doch nur sehr indirekt übernehmen – trotz Goethes Hinweis.

Doch gab es in den einzelnen Territorien Fürsten, die der Kultur ungemein förderlich waren, beispielsweise den „blauen Kurfürsten" Karl Theodor in Bayern, Anna Amalia und ihren Sohn Carl August von Sachsen-Weimar, den Fürsten Franz von Anhalt-Dessau sowie zahlreiche geistliche Fürsten. Doch darin spiegelte sich wiederum der föderative Charakter – einen gesamtdeutschen Patron für die sich entwickelnde Nationalkultur gab es für diesen Zeitraum nicht, was ganz offenbar auch nicht nötig war – die deutsche Kultur entwickelte sich von der Mitte des 18. bis zum frühen 19. Jahrhundert auch ohne ihn.

MEISTER GOETHE

Dabei setzte die Aufklärung mit ihren verschiedenen Komponenten des Rationalismus und des Sensualismus, mit ihrer kosmopolitisch-europäischen Orientierung ganz unterschiedliche, zum Teil gegensätzliche Entwicklungen frei. In der Literatur ist dies besonders auffällig; bereiteten frühe Literaturpäpste wie Johann Christoph Gottsched und andere diesen Weg vor, so provozierten sie durch ihren trockenen Formalismus die jüngere Aufklärergeneration wie Lessing, Nicolai, Moses Mendelssohn zu heftigem Widerspruch. Erwies sich Friedrich Gottlieb Klopstock in seinen Oden auch noch für jüngere Generationen als anregender Dichter, so ragte sein „Messias" als religiöses Epos doch aus einer anderen Epoche bis in die Jahre um 1800. Hatte die jüngere Aufklärergeneration ihre Väter in Frage gestellt, so provozierte sie den fundamentalen Widerspruch des „Sturm und Drang", der dem Individualismus huldigte und die von den Aufklärern hoch gehaltene gesellschaftliche Verpflichtung des Individuums in Frage stellte. Verwandt mit der aus England hinüberwirkenden Empfindsamkeit handelte es sich nur um eine kurze Epoche junger Literaten, denen der Dramatiker Friedrich Maximilian Klinger – der selbst zeitweise in Sankt Petersburg lebte – mit seinem „Sturm und Drang" (1776) den Namen gab. Ihr in gewisser Weise wirkungsvollster Vertreter aber wurde Goethe, den man paradoxerweise aber dann doch nicht, oder nur für kurze Zeit, als Stürmer und Dränger ansehen kann, mit seinen frühen Gedichten, Stücken und vor allem seinem „Werther", der die Aufklärer wegen seines Subjektivismus und des Selbstmords seines Titelhelden ungemein aufregte und zahlreiche Kritiken und Parodien provozierte.

Während den meisten Stürmern und Drängern nur eine kurzes literarisches Aufflackern vergönnt war und sie früher oder später literarisch und persönlich scheiterten, blieb Goethe nicht bei dieser Phase. Ganz im Gegenteil hatte er an allen großen literarischgeistigen Entwicklungen teil, wurde zum Klassiker schlechthin und hatte in späten Dichtungen, beispielsweise in „Faust II", teil an manchen romantischen Entwicklungen. Goethe verband in seinem Leben nicht allein die Epochen und Stile. Vielmehr gelang es ihm, die großen Antinomien, die das Jahrhundert von der Aufklärung bis zur Romantik und dem Idealismus durchzogen – Natur und Vernunft, Gefühl und Verstand, Herkunft und Zukunft – in seinem Werk auszutarieren. Goethe, ein Meister aller literarischen Gattungen, Naturforscher, Kunstkenner,

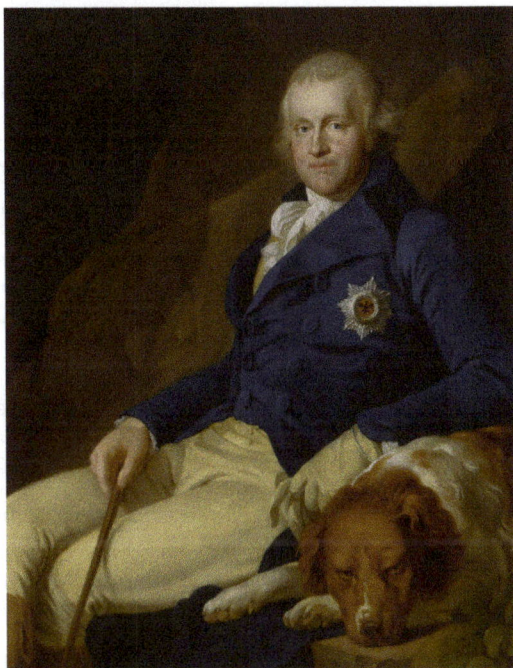

ABB. 60 HERZOG CARL AUGUST

Das Lebenswerk von Herzog Carl August, der 1775 zu seinem 18. Geburtstag die Regierungsgeschäfte für seine beiden Herzogtümer Sachsen-Weimar und Sachsen-Eisenach von seiner Mutter übernahm, bemisst sich nicht nach militärischen oder politischen Erfolgen, sondern nach seinen Verdiensten für Kunst und Kultur. Unter seiner Herrschaft fanden sich in Weimar Goethe, Herder und Schiller zusammen, in einer Epoche, die als Weimarer Klassik in die Geschichte eingegangen ist. Auch in Jena, das zum Herzogtum Sachsen-Weimar gehörte, entstand um Johann Gottlieb Fichte, Georg Wilhelm Friedrich Hegel und Friedrich Wilhelm Joseph Schelling sowie die Brüder Friedrich und August Wilhelm Schlegel ein Zentrum der Literatur und der Philosophie. Auf dem Gemälde, das Georg Melchior Kraus nach einer Vorzeichnung von Johann Friedrich August Tischbein fertigte, ist der Herzog in Anlehnung an die Werther-Tracht mit blauem Gehrock, gelber Weste, und Kniehosen aus gelbem Leder gekleidet – jener Kombination, die auch der Titelheld aus Goethes berühmtem Briefroman trug.

HERZOG CARL AUGUST VON SACHSEN-WEIMAR-EISENACH, ÖLGEMÄLDE VON GEORG MELCHIOR KRAUS NACH JOHANN FRIEDRICH AUGUST TISCHBEIN, 1796/97, KLASSIK STIFTUNG WEIMAR, MUSEEN.

Zeichner, Staatsminister überragte sie alle und hatte allen geistigen Strömungen seiner Zeit etwas zu sagen. Und obwohl er mit Schiller wesentlich das

Allein die Jugend nimmt das aus der Kindheit mit herüber, dass sie guten Gesellen nichts nachträgt, dass eine unbefangene Wohlgewogenheit zwar unangenehm berührt werden kann, aber nicht zu verletzen ist. Nachdem die nunmehr als englisch angesprochenen Gläser unsre Zeche verstärkt hatten, eilten wir nach Karlsruhe getrost und heiter, um uns zutraulich und sorglos in einen neuen Kreis zu begeben. [...]

Am bedeutendsten war für mich, dass der junge Herzog von Sachsen-Weimar mit seiner edlen Braut, der Prinzessin Luise von Hessen-Darmstadt, hier zusammen kamen, um ein förmliches Ehebündnis einzugehen [...]. Meine Gespräche mit beiden hohen Personen waren die gemütlichsten, und sie schlossen sich, bei der Abschiedsaudienz, wiederholt mit der Versicherung: es würde ihnen beiderseits angenehm sein, mich bald in Weimar zu sehn. [...]

Beim Durchblättern und Durchschauen der reichlichen Portefeuilles, welche der gute [Georg Melchior] Kraus von seinen Reisen mitgebracht hatte, war die liebste Unterhaltung, wenn er landschaftliche oder persönliche Darstellungen vorlegte, der weimarische Kreis und dessen Umgebung. Auch ich verweilte sehr gerne dabei, weil es dem Jüngling schmeicheln mußte, so viele Bilder nur als Text zu betrachten von einer umständlichen wiederholten Ausführung: daß man mich dort zu sehen wünsche. [...]

Alles deutete auf ein frisch tätiges literarisches und Künstlerleben. Und so schilderte sich nach und nach das Element, worauf der junge Herzog nach seiner Rückkehr wirken sollte [...] Man blickte nach Persönlichkeiten umher, die in dem aufstrebenden Deutschland so mannigfaches Gute zu fördern berufen sein könnten, und so zeigte sich durchaus eine frische Aussicht, wie eine kräftige und lebhafte Jugend sie nur wünschen konnte. [...]

Als ich in die Umgebung Lilis zurückkam, fühlte ich alle jene Mißhelligkeiten doppelt, die unser Verhältnis gestört hatten; als ich wieder vor sie selbst hintrat, fiel mirs hart aufs Herz, daß sie für mich verloren sei. Ich entschloß mich daher abermals zur Flucht, und es konnte mir deshalb nichts erwünschter sein, als daß das junge herzoglich weimarische Paar von Karlsruhe nach Frankfurt kommen und ich, früheren und späteren Einladungen gemäß, ihnen nach Weimar folgen sollte. Von seiten jener Herrschaften hatte sich ein gnädiges, ja zutrauliches Betragen immer gleich erhalten, das ich von meiner Seite mit leidenschaftlichem Danke erwiderte. Meine Anhänglichkeit an den Herzog von dem ersten Augenblicke an, meine Verehrung gegen die Prinzessin, die ich schon so lange, obgleich nur von Ansehn, kannte, mein Wunsch, Wielanden, der sich so liberal gegen mich betragen hatte, persönlich etwas Freundliches zu erzeigen und an Ort und Stelle meine halb mutwilligen, halb zufälligen Unarten wieder gut zu machen, waren Beweggründe genug, die auch einen leidenschaftslosen Jüngling hätten aufreizen, ja antreiben sollen. Nun kam aber noch hinzu, daß ich, auf welchem Wege es wolle, vor Lili flüchten mußte, es sei nun nach Süden, wo mir die täglichen Erzählungen meines Vaters den herrlichsten Kunst- und Naturhimmel vorbildeten, oder nach Norden, wo mich ein so bedeutender Kreis vorzüglicher Menschen einlud.

QUELLE 49   GOETHES WEG AN DEN WEIMARER HOF

Schon bei ihrem ersten Zusammentreffen im Jahr 1774 entstand zwischen dem jungen Goethe und dem noch minderjährigen Erbherzog Carl August von Sachsen-Weimar-Eisenach ein Höchstmaß an gegenseitiger Sympathie, die schließlich in eine lebenslange Freundschaft münden sollte. In seinem autobiographischen Werk „Aus meinem Leben. Dichtung und Wahrheit" beschreibt Goethe neben diesem ersten Treffen auch die weiteren, die wiederholten Einladungen an den Weimarer Hof und seinen schließlichen Entschluss, dem Werben des verehrten Herzogs zu folgen.

QUELLE: JOHANN WOLFGANG VON GOETHE, AUS MEINEM LEBEN. DICHTUNG UND WAHRHEIT, HIER NACH: GOETHES WERKE. HAMBURGER AUSGABE IN 14 BÄNDEN. BAND 10, HAMBURG 1948FF., S. 129F., S. 172FF., S. 177F.

Humanitätsideal der deutschen Klassik schuf, konnte er dies auch ironisieren und fand seine „Iphigenie" „ganz verteufelt human". Nicht nur mit seinem deutschen Seelendrama „Faust", das ihn bezeichnenderweise von seinen frühen literarischen Lehrjahren bis in seine letzten Lebensjahre beschäftigte, hat Goethe ein bis heute unerschöpfliches Werk geschaffen. Sein „Wilhelm Meister", dessen drei Romane ihn ebenfalls mehrere Jahrzehnte beanspruchten, bildet das Urbild des modernen Bildungsromans, bei dem es nicht mehr um Standes-, sondern um Menschenbildung ging. Und Goethes „Italienische Reise" dokumentiert nicht nur die deutsche Italiensehnsucht, sondern steht für ein europäisches Phänomen, an dem auch die adlige Bildungselite Sankt Petersburgs im 18. Jahrhundert teilhatte. Demgegenüber suchte man damals das „Land der Griechen mit der Seele" und die Anschauung antiker griechischer Kunstwerke in Italien, was selbst für den Begründer moderner Kunstgeschichte, Johann Joachim Winckelmann, und seine „Geschichte der Kunst des Altertums" (1764) galt.

Anders als die Romantik, die wie die Stürmer und Dränger das Unvollendete, Bohrende, Individuelle liebte, die dem aufgeklärten Geschichtsdenken eine zum Historismus führende Dimension hinzufügte, war der reife Goethe kein Mann der Extreme. Die Romantik kannte nicht allein literarisch, sondern auch politisch unterschiedliche Strömungen, sie führten zu Novalis' Schrift „Die Christenheit oder Europa", im historischen Rückgriff auf das deutsche Mittelalter und germanische Frühzeit nicht selten zu einem politischen Rückschritt hinter aufgeklärt-kosmopolitisches Denken. Goethe blieb indessen im kleinen Weimar der Vollender und Weltbürger. Und anders als viele der Romantiker wurde Goethe kein „raisonneur dans le vide", wie Napoleon seinen romantischen Widersacher François-René de Chateaubriand nannte, sondern verantwortlicher Staatsminister.

Während Goethe sie alle erlebte und überlebte – die Aufklärer, Stürmer und Dränger, Klassiker und Romantiker – wirkten zwei seiner bedeutenden Weimarer Tisch- und Zeitgenossen, Wieland und Herder, die wie er Teil an sehr unterschiedlichen Strömungen von der Aufklärung bis ins frühe 19. Jahrhundert hatten, am Ende ihres Lebens nicht mehr zeitgemäß. Das galt allerdings weniger für Herder, dessen große geschichtsphilosophischen Werke Völker, Sprachen und Nationen deuteten und noch die Romantik inspirierten, stärker jedoch für Wieland, den deutschen Voltaire: So redete ihn Napoleon I. treffend an, als er ihn – wie Goethe – in Weimar empfing, weil er diesen geistvollen Satiriker unbedingt kennenlernen wollte.

DER BEGINN DER MODERNEN PHILOSOPHIE

Was für die Literatur gilt, trifft nicht minder für die Philosophie zu: Ohne Kants Kritiken, insbesondere die „Kritik der reinen Vernunft" (1781), ist die moderne Philosophie ebenso wenig denkbar wie ohne Georg Wilhelm Friedrich Hegels Ästhetik, Rechtsphilosophie, Geschichtsphilo-

wickelte sich auch ein neues Verhältnis von Idealität und Realität. Deswegen konnte Friedrich Schlegel sagen: „Die Französische Revolution, Fichtes Wissenschaftslehre, und Goethes Meister sind die größten Tendenzen des Zeitalters. Wer an dieser Zusammenstellung Anstoß nimmt, wem keine Revolution wichtig scheinen kann, die nicht laut und materiell ist, der hat sich noch nicht auf den hohen und weiten Standpunkt der Geschichte der Menschheit erhoben." Und in solchem geschichtsphilosophischen und politischen Denken, das der Idee den höchsten Rang einräumt, wurzelt auch Hegels auf den Bedingungszusammenhang von Aufklärung und Revolution bezogene Bemerkung: „Ist die Welt der Vorstellung erst revolutioniert, hält die Wirklichkeit nicht stand."

Man benötigte viele Seiten, um auch nur die wichtigsten Werke der deutschen Kultur dieser Jahrzehnte zu nennen – Werke, die allesamt nicht allein in Deutschland, sondern in der europäischen Kultur insgesamt Epoche gemacht haben. Aufschlussreich für diese transnationale Wirkung ist nicht allein die heutige weltweite Kant-Forschung, sondern ebenso eine Bemerkung des russischen Kant-Biographen Arseni Gulyga (1977): „Über Kant zu schreiben ist Ehre und Verantwortung für den Philosophen. Für einen Russen um so mehr, als eine enge Verbindung zwischen der Lehre Kants und verborgenen Grundgedanken der russischen Klassiker besteht. Es genügen zwei Namen – Dostojewski und Tolstoi." Und tatsächlich widmete sich Tolstoi jahrelang der Lektüre des Königsberger Philosophen und publizierte dessen Aphorismen.

ABB. 61 GOTTHOLD EPHRAIM LESSING

Der deutschen Poesie fehle „ein Gehalt, und zwar ein nationeller", klagte Goethe in seiner Autobiographie „Dichtung und Wahrheit". Lessing war es, der den Durchbruch der deutschen Literatur in erster Linie erreichte: Seine „Hamburgische Dramaturgie" (1767–1769) und seine bürgerlichen Trauerspiele wie „Emilia Galotti" (1772) besaßen bereits eine nationale Pointe. Sie wiesen in die Zukunft und wurden mit der Nationalbewegung des frühen 19. Jahrhunderts und den Befreiungskriegen gegen Napoleon zu literarischen Schlüsselereignissen. Das Porträt, das vermutlich um 1767/68, möglicherweise aber auch früher entstand, wurde zunächst lange Zeit Georg Oswald May zugeschrieben. Aus stilistischen Gründen geht man heute davon aus, dass es von der Porträtmalerin Anna Rosina Lisiewska stammt, deren Mann sich im Kreis Lessings bewegte und die wie Lessing in den 1760er Jahren in Berlin und danach in Braunschweig lebte.

GOTTHOLD EPHRAIM LESSING, ÖLGEMÄLDE ‚ANNA ROSINA LISIEWSKA ZUGESCHRIEBEN, UM 1767, GLEIMHAUS HALBERSTADT – MUSEUM DER DEUTSCHEN AUFKLÄRUNG.

sophie und seine „Phänomenologie des Geistes" (1807). In der Philosophie des deutschen Idealismus, die nicht allein subtiler und schärfer als alle Erkenntnistheoretiker zuvor die menschliche Vernunft und das menschliche Erkenntnisvermögen reflektierte, ent-

BLÜTE DER KULTUR

Nicht allein die einzelnen genialen Werke, auch die Aufzählung weniger Namen aus unterschiedlichen Sektoren verdeutlichen den kulturellen Reichtum der Jahrzehnte seit der Mitte des 18. Jahrhunderts: Für die Literatur von der Aufklärung bis zur Romantik stehen Klopstock, Wieland, Lessing, Goethe, Schiller, Heinrich von Kleist, Friedrich Hölderlin, Novalis, Joseph von Eichendorff, die Brüder August Wilhelm und Friedrich Schlegel, Jean Paul, die Brentanos, Achim von Arnim, E.T.A. Hoffmann, für die Theologie Friedrich Schleiermacher, die Philosophie nach den Vorläufern Christian Wolff, Christian Thomasius und Leibniz im letzten Drittel des 18. und in den ersten Jahrzehnten des 19. Jahrhunderts Kant, Hegel, Johann Gottlieb Fichte, Friedrich Wilhelm Schelling und noch der frühe Arthur Schopenhauer. In der Musik wirkten nach den Vorläufern des Barock wie Johann Sebastian Bach, seinen Söhnen und Georg Friedrich Händel, seit dem letzten Jahrhundertdrittel Christoph Willibald Gluck, Joseph Haydn, Wolfgang Amadeus Mozart, Ludwig van Beethoven – die Wien zur Hauptstadt der Klassik machten. Für die romantische Phase sind Franz Schubert, Robert Schumann, Felix Mendelssohn-Bartholdy und Carl Maria von Weber zu nennen. In der Architektur stehen neben dem brandenburgisch-preußischen Baumeister und Maler Georg Wenzeslaus von Knobelsdorff die zahlreichen Meister des süddeutschen und österreichischen Barock wie Balthasar Neumann, Lukas von Hildebrand, Johann Michael Fischer, die Gebrüder Cos-

mas Damian und Egid Quirin Asam, die in der ersten Hälfte des Jahrhunderts dem Klassizismus vorhergingen, für den der Maler und Architekt Karl Friedrich Schinkel herausragt. In der Bildhauerei sind stellvertretend Johann Gottfried Schadow, Christian Daniel Rauch, Johann Heinrich Dannecker, in der Malerei Philipp Hackert, die beiden Tischbeins, Johann Heinrich Wilhelm und Johann Friedrich August, Anton Graff, später Caspar David Friedrich neben vielen anderen zu erwähnen. Die zahlreichen den Schlossbauten kongenialen Schlossparks gehören ebenfalls zu den großen kulturellen Leistungen dieser Jahre, zum Beispiel das Gesamtkunstwerk der Wörlitzer Anlagen, Peter Joseph Lennés Schöpfungen oder die Parkanlagen des Fürsten Hermann von Pückler-Muskau. Nicht zufällig kommen seit dem letzten Drittel des 18. Jahrhunderts die englischen Gärten in Mode: für die Öffentlichkeit, nicht mehr nur den höfischen Adel bestimmt, ergänzen sie in der Regel die streng formalen französischen Anlagen. Auch hier wurde Natürlichkeit gegen Künstlichkeit ausgespielt.

Bei zahlreichen Kunstschöpfungen handelte es sich um fürstliche Initiativen, oft entsprangen sie dem monarchischen Mäzenatentum. Und doch wiesen viele große Leistungen, insbesondere in Literatur, Philosophie, Malerei darüber hinaus, besaßen bürgerlichen Charakter und ungeachtet der territorialen Verwurzelung nationalen Anspruch. Die größten Werke aber verstanden sich als Teil einer von der Antike bis zur Gegenwart reichenden Weltkultur. Insofern spiegeln sich in diesen Werken Grundzüge nicht allein einer Nationalisierung, sondern ebenso einer Politisierung, die eine bürgerliche Öffentlichkeit voraussetzte und eine staatsbürgerliche kritische Öffentlichkeit forderte. Sie wurde in den zahlreichen kulturellen und historisch-politischen Zeitschriften seit der Aufklärung geformt, einer ihrer großen Protagonisten war der Berliner Verleger und Schriftsteller Nicolai. Die unauslösliche Verquickung von Literatur und Politik dokumentieren Wielands Fürstenspiegel und seine politischen Satiren und Essays zur französischen Revolution – auch hier begann die geistige Auseinandersetzung im klassischen Weimar und führte nach Europa: „Freiheit der Presse ist Angelegenheit und Interesse des ganzen Menschengeschlechts. Ihr haben wir hauptsächlich die gegenwärtige Stufe von Cultur und Erleuchtung, worauf der größere Theil der europäischen Völker steht, zu verdanken."

LITERATURHINWEISE

Horst Möller, Fürstenstaat oder Bürgernation. Deutschland 1763 bis 1815, 4. Auflage, Berlin 1998.
Eberhard Weis, Der Durchbruch des Bürgertums 1776–1847, Frankfurt am Main / Berlin / Wien 1978.

DIE WEIMARER KLASSIK
DIE DEUTSCHE KULTUR VON DER AUFKLÄRUNG BIS ZUR ROMANTIK

JEKATERINA DMITRIJEWA

Im Jahr 1795 veröffentlichte Johann Wolfgang von Goethe einen Aufsatz, der zwar nicht sehr umfangreich war, für das kulturelle Leben Deutschlands im ausgehenden Jahrhundert jedoch eine äußerst wichtige Rolle spielte. Er war mit „Literarischer Sansculottismus" überschrieben und stellte eine Antwort auf einen Artikel von Daniel Jenisch dar, der über „die Armseligkeit der Deutschen an vortrefflich klassisch prosaischen Werken" geklagt hatte. Bereits seit einem halben Jahrhundert, widersprach Goethe, sei man bestrebt, den guten Geschmack des Lesers zu bilden. Es sei, wie er schreibt, eine „unsichtbare Schule" entstanden, die auch den Geschmack der angehenden Literaten geformt habe. Trotzdem gebe es nicht einen einzigen deutschen Autor, den man klassisch nennen könne: „Wann und wo entsteht ein klassischer Nationalautor? Wenn er in der Geschichte seiner Nation große Begebenheiten und ihre Folgen in einer glücklichen und bedeutenden Einheit vorfindet […]; wenn er seine Nation auf einem hohen Grade der Kultur findet […]; wenn er viele Materialien gesammelt, vollkommene oder unvollkommene Versuche seiner Vorgänger vor sich sieht und so viel äußere und innere Umstände zusammentreffen, daß er kein schweres Lehrgeld zu zah-

https://doi.org/10.1515/9783110348712-030

len braucht, daß er in den besten Jahren seines Lebens ein großes Werk zu übersehen, […] und […] auszuführen fähig ist." Mit anderen Worten, um klassische Autoren in Erscheinung treten zu lassen, bedurfte es Geschichte, Tradition und Kultur, das heißt, all dessen, was nach der Konzeption Goethes in seinem zeitgenössischen Deutschland nicht vorhanden war.

DIE URSPRÜNGE DER WEIMARER KLASSIK

Durch eine Ironie des Schicksals – oder aufgrund der historischen Gesetzmäßigkeit, laut der Großes nur mit Abstand wahrgenommen werden kann – erhielt die Epoche, über die Goethe geschrieben hatte, in der Folge die Bezeichnung „Weimarer Klassik", und es ist gerade sie, mit der wir heute die Hochblüte des deutschen Geistes und der deutschen Kultur assoziieren.

Ihre Ursprünge sind mit dem Namen einer der bedeutendsten fürstlichen Mäzeninnen verbunden – der Weimarer Herzogin Anna Amalia (1739–1807), einer großen Frau. Im Alter von 19 Jahren verwitwet und für ihre unmündigen Söhne zur Regentin des Herzogtums Sachsen-Weimar-Eisenach ausgerufen, verwandelte sie das noch sehr provinzielle Weimar in ein deutsches Kulturzentrum des 18. Jahrhunderts, das als „Weimarer Musenhof" bekannt wurde. Selbst eine Kunst- und Literaturliebhaberin, schätzte Anna Amalia geistreiche und begabte Menschen. In ihrem Weimarer Wittumspalais und den Sommerresidenzen Etterburg und Tiefurt versammelte sie um sich eine Gesellschaft, in der gemeinsam Bücher gelesen, Theateraufführungen und Musikereignisse der laufenden Saison erörtert, Zeitschriften gestaltet und Taschenbücher herausgegeben wurden. Eines dieser Treffen ist auf dem bekannten Aquarell von Georg Melchior Kraus „ Die Tafelrunde bei Anna Amalia" (1795) festgehalten.

Anna Amalia liebte es, talentierte Menschen nach Weimar einzuladen. So kam 1763 der sinnenfrohe Johann Karl August Musäus (1735–1787) in die Stadt, der die Pastorenlaufbahn ausgeschlagen hatte und Lehrer an einem Weimarer Gymnasium geworden war. Dort befasste er sich mit der Sammlung und Herausgabe der „Volksmärchen der Deutschen", die bereits vor Erscheinen der „Kinder- und Hausmärchen" der Brüder Grimm von deutschen Erwachsenen und Kindern gerne gelesen wurden. „Die Jacobskirche, in welcher das Basrelief zum Andenken des verstorbenen Musäus, des Verfassers der physiognomischen Reisen und der Volksmärchen der Deutschen, befindlich ist, konnte ich unmöglich unbesucht lassen. Unter dem Basrelief steht eine Urne auf einem Buche, welche die Inschrift hat: Dem unvergeßlichen Musäus. Empfindsame Amalie! Die Nachwelt wird dir danken, daß du Talente zu würdigen wußtest!", schrieb der junge Nikolai Karamsin, der Weimar bereits nach Musäus' Tod besuchte.

Die nächste wertvolle Weimarer „Errungenschaft" war Christoph Martin Wieland, der in seiner Jugend ein Schüler des mystisch veranlagten Friedrich Gottlieb Klopstock gewesen war. Er verfasste von pietistischer Frömmigkeit und religiösem Mystizismus durchdrungene Gedichte, bevor er ein Adept der französischen Freigeistigkeit und großer Bewunderer Voltaires wurde. (Genau in jener Zeit verfasste Wieland „nach Motiven Lukians" seine erotischen „Komischen Erzählungen" über die Liebensabenteuer der antiken Götter und Göttinnen). Anna Amalia fühlte sich von Wieland als Autor des politischen Erziehungsromans „Der goldne Spiegel oder die Könige von Scheschian" angezogen. Dieser Roman war in der Tat äußerst mehrdeutig. Einerseits trat Wieland darin als Aufklärer, als Fürsprecher eines idealen, aufgeklärten Absolutismus und Gegner jeder Art von religiösem Fanatismus auf. Andererseits blieb er seiner ironisch-skeptischen Lebenseinstellung treu, laut der die schönsten und menschenfreundlichsten Utopien nur selten von der historischen Realität bestätigt werden. Und trotzdem machte Anna Amalia nach der Lektüre des „Goldnen Spiegels" eben jenen Wie-

land zum Erzieher ihres Sohnes Carl August, des künftigen Herzogs von Sachsen-Weimar-Eisenach.

Der Erzieher ihres jüngeren Sohnes Friedrich Ferdinand Konstantin war der Poet und Übersetzer der römischen Dichter Carl Ludwig von Knebel. Dieser machte sich, nachdem er als Offizier in der preußischen Armee gedient hatte, 1773 zu seinem Freund Wieland nach Weimar auf, erhielt dort unverzüglich den Rang eines Hofmeisters und wurde zu einem der aktivsten Mitglieder der Weimarer „Tafelrunde" und Herausgeber des „Journals von Tiefurt". Er war es auch, der die jungen Prinzen 1774 auf ihrer Reise nach Paris begleitete und Carl August in Frankfurt am Main mit Goethe bekannt machte. Dieses Treffen sollte sich für beide, aber auch für die deutsche Kultur, als schicksalhaft erweisen. Über Carl August wurde später gesagt, er sei von dieser Reise „doppelt verliebt" zurückgekehrt – in seine Braut und künftige Ehefrau Luise von Hessen-Darmstadt und – in Goethe, damals bereits gefeierter Autor der „Leiden des jungen Werthers". Ein Jahr später überredete Carl August, nun bereits regierender Herzog, seinen genialen Freund, nach Weimar zu kommen, wo Goethe die folgenden 58 Jahre seines Lebens bleiben sollte.

Ein weiterer der „Großen", ohne die Weimar im letzten Drittel des 18. Jahrhunderts nicht denkbar wäre, ist Johann Gottfried Herder (1744–1803). Dieser war Philosoph, Theologe, Kulturhistoriker und bedeutender Autor der „Ideen zur Philosophie der Geschichte der Menschheit", jenes Buches, in dem zum ersten Mal die Frage nach dem Nationalstaat gestellt und die Idee von der Humanität als Endziel der Menschheitsentwicklung formuliert wurde. Mit Goethe seit dessen Studentenzeit an der Straßburger Universität bekannt, übersiedelte Herder 1776 nach Weimar, wo er durch Goethes Vermittlung die Position des Generalsuperintendenten, des führenden Geistlichen des Herzogtums, erhielt.

20 Jahre später förderte Goethe auch die Übersiedlung Schillers, zu jener Zeit Geschichtsprofessor an der Jenaer Universität, nach Weimar und gab zusammen mit ihm die Zeitschrift „Die Horen" heraus.

RUSSISCHE EINDRÜCKE VON WEIMAR

So kam es, dass die wahrhaft herausragenden Vertreter der deutschen Nation sich Ende des 18. Jahrhunderts in Weimar versammelten, einem jener kleinen Herzogtümer, von denen es in Deutschland unzählige gab, das jedoch fortan zu einem Ort der Pilgerschaft für viele Reisende aus allen Teilen Europas wurde, auch aus Russland. Denken wir noch einmal an die „Briefe eines reisenden Russen" von Karamsin, der am 20. Juli 1789 in Weimar ankam. Nachdem er gesehen hatte, dass „die Stadt nur klein" war und dass es „außer dem herzoglichen Palaste, [...] es hier weiter keine großen Gebäude" gab, fragte er sogleich den wachhabenden Sergeanten: „Ist Wieland hier? Ist Herder hier? Ist Goethe hier?" Dieser antwortete: „Hier, hier, hier", woraufhin Karamsin „dem Postillion [befahl], nach dem Gasthof ‚Zum Elefanten' zu fahren".

Auch eine der jüngeren Schwestern des Kaisers Alexander I., Maria Pawlowna, die 1804 den Erbherzog von Sachsen-Weimar geheiratet hatte und daher in Weimar war, sollte „Gelehrte und Wissenschaftler" als dessen wichtigste Sehenswürdigkeit bezeichnen, wobei diese am Anfang allerdings Furcht bei ihr auslösten („ich höre ihnen mit großem Vergnügen zu, aber immer mit geschlossenem Mund, denn neben der Redegewandtheit, mit der mich der Himmel ausgestattet hat und die ihre Aufmerksamkeit auf mich lenken könnte, hat ihnen der Himmel die herrliche Gabe verliehen, Gänsehaut bei mir hervorzurufen, sodass meine Bewunderung für sie lediglich stumm bleibt"). Bald jedoch ging der ehrfürchtige Respekt in eine dauerhafte und rege Freundschaft mit Wieland, mit Schiller und insbesondere mit Goethe über. Maria Pawlowna wurde zu deren kultivierter Gesprächspartnerin und Mäzenin und führte damit die von Anna Amalia mit so großem Erfolg begonnene Arbeit fort.

DEFINITIONEN DER WEIMARER KLASSIK

Wie wir bereits gesehen haben, hielt sich Goethe nicht für einen Klassiker, wie er auch keinen der Schriftsteller seiner Zeit als Klassiker betrachtete. Er war der Ansicht, „der deutschen Nation darf es nicht zum Vorwurfe gereichen, daß ihre geographische Lage sie eng zusammen hält, indem ihre politische sie zerstückelt". Er wolle auch „die Umwälzungen nicht

ABB. 62   DER WEIMARER MUSENHOF

Auch Theobald von Oers Ölgemälde des Musenhofes von Weimar entstand erst viele Jahrzehnte nach der dargestellten Szene. Das Bild zeigt Friedrich Schiller beim Deklamieren im Park des Landschlosses Tiefurt, der Sommerresidenz der Herzoginmutter und früheren Regentin Anna Amalia von Sachsen-Weimar-Eisenach. Zu sehen sind in der Bildmitte nicht nur Anna Amalia und das Herzogspaar Carl August und Luise, sondern auch Herder (links sitzend), Wieland (sitzend in der Bildmitte) und Goethe (rechts stehend).

DER WEIMARER MUSENHOF, SCHILLER LIEST IN TIEFURT, ÖLGEMÄLDE VON THEOBALD VON OER, 1860, BPK / NATIONALGALERIE, STAATLICHE MUSEEN ZU BERLIN / ANDREAS KILGER.

wünschen, die in Deutschland klassische Werke vorbereiten könnten". Die Bezeichnung „Weimarer Klassizismus", bezogen auf die kulturelle Situation des letzten Drittels des 18. Jahrhunderts, hat sich erst im 19. Jahrhundert durchgesetzt und blieb auch hier reichlich kontrovers, so wird bis heute darüber gestritten, was denn nun eigentlich unter „Weimarer Klassik" zu verstehen sei.

In einer großzügigen Auslegung wird unter „Weimarer Klassizismus" (oder auch „Weimarer Klassik") jener Zeitabschnitt verstanden, in dem die vier Großen in Weimar zusammentrafen – das „Viergestirn" Wieland, Goethe, Herder und Schiller, wobei sich Letzterer fast 20 Jahre später dort einfand als die Übrigen. Der Schwach-

punkt dieser großzügigen Auslegung besteht darin, dass die vier Klassiker keineswegs einheitliche Ansichten vertraten: So kann man – ungeachtet ihrer unterschiedlichen ästhetischen Positionen – von einem schöpferischen Zusammenwirken von Schiller und Goethe sprechen, während sich die Beziehungen zwischen Goethe und Herder (den Goethe in der Jugend noch grenzenlos bewundert hatte) gerade in der Weimarer Zeit äußerst schwierig gestalteten und Herder zu einem bestimmten Zeitpunkt dem Lager derjenigen zugeordnet wurde, die sowohl von Schiller als auch von Goethe heftig kritisiert wurden.

Laut einer anderen Auslegung und in einem engeren Sinn wird als Weimarer Klassik jene Periode bezeichnet, die 1786 mit Goethes Reise nach Italien ihren Anfang nahm. Diese Reise erweckte in seinem eigenen Schaffen den Wunsch, den Geist der Antike, deren „edle Einfalt und stille Größe, (eine Formel Johann Joachim Winckelmanns), in der zeitgenössischen Kunst wieder aufleben zu lassen. Gerade in dieser Phase überarbeitete er „nach antikem Vorbild" sein Drama „Iphigenie auf Tauris" und verfasste die „Römischen Elegien" – ein Ergebnis seiner in Italien erworbenen Lebensharmonie, bei der Liebe nicht aus Kummer und Leiden, sondern aus Lust und Freude erwächst. Ab diesem Zeitpunkt begann Goethe auch, die „Pyramide seines Daseins" zu erbauen und stellte Erhabenheit und Humanität in das Zentrum seines Schaffens. Diese Periode endete nach einer Interpretation mit dem Tod Schillers 1805, nach einer anderen mit Goethes eigenem Tod im Jahr 1832.

Die engste und strikteste Definition der Weimarer Klassik schließlich bezieht sich auf die Zeitspanne der schöpferischen Zusammenarbeit zwischen Schiller und Goethe, die etwas mehr als ein Jahrzehnt andauerte – von 1794 bis 1805. Die bei ihrer ersten Begegnung in Rudolstadt 1788 zutage getretenen Unterschiede in ihren Überzeugungen und ästhetischen Ansichten („Seine Philosophie", schrieb Schiller damals, „holt zu viel aus der Sinnenwelt, wo ich aus der Seele hole") wurden überwunden. Gemeinsam begannen sie, „Die Horen" herauszugeben, eine neuartige Zeitschrift, die sich an eine hochgebildete und intellektu-

---

Er war achtzehn Jahre alt, als ich nach Weimar kam, aber schon damals zeigten seine Keime und Knospen, was einst der Baum sein würde. Er schloß sich bald auf das innigste an mich an und nahm an allem, was ich trieb, gründlichen Anteil. Daß ich fast zehn Jahre älter war als er, kam unserm Verhältnis zugute. Er saß ganze Abende bei mir in tiefen Gesprächen über Gegenstände der Kunst und Natur und was sonst allerlei Gutes vorkam. Wir saßen oft tief in die Nacht hinein, und es war nicht selten, daß wir nebeneinander auf meinem Sofa einschliefen. Fünfzig Jahre lang haben wir es miteinander fortgetrieben, und es wäre kein Wunder, wenn wir es endlich zu etwas gebracht hätten. […]

Er war damals sehr jung […]; doch ging es mit uns freilich etwas toll her. Er war wie ein edler Wein, aber noch in gewaltiger Gärung. Er wußte mit seinen Kräften nicht wohinaus, und wir waren oft sehr nahe am Halsbrechen. Auf Parforcepferden über Hecken, Gräben und durch Flüsse, und bergauf bergein sich tagelang abarbeiten, und dann nachts unter freiem Himmel kampieren, etwa bei einem Feuer im Walde: das war nach seinem Sinne. Ein Herzogtum geerbt zu haben, war ihm nichts, aber hätte er sich eins erringen, erjagen und erstürmen können, das wäre ihm etwas gewesen.

QUELLE 50 GOETHE ÜBER CARL AUGUST

Johann Wolfgang von Goethe verband mit dem jungen Prinzen und späteren Herzog von Sachsen-Weimar Carl August eine enge Freundschaft. Über Carl August berichtet Goethe auch in einem Gespräch mit Johann Peter Eckermann, seinem Privatsekretär, der am 23. Oktober 1828 rückschauend die Beschreibung Carl Augusts aus Goethes Munde festhielt.

QUELLE: JOHANN PETER ECKERMANN, GESPRÄCHE MIT GOETHE IN DEN LETZTEN JAHREN SEINES LEBENS, FRANKFURT AM MAIN 1981, KAPITEL 287, DONNERSTAG, DEN 23. OKTOBER 1828. HIER NACH: HTTP://GUTENBERG.SPIEGEL.DE/BUCH/-1912/287.

elle Leserschaft wendete; gemeinsam verfassten sie die Epigrammsammlung „Xenien", die ursprünglich, in Anlehnung an Kriegsepigramme, als Reaktion auf die Kritik an ihrer Zeitschrift vonseiten unbegabter Literaten gedacht war. (Heute finden sie sich in den Werkausgaben beider Dichter). Aus dieser Zeit datiert der Briefwechsel zwischen Schiller und Goethe, der zum größten literarischen und ästhetischen Denkmal der Epoche wurde. In jenen Tagen entstand auch Schillers berühmte Sentenz, die den von Goethe in seinem Aufsatz über den „Literarischen Sansculottismus" formulierten Thesen gewissermaßen zuwiderläuft, aber auch die ganze Bedeutung des Augenblicks widerspiegelte: „Indem das politische Reich wankt, hat sich das geistige immer fester und vollkommener gebildet."

Die Freundschaft zwischen Schiller und Goethe und die in diesem Jahrzehnt von beiden verfassten Werke machen es möglich, die Weimarer Klassik sowohl in literarischer als auch in historischer Hinsicht genauer zu definieren und sie von jenen Prozessen abzugrenzen, die sich zur gleichen Zeit in Jena abspielten, wo sich die Frühromantik bereits stürmisch zu entwickeln begann. Diese erhielt daher die Bezeichnung „Jenaer Frühromantik". Im Grunde genommen war es die Entstehung der neuen romantischen Schule, die die Voraussetzungen für eine geänderte Definition der Klassik schuf, die – in ihrer Gegenüberstellung zur Romantik – nicht so sehr als „beispielhafte Epoche" verstanden wird, sondern vielmehr als eine sich an antiker Ästhetik und antiken Idealen orientierende Kunstrichtung.

Hier muss der Name jenes Mannes genannt werden, der diesen ästhetischen Umbruch im Bewusstsein der Deutschen im 18. Jahrhundert überhaupt erst in die Wege leitete – Johann Joachim Winckelmann. In seinen Werken, unter ihnen die „Gedanken über die Nachahmung der griechischen Werke in der Malerei und Bildhauerkunst" (1755) sowie vor allem die „Geschichte der Kunst des Altertums" (1764–1767), definierte er die grundlegenden ästhetischen Dominanten der griechischen Kunst, wie „edle Einfalt" und „stille Größe" und schuf die Basis für die Epoche der deutschen Klassik, die die pompöse Größe der französischen Klassik ablöste und zugleich bereits den zweiten Rückgriff auf die Antike nach dem Klassizismus darstellte – auf die Antike, die alles kleingeistige Zeitgenössische, Mittelalterliche und Subjektive ablehnte. Wie Goethe es formulierte, der die Romantiker zwar nicht mochte, jedoch mitunter auch in ihrem Namen sprach: „Das Antike erscheint nur ein idealisiertes Reales; das Romantische ein Unwirkliches, Unmögliches, dem durch die Phantasie nur ein Schein des Wirklichen gegeben wird. […] Sie stellten die Existenz dar, wir gewöhnlich den Effekt. Sie schilderten das Fürchterliche, wir schildern fürchterlich; sie das Angenehme, wir angenehm."

Manchmal wird die Weimarer Klassik als die höchste Synthese der Tendenzen definiert, die für die Aufklärung und die Literatur der Epoche des „Sturm und Drang" mit ihrem egoistischen (oder, besser gesagt, individualistischen) Bewusstsein kennzeichnend waren. Sie habe es nie vermocht, den Konflikt zwischen Verstand und Gefühl zu lösen und zahlreiche Katastrophen nach sich gezogen (wovon sowohl der Roman „Die Leiden des jungen Werthers" als auch die frühen Dramen Schillers zeugen). Diese unbefriedigende Erfahrung eines bezwingenden und dennoch bezwungenen Gefühls bildete einen weiteren Kontext im Streben der Weimarer Klassik nach Ganzheit, Harmonie und Humanität, nach Entsprechung von Form und Inhalt – mit anderen Worten, nach einem harmonischen Ausgleich der Gegensätze. Dort, wo Goethe ein Vorbild für die Aufhebung sämtlicher Gegensätze in der Natur suchte, entdeckte Schiller dieses Exempel in der Geschichte, womit sich im Grunde auch seine Hinwendung zur Geschichte in seiner letzten Schaffensperiode erklärt. Nicht die revolutionäre Erschütterung, sondern die Evolution sollte den Gang der Entwicklung der Menschheit bestimmen: Genau darüber streiten im zweiten Teil des „Faust" die „Vulkanisten" und die „Neptunisten". Faust selbst tritt als Befürworter der Letzteren auf. Es ist bezeichnend, dass Goethe seine Tragödie (sic!) mit dem Gedanken der Versöhnung beendet. Er

beruft sich dabei auf die von der Lehre des Kirchenvaters Origenes gestützte These von der allversöhnenden Wiedereinswerdung alles Seienden, das von Gott kam und danach von ihm abfiel. So ist auch das Leitmotiv der Schlussszene des „Faust" nicht die Sühne, sondern die Liebe, von der Pater profundus und Mater gloriosa singen. Letztere ist Jungfrau, Mutter, Königin, barmherzige Göttin und ewig-weiblicher, die Liebe verkörpernder Ursprung.

Letzten Endes bleibt, welche Definition der Weimarer Klassik wir auch übernehmen, eines offensichtlich: Mit „Weimarer Klassik" wird eine klassische (auf dem Höhepunkt befindliche) Epoche in der Geschichte der deutschen Literatur bezeichnet, in deren Mittelpunkt das Konzept der ästhetischen Erziehung des Menschen durch Geschichte, Kunst und Literatur steht. Und wo Humanität und die später (unter anderen von Fjodor Dostojewski) so sehr verunglimpfte Schöngeisterei zu den höchsten Zielen der Entwicklung der Gesellschaft und der Menschheit werden

LITERATURHINWEISE

Dieter Borchmeyer, *Weimarer Klassik. Portrait einer Epoche*, Weinheim 1994.

Walter Horace Bruford, *Kultur und Gesellschaft im klassischen Weimar 1775–1805*, Göttingen 1966.

Karl Otto Conrady (Hg.), *Deutsche Literatur zur Zeit der Klassik*, Stuttgart 1977.

Jekaterina Dmitrijewa / Alexander Markin / Nina Pawlowa (Hg.): *Istorija nemezkoi literatury. Nowoje i noweischeje wremja*, Moskau 2014.

Alexander Michailow, *Metody i stili literatury*, in: *Teorija literatury. Bd. 1: Literatura* Moskau 2005, S. 244–263.

Wilgelm Fosskamp, *Klasssika kak istoriko-literaturnaja epocha. Tipologija i funkzija weimarskoi klassiki*, in: *Kontekst (1990)*, Moskau 1990.

DIE REFORMEN ALEXANDERS I. IN RUSSLAND

WADIM PARSAMOW / MATTHIAS STADELMANN

Praktisch war zwar die gesamte Regierungszeit Alexanders I. von seiner Reformtätigkeit geprägt, doch sind die eindrücklichsten und bedeutendsten Veränderungen in das erste Jahrzehnt seiner Herrschaft zu datieren. Am 30. März 1801 wurde der sogenannte Ständige Rat (Nepremenny sowet) eingesetzt, in den einstige Würdenträger aus der Zeit Katharinas II. aufgenommen wurden, aber auch Beteiligte an der Verschwörung, der am 11. März Alexanders Vater, Kaiser Paul I., zum Opfer gefallen war: Nikolai Saltykow, die Gebrüder Nikolai und Pawel Subow, Alexander Kurakin, Dmitri Troschtschinski, Paul von der Pahlen, Iwan Lamb und Gawril Gagarin. Dieser Ständige Rat ersetzte den Kaiserlichen Rat, der bereits von Katharina II. im Jahre 1768 berufen worden war. Das Gremium war an sich nichts Neues und fügte sich nahtlos in jene Tradition kaisernaher Institutionen ein, die auf den Obersten Geheimen Rat Katharinas I. zurückging. Ursprünglich hieß es sogar Geheimer Staatsrat. Es stellte sich jedoch sehr bald heraus, dass der Einfluss dieses Rates, der nicht einmal das einzige beratende Gremium war, unerheblich war.

https://doi.org/10.1515/9783110348712-031

NIKOLAI NOWOSILZEW, ÖLGEMÄLDE VON STEPAN SCHTSCHUKIN, 1808, RUSSISCHES MUSEUM SANKT PETERSBURG

WIKTOR KOTSCHUBEI, ÖLGEMÄLDE VON FRANÇOIS GÉRARD, 1809, EREMITAGE SANKT PETERSBURG.

DAS INOFFIZIELLE KOMITEE

Beinahe sämtliche Fäden der Staatsgewalt hielt vielmehr ein kleiner Kreis zuvor kaum bekannter junger Männer in den Händen. Sie waren persönliche Freunde Alexanders aus den Zeiten Katharinas. Unter dem neuen Zaren bildeten sie das sogenannte Inoffizielle Komitee (Neglasny komitet), das aus vier Personen bestand. Der Älteste von ihnen – Nikolai Nowosilzew (1761–1836) – war während der Herrschaft Pauls in England gewesen, woher er mit anglophilen und liberalen Einstellungen zurückkehrte, was seiner steilen Karriere als einflussreicher Staatsbeamter keinen Abbruch tat. Ein anderes Mitglied des Inoffiziellen Komitees – Wiktor Kotschubei (1768–1834) – war ein Nachfahre ukrainischer Magnaten und ein Neffe und Schützling von Alexander Besborodko, dem Staatssekretär Katharinas II. und einem der Leiter des Außenpolitischen Kollegiums unter ihrer Herrschaft, der unter Paul I. in den Jahren 1797–1799 sogar Kanzler gewesen war. Wie Nowosilzew hatte auch Kotschubei in England gelebt. Auf dem Höhepunkt der Französischen Revolution hatte er sich in Paris aufgehalten. Ein weiterer Anglophiler, wenngleich mit einer polnisch-patriotischen Einstellung, war Adam Czartoryski (1770–1861), der einem alten Geschlecht aus Polen-Litauen entstammte. Die Familie Czartoryski war nach Russland gekommen, weil ihr Grundbesitz seit der Aufteilung Polens 1795 in Russland lag. Katharina hatte ihnen die Rückgabe ihres Besitzes in Aussicht gestellt, wenn die jungen Czartoryskis nach Sankt Petersburg kommen und in den russischen Dienst eintreten würden. Auf diese Weise gelangte Adam nach Russland, wo ihn eine beachtliche Karriere erwartete. Zwar konnte er im Staatsdienst nicht solche Höhen erklimmen wie Nowosilzew oder Kotschubei, die später Vorsitzende des Staatsrates und des Ministerkomitees wurden, doch nur, weil er aus seinem polnischen Patriotismus keinen Hehl machte und deshalb in der russischen adligen Elite unbeliebt war.

Die wohl schillerndste Persönlichkeit in Alexanders Umfeld in den ersten Jahren seiner Herrschaft war Pawel Stroganow (1772–1817), ein Sohn des bekannten reichen Mäzens Alexander Stroganow, des Präsidenten der Kunstakademie. In Russland war der junge Stroganow von dem französischen Mathematiker Charles-Gilbert Romme unterrichtet worden. Gleich zu Beginn der Revolution hatte er seinen Mentor nach Paris begleitet und dort mit Begeisterung den Sitzungen der Nationalversammlung beigewohnt. Nachdem ihn sein Vater aus Furcht vor dem Zorn der Kaiserin 1790 verärgert aus Frankreich zurückgerufen hatte, wusste Stroganow mit seiner guten Bildung und seiner Energie nicht, womit er sich am Hofe beschäftigen sollte, bis er in das Inoffizielle Komitee berufen wurde. Dort wirkte er als eines der aktivsten und am meisten interessierten Mitglieder mit. Über seine Tätigkeit hinterließ er umfangreiche Aufzeichnungen.

Als Alexander das Inoffizielle Komitee einrichtete, sah er in ihm in erster Linie ein Gegengewicht zu den älteren Beamten aus der Zeit Katharinas.

ABB. 65   PAWEL STROGANOW

PAWEL STROGANOW, ÖLGEMÄLDE VON JEAN-LAURENT MOSNIER, 1808, RUSSISCHES MUSEUM SANKT PETERSBURG

ABB. 66   ADAM CZARTORYSKI

ADAM CZARTORYSKI, ANONYMES ÖLGEMÄLDE, 1808.

Auf ihren Stellen verblieben und in Kategorien der nunmehr vergangenen Epoche denkend, waren sie mehrheitlich zu irgendwelchen Veränderungen unfähig. Die vom Kaiser dem Inoffiziellen Komitee zugedachte Aufgabe, Reformen vorzubereiten und zu realisieren, erregte sie so sehr, dass sie die jungen Freunde des Kaisers als „Jakobinerbande" bezeichneten. Gleichwohl spielte eine solche Reaktion Alexander in die Hände. Das wechselseitige Misstrauen dieser zwei Generationen von Politikern erlaubte es ihm, zwischen ihnen zu lavieren und selbst die gesamte Machtfülle in den eigenen Händen zu behaupten.

Im Gegensatz zum Ständigen Rat besaß das Inoffizielle Komitee keinen offiziellen Status. Es glich weder dem Obersten Geheimen Rat noch dem Kabinett der Anna Iwanowna. Die Sitzungen des Komitees, die in der Regel spät nach dem Abendessen stattfanden, glichen eher einer freundschaftlichen Kommunikation zwischen Menschen mit verwandten Interessen als der Arbeit einer staatlichen Institution. Man sprach eher über Reformen, als dass man sich mit deren Umsetzung beschäftigte. Allein schon die Bezeichnung „inoffiziell" zeugte davon, dass die Reformdiskussionen keine gesellschaftliche Resonanz haben sollten. Alexander wollte die hauptsächliche und einzige Quelle aller Veränderungen im Staat sein und suchte in seinem Umfeld keine eigenständigen Politiker, sondern lediglich gehorsame Erfüllungsgehilfen.

---

§ 7

Wir bekräftigen und verfügen auf ewig und unverbrüchlich, dass die Sicherheit der Person ein Recht ist, das jedem Untertan Russlands wesensgemäß eigen ist; deshalb kann jeder es entsprechend seinem Stand und Rang nutzen. Dieses Recht wird immer unter dem geheiligten Schutz des Gesetzes stehen.

Wir erneuern, bestätigen und verfügen, dass das Eigentumsrecht auf mobilen und immobilen Besitz ein Recht eines Untertanen Russlands ist, so dass es jedem Rang und Stand im Staate kraft der Gesetze eigen ist.

§ 8

Jeder Untertan Russlands kann ungehindert Gebrauch machen von der Freiheit des Denkens, des Glaubens oder Bekenntnisses, des Gottesdienstes, des Wortes oder der Rede, des Schreibens und des Handelns, soweit sie nicht gegen die Gesetze des Staates verstoßen und niemanden beleidigen

QUELLE 51   AUS DER ALLERGNÄDIGSTEN URKUNDE

Die „Allergnädigste Urkunde, dem Volk Russlands zu gewähren", an deren Zustandekommen auch Alexander Radischtschew beteiligt war, der 1801 in einer Kommission für die Ausarbeitung der Gesetze diente, betrachteten die Mitglieder des Inoffiziellen Komitees als eine Art Konstitution. Doch entgegen den Erwartungen wurde die Urkunde nicht aus Anlass der Krönung Alexanders I. am 15. September 1801 veröffentlicht.

QUELLE: [ALEXANDER WORONZOW,] ALLERGNÄDIGSTE URKUNDE, DEM VOLK RUSSLANDS ZU GEWÄHREN (1801), IN: KONSTITUZIONNYJE PROJEKTY W ROSSII XVIII – NATSCHALA XX W, HG. VON ALEXANDER MEDUSCHEWSKI, MOSKAU 2010, S. 199–209, HIER S. 202.

Bei all seinem gedanklichen Liberalismus war der Zar durchaus konservativ eingestellt. Er wollte Veränderungen, ohne etwas zu verändern, wie aus den Beschlüssen des Inoffiziellen Komitees gut zu erkennen ist.

Am 8. September 1802 wurden gleich zwei Verordnungen erlassen: eine Verordnung über die Rechte und Pflichten des Senats sowie ein Manifest über die Ministerien. Das Ziel der ersten Verordnung war es, den Einfluss des Senats zu steigern und ihm die Bedeutung wiederzugeben, die er unter Peter I. gehabt hatte. Mit der zweiten Verordnung wurden die Kollegien, die seit Peters Zeiten existiert hatten, in Ministerien umgebildet. Kollegien und Ministerien unterschieden sich in der Art ihrer Führung. In den Kollegien wurde über die Angelegenheiten kollegial beraten und gemeinsam entschieden. In den Ministerien galt hingegen das Prinzip der Leitung durch einen Einzelnen. Während die Kollegien dem Senat unterstellt waren, waren die Minister dem Senat lediglich verantwortlich; in anderen Worten: Die kollektive Unterordnung wurde durch eine persönliche Verantwortung ersetzt. Die Gründung der Ministerien legte auch die Einrichtung einer sie koordinierenden Instanz nahe – eines Ministerkomitees. Eine Verordnung vom 8. September sah eine derartige Instanz durchaus vor, doch wurden weder ihre Funktionen noch das Zusammenwirken mit den Ministerien festgelegt. Wie Michail Speranski bemerkte, „war dieses Komitee weder eine Stelle noch eine besondere Einrichtung, es war lediglich eine Art der Berichterstattung". Die Minister mussten in regelmäßigen Abständen auf der Vollversammlung der Ministerien in Anwesenheit des

ABB. 67   KAISER ALEXANDER I.

Kaiser Alexanders I. gesamte Regierungszeit war von seiner Reformtätigkeit geprägt. Am eindrücklichsten und bedeutendsten waren jedoch die Veränderungen, insbesondere in der Neuordnung des Staatsapparates und im Bildungswesen, im ersten Jahrzehnt seiner Herrschaft. Das Porträt von Wladimir Borowikowski aus den ersten Jahren des 19. Jahrhunderts zeigt Alexander I. noch vor der Thronbesteigung in der Uniform des Preobraschensker Leibgarde-Regiments mit den Orden des Hl. Andreas des Erstberufenen (Stern und Band) und des Hl. Johannes von Jerusalem aus Malta.

KAISER ALEXANDER I., ÖLGEMÄLDE VON WLADIMIR BOROWIKOWSKI, 1800, RUSSISCHES MUSEUM SANKT PETERSBURG.

Kaisers von ihrer Tätigkeit berichten – diese Treffen nannte man dann „Ministerkomitee". Soweit die Minister dem Zaren unmittelbar unterstellt waren, hatten sie auch keine tatsächliche Verantwortung gegenüber dem Senat.

Auch die gesellschaftliche Ordnung hatte Alexander I. im Auge: Am 20. Februar 1803 wurde eine Verordnung über „freie Bauern" erlassen, die es den Grundbesitzern gestattete, ihre Leibeigenen mit Land in die Freiheit zu entlassen. Diese Verordnung hatte ausschließlich eine erlaubende Funktion und verpflichtete die Grundbesitzer keineswegs, ihr zu folgen. Genauso wenig wurden die Bedingungen der Freilassung der Bauern, bis auf die Auflage, dass diese dabei mit Land versorgt werden sollten, besprochen und hingen insofern völlig vom Gutsbesitzer ab. Doch selbst in dieser Form erschien die Verordnung dem Zaren als zu mutig, so dass die Geltung der Verordnung über die freien Bauern bereits im folgenden Jahr, am 19. Dezember 1804, Beschränkungen unterworfen wurde. So wurde nun verboten, den Bauern die Freiheit auf der Grundlage von Testamenten zu gewähren, was bedeutete, dass der Grundbesitzer, wenn er seine Bauern aus der Leibeigenschaft entlassen wollte, dies unbedingt bereits zu seinen Lebzeiten tun musste.

REFORMEN IM BILDUNGSWESEN

Am deutlichsten zeigten sich liberale Tendenzen der Politik Alexanders im Bildungssektor. Eine der ersten Maßnahmen in diesem Bereich war die Abschaffung der Zensurmaßnahmen Pauls I. Im Jahr 1804 trat die liberalste Zensurordnung in der gesamten Geschichte Russlands in Kraft. Im gleichen Jahr wurde ein Statut für die Universitäten erlassen, das dem Muster der deutschen universitären Körperschaften folgte. Dieses Statut garantierte den Lehranstalten eine weitgehende Autonomie. Waren in den Jahren 1802 und 1803 die Universitäten in Dorpat und Wilna eröffnet worden, so folgte die Gründung der Universitäten in Kasan und Charkow 1804 bereits dem neuen Statut. Außerdem wurde ein Pädagogisches Institut in Sankt Petersburg gegründet, das 1819 in eine Universität umgewandelt wurde.

Die Gründung der Universitäten diente als Auftakt zur Schaffung eines abgestuften öffentlichen Bildungswesens. Erste Versuche dafür waren bereits in den 1780er Jahren unternommen worden, in der Zeit, als die Kommission für die Volksschulen aktiv gewesen war. Gemäß einer kaiserlichen Verordnung von 1803 wurde das Reich in sechs Schulbezirke aufgeteilt, deren Zentren jeweils eine Universität bilden sollte. Nach dem 1804 erlassenen Schulstatut sollte in jeder Gouvernementsstadt ein Gymnasium oder eine Gouvernementsschule unter unmittelbarer Aufsicht der Universität bestehen. Aufgabe dieser Schulen war der Unterricht für die Kinder des Adels. Unter der Leitung eines Gymnasiums sollte es in jedem Kreis zwei- bis dreiklassige Kreisschulen geben. Eine Stufe tiefer standen die einklassigen Gemeindeschulen, in denen Kinder aus „jeder Pfarrei oder zweier Pfarreien zusammen" unterrichtet wurden. Diese beiden Schultypen richteten sich an alle Kinder, unabhängig vom Status der Eltern. Diese Tatsache war den hochwohlgeborenen Eltern Anlass genug, sich um die Moral ihrer Sprösslinge zu sorgen. Dennoch hatte der Adel keine Eile, seine Kinder auf Gymnasien zu schicken, weil diese rein bildende und keine erziehenden Anstalten waren. Das gymnasiale Curriculum galt als zu anspruchsvoll, und das Zeugnis bot keinerlei Vorteile im Staatsdienst. Ein weiteres essentielles Problem der Schulbildung war der eklatante Lehrkräftemangel auch nach 1804.

Ungeachtet der Bedeutung dieser Reform erwies es sich in der Praxis als nachteilig, dass das neue Bildungssystem von oben nach unten geschaffen wurde: Die Gründung der höheren Bildungsanstalten ging der Einrichtung von Grund- und Mittelschulen voraus. In den ersten Jahren ihres Bestehens machten auch die neuen russischen Universitäten einen kläglichen Eindruck. Es fehlten sowohl Studenten als auch Lehrende, das Unterrichtsniveau war gering, die Finanzierung ungenügend usw. Doch das wichtigste Ziel war erreicht: Ein abgestuftes Bildungssystem war geschaffen, und früher oder später sollte es auch funktionieren. Wäre Alexanders Regierung den „normalen" Weg gegangen und hätte mit der Gründung von Gemeindeschulen angefangen, wäre es unter den russischen Bedingungen, die auf unterschiedliche Weise die Initiative der Regierung bremsten, möglicherweise auch nicht zur Gründung von Universitäten gekommen.

Die Gegenstände der grundlegenden Gesetze

[...] wären die Rechte der herrscherlichen Gewalt unbegrenzt und wären die staatlichen Kräfte in der herrscherlichen Gewalt in einem solchen Grade konzentriert, dass den Untertanen keinerlei Rechte blieben, dann befände sich der Staat im Zustand der Sklaverei und wäre die Regierung despotisch. [...]

Obwohl bürgerliche Rechte auch ohne politische Rechte bestehen können, kann ihre Existenz in einer solchen Situation nicht stabil sein. [...]

Daraus folgt, dass wahre Bürgerrechte auf politischen Rechten gegründet sein müssen, und ebenso kann ein zivilbürgerliches Gesetz im Allgemeinen nicht ohne ein politisches Gesetz stabil sein.

[...]

Über den allgemeinen Geist der Reform

Der allgemeine Gegenstand der Reform besteht darin, dass die Herrschaft, auch die autokratische, auf einem unveränderbaren Gesetz zu errichten und auszubauen ist.

QUELLE 52 EINFÜHRUNG ZU EINEM CODE DER GESETZE DES STAATES

Die zweite Phase der Reformen Alexanders I. ist eng mit Michail Speranski verbunden. Seine Reformen zielten jedoch nicht darauf ab, die bestehende Ordnung radikal zu ändern, sondern ruhten auf der Überzeugung, dass die alte Ordnung nur allmählich und auf natürliche Weise durch eine neue Ordnung abzulösen sei.

QUELLE: MICHAIL SPERANSKI, WWEDENIJE K ULOSCHENNIJU GOSSUDARSTWENNYCH SAKONOW, IN: KONSTITUZIONNYJE PROJEKTY W ROSSII XVIII – NATSCHALA XX W., HG. VON ALEXANDER MEDUSCHEWSKI, MOSKAU 2010, S. 211–267, HIER S. 213–214, 224.

SPERANSKIS REFORMEN

Bedingt durch die zunehmende außenpolitische Aktivität nahm 1805 die Reformtätigkeit des Zaren ab. In den Jahren 1805–1807 beteilig-te sich Russland an den antifranzö-sischen Koalitionen. Nach zwei ver-nichtenden Niederlagen, zunächst 1805 bei Austerlitz und dann 1807 bei Friedland, war Alexander I. ge-zwungen, mit Napoleon Frieden zu schließen. Dies ermöglichte es ihm, sich erneut auf die Innenpolitik zu konzentrieren.

Eine neue Etappe von Reformen ist mit dem Namen Michail Speranskis (1772–1839) verbunden. Deren Bedeu-tung zeigt sich sofort angesichts des Zustands der staatlichen Verwaltung Russlands zu Beginn des 19. Jahrhun-derts. Der Staatsapparat war in vonei-nander isolierte Einheiten zersplittert, zwischen denen es weder ein Zusam-menwirken gab noch eine Koordina-tion der Arbeit verschiedener Ämter innerhalb eines sachlich einheitlichen Verwaltungsbereichs. Formal war alles dem Kaiser als dem Träger der abso-luten Macht untergeordnet, doch weil es einem Einzelnen schlicht unmög-lich war, sich in den Umfang und die Vielfalt der Staatsangelegenheiten hi-neinzudenken, herrschte im administ-rativen System Chaos. Nicht umsonst sprach Alexander selbst von einem „unförmigen Gebäude der Staatsver-waltung". Zudem machten Kriege und die Kontinentalsperre der Wirtschaft schwer zu schaffen. Französische Wa-ren beherrschten beinahe konkurrenz-los den russischen Markt. Das Finanz-system war in der Rezession begriffen, das Staatsdefizit überstieg 100 Millio-nen Rubel. Eine Hyperinflation zer-störte das System der Preisbildung.

Als vorrangige Aufgabe galt die Neuordnung des Staatsapparats. Zum

ABB. 68   MICHAIL SPERANSKI

Michail Speranski war von 1807 bis 1812 einer der wich-tigsten Berater Alexanders I. 1808 wurde er zum stell-vertretenden Justizminister und 1810 zum persönlichen Staatssekretär des Kaisers ernannt. Nach seinem Sturz 1812 und kurzzeitiger Verbannung kehrte er 1814 zurück und wirkte als Generalgouverneur von Sibirien und 1824 als Mitglied des Staatsrats. Unter Kaiser Nikolaus I. arbei-tete er maßgeblich an der neuen Gesetzessammlung von 1834 mit. Das Porträt Pawel Iwanows zeigt Speranski im Jahr 1806.

PORTRÄT DES GRAFEN MICHAIL M. SPERANSKI, GOUACHE, VON PAWEL IWANOW, 1806, EREMITAGE SANKT PETERSBURG.

ersten Mal in der Geschichte des politischen Denkens in Russland schlug Speranski das Prinzip der Gewaltenteilung vor. In seinem Entwurf sollte die gesetzgebende Gewalt einer Staatsduma vorbehalten sein. Der Senat gliederte sich in zwei Teile: einen Regierenden Senat und einen Justizsenat, die jeweils die höchste vollziehende bzw. die rechtsprechende Gewalt innehatten. Um das Handeln der Regierungsorgane zu koordinieren, wurde am 1. Januar 1810 ein Staatsrat bei der Person des Kaisers eingerichtet. Dies war allerdings die einzige großangelegte Maßnahme, die von Speranski in diesem Zeitraum verwirklicht werden konnte.

Von den Einzelmaßnahmen, die Speranski realisierte, sind erwähnenswert eine Verordnung über die Hofämter (1809), die allen höfischen Würdenträgern vorschrieb, sich innerhalb von zwei Monaten zum tatsächlichen Dienst zu melden, sowie eine Verordnung über die Einführung verpflichtender Prüfungen für die Beförderung von Beamten in den VIII. Rang, die den erblichen Adelsstand mit sich brachte. Um mindergebildeten Personen den Zugang zu hohen Staatsämtern zu erschweren, galt nun die Regelung, dass ein Beamter entweder ein Zeugnis über einen Universitätsabschluss oder über eine Examinierung im Rahmen eines Gymnasialkurses vorlegen musste.

In der Gesellschaftspolitik galt die hauptsächliche Aufmerksamkeit Speranskis der Bildung eines mittleren Stands – eine Aufgabe, die über das gesamte 18. Jahrhundert hinweg auf der Tagesordnung gestanden hatte. In Speranskis Entwurf wurden die Untertanen des Russischen Kaiserreichs in drei „Stände" unterteilt: den Adel, den „mittleren Stand", dem Kaufleute, Kleinbürger und Staatsbauern angehörten, und das „arbeitende Volk", das heißt die leibeigene Bevölkerung. Unter der Annahme, dass die Leibeigenschaft nach und nach abgeschafft werden sollte, sah Speranski die Möglichkeit des Übergangs aus einem Stand in einen anderen vor. Nicht nur konnten Angehörige des „mittleren Standes" aufgrund ihrer Verdienste in den Adel aufsteigen, sondern auch Adlige konnten „in die Kaufmannschaft und in andere Berufe eintreten, ohne ihren Stand einzubüßen". Leibeigene konnten ihrerseits in den „mittleren Stand" wechseln, wenn sie Immobilien erwarben. Dabei war ein Wechsel vom „mittleren Stand" zum „arbeitenden Volk" nicht vorgesehen.

Auf wirtschaftspolitischem Gebiet erarbeitete Speranski gemeinsam mit Michail Balugjanski und Nikolai Mordwinow, zwei weiteren Ökonomen, eine Reihe von Maßnahmen zur Verbesserung der finanziellen Situation. Die Quintessenz der von ihnen getroffenen Maßnahmen bestand darin, eine große Menge ungedeckter Wertpapiere aus dem Verkehr zu ziehen, Kapital zu ihrer Deckung zur Verfügung zu stellen und harte Währung in den Umlauf zu bringen. Das alles sollte vom Widerstand gegen Frankreichs Handelsintervention und der Entwicklung eines heimischen Handels begleitet werden. Die Umsetzung dieser Maßnahmen erlaubte es, in den Jahren 1809 bis 1811 das Staatsdefizit von 105 Millionen auf sechs Millionen Rubel zu senken und die Einnahmen der Staatskasse auf 300 Millionen Rubel zu erhöhen.

Angesichts der weitgespannten Handlungsfelder Speranskis ist zu betonen, dass seine Reformen nicht darauf abzielten, die bestehende Ordnung radikal zu verändern. Die zwei Säulen der russischen Staatlichkeit – die Autokratie und die Leibeigenschaft – blieben unangetastet. Doch sollte man daraus nicht schließen, Speranskis Reformen seien inkonsequent und halbherzig gewesen. Vielmehr ruhten sie auf der Überzeugung, dass es unmöglich sei, ohne schwerwiegende Folgen für den staatlichen Organismus aus der Vergangenheit in die Zukunft zu springen. Die neue Ordnung sollte die alte nicht von heute auf morgen ersetzen, sondern sich in diese einfügen und sie allmählich auf natürliche Weise ablösen. Es war zwar einfach, ein Projekt zur Teilung der Gewalten vorzulegen, doch wie war sicherzustellen, dass die einzelnen Gewalten unmittelbar auch in der Praxis funktionsfähig werden könnten, und das in einem Land, das vorher keine andere Herrschaft kannte als die autokratische? So wurden zunächst die Gewaltenteilung verkündet und erste Organe eingerichtet, doch die gesamte Machtfülle verblieb in den Händen des Monarchen. Bis wann? Allem Anschein nach wusste Speranski selbst keine Antwort auf diese Frage. Genauso verhielt es sich mit der Leibeigenschaft. Sie sollte nicht mit einem Dekret aufgehoben werden, das die traditionellen sozioökonomischen Verhältnisse zerstörte, sondern auf dem Wege einer langsamen Vervollkommnung des Gesellschaftssystems, die auf ein allmähliches Verwischen vor allem der rechtlichen Unterschiede zwischen den Ständen gerichtet war.

LITERATURHINWEISE

Arkadi Dolgich, Dworjanskije projekty reschenija krestjanskowo woprossa w Rossii konza XVIII – pervoi tschetwerti XIX weka. Sbornik dokumentow, Lipezk 2003, S. 4–27.

Janet M. Hartley, Alexander I., London / New York 1994.

Hans-Jobst Krautheim, Alexander I. 1801–1825, in: Hans-Joachim Torke (Hg.), Die russischen Zaren, München 1995, S. 275–287.

Hans-Jobst Krautheim / Bernhard Friedmann, Reformen und europäische Politik unter Alexander I., in: Handbuch der Geschichte Russlands, Bd. 2, hg. von Klaus Zernack, Stuttgart 1996, S. 951–993.

Jan Kusber, Eliten- und Volksbildung im Zarenreich während des 18. und in der ersten Hälfte des 19. Jahrhunderts. Studien zu Diskurs, Gesetzgebung und Umsetzung, Stuttgart 2004.

Sergei Mironenko S. W., Samoderschawije i reformy. Polititscheskaja borba w Rossii w natschale XIX w., Moskau 1989.

Michail Speranski, Schisn, twortschestwo, gossudarstwennaja dejatelnost, Sankt Petersburg 2000.

Marie-Pierre Rey, Alexandre I, Paris 2009.

Nikolai Schilder, Imperator Alexandr Perwy. Jewo schisn i zarstwowanije, Bde. 1–4, Sankt Petersburg 1897–1898.

VON AUSTERLITZ NACH TILSIT

NAPOLEON AUF DEM HÖHEPUNKT SEINER MACHT

1805–1807

SERGEI ISKJUL / CLAUS SCHARF

Am Abend des 4. November 1805 gelobten vor dem Sarkophag Friedrichs des Großen in der Garnisonkirche zu Potsdam Kaiser Alexander I. von Russland und König Friedrich Wilhelm III. von Preußen in Gegenwart von Königin Luise mit einem Handschlag einander ewige Freundschaft. Mit dieser gefühlsbetonten Inszenierung wollten Alexander und vor allem Luise den König an Preußens Aufstieg zu einer europäischen Großmacht unter seinen Vorgängern erinnern und zugleich zu gemeinsamen Aktionen gegen Frankreich bewegen. Gerade von Preußen und seiner Armee erhoffte sich Alexander eine Stärkung seiner Allianz mit Österreich gegen Napoleon.

Dass der Kaiser selbst zum Kriegsschauplatz nach Mitteleuropa reiste, entsprach der mit einem Kriegseintritt sympathisierenden Stimmung in Russland und Alexanders Verständnis von seiner eigenen Rolle: Er war überzeugt, dass sich zum Krieg gegen den selbsternannten Kaiser der Franzosen alle legitimen Monarchen vereinen müssten. Diesen versprach er Frieden, Sicherheit und Freiheit in einer politischen Neuordnung Europas nach dem Sieg über Napoleon. Frankreich soll-

https://doi.org/10.1515/9783110348712-032

te sich „aus den Ketten" Napoleons befreien, alle anderen Länder „vom französischen Joch" befreit werden. Die führenden Mächte der Dritten antifranzösischen Koalition, neben Russland Großbritannien, Österreich und Schweden, hatten aber insgeheim auch bereits territoriale Zugewinne im Visier, die sie für die Kriegslasten entschädigen sollten. Wie zuvor richteten sich die Ambitionen Russlands auf Polen, Finnland und Konstantinopel.

Die Beteiligung Preußens an der Koalition hielt Alexander I. für selbstverständlich, war für ihn das enge Bündnis mit dem König von Preu-

ßen doch mit den persönlichen Beziehungen verknüpft, die durch seine Begegnung mit dem Königspaar 1803 in Memel entstanden waren. Doch um Preußen für einen Krieg gegen Frankreich zu gewinnen, war Russland auch bereit, zu anderen Mitteln zu greifen. Davon zeugt der Entwurf eines Memorandums, das im Sommer 1805 in Russlands Außenministerium verfasst worden war, um Druck auf Preußen auszuüben. Sollte es erforderlich sein, war darin sogar vorgesehen, Preußen mit allen sich ergebenden Konsequenzen zu einer feindlichen Macht zu erklären.

PREUSSEN GEGEN NAPOLEON

Königin Luise gehörte zu jenen Persönlichkeiten am Berliner Hof, die angesichts der Machtexpansion des französischen Empire der Auffassung waren, Preußen müsse aus Selbstachtung seine Politik der Neutralität beenden. Friedrich Wilhelm III. sympathisierte ebenfalls mit der neuen Koalition, hatte aber Preußens Beitritt lange hinausgezögert. Immerhin hatte die Neutralität gegenüber Frankreich und dessen Gegnern seit dem Frieden von Basel 1795 Norddeutschland eine Phase des Friedens verschafft. Außerdem hatte Preußen im Reichsdeputationshauptschluss 1803 rechts des Rheins sogar Territorien gewonnen, die seine linksrheinischen Gebietsverluste übertrafen. Doch galt diese Politik in Preußen längst nicht mehr als patriotisch. Erst als französische Truppen auf ihrem Feldzug gegen Österreich Anfang Oktober 1805 die Neutralität des preußischen Fürstentums Ans-

bach verletzt hatten, änderte der König seine Haltung. Mit dem Gelöbnis in der Garnisonkirche besiegelten er und Alexander einen Vertrag beider Seiten vom Vortag: Mitten im bereits fortgeschrittenen Krieg drohte das neutrale Preußen dem Kaiser der Franzosen mit einem Ultimatum, das in das Angebot einer Vermittlung gekleidet war: Preußen werde mit eigenen Streitkräften der Kriegskoalition beitreten, wenn Napoleon nicht sofort seine Truppen aus Ansbach zurückziehe, die Unabhängigkeit des Heiligen Römischen Reiches, der Schweiz, der Niederlande und des Königreichs Neapel anerkenne und einem Waffenstillstand zustimme. Zugleich stellte Alexander I. in Aussicht, er wolle den König von England, seinen Verbündeten, überzeugen, Preußen das Kurfürstentum Hannover zu überlassen, das mit dem britischen Herrscherhaus in Personalunion verbunden war.

DIE „DREIKAISERSCHLACHT": AUSTERLITZ

Doch schneller als die Botschaft des Königs von Preußen war Napoleon in Wien. Im August 1805 hatte er den Plan einer Landung in England aufgegeben und seine Grande Armée in Eilmärschen in den Süden Deutschlands geführt, als sich zwei russische Armeen unter dem Oberkommando von General Michail Kutusow nach Westen bewegten und Österreich Bayern angriff. Unter dem Druck von Frankreich einerseits, der österreichisch-russischen Koalition andererseits hatten sich neben Bayern auch die Herrscherfamilien in Württemberg und Baden, obwohl sie mit dem russischen Kaiserhaus verwandt waren, für ein Bündnis mit Napoleon entschieden. Noch in Potsdam erfuhr Alexander von der schweren Niederlage der Österreicher bei Ulm am 20. Oktober, bevor Kutusow hatte eingreifen können.

Kampflos eroberte Napoleon im November Wien. Kutusow vereinte die beiden russischen Armeen und zog sie mit den österreichischen Truppen in Mähren zusammen. Als Napoleon bei Austerlitz nahe Brünn eine schnelle Entscheidung suchte, wollte Kutusow diesem Kräftemessen ausweichen, um seine Truppen zu schonen. Doch Alexander I. und Kaiser Franz II. setzten mit der österreichischen Generalität durch, dass der Kampf am 2. Dezember [20. November] 1805 aufgenommen wurde. Napoleon feierte schließlich am ersten Jahrestag seiner Kaiserkrönung mit einer den Gegnern zwar nicht an Zahl, aber an Schnelligkeit und Schlagkraft weit überlegenen Armee in der sogenannten Drei-Kaiser-Schlacht einen seiner größten Siege, und die

Verbündeten verloren etwa ein Drittel ihrer Soldaten durch Tod, Verwundung und Gefangenschaft. Alexander brach sofort direkt nach Sankt Petersburg auf, und Kutusow führte die Reste seiner Armee nach Russland zurück.

Franz II., der sich nach Napoleons Kaiserkrönung selbst als Franz I. 1804 den erblichen Titel eines Kaisers von Österreich zugelegt hatte, sah sich gezwungen, sofort einen Waffenstillstand abzuschließen. Praktisch löste sich die Dritte Koalition vier Monate nach Kriegsbeginn auf. Napoleon hatte sich wiederum die Chance erkämpft, Gren-

ABB. 69 ALEXANDER I. UND FRIEDRICH WILHELM III. AM SARKOPHAG FRIEDRICHS DES GROSSEN

In Gegenwart von Königin Luise gelobten Kaiser Alexander I. von Russland und König Friedrich Wilhelm III. von Preußen einander am Abend des 4. November 1805 vor dem Sarkophag Friedrichs des Großen in der Garnisonkirche zu Potsdam mit einem Handschlag ewige Freundschaft. Auf der Aquatinta von Johann Berka, die nach einer Vorlage von Jean Sauveur Le Gros 1806 entstand, sind von links in der Bildmitte der russische Kaiser und das preußische Herrscherpaar zu sehen.

KAISER ALEXANDER I., KÖNIGIN LUISE UND KÖNIG FRIEDRICH WILHELM III. AM SARKOPHAG FRIEDRICHS DES GROSSEN, AQUATINTA VON JOHANN BERKA NACH JEAN SAUVEUR LE GROS, 1806.

ABB. 70 HULDIGUNG NAPOLEONS DURCH DIE RHEINBUNDFÜRSTEN

Etwa zwei Jahrzehnte nach der Gründung des Rheinbundes schuf der französische Künstler Charles Etienne Pierre Motte eine Lithographie, die eine Huldigung Napoleons durch die Fürsten der deutschen Rheinbundstaaten zeigt. Am 12. Juli 1806 hatten Vertreter von 16 süd- und südwestdeutschen Staaten in Paris die Rheinbundakte unterzeichnet und damit das Ende des Heiligen Römischen Reiches deutscher Nation besiegelt. Am 1. August 1806 folgte die förmliche Austrittserklärung aus dem Reichsverband, fünf Tage später legte Franz II. die deutsche Kaiserwürde nieder und entband die Reichsstände von ihren Pflichten gegenüber dem Reich. Auch wenn Napoleon die Rheinbundstaaten zu Reformen nach französischem Vorbild zwang, blieb der Bund letztlich ein Militärbündnis der Mitgliedsstaaten mit Frankreich.

HULDIGUNG DER RHEINBUNDFÜRSTEN, KOLORIERTE LITHOGRAPHIE VON CHARLES ETIENNE PIERRE MOTTE, UM 1820–30.

zen in Europa zu ändern und Throne nach seinem Willen zu besetzen. Noch ehe ein separater Frieden mit Österreich abgeschlossen wurde, schuf er Fakten in Verträgen mit seinen deutschen Verbündeten und mit dem offiziell immer noch neutralen Preußen. Am 7. Dezember traf der preußische Minister Graf Christian von Haugwitz endlich in Wien ein. Eigentlich hatte er Napoleon das Ultimatum Friedrich Wilhelms III. für eine Friedensvermittlung überreichen sollen, doch statt-

dessen unterzeichnete er am 15. Dezember in Schloss Schönbrunn einen Vertrag: Darin stimmte Preußen bereits jenen Gebietsveränderungen zu, die Österreich auferlegt werden sollten. Preußen selbst musste auf seine linksrheinischen Territorien und auf Ansbach verzichten, das an Bayern fiel. Dafür übergab Napoleon das Kurfürstentum Hannover an Preußen, um dessen dauerhafte Gegnerschaft zu England zu begründen. Statt an der Seite Russlands landete Preußen im Februar 1806 auch der Form nach in einem Bündnis mit Napoleon. Es musste seine Häfen für englische Schiffe schließen und sofort Hannover besetzen, worauf ihm England den Krieg erklärte. Auch schon Mitte Dezember 1805 schloss Napoleon Verträge mit seinen süddeutschen Verbündeten, denen er territoriale Erweiterungen versprach, die er Österreich erst noch abringen musste.

DER FRIEDEN VON PRESSBURG

Am 26. Dezember 1805 diktierte Frankreich in Preßburg Österreich einen Frieden. Napoleon verdrängte Österreich aus Oberitalien und Dalmatien. Bayern erhielt neben dem preußischen Ansbach noch Tirol und Vorarlberg mit Lindau von den Habsburgern, dazu säkularisierte Bistümer in Süddeutschland und die Reichsstadt Augsburg. Württemberg und Baden wurden im sogenannten Vorderösterreich am Oberrhein belohnt. Die Kurfürsten von Bayern und Württemberg musste Kaiser Franz II. fortan als Könige und den badischen Markgrafen als Großherzog akzeptieren. Napoleon gründete für seinen Schwager Joachim Murat ein Großherzogtum Berg aus wittelsbachischen und geistlichen Territorien rechts des Niederrheins. In Neapel setzte er seinen Bruder Joseph, in Holland seinen Bruder Louis als Könige ein. Doch anders als viele erwartet hatten, erhob sich der Kaiser der Franzosen und König von Italien in seiner Neugliederung Deutschlands nicht auch noch selbst zu einem neuen Römischen Kaiser. Vielmehr entschied er sich unter mancherlei diskutierten Lösungen dafür, die süd- und westdeutschen Fürstenstaaten durch die Aufhebung kleinerer Herrschaften zu arrondieren und formal ihre Souveränität gegen den Römischen Kaiser aus dem Hause Habsburg und gegen die Institutionen des Reiches zu stärken, sie aber zugleich unter sein Protektorat zu nehmen, zu modernisierenden Reformen zu zwingen und zur Heerfolge unter seinem Oberbefehl zu verpflichten. Im Juli 1806 vereinten sich diese Staaten in Paris zu einem Fürstenbund, dessen Gründungsurkunde, die „Rheinbundakte", anschließend in Frankfurt am Main ratifiziert wurde. Zugleich traten die Mitglieder des Bundes aus dem Heiligen Römischen Reich aus. Bei seinem Rücktritt am 6. August erklärte dessen Kaiser, fortan als Franz I. nur noch Kaiser von Österreich, das Reich für beendet.

Russland verlor durch die Niederlage von Austerlitz mit einem Schlag nicht nur seinen „natürlichen" Verbündeten Österreich, sondern faktisch auch seine einflussreiche Position im deutschsprachigen Mitteleuropa, die es unter Katharina II. gewonnen hatte. Während Napoleon sofort eine Annäherung an Russland suchte, spielte Alexander ein doppeltes Spiel: Nach höchst kontroversen Beratungen im Staatsrat ließ er bis Anfang Juli 1806 in Paris über einen Friedens- und Freundschaftsvertrag verhandeln, doch eigentlich suchte er die Revanche. Im Mai löste er seinen Freund Fürst Adam Jerzy Czartoryski, der für den Kanzler Alexander Woronzow das Außenministerium verwaltete, in dieser Funktion ab und nominierte als Minister den als preußenfreundlich geltenden Baron Andreas von Budberg. Weiterhin gab sich der Kaiser im Hinblick auf Preußens militärische Stärke Illusionen hin.

Hingegen war sich die preußische Regierung unsicher, was sie mehr fürchten sollte: einen Ausgleich zwischen Frankreich und Russland oder eine Fortsetzung des Krieges der beiden gegeneinander.

PREUSSENS MILITÄRISCHER TIEFPUNKT

Schließlich tauschten Friedrich Wilhelm III. und Alexander im Juli geheime Deklarationen über ein neues Bündnis gegen Frankreich aus. Am 23. [11.] September verkündete Kaiser Alexander seinen Untertanen den „bevorstehenden Krieg gegen Frankreich", und kurz danach wurde die neue, als Vierte gezählte Koalition zwischen

ABB. 71 NAPOLEON BESUCHT DAS GRAB FRIEDRICHS DES GROSSEN

Nach seinem Sieg bei Jena und Auerstedt besuchte auch Napoleon das Grab Friedrichs des Großen und huldigte dessen historischer Größe, um Friedrich Wilhelm III. als unwürdigen Nachfolger zu verspotten. Angesichts des Degens Friedrichs des Großen im Stadtschloss Potsdam soll der Kaiser der Franzosen ausgerufen haben: „Wenn der König noch lebte, der diesen Degen getragen hat, würden wir uns nicht hier befinden."

NAPOLEON I. BESUCHT DAS GRAB FRIEDRICHS II., RADIERUNG UND AQUATINTA AUF PAPIER VON FRIEDRICH JÜGEL NACH HEINRICH ANTON DÄHLING, 1806, STADTGESCHICHTLICHES MUSEUM LEIPZIG.

Russland, England und Preußen vertraglich besiegelt. Der Krieg begann jedoch ähnlich wie der vorangegangene. Noch bevor überhaupt eine gemeinsame Strategie mit Russland verabredet war, stellte Preußen am 1. Oktober in völliger Selbstüberschätzung Napoleon wiederum ein Ultimatum, er solle alle seine Truppen sowie die seiner Verbündeten über den Rhein abziehen, und wartete die Antwort ab. Doch dieser erklärte sofort Preußen den Krieg und setzte seine Armeen in Marsch. In einer Doppelschlacht bei Jena und dem nahen Auerstedt am 14. Oktober schlugen die Franzosen und ihre Alliierten aus dem Rheinbund zwei preußische Armeen und deren sächsische Verbündeten vernichtend.

Ohne einen Vertragsabschluss wurden Preußen, Kursachsen und den sächsischen Herzogtümern durch ein Dekret Napoleons hohe Kontributionen auferlegt. Bis Anfang November ergaben sich weitere preußische Heeresteile, und bis zum Jahresende kapitulierten die meisten der Festungen. Noch ehe die Franzosen Berlin einnahmen, rief der amtierende Gouverneur der Stadt die Bevölkerung nicht etwa zum Widerstand auf, sondern zu disziplinertem Ausharren in Treue zu ihrem Monarchen. Die königliche Familie floh vom Kriegsschauplatz in Thüringen über die Oder und die Weichsel nach Königsberg und dann nach Memel an den äußersten Zipfel ihres Reiches an der Grenze zu Russland.

Während die Franzosen Berlin besetzten, huldigte Napoleon in Potsdam mit Besuchen in den Schlössern und in der Gruft der Garnisonkirche der historischen Größe König Friedrichs II., wobei er nicht nur Friedrich Wilhelm III. als unwürdigen Nachfolger verspottete, sondern sich vor allem anzüglich über Königin Luise äußerte, die er als treibende Kraft hinter der Gegnerschaft Preußens zu seiner eigenen Politik sah. Am 27. Oktober zog Napoleon feierlich in Berlin ein. Dort kam auch ein mit preußischen Unterhändlern vereinbarter Vertrag zustande: Preußen sollte auf seine sämtlichen Gebiete westlich der Elbe mit Ausnahme der Altmark und der Stadt Magdeburg verzichten. Doch obwohl Minister und Beamte in Berlin Napoleon schon den Treueid geleistet hatten,

lehnte der König, der Empfehlung seines Ministers Karl vom und zum Stein folgend, gegen die meisten seiner Ratgeber, den Waffenstillstand ab. Da er nur noch über wenige Truppen verfügte, bauten er und Königin Luise auf die Hilfe Russlands, die ihnen Alexander auch erneut zusicherte.

Am 21. November verkündete Napoleon von Berlin aus die Kontinentalsperre, was bedeutete, dass er die Idee einer Invasion in England vorerst aufgegeben hatte. Doch zwang ihn das gigantische Projekt fortan, die Blockade gegen diese Seemacht auf dem gesamten Kontinent permanent zu kontrollieren und auszubauen, was ihm einen großen Teil seiner Entscheidungsfreiheit nahm. Den Kurfürsten von Sachsen erhob er zum König, der wie die thüringischen und andere norddeutsche Fürsten nun auch dem Rheinbund beitreten und sofort Truppen stellen musste.

RUSSLAND GEGEN NAPOLEON

In Russland spürte man erstmals, dass der Krieg sich den eigenen Grenzen näherte. Erst am 30. November erklärte Russland Frankreich den Krieg. Im Dezember heizte die Regierung die Stimmung gegen Napoleon an. Mit einem ersten Versuch der Volksbewaffnung und mit einer publizistischen Kampagne nach französischem Vorbild wirkte sie maßgeblich darauf hin, einen Aufschwung des Patriotismus zu inszenieren. Sie appellierte an die Liebe zum Vaterland und an die Treue aller Untertanen zum Thron. Zur Verteidigung wurde die Formierung von Landwehreinheiten angeordnet. Auch die oberste Kirchenbehörde, der Syn-

od, mobilisierte die orthodoxen Geistlichen und Gläubigen zum Kampf gegen den „falschen Messias" Napoleon.

Obwohl schon zwei russische Armeen mit insgesamt 100 000 Mann Russlands Grenzen überschritten und sich mit den Preußen vereint hatten, war aber immer noch die Strategie umstritten, ob die Russen innerhalb ihrer Grenzen zurückweichen oder die Konfrontation mit Napoleon suchen sollten. Unter General Levin August von Bennigsen stellte sich eine russische Armee am 26. Dezember bei Pultusk in Masowien zu einer ersten Schlacht, die unentschieden ausging. Immerhin konnte Napoleon am 2. Januar 1807 feierlich in Warschau einziehen. Dort wurde ihm ein herzlicher Empfang bereitet. Die Polen hofften auf die Wiederherstellung eines von den Teilungsmächten unabhängigen Nationalstaates, doch Napoleon rechnete vor allem mit polnischen Truppen für seine Kriegführung und versprach nichts, so dass der Aufbau staatlicher Strukturen zögerlicher begann als die Formierung polnischer Legionen.

Da der Kriegsschauplatz in Ostpreußen und Polen der Armee Napoleons ungewohnte Nachschubprobleme verursachte und für schnelle Operationen ungeeignet war, hätte der Kaiser der Franzosen eigentlich gern Frieden geschlossen. Dennoch kam es am 8. Februar 1807 bei Preußisch-Eylau nahe Königsberg bei Schnee und Eis zu einer Schlacht, die beide Seiten trotz hoher Verluste als Sieg ausgaben. Doch wieder folgte keine politische Entscheidung. Zwar schlug Napoleon Verhandlungen vor, und sogar Bennigsen riet dazu, den für Russland gefährlichen Krieg nicht fortzusetzen. Doch Alexander ging auch diesmal nicht darauf ein und hoffte noch auf einen baldigen Wiedereintritt Österreichs in die Koalition. Für einen Frieden sprachen durchaus die immer schlechtere finanzielle Lage Russlands, die bäuerliche Fluchtbewegung aus dem Russischen Reich in Richtung Westen, vor allem in das von Napoleon gegründete Herzogtum Warschau, und die erneut ausbleibende militärische Unterstützung durch England. Doch am Hofe und in Russlands Machtelite dominierten weiterhin die Anhänger Englands und Preußens. Am 14. April 1807 ratifizierten Friedrich Wilhelm III., der König ohne Land, und Alexander im ostpreußischen Bartenstein sogar einen von Minister Karl

August von Hardenberg entworfenen Bündnisvertrag, in dem sie sich wechselseitig verpflichteten, den Krieg mit ganzer Kraft fortzusetzen und keinen separaten Waffenstillstand abzuschließen. Ihre Kriegsziele prägte ein bemerkenswerter europapolitischer Aspekt: Österreich, England und Schweden sollten für das Bündnis gewonnen und Frankreich aus Deutschland hinausgedrängt werden; das Heilige Römische Reich sollte nicht wiederhergestellt werden, aber statt dessen eine deutsche konstitutionelle Föderation unter dem Protektorat Österreichs und Preußens entstehen. Alexander sicherte dem König von Preußen sogar Unterstützung zu, damit dieser seinen territorialen Status von 1805 wiedererlangen könne. Damit gab Alexander jedoch alle Projekte auf, die bis 1806 Czartoryski vorangetrieben hatte, um ein wiedervereinigtes Polen unter Russlands Protektorat zu organisieren.

Schon sechs Wochen später erlitten die zahlenmäßig unterlegenen Streitkräfte Russlands und Preußens bei Friedland in Ostpreußen eine verheerende Niederlage. In Panik rettete sich die geschlagene Armee über die russische Grenze, den Njemen, den Napoleon am 19. Juni bei Tilsit erreichte. Entgegen den feierlichen Vereinbarungen mit dem König von Preußen ließ sich Alexander sofort mit der französischen Seite auf separate Verhandlungen über einen Waffenstillstand ein. Später begründete er dies damit, dass Russland gleichzeitig auch noch Kriege gegen Persien und das Osmanische Reich führte und die dem Sultan tributpflichtigen Fürstentümer Moldau und Walachei besetzt hielt. Noch wusste er allerdings nicht, was Napoleon von Russland erwartete.

DIE BEGEGNUNG AUF DEM NJEMEN

Wegen der angespannten Finanzlage und der kriegsmüden Stimmung in Frankreich war auch Napoleon an einer Beilegung des Krieges auf dem Kontinent interessiert. Insofern konnte er Russland den Frieden nicht diktieren. Er ließ die russischen Truppen nicht über den Njemen verfolgen und richtete keine territorialen Forderungen an Russland. Alexander hingegen räumte weder die Niederlage im Krieg ein, noch gab er seine Ziele für Europa auf. Als Napoleon und seine Umgebung über einen Friedensschluss hinaus auch noch heftig für ein Bündnis warben, erweiterten sich sogar die Spielräume der russischen Seite, weil Alexander eine solche Annäherung mit Rücksicht auf die Kritiker im eigenen Lande gar nicht wollte. Keineswegs waren sich die beiden Kaiser bei ihren Begegnungen auf einem im Njemen befestigten Floß am 25./26. [13./14.] Juni 1807 sofort einig. Vielmehr dauerten die Verhandlungen dann noch zwölf Tage. Beide wollten im Bündnis Zeit gewinnen und miteinander auch begrenzte Ziele realisieren, doch sahen sie die Gegensätze zwischen ihren langfristigen Interessen als unüberwindbar an, so dass sie fest mit der Wiederaufnahme des Krieges zu einem späteren Zeitpunkt rechneten.

In einer internen nüchternen Bilanz von Politik und Kriegführung 1806/1807 hielt Alexander Frankreich durchaus für besiegbar, doch war er enttäuscht über die mangelnde Unterstützung von Seiten Englands und Österreichs und über die geringe militärische Kraft Preußens. Klar benannte die russische Seite, was Frankreich durch den Frieden gewinne: Russlands Bereitschaft, kein neues Bündnis mit England und Österreich einzugehen, die Anerkennung der Titel Napoleons und der Familie Bonaparte sowie der Vorherrschaft des Empire in Italien, Spanien, Portugal, Holland, der Schweiz und den Rheinbundstaaten. Im Gegenzug sollte Russland verlangen, dass Frankreich Konstantinopel und die Meerengen als russische Einflusszone akzeptiere. Für die Wiederherstellung Preußens wollte Alexander sogar über seine Ansprüche auf den Einfluss Russlands im Osmanischen Reich mit sich reden lassen.

Erst nach den Begegnungen zwischen den beiden Kaisern reagierte die russische Seite auf Napoleons Ansinnen, ein Bündnis abzuschließen, und steigerte sofort ihren Preis, weil Russland durch einen Beitritt zur Kontinentalsperre mit seinem Alliierten England in Konflikt gerate und zuerst Schweden und Dänemark auf Kurs bringen müsse. Auch zwei andere Angebote Napoleons ließ Alexander durch seine Unterhändler ablehnen: Mit Rücksicht auf Preußen verweigerte er seine Zustimmung zu dem Plan, ein nach Westen verschobenes unabhängiges Polen allein aus dem preußischen Teilungsgebiet und Schlesien zu bilden, als auch zu dem Projekt, das Osmanische Reich ganz aufzuteilen. Der erste Vorschlag widerspreche dem Bündnis zwischen Russland und Preußen, der zweite habe für Russland den Nachteil, dass ihm der schwache Nachbar an den Meerengen lieber sei, als dass es den politischen Einfluss mit Frankreich und eventuell Österreich teilen müsse.

Am Abend des 6. Juli 1807 empfing Napoleon den russischen Kaiser Alexander I. und das preußische Königspaar Luise und Friedrich Wilhelm III. in Tilsit, wo am 7. Juli zunächst der Friedensvertrag zwischen Frankreich und Russland und am 9. Juli der separat verhandelte Friedensvertrag zwischen Frankreich und Preußen unterzeichnet wurde. War der franko-russische Vertrag weitgehend ein Abkommen unter Gleichen, musste Preußen hohe Kontributionen und erhebliche territoriale Einbußen hinnehmen, die beinahe eine Halbierung des preußischen Staatsgebietes bedeuteten.

NAPOLEON, ALEXANDER I., LUISE UND FRIEDRICH WILHELM III. IN TILSIT, ÖLGEMÄLDE VON NICOLAS GOSSE, 1837, MUSÉE D'HISTOIRE DE FRANCE VERSAILLES.

DER FRIEDEN VON TILSIT

Obwohl sich Alexander zum Anwalt preußischer Interessen machte, lehnte Napoleon gemeinsame Verhandlungen mit Russland und Preußen aus Erbitterung über Preußens Verhalten durchweg schroff ab. Selbst ein inszenierter Bittgang von Königin Luise zu Napoleon, die sich hassten, dann aber im Gespräch einander positiv beeindruckten, blieb am 6. Juli erfolglos. Immerhin gab Napoleon am Abend für das Königspaar und Alexander einen Empfang. Dabei soll Luise auf seine Frage, was die Preußen verleitet habe, gegen ihn Krieg zu führen, geantwortet haben: „Der Ruhm Friedrichs des Großen hat uns über unsere Mittel getäuscht."

Tatsächlich profitierte Napoleon in den separaten Friedensverträgen mit Russland und Preußen am meisten davon, dass seine Kaiserwürde, die Titel seiner Familienmitglieder, der Rheinbund und alle sonstigen territorialen Veränderungen in Europa seit der Revolution anerkannt wurden. Dass er dem König von Preußen überhaupt ein reduziertes Herrschaftsgebiet zurückerstattete, erklärte der Vertrag mit der Rücksicht auf dessen Verbündeten, den Kaiser von Russland. Doch hatte Napoleon nicht etwa die Absicht gehabt, die preußische Monarchie ganz von der Landkarte verschwinden zu lassen. Vielmehr wollte er sie im Westen und im Osten auf die Hälfte der Fläche und der Bevölkerung verkleinern. Offenkundig schloss er nicht aus, auch Preußen eines Tages als Verbündeten brauchen zu können. Als ein neuer größerer norddeutscher Staat entstand westlich von Rumpfpreußen aus Hessen-Kassel, Braunschweig, dem östlichen Westfalen und anderen preußischen Gebieten bis zur Elbe das Königtum Westphalen mit der Residenz Kassel unter Napoleons jüngstem Bruder Jérôme. Hingegen erhielten die mit dem russischen Kaiserhaus verwandten Herzöge von Oldenburg, Mecklenburg-Schwerin und Sachsen-Coburg ihre Territorien zurück. Aus dem preußischen Teilungsgebiet entstand ein Herzogtum Warschau unter dem König von Sachsen. Damit war für Preußen immerhin eine Ostgrenze an der Weichsel abgewendet, also Ostpreußen nicht abgetrennt worden. Allerdings ließ sich auch Russland mit der Begründung einer Grenzbegradigung den ehemals preußischen Bezirk Białystok übertragen, was Ale-

xander unterschlug, als er in seinem Friedensmanifest betonte, er habe die Angebote zur Erweiterung der Grenzen Russlands auf Kosten Preußens „für unvereinbar mit der Gerechtigkeit und der Würde Russlands" erachtet. Im ganzen blieb der Tilsiter Frieden für Preußen durch die Gebietsverluste, hohen Kontributionen und eine fortdauernde französische Besetzung, für deren Ende kein Termin festgeschrieben wurde, überaus bedrückend und dennoch für die Polen, die ihre Hoffnungen auf Napoleon gesetzt hatten, unbefriedigend.

Russland trat im Friedensvertrag von Tilsit nicht der Kontinentalsperre bei. Vielmehr übernahm Alexander die Vermittlung eines Friedens zwischen Frankreich und England, während Napoleon eine Mediation zwischen dem Russischen und dem Osmanischen Reich zusagte. Das geheime Offensiv- und Defensivbündnis vom gleichen Tage sah jedoch gemeinsame militärische Aktionen zu Lande und zur See in jedem Kriege vor, den beide Mächte gegen irgendeine europäische Macht für erforderlich hielten. Auch waren

---

Die Wahrscheinlichkeit eines neuen Krieges zwischen Russland und Frankreich entstand fast gleichzeitig mit dem Frieden von Tilsit. Der Frieden selbst schloss fast alle Elemente eines Krieges ein. Weder war es Russland möglich, ihn exakt zu wahren, noch Frankreich, an seine Wahrung zu glauben.

QUELLE 53 | DENKSCHRIFT VON MICHAIL SPERANSKI

Graf Michail Speranski gehörte zwischen 1807 und 1812 zu den einflussreichsten Beratern Zar Alexanders I., ab 1810 war er persönlicher Sekretär des Kaisers. Speranski war 1807 wie viele andere von der Notwendigkeit des Friedensschlusses überzeugt, hegte aber keine Illusionen darüber, dass die Interessengegensätze zwischen Frankreich und Russland mit ihm ausgeräumt wären. Spätestens um die Jahreswende 1811/1812 nahm er einen erneuten Krieg, wie die hier zitierte Denkschrift zeigt, als wahrscheinlich an.

QUELLE: NIKOLAI DUBROWIN (HG.), SAPISKA M. M. SPERANSKOWO O WEROJATNOSTJACH WOINY S FRANZIEJU POSLE TILSITSKOWO MIRA [DENKSCHRIFT VON M. M. SPERANSKIJ ÜBER DIE WAHRSCHEINLICHKEITEN EINES KRIEGES MIT FRANKREICH NACH DEM FRIEDEN VON TILSIT], IN: RUSSKAJA STARINA, 1900, NR. 1, S. 57–65, HIER S. 57, ÜBERSETZUNG CLAUS SCHARF.

die Versuche der Friedensvermittlung präzise auf wenige Monate terminiert. Sollte England sich verweigern, sagte Russland zu, die Beziehungen im November 1807 abzubrechen, der Kontinentalsperre beizutreten und die gleichen Schritte von Dänemark, Schweden und Portugal zu erwarten. Im Rahmen des Vorgehens gegen das Osmanische Reich wurde gar gedroht, dessen europäische Provinzen „aus dem Joch und von den Schikanen der Türken" zu befreien. Für die Osmanen bedeutete es eine bittere Erfahrung, dass sich ihr traditioneller Bündnispartner Frankreich ihrem Kriegsgegner Russland zuwandte.

Zunächst war es Napoleons größter Erfolg, dass er Russland auf ein Gleis setzen konnte, das zwangsläufig zu dessen Bündniswechsel gegen England führte. Auf diese Kursänderung reagierte die informelle Opposition in Russlands politischer Elite, nicht zuletzt wegen der Handelsinteressen,

auch prompt am heftigsten. Am Bündnis mit Preußen hielt Alexander fest, obwohl vorerst Napoleon in Russlands westlichem Vorfeld dominierte. Umgekehrt blieb Russlands militärische Präsenz im östlichen Südosteuropa stärker. Vage blieben die Termine für den Abzug sowohl der Franzosen aus Preußen als auch der Russen aus den Donaufürstentümern. Überhaupt bot das Vertragswerk von Tilsit jeder Seite erstaunliche Möglichkeiten, sich unangenehmen Verpflichtungen zu entziehen oder aus dem Vertrag Forderungen abzuleiten. Sowohl in Napoleons als auch in Alexanders Umgebung gab es Persönlichkeiten wie Außenminister Charles-Maurice de Talleyrand-Périgord oder den späteren russischen Reformpolitiker Michail Speranski, die 1807 von der Notwendigkeit des Friedens überzeugt waren und dennoch über die Fortdauer der Interessengegensätze zwischen Russland und Frankreich keine Illusionen hegten.

LITERATURHINWEISE

Wiktor Besotosny, Rossija w napoleonskich woinach 1805–1815 gg., Moskau 2014.

Handbuch der preußischen Geschichte, Bd. 1: Wolfgang Neugebauer (Hg.) unter Mitwirkung von Frank Kleinehagenbrock, Das 17. und 18. Jahrhundert und große Themen der Geschichte Preußens, Berlin / New York 2009; Bd. 2: Otto Büsch (Hg.), Das 19. Jahrhundert und große Themen der Geschichte Preußens, Berlin / New York 1992.

Sergei Iskjul, Wneschnjaja politika Rossii i germanskije gossudarstwa (1801–1812), Moskau 2007.

Luise Schorn-Schütte, Königin Luise. Leben und Legende, München 2003.

Brendan Simms, The Impact of Napoleon. Prussian High Politics, Foreign Policy and the Crisis of the Executive 1797–1806, Cambridge 1997.

Wladlen Sirotkin, Napoleon i Rossija, Moskau 2000.

Thomas Stamm-Kuhlmann, König in Preußens großer Zeit. Friedrich Wilhelm III., der Melancholiker auf dem Thron, Berlin 1992.

Nikolai Troizki, Alexandr I i Napoleon., Moskau 1994.

Jean Tulard, Napoleon oder der Mythos des Retters, Tübingen 1978.

Wneschnjaja politika Rossii XIX i natschala XX weka. Dokumenty Rossijskowo Ministerstwa inostrannych del. Serija perwaja: 1801–1815, Bde. 1–8, Moskau 1960–1972.

1

NAPOLEONS FELDZUG IN RUSSLAND

CLAUS SCHARF

Auch der Krieg zwischen Napoleons Empire und dem Russischen Reich brach im Juni 1812 nicht aus, sondern wurde entfesselt. Napoleon hatte keinem seiner Friedensschlüsse seit 1801 eine Chance zur Bewährung gelassen. Von einem unerwarteten oder gar heimtückischen „Überfall" kann dennoch nicht die Rede sein. Vielmehr hatte Kaiser Alexander I. schon seit Austerlitz 1805 mit einem solchen Entscheidungskampf gerechnet. Zugleich war er froh gewesen, durch seine Verträge mit Napoleon in Tilsit und Erfurt Zeit gewonnen zu haben. Beide Parteien waren außerdem durch ihre militärische Aufklärung über den Stand der Rüstungen und die Kriegspläne ihres Bündnispartners wechselseitig umfassend informiert.

Zunächst hatte Napoleon seit dem Tilsiter Frieden den Plan verfolgt, eine der jüngeren Schwestern Alexanders zu heiraten. Zum einen wollte er sich von seiner Frau Joséphine des Beauharnais scheiden lassen, weil sie ihm nicht den gewünschten Thronerben gebären konnte. Zum anderen wollte er das Bündnis mit Russland durch eine neue Ehe festigen. Doch Alexander hatte unter dem starken Einfluss seiner Mutter die Werbung abgewiesen. Da Maria Fjodorowna die Allianz mit Napoleon im Interesse Russlands, Preußens und Europas für falsch hielt, hatte sie erst recht eine dynastische Verbindung mit diesem Erben der Revolution abgelehnt. 1809 hatte ihre Tochter Katharina Pawlowna, die ihre Ansichten teilte, dann in Sankt Petersburg den olden-

https://doi.org/10.1515/9783110348712-033

burgischen Prinzen Georg geheiratet, der bereits im russischen Militär diente. Diese Situation hatte nach dem Kriege zwischen Österreich und Frankreich im selben Jahr der neue österreichische Staats- und Außenminister Clemens Wenzel Graf Metternich ausgenutzt: Um das Bündnis zwischen Frankreich und Russland zu schwächen, hatte er maßgeblich auf eine Heirat Napoleons mit Marie Louise, der Tochter Kaiser Franz' I., hingewirkt, und im Frühjahr 1810 war diese Ehe dann tatsächlich zustande gekommen.

Am meisten enttäuschte Napoleon jedoch, dass sich Russland nicht dazu durchringen konnte, die Kontinentalsperre gegen England im Norden des europäischen Kontinents konsequent zu vervollständigen und in den eigenen Häfen strikt zu praktizieren. Um den Ausbau dieser Handelsbarriere ging es ihm auch, als er 1810 die Grenzen des Empire über ganz Nordwestdeutschland hinaus ausdehnte und dabei auch keine darauf Rücksicht nahm, dass das holsteinisch-oldenburgische Herzoghaus seit Peter III. und Katharina II. mit dem Kaiserhaus der Romanows eng verwandt war und dass sich diese Verwandtschaft soeben durch eine weitere Heirat verdichtet hatte. Jedenfalls nahm Alexander I. die Annexion Oldenburgs nicht hin, und seither war die Kriegsgefahr akut. Zudem rivalisierten beide Mächte teils offen, teils verdeckt um die Vorherrschaft in Polen. 1811 plante die russische Regierung vorübergehend sogar einen Präventivschlag.

DER BEGINN DES KRIEGES

Im ersten Halbjahr 1812 sammelte Napoleon vor den Augen der europäischen Öffentlichkeit eine gigantische Streitmacht und ließ sie im Herzogtum Warschau und in Ostpreußen vor Russlands Grenze aufmarschieren. Schon seit Ende April hielt sich Kaiser Alexander im Hauptquartier seiner Armee bei Wilna auf. Bis zum Mai korrespondierten die beiden Monarchen sogar noch höflich miteinander. Doch am 22. Juni verkündete Napoleon schließlich in seinem Hauptquartier gegenüber dem litauischen Kowno (Kaunas) in einem Tagesbefehl an seine Soldaten den Beginn des Krieges gegen das Russische Reich, den er als einen „polnischen" bezeichnete, und ließ in Sankt Petersburg eine förmliche Kriegserklärung überreichen. Am 24. Juni überquerten die ersten französischen Einheiten den Nje-men, die Grenze des Russischen Reiches. Erstmals seit dem Schwedenkönig Karl XII. 1709 drang wieder ein feindliches Heer in Russland ein, binnen einer Woche gar in einer Stärke von fast 450 000 Mann. Bis zum November bot Napoleon, der insgesamt mehr als eine Million Mann unter Waffen hatte, allein in seinem Russlandfeldzug fast 650 000 Mann auf. Diese Grande Armée war keine französische, sondern eine europäische Streitmacht. Außer Franzosen dienten in ihr Polen, Italiener, Niederländer, Schweizer, Spanier, Portugiesen, Südslawen und Deutsche. Neben vertraglich vereinbarten Kontingenten Preußens und Österreichs addierten sich die Aufgebote des Rheinbunds und kleinerer deutscher Fürstentümer auf 80 000 Mann. Davon wurden die größten Kontingente den vier Königreichen

Bayern, Westfalen, Sachsen und Württemberg sowie dem Großherzogtum Baden abverlangt. Sie alle kämpften in Russland zwar unter ihren eigenen Fahnen, waren aber in die Korps der Grande Armée eingegliedert. Nur seinem Schwiegervater, Kaiser Franz I. von Österreich, gestand Napoleon, wenn auch unter seinem Oberbefehl, den eigenständigen Status eines Verbündeten zu.

Am 25. Juni 1812 rief Alexander I. in einem Tagesbefehl seine Streitkräfte auf, „Glauben, Vaterland und Freiheit" zu verteidigen, und versprach, nicht die Waffen niederzulegen, bis der letzte feindliche Soldat das Zarenreich verlassen habe. Zahlenmäßig stand das militärische Potential Russlands mit insgesamt 975 000 Mann dem Napoleons kaum nach. Kriegsminister Michael Andreas Barclay de Tolly, Nachfahre einer in Livland zugewanderten schotti-

schen Adelsfamilie, führte in der Ersten Westarmee über 120 000 Mann ins Feld. Sie kampierte bei Wilna und sollte die Hauptstadt Sankt Petersburg decken. Die Zweite Westarmee bei Białystok mit knapp 50 000 Mann unter dem Befehl von Fürst Peter Bagration hatte die Aufgabe, Angriffe Richtung Moskau aufzuhalten. Eine Dritte Westarmee mit über 44 000 Mann unter Alexander Tormassow war in Wolhynien positioniert, um Kiew und die Ukraine zu schützen. Ein weiteres Korps mit 38 000 Mann war bei Riga mit dem nördlichen Flügel der Grande Armée konfrontiert, in dem die meisten der preußischen Kontingente dienten. Mittelbar standen bei Kriegsbeginn außerdem zwei Reservekorps mit 65 000 Mann in zweiter Linie zur Verfügung, dazu 19 000 Mann an der Grenze zu Finnland und die Donau-Armee unter Admiral Pa-

---

Der zweite polnische Krieg hat begonnen! Der erste wurde in Friedland und Tilsit beendet. In Tilsit schwor Rußland ewiges Bündnis mit Frankreich und Krieg gegen England. Heute bricht es seine Schwüre. Es verweigert jede Erklärung seines befremdenden Verhaltens, bis die französischen Adler über den Rhein zurückgegangen und unsere Verbündeten seiner Willkür preisgegeben sind. Rußland wird vom Verhängnis fortgerissen, sein Schicksal muß in Erfüllung gehen. […] Marschieren wir also! Gehen wir über den Njemen und tragen den Krieg auf russischen Boden. Der zweite polnische Krieg wird wie der erste ruhmvoll für die französischen Waffen sein; aber der Friede, den wir schließen werden, wird seine Garantie in sich tragen und dem unheilvollen Einfluß, den Rußland seit fünfzig Jahren auf die Angelegenheiten Europas ausgeübt hat, ein Ende machen.

In unserem kaiserlichen Hauptquartier zu Wilkowisky am 22. Juni 1812 (gez.)

Napoleon

QUELLE 54 NAPOLEON AN SEINE SOLDATEN

In seinem Tagesbefehl verkündete Napoleon am 22. Juni 1812 den Beginn des Krieges gegen Russland. Dass es so kommen sollte, hatte sich freilich bereits vorher abgezeichnet: Eine von Napoleon geplante Heiratsverbindung mit dem Zarenhaus kam nicht zustande. Russland konnte sich nicht dazu durchringen, die Kontinentalsperre gegen England in Nordeuropa zu vervollständigen. In Polen rivalisierten beide Mächte teils offen um die Vorherrschaft. Napoleon bezeichnete den Krieg als einen „polnischen" – und bot für seinen Feldzug in Russland fast 650 000 Soldaten auf.

QUELLE: ECKART KLESSMANN (HG.), NAPOLEONS RUSSLANDFELDZUG IN AUGENZEUGENBERICHTEN, 2. AUFL., MÜNCHEN 1982, S. 599F.

wel Tschitschagow mit 57 500 Mann, die sich seit dem Frieden von Bukarest vom 28. [16.] Mai 1812 noch in der Walachei aufhielt, denn erst dann hatte Russlands Krieg gegen das Osmanische Reich mit dem Frieden von Bukarest geendet. Weitere Truppen standen am Schwarzen Meer, im Kaukasus, in Sibirien oder waren zum Schutz der inneren Sicherheit, vor allem gegen Protestbewegungen von Bauern, in Garnisonen von insgesamt 75 000 Mann über das ganze Reich verteilt. Neben der Gliederung der Landstreitkräfte in Infanterie, Kavallerie und Artillerie galten 120 000 Mann als „irregulär", waren also Kosaken, moslemische Tataren und Baschkiren oder buddhistische Kalmücken.

Auch in Russlands Armee dienten Deutsche als treue Untertanen Alexanders I. Eine im Juni 1812 gegründete Russisch-Deutsche Legion aus deutschen Freiwilligen, Kriegsgefangenen und Deserteuren unter russischer Protektion rekrutierte bis Ende 1812 mehrere tausend Mann, kam aber erst 1813 in Deutschland zum Einsatz. An den Überlegungen für die Zeit nach einer erfolgreichen Abwehr der napoleonischen Invasion wirkte seit dem Juni 1812 in Sankt Petersburg im Auftrag Alexanders I. in einem „Komitee für die deutschen Angelegenheiten" maßgeblich auch der frühere preußische Reformminister Karl Freiherr vom und zum Stein mit, der kurz zuvor sein Exil von Österreich nach Russland verlegt hatte.

In seinem Tagesbefehl vom 22. Juni 1812 behauptete Napoleon ganz allgemein, Russland habe den Frieden von Tilsit gebrochen, und bezog sich damit auf die Missachtung der Kontinentalsperre. Beenden wollte er den seit fünfzig Jahren, also seit Ka-

tharina II., gewachsenen Einfluss Russlands in Europa. Doch wollte er weder das Russische Reich erobern oder auslöschen, noch das russische Volk versklaven oder vernichten. Er rief zwar zum „zweiten polnischen Krieg" gegen Russland auf, aber er nannte nicht einmal ein speziell Polen betreffendes politisches Kriegsziel. Wohl gab es Pläne, das Herzogtum Warschau unter französischem Protektorat nach Osten zu vergrößern, aber alle territorialen und verfassungspolitischen Festlegungen verschob Napoleon auf den Ausgang des Krieges. Zur Enttäuschung der Polen und Litauer blieb es sein übergeordnetes Ziel, das Russische Reich als Ganzes wieder in das vom französischen Empire dominierte System von Tilsit und in die Kontinentalblockade gegen Großbritannien zu integrieren. Vom Kriegsverlauf erwartete er eine politische Schwächung Alexanders I., doch im Hinblick auf ein erneutes Friedensdiktat wollte er sich auf keinen Fall vorzeitig auf Ziele verpflichten, die er für nachrangig hielt. Selbst die in seiner Umgebung erörterte Revolutionierung der russischen Bauern durch eine Aufhebung der Leibeigenschaft verwarf er jeweils mit Rücksicht auf den ihm wichtigeren Friedensschluss. Insofern wartete er ungeduldig darauf, wann die Übermacht seiner Invasionsarmee Alexander I. veranlassen werde, seine Bereitschaft zum Frieden zu bekunden. Vorbereitungen für den Winter traf er jedenfalls nicht.

Im Vertrauen auf die eigene Überlegenheit suchte der Kaiser der Franzosen sofort ungeduldig das Kräftemessen mit dem Gegner. Stattdessen wichen die Erste und die Zweite Westarmee der Russen zurück und vermieden Schlachten. Napoleon war durchaus klar, dass die Ausgangslage mit drei weit voneinander entfernt agierenden russischen Westarmeen ausschloss, eine einzige Schlacht wie 1805 bei Austerlitz werde den Krieg entscheiden. Doch rechnete er anfangs nicht damit, ein permanenter Rückzug der russischen Armee könne ihn zwingen, den Feldzug bis nach Moskau zu führen. Ein solches Zurückweichen, das die eigenen, als schwächer eingeschätzten Verbände schonen sollte, hatte die russische militärische Führung seit Jahren überaus kontrovers debattiert und die Szenarien permanent weiterentwickelt, doch nicht offen kommuniziert. Die letzten Entscheidungen behielt sich Alexander I. vor, so dass der Kriegsverlauf die patriotische Öffentlichkeit in Russland, die auf offensive Heldentaten eingestimmt war, dann total überraschte und erschütterte.

DIE ERSTE GRÖSSERE MILITÄRISCHE KONFRONTATION

Erst im Juli 1812 kam es zu größeren militärischen Konfrontationen. Die Zweite Westarmee unter Bagration sollte sich bei Witebsk mit der Ersten vereinen, wäre aber am 8. Juli bei Minsk fast von einer feindlichen Übermacht eingekesselt worden. Sie überstand die kritische Situation nur, weil Napoleons Bruder Jérôme, der militärisch unerfahrene König von Westphalen, sein Heer zu langsam vorrücken ließ. Verärgert schickte Napoleon daraufhin den König, natürlich ohne dessen Soldaten, sofort in seine Residenz Kassel zurück. Im russischen Hauptquartier, das sich schrittweise ostwärts zurückzog, musste hingegen Alexander I. durch engste Vertraute überzeugt werden, dass er im Oberbefehl über die Erste Westarmee nicht mit de Tolly konkurrieren und zudem die Gefahr einer Gefangennahme vermeiden solle, zumal er eher in der Hauptstadt von Nutzen sei. Der Kaiser unterschrieb noch einen Aufruf zur Gründung von Landmilizen zur Ergänzung der regulären Armeen, bevor er am 19. Juli die Armee Richtung Moskau verließ.

Dort beschwor er öffentlich die Verteidigung der Orthodoxie und appellierte an den Patriotismus des Adels und der Kaufmannschaft. Er bekam viel Applaus und hatte auch großen Erfolg mit seinem Werben um personelle und finanzielle Unterstützung von Landmilizen. Dann kehrte er nach Sankt Petersburg zurück und ließ sich auch dort als Symbolfigur des Widerstandes seines Reiches feiern.

DIE SCHLACHT UM SMOLENSK

Nach ersten überaus opferreichen Gefechten in Weißrussland bei Mogilew und Witebsk wichen die russischen Armeen wieder größeren Schlachten aus. Weil Barclay aber die Vereinigung mit der Zweiten Armee nun noch in Smolensk herbeiführen wollte, traf er doch eine den Fortgang des Krieges prägende Entscheidung: Er lenkte Napoleon mit der Grande Armée Richtung Moskau und organisierte zugleich eine militärische Deckung für Sankt Petersburg durch ein Korps unter General Peter Graf zu Sayn-Wittgenstein. Tat-

ABB. 73   DIE BELAGERUNG VON SMOLENSK

Nach ersten überaus opferreichen Gefechten in Weißrussland bei Mogilew und Witebsk wichen die russischen Armeen größeren Schlachten zunächst wieder aus. Der Oberbefehlshaber der russischen Westarmee, Michael Barclay de Tolly, lenkte Napoleon in Richtung Smolensk, weil er sich dort mit der Zweiten Armee vereinigen wollte. Napoleon hoffte auf eine „Generalschlacht", doch die russische Seite beschränkte sich auf die erfolgreiche Verteidigung Smolensks gegen die französische Übermacht. Nachdem Barclay den größten Teil seiner Armee abgezogen hatte, zog Napoleon am 18. August 1812 in eine fast völlig zerstörte und verlassene Stadt ein. Die Russen hatten 15 800 Soldaten verloren, die Grande Armée jedoch auch circa 12 500. Sie hatte Verluste durch Kämpfe, Hitze, Hunger, Krankheiten und Desertionen erfahren und viele Pferde und mitgeführte Rinder eingebüßt. Zum ersten Mal erwog Napoleon, den Krieg zu unterbrechen, dessen Verlängerung sich einseitig zum Nachteil der Invasionsarmee auszuwirken drohte.

DIE BELAGERUNG VON SMOLENSK, ÖL UND GOUACHE AUF PAPIER VON ALBRECHT ADAM, ZWISCHEN 1815 UND 1825, EREMITAGE SANKT PETERSBURG.

sächlich vereinten sich die beiden russischen Armeen ab dem 2. August 1812 bei Smolensk in einer Gesamtstärke von 130 000 Mann. Erneut hoffte Napoleon auf die „Generalschlacht" auf offenem Felde, doch trotz zahlenmäßiger Überlegenheit seiner Truppen verteidigten die Russen die befestigte Stadt vom 14. bis 16. August erfolgreich gegen die Belagerung und den Dauerbeschuss. Und als Napoleon dann die Stadt einnehmen wollte, hatte Barclay nachts den größten Teil der vereinten Armeen wiederum zurückgezogen, um ihre Kampffähigkeit zu bewahren. Am folgenden Morgen zogen die Franzosen in eine fast total zerstörte und vom Gegner und der Bevölkerung verlassene Stadt ein. Allein im Kampf um Smolensk verloren die Russen 15 800, aber auch die Grande Armée circa 12 500 Mann. So erwog Napoleon zwei Monate nach Kriegsbeginn erstmals, den Krieg zu unterbrechen. Er suchte Kontakt mit Alexander I., erhielt aber keine Antwort. Eine Verlängerung des Krieges drohte sich einseitig zum Nachteil der Invasionsarmee auszuwirken. Sie hatte Verluste durch Kämpfe, Hitze, Hunger, Krankheiten und Desertionen erfahren und viele Pferde und mitgeführte Rinder eingebüßt. Von Riga bis Smolensk musste eine weitgestreckte Front von circa 550 Kilometern nach Norden behauptet werden, und südwärts war mit der Dritten Westarmee der Russen zu rechnen. Die Grande Armée musste für den eigenen Nachschub eine Verbindung in Richtung Wilna und Warschau aufrechterhalten, weil sie sich kaum aus dem Lande verpflegen konnte. Angeordnete Beschlagnahmen von Lebensmitteln und Pferdefutter wie spontane Plünderungen verstärkten nur die Gegenwehr der Bevölkerung und schränkten die Bewegungsfreiheit der Franzosen und ihrer Verbündeten außerhalb ihrer Lager ein.

Schon vor der Räumung von Smolensk entmachtete Kaiser Alexander I. den Oberbefehlshaber Barclay. Wegen seines nichtrussischen Namens war dieser unter einfachen Soldaten und im Volk nicht beliebt, doch genoss er auch in der Generalität und in nationalistischen Kreisen der Hauptstädte, angeführt vom Moskauer Generalgouverneur Graf Fjodor Rostoptschin, keine Sympathie. Nun wurde allein Barclay die unpopuläre Strategie des Rückzugs und die Preisgabe eines inzwischen riesigen Territoriums zur Last gelegt. Zwar behielt er sein Kommando über die Erste Armee und verließ seinen Dienst krank und verbittert erst am 15. September 1812. Doch in die neue Funktion eines Oberbefehlshabers wählte ein

von Alexander I. spontan berufenes Außerordentliches Komitee am 17. August in Sankt Petersburg den schon 67-jährigen populären Grafen Michail Kutusow, der zuletzt bis zum Bukarester Frieden das Oberkommando im Krieg gegen das Osmanische Reich geführt hatte.

In der Strategie gab es nach Smolensk keine Differenzen mehr. Kutusow befahl umgehend allen Truppenteilen und den Landmilizen, ihre Kampfhandlungen zu verstärken, und proklamierte nun auch die Notwendigkeit einer Schlacht, zumal ihn Alexander I. beschworen hatte, Moskau zu verteidigen. Dort hatte allerdings die Nachricht, dass Smolensk dem Feinde preisgegeben worden war, schon eine unkontrollierte Fluchtbewegung insbesondere der wohlhabenden Schichten und eine Auflösung der Ordnung zur Folge. Zudem gelangten immer mehr Verwundete aus den Kriegsgebieten in die Stadt. Wenig später evakuierten auch die Behörden alles nach Osten, was ihnen von kirchlichen Geräten und dem Kronschatz bis zu Akten aus den Archiven von symbolischem Wert erschien. Rostoptschin, Generalgouverneur und Oberkommandierender von Moskau, rief einerseits zur Verteidigung der Stadt auf, verschärfte andererseits jedoch das Chaos durch fremdenfeindliche Kampagnen gegen die in Moskau lebenden Ausländer, russische Freimaurer und andere, die er als echte oder potentielle Spione brandmarkte.

DIE SCHLACHT BEI BORODINO

Auf dem Weitermarsch der Grande Armée von Smolensk aus rechnete Napoleon immer fester damit, dass es vor Moskau zur Generalschlacht kommen werde. Das Terrain dafür bestimmte jedoch das russische Oberkommando bei dem Ort Borodino circa 110 Kilometer vor Moskau. Dort traf Napoleon am 4. September 1812 ein und bereiteten sich beide Seiten auf die Schlacht vor, die bei den Franzosen nach dem nahen Fluss den Beinamen „an der Moskwa" erhielt. Kutusow standen 115 300 reguläre Soldaten, 11 000 Kosaken und 28 500 Milizionäre zur Verfügung, also 154 800 Mann, Napoleon 126 000 bis 134 000 Mann, doch schonte er seine kampferprobte Garde von 18 900 bis 21 000 Mann. Auch die russische Artillerie war der französischen zahlenmäßig überlegen. An allen strategischen Punkten griff die Grande Armée am 7. September an und mussten sich die Russen verteidigen. Am Ende räumten die Russen alle Positionen und zogen sich Richtung Moskau zurück. Auch überwogen ihre Verluste von 45 600 Mann durch Tod und Verwundung die der französischen Seite mit 28 100 Mann. Dennoch mussten sich Napoleon und die Spitzen seiner erschöpften Armee enttäuscht eingestehen, dass diese lange angestrebte und opferreichste Schlacht des gesamten Krieges weder die russische Armee vernichtet noch den Krieg entschieden hatte.

Wurde Kutusows Bericht von der Schlacht bei Borodino in Sankt Petersburg sogar als Siegesmeldung gefeiert, so folgte kurz darauf die Nachricht, dass ein Kriegsrat unter seiner Führung in Fili kurz vor Moskau am 13. September nach heftiger Auseinandersetzung entschieden hatte, dass die russische Armee nicht zu einer weiteren Schlacht zur Verteidigung Moskaus in der Lage sei. Priorität erhielt also wieder die Rettung der Armee, die nun mit der Preisgabe Moskaus bezahlt wurde. Die beiden Seiten vereinbarten sogar eine friedliche Übergabe der Stadt, die sie dann auch wechselseitig respektierten. Am 14. September führte Kutusow die russische Armee quer durch die Stadt südostwärts in Richtung Rjasan, und wenig später zog die Grande Armée kampflos in Moskau ein.

NAPOLEON IN MOSKAU

Doch selbst dieser unerhörte Triumph bedeutete nicht den Sieg Napoleons. Zwar stilisierte dessen Propaganda die Einnahme der alten Hauptstadt einen Monat lang zum Symbol der Unüberwindlichkeit seiner Feldherrnkunst und seines Herrschaftswillens. Aber in der Realität erwies sich der Preis für diesen angeblichen Erfolg schon am ersten Tag als viel zu hoch. Moskau eignete sich weder zur Regeneration der Großen Armee noch als Faustpfand für Verhandlungen mit einem Gegner, der gar nicht verhandeln wollte, und erst recht nicht als Zentrum einer mittelfristigen Besatzungsherrschaft. Die Verbindung mit den Stützpunkten des französischen Machtbereichs, mit Wilna, Warschau und Paris, war leicht zu stören, ob es um den Nachrichtenverkehr, die Versorgung der Grande Armée oder den Abtransport von Verwundeten ging. Vor allem überließen die Russen den Invasoren die Stadt als überaus ungastlichen Ort. Obwohl Napoleon und seine Armee schon die zuvor eroberten größeren Städte fast menschenleer und zerstört vorgefunden hatten, traf es sie beim Einzug unerwartet, dass die militärische Führung, die zivilen Behörden und Amtsträger und fast die gesamte

Bevölkerung bis auf 22 500 Verwundete und wenig mehr als 6 000 Einwohner Moskau zuvor verlassen hatten. Dem Kaiser der Franzosen missfiel schon, dass er nicht einmal offiziell begrüßt wurde.

Die Überraschung wandelte sich zum Schock, als in der ersten Nacht die Stadt systematisch in Brand gesetzt wurde. Zwei Drittel aller Gebäude wurden innerhalb einer Woche zerstört, von 329 Kirchen 122, dazu Bibliotheken und Sammlungen. Viele der russischen Verwundeten kamen in den Flammen um. Wer für diese schon den Zeitgenossen ungeheuerlich erscheinende Tat verantwortlich war, ist ungerechtfertigt lange Zeit umstritten gewesen, obwohl Quellen seit langem bekannt sind, die keinen Zweifel an der Veranlassung durch den Generalgouverneur Rostoptschin mit Billigung Kutusows und an der Realisierung durch Peter Iwaschkin, den Chef der Moskauer Polizei, erlauben. Diese hatten auch zuvor alle Feuerspritzen abtransportieren lassen. Die wesentlichen Fakten ermittelten schon die französischen Militärbehörden, die mehrere Brandstifter verhafteten, nach Verhören verurteilten und hinrichteten.

Während Alexander I. Napoleon verantwortlich machte, verhielt sich Rostoptschin widersprüchlich. Zunächst brüstete er sich mit seiner „patriotischen" Tat und ließ sich im Lager der Verbündeten, in England und seit 1813 in Preußen, feiern, dass er die Kriegswende eingeleitet habe. Doch dann drehte sich in Moskau die öffentliche Meinung gegen ihn und drohten Regressforderungen. Nachdem ihn Alexander I. im Herbst 1814 in seinen Funktionen abgelöst hatte, emigrierte er verbittert mit seiner Familie und lebte seit 1817 ausgerechnet in Frankreich. Dort veröffentlichte er 1823 in Paris eine Broschüre, in der er seine maßgebliche Rolle an der Brandstiftung leugnete, bevor er 1824 nach Russland zurückkehrte.

Es war aber nicht der Brand, der den Krieg entschied. Vielmehr war es Napoleons wochenlanges Verweilen im zerstörten Moskau, das seiner Armee ihre Überlegenheit kostete. Wegen des Brandes verließ Napoleon vorübergehend vom 17. bis 20. September 1812 sogar sein Quartier im Kreml, doch gelang es auch nach dem Feuer kaum, einigermaßen Normalität einziehen zu lassen. Zwar führte er vom Kreml aus seine Regierungsgeschäfte, und unter der Autorität des französischen Generalgouverneurs Édouard Adolphe Mortier wurde sogar aus 67 Moskauer Einwohnern eine *municipalité*, eine Stadtverwaltung nach französischem Vorbild, eingerichtet. Wo Geistliche geblieben waren, fanden auch Gottesdienste statt. Aber weiterhin mangelte es durch den Brand an Quartieren, Lebensmitteln, Pferdefutter und Medikamenten. Dass Pferde fehlten, machte die Grande Armée unbeweglich. Zu den russischen Verwundeten waren noch circa 15 000 der Grande Armée nach Moskau gelangt, auch wenn ein Teil der Verletzten von Borodino im nahen Moschaisk geblieben war. Obwohl beim Einzug in Moskau Plünderungen streng untersagt worden waren, machte der Brand ein solches Verbot sinnlos, so dass sich auch Disziplin und Ordnung auflösten.

Zunehmend wurden die Verbindungen nach Westen von Kosaken attackiert und mehrten sich Angriffe auf die Fouragierkommandos sogar an der Peripherie Moskaus. Als seit dem 10. Oktober einige Verwundetentransporte die Stadt westwärts verließen, hatte nach einem schönen Herbst schon der Winter begonnen. Am 1. Oktober war der erste Schnee gefallen, und danach wechselten sich sechs Wochen lang Frost und Schnee mit Tauwetter und Regen ab. Doch noch immer brachte der Aufenthalt der Grande Armée in Moskau keine politische Wende, weil sich Alexander I. und das russische Oberkommando weiterhin Napoleons Verhandlungsangeboten verweigerten.

Auch in militärischer Hinsicht hatte sich nichts entschieden: Weder war das russische Hauptheer trotz seiner großen Verluste vernichtet worden, noch sah sich Napoleon nach fünf Wochen in Moskau zum Rückzug „gezwungen". Immerhin verfügte er noch über circa 116 000 Mann und einen Tross von 10 000 bis 15 000 Fuhrwerken, teils mit Verwundeten und Kranken, teils mit geraubten Gütern. Als er am 19. Oktober 1812 nach einem Aufenthalt von 36 Tagen dennoch den Abmarsch aus der Stadt befahl, wollte er im Zorn über Alexander noch den Kreml zerstören lassen, was durch Sprengungen immerhin zu erheblichen Schäden führte. Dann suchte er ein weiteres Mal eine seinen Handlungsspielraum wieder erweiternde Schlacht gegen das russische Hauptheer unter dem Befehl Kutusows.

Dieser hatte seine Armee nur etwa 30 Kilometer nach Südosten Richtung Rjasan geführt, später aber, von Napoleon unbemerkt, in mehreren Nachtmärschen 80 Kilometer nach Westen an jene Straße, die von Moskau südwestwärts nach Kaluga verlief. Dort in einem Feldlager bei Tarutino hatte er seit dem 21. September 1812 den Ge-

genangriff vorbereitet und sein Heer von 87 000 Mann in regulären Einheiten und circa 14 000 Kosaken auf insgesamt 128 000 Mann ergänzt.

Einzelne Kontakte mit Unterhändlern Napoleons, der über Kutusow mit Alexander I. in Verbindung treten wollte, benutzte der Generalfeldmarschall noch, um Zeit zu gewinnen und die Grande Armée möglichst lange in Moskau zu halten. Vor allem aber blockierte sein Standort ein etwaiges Ausweichen der napoleonischen Armee in die für die Versorgung günstige Ukraine und zwang sie zu einem Rückzug auf der gleichen verwüsteten Route, auf der sie nach Moskau gelangt war. Doch Napoleon hielt sich nach längeren Abwägungen auch diese Möglichkeit noch offen. Eine Schlacht gegen Kutusow südwestlich von Moskau hätte die Bewegung dann nur decken sollen. Noch nicht entschieden war für diesen Fall, ob von einem Feldlager in Smolensk oder Witebsk aus im Frühjahr 1813 Sankt Petersburg angegriffen werden könne.

Am Vorabend des Abzugs des napoleonischen Hauptheeres aus Moskau gab es schon Anzeichen, dass sich das Kräfteverhältnis geändert hatte. Mit einer zahlenmäßigen Übermacht überfielen russische Einheiten am 18. Oktober die circa 20 000 Mann starke Avantgarde unter Murat, die sich sechs Kilometer vor dem russischen Feldlager bei Tarutino zu sicher gefühlt hatte. Obwohl die russischen Verbände nicht gut koordiniert waren und Kutusow mit der Aktion nicht zufrieden war, verlor Murat durch Tod und Verwundung 2 500 Mann, halb so viel wie die Russen, und 1 000 gerieten in Gefangenschaft.

Am 14. September 1812 zog die Grande Armée kampflos in Moskau ein. Doch es war bis auf 22 500 Verwundete und wenig mehr als 6 000 Einwohner verlassen. Schon in der ersten Nacht der Besatzung wurde die Stadt systematisch in Brand gesetzt: Zwei Drittel aller Gebäude wurden innerhalb einer Woche zerstört, viele der russischen Verwundeten kamen in den Flammen um. Seit langem belegen Quellen, dass diese schon den Zeitgenossen ungeheuerlich erscheinende Tat auf Veranlassung des Generalgouverneurs Graf Fjodor Rostoptschin mit Billigung des Oberbefehlshabers der russischen Armee Graf Michail Kutusow geschah und durch den Chef der Moskauer Polizei, Peter Iwaschkin, realisiert wurde. Den Krieg entschied aber nicht der Brand selbst, sondern Napoleons wochenlanges Verweilen in der zerstörten Stadt, das seine Armee ihre Überlegenheit kostete.   NAPOLEON IM BRENNENDEN MOSKAU, ÖLGEMÄLDE VON ALBRECHT ADAM, 1841.

DIE SCHLACHT BEI MALOJAROSLAWEZ

Am 24. Oktober 1812 trafen sich Teile der beiden Armeen an der Straße nach Kaluga bei Malojaroslawez zu einer Schlacht. Achtmal wechselte die kleine Stadt den Besitzer, bis sie am Ende von der napoleonischen Armee behauptet wurde, aber wieder schlug keine Seite die andere vernichtend. Die Grande Armée verlor zwischen 5 000 und 7 000 Mann, das russische Haupt-heer einschließlich der Landmilizen mehr als 7 000. Doch zum ersten Mal wich der Kaiser der Franzosen einer „Generalschlacht" aus. Als sich Kutusow auf die Verteidigung von Kaluga konzentrierte, beschlossen Napoleon und sein Kriegsrat nun in der Tat den Rückzug, vorerst über Moschaisk nach Smolensk. Dann aber zeigte sich zunehmend das Übergewicht der russischen Seite nach Mannschaftsstärke und Kampfkraft.

Wie schon der Militärtheoretiker Carl von Clausewitz, seit April 1812 im russischen Dienst, später feststellte, waren die noch kampffähigen Verbände der Grande Armée in zu geringer Zahl nach Moskau gelangt, hatten sich dort kaum ergänzen und sogar nur unter hohem militärischem Aufwand mit Lebensmitteln und ausreichendem Futter für die Pferde versorgen können. Hingegen hatten die Russen ihre Zahl an Kämpfern durch die Mobilisierung regulärer Reserven, durch Landsturmaufgebote und durch Partisaneneinheiten erheblich verstärkt. Zudem erfuhr ihre Armee Unterstützung durch vielfältige Formen eines auch vom russischen Oberkommando weitgehend unabhängigen, meist grau-

samen Volkskriegs der bäuerlichen Bevölkerung. Ab Mitte November 1812 sanken bei tiefem Schnee die Temperaturen unter 20 Minusgrade. Obwohl Kutusows reguläre Armee zunächst nur in einem erheblichen Abstand der Grande Armée folgte, wurde der Rückzug nunmehr zu deren Katastrophe. Es bot sich für sie und den Tross mit vielen Nichtkombattanten fortan keine Chance, sich zu erholen und sich zu versorgen. Die Verbindung zwischen dem sich in Eilmärschen voran bewegenden Hauptquartier Napoleons einschließlich der Garde zu den einzelnen Korps und zwischen diesen riss zunehmend ab, so dass die Nachzügler desto leichter getrennt geschlagen werden konnten. Rapide sank deren Kampfmoral, und vielen zermürbten und kranken Soldaten schwand sogar

---

Die Kälte, die mit dem 7. [November – C. S.] angebrochen war, nahm plötzlich zu, und in der Nacht vom 14. auf den 15. und den 16. zeigte das Thermometer 16 bis 18 Grad unter dem Gefrierpunkt. Die Wege waren mit Glatteis überdeckt; die Kavallerie-, Artillerie- und Trainpferde fielen jede Nacht in Menge um, nicht bei Hunderten, sondern bei Tausenden; vor allem die deutschen und französischen Pferde. Über dreißigtausend Pferde kamen in wenigen Tagen um; unsere meiste Kavallerie war unberitten, unsere Artillerie und Transportwagen waren ohne Bespannung. Wir mußten einen großen Teil unserer Kanonen im Stich lassen und zerstören sowie einen großen Teil unseres Kriegs- und Mundvorrats.

Die noch am 6. [November – C. S.] so schöne Armee war am 14. nur noch ein Schatten der ersten und befand sich fast ohne Kavallerie, ohne Transportwagen. Ohne Kavallerie durften wir uns keine Viertelmeile von der Heerstraße entfernen; gleichwohl durften wir, ohne Artillerie, keine Schlacht wagen und den Feind stehenden Fußes erwarten; wir mußten, mit einem Worte, im Marsch bleiben, um nicht zu einer Schlacht gezwungen zu werden [...].

QUELLE 55   NAPOLEON INTERPRETIERT DIE NIEDERLAGE

Am 3. Dezember 1812 diktierte Napoleon, zwei Tage bevor er die sich auf dem Rückzug befindlichen Truppen verließ, in Molodetschno zwischen Minsk und Wilna das 29. Bulletin der Grande Armée. Er lobte die Tapferkeit seiner Soldaten und beschrieb als Hauptursache für das Dahinschwinden der Armee nicht die inzwischen eindeutige militärische Überlegenheit des Gegners, sondern den starken Frost innerhalb der zitierten Woche. Seine eigene Gesundheit indes sei nie besser gewesen.

QUELLE: ECKART KLESSMANN (HG.), NAPOLEONS RUSSLANDFELDZUG IN AUGENZEUGENBERICHTEN, 2. AUFL., MÜNCHEN 1982, S. 319F.

der Wille zum Überleben. Bei Wjasma verloren die napoleonischen Einheiten am 3. November 3 000 Mann durch Gefangenschaft und 4 000 Mann durch Tod und Verwundung, die Russen 1 800. In der Schlacht bei Krasnoje westlich von Smolensk vom 16. bis 18. November nahmen die Russen 19 500 Mann gefangen und wurden 6 000 Angehörige der Grande Armée getötet, während die russische Armee 2 000 Mann verlor.

DER ÜBERGANG ÜBER DIE BERESINA

Noch einmal stießen von Westen zwei Ersatzkorps unter den Marschällen Victor und Oudinot zum napoleonischen Heer. Doch zu den schrecklichsten Bildern des gesamten Krieges zählen jene vom Übersetzen der Reste der Grande Armée über die Beresina. Tatsächlich verloren sie dort am 26./27. November 1812 noch einmal 20 000 bis 25 000 Mann durch Tod und Gefangenschaft, dazu die verbliebene Artillerie und den gesamten Tross. Dennoch hatte die russische Seite hier eigentlich schon lange zuvor ihre „Generalschlacht" geplant, in der durch ein koordiniertes Operieren dreier russischer Armeen das gesamte feindliche Heer vernichtet und Napoleon gefangengenommen werden sollte. Doch letztlich misslang die Koordination. Dadurch rettete der Kaiser der Franzosen immerhin seine Garde, die Generalität, alle zehn Marschälle und sich selbst mit einem Restheer von noch 8 000 kampffähigen Soldaten.

164 Tage nach dem Kriegsbeginn, am 3. Dezember 1812, diktierte Napoleon in dem kleinen Ort Molodetschno zwischen Minsk und Wilna das 29. Bulletin der Grande Armée. Darin lobte er die Tapferkeit seiner Soldaten in den Rückzugskämpfen, aber als Hauptursache für das Dahinschwinden der Armee erkannte er nicht die inzwischen eindeutige militärische Überlegenheit des Gegners an, sondern machte er den starken Frost innerhalb der zitierten Woche verantwortlich. Hingegen sei die Gesundheit Seiner Majestät nie besser gewesen.

DAS ENDE DER GRANDE ARMÉE

Zwei Tage später, am 5. Dezember 1812, verließ er die zur Gegenwehr nicht mehr fähige Armee, gelangte mit einem kleinen Gefolge am nächsten Tag nach Wilna, ohne Verzug schon am 10. Dezember nach Warschau und am 18. Dezember nach Paris. Das übrige Hauptquartier und die Garde erreichten Kowno am Njemen, wo der Krieg begonnen hatte, am 13. Dezember. Jene Armee von 115 900 Mann, mit der Napoleon Moskau verlassen hatte, und die dann nochmals um 31 000 Mann verstärkt worden war, verlor bis zur russischen Reichsgrenze 132 700 Mann, denn von ihr gelangten nur noch 14 200 Mann an den Njemen. Einschließlich derer, die früher die Grenze passiert hatten oder aus anderen Operationsgebieten zurückkehrten, sollen nach französischen Angaben bis Ende Dezember insgesamt 58 200 Mann Russland wieder verlassen haben. Zu diesem Zeitpunkt summierte das russische Polizeiministerium nach den Berichten der Generalgouverneure noch mehr als 216 000 Kriegsgefangene, von denen 140 000 bis 150 000 in Lagern von der Wolga bis Smolensk interniert worden waren und der Rest unter allen denkbaren Lebensbedingungen noch als „unorganisiert" galt. Viele jener Kriegsgefangenen erlebten die 1814 beginnende Repatriierung nicht mehr, einzelne blieben sogar freiwillig in Russland. Auch ohne die in der Gefangenschaft Gestorbenen ist von mehr als 300 000 Kriegstoten der Grande Armée auszugehen. Hohe Verluste hatte aber auch die Armee Kutusows von Tarutino bis zur Grenze: Ohne die Landsturmaufgebote einzubeziehen, war er mit 120 000 Mann aufgebrochen und hatte sein Heer um mindestens 10 000 Mann verstärkt, doch fast die Hälfte wurde verwundet, und nur 27 500 führte er noch bis zum Njemen.

Nur mit wochenlangen Verzögerungen verbreiteten sich die Nachrichten von der Wende des Krieges und von der Vernichtung der Invasionsarmee im Russischen Reich und im westlichen Europa. Am 16. Dezember 1812 druckte der Moniteur in Paris das 29. Bulletin. Nach dem Zeugnis von Caulaincourt, einem Weggefährten Napoleons bis nach Paris, war der Eindruck „niederschmetternd".

LITERATURHINWEISE

Viktor Besotosny, Raswedka i plany storon w 1812 godu, Moskau 2005.

Sergei Iskjul, Wojna i mir w Rossii 1812 goda, Sankt Petersburg 2015.

Dominic Lieven, Russland gegen Napoleon. Die Schlacht um Europa 1807–1814. München 2011.

Denis Sdwischkow (Hg.), Posle grosy. 1812 god w istoritscheskoi pamjati Rossii i Jewropy. Sbornik statei, Moskwa 2015.

Wladlen Sirotkin, Otetschestwennaja wojna 1812 g. Moskau 1988.

Wladlen Sirotkin, Napoleon i Rossija. Moskau 2000.

Jewgeni Tarle, 1812. Rußland und das Schicksal Europas, Berlin 1951.

Andrei Tartakowski, 1812 god i russkaja memuaristika. Opyt istotschnikowedtscheskowo isutschenija, Moskau 1980.

Nikolai Troitskii, The Great Patriotic War of 1812. A History of the Subject, in: Russian Studies in History 32 (1993) 1, S. 6–94.

Nikolai Troizkij, 1812: Welikii god Rossii, Moskwa 1988, 2. Auflage 2007.

Jean Tulard, Napoleon oder der Mythos des Retters, Tübingen 1978.

Adam Zamoyski, 1812: Napoleons Feldzug in Russland, München 2012.

DIE DEUTSCHEN IM KRIEG VON 1812 IN RUSSLAND

2

1812

SERGEI ISKJUL

In der zweiten Hälfte des Jahres 1812 eskalierte die Gegnerschaft zwischen zwei europäischen Großmächten – dem französischen Empire und dem Russischen Reich. In den Krieg zwischen Alexander I. und Napoleon wurden sowohl Preußen und Österreich als auch die mit Frankreich verbündeten Staaten des Rheinbunds einbezogen.

Eine der Ursachen des Krieges war, dass Frankreich das Herzogtum Oldenburg annektiert hatte, das 1808 dem Rheinbund beigetreten war. Mit dieser Annexion Ende 1810 wollte Napoleon ausschließlich die Kontinentalsperre gegen Großbritannien an allen Küsten Europas so streng wie möglich aufrechterhalten. Aber Oldenburg war dynastisch mit dem Kaiserhaus Russlands verbunden: Der Regent des Herzogtums Peter Friedrich Ludwig war mit einer Schwester der Kaiserinmutter Maria Fjodorowna verheiratet und sein jüngster Sohn Georg mit Großfürstin Katharina Pawlowna, der Schwester Kaiser Alexanders I. Peter Friedrich Ludwig, der künftige Großherzog von Oldenburg, lehnte alle territorialen Kompensationen ab, die ihm von Seiten Frankreichs angeboten wurden, und Alexander I. legte seinen Protest gegen die Annexion ein und machte diesen öffentlich. Zu den vorgesehenen französisch-russischen Verhandlungen über Oldenburg kam es aber nicht, weil Fürst Alexander Kurakin, der Gesandte Russlands in Paris, nicht die dafür notwendigen Vollmachten erhielt. In der Annahme, dass Napoleon nicht an eine Rückgabe Oldenburgs an den legitimen Herrscher denken werde, schlug Alexanders Ratgeber Karl von Nesselrode vor, über eine Erleichterung der Situation Preußens zu verhandeln, das mit Russland verbündet war. Alexander I. stimmte zu und beauftragte Kurakin, Napoleon die

https://doi.org/10.1515/9783110348712-034

fast ultimative Forderung zu unterbreiten, er solle die französischen Truppen aus dem preußischen Staatsgebiet abziehen. Dafür werde Russland seinen Protest wegen Oldenburgs einstellen. Für Napoleon war dieser Vorschlag allerdings nicht von Interesse, sollten seine Truppen doch so lange in den preußischen Festungen stationiert bleiben, bis Preußen jene Kontributionen vollständig entrichtet hatte, zu deren Zahlung an Frankreich es im Vertrag von Tilsit genötigt worden war.

Die Forderung, Preußen zu „evakuieren", hatte für Napoleon aber auch deshalb keinen Sinn, weil Frankreich am 24. Februar 1812 mit Preußen in Paris einen Vertrag über eine Defensiv- und Offensivallianz abgeschlossen hatte, der schon am 5. März ratifiziert worden war. Darin hatte sich König Friedrich Wilhelm III. verpflichtet, Napoleon ein Korps von bis zu 20 000 Mann zur Verfügung zu stellen und den französischen Armeen einen ungehinderten Durchmarsch durch das preußische Staatsgebiet zu erlauben.

Das preußische Korps war jedoch nur ein Teil des gesamten Kontingents der Deutschen in der Grande Armée die für den Krieg gegen Russland aufgestellt worden war. Einen erheblich größeren Teil mit insgesamt 80 000 Soldaten und Offizieren bildeten die Aufgebote des Rheinbunds, die auch Truppen kleinerer deutscher Fürsten einschlossen.

DIE KONTINGENTE DES RHEINBUNDS

Das größte Kontingent unter den Truppen des Rheinbunds stellte Bayern mit 28 860 Soldaten. Die aus diesem Kontingent formierten zwei Divisionen unter dem Befehl von Infanteriegeneral Bernhard Erasmus Graf Deroy und Kavalleriegeneral Karl Philipp Graf Wrede wurden in das 6. Korps der Grande Armée unter dem Kommando von General Laurent Marquis de Gouvion Saint-Cyr, einem künftigen Marschall von Frankreich, eingegliedert. Zur Verstärkung der im November 1812 bereits zurückweichenden Großen Armee bot Bayern nochmals 10 000 Soldaten und Offiziere auf.

Die Truppen des Königreichs Westfalen bildeten das 8. Korps der Großen Armee mit zwei Infanteriedivisionen unter dem Befehl der Divisionsgeneräle Jean Victor Tharreau und Adam Ludwig von Ochs und einer Kavalleriebrigade. Diese 18 800 Mann standen nominell unter dem Kommando des Königs Jérôme von Westfalen, eines Bruders Napoleons, doch faktisch des Divisionsgenerals Dominique Joseph Vandamme und später des Divisionsgenerals Jean Andoche Junot, Herzog von Abrantes.

Die Truppen des Königreichs Württemberg umfassten eine Infanteriedivision von 10 000 Soldaten und Offizieren, 1 000 Mann Artillerie und 2 300 Mann Kavallerie. Die Infanteristen unter dem Befehl des Kronprinzen Friedrich Wilhelm wurden in das 3. Korps der Grande Armée integriert, das der französische Marschall Michel Ney, Herzog von Elchingen, kommandierte, die Kavalleristen dagegen in ein Kavalleriereservekorps unter Joachim Murat, dem König von Neapel.

Aus dem Aufgebot des Königreichs Sachsen wurden zwei Infanteriedivisionen von 15 300 Soldaten und Offizieren formiert, die Generalleutnant Karl

Dreiviertel des Heeres bestanden aus Nationen, deren wahren Interessen der beginnende Krieg schnurstracks entgegen war. Viele waren sich dessen bewußt und wünschten in der Tiefe der Brust mehr den Russen als sich selbst den Sieg, und dennoch war jede Truppe brav und focht am Tage der Schlacht, als gelte es ihre eigenen höchsten Interessen.

QUELLE 56 NAPOLEONS MULTINATIONALE GRANDE ARMÉE

Zum Zeitpunkt des Beginns des Russlandfelzuges stand fast ganz Kontinentaleuropa unter der Herrschaft oder dem Einfluss des französischen Kaisers Napoleon. Viele Ländern beteiligten sich mit Truppenkontingenten an der Grande Armée, auch die deutschen Rheinbundstaaten. Preußen und Österreich mussten sich unter französischem Druck ebenfalls verpflichten, Hilfskorps für die Armee bereitzustellen. Dass die Loyalitäten der Soldaten nicht ungeteilt beim französischen Kaiser lagen, war auch den Zeitgenossen bewusst, wie sich in den Aufzeichnung des in Magdeburg geborenen Offiziers Carl Anton Graf von Wedel zeigte.

QUELLE: CARL ANTON WILHELM GRAF VON WEDEL, GESCHICHTE EINES OFFIZIERS IM KRIEGE GEGEN RUSSLAND 1812, BERLIN 1897, HIER NACH: ECKART KLESSMANN (HG.), NAPOLEONS RUSSLANDFELDZUG IN AUGENZEUGENBERICHTEN, 2. AUFL., MÜNCHEN 1982, S. 29F.

Wilhelm Ferdinand von Funck und Karl Christian Erdmann Edler von Le Cocq führten. Beide wurden in das 7. Korps der Großen Armee unter dem Kommando von Divisionsgeneral Jean-Louis Ebenezer Graf Reynier eingegliedert.

Das badische Kontingent unter dem Befehl von Brigadegeneral Wilhelm Ludwig August Prinz von Hochberg bestand aus 7 666 Soldaten und Offizieren und wurde in das 9. Korps der Großen Armee unter dem Marschall von Frankreich Claude Perrin (Victor), Herzog von Belluno, eingefügt. In dieses Korps wurden auch Truppen der Großherzogtümer Berg, Frankfurt und Hessen-Darmstadt mit etwa 10 000 Soldaten und Offizieren integriert.

Die kleineren Fürstentümer des Rheinbundes stellten Napoleon ebenfalls Kontingente zur Verfügung. So wurden 764 Soldaten des Herzogtums Oldenburg in eine Infanteriedivision des 3. Korps unter Marschall Ney eingeordnet. Die Truppen der Herzogtümer Sachsen-Meiningen, Sachsen-Coburg, Sachsen-Weimar, Sachsen-Gotha und Sachsen-Hildburghausen bildeten ein Regiment der Rheinbundtruppen

mit 2 800 Mann. Auch die drei anhaltischen Herzogtümer Anhalt-Dessau, Anhalt-Bernburg und Anhalt-Köthen stellten 350, 240 und 200 Mann, die als ein Infanteriebataillon in einem Regiment der Großen Armee zusammengefasst wurden.

Das preußische Hilfskorps bestand nach den Bedingungen des Vertrages von Paris vom 24. Februar 1812 aus 18 600 Soldaten und Offizieren ohne die in den Festungen an der Ostseeküste Verbliebenen, weil dort eine Landung der Engländer befürchtet wurde. Die preußischen Kontingente wurden in das 10. Korps der Großen Armee unter dem Kommando von Marschall Etienne Jacques Macdonald, Herzog von Tarent, eingeordnet.

Auf der Kommandoebene der deutschen Truppen in der Grande Armée überwogen sogar anfangs die Deutschen. Für die Franzosen war das von Vorteil, weil viele deutsche Offiziere unter französischen Fahnen 1809 gegen Österreich und 1809–1811 in Spanien Kampferfahrung erworben hatte. In Russland kämpften die deutschen Kontingente der Grande Armée unter ihren eigenen Fahnen, weil Napoleon den ausländischen Truppen in seiner Armee nie französische Fahnen überließ. Wohl aber wurden Ausländer für Verdienste in Kampfhandlungen, auch in Russland, mit dem Orden der Ehrenlegion ausgezeichnet. So wurden für die Schlacht bei Polozk am 17. und 18. August 1812 mehr als 80 Bayern auf diese Weise ausgezeichnet. Die Angehörigen der bayerischen Division der leichten Kavallerie unter Generalmajor Johann Maximilian Nikolaus Graf Preysing-Moos aus dem 6. Korps wurden ebenfalls mit Kreuzen der Ehrenlegion für die Schlacht bei Borodino ausgezeichnet, wo sie einen Angriff der russischen Kavallerie gegen die linke Flanke der Grande Armée abwehrten. Für die Teilnahme an einem Gefecht bei Dahlenkirchen an

der Düna nahe Riga wurde Oberstleutnant Heinrich Wilhelm von Horn als Kommandeur einer Brigade der preußischen Truppen am 7. September 1812 mit dem Orden der Ehrenlegion ausgezeichnet, ebenso am 4. September Eberhard Friedrich Fabian von Massenbach als Befehlshaber einer Kavalleriedivision für ein Gefecht bei Eckau. Zusammen mit anderen erhielt der Sachse Ludwig Johann Karl Gregor Eusebius Freiherr Roth von Schreckenstein, Brigadeadjutant einer Kürassierdivision des 4. Korps, den sächsischen Militär-Sankt-Heinrichs-Orden. Nach dem Zeugnis von Napoleons Sekretär Baron Agathon Fain zeichnete der Kaiser der Franzosen die deutschen Verbündeten immer gern für ihren Heroismus und ihre Standhaftigkeit aus.

DEUTSCHE IN DER RUSSISCHEN ARMEE

Auch in der russischen Armee gab es 1812 viele Deutsche, doch nur in den Positionen von Kommandeuren und Stabsangehörigen. Der Historiker Dominic Lieven (London School of Economics) meint sogar, „ohne die Stabsoffiziere nichtrussischer Herkunft hätte Russland in den Feldzügen der Jahre 1812–1814 nie den Sieg erringen können". Hervorzuheben ist, dass die deutschen Offiziere, die meist aus einer Militärkaste stammten, den russischen oft an Bildung überlegen waren und sich durch militärische Qualitäten auszeichneten, die sie durch Schulung und Kampferfahrung erworben hatten.

Jedenfalls kann man sich in Russland das Jahr 1812 kaum ohne den Kavalleriegeneral Alexander von Württemberg vorstellen, den Bruder der Kaiserinmutter Maria Fjodorowna, der Stäben der

russischen Armee angehörte und für Borodino mit dem Goldenen Degen mit Diamanten für seine Tapferkeit ausgezeichnet wurde. Weil er bei Tarutino maßgeblich zum Erfolg beitrug, erhielt er den Sankt-Georgs-Orden 3. Klasse. Keine geringe Rolle bei den Kriegshandlungen in Richtung Moskau spielte auch Levin August von Bennigsen, der aus Braunschweig-Wolfenbüttel stammte und im Range eines Kavalleriegenerals 1812 die Aufgaben eines Chefs des Hauptstabes der russischen Armee erfüllte. Seiner Initiative und unmittelbaren Teilnahme war der Sieg bei Tarutino zu verdanken, für den der General als Auszeichnung die diamantenen Zeichen zum Orden des Heiligen Andreas des Erstberufenen empfing. Nicht minder zeichnete sich Generalleutnant Ludwig Adolf Peter zu Sayn-Wittgenstein in den Kampfhandlungen aus, der die Truppen in Richtung Sankt Petersburg kommandierte und zu verschiedenen Zeiten an zwei Schlachten bei Polozk teilnahm. Für seine Haltung erhielt er den Sankt-Georgs-Orden 2. Klasse. Seither war er in ganz Russland als „der Retter von Petersburg" bekannt.

Alles bisher Gesagte bezieht auch die baltischen Deutschen ein. Vom Beginn der Kriegshandlungen bis zur Einnahme von Paris 1814 dienten sie auf Treu und Gewissen dem Thron und dem Vaterland. Ein besonderer Platz unter ihnen gebührt Baron Karl Wilhelm von Toll, dem Generalquartiermeister der 1. Westarmee, der später zum Generalquartiermeister der Hauptarmee ernannt wurde, so dass sich die wichtigsten Ereignisse im Kriegsverlauf unter seiner aktiven Mitwirkung zutrugen, wenn man den Blick auf die Erarbeitung der militärischen Operationen richtet, die der Oberkommandierende Michail Kutusow überaus schätzte.

Allgemein wurden allein aus dem Gouvernement Estland in der Armee 324 Offiziere gezählt, von denen viele verwundet wurden und für ihre Verdienste mit Orden und einer „goldenen Waffe" ausgezeichnet wurden. Die baltendeutschen Militärangehörigen, unter ihnen Offiziere wie die Grafen Peter von der Pahlen und sein Bruder Paul, die Barone Karl Woldemar von Budberg, Karl Michael von Wrangell, Friedrich Wilhelm von Driesen, Reinhold Gustav von Staden, Friedrich Alexander von Rüdiger und andere folgten immer den verinnerlichten Grundsätzen der Standesehre und zogen nie die Notwendigkeit in Zweifel, den geleisteten Eid im Dienste Russlands zu erfüllen, dem sie sich zugehörig fühlten.

Charakteristisch war der Patriotismus in den Ostseeprovinzen jener Jahre aber ausschließlich für den baltendeutschen Adel, während die dort ansässigen Angehörigen der baltischen Völker keinen Enthusiasmus an den Tag legten. In einem Aufruf des damals bekannten deutschen Schriftstellers Garlieb Merkel „An die Bewohner der Ostsee-Provinzen Russlands" in der Rigaschen Zeitung vom 9. Juli 1812 wurde gemahnt, dass die Patrioten sich angesichts der allgemeinen Gefahr für das Wohl des Vaterlandes gegen das „ausländische Joch" unbedingt um den „geliebten Monarchen" zusammenschließen sollten, um entschlossen für die Verteidigung des „ruhmwürdigen Russlands" einzutreten, auf das sich die „letzte Hoffnung Europas" richte. Inständig betonte er die Identität aller Bewohner des Reiches: „Wir sind Russen! Alle sind wir Russen!" Und wieder: „Wir sind die Russen, an unserm Herde wie auf dem Felde der Schlacht zu jedem Opfer bereit." Im Juli 1812 wandte sich der Zivilgouverneur von Kurland, Friedrich von Sievers, mit einem Aufruf an den Adel der baltischen Provinzen, dass er sich zur Verteidigung der Heimat erheben solle: „Der Vater unseres Vaterlands, unser großer Wohltäter, unser großer Herrscher, proklamierte es als seine nicht zu erschütternde Entscheidung: ‚Ich werde nicht die Waffe niederlegen, solange noch ein Feind in meinem Reich bleibt', das heißt zu kämpfen, bis ein ehrenhafter Frieden geschlossen werden kann." Unter dem Einfluss dieser Aufrufe, von denen einige in russischer Sprache auch in der Zeitschrift Russki Westnik veröffentlicht wurden, spendeten die Baltendeutschen beträchtliche Summen auf dem Altar des Vaterlandes für die Bewaffnung und Ausstattung der Truppen.

ABB. 75 DER ÜBERGANG ÜBER DIE BERESINA

Auch die deutschen Truppenteile – insbesondere die von den Rheinbundstaaten gestellten – nahmen an allen Schlachten des Russlandfeldzuges teil: Am Sturm auf Smolensk, an der Schlacht bei Walutina Gora, am Marsch auf Moskau, an den Schlachten von Borodino und von Tarutino und während des Rückzugs an den Schlachten bei Malojaroslawez, bei Krasnoe und an der Beresina. Dabei erlitten die deutschen Truppen wie die übrigen alle erdenklichen körperlichen und seelischen Qualen, besonders durch den Frost. Ihre Verluste waren so bedeutend, dass in die Heimat nur einige Hunderte von jenen Tausenden zurückkehrten, die den Njemen ostwärts überquert hatten.

ÜBERGANG ÜBER DIE BERESINA, COLORIERTER DRUCK VON G. KÜSTNER NACH EINER ZEICHNUNG VON CHRISTIAN WILHELM VON FABER DU FAUR, ZWISCHEN 1831 UND 1834.

Den ersten Sieg im Krieg von 1812 errang die russische Seite über eine Brigade der Sachsen unter Generalmajor Heinrich Christian Magnus von Klengel, die zu einer Infanteriedivision unter dem Kommando von Jean-Louis Ebenezer Reynier gehörte. Zusammen mit dem Korps der Österreicher unter Karl Philipp von Schwarzenberg hatte sie es mit der Armee des Kavalleriegenerals Alexander Tormassow zu tun. Nachdem Tormassow am 17. Juli 1812 von Kriegsminister Michael Andreas Barclay de Tolly den Befehl erhalten hatte, gegen die rechte Flanke der Großen Armee vorzugehen, die tief in Russlands Staatsgebiet eingedrungen war, unternahm er eine Reihe von Manövern, die dazu führten, dass die 5 000 Soldaten

und Offiziere der Sachsen eingekreist wurden. In der sich daraus entwickelnden Schlacht erwies sich ein Übergewicht der Russen an der Zahl der Kämpfer und der Stärke der Artillerie, so dass es den in Kobrin festsitzenden Sachsen nicht gelang, ihre Stellungen zu behaupten. Gegen Mittag, als die den Russen gegenüberstehenden Truppen im halbzerstörten Schloss von Kobrin umzingelt waren, gab Klengel ihnen den Befehl, sich zu ergeben. Zuvor hatten die Sachsen fast 2 000 Mann durch Tod und Verwundung verloren. Zwei Generäle, unter ihnen Klengel, 76 Offiziere und 2 382 Angehörige niederer Ränge wurden gefangengenommen, zwei Bataillonsfahnen und andere Trophäen erobert.

ZWISCHEN DEN FRONTEN

Als sich die Grande Armée Moskau näherte, wurde die Situation in der Stadt immer angespannter. Das hing auch damit zusammen, dass es unter den Einwohnern viele Ausländer, auch deutscher Herkunft, gab, die nicht selten Opfer fremdenfeindlicher Exzesse wurden, nur weil sie nicht immer korrekt russisch sprachen. In einem speziellen Anschlag des Moskauer Generalgouverneurs Fjodor Rostoptschin etwa vom 25. August 1812 wurden Deutsche erwähnt, die in einer Wechselstube für französische Spione gehalten worden waren, so dass sie verprügelt worden seien und einer fast ums Leben gekommen wäre. In diesen und anderen Fällen versuchte Rostoptschin, für Ordnung zu sorgen und den Moskauer Pöbel zu mäßigen, doch nicht immer mit Erfolg. Es begünstigte die allgemeine Unruhe, dass Alexander I. Ende Juni 1812 angeordnet hatte, „über alle sich sowohl in der Hauptstadt als auch an den übrigen Orten des Russischen Reiches aufhaltenden Ausländer" eine „Beurteilung" im Hinblick auf ihre Loyalität zu verfassen. Daher gerieten neben Franzosen auch zahlreiche Sachsen, Westfalen und Preußen in Verdacht. Viele von ihnen wurden aufgrund eines einfachen Verdachts oder einer falschen Beschuldigung verhaftet und aus Moskau deportiert.

Doch kamen insbesondere von Seiten der Deutschen auch Erklärungen ihrer Loyalität und ihres Wunsches, einen Beitrag für die gemeinsame Sache zu leisten. So wurde dem Militärkommandanten von Moskau Generalleutnant Johann Christian Hesse am 17. Juli 1812 eine Petition Moskauer Handwerker

deutscher Herkunft überreicht. Darin baten die Goldschmiedemeister Johann Gottlieb Fuhrmann und Wenziher, der Schneider Wegner, der Kürschner Inhof und der Sattlermeister Heinz um die Erlaubnis, eine „Bürgerwehr" unter Hesses persönlicher Führung schaffen zu dürfen. Die Unterzeichner und andere Deutsche aus Moskau waren bereit, ein Aufgebot zu formieren, „um Wachen besetzen zu können", die mit ihren eigenen Waffen für Ordnung sorgen sollten. Es wurde vorgeschlagen, die Kopfbedeckungen der Wächter mit dem Monogramm Alexanders I. zu schmücken. Nach einem Urteil von Hesse selbst meldeten sich nicht wenige für diese „Bürgerwehr". Dennoch wurde ihre Gründung nicht erlaubt. Allerdings spendeten die Deutschen in Moskau und in Sankt Petersburg auch reichlich Geld und Gegenstände für den Bedarf der Armee.

Als die Mehrheit der Bevölkerung Moskau verlassen hatte, blieb eine Anzahl von Deutschen in der Stadt auch nach deren Einnahme durch die Grande Armée. Einige von ihnen gehörten sogar der „Munizipalität" an, die auf Befehl Napoleons geschaffen worden war, weil es in der Stadt keinerlei Behörden mehr gab. So dienten in der Munizipalität außer Franzosen auch Friedrich Frackmann, der eine Quartiermeisterei leiten musste, oder Nikolaus Krock, der zur Aufrechterhaltung von „Ruhe und Ordnung" verpflichtet wurde, und der Buchhalter Karl Kust als „Sekretär". Nach einem kritischen Augenzeugen waren sie vor allem damit beschäftigt, „Gefahren gering zu schätzen, die ihnen irgendwoher drohten, und Aktivitäten zugunsten der unglücklichen Moskauer aus dem Wege zu gehen", von denen vor allem jene, die durch den „grandiosen Brand" verletzt waren oder keine Nahrung hatten, Unterstützung gebraucht hätten. Später, nachdem die Franzosen Moskau verlassen hatten, wurden die Mitglieder der „Munizipalität" unter der Beschuldigung des Verrats vor Gericht gestellt, aber bald freigelassen, weil das Ausmaß ihres Vergehens nicht zu beweisen war.

Was die Lage in Moskau unter der französischen Besatzung betrifft, so hinterließen in den Erinnerungen von Moskauern unterschiedlicher Bevölkerungsschichten die ungünstigsten Eindrücke nicht die Franzosen, die sich nach dem allgemeinen Urteil der Verfasser von Memoiren nicht selten edel und human erwiesen hatten, sondern die „Truppen ohne Pardon", aus den Kontingenten des Rheinbunds vor allem Bayern und Württemberger, die an den Plünderungen und Räubereien zusammen mit Kriminellen beteiligt gewesen waren, die Rostoptschin zuvor aus den Gefängnissen entlassen hatte.

DIE RUSSISCH-DEUTSCHE LEGION

Schon während des Sieges bei Kobrin waren in Sankt Petersburg Schritte unternommen worden, eine Russisch-Deutsche Legion zu gründen. Nach einem Projekt des Vorkämpfers einer Wiedergeburt Preußens und früheren Ministers Heinrich Karl Friedrich Freiherrn vom und zum Stein, dargelegt in einer Denkschrift für Kaiser Alexander I. vom 20. [8.] Juni 1812, wurde in Sankt Petersburg ein „Komitee für die deutschen Angelegenheiten" gegründet. Seine Hauptaufgabe bestand darin, deutsche patriotische Kräfte zum Kampf gegen die französische Herrschaft heranzuziehen. Nach einer Instruktion Alexanders I. plante das Komitee, sich mit der Gewährleistung eines Zusammenwirkens der russischen Armee und der deutschen Bevölkerung für die Zeit zu beschäftigen, wenn sich der Krieg von Russland nach Deutschland verlagere. Zur Leitung des Komitees gehörten Peter Friedrich Ludwig, der Regent des Herzogtums Oldenburg, und sein jüngster Sohn Georg, der Generalgouverneur von Nowgorod, Ja-

roslawl und Twer, doch ebenso Freiherr vom Stein und seit August 1812 auch der Propagandist des nationalen Befreiungskampfes, der Dichter und Publizist Ernst Moritz Arndt, der Steins Sekretär geworden war. In den Sitzungen des Komitees wurden lebhaft die Fragen erörtert, die mit der Formierung eines Freiwilligenverbandes aus in Russland lebenden Deutschen einschließlich der Baltendeutschen, aus Deserteuren der Grande Armée und Kriegsgefangenen verbunden waren. Die Idee einer solchen Formierung hatte zuerst Oberst Alexander Tschernyschow als russischer Agent in Paris entwickelt und im Mai 1811 Alexander I. zugeleitet.

Peter Friedrich Ludwig und Georg von Oldenburg setzten voraus, dass die Legion dazu beitragen solle, in Deutschland im Interesse der Fürsten die früheren Strukturen, das Ancien Régime, wiederherzustellen – ein Ziel, das Alexander unterstützte. Hingegen strebte Freiherr vom Stein an, der Legion einen gesamtdeutschen Charakter zu verleihen und sie schrittweise in ein nationales Aufgebot umzuwandeln. Nach Auffassung der anderen Mitglieder des Komitees waren diese Ideen von „einem verderblichen revolutionären Geist" erfüllt, und dieser Zielkonflikt machte die Tätigkeit des Komitees kompliziert und zwang den Kaiser, sich für eine Wiederherstellung des Einvernehmens einzusetzen.

Auf Vorschlag vom Steins bereitete das Komitee einen Aufruf an die Deutschen und die deutschen Soldaten vor, der kurzfristig von Stein entworfen und vom Kaiser überarbeitet wurde. Der Aufruf wurde in einer Auflage von 10 000 Exemplaren in deutscher und französischer Sprache in der Druckerei der Akademie der Wissenschaften gedruckt und auf Anordnung der russischen Befehlshaber an die Vorposten der Großen Armee verteilt. Die Aufrufe, die an die Zivilbevölkerung in Deutschland gerichtet waren, mussten über ein Netz russischer Agenten in Europa verteilt werden.

Ernst Moritz Arndt, der an der russischen Zeitschrift Syn Otetschestwa („Sohn des Vaterlands") mitgearbeitet hatte, verfasste im Oktober 1812 einen „Kurzen Katechismus für teutsche Soldaten", in dem er das Recht der Untertanen begründete, ihrem Herrscher nicht zu gehorchen, wenn jener sich nicht um ihre Interessen sorge und sich auf einen ungerechten Krieg einlasse. Eine Serie propagandistischer Broschüren unter der Sammelbezeichnung „Russlands Triumph oder das erwachte Europa" veröffentlichte die Führung der Legion in mehreren Ausgaben in Riga.

Die Formierung der Legion begann im Sommer 1812. Sie sollte aus zwei Infanteriebrigaden, zwei Regimentern leichter Kavallerie und einer Artilleriebrigade bestehen. Die Aufstellung der Legion leitete der Adjutant Peter Friedrich Ludwigs von Oldenburg und Oberst im russischen Dienst Wilhelm von Arentschildt, der früher preußische Offiziere für den russischen Dienst angeworben hatte. Später wurde er Kommandeur der Legion, die in Reval, Wyborg, aber auch in Riga, Kiew, Twer und Bely aufgestellt wurde. Gefangene deutsche Offiziere wurden unter Wahrung ihres Ranges in die Legion aufgenommen. In der Legion kommandierten auch einzelne preußische Offiziere wie Oberst von Arentschildt, die Oberstleutnante Alexander Wilhelm von der Goltz und Friedrich Karl Emil Graf zu Dohna-Schlobitten. Als Chef des Generalquartiermeisterstabes der Legion wirkte Oberstleutnant Carl von Clausewitz mit, der als Major im preußischen Generalstab mit Gerhard von Scharnhorst an der Heeresreform mitgearbeitet hatte. Die Gründung der Legion orientierte sich zwar am preußischen Militärstatut, doch in der Praxis folgte sie der russischen Gesetzgebung. Um das Zusammenwirken mit den russischen Truppen zu erleichtern, wurden russische Offiziere baltendeutscher Herkunft, wenn sie damit einverstanden waren, in die Legion aufgenommen.

Unter den Freiwilligen in der Legion gab es auch wolgadeutsche Kolonisten aus dem Gouvernement Saratow. Bis Mitte Oktober 1812 umfasste die Legion mehr als 1 500 Mann, und um den Jahreswechsel 1812/13 war die Formierung mit 4 254 Mann bereits abgeschlossen. Dann wurde sie bald nach Ostpreußen geführt, wo sie seit März 1813 im Raum Königsberg stationiert wurde. Insofern konnte sich die Legion nicht mehr am Krieg von 1812 beteiligen, sondern erst 1813 auf deutschem Boden in Erscheinung treten.

DAS SCHICKSAL DER TRUPPEN DES RHEINBUNDES

Hingegen nahmen die Truppen der Rheinbundstaaten innerhalb der Großen Armee faktisch an allen Schlachten des Russlandfeldzuges teil: an der sogenannten „Verfolgung des russischen Wunders" hinter der zurückweichenden russischen Armee bis Smolensk, am Sturm auf Smolensk, an der Schlacht bei Walutina Gora, am Marsch Richtung Moskau, an den Schlachten von Borodino und von Tarutino und während des Rückzugs an den Schlachten bei Malojaroslawez, bei Krasnoje und an der Beresina.

Die Truppen des Rheinbunds im Verbund der Grande Armée waren, soweit sie zentral eingesetzt waren, in ihren Aktionen nicht selbstständig, sondern blieben dem französischen Kommando und Napoleon persönlich untergeordnet. Hingegen verfügten die Einheiten des preußischen Hilfskorps im Rahmen des 10. Korps der Grande Armée, im Norden vom Hauptschauplatz des Krieges entfernt, über eine gewisse Selbstständigkeit. An der Spitze des Hilfskorps, das zusammen mit bayerischen und westfälischen Kontingenten zum Korps unter dem Kommando von Macdonald gehörte, standen der Infanteriegeneral Julius Reinhold Grawert und später Generalleutnant Johann David Ludwig Yorck von Wartenburg. Das Korps von 14 206 Soldaten und Offizieren bestand aus einer Infanteriedivision, Kavallerieverbänden und Einheiten der Artillerie und der Pioniere. Um die linke Flanke des 10. Korps zu decken, sollten die Preußen Kurland besetzen und die Festung Riga blockieren oder einnehmen. Doch die gestreckte Front war zu lang, um Riga ganz einkreisen

zu können, so dass sich die preußischen Truppen auf lokale Aktionen im Gouvernement Kurland beschränkten, vor allem gegen Abteilungen des russischen Heeres unter Generalmajor Friedrich Löwis von Menar zweimal bei Groß-Eckau und an anderen Orten im Juli und August 1812. Bei diesen Aktionen behielten die Preußen fast immer die Oberhand, auch im Nahkampf.

Ende September 1812 erlitten die Einheiten des Finnländischen Korps unter Generalleutnant Fabian Gotthard Graf von Steinheil „bei Händeln" mit den Preußen eine Niederlage an der Westlichen Aa und auch in einer Auseinandersetzung General Yorcks mit Einheiten unter Generalmajor Jean Alexander Louis Cassier de Bellegarde. Die Vorbereitung auf die Erstürmung Rigas beschränkte sich nur auf den Transport von Belagerungsmaschinen und Munition. Mit der zahlenmäßigen Vergrößerung der Garnison in der Festung durch die Truppen Steinheils im Oktober und November 1812 kamen die Kampfhandlungen um Riga ganz zum Erliegen.

Die Erfolge der Russen auf dem Hauptkriegsschauplatz, der beginnende Rückzug der Grande Armée aus Moskau, die nicht mehr regelmäßige Versorgung der preußischen Truppen förderten eine Schwächung der Disziplin im 10. Korps, lösten Meinungsverschiedenheiten auf der Kommandoebene aus und führten zu Kontakten zwischen Preußen und Russen. Eine Verfügung Alexanders I. vom 16. November 1812 erlaubte dem Kommandeur des 1. Separaten Infanteriekorps Wittgenstein, in eine Korrespondenz mit General Yorck einzutreten. Noch zuvor traf sich Yorck mit Magnus Gustav Johann von Essen, dem Militärgouverneur von Riga, mit dem Ziel, einen Gefangenenaustausch zu vereinbaren, und auch danach wurden die Kontakte fortgesetzt. So wurden im Auftrag des „Komitees für die deutschen Angelegenheiten" Verhandlungen ebenfalls mit Yorck geführt, mit dem Marquis Philipp Paulucci korrespondierte, nachdem dieser an der Stelle von Essen zum Militärgouverneur von Riga ernannt worden war. In einem Schreiben vom 14. November 1812 schlug er den Preußen vor, entweder auf die Seite Russlands zu wechseln oder wenigstens ihre Truppen über den Njemen zurückzuführen. Letztlich trat Yorck Ende Dezember 1812 in direkte Verhandlungen mit Hans Karl von Diebitsch, dem Generalquartiermeister des 1. Separaten Infanteriekorps der russischen Armee, der aus einer schlesischen Adelsfamilie stammte, und unterzeichnete mit ihm am 30. Dezember 1812 in Tauroggen eine Konvention über die Beendigung der Kampfhandlungen des preußischen Korps gegen die Russen.

Beim Rückzug der Großen Armee aus Russland erlitten deren deutsche verbündeten Truppen mit den übrigen alle erdenklichen körperlichen und seelischen Qualen, besonders als der Frost hinzukam. Ihre Verluste waren so bedeutend, dass in die Heimat nur einige Hunderte von jenen Tausenden zurückkehrten, die den Njemen ostwärts überquert hatten. An dem berühmten Übergang der Truppen von Marschall Ney von Smolensk aus zur Vereinigung mit

Könige und Fürsten hat Gott gesetzt und ihnen das Schwert und Zepter in die Hand gegeben, daß sie die Gerechtigkeit verwalten, ihr Volk beschirmen und schützen, fremde Feinde von ihm abtreiben und für ihr Vaterland bis in den Tod stehen und streiten sollen. Herren, welche so löblich und mächtig regieren mit dem Scepter und Schwerdt, sollen heilig und unverletzlich gehalten werden, denn sie sind ein Ebenbild Gottes auf Erden und ein Gleichniß der himmlischen Majestät. Solchen wackern und gerechten Herren soll auch jeder gehorchen wie Gott selbst und fest an ihnen halten und in Noth und Tod von ihnen nicht lassen. Wenn aber ein Fürst anders thut, als wofür ihn Gott eingesetzt hat, und nicht fürstlich regiert nach dem Ebenbild Gottes, so muß der Soldat und Christ Gott mehr gehorchen als den Menschen. Denn wenn ein Fürst seinen Soldaten beföhle, Gewalt zu üben gegen die Unschuld und das Recht; wenn er sie gebrauchte, das Glück und die Freiheit ihrer Mitbürger zu zerstören; wenn er sie den Feinden des Vaterlandes gegen das Vaterland zu Hülfe schickte; wenn er durch sie seine eigenen Landsleute plündern, verheeren, bekämpfen ließe, müßten sie nimmer gehorchen […].

QUELLE 57 **ERNST MORITZ ARNDT ÜBER DAS WIDERSTANDSRECHT GEGEN UNRECHTMÄSSIGE HERRSCHER**

Die Standhaftigkeit und Tapferkeit der deutschen Soldaten und Offiziere beim Rückzug der napoleonischen Armee aus Russland verwunderte sogar die Russen. Noch in der Schlacht bei Dresden am 26. und 27. August 1813 gehörten der Armee, die der österreichisch-russisch-preußischen Koalition gegenüberstand, nicht wenige deutsche Truppen an. Erst in der Völkerschlacht bei Leipzig trat der auch von Ernst Moritz Arndt, der seit 1812 dafür warb, dass deutsche Soldaten sich dem nationalen Befreiungskampf anschließen sollten, herbeigesehnte Umschwung ein.

QUELLE: ERNST MORITZ ARNDT, KURZER KATECHISMUS FÜR TEUTSCHE SOLDATEN NEBST ANHÄNGEN VON LIEDERN. OHNE ORT, 1813, S. 2F.

der Hauptarmee waren auch deutsche Soldaten und Offiziere beteiligt, die sich möglichst im geschlossenen Verbund hielten und die Befehle des Marschalls ausführten, die oft auf Deutsch erteilt wurden, was nicht erstaunlich war, weil Ney von der Saar stammte. Die Standhaftigkeit und Tapferkeit der deutschen Soldaten und Offiziere auf dem Rückzug verwunderte sogar die Russen. So stieß zum Beispiel Anfang Dezember 1812 bei Oschmjany eine Abteilung unter Oberst Alexander Seslawin auf eine heftige Gegenwehr, als sie zahlenmäßig geschwächte Regimenter aus Frankfurt und vom Rhein angriff, die in eine Infanteriedivision unter dem Kommando von Divisionsgeneral Claude Carra de Saint-Cyr eingegliedert worden waren.

Die Kopfzahl der Regimenter einer Division, die Königsberg erreichten und dort am 28. Dezember 1812 an einer Truppenschau teilnahmen, die der König von Neapel abnahm, betrug weniger als 2 000 Mann. Viele von diesen waren nicht in der Lage, ihre Waffe in Händen zu halten, und riefen dennoch während der Schau laut: „Es lebe der Kaiser!" Letztlich aber gestaltete sich die Beziehung der Deutschen aus der Grande Armée zu Napoleon und den Franzosen damals und später unter dem Eindruck des traurigen Endes, das die Armee am Ausgang des Feldzugs erwartete. Doch ist dabei nicht zu vergessen, dass in der Schlacht bei Dresden am 26. und 27. August 1813 der Armee, die der österreichisch-russisch-preußischen Koalition gegenüberstand, wiederum nicht wenige deutsche Truppen angehörten, die Seite an Seite mit den Franzosen gekämpft hatten. Erst bei Leipzig, und selbst dort nicht am ersten Tag der „Völkerschlacht", trat ein Umschwung ein. Das Scheitern der Grande Armée im Russlandfeldzug führte zu einer neuen Allianz der drei Monarchien im Osten Europas. Den Kräften dieser Koalition hatte das „Dritte Deutschland" unter der napoleonischen Herrschaft nichts mehr entgegenzusetzen.

LITERATURHINWEISE

Paul Holzhausen, Die Deutschen in Russland 1812. Leben und Leiden auf der Moskauer Heerfahrt, Berlin 1912, Neuausgabe Bremen 2013.

Sergej Iskioul, Rußland und die Oldenburger Krise 1810–1811, in: Oldenburger Jahrbuch 85 (1985), S. 89–110.

Sergej Iskjul, Wneschnjaja politika Rossii i germanskije gossudarstwa (1801–1812), Moskau 2007.

Sergej Iskjul, Woina i mir w Rossii 1812 goda, Sankt Petersburg 2015.

Dominic Lieven, Russland gegen Napoleon. Die Schlacht um Europa 1807–1814, München 2011.

Anton Wilhelm Nordhof, Die Geschichte der Zerstörung Moskaus im Jahre 1812, hg. von Claus Scharf unter Mitwirkung von Jürgen Kessel, München 2000.

DIE VÖLKERSCHLACHT BEI LEIPZIG UND DER FALL NAPOLEONS

1813

CLAUS SCHARF / ALEXANDER TSCHUDINOW

In den anderthalb Jahrzehnten der napoleonischen Kriege geriet jede der europäischen Mächte in unterschiedliche Koalitionen. Nur Frankreich und Großbritannien bildeten ein Paar unversöhnlicher Gegner, während sich alle übrigen Staaten um diese beiden Pole in den erstaunlichsten und unbeständigsten Kombinationen vereinten. Verbündete von gestern fanden sich im nächsten Feldzug nicht selten auf verschiedenen Seiten der Front wieder. Doch ungeachtet der ganzen kaleidoskopischen Abfolge der großen europäischen Politik jener Periode standen Russland und Preußen – mit Ausnahme der kurzen Phase im Jahr 1812 – fast immer im gleichen Lager.

1812 hatte sich König Friedrich Wilhelm III. von Preußen unter dem Druck Napoleons gezwungen gesehen, einen Bündnisvertrag mit Frankreich abzuschließen, der ihn verpflichtet hatte, ein Kontingent von 20 000 Mann für den Feldzug gegen Russland bereitzustellen. Diese preußischen Truppen waren bei Riga dem französischen Korps unter Marschall Etienne Jacques Macdonald zugeordnet worden, doch der sie kommandierende General Hans David Ludwig Graf Yorck von Wartenburg zeigte keine große Bereitschaft zu militärischen Aktionen und vermied nach Möglichkeit eine direkte Konfrontation mit den Russen.

https://doi.org/10.1515/9783110348712-035

DIE KONVENTION VON TAUROGGEN

Als die Reste der Großen Armee überhastet Russland verließen, schloss Yorck am 30. [18.] Dezember 1812 sogar auf eigenes Risiko mit einem Kommando der Russen im litauischen Ort Tauroggen nahe der Grenze Preußens eine Konvention über die Neutralität der ihm unterstellten Truppenteile. Dieses Abkommen setzte einen Prozess in Gang, in dem sich der König und seine Regierung zunächst nur schrittweise aus der unpopulären Koalition mit Napoleon lösten. Gebremst wurde dieser Prozess durch die Furcht, Preußen könne wieder zum Kriegsschauplatz zwischen Frankreich und Russland werden, durch Preußens miserable Finanzlage und durch die Unklarheit über Österreichs weiteres Verhalten. Gefördert wurde dieser Prozess jedoch über die Grenzen Preußens hinaus von einer Begeisterung über die Katastrophe der Großen Armee in Russland, von einer wachsenden antifranzösischen Stimmung und einem sich politisierenden Nationalgefühl in der deutschen Bevölkerung.

In Ostpreußen kam es Anfang 1813 zu einem einvernehmlichen Handeln der Stände und der Behörden mit dem „Deutschen Komitee" unter dem Freiherrn Karl vom und zum Stein, dem früheren preußischen Reformminister. Mit ihm hatte Alexander I. in Sankt Petersburg schon seit dem Sommer 1812 das weitere Vorgehen beraten, und stärker als die Kommandeure der strapazierten russischen

---

Jetzt ist der Augenblick gekommen, wo alle Täuschung über unsern Zustand aufhört. – Brandenburger, Preußen, Schlesier, Pommern, Litthauer! Ihr wißt, was euer trauriges Loos ist, wenn wir den beginnenden Kampf nicht ehrenvoll enden. Erinnert Euch an die Vorzeit, an den großen Kurfürsten, den großen Friedrich. Bleibt eingedenk der Güter, die unter Ihnen Unsere Vorfahren blutig erkämpften: Gewissensfreiheit, Ehre, Unabhängigkeit, Handel, Kunstfleiß und Wissenschaft. – Gedenkt des großen Beispiels unserer mächtigen Verbündeten, der Russen; gedenkt der Spanier, der Portugiesen. Selbst kleinere Völker sind für gleiche Güter gegen mächtigere Feinde in den Kampf gezogen und haben den Sieg errungen. Erinnert Euch an die heldenmüthigen Schweizer und Niederländer. – Große Opfer werden von allen Ständen gefordert werden; denn unser Beginnen ist groß, und nicht geringe die Zahl und die Mittel unserer Feinde. Ihr werdet jene lieber bringen für das Vaterland, für Euern angeborenen König, als für einen fremden Herrscher, der, wie so viele Beispiele lehren, Eure Söhne und Eure letzten Kräfte Zwecken widmen würde, die Euch ganz fremd sind. Vertrauen auf Gott, Ausdauer, Muth und der mächtige Beistand unserer Bundesgenossen werden unsern redlichen Anstrengungen siegreichen Lohn gewähren.

QUELLE 58   AUFRUF KÖNIG FRIEDRICH WILHELMS III. „AN MEIN VOLK"

Am 17. März 1813, einen Tag nachdem Friedrich Wilhelm III. Frankreich den Krieg erklärt hatte, wandte sich der König an sein Volk und forderte es in einem in der preußischen Monarchie beispiellosen Aufruf auf, dem Beispiel anderer Nationen zu folgen und gegen Napoleon Widerstand zu leisten.

QUELLE: HANS-BERND SPIES (HG.), DIE ERHEBUNG GEGEN NAPOLEON: 1806–1814/15, DARMSTADT 1981, S. 254F.

Heere strebte der Kaiser an, nicht nur die Souveränität Preußens wiederherzustellen, sondern Europa ein für allemal von der Herrschaft Napoleons zu befreien. Aus der Emigration in Russland kehrte ebenfalls der frühere preußische Generalstabsoffizier Carl von Clausewitz zurück und nahm Einfluss auf die Errichtung einer Landwehr. In einer geheimen Konvention mit den Russen erklärte auch Feldmarschall Karl Philipp Fürst von Schwarzenberg am 30. [18.] Januar sein Hilfskontingent zu Napoleons Russlandfeldzug für neutral, so dass es aus dem Raum Warschau kampflos südwärts abziehen konnte.

Am 28. [16.] Februar 1813 schlossen Russland und Preußen im russischen Hauptquartier in Kalisch einen Bündnisvertrag, der zur Basis für die seit 1792 sechste der gegen Frankreich gerichteten Koalitionen wurde. Am 28. [16.] März erklärte Friedrich Wilhelm III. Frankreich den Krieg. Am folgenden Tag richtete er einen „Aufruf an mein Volk", was in der Geschichte der preußischen Monarchie ohne Beispiel war. Darin appellierte er an seine preußischen Untertanen und alle Deutschen, dem Beispiel der nun verbündeten Russen, der Spanier und anderer Nationen im Widerstand gegen Napoleon zu folgen. Alle Stände forderte er zu Opfern für Vaterland und König auf. Tatsächlich bildeten viele Freiwillige Freikorps und wurde viel gespendet.

Eine russisch-preußische Armee drang in Sachsen ein, das als Mitglied des Rheinbundes auf der Seite Frankreichs blieb, und besetzte im Laufe weniger Tage Dresden und Leipzig. Doch nachdem Napoleon erneut eine Armee von 200 000 Mann aufgestellt und dabei auch den Rheinbundstaaten wieder Kontingente abgenötigt hatte, ging er im April 1813 zum Gegenangriff über und siegte, wenn auch mit eigenen hohen Verlusten, im Mai in Schlachten bei Lützen und bei Bautzen. Am 4. Juni vereinbarten beide Seiten einen Waffenstillstand bis zum 20. Juli, der später bis zum 10. August verlängert wurde. Die Atempause nützte vor allem der Koalition, zumal ihr nun auch Großbritannien und Schweden beitraten. Unklar blieb in jener Phase noch die Haltung Österreichs, da sein Kanzler Clemens Wenzel von Metternich eine Stärkung Russlands und Preußens zu vermeiden suchte und auch keine Elemente des Volkskrieges duldete. So hatte sich Österreich am 11. April zwar auf eine vermittelnde Position zurückgezogen, doch immerhin Napoleon gedroht, sich gegen ihn zu wenden, sollte er ihre Vorschläge für einen Frieden ablehnen. Auch bei einem Treffen mit Metternich am 26. Juni in Dresden war Napoleon zu keinem Kompromiss bereit. Daher erklärte Österreich nach Ablauf des Waffenstillstands am 12. August Frankreich den Krieg.

Zu Beginn der Herbstkampagne stand Napoleon mit dem Kern seiner Armee von 120 000 Mann in Sachsen. Von Norden her gab ihm ein nach Preußen vorgerücktes Heer von 70 000 Mann unter Marschall Charles Nicolas Oudinot Rückendeckung, von Osten sich in Schlesien verteilende Truppen von 105 000 Mann unter Marschall Macdonald. Die Hauptkräfte der Koalition mit 240 000 Österreichern, Russen und Preußen konzentrierten sich in Böhmen und wurden von dem Fürst Schwarzenberg kommandiert, der allerdings seine Entscheidungen mit den in seinem Hauptquartier anwesenden

Monarchen, Alexander I. und Friedrich Wilhelm III., abstimmen musste. Östlich von den Truppen Macdonalds stand die Schlesische Armee der Koalition mit 100 000 Russen und Preußen unter dem Befehl des preußischen Generals Gebhard Leberecht von Blücher.

Nördlich von den Truppen Oudinots stand eine weitere Armee der Verbündeten mit mehr als 150 000 Preußen, Russen und Schweden. Sie führte Napoleons früherer Marschall Jean Bernadotte, der inzwischen Kronprinz von Schweden geworden war.

DER PLAN VON TRACHENBERG

Obwohl die Heere der Koalition insgesamt die Armeen Napoleons zahlenmäßig erheblich übertrafen, verschaffte deren zentrale Position ihm Vorteile: Er hatte die freie Wahl, gegen welche der gegnerischen Armeen, von denen jede einzeln seinen konzentrierten Kräften unterlegen sein musste, er seinen Hauptschlag richten konnte. Deshalb hatte das Oberkommando der Verbündeten am 13. Juli 1813 im schlesischen Trachenberg einen Plan für abgestimmte Aktionen aller drei Koalitionsarmeen beschlossen: Wer von ihnen direkt angegriffen werde, solle zurückweichen und eine Schlacht vermeiden. Zur gleichen Zeit war es die Aufgabe der beiden anderen Armeen, die sich öffnenden Flanken der französischen Armee und von ihr isolierte Truppenverbände anzugreifen. Einer Generalschlacht hingegen sollten sich nur die vereinten Kräfte aller Armeen der Verbündeten stellen.

Schon der Beginn der Herbstkampagne demonstrierte die Effektivität des Trachenberger Plans. Sofort nach dem Auslaufen des Waffenstillstands zogen Aktionen der Schlesischen Armee Blüchers die Hauptkräfte Napoleons auf sich. Damit musste dieser sich zur Gegenwehr nach Osten wenden und konnte nicht den Angriff Oudinots auf Berlin unterstützen. Das hatte zur Folge, dass Oudinot am 23. August 1813 bei Großbeeren von einem preußischen Korps vernichtend geschlagen wurde. In Schlesien hingegen wich Blücher vor Napoleon zurück, um eine Schlacht zu vermeiden. Während dieser ihn verfolgte, überschritt aber die Böhmische Armee Schwarzenbergs das Erzgebirge und bedrohte Dresden, wo sich die wichtigste Basis für den Nachschub der französischen Truppen befand. So wandte sich Napoleon mit den Hauptkräften seiner Armee wieder zurück nach Dresden und überließ es Macdonald, Blücher zu verfolgen. Doch rasch nutzte Blücher den Abzug Napoleons aus, ging, unterstützt von Landwehrmännern, zum Gegenangriff über und schlug Macdonald am 26. August entscheidend an der Katzbach.

Tatsächlich erreichte Napoleon den langsam und übermäßig vorsichtig taktierenden Schwarzenberg bei Dresden, brachte ihm am 27. August 1813 eine Niederlage bei und zwang ihn, sich durch die engen Täler des Erzgebirges nach Böhmen zurückzuziehen. Hätte Napoleon ihn konsequent verfolgt, hätte er die Böhmische Armee sogar endgültig vernichten und vielleicht den ganzen Krieg zu seinen Gunsten entscheiden können. Doch die Niederlage Macdonalds zwang ihn erneut, sich gegen den angreifenden Blücher zu wenden. So übertrug er den Kampf gegen die Böhmische Armee einem einzelnen Korps unter Marschall Dominique Joseph Vandamme, das er auf einen Umweg entsandte, um die Truppen Schwarzenbergs am Ausgang der Engpässe des Osterzgebirges zu stellen. Doch schon am 30. August wurde Vandamme von den Verbündeten bei Kulm, vernichtend geschlagen und geriet selbst in Gefangenschaft, während es Blücher gleichzeitig gelang, wieder einer Schlacht mit Napoleon auszuweichen.

In Dresden gewährte Napoleon seiner von den langen Märschen erschöpften Armee eine Erholungspause. Letztlich gab er den Plan auf, er könne sie zu einem Angriff auf Berlin nutzen. Marschall Michel Ney, der Oudinot als Kommandeur der gesamten französischen Truppen in Preußen abgelöst hatte, war gezwungen, sich allein mit seinen eigenen Kräften zu behaupten, und erlitt am 6. September bei Dennewitz eine Niederlage durch preußische Verbände aus der Nordarmee unter dem Oberbefehl Bernadottes.

Die Kriegshandlungen kamen zu einem Stillstand. Napoleon verharrte in Erwartung der Gegner in Sachsen.

Die Streitkräfte der Koalition nutzten die Pause, um sich durch frische Truppen zu ergänzen. Zur gleichen Zeit setzte die russische leichte Kavallerie, die seit 1812 ein erdrückendes Übergewicht über die französische gewonnen hatte, ihre Angriffe im Rücken des Feindes fort, um seine Kommunikationswege abzuschneiden.

Anfang Oktober 1813 kamen die Heere der Koalition wieder in Bewegung. Die Böhmische Armee Schwarzenbergs marschierte wieder durch das Erzgebirge, diesmal in Richtung Leipzig. Die Schlesische Armee Blüchers überquerte die Elbe und vereinte sich mit der Nordarmee Bernadottes. Beide gemeinsam bewegten sich von Norden her auf Leipzig zu. Von Osten her kam ihnen zügig die aus russischen Reserven formierte 70 000 Mann starke Polnische Armee unter Levin August von Bennigsen zu Hilfe. Als Napoleon von den Aktionen der Gegner erfuhr, verließ er am 7. Oktober Dresden, um mit den Hauptkräften seiner Armee rasch Blücher und Bernadotte zu attackieren und vor der Ankunft Schwarzenbergs entscheidend zu schlagen. Doch die Verbündeten wurden durch ihre leichte Kavallerie rechtzeitig über sein Manöver informiert, wechselten auf das westliche Saaleufer und wichen erneut einer Schlacht aus.

DIE VÖLKERSCHLACHT: 15. OKTOBER 1813

Auf die Nachricht, dass sich Schwarzenberg Leipzig nähere, kehrte Napoleon wieder um und verteilte am 15. Oktober 1813 seine Armee auf die Zugangswege zur Stadt. Tatsächlich kam es hier in den folgenden vier Tagen zu der nach ihren Ausmaßen größten Schlacht der napoleonischen Kriege, die als „Völkerschlacht" bekannt wurde, in der aber Elemente eines Volkskriegs wie in Spanien und Russland kaum eine Rolle spielten. Die

ABB. 76 **DER ANGRIFF DER KOSAKEN-LEIBGARDE**

Das von Carl Rechlin stammende Gemälde zeigte den Angriff der Kosaken-Leibgarde unter Führung ihres Kommandeurs Wassili Orlow-Denissow am 16. Oktober 1813 (mit gezogenem Säbel im Zentrum des Bildes). Das Werk entstand 1845 im Auftrag der Nachkommen Orlow-Denissows.

DER ANGRIFF DER KOSAKEN-LEIBGARDE BEI LEIPZIG AM 4. OKTOBER 1813, ÖLGEMÄLDE VON CARL RECHLIN, 1845, MUSEUM ZUR GESCHICHTE DER DON KOSAKEN NOWOTSCHERKASSK.

Bezeichnung erhielt sie, weil in den Armeen der Monarchen Angehörige vieler Völker Europas kämpften. Eine multinationale Zusammensetzung hatten sowohl die Heere der Koalition als auch die Armee Napoleons, die wie die Große Armee des Russlandfeldzugs neben Franzosen aus Polen, Italienern, Holländern, Schweizern und Deutschen aus den Staaten des Rheinbunds bestand.

Zu Beginn der Schlacht waren beide Seiten annähernd gleich stark. Napoleon verfügte über etwa 190 000 Mann und war mit der Böhmischen und der Schlesischen Armee der Koalition kon-

frontiert, die zusammen 205 000 Mann stellten. Die übrigen Verbände der Verbündeten waren noch auf dem Anmarsch. Im Unterschied zu dem energischen Blücher bewegte sich Bernadotte mit seiner Nordarmee vorsichtig und so langsam, dass er den Beginn der Schlacht versäumte. Bennigsen hingegen beeilte sich zwar mit seiner Polnischen Armee, aber schaffte es dennoch nicht bis zum ersten Tag der Schlacht. Ebenso erging es einem österreichischen Korps unter Feldmarschall Graf Hieronymus Colloredo-Mansfeld.

Trotzdem entschied das Oberkommando der Verbündeten, den Feind anzugreifen, ohne noch die Verstärkungen abzuwarten, weil befürchtet wurde, Napoleon könne entweder seine gesamten Kräfte gegen die schwächere Armee Blüchers lenken oder einfach nach Westen ausweichen, um eine Schlacht gegen die vereinigten Armeen der Koalition zu vermeiden. Beide Varianten erschienen den Alliierten als nicht wünschenswert. Indessen schickte sich Napoleon an, weder das eine noch das andere zu tun. Vielmehr plante er, mit seiner gesamten Streitmacht über die Böhmische Armee herzufallen und sie zu vernichten, bevor die gegnerischen Verbände an den anderen Frontabschnitten versuchen würden, die französische Verteidigung zu überwinden.

16. OKTOBER 1813

Am 16. Oktober 1813 griffen die Truppen der Koalition die Stadt aus drei Richtungen an. Von Westen her attackierte ein österreichisches Korps das der Stadt vorgelagerte Dorf Lindenau, doch misslang der Plan, den Truppen Napoleons den einzigen Weg abzuschneiden, auf dem sie Leipzig hätten verlassen können. Das durch Flussläufe geprägte Gelände machte jegliche Angriffsaktionen schwierig, so dass das französische Korps, das Lindenau verteidigte, die Attacken der Österreicher klar abwehren konnte.

Von Norden her stürmten die russischen und preußischen Truppen Blüchers die Dörfer Möckern, Eutritzsch und Schönefeld, die die Zugänge zu Leipzigs Hallischer Vorstadt schützten und von den Korps der Marschälle Ney und Auguste Frédéric Louis Viesse de Marmont verteidigt wurden. Die Kämpfe dauerten hier den ganzen Tag an, bis russische Einheiten Eutritzsch und das preußische Korps unter Yorck Möckern einnehmen konnten. Doch vor allem erlaubte Blüchers tollkühner Angriff Napoleon nicht, die Kontingente Marmonts vom nördlichen Abschnitt der Front in den südlichen zu verlagern, wo die Entscheidung der Schlacht zu erwarten war.

Denn von Süden und Südosten her besetzten Verbände der Böhmischen Armee die Zugänge nach Leipzig. Schwarzenbergs Schlachtplan sah vor, dass sich die Hauptkräfte der Verbündeten links konzentrieren sollten, um den rechten Flügel der französischen Truppen zu umgehen und von Leipzig abzuschneiden. Doch hier ergab sich das Problem, dass Teile der Koalition das stark sumpfige und durch tagelange Regenfälle unpassierbare Gebiet zwischen den Flüssen Pleiße und Weißer Elster hätten durchqueren müssen. Da Alexander I. Schwarzenberg nicht erlaubte, russische Einheiten aus dem Zentrum der Armee auf den linken Flügel zu beordern, wurde ein Kompromiss beschlossen. Ein österreichisches Korps unter General Maximilian Friedrich von Merveldt unternahm das Umgehungsmanöver auf dem linken Flügel, und vier Verbände der Alliierten sollten gegen das Zentrum der feindlichen Stellung vorrücken und zunächst versuchen, die Dörfer Markkleeberg, Wachau und Liebertwolkwitz einzunehmen.

Doch auch Napoleon nahm sich seinen Hauptschlag gerade für diesen Abschnitt vor und zog deshalb hier seine stärksten Kräfte zusammen. Im Ergebnis konnte er hier 138 000 Mann gegen 100 000 der Alliierten aufbieten, wovon das Oberkommando der Koalition nichts ahnte: Eine Erhöhung im Gelände zwischen Liebertwolkwitz und Wachau bis zur Pleiße verbarg die Bewegungen der französischen Truppen vor dem Gegner und wurde zur Basis für ihre Artillerie. Am frühen Morgen konnten die Verbündeten zunächst zwar wie geplant die drei Dörfer im Südosten Leipzigs besetzen, doch schon in der Mittagszeit gelang den Franzosen die Rückeroberung von Liebertwolkwitz, und Markkleeberg wechselte am gleichen Tage viermal den Besitzer. Gleichzeitig scheiterte auf dem linken Flügel das Umgehungsmanöver des österreichischen Korps bei der Überquerung der Pleiße, wobei Merveldt sogar in Gefangenschaft geriet. Dass Schwarzenberg diese Truppen zur Unterstützung des Zentrums wieder zur Verfügung hatte, erforderte einige Stunden, die nur deshalb nicht zu einer Katastrophe der Böhmischen Armee führten, weil Napoleon mit einem entscheidenden Schlag zögerte und auf die Ankunft des Korps unter Marmont vom nördlichen Frontabschnitt wartete. Doch Marmont hatte sich hoffnungslos in den Kampf gegen Blücher verstrickt. Letztlich musste Napoleon ohne ihn handeln, doch war wertvolle Zeit verstrichen: Die österreichischen Truppen vom linken Flügel und russische Reserven näherten sich bereits dem zentralen Frontabschnitt. Insbesondere deren Erscheinen auf dem Kriegsschauplatz spielte an diesem Tage eine entscheidende Rolle.

Der Angriff der Franzosen begann um die Mittagszeit. Zunächst drängten sie die Verbündeten nach Südosten und Süden zurück, doch als die österreichischen Kontingente schließlich vom linken Flügel ankamen und sofort in den Kampf eintraten, konnten sie den französischen Angriff unterbinden. Dramatisch verliefen die Kämpfe im Zentrum, wo Napoleon die Kavallerie Joachim Murats, das Korps General Jaques Alexandre Bernard Law de Lauristons, die Junge Garde unter dem Kommando Oudinots und seine Artilleriereserve einsetzte. Die 5 000 Kavalleristen Murats nahmen wieder Wachau ein und kamen bei der Verfolgung der dort vertriebenen Russen, ohne dies zu ahnen, dem gesamten Oberkommando der Verbündeten mit Kaiser Alexander I., König Friedrich Wilhelm III. und Fürst Schwarzenberg bis auf wenige hundert Meter nahe. Dann wurden sie von einem Gewässer aufgehalten, was nun die russische leichte Kavallerie zu einer Attacke von der Seite her ausnutzte, darunter das Kosakenregiment der Leibgarde, das die persönliche Eskorte des russischen Kaisers bildete, und ein Regiment von Gardehusaren. Gleichzeitig eröffnete die russische Artillerie der Reserve auf die dichte Masse der französischen Reiter ein Lauffeuer, das diese zu einem ungeordneten Rückzug zwang. Ebenso wurde die nachfolgende französische Infanterie durch einen Gegenschlag des aus der Reserve heraneilenden russischen Gardekorps gebremst.

Obwohl Napoleons Heere am ersten Tag der Schlacht in dem einen oder anderen Moment dem Sieg überaus nahe waren, schafften es die Verbündeten, ihren Angriffsschwung zu drosseln und die eigenen Positionen zu behaupten.

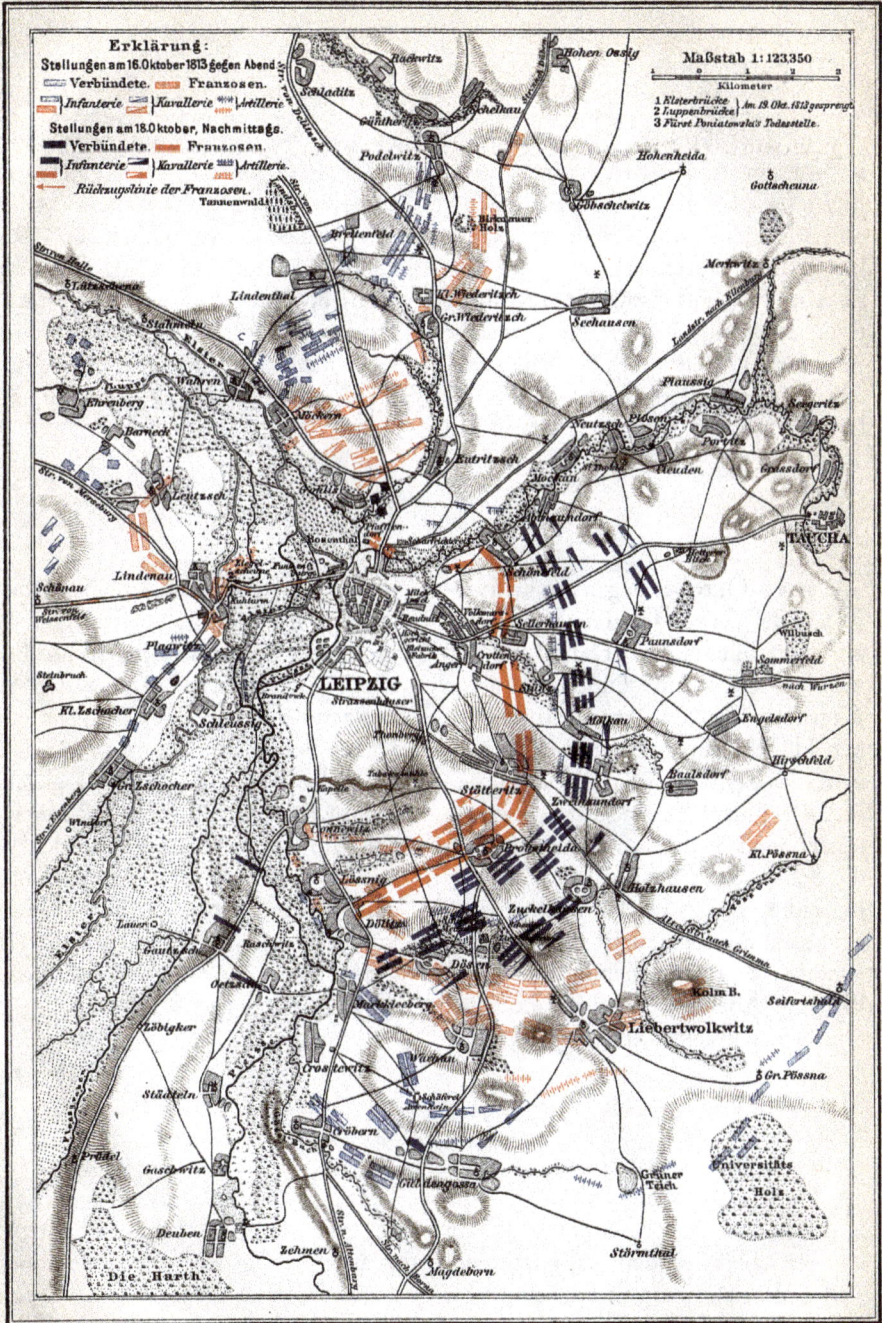

ABB. 77 KARTE DER VÖLKERSCHLACHT BEI LEIPZIG

QUELLE: F. A. BROCKHAUS IN LEIPZIG, 11. BAND: LEBER - MORE, BERLIN UND WIEN, 14. AUFLAGE, 1894-1896, S. 66A.

17. OKTOBER 1813

Am 17. Oktober unternahm keine der beiden Kriegsparteien militärische Aktionen. Napoleon suchte mit der Koalition in Friedensverhandlungen einzutreten, erhielt jedoch keine Antwort. In der zweiten Tageshälfte näherten sich Leipzig die Polnische Armee unter Bennigsen und ein weiteres österreichisches Korps unter Colloredo. Auf dem Anmarsch befand sich noch die Nordarmee unter Bernadotte, die erst am folgenden Tag eintraf. Das zahlenmäßige Übergewicht der Alliierten wurde erdrückend: fast 300 000 gegenüber 160 000 Mann. In der Nacht zum 18. Oktober räumten die Franzosen ihre alten Stellungen und nahmen neue nahe der Stadt ein, um dadurch ihre Verteidigungslinie zu verkürzen.

18. OKTOBER 1813

Am 18. Oktober begannen die Heere der Verbündeten in einem Leipzig umschließenden Halbkreis von Norden, Osten und Süden her einen Angriff auf ganzer Front. Ihren linken Flügel kommandierte Schwarzenberg, das Zentrum Bennigsen und den rechten Flügel Bernadotte. Die heftigsten Gefechte entwickelten sich um die Schlüsselstellen der französischen Verteidigung, das Dorf Probstheida im südlichen Frontabschnitt und das Dorf Schönefeld im nördlichen Abschnitt. Bis zum Abend wechselten Attacken und Gegenattacken einander ab. Zwar konnten die Franzosen Probstheida dann immer noch halten, doch dass ein russisches Korps Schönefeld am Ende des Tages einnahm, öffnete den Verbündeten den kürzesten Weg zur Stadt. Daher befahl Napoleon seinen Truppen den Rückzug. Dass am gleichen Tag sächsische Offiziere mit wenigen Tausend Mann auf die Seite der Verbündeten wechselten, entschied nicht den Ausgang der Schlacht, wurde aber im französischen Bulletin als ein Verrat gebrandmarkt, der den Ausschlag für die Niederlage gegeben habe.

19. OKTOBER 1813

Am 19. Oktober versuchten die französischen Nachhuten die am Morgen beginnenden Angriffe der Verbündeten abzuwehren, um den Hauptkräften ihrer Armee und dem Tross Zeit zu verschaffen, sich durch die engen Gassen der Stadt zu der einzigen Brücke über die Elster durchzuschlagen. Dem größeren Teil der Truppen Napoleons und ihm selbst gelang es auch, sich durch dieses Nadelöhr zu zwängen, doch erwies sich der Weg als abgeschnitten, als französische Pioniere unter dem Beschuss russischer Jäger in Panik die Brücke sprengten. In der Stadt blieben noch an die 20 000 fran-

Das hier abgebildete, 1839 von Johann Peter Krafft geschaffene Gemälde zeigt die Siegesmeldung des Fürsten Karl Philipp zu Schwarzenberg an die verbündeten Monarchen nach der Völkerschlacht bei Leipzig am 19. Oktober 1813. Es handelt sich um ein österreichisches Auftragswerk – nur acht der 36 namentlich bekannten dargestellten Personen sind Nicht-Österreicher, darunter der Maler selbst an der linken Seite. Krafft widmete das Gemälde „Den alliierten Monarchen", das waren Zar Alexander I. von Russland, Kaiser Franz I. von Österreich und König Friedrich Wilhelm III. von Preußen, die zentral in der Mitte stehen. Die dargestellte Szene hat so nie stattgefunden. Zum Zeitpunkt der Siegesmeldung hatte sich der österreichische Kaiser bereits in sein Quartier auf Schloss Rötha zurückgezogen.

zösische Soldaten und Offiziere. Einige, unter ihnen Marschall Macdonald, durchquerten die Elster noch schwimmend, doch viele kamen in den Fluten des Hochwasser führenden Flusses um, so Marschall Józef Antoni Poniatowski. Eine große Zahl geriet in Gefangenschaft.

Nach unterschiedlichen Berechnungen verlor die französische Armee in der „Völkerschlacht" zwischen 70 000 und 100 000 Mann. Die Verluste der Verbündeten addierten sich auf bis zu 54 000, unter ihnen 23 000 Russen, 16 000 Preußen und 15 000 Österreicher. Mit diesem Preis wurde der endgültige Zusammenbruch der Herrschaft Napoleons über Deutschland bezahlt. Der von ihm gegründete Rheinbund zerfiel, und die letzten seiner deutschen Verbündeten gingen auf die Seite der Koalition über und nahmen in deren Reihen am Feldzug im Jahre 1814 teil.

DER FELDZUG 1814

Nach der Überquerung des Rheins drangen im Januar 1814 die Böhmische und die Schlesische Armee in das Territorium Frankreichs ein. Weil Blücher im Unterschied zu dem langsamen und vorsichtigen Schwarzenberg entschlossen und manchmal riskant agierte, trugen die sich unter seinem Kommando befindlichen russischen und preußischen Einheiten der Schlesischen Armee die Hauptlast dieses Feldzugs.

Das unterschiedliche Tempo des Vorrückens der Koalitionsarmeen erlaubte es Napoleon, mit seinen gesamten Kräften die sich auf einem großen Territorium verteilenden Truppen der Armee Blüchers einzeln zu überfallen und ihnen vom 11. bis zum 14. Februar mehrere Niederlagen beizubringen. Danach wandte sich Napoleon gegen Schwarzenberg und schlug am 17. und 18. Februar zwei Korps von dessen Armee vernichtend. Die Schlappen veranlassten Schwarzenberg zum Rückzug. Blücher jedoch erholte sich rasch von seinen Niederlagen, setzte seine Angriffsaktionen fort und nahm am 3. März Soissons ein. Hier kamen ihm je ein russisches und ein preußisches Korps der Nordarmee zu Hilfe. Am 7. März attackierte Napoleon nicht allzu erfolgreich zwei russische Divisionen bei Craonne und zwang sie zum Zurückweichen, doch nur um den Preis eigener hoher Verluste, und am 9. März erlitt er durch die Hauptkontingente Blüchers eine schwere Niederlage bei Laon. Nur die durch Überanstrengung verursachte Erkrankung des preußischen Feldmarschalls hinderte die alliierten Heere, den Erfolg auszubauen. Dennoch marschierten schon am 31. März 1814 die beiden Armeen der Verbündeten in Paris ein. Am 6. April unterzeichnete Napoleon eine Urkunde über seine Abdankung. Der Krieg war zu Ende. Die Probleme einer Nachkriegsordnung wurden durch die Sieger auf einem gesamteuropäischen Kongress in Wien vom September 1814 bis zum Juni 1815 entschieden.

LITERATURHINWEISE

Martin Hofbauer / Martin Rink (Hg.), Völkerschlacht bei Leipzig. Verläufe, Folgen, Bedeutungen 1813–1913–2013 (= Beiträge zur Militärgeschichte, Bd. 77), Berlin 2017.

Dominic Lieven, Russland gegen Napoleon. Die Schlacht um Europa 1807–1814. München 2011.

Karl-Volker Neugebauer (Hg.), Grundzüge der deutschen Militärgeschichte. Band 1: Historischer Überblick, hgg. im Auftrag des Militärgeschichtlichen Forschungsamtes, Freiburg im Breisgau 1993.

Hans-Ulrich Thamer, Die Völkerschlacht bei Leipzig. Europas Kampf gegen Napoleon., München 2013.

Wneschnjaja politika Rossii XIX i natschala XX weka. Dokumenty Rossijskowo Ministerstwa inostrannych del. Serija perwaja: 1801–1815, Bde. 1–8, Moskau 1960–1972.

ANHANG

ZEITTAFEL

1683

12. September   Die (zweite) Belagerung Wiens durch ein osmanisches Heer unter Kara Mustafa wird durch die Schlacht am Kahlenberg von einem Entsatzheer des Heiligen Römischen Reiches und Polens abgewehrt.
In der Folgezeit Wiederauf- und Neubau Wiens; Wirken der Architekten Johann Bernhard Fischer von Erlach (1656–1723), Johann Lukas von Hildebrandt (1668–1745).

1689   Peter I. („der Große", geb. 9. Juni [30. Mai] 1672), seit dem Tod seines Halbbruders Fjodor Alexejewitsch 1682 nominell Zar zusammen mit seinem kranken Halbbruder Iwan V., übernimmt nach dem Sturz der Regentin Sophia Alexejewna die Regierung, die zunächst de facto weitgehend von seiner Mutter geführt wird. Nach deren Tod (1694) und dem des Halbbruders (1696) ist Peter Alleinherrscher.

1697/1698

März – August   „Große Gesandtschaft": Erste Europareise Peters I. (Preußen, Holland, England, teilweise inkognito).

1697

26./27. Juni   Kurfürst Friedrich August I. von Sachsen wird zum König (August I.) von Polen gewählt. Unter seiner Regierung wird Dresden zur repräsentativen Residenz ausgebaut (Zwinger, Frauenkirche).

1698   Neuerlicher Strelitzenaufstand in Russland (nach 1682 und 1689) wird niedergeschlagen; Hinrichtung zahlreicher Aufständischer, Auflösung des Strelitzenkorps.

1699/1700   Mit den Friedensschlüssen von Karlowitz (Abtretung Ungarns und Siebenbürgens an Österreich) und Konstantinopel (Abtretung Asows an Russland) endet der Große Türkenkrieg. Asow bleibt von 1739 an (Frieden von Belgrad) definitiv bei Russland. Die beiden Friedensschlüsse markieren den Beginn des Niedergangs des Osmanischen Reiches und schaffen die Grundlage der Großmachtstellung Österreichs unter Kaiser Leopold I.

Seit 1699/1700   Reformanstöße Peters I. zur Stärkung der Militärmacht und Modernisierung der Verwaltung (1699 ff.: Erste Stadtreform, 1718 ff.: Zweite Stadtreform, 1707–1719 Gouvernementsreform, 1709–1722 Regierungsreform, 1718 Einführung der Kopfsteuer, 1722 Rangtabelle), Gründung zahlreicher Schulen verschiedener Typen.

1700–1721   Großer Nordischer Krieg um die Dominanz im Ostseeraum. Nach anfänglichen Siegen König Karls XII. von Schweden über Dänemark, Polen und Russland (Narwa) kommt es zur Kriegswende.

1701

18. Januar   Kurfürst Friedrich III. von Brandenburg krönt sich zum König (Friedrich I.) in Preußen.

https://doi.org/10.1515/9783110348712-036

1701–1714   Spanischer Erbfolgekrieg (Österreich/Römisch-Deutsches Reich, Niederlande, England und Preußen gegen Frankreich, verbündet mit Savoyen und einigen Reichsständen).

1703

27. [16.] Mai   Peter I. gründet Sankt Petersburg.
Domenico Trezzini (1670 [?]–1734), schweizerisch-russischer Architekt, errichtet in der Folgezeit herausragende Bauten (Festung Kronstadt, Peter-und-Paul-Kathedrale, Sommerpalast Peters I., Alexander-Newski-Kloster u.a.).

1705

5. Mai   Kaiser Leopold I. („imperiale Renaissance") stirbt, Nachfolger in den habsburgischen Erblanden und im Reich wird sein Sohn Joseph I.

1709

8. Juli   Schlacht bei Poltawa: Die russischen Truppen erringen im
[27. Juni]   Nordischen Krieg den entscheidenden Sieg über Karl.XII.; Niedergang der schwedischen Großmachtstellung.

1710   Russland annektiert Liv- und Estland.

1711

17. April   Kaiser Joseph I. stirbt, ihm folgt sein Bruder Karl VI. Die von ihm erlassene „Pragmatische Sanktion" (1713) regelt die Nachfolge in den habsburgischen Territorien (auch in weiblicher Linie). Die Nachfolgefrage wird der Anstoßpunkt des Österreichischen Erbfolgekrieges 1740.

25. [14.] Oktober   Vermählung des russischen Thronfolgers Alexei mit Charlotte von Braunschweig-Wolfenbüttel in Torgau. Bei dieser Gelegenheit kommt es zur ersten Begegnung Peters I. mit Leibniz (später folgen zwei weitere). Leibniz wird Berater des Zaren und regt die Gründung einer Akademie der Wissenschaften an.

1712   Peter I. erklärt Sankt Petersburg zur Hauptstadt des Russischen Reiches.

1713

25. Februar   Friedrich I., König in Preußen, stirbt. Nachfolger wird sein Sohn Friedrich Wilhelm I. (strikte Sparsamkeit zur Schuldentilgung und Ansammlung eines Ärars, Regierungsreform mit Errichtung des „Generaldirektoriums", Verdoppelung der Armee, merkantilistische Wirtschaftspolitik, „Peuplierung").

1. März   Friedrich Wilhelm I. begegnet Peter I. in Berlin. Erst nach Ende des Spanischen Erbfolgekrieges tritt Preußen auf der Seite der Allianz in den Nordischen Krieg ein.

1714

20. Oktober   Kurfürst Georg I. von Braunschweig-Lüneburg wird zum König von England gekrönt. Hofkapellmeister (seit Juni 1710) ist Georg Friedrich Händel (1685–1759).

1714–1718   7. Österreichischer Türkenkrieg. Österreichische Truppen unter Prinz Eugen von Savoyen (1663–1736) erobern Belgrad. Frieden von Passarowitz.

1715

1. September   Ludwig XIV. stirbt. Er hinterlässt eine ausgeweitete Hegemonialstellung Frankreichs (u.a. „Reunionen" mit dem Elsass und Straßburg) und eine wachsende Staatsverschuldung. Nachfolger wird sein Urenkel Ludwig XV. Schloss Versailles wird zum Vorbild zahlreicher Schlossbauten (Würzburg, Mannheim); Repräsentation und Hofhaltung wirken stilbildend für die absolutistischen Höfe.

1716   König Friedrich Wilhelm I. schenkt Peter I. das von Andreas Schlüter im Berliner Stadtschloss eingebaute Bernsteinzimmer.

1721

10. September   Im Frieden von Nystad (Ende
[30. August]   des Nordischen Krieges) wird

Russland die Annexion von Ingermanland, Estland, Livland und einem Teil Kareliens völkerrechtlich bestätigt. Es ist jetzt Hegemonialmacht im Ostseeraum.

2. November [22. Oktober] Peter I. nimmt den Titel „Allrussländischer Kaiser" an.

1723 Schloss Peterhof nahe Sankt Petersburg wird als Sommerresidenz des Kaisers eingeweiht.

1724

8. Februar [28. Januar] Errichtungserlass für die Russische Akademie der Wissenschaften. Die Gründungssitzung findet erst nach Peters I. Tode statt.

1725

8. Februar [28. Januar] Peter der Große stirbt. Nachfolger werden zuerst seine zweite Ehefrau, Katharina I. (bis 17. [6.] Mai 1727), dann sein Enkel Peter II. (bis 29. [18.] Januar 1730), dann seine Halbnichte Anna Iwanowna (bis 28. [17.] Oktober 1740).

1731 Nach dem Berliner Vorbild wird in Sankt Petersburg ein Kadettenkorps errichtet.

1732

31. März (?) Joseph Haydn wird in Rohrau, Niederösterreich, geboren (gest. 31. Mai 1809).

1733–1735 Polnischer Thronfolgekrieg zwischen Frankreich und dem Römisch-Deutschen Reich. Kurfürst Friedrich August II. von Sachsen wird als Nachfolger seines Vaters auch König von Polen (bis 1763). Mit ihm endet die Personalunion Sachsen-Polen.

1733–1743 Eine „Große Nordische Expedition" zur Erkundung Sibiriens, von der russischen Regierung finanziert, unter Leitung des dänischen Marineoffiziers Vitus Bering (1681–1741) führt u.a. zur Erschließung und Inbesitznahme Alaskas.

1739

18. September Mit dem Frieden von Belgrad endet der 7. Österreichische /

4. Russische Türkenkrieg. Österreich verliert die meisten seiner Erwerbungen aus dem Frieden von Passarowitz; auch Russland erreicht seine Kriegsziele nicht.

1740

31. Mai Nach dem Tod seines Vaters wird Friedrich II. („der Große") König in (seit der ersten Teilung Polens 1772: von) Preußen. Er verfolgt ein Programm im Sinne des „aufgeklärten Absolutismus" (Abschaffung der Folter, religiöse Toleranz, teilweise Aufhebung der Pressezensur, Landesausbau, Schulgründungen). Ab 1743 errichtet Georg Wenzeslaus von Knobelsdoff (1699–1753) Schloss Sanssouci als Sommerresidenz in Potsdam.

20. Oktober Nach dem Tod Karls VI. wird seine Tochter Maria Theresia Erzherzogin von Österreich, Herrscherin in den habsburgischen Territorien, 1741 Königin von Ungarn, 1743 Königin von Böhmen. Auch sie verfolgt ein Regierungsprogramm im Sinne eines Reformabsolutismus (Behördenneuorganisation, allgemeine Steuerpflicht, Rechtsvereinheitlichung, generelle Unterrichtspflicht, Einschränkung der Leibeigenschaft). Die Kaiserwürde bleibt bis 1742 vakant.

1740–1742
1744–1745 Erster und zweiter Schlesischer Krieg: Preußen verlangt die Abtretung Schlesiens für die Anerkennung der Pragmatischen Sanktion und annektiert die Provinz. Die Annexion wird bestätigt in den Friedensschlüssen von Berlin (11. Juni 1742) und Dresden (25. Dezember 1745).

1740–1748 Österreichischer Erbfolgekrieg. Bayern, Spanien und Sachsen erheben Ansprüche auf das Erbe Karls VI., weitere Staaten schließen sich dem Bündnis Bayerns und Spaniens an. Frieden von Aachen: Die Pragmatische Sanktion wird bestätigt, ebenso die Abtretung Schlesiens an Preußen.

1741

6. Dezember
[25. November]

In einem Staatsstreich, gestützt auf die Garderegimenter, entmachtet Elisabeth Petrowna die Regentin Anna Leopoldowna, die für ihren Sohn Iwan VI. regiert, und krönt sich (6. Mai [25. April] 1742) zur Kaiserin. In ihrer Regierungszeit wird u.a. die Todesstrafe nominell abgeschafft und Sankt Petersburg weiter als repräsentative Hauptstadt ausgebaut. Bartolomeo Rastrelli (1700–1771) wird Hofarchitekt – Neubau des Winterpalastes (ab 1754) u.a.

1742

Kurfürst Karl Albrecht von Bayern wird zum Kaiser des Römisch-Deutschen Reiches (Karl VII.) gewählt (stirbt am 20. Januar 1745).

1743

7. August

Der Friede von Åbo beendet den russisch-schwedischen Krieg (seit 1741), in dem Schweden vergeblich versucht hat, die Ergebnisse des Großen Nordischen Krieges zu revidieren.

1745

13. September

Franz Stephan von Lothringen, seit 1737 Großherzog der Toskana, Ehemann (seit 1736) und Mitregent (seit 1740) der Erzherzogin Maria Theresia, wird zum Kaiser des Heiligen Römischen Reiches gewählt (Franz I., bis 18. August 1765).

1748

Das Hauptwerk Montesquieus (1689–1755), „De l'esprit des loix" (Vom Geist der Gesetze), erscheint in Genf.

1750

28. Juli

Johann Sebastian Bach (geb. 1685) stirbt in Leipzig.

1750–1753

Voltaire (1694–1778), einer der meistgelesenen Autoren der Aufklärung (u.a. „Essai sur l'histoire générale et sur les moeurs et l'esprit des nations" [Essay über die allgemeine Geschichte und die Sitten und den Geist der Nationen], 1755) hält sich als Gast am Hof Friedrichs des Großen auf.

1754

Kaiserin Elisabeth beruft eine Gesetzgebungskommission in Russland ein; deren Arbeit bleibt unvollendet.

1755

Gründung der Universität Moskau; treibende Kraft ist der Natur- und Sprachwissenschaftler, Historiker und Dichter Michail Lomonossow (1711–1765).

1756

Beginn des Siebenjährigen Krieges (Österreich mit dem Römisch-Deutschen Reich, Frankreich, Russland, Schweden und Sachsen gegen Preußen, verbündet mit England, Braunschweig-Lüneburg u.a.). Kämpfe v.a. in Sachsen, Böhmen/Schlesien, Ostpreußen und – zwischen England und Frankreich – in den amerikanischen und indischen Kolonien.

27. Januar

Wolfgang Amadeus Mozart wird in Salzburg geboren (gest. 5. Dezember 1791)

1757

Die Petersburger Akademie der Künste wird eröffnet.

1762

Das Hauptwerk Jean Jacques Rousseaus (1712–1778), „Du contrat social ou principes du droit politique" (Vom Gesellschaftsvertrag oder Prinzipien des Staatsrechts), erscheint in Amsterdam.

5. Januar
[25. Dezember 1761]

Kaiserin Elisabeth Petrowna stirbt. Ihr Nachfolger wird Peter III. (Karl Peter Ulrich von Schleswig-Holstein-Gottorf, Enkel Peters des Großen). Russland scheidet im Siebenjährigen Krieg aus der Koalition aus, Reformprogramm im Innern.

9. Juli [28. Juni]

Peter III. wird durch einen Staatsstreich seiner Ehefrau gestürzt und stirbt acht Tage später unter ungeklärten Umständen. Katharina II. („die Große", geb. Sophie Friederike von Anhalt-Zerbst) wird Kaiserin.

Seit 1763

Katharina II. begründet durch Anwerbung deutscher Bauern die deutschen Wolgakolonien.

1763

10./15. Februar — Ende des Siebenjährigen Krieges, Friedensschlüsse von Paris (Frankreich tritt den größten Teil seiner amerikanischen Kolonien an Großbritannien ab) und von Hubertusburg: Auf dem europäischen Schauplatz wird der Status quo der Vorkriegszeit wiederhergestellt. Preußen hat sich als fünfte europäische Großmacht behauptet.

1764

27. März — Der Sohn Franz' I., Joseph, wird von den Kurfürsten zum römisch-deutschen König gewählt. Nach dem Tode des Vaters ist er als Joseph II. Kaiser des Heiligen Römischen Reiches und Mitregent in den Habsburgischen Territorien, nach dem Tode der Mutter (1780) Alleinherrscher. Er betreibt eine dezidierte, aber nur teilweise erfolgreiche Reformpolitik im Sinne des „aufgeklärten Absolutismus" (Aufhebung der Leibeigenschaft, Abschaffung der Todesstrafe, Zentralisierung und Ausbau der Verwaltung).

11. April [31. März] — Bündnisvertrag zwischen Russland und Preußen und Koordinierung der Polenpolitik beider Mächte.

April — Findlingshaus wird in Moskau errichtet. Es beruht auf einem „Generalplan für die Erziehung von jungen Menschen beiderlei Geschlechts", das von dem aufklärerischen Reformer und Pädagogen Iwan Bezkoi verfasst und von Kaiserin Katharina II. genehmigt worden ist.

7. September — Unter Druck Russlands Wahl von Stanisław Poniatowski zum König von Polen, Krönung am 25. November 1764.

1767

„Instruktion für die Gesetzbuchkommission" Katharinas II. skizziert ein Programm aufgeklärter Reformen (Rechtsvereinheitlichung, Reform der Regionalverwaltung, Trennung der Gerichtsbarkeit von der Verwaltung, Humanisierung des Strafrechts).

1769/1770

Nikolai Nowikow (1744–1818) veröffentlicht in Sankt Petersburg die satirische Wochenzeitschrift „Die Drohne".

1770

Immanuel Kant (1724–1804) wird Professor für Logik und Metaphysik an der Universität Königsberg. (1781 Kritik der reinen Vernunft, 1784 Idee zu einer allgemeinen Geschichte in weltbürgerlicher Absicht, 1788 Kritik der praktischen Vernunft, 1795 Zum ewigen Frieden, 1797 Metaphysik der Sitten). 1787 wird er Mitglied der Preußischen, 1794 Ehrenmitglied der Russischen Akademie der Wissenschaften.

1770

16.(?) Dezember — Ludwig van Beethoven wird in Bonn geboren (gest. 26. März 1827).

1773–1774

15. Oktober – 5. März — Denis Diderot (1713–1784), zusammen mit d'Alembert (1717–1783) Herausgeber der Encyclopédie (seit 1751), hält sich am Hof Katharinas II. auf, führt regelmäßige Gespräche mit der Kaiserin und wird Mitglied der Russischen Akademie der Wissenschaften.

1774

10. Mai — Ludwig XV. stirbt. Nachfolger ist sein Enkel (Ludwig XVI.).

1774

21. [10.] Juli — Friede von Küçük Kaynarca beendet den fünften Russisch-Türkischen Krieg (seit 1768). Umfangreiche Abtretungen des Osmanischen Reiches an Russland. Das Krim-Khanat wird unabhängig. Russland wird zur Schutzmacht der christlich-orthodoxen Einwohner des Osmanischen Reiches.

1775

18. [7.] November — Gouvernementsreform Katharinas II. (Verkleinerung der Gouvernements, Herauslösung der Justiz aus der Verwaltung, Mitwirkung von Adel und Stadtbürgern an der lokalen und regionalen Verwaltung).

Ab 1775   Matwei Kasakow (1738–1812), russischer Architekt, errichtet im Auftrag Katharinas II. bedeutende Bauten, insbesondere in Moskau (Senatspalast im Moskauer Kreml, Haus der Moskauer Adelsversammlung).

1775   Johann Wolfgang Goethe (1749–1832) wird nach Weimar berufen und wirkt ab 1776 in hohen Verwaltungspositionen. Die elf Jahre (1794–1805) seiner Freundschaft und engen Zusammenarbeit mit Friedrich Schiller (1759–1805) gelten als Höhepunkt der Weimarer Klassik, der auch Johann Gottfried Herder (1744–1803) und Christoph Martin Wieland (1733–1813) zugerechnet werden.

1776   Erklärung der Menschenrechte in der Virginia Declaration of Rights und der Unabhängigkeitserklärung der Vereinigten Staaten.

1779

13. Mai   Der Friede von Teschen beendet den Bayerischen Erbfolgekrieg (seit 5. Juli 1778). Die Erbfolge der kurpfälzischen Wittelsbacher in Bayern wird auch von Österreich anerkannt. Frankreich und Russland sind Garantiemächte des Vertrages.

1780   Reise Kaiser Josephs II. nach Russland zu Begegnungen mit Katharina II. in Mogilew, Smolensk, Moskau und St. Petersburg.

1781   Bündnis zwischen Österreich und Russland.

1783   Russland annektiert das Krimkhanat.

1784–1791   Das Hauptwerk Johann Gottfried Herders „Ideen zur Philosophie der Geschichte der Menschheit" erscheint.

1785

2. Mai [21. April]   Katharina II. erlässt zwei „Gnadenurkunden" für den Adel und die Städte (Rechte zur Selbst-organisation und Selbstverwaltung, darin u.a. Aufhebung der Verpflichtung des Adels zum Staatsdienst, aber Privilegierung des Staatsdienstes, Gewerbe- und Handelsfreiheit für Stadtbewohner).

1786

17. August   Friedrich der Große stirbt. Nachfolger wird sein Neffe, Friedrich Wilhelm II.

1787   Reise Katharinas II. nach Südrussland und auf die Krim und im März Begegnung mit Kaiser Joseph II.

August   Kriegserklärung des Osmanischen Reiches gegen Russland.

1788–1790   Krieg Schwedens gegen Russland.

1789   Beginn der Französischen Revolution.
Nachdem am 5. Mai erstmals seit 175 Jahren die Generalstände zusammengetreten sind, erklärt sich am 17. Juni der Dritte Stand zur Nationalversammlung und beginnt, eine Verfassung für Frankreich auszuarbeiten.
Am 14. Juli wird die Bastille, das alte Pariser Stadtgefängnis, vom Pariser Volk gestürmt.

26. August   Die französische Nationalversammlung beschließt die Erklärung der Menschen- und Bürgerrechte.

1790   In Frankreich werden die Kirchengüter enteignet und wird der erbliche Adel abgeschafft.

Alexander Radischtschew (1749–1802) veröffentlicht seinen aufklärerisch-kritischen Roman „Reise von Petersburg nach Moskau". Seine Verurteilung zur Verbannung wird nach Katharinas Tod aufgehoben.

In London erscheinen Edmund Burkes „Reflections on the Revolution in France" – Betrachtungen über die Revolution in Frankreich.

20. Februar   Kaiser Joseph II. stirbt. Leopold II. wird Herrscher in den

habsburgischen Territorien (1790/91 auch König von Ungarn und von Böhmen) und am 30. September zum Kaiser des Römisch-Deutschen Reiches gewählt. Er setzt die Reformpolitik seines Bruders fort.

1791

3. Mai — Der polnische Sejm beschließt eine neue Verfassung, in der die Erbmonarchie eingeführt und die Stellung des Königs gestärkt wird. Mehrheitsprinzip und Ministerverantwortlichkeit gegenüber dem Parlament charakterisieren sie als erste moderne Verfassung in Europa.

3. September — Frankreich wird zur konstitutionellen Monarchie.

1792 — Russisch-polnischer Krieg, die Verfassung von 1791 wird aufgehoben.

9. Januar [29. Dezember 1791] — Friede von Jassy beendet den sechsten russisch-türkischen Krieg (zugleich achter österreichischer, beendet durch Frieden von Sistowa am 4. August 1791). Das Osmanische Reich erkennt die Annexion der Krim an, der Dnjepr wird zum Grenzfluss. Kaukasische Grenze zwischen beiden Reichen bleibt der Kuban.

1. März. — Kaiser Leopold II. stirbt, Nachfolger in den habsburgischen Erblanden und ab 5. Juli 1792 als Kaiser wird sein Sohn Franz II. Er ist der letzte Kaiser des Heiligen Römischen Reiches und der erste Kaiser von Österreich.

1792/93–1797 — Erster Koalitionskrieg (Frankreich gegen Österreich und Preußen). Wende des Krieges ist die Kanonade von Valmy, 20. September.

1792

21. September — Der französische Konvent beschließt die Abschaffung des Königtums.

1793

21. Januar — Ludwig XVI., vom französischen Konvent zum Tode verurteilt, wird durch die Guillotine hingerichtet.

1793

22. Juli — Zweite Teilung Polens.

1793/1794 — Die Revolution in Frankreich radikalisiert sich, Schreckensherrschaft („Terreur") des Wohlfahrtsausschusses unter dem Vorsitz Robespierres (bis zu seinem Sturz, 27. Juli 1794). Mehr als 16 000 Todesurteile werden verhängt, darüber hinaus weitere Tausende von Todesopfern.

1794 — Das Allgemeine Landrecht für die Preußischen Staaten, vorbereitet seit 1780, wird erlassen.

Kościuszko-Aufstand in Polen gegen die Teilungsmächte.

1795

3. Jan. / 24. Okt. — Dritte Teilung Polens.

1795–1799 — In Frankreich Regierung des Direktoriums.

1796

17. [6.] November — Katharina die Große stirbt. Nachfolger wird ihr Sohn Paul I. (Pawel Petrowitsch, bis 24. [12.] März 1801).

1797

16. November — König Friedrich Wilhelm II. von Preußen stirbt. Nachfolger wird sein Sohn, Friedrich Wilhelm III. (bis 7. Juni 1840).

1797–1801 — Das Werk „Briefe eines russischen Reisenden" von Nikolai Karamsin (1766–1826), konzipiert auf seiner Europareise 1789/90, erscheint in Buchform.

1799–1802 — Zweiter Koalitionskrieg gegen Frankreich (England, Russland, Österreich, Portugal, Neapel, Osmanisches Reich).

1799

9. November — General Napoleon Bonaparte (1769–1821) stürzt durch einen Staatsstreich das Direktorium und führt in Frankreich die Konsularregierung ein (ab 1802 Konsul auf Lebenszeit).

1801

9. Februar — Im Frieden von Lunéville tritt das Reich die linksrheinischen Territorien an Frankreich ab und verpflichtet sich zur Entschädigung der betroffenen Reichsstände.

1801

24. [12.] März — Kaiser Paul I. wird ermordet, sein Sohn Alexander I. wird Kaiser von Russland (bis 1. Dezember. [19. November] 1825).

1803

Februar/März — Reichsdeputationshauptschluss in Regensburg. Aufgrund eines Entwurfs Frankreichs und Russlands werden die meisten geistlichen Fürstentümer aufgelöst, Reichsstädte mediatisiert, vier neue Kurfürstentümer begründet.

1804

11. August — Franz II. proklamiert sich zum Kaiser von Österreich.

1804

2. Dezember — Napoleon I. krönt sich zum Kaiser der Franzosen.

1805 — Dritter Koalitionskrieg gegen Frankreich (Großbritannien, Russland, Österreich, Schweden); Seesieg Englands bei Trafalgar (21. Oktober), Niederlage Russlands und Österreichs bei Austerlitz („Dreikaiserschlacht", 2. Dezember).

15./26. September — Preußisch-französischer Bündnisvertrag in Schönbrunn, österreichisch-französischer Friedensvertrag von Preßburg (Abtretungen, Bayern und Württemberg werden Königreiche).

1806

12./16. Juli — Gründung des Rheinbundes als Konföderation mit dem französischen Kaiserreich verbündeter Staaten. Die 16 Mitgliedsstaaten erklären am 1. August 1806 ihren Austritt aus dem Reich. Bis 1818 treten weitere 20 Staaten bei. In den Rheinbundstaaten finden Modernisierungsreformen nach französischem Vorbild statt.

Der Rheinbund löst sich nach der Völkerschlacht auf.

6. August — Franz II. legt die deutsche Kaiserkrone nieder. Ende des Heiligen Römischen Reiches deutscher Nation.

1806/1807 — Vierter Koalitionskrieg gegen Frankreich (Preußen und Russland).
Vernichtende preußische Niederlagen bei Jena und Auerstedt (14. Oktober), Niederlage der russischen Truppen bei Friedland (14. Juni 1807).

1807

7.–9. Juli — Friede von Tilsit

1807–1812 — Verwaltungs- und Sozialreformen in Russland unter dem Chef der Gesetzeskommission Michail Speranski (1772–1839).

1807–1814 — Wiederaufbau Preußens, umfassende Reformen (Bauernbefreiung, Städteordnung, Verwaltungsreformen, Einführung der Gewerbefreiheit, Heeresreform mit allgemeiner Wehrpflicht, Judenemanzipation, Errichtung der Berliner Universität).

Ab 1808 — Spanischer Aufstand gegen die napoleonische Herrschaft.

1809 — Krieg Österreichs gegen Frankreich, Friede von Wien mit Abtretungen Österreichs.

1812

24. Juni — Beginn des Krieges Napoleons gegen Russland (7. Sept. Schlacht bei Borodino, 15.–20. September: Brand von Moskau, ab 19. Oktober Rückzug der Grande Armée aus Russland., 26.-28. November: Verlustreicher Übergang über die Beresina.

30. Dezember — Konvention von Tauroggen.

1813

28. Februar — Russisch-preußisches Bündnis

16. März — Kriegserklärung Preußens an Frankreich

12. August — Österreich tritt dem russisch-preußischen Bündnis bei.

16.–19. Oktober	Völkerschlacht bei Leipzig. Sieg der russischen, preußischen, österreichischen und schwedischen Truppen gegen die französischen und verbündeten sächsischen Streitkräfte Napoleons. (Insgesamt rund 600 000 Soldaten, davon über 90 000 getötet oder verwundet, dazu zahlreiche Opfer in der Leipziger Zivilbevölkerung.)

Ab 1814 — Ludwig XVIII. regiert als konstitutioneller König in Frankreich.

1814

31. März	Einzug der verbündeten Truppen in Paris. Napoleon verzichtet auf den Thron und erhält die Insel Elba als Fürstentum.
30. Mai	Erster Friede von Paris.

1815

1. März	Napoleon landet in Frankreich, am 20. März zieht er in Paris ein.
18. Juni	Schlacht bei Belle Alliance / Waterloo: Sieg der preußischen und britischen Truppen.
7. Juli	Zweite Einnahme von Paris. Napoleon wird auf die Insel St. Helena verbannt (stirbt am 5. Mai 1821).
20. November	Zweiter Friede von Paris.

PERSONEN- UND ORTSREGISTER

PERSONENREGISTER

Adolf Friedrich von Holstein-Gottorf, König von Schweden 103
Adrian, Patriarch 78, 86
Albrecht III. (Achilles), Kurfürst von Brandenburg 153
Alexander I., Kaiser von Russland 242, 244, 246, 248-252, 289-290, 293, 298, 318, 323-330, 333-335, 337-351, 353-354, 359, 365-366, 368, 372, 374, 377-378, 381
Alexander von Württemberg 362
Alexandra Fjodorowna, Kaiserin von Russland, siehe auch Charlotte von Preußen 244, 250
Alexandra Pawlowna, Großfürstin 226, 244, 248-250
Alexei Michailowitsch, Zar von Russland 30-35, 39, 41, 51, 126, 130
Alexei Petrowitsch, Zarewitsch 227, 244
Algarotti, Francesco Graf von 64, 268
al-Raschid, Harun 253
Altenstein, Freiherr Karl von 299
Anna Amalia, Herzogin von Sachsen-Weimar-Eisenach 155, 266, 272, 303-306, 308, 316-319
Anna Fjodorowna, Großfürstin, siehe auch Juliana von Sachsen-Coburg-Saalfeld 244, 248
Anna Iwanowna, Kaiserin von Russland 90, 101, 121, 127, 129-130, 135-136, 140-141, 144, 149-150, 153, 158, 242, 244, 326
Anna Leopoldowna, Regentin von Russland, siehe auch Elisabeth Katharina Christine von Mecklenburg-Schwerin 101, 130, 134-137, 244
Anna Pawlowna, Großfürstin 244
Anna Petrowna, Zarewna 129, 131, 134-135, 242, 244
Anton Ulrich von Braunschweig-Bevern 130, 134, 136-137, 244
Apostel Andreas 110
Apraksin, Stefan 165
Arentschildt, Wilhelm von 367
Arndt, Ernst Moritz 366-367, 369
Arnim, Achim von 313
Asam, Egid Quirin 313
Asseburg, Achatz Ferdinand von der 190

Auerbach, Johann Gottfried 20
August II., der Starke, König von Polen, siehe auch Friedrich August I. 23, 117, 119-123, 129, 140, 151, 162, 166, 174-175, 265, 269
August III., König von Polen, siehe auch Friedrich August II. 140, 151, 162, 166, 172, 175, 269
Awwakum 33
Axamitow, Dmitri 45-46

Bacciarelli, Marcello 175
Bach, Johann Sebastian 313
Bachmann, Johan von 171
Bacon, Francis 93
Bagration, Fürst Peter 347, 349
Balugjanski, Michail 331
Barthélemy, Jean-Jacques 276
Basedow, Johann Bernhard 214
Bayer, Gottlieb Siegfried 102
Beauharnais, Joséphine de 293, 345
Beccaria, Cesare 206, 209
Beethoven, Ludwig van 313
Benedikt XIV., Papst 150, 159
Bennigsen, Levin August von 339-340, 362, 375-376, 380
Bentham, Jeremy 289
Berka, Johann 335
Bernadotte, Jean 374-376, 380
Bernoulli, Daniel 89
Bernoulli, Nikolaus 89
Besborodko, Alexander 259-260, 324
Bestuschew-Rjumin, Alexei 159, 161
Bielfeld, Jakob Friedrich Freiherr von 209
Biester, Johann Heinrich 214
Biron, Ernst Johann von 135-136, 140-141, 144
Block, Benjamin von 20
Blücher, Gebhard Leberecht von 374-378, 382
Blumentrost, Laurentius 88-89
Bodin, Jean 199, 201
Bolotow, Andrei 304
Bonaparte, Jérôme, König von Westphalen 296, 343, 349, 360
Bonaparte, Joseph, König von Spanien 296
Bonaparte, Napoleon siehe Napoleon I.,

https://doi.org/10.1515/9783110348712-037

Bonnet, Charles 277
Boyen, Hermann von 298
Boyer, Jean-Baptiste de 268
Brentano, Clemens 313
Budberg, Andreas von 338
Budberg, Karl Woldemar von 363
Burke, Edmund 285
Büsching, Anton Friedrich 73, 214

Calvert, Charles 64
Campe, Johann Heinrich 214, 285
Cantemir, Dimitrie 121
Caravaque, Louis 150, 159
Carl August, (Groß)herzog von Sachsen-Weimar-
    Eisenach 245, 266, 272, 282, 303, 305-310, 317,
    319-320
Carl, Landgraf von Hessen-Kassel 265
Carmarthen, Marquis von 77
Carmer, Johann Heinrich von 208, 210, 212
Cassier de Bellegarde, Jean Alexander Louis 368
Charlotte von Preußen, siehe auch Alexandra
    Fjodorowna 244, 250
Charlotte von Württemberg 244, 250
Charlotte Christine von Braunschweig-Wolfenbüt-
    tel 80, 83, 107, 126, 128, 130-134, 244
Chateaubriand, François-René de 311
Chemnitz, Bogislaus Phillip von 17
Cheraskow, Michail 90
Chlodwig I., fränkischer König 152
Christian August von Anhalt-Zerbst 137
Christiane Eberhardine von Brandenburg-Bayreuth
    126, 128
Clausewitz, Carl von 299, 356, 367, 373
Clemenceau, Georges 285
Clemens XII., Papst 149-150, 158
Cocceji, Samuel von 207-208, 212
Colloredo-Mansfeld, Graf Hieronymus 380
Conti, Graf Luis Francois de 117
Corneille, Pierre 307
Creutz, Ehrenreich Bogislaus 58
Czartoryski, Adam 289, 324-325, 337, 340

D'Alembert, eigentlich Jean-Baptiste le Rond 197,
    205, 209, 229, 267
Damian, Cosmas 313
Dannecker, Johann Heinrich 313
David, Jacques Louis 293
Deroy, Bernhard Erasmus Graf 360
Diderot, Denis 196-197, 205, 209, 229, 245
Diebitsch, Hans Karl von 369
Djafar, Großwesir 253
Dohm, Christian Wilhelm 300
Dohna-Schlobitten, Friedrich Karl Emil Graf zu
    367
Donat, Johann Daniel 21
Dostojewski, Fjodor 312, 322
Driesen, Friedrich Wilhelm von 363
Dupaty, Jean-Baptiste Mercier 277

Eichendorff, Joseph von 313

Einsiedel-Scharfenstein, Friedrich Hildebrand Frei-
    herr von 305
Elisabeth, Kaiserin von Russland (Elisabeth Pet-
    rowna) 81, 90, 99-101, 103, 105, 107, 112, 129-
    130, 134-137, 153, 158-159, 161, 163, 165-166,
    169, 226-227, 242-244, 247
Elisabeth Alexejewna, Kaiserin von Russland, siehe
    auch Luise Marie Auguste von Baden 244, 248
Elisabeth Christine von Braunschweig-Wolfenbüt-
    tel 128, 151
Elisabeth Katharina Christine von Mecklenburg-
    Schwerin 130
Engels, Friedrich 182
Erhard, Johann Benjamin 285
Ernst August II. Constantin, Herzog von Sachsen-
    Weimar-Eisenach 306
Ernst I., Herzog von Sachsen-Coburg-Saalfeld 252
Essen, Magnus Gustav Johann von 369
Esterházy de Galantha, Fürst Nikolaus 227
Euler, Leonhard 89, 196
Euripides 269

Fain, Baron Agathon 362
Farquharson, Henry 77-79
Ferdinand III., Kaiser des Heiligen Römischen
    Reiches 18
Fermor, Wilhelm Graf 165, 167
Fer, Nicolas de 22
Fichte, Johann Gottlieb 285, 299, 309, 312-313
Fick, Heinrich von 68, 71
Finck von Finckenstein, Karl Wilhelm Graf 168
Fischer, Christian 25
Fischer, Johann Michael 313
Fjodor III,, Zar von Russland (Fjodor Alexeje-
    witsch) 31, 43-44, 126, 130
Fonwisit, Denis 268
Forster, Georg 286
Foucault, Michel 93, 95
Frackmann, Friedrich 365
Francke, August Hermann 197, 214
Franz I., Kaiser des Heiligen Römischen Reiches
    (Franz Stephan von Lothringen) 20-21, 151,
    156, 158, 165-166, 184, 226-227
Franz II., Kaiser des Heiligen Römischen Reiches,
    als Franz I. Kaiser von Österreich 20-21, 27-
    28, 225, 247, 249, 251, 259, 291, 293-294, 335-
    337, 346-347, 381
Friederike von Württemberg 130, 137, 244-245, 247
Friedrich I., König in Preußen, (Friedrich III.,
    Kurfürst von Brandenburg) 23, 53-54, 61, 117,
    123, 129, 212
Friedrich I., Landgraf von Hessen-Kassel 24
Friedrich II., der Große, König von Preußen 20,
    27, 55, 61, 112, 137-138, 153-156, 158-159,
    161-170, 172, 174, 176, 178, 183, 185-190, 193,
    195-197, 200, 203-216, 221, 227, 229, 243, 245-
    247, 249, 257-258, 260, 262, 264, 268, 285, 297,
    304, 307-308, 333, 338-339, 342
Friedrich II., Landgraf von Hessen-Kassel 266

Friedrich August I., Kurfürst von Sachsen, siehe auch August II. 23, 117, 123, 151, 187, 265

Friedrich August II., Kurfürst von Sachsen, siehe auch August III. 151, 265, 269

Friedrich Eugen von Württemberg-Mömpelgard 246

Friedrich Ferdinand Konstantin von Sachsen-Weimar-Eisenach 317

Friedrich Josias von Sachsen-Coburg-Saalfeld 248

Friedrich Karl von Erthal, Kurfürst und Erzbischof von Mainz 262

Friedrich Ludwig, Herzog zu Mecklenburg-Schwerin 244, 249

Friedrich Wilhelm I., König in Preußen 18, 55-62, 64, 90, 149-150, 153-154, 158, 171, 200, 204, 207, 211-212, 214, 223, 268, 272, 285

Friedrich Wilhelm II., König von Preußen 61, 211-212, 268, 272, 285, 297, 333-335, 338-340, 342, 360, 371-374, 378, 381

Friedrich Wilhelm III., König von Preußen 61, 297, 333-336, 338-340, 342, 360, 371-374, 378, 381

Friedrich Wilhelm Karl von Württemberg 360

Friedrich Wilhelm Kettler, Herzog von Kurland 121, 129, 244

Friedrich, Caspar David 313

Fritsch, Henriette Albertine Antonie 305

Fuhrmann, Gottlieb 365

Funck, Karl Wilhelm Ferdinand von 361

Gagarin, Gawril 323

Genlis, Félicité de 277

Georg I., König von England (Georg Ludwig von Braunschweig-Lüneburg) 23

Georg II., König von England 137, 160, 166

Georg III., König von Englang, 183, 185

Georg von Oldenburg 346, 359, 366

Gluck, Christoph Willibald 313

Glück, Ernst 85, 129

Gneisenau, August Graf Neidhardt von 298-299

Goechhausen, Luise Ernestine Christiane Juliane von 305

Goethe, Johann Wolfgang von 196, 243, 266, 270-272, 278, 282, 297, 303-313, 315-322

Golizyn, Boris 288

Golizyn, Dmitri 188, 288

Golowin, Fjodor 44-46

Goltz, Alexander Wilhelm von der 367

Gordon, Patrick 46-48

Gore, Charles 305

Gore, Elisa 305

Gore, Emily 305

Görne, Friedrich von 58

Gottsched, Johann Christoph 197, 308

Gotzkowsky, Johann Ernst 168

Gouvion Saint-Cyr, Laurent Marquis de 360

Göz, Gottfried Bernhard 159

Graff, Anton 61, 207, 313

Grawert, Julius Reinhold 368

Gregor, Johann Gottfried 38

Gregor XIII., Papst 11

Grice, Richard 77

Grimm, Friedrich Melchior 245, 248, 263, 274

Grumbkow, Friedrich Wilhelm von 58

Gulyga, Arseni 312

Gundolf, Friedrich 307

Gustav III., König von Schweden 248, 287

Gustav IV., König von Schweden 248

Gwyn, Stephen 77

Hackert, Philipp 313

Hadik von Futak, Andreas Graf 171

Händel, Friedrich 313

Hardenberg, Graf Karl August von 300, 340

Harpe, Frédéric-César de la 289

Haugwitz, Friedrich Wilhelm Graf von 220-223, 225, 336

Haydn, Joseph 313

Hecht, Wilhelm 220

Hegel, Georg Wilhelm Friedrich 28, 285-286, 309, 311-313

Heinrich, Prinz von Preußen 178, 188, 245

Heinz, Sattlermeister 365

Helbig, Georg Adolph Wilhelm von 256, 260

Helena Pawlowna 244, 250-251

Henriette Caroline, Landgräfin von Hessen-Darmstadt 266

Herder, Caroline 304

Herder, Johann Gottfried 270-273, 278, 286, 303-305, 309, 311, 317-319

Hervey, John, Lord of Ickworth 64

Hesse, Johann Christian 365

Hildebrand, Lukas von 313

Hinrichs, Carl 56, 153

Hobbes, Thomas 199

Hochberg, Wilhelm Ludwig August Prinz von 361

Hoffmann, E.T.A. 313

Hölderlin, Friedrich 285, 313

Horn, Heinrich Wilhelm von 362

Humboldt, Alexander von 304

Humboldt, Wilhelm von 299, 304

Inhof, Kürschner 365

Iwan IV., der Schreckliche, Zar von Russland 29, 39

Iwan V., Zar von Russland (Iwan Alexejewitsch) 31, 43-45, 101, 121, 130, 134, 136-137, 153, 158, 242

Iwan VI., Zar von Russland 101, 130, 134, 136-137, 153, 158, 242

Iwaschkin, Peter 353, 355

Jaguschinski, Pawel 70

Jannau, Heinrich Johann von 239

Jaworski, Stefan 86

Jelagin, Iwan 90

Jenisch, Daniel 315

Joachim, Patriarch von Moskau 18, 43, 46, 296, 311, 320-321, 337, 360, 378

Johann III. Sobieski, König von Polen, 117

Johann Philipp von Schönborn, Kurfürst und Erzbischof von Mainz 84

Josef Ferdinand, Kurprinz von Bayern 23

Joseph I., Kaiser des Heiligen Römischen Reiches 18-20, 151, 155
Joseph II., Kaiser des Heiligen Römischen Reiches 20-21, 174, 183-189, 192-193, 225-226, 229, 246-248, 253-264, 278, 292, 300
Joseph Anton, Erzherzog von Österreich 249
Juliana von Sachsen-Coburg-Saalfeld, siehe auch Anna Fjodorowna 244
Junot, Jean Andoche 360

Kantemir, Fürst Antioch 197
Kant, Immanuel 195-196, 198, 211, 214, 267, 276, 285-286, 304, 311-313
Karamsin, Nikolai 198, 265-273, 275-280, 288, 304, 317-318
Karl, Erzherzog von Österreich-Teschen 298
Karl I., König von England 40
Karl I. von Braunschweig-Wolfenbüttel 137
Karl II. August von Pfalz-Zweibrücken 187, 262
Karl IV., Kaiser des Heiligen Römischen Reiches 18, 23
Karl VI., Kaiser des Heiligen Römischen Reiches 19-20, 24, 128, 142, 144, 147, 149-153, 155, 158, 161, 217, 219
Karl VII., Kaiser des Heiligen Römischen Reiches (urspr. Karl Albrecht, Kurfürst von Bayern) 19-21, 152, 155, 158, 159, 186, 219, 226
Karl XI., König von Schweden 117
Karl XII., König von Schweden 64-65, 120-122, 128-129, 133, 346
Karl August von Holstein-Gottorf 134, 137, 244
Karl Eugen, Herzog von Württemberg 166
Karl Friedrich, Markgraf von Baden 24, 248
Karl Friedrich von Holstein-Gottorf 112, 122, 131, 133-135, 137, 244
Karl Friedrich von Sachsen-Weimar 244, 249
Karl Leopold, Herzog von Mecklenburg-Schwerin 107, 127, 129-130
Karl Peter Ulrich von Holstein-Gottorf, siehe auch Peter III. 103, 131, 134-135, 137, 242, 244
Karl Theodor, Kurfürst von der Pfalz, (Karl II., Kurfürst von Bayern) 24, 186-188, 190, 262, 308
Karoline Henriette, Landgräfin von Hessen-Darmstadt 243
Katharina I., Kaiserin von Russland 89, 95, 97, 131, 134, 153, 323
Katharina II., die Große, Kaiserin von Russland (Katharina Alexejewna), siehe auch Sophie Friederike Auguste von Anhalt-Zerbst 61, 101, 127, 131, 135, 137, 159, 169-170, 174-176, 178, 183-185, 187-189, 192-193, 195-197, 201-202, 205, 208-209, 213-214, 226-227, 229-240, 243-248, 250, 253-264, 274, 283, 288, 305, 323-324, 337, 346, 348
Katharina Iwanowna, Großfürstin 107, 127, 129-130, 244
Katharina Pawlowna, Großfürstin 244, 251, 345, 359
Katsch, Christoph von 58

Kauffmann, Angelika 304
Kaunitz, Wenzel Anton Graf von 162, 187-188, 220, 223, 225, 259, 263-264
Keith, Georg 268
Keith, James 268
Kineschemzew, Guri 37
Kiprianow, Wassili 79
Klein, Ernst Ferdinand 210, 286
Kleist, Heinrich von 313
Klengel, Heinrich Christian Magnus von 364
Klinger, Friedrich Maximilian 196, 309
Kljutschewski, Wassili 209
Klopstock, Friedrich Gottlieb 271, 286, 308, 313, 317
Knebel, Carl Ludwig von 282, 317
Kneller, Godfrey 40
Knobelsdorff, Georg Wenzeslaus von 313
Konstantin Pawlowitsch, Großfürst von Russland 244, 246, 248, 250-252, 254, 261
Korotki, Iwan 79
Kościuszko, Tadeusz 179
Kotoschichin, Grigori 32
Kotschubei, Wiktor 324-325
Kotzebue, Alexander von 171
Krafft, Johann Peter 381
Kraus, Georg Melchior 303, 305, 309-310, 316
Krautt, Johann Andreas von 58
Krock, Nikolaus 365
Kügelgen, Franz Gerhard von 251
Kurakin, Fürst Alexander 323, 359
Kurbatow, Alexei 76, 78-80, 82
Kust, Karl 365
Kutusow, Graf Michail 335, 351-356, 358, 363

Lacy, Peter von 140-145
Lamb, Iwan 323
La Mettrie, Julien Offray de 268
La Roche, Sophie von 304
Lauriston, Jaques Alexandre Bernard Law de 378
Lavater, Johann Caspar 276-278
Le Cocq, Karl Christian Erdmann von 361
Lefort, Franz 44-48
Le Gros, Jean Sauveur 335
Leibniz, Gottfried Wilhelm 83-84, 87, 89, 93-94, 96, 107, 128, 196-197, 313
Lemire, Noel 174
Lenné, Joseph 313
Lenz, Jakob Michael 278
Leontjew, Michail 141
Leopold I., Kaiser des Heiligen Römischen Reiches 12, 15, 18-21, 23, 54, 116, 119, 217, 225
Leopold II., Kaiser des Heiligen Römischen Reiches 20-21, 187, 193, 225, 227, 247, 259
Leopold, Sohn von Karl VI. 152
Lessings, Gotthold Ephraim 211
Levaillant, François 276
Lichud, Sofroni 79
Lieven, Dominic 240, 362
Ligne, Fürst Charles Joseph de 255, 257
Limnäus, Johannes 17

Linowski, Aleksander 180
Lisiewska, Anna Rosina 312
Locke, John 201, 300
Lomonossow, Michail 91-92, 100-102, 104-110, 197
Lopuchina, Jewdokija 126, 129-130
Löwis von Menar, Friedrich 368
Ludwig VIII., Landgraf von Hessen-Darmstadt 243
Ludwig IX., Landgraf von Hessen-Darmstadt 266
Ludwig XIV., König von Frankreich 15, 18-19, 50, 64, 94, 116-117, 120, 122, 194
Ludwig XV., König von Frankreich 134, 160, 163, 166
Ludwig XVI., König von Frankreich 253, 286
Ludwig XVIII., König von Frankreich 289
Ludwig Ernst von Braunschweig-Wolfenbüttel, Herzog von Kurland 136-137
Ludwig Gruno, Prinz von Hessen-Homburg 143
Luise, Königin von Preußen 297, 333-335, 339, 342
Luise von Hessen-Darmstadt 245, 310, 319, 317
Luise Marie Auguste von Baden, siehe auch Elisabeth Alexejewna 248
Lukian 317
Luther, Martin 307
Lynar, Moritz Graf zu 136

Macdonald, Etienne Jacques 361, 368, 371, 373-375, 381
Machiavelli, Niccolò 199, 204
Mackintosh, James 289
Magnizki, Leonti 78-79
Małachowski, Stanisław 180
Manstein, Christoph Hermann von 148
Maria Amalia von Österreich, Erzherzögin 152
Maria Anna von Österreich, Erzherzögin 152
Maria Fjodorowna, Kaiserin von Russland, siehe auch Sophie Dorothee Prinzessin von Württemberg 186, 244-251, 258, 345, 359, 362
Maria Pawlowna, Großfürstin 244, 249, 252, 318
Maria Theresia, Erzherzogin, Königin von Böhmen und Ungarn 20, 24, 27, 112, 137, 145, 152-153, 155-159, 161-162, 164, 166, 184, 186-189, 205, 217-221, 223-228, 257-259, 263
Marie Antoinette, Königin von Frankreich 278, 286
Marie Louise von Österreich 297, 346
Markuschewski, Mikita 38
Marmont, Auguste Frédéric Louis Viesse de 377-378
Marmontel, Jean-François 276
Maron, Anton von 21
Marwitz, Friedrich August von der 212
Masepa, Iwan 121
Massenbach, Eberhard Friedrich Fabian von 362
Matejko, Jan 180
Matjuschkin, Dmitri 227
Mattarnovi, Georg Johann 91
Matthieu, David 159
Matwejew, Graf Andrei 80, 82
Maupertuis, Pierre Louis Moreau de 304
Max Emanuel, Kurfürst von Bayern 23

Maximilian I., Kaiser des Heiligen Römischen Reiches 219
Maximilian III. Joseph, Kurfürst von Bayern 24, 156, 186
May, Georg Oswald 312
Mehmed-Pascha 142
Melissino, Iwan 90
Mendelssohn-Bartholdy, Felix 313
Mendelssohn, Moses 194, 308
Menschikow, Alexander 45-46, 70
Menzel, Adolf von 204, 268
Merck, Johann Heinrich 243, 274
Merkel, Garlieb 363
Merveldt, Maximilian Friedrich von 377-378
Metternich, Clemens Wenzel Graf 346, 373
Meyer, Johann Heinrich 305
Michael Pawlowitsch, Großfürst 244
Michail Fjodorowitsch, Zar von Russland 31, 130
Miloslawskaja, Maria 130
Mirabeau, Gabriel de Riqueti Graf von 283
Mirowitsch, Wassili 137
Mitchell, David 77
Molière, eigentlich Jean-Baptiste Poquelin 307
Mons, Anna 47-48
Montesquieu, Charles Secondat de 201, 209, 229-230
Monzambano, Severinus de, siehe auch Samuel Pufendorf 19
Mordwinow, Nikolai 331
Moreau, Jean-Michel 174, 304
Moritz, Karl Philipp 136, 267, 277, 366-367, 369
Mortier, Édouard Adolphe 353
Moser, Friedrich Karl von 190-191, 243, 274, 292
Motte, Charles Etienne Pierre 336
Mozart, Wolfgang Amadeus 313
Müller, Gerhard Friedrich 101-110
Münnich, Burkhard Christoph von 81, 135-136, 140-148
Murat, Joachim 296, 337, 354, 360, 378
Musäus, Johann Karl August 316-317

Napoleon I., Kaiser der Franzosen 27-28, 51, 173, 181, 242, 250-252, 284, 287, 289-291, 293-299, 302, 308, 311-312, 330, 333-362, 365, 368, 370-378, 380-382
Nartow, Andrei 96
Naryschkina, Natalia 130
Natalia Alexejewna, Großfürstin, siehe auch Wilhelmine von Hessen-Darmstadt 244-247, 270
Necker, Jacques 283
Negrebizki, Pawel 43
Neipperg, Graf Wilhelm Reinhard von 145-147
Nesselrode, Karl von 359
Neumann, Balthasar 313
Ney, Michel 360-361, 369-370, 375, 377
Nicolai, Friedrich 210-211, 267, 272, 286, 304, 308, 314
Nikolaus I., Kaiser von Russland (Nikolai Pawlowitsch) 171, 244, 246, 250-251, 330
Nikolew, Samoilo 43

Nikon, Patriarch 33-35
Novalis, eigentlich Georg Philipp Friedrich von Hardenberg 311, 313
Nowikow, Nikolai 202, 266, 270, 277
Nowosilzew, Nikolai 324-325

Ochs, Adam Ludwig von 360
Oers, Theobald von 319
Oestreich, Gerhard 25, 216
Origenes 322
Orlow, Grigori 227, 243, 246, 274
Ostein, Johann Franz Heinrich Carl Graf von 142
Ostermann, Heinrich Johann Friedrich 135-136, 141-142, 144, 147, 159, 260
Oudinot, Charles Nicolas 357, 373-375, 378

Pahlen, Paul von der 323, 363
Pahlen, Peter von der 363
Palmer, Robert R. 282
Panin, Nikita 170, 188, 258-260
Paul, Jean 304, 313
Paul I., Kaiser von Russland (Paul Petrowitsch) 131, 137, 170, 186, 195, 202, 226-227, 243-244, 246-251, 256, 258, 270, 288-290, 323-324, 328
Paulucci, Marquis Philipp 369
Pawlow, Afanasi 79
Perry, John 78
Peter Friedrich Ludwig, Großherzog von Oldenburg 244, 247, 359, 366-367
Peter I., der Große, Zar und Kaiser von Russland (Peter Alexejewitsch) 12-15, 29, 31, 40, 42-48, 51-52, 63-66, 68-91, 93-104, 106-107, 110-112, 115-137, 153, 174, 197, 199, 201-202, 226-227, 229, 231-234, 237, 241-242, 248-249, 251, 278, 287, 327
Peter II., Kaiser von Russland 131, 132, 133, 134, 159, 227
Peter III., Kaiser von Russland (Peter Fjodorowitsch) 106, 112, 131, 135, 137-138, 165, 169, 171, 205, 227, 232, 242, 244, 274, 346
Petruchinzew, Nikolai 148
Pezzl, Johann 292
Philipp II., König von Spanien 201
Podewils, Heinrich von 154
Polikarpow, Fjodor 79
Poniatowski, Józef Antoni 381
Pool, Gerrit-Klaes 119
Potjomkin, Grigori 254-259, 261
Pott, Baron Johann Ludwig Luberas von 95
Praskowja Saltykowa 130
Preysing-Moos, Johann Maximilian Nikolaus Graf 362
Prokopowitsch, Feofan 94-95, 133
Pückler-Muskau, Fürst Hermann von 313
Pufendorf, Samuel von 17-19, 95, 97, 197, 199

Racine, Jean 307
Radischtschew, Alexander 202, 268, 288
Rákóczi, Joseph 145
Ramler, Karl Wilhelm 267
Rasin, Stepan 33

Rasumowski, Kirill 100, 102-105, 107
Rauch, Christian Daniel 313
Reinkingk, Dietrich 17
Repnin, Nikolai 189-191
Reynier, Jean-Louis Ebenezer 361, 364
Robespierre, Maximilien de 285
Romme, Charles-Gilbert 289, 325
Romodanowski, Fürst Fjodor 48
Roslin, Alexander 245-247
Rostoptschin, Graf Fjodor 351, 353, 355, 365-366
Rothenburg, Graf Friedrich Rudolf von 268
Roth von Schreckenstein, Ludwig Johann Karl Gregor Eusebius Freiherr 362
Rousseau, Jean-Jaques 213-214, 274
Rowinski, Dmitri 134
Rüdiger, Friedrich Alexander von 363
Rudolf II., Kaiser des Heiligen Römischen Reiches 11
Rumjanzow, Peter 192, 256
Rurik 105, 107-108
Ruysch, Frederik 96

Saint-Cyr, Claude Carra de 360, 370
Saint-Hilaire, Baron de 80, 82
Saltanow, Bogdan 37
Saltykow, Nikolai 323
Saltykow, Peter 167
Saltykow, Sergei 137
Sayn-Wittgenstein, Peter Graf zu 368
Schadow, Johann Gottfried 313
Scharnhorst, Gerhard von 298-299, 367
Schelling, Caroline 304
Schelling, Friedrich Wilhelm 285, 309, 313
Scheremetew, Boris 76, 79, 274
Schiller, Friedrich 196, 201, 280, 285, 303, 306-307, 309, 313, 318-322
Schiller, Wilhelmine 208
Schinkel, Karl Friedrich 313
Schippan, Michael 74, 109, 199
Schlegel, August Wilhelm 307, 309, 313
Schlegel, Friedrich 285, 312-313
Schleiermacher, Friedrich 313
Schlözer, August Ludwig 103, 106, 197, 231, 241-242, 244, 250, 286
Schön, Theodor von 301
Schoonebek, Adriaan 45
Schopenhauer, Arthur 313
Schubert, Franz 313
Schumacher, Johann Daniel 64, 88, 100-101, 103-104, 106
Schumann, Robert 313
Schütz, Johann Georg 304
Schuwalow, Alexander 100
Schuwalow, Iwan 90-92, 100, 105-106, 110
Schuwalow, Peter 100, 208, 227
Schwarzenberg, Karl Philipp von 364, 373-375, 377-378, 380-382
Seckendorff, Graf Friedrich Heinrich von 144
Sedow, Pawel 43-44
Ségur, Graf Louis-Philippe de 253

Seslawin, Alexander 370
Shakespeare, William 278, 307
Sievers, Friedrich von 363
Sievers, Karl 227
Sieyès, Emmanuel Joseph 283
Skawronska, Martha, siehe auch Katharina I. 129
Solowjow, Sergei 43
Sophia Alexejewna, Regentin von Russland 43, 46,
    115, 126, 130
Sophie Auguste Friederike von Anhalt-Zerbst, sie-
    he auch Katharina II. 103, 131, 135, 137, 244,
    264, 305
Sophie Dorothee von Württemberg, siehe auch
    Maria Fjodorowna 186, 244-246, 251
Speranski, Michail 327, 329-332, 343-344
Staden, Reinhold Gustav von 363
Staël, Madame de 205, 304
Stanisław I. Leszczy[]ski, König von Polen 120,
    140, 175
Stanisław II. August Poniatowski, König von Polen
    174-176, 180, 183, 185, 256, 283
Stein, Charlotte von 304
Stein, Friedrich Karl Freiherr vom und zum 300-
    301, 339, 348, 366-367, 372
Steinheil, Fabian Gotthard Graf von 368
Sterne, Laurence 277
Stille, Christoph Ludwig von 268
Storck, Abraham 118
Stroganow, Alexander 227
Stroganow, Pawel 288-289, 325
Subleyras, Pierre 159
Subow, Alexei 120, 123
Subow, Nikolai 323
Subow, Pawel 323
Sumarokow, Alexander 90
Svarez, Carl Gottlieb 210, 213, 286

Talleyrand-Périgord, Charles-Maurice de 344
Teplow, Grigori 101, 103-104
Tharreau, Jean Victor 360
Thomasius, Christian 199, 206, 313
Tieck, Ludwig 307
Tischbein, Johann Friedrich August 309, 313
Tischbein, Johann Heinrich Wilhelm 313
Tocqueville, Alexis de 286
Toll, Karl Wilhelm von 320, 363
Tolly, Michael Andreas Barclay de 347, 349-350,
    364
Tolstoi, Lew 290, 312
Tormassow, Alexander 347, 364
Tottleben, Gottlob Heinrich Graf von 168, 171
Trezzini, Domenico 71
Troschtschinski, Dmitri 323
Tschernyschow, Alexander 366
Tschirnhaus, Ehrenfried Walther 196-198
Tschitschagow, Pawel 348
Tweritinow, Dmitri 79

Ulfeldt, Corfiz Anton Graf von 223
Ulrike Eleonore, Königin von Schweden 24,
    122-123
Uschakow, Simon 37

Vandamme, Dominique Joseph 360, 375
Varnhagen, Rahel 304
Veit, Dorothea 304
Veli-Pascha 147
Victor, eigentlich Claude-Victor Perrin 357,
    360-361
Vierhaus, Rudolf 152
Villeneuve, Marquis Louis Sauveur de 147
Vocelka, Karl 225
Voltaire, eigentlich François-Marie Arouet 92, 196-
    197, 199, 203-204, 208, 229, 248, 264, 267-268,
    304, 311, 317
Voß, Johann Heinrich 304

Wallis, Georg Olivier von 145
Walker, Anthony 166
Wartenburg Hans David Ludwig Graf Yorck von
    368, 371
Wassili III., Großfürst von Moskau 125
Weber, Carl Maria von 313
Weber, Friedrich Christian 87
Weber, Max 51
Wegner, Schneider 365
Weißbach, Johann Bernhard Graf von 141
Weiße, Christian Felix 277
Wenziher, Goldschmiedemeister 365
Weschnjakows, Alexei 142
Wieland, Christoph Martin 270-272, 285-286, 303-
    304, 306-307, 311, 313-314, 317-319
Wilhelm von Württemberg, als Wilhelm I. König
    von Württemberg 244, 249
Wilhelm II., König der Niederlande 244, 250
Wilhelm III., König von England 119
Wilhelmine von Hessen-Darmstadt, siehe auch
    Natalia Alexejewna 244, 246
Wilhelmine von Preußen, Markgräfin von Branden-
    burg-Bayreuth 153
Winckelmann, Johann Joachim 311, 320-321
Wittram, Reinhard 74, 199
Woellner, Johann Christoph von 211
Wolff, Christian 89, 197-199, 214, 313
Wolzogen, Wilhelm von 196
Woronzow, Alexander 256, 337
Woronzow, Iwan 227
Woronzow, Michail 227
Woronzow, Roman 227
Wrangell, Karl Michael von 363
Wrede, Karl Philipp Graf 360

Yorck von Wartenburg, Johann David Ludwig 368-
    369, 371-372, 377

Zakrzewski, Ignacy 180
Zedlitz, Karl Abraham Freiherr von 214-215

ORTSREGISTER

Aachen 23, 156-158, 219
Aberdeen 77
Åbo 103, 158
Adrianopel 122
Altranstädt 120
Amsterdam 79, 96, 118-119
Archangelsk 40, 77, 91, 100, 116, 134, 137
Asow 15, 48, 66, 116, 121, 140-143, 146-147, 254
Astrachan 37
Athen 276
Auerstedt 338
Augsburg 11, 13, 337
Austerlitz 330, 333, 335, 337, 345, 349
Avignon 277

Bachtschissarai 143, 146, 256
Bad Arolsen 265
Baku 124
Bar 177-178
Bartenstein 340
Basel 196, 284, 334
Bautzen 373
Bayonne 80
Belgrad 139, 143, 145-147
Bely 367
Bender 144
Berchtesgaden 262
Berlin 18, 20, 42, 55-56, 58-60, 84, 89, 94, 108-109,
    112, 119, 129, 132, 155, 158, 160, 164-165, 167-
    168, 171, 176, 184, 186, 191-192, 194, 196, 203,
    207, 210-214, 221-222, 239, 246, 251, 267-272,
    299, 304-305, 307, 312, 314, 319, 334, 338-339,
    361, 374-375, 379, 381
Bern 55, 60, 250
Białystok 343, 347
Bochum 159
Bordeaux 201
Borodino 351-353, 362, 364, 368
Braunschweig 84, 126, 136, 312, 343
Breslau 54, 155, 158, 167, 214
Brünn 335
Bukarest 348, 351

Calais 277
Çeşme 178-179
Charkow 328
Cherson 253, 255-256
Cholmogory 134, 137
Chotusitz 155, 158
Chotyn 147
Coburg 248, 265
Colmar 100
Craonne 382

Dahlenkirchen 362
Danzig 127, 129, 176, 179

Dennewitz 375
Derbent 124
Dorpat 278, 328
Dresden 84, 112, 156, 158-159, 167, 192, 196, 265,
    269-270, 305, 369-370, 373-375

Eckau 362
Erfurt 303, 345
Etterburg 316
Eutin 192
Eutritzsch 377
Fili 352
Florenz 175, 199, 204
Frankfurt am Main 18, 20-21, 23, 97, 128, 140, 150,
    155, 182, 191-192, 231, 295, 306-307, 310, 317,
    320, 337, 361, 370
Frankfurt an der Oder 167-168, 214
Freiberg in Sachsen 100, 198
Füssen 156, 158

Gaggstatt 242
Genua 157
Göttingen 74, 102, 197, 241-242, 286, 304
Grodno 175, 177
Großbeeren 374
Groß-Eckau 368
Groß-Jägersdorf 165
Grozka 145
Gurjew 30

Halle an der Saale 81, 197, 206, 214
Hamburg 40-41, 47, 112, 128, 192, 256, 260, 310
Hängö 66
Heidelberg 17-18
Hennersdorf 156, 158
Herford 101
Hochkirch 167
Hohenfriedberg 156, 158
Hubertusburg 172, 184, 189, 191

Istra 100

Jaroslawl 30, 37, 366
Jassy 147
Jekaterinoslaw 254
Jena 272, 303-304, 309, 318, 321, 338
Jurjewez-Powolski 33

Kaffa 143
Kalisch 373
Kaluga 354-355
Kaniew 256
Karlowitz 15, 120
Karlsruhe 305, 310
Kasan 92, 328
Kassel 343, 349
Kesselsdorf 156, 158
Kiew 79, 86, 256, 347, 367

Kirchberg 242
Kleinschnellendorf 155, 158
Knönitz 220
Kobrin 364, 366
Kolin 165
Köln 18, 22, 24, 150, 190, 221, 240
Königsberg 53-54, 102, 117, 198, 214, 266-267, 280, 304, 312, 339-340, 367, 370
Konstantinopel 15, 35, 120-121, 124, 140-142, 254, 261, 334, 341
Koslow 146
Kostroma 37
Kowno 346, 357
Krakau 117, 120, 180
Krasnoje 357, 368
Krementschug 256
Kronstadt 276
Küçük Kaynarca 187
Kulm 375
Kunersdorf 167-169

Laon 382
Leiden 85, 101, 254, 317, 320, 322
Leipzig 43, 65, 87, 97, 101, 105, 109, 120, 196-197, 284, 295, 302, 338, 369-371, 373, 375-381
Lepanto 178
Leuthen 167
Liebertwolkwitz 377-378
Lindau 337
Lindenau 377
Linz 155
Lobositz 165
Lübeck 103, 128, 134, 242, 244
Lublin 189
Lund 18
Lunéville 28, 293
Lützen 373

Magdeburg 54, 339, 361
Mainz 18, 22, 24, 84, 150, 190, 262, 286
Malojaroslawez 355, 364, 368
Marburg 91, 100, 198
Mariahilf 225
Markkleeberg 377-378
Memel 53, 56, 155, 334, 339
Michailowka 266
Minden 54
Minsk 179, 349, 356-357
Mitau 172, 231, 277, 279
Möckern 377
Modena 157, 269
Mogilew 173, 258-259, 263, 349-350
Mollwitz 155, 158
Molodetschno 356-357
Moschaisk 353, 355
Moskau 12, 32-33, 35, 37, 39-48, 65-66, 74, 77-79, 81-82, 84-86, 88, 90-92, 96-97, 99-101, 103-104, 106, 109, 115, 119-120, 123-126, 128, 134, 140, 150, 159, 179, 195, 197-198, 230, 247, 251, 256, 258, 266, 268, 270, 273-274, 277-278, 284,

288, 290, 329, 347, 349, 351-357, 362, 364-366, 368
München 20, 46, 55, 60, 154-155, 163, 187, 218, 233, 263, 305, 347, 356, 361

Narwa 64-65, 78-79, 120, 278-279
Nemirow 145, 148
Nischni Nowgorod 198
Nowgorod 104-105, 198, 366
Nowyje Kaidaki 255
Nystad 78, 123-124

Olonez 65-66
Orenburg 198
Oschmjany 370
Oßmannstedt 304
Otschakow 144-145, 147

Paris 84, 92-93, 171, 195-196, 208, 245, 261, 263, 266, 268, 276, 281, 288-289, 293, 299, 317, 324-325, 336-337, 352-353, 357-361, 363, 366, 382
Passarowitz 147
Passau 155
Perekop 140-142, 146, 253, 256
Polozk 173, 362-363
Poltawa 65, 69, 120-122, 128
Potsdam 56, 61, 149, 154, 197, 204, 267, 272, 307, 333, 335, 338-339
Prag 152, 155-156, 165
Preobrazensky 132
Pressburg 152, 155
Preußisch-Eylau 340
Probstheida 380
Pultusk 339

Rastatt 292
Rawa 119
Regensburg 12, 20-21, 28, 165, 181, 187, 190, 192, 292-294
Reval 367
Rheinsberg 203-204
Riga 117, 129, 137, 231, 239, 277-278, 280, 347, 351, 362, 367-369, 371
Rijswijk 15, 118
Rinteln 101
Rjasan 352, 354
Rom 11, 116, 149-150, 306
Romanow 37
Roßbach 28, 166
Rotterdam 280
Rudolstadt 320

Salzburg 262
Sankt Petersburg 30, 32, 42, 45-46, 64, 66, 70-71, 80-81, 82-84, 87-89, 91, 94, 96, 99-101, 103, 109, 112, 121, 124, 127, 129-130, 133-137, 141-142, 145, 147-148, 149, 162, 164, 167, 171-173, 175, 177-179, 183, 185-188, 192, 195-198, 214, 227, 229-230, 236, 238, 242-243, 245-249, 251, 253, 255-256, 258, 260-261, 263, 273-274, 276-278, 288, 309, 311, 324-325, 327-328, 330, 335, 345-352, 354, 363, 365-366, 372

Sanssouci 61, 197, 204, 208, 210, 267-268, 272, 304
Saporoschje 121
Schönefeld 377, 380
Sewastopol 256
Smolensk 35, 256, 258, 349-351, 354-355, 357-358,
    364, 368-369
Soissons 382
Soor 156, 158
Stawutschani 147
Stockholm 18, 122, 242
Straßburg 318
Susdal 37

Tarutino 354, 358, 362, 364, 368
Tauroggen 369, 372
Temeschburg 227
Teschen 113, 158-159, 183, 189-192, 246, 257
Thorn 179
Tiefurt 304, 316-317, 319
Tilsit 252, 290, 297-298, 333, 340, 342-345, 347-
    348, 360
Torgau 83, 87, 89, 126-129, 168
Toulon 80
Trachenberg 374
Trier 18, 22-24, 150, 190
Tschernigow 256
Tula 65
Twer 278, 366-367

Ulm 335

Uppsala 242

Valmy 282
Venedig 15, 36, 64, 115-116, 120, 261
Versailles 159, 164, 172, 185, 190, 194, 257, 283, 342

Wachau 377-378
Walutina Gora 364, 368
Warschau 120, 180-181, 189, 296, 340, 343, 346,
    348, 351-352, 357, 373
Weimar 196, 221, 266, 270-273, 282, 303-306, 309-
    311, 314-322
Weißenfels 166
Welikije Luki 48
Wien 12, 15, 20-21, 80, 84, 112, 116-117, 119, 123,
    129, 132, 136, 139, 144-147, 149, 151-152, 155-
    156, 160, 162, 164, 172, 181, 184, 186-188, 192,
    196, 217, 219-221, 223, 225-228, 246-247, 252,
    255, 257, 259, 263, 290, 302, 305, 313, 335-336,
    379, 382
Wilna 179, 328, 346-347, 351-352, 356-357
Wismar 129
Witebsk 173, 349-350, 354
Wittenberg 242
Wjasma 357
Wolfenbüttel 128, 137
Wusterhausen 56
Wyborg 123, 367

Zarskoje Selo 256
Zorndorf 166-167

AUTOREN, HERAUSGEBER UND MITARBEITER

Altrichter, Helmut, Prof. em. Dr.,
Universität Erlangen-Nürnberg

Antipow, Lilia, M.A.,
Universität Erlangen-Nürnberg

Brunel, Verena, M.A.,
Institut für Zeitgeschichte München-Berlin

Chawanowa, Olga, Prof. Dr.,
Institut für Slawische Studien der Russischen
Akademie der Wissenschaften (RAN), Moskau

Dmitrijewa, Jekaterina, Prof. Dr.,
A.M. Gorki-Institut für Weltliteratur der
Russischen Akademie der Wissenschaften (RAN)

Dornhuber, Matthias, M.A.,
Universität Erlangen-Nürnberg

Dudarew, Wassili, Dr.,
Institut für Allgemeine Geschichte der Russischen
Akademie der Wissenschaften (RAN), Moskau

Fedjukin, Igor, Ph.D.,
Higher School of Economics (HSE),
Nationale Forschungsuniversität, Moskau

Gotthard, Axel, Prof. Dr.,
Universität Erlangen-Nürnberg

Hildermeier, Manfred, Prof. em. Dr.,
Universität Göttingen

Ischtschenko, Wiktor, Prof. Dr.,
Institut für Allgemeine Geschichte der Russischen
Akademie der Wissenschaften (RAN), Moskau

Iskjul, Sergei, Dr.,
Stank.Petersburger Institut für Geschichte der
Russischen Akademie der Wissenschaften (RAN),
Sankt Petersburg

Karp, Sergei, Prof. Dr.,
Institut für Allgemeine Geschichte der Russischen
Akademie der Wissenschaften (RAN), Moskau

Kobrynskyy, Oleksandr, M.A.,
Universität Erlangen-Nürnberg

Kostin, Andrei, Dr.,
Institut für Russische Literatur (Puschkinski dom)
der Russischen Akademie der Wissenschaften
(RAN), Sankt Petersburg

Kotowa, Jelena, Dr.,
Institut für Allgemeine Geschichte der Russischen
Akademie der Wissenschaften (RAN), Moskau

Kroll, Frank-Lothar, Prof. Dr.,
Technische Universität Chemnitz

Kuhrt, Eberhard,
ehem. Deutscher Sekretär der Gemeinsamen
deutsch-russischen Geschichtskommission, Berlin

Lawrinowitsch, Maja, Dr.,
Higher School of Economics (HSE),
Nationale Forschungsuniversität, Moskau

Lewinson, Kirill, Dr.,
Higher School of Economics (HSE),
Nationale Forschungsuniversität, Moskau

Maier, Robert, Dr.,
Georg-Eckert-Institut für internationale
Schulbuchforschung, Braunschweig

Mesin, Sergei, Prof. Dr.,
Staatliche Universität Saratow,
Nationale Forschungsuniversität

Möller, Horst, Prof. em. Dr. Dr. h.c. mult.,
bis 2011 Direktor des Instituts für Zeitgeschichte
München-Berlin, Universität München

Müller, Michael G., Prof. em. Dr.,
Universität Halle-Wittenberg

Neugebauer, Wolfgang, Prof. Dr.,
Humboldt-Universität Berlin

Neuhaus, Helmut, Prof. em. Dr.,
Universität Erlangen-Nürnberg

Nossow, Boris, Prof. Dr.,
Institut für Slavische Studien der Russischen
Akademie der Wissenschaften (RAN), Moskau

Nowochatko, Olga, Dr.,
Institut für Russische Geschichte der Russischen
Akademie der Wissenschaften (RAN), Moskau

Ospowat, Kirill, Dr.,
Higher School of Economics (HSE),
Nationale Forschungsuniversität, Sankt Petersburg

Parsamow, Wadim, Prof. Dr.,
Higher School of Economics (HSE),
Nationale Forschungsuniversität, Moskau

Petrick, Jörn, M.A.,
Koblenz

Petrowa, Maria, Dr.,
Institut für Allgemeine Geschichte der Russischen
Akademie der Wissenschaften (RAN), Moskau

Petruchinzew, Nikolai, Prof. Dr.,
Russische Akademie für Volkswirtschaft und
öffentlichen Dienst (RANEPA), Zweigstelle
Lipezk

Polskoi, Sergei, Dr.,
Higher School of Economics (HSE),
Nationale Forschungsuniversität, Moskau

Scharf, Claus, Dr.,
Mainz

Stadelmann, Matthias, Prof. Dr.,
Universität Erlangen-Nürnberg

Tschubarjan, Alexander, Prof. Dr.,
Akademiemitglied, Direktor des Instituts für
Allgemeine Geschichte der Russischen Akademie
der Wissenschaften (RAN, Moskau)

Tschudinow, Alexander, Prof. Dr.,
Institut für Allgemeine Geschichte der Russischen
Akademie der Wissenschaften (RAN), Moskau

ABBILDUNGSÜBERSICHT MIT BILDNACHWEISEN

Einbandabbildung

GROSSFÜRST PETER FJODOROWITSCH (DER SPÄTERE KAISER PETER III.) UND GROSSFÜRSTIN KATHARINA ALEXEJEWNA (DIE SPÄTERE KAISERIN KATHARINA II.); LINKS VORNE BEIDER SOHN (DER SPÄTERE NACHFOLGER KATHARINAS, KAISER PAUL I.), ÖLGEMÄLDE VON ANNA ROSINA LISIEWSKA, 1756, NATIONALMUSEUM STOCKHOLM.

Info S. 18: Samuel Pufendorf

SAMUEL VON PUFFENDORF, KUPFERSTICH VON JOACHIM SANDRART, VOR 1695. IN: SAMUELIS VON PUFENDORFF: EINLEITUNG ZU DER HISTORIE DER VORNEHMSTEN REICHE UND STAATEN, SO JETZIGER ZEIT IN EUROPA SICH BEFINDEN. FRANKFURT AM MAIN 1695, FRONTISPIZ.

Info S. 20/21: Die Römischen Kaiser im 18. Jahrhundert

KAISER LEOPOLD I. IM HARNISCH MIT FELDHERRNSTAB, ÖLGEMÄLDE VON BENJAMIN VON BLOCK,1672, KUNSTHISTORISCHES MUSEUM WIEN, KHM-MUSEUMSVERBAND, SIGN. GG 6745.

JOSEPH I., ÖLGEMÄLDE, HOFBURG INNSBRUCK, BHÖ-FOTO: BUNGE.

KARL VI. IM ORNAT ALS GROSSMEISTER DES ORDENS VOM GOLDENEN VLIES, ÖLGEMÄLDE VON JOHANN GOTTFRIED AUERBACH, UM 1700, HEERESGESCHICHTLICHES MUSEUM WIEN.

KARL VII. ALBRECHT, ÖLGEMÄLDE VON GEORGES DESMARÉES, UM 1744, KLOSTER ETTAL © HAUS DER BAYERISCHEN GESCHICHTE AUGSBURG.

FRANZ I. IN REICHEM HOFKLEID, ÖLGEMÄLDE VON MARTIN VAN MEYTENS, NACH 1745, KUNSTHISTORISCHES MUSEUM WIEN, KHM-MUSEUMSVERBAND, SIGN. GG 3440.

JOSEPH II. MIT DER STATUE DES MARS, ÖLGEMÄLDE VON ANTON VON MARON, 1775, KUNSTHISTORISCHES MUSEUM WIEN, KHM-MUSEUMSVERBAND, SIGN. GG 6200.

KAISER LEOPOLD II. IN DER ORDENSTRACHT DES GOLDENEN VLIES, ÖLGEMÄLDE VON JOHANN DANIEL DONAT, 1806 © SCHLOSS SCHÖNBRUNN KULTUR- UND BETRIEBSGESELLSCHAFT M.B.H. / FOTOGRAF: EDGAR KNAACK, SAMMLUNG BUNDESMOBILIENVERWALTUNG, SIGN. MD 039884.

FRANZ II. NACH SEINER KAISERKRÖNUNG, ÖLGEMÄLDE EINES UNBEKANNTEN KÜNSTLERS, 1792.

Info S. 61: Die Preußischen Könige im 18. Jahrhundert

KÖNIG FRIEDRICH I. AUF DEM THRON, ÖLGEMÄLDE VON ANTOINE PESNE, UM 1710, STIFTUNG PREUSSISCHE SCHLÖSSER UND GÄRTEN BERLIN-BRANDENBURG (SPSG) / FOTOGRAF: ROLAND HANDRICK, GK I 891.

FRIEDRICH WILHELM I., ÖLGEMÄLDE VON SAMUEL THEODOR GERICKE, 1713, STIFTUNG PREUSSISCHE SCHLÖSSER UND GÄRTEN BERLIN-BRANDENBURG (SPSG) / FOTOGRAF: WOLFGANG PFAUDER, GK I 50480.

KÖNIG FRIEDRICH II., ÖLGEMÄLDE VON ANTOINE PESNE, UM 1745, STIFTUNG PREUSSISCHE SCHLÖSSER UND GÄRTEN BERLIN-BRANDENBURG (SPSG) / FOTOGRAF: ROLAND HANDRICK, GK I 51018.

FRIEDRICH WILHELM II., ÖLGEMÄLDE VON ANTON GRAFF, 1792, STIFTUNG PREUSSISCHE SCHLÖSSER UND GÄRTEN BERLIN-BRANDENBURG (SPSG) / FOTOGRAF: GERHARD MURZA, GK I 5966.

FRIEDRICH WILHELM III., ÖLGEMÄLDE, KOPIE NACH FRANZ KRÜGER, UM 1835, GLEIMHAUS HALBERSTADT – MUSEUM DER DEUTSCHEN AUFKLÄRUNG.

Info S. 100: Michail Lomonossow

MICHAIL LOMONOSSOW, ANONYMES ÖLGEMÄLDE, 2. HÄLFTE DES 18. JAHRHUNDERTS, EREMITAGE SANKT PETERSBURG.

Info S. 130/131: Die Stammtafel der Romanows

QUELLE: MATTHIAS STADELMANN, DIE ROMANOVS, STUTTGART 2008, S. 250–253.

Info S. 150: Die Todesfälle des Jahres 1740

PAPST CLEMENS XII., ÖLGEMÄLDE, UNBEKANNTER KÜNSTLER, UNDATIERT, BPK, BILDNUMMER 00065125 © BPK / SCALA.

FRIEDRICH WILHELM I., ÖLGEMÄLDE VON ANTOINE PESNE, UM 1733, BPK, BILDNUMMER 70121047 © BPK / DEUTSCHES HISTORISCHES MUSEUM / ARNE PSILLE.

KAISER KARL VI., PORTRÄTMINIATUR, UNBEKANNTER KÜNSTLER, UNDATIERT, ÖSTERREICHISCHE NATIONALBIBLIOTHEK, INVENTARNUMMER E 20593-B.

ZARIN ANNA IWANOWNA, ÖLGEMÄLDE VON LOUIS CARAVAQUE, 1730, TRETJAKOW-GALERIE MOSKAU.

Info S. 159: Die nachfolgenden Herrscher

PAPST BENEDIKT XIV., ÖLGEMÄLDE VON PIERRE SUBLEYRAS, UNDATIERT, SCHLOSS VERSAILLES.

KÖNIG FRIEDRICH II, ÖLGEMÄLDE VON DAVID MATTHIEU, UM 1743, MILITÄRHISTORISCHES MUSEUM DRESDEN.

KAISER KARL VII., ÖLGEMÄLDE, GOTTFRIED BERNHARD GÖZ ZUGESCHRIEBEN, 1744.

ZARIN ELISABETH, ÖLGEMÄLDE VON LOUIS CARAVAQUE, 1750, TRETJAKOW-GALERIE MOSKAU.

MARIA THERESIA IM TÜRISCHEN KOSTÜM UND MIT MASKE, ÖLGEMÄLDE, MARTIN VAN MEYTENS ZUGESCHRIEBEN, UM 1745 © SCHLOSS SCHÖNBRUNN KULTUR- UND BETRIEBGESELLSCHAFT M.B.H. / FOTOGRAF: ALEXANDER EUGEN KOLLER, SKB 001407.

Info S. 220: Friedrich Wilhelm Graf von Haugwitz

FRIEDRICH WILHELM GRAF VON HAUGWITZ, KOHLE- UND PINSELZEICHNUNG VON WILHELM HECHT NACH EINEM GEMÄLDE VON JOHANN MICHAEL MILITZ (1763), VOR 1897. QUELLE: ÖSTERREICHISCHE NATIONALBIBLIOTHEK, INVENTARNUMMER PK 1131, 1020.

Info S. 225: Wenzel Anton Graf Kaunitz

WENZEL ANTON GRAF KAUNITZ, KUPFERSTICH VON JAKOB MATTHIAS SCHMUTZER, 1765. QUELLE: ÖSTERREICHISCHE NATIONALBIBLIOTHEK, INVENTARNUMMER PORT_00123502_01.

Info S. 242: August Ludwig Schlözer

AUGUST LUDWIG SCHLÖZER, 1778/79, GEORG-AUGUST-UNIVERSITÄT GÖTTINGEN, INVENTARNUMMER CUK_2014_0011, 66 CM X 53,5 CM, FOTO: KRISTINA BOHL.

Abb. 1 S. 22: Zeitgenössische Karte des Heiligen Römischen Reiches

WANDKARTE DES HEILIGEN RÖMISCHEN REICHES DEUTSCHER NATION „L'EMPIRE D'ALLEMAGNE", KUPFERSTICH VON NICOLAS DE FER, 1770 (NACHDRUCK DER KARTE AUS DEM JAHR 1705).

Abb. 2 S. 23: Die Goldene Bulle

VORDERSEITE DES SIEGELS DES TRIERER EXEMPLARS DER GOLDENEN BULLE MIT DEM BILDNIS DES KAISERS. VORLAGE: LANDESARCHIV BADEN-WÜRTTEMBERG, HAUPTSTAATSARCHIV STUTTGART, SIGNATUR H 51 U 589 (10. JANUAR 1356).

Abb. 3 S. 25: Plenarsaal des Immerwährenden Reichstages

ERÖFFNUNG DES REICHSTAGS 1663, ANONYMER KUPFERSTICH, REICHSTAGSMUSEUM REGENSBURG.

Abb. 4 S. 30: Zar Alexei Michailowitsch

ZAR ALEXEI MICHAILOWITSCH, ÖLGEMÄLDE EINES UNBEKANNTEN KÜNSTLERS, VOR 1670, MICHAELSPALAST, RUSSISCHES MUSEUM SANKT PETERSBURG.

Abb. 5 S. 35: Patriarch Nikon

PATRIARCH NIKON, KOPIE VOM ENDE DES 18. JAHRHUNDERTS NACH EINER ABBILDUNG AUS SEINEN LEBZEITEN, GEBIETSMUSEUM VON WOLOGDA.

Abb. 6 S. 40: Peter I.

PETER I., ÖLGEMÄLDE VON GODFREY KNELLER, 1698, KENSINGTON PALACE LONDON.

Abb. 7 S. 42: Ausschnitt aus dem Grundrissplan der Nemezkaja sloboda

STAATLICHES RUSSISCHES ARCHIV FÜR ALTE AKTEN (MOSKAU), F. 197, OP. 1, ED. CHR. 34, L. 396; HIER NACH: RUSSEN UND DEUTSCHE. 1000 JAHRE KUNST, GESCHICHTE UND KULTUR. KATALOG ZUR AUSSTELLUNG DES MUSEUMS FÜR VOR- UND FRÜHGESCHICHTE (BERLIN) UND DES STAATLICHEN HISTORISCHEN MUSEUMS (MOSKAU) 2012/13, SANKT PETERSBURG 2012, S. 134.

Abb. 8 S. 44/45: Die Moskauer Nemezkaja sloboda um 1700

DER LANDSITZ F. A. GOLOWINS IN MOSKAU, KUPFERSTICHE VON ADRIAAN SCHOONEBEEK, 1705, STAATLICHES MUSEUM FÜR BILDENDE KÜNSTE A.S. PUSCHKIN MOSKAU, INV. NO. GR-6304 (LINKER TEIL), GR-6305 (RECHTER TEIL).

Abb. 9 S. 46: Franz Lefort

FRANZ LEFORT, STICH VON G. A. AFONASSJEW, UNDATIERT, IN: PLATON BEKETOW, SAMMLUNG VON PORTRÄTS VON RUSSEN, MOSKAU 1821–1824.

Abb. 10 S. 54: Die Krönung Friedrichs I. 1701

DIE KRÖNUNG FRIEDRICHS I., ZEICHNUNG NACH EINEM KUPFERSTICH VON JOHANN GEORG WOLFFGANG, 1712. QUELLE: L. HOFFMEYER, UNSER PREUSSEN. DIE ENTWICKLUNG DES PREUSSISCHEN STAATES, INSONDERHEIT UNTER DER ZWEIHUNDERTJÄHRIGEN KÖNIGSHERRSCHAFT DER HOHENZOLLERN, BRESLAU 1901, S. 85.

Abb. 11 S. 55: Portrait und Unterschrift Friedrich Wilhelms I.

FRIEDRICH WILHELM I., STICH NACH EINEM GEMÄLDE VON FRIEDRICH WILHELM WEIDEMANN, UNDATIERT. QUELLE: ERNST BERNER, GESCHICHTE DES PREUSSISCHEN STAATES, MÜNCHEN/BERLIN 1891, S. 261.

Abb. 12 S. 56: Brandenburg-Preußen Anfang des 18. Jahrhunderts

QUELLE: W. FIX, DIE TERRITORIALGESCHICHTE DES PREUSSISCHEN STAATES, IM ANSCHLUSS AN 12 HISTORISCHE KARTEN, BERLIN 1869, TAFEL NR. V, S. 112.

Abb. 13 S. 59: Das Notifikations-Patent von 1723

PRIVATARCHIV WOLFGANG NEUGEBAUER.

Abb. 14 S. 60: Randbemerkung Friedrich Wilhelms I. zum Widerstand des Adels 1716

QUELLE: ERNST BERNER, GESCHICHTE DES PREUSSISCHEN STAATES, MÜNCHEN/BERLIN 1891, S. 320.

Abb. 15 S. 65: Hüttenwerk im Ural

QUELLE: GEORG WILHELM HENNIN, BESCHREIBUNG DER WERKE IM URAL UND IN SIBIRIEN, 1735; ERSTVERÖFFENTLICHUNG: WILGELM GENNIN, OPISANIE URALSKICH I SIBIRSKICH SAWODOW, MOSKAU 1937; HIER AUS: ERICH DONNERT, RUSSLAND IM ZEITALTER DER AUFKLÄRUNG, LEIPZIG 1983, ABB. 24, S. 22.

Abb. 16 S. 67: Die Gliederung des Russischen Reiches in Gouvernements seit 1708

QUELLE: WIKIMEDIA COMMONS / HELLERICK.

Abb. 17 S. 81: Das Marine-Kadettenkorps in Sankt Petersburg

DAS MARINE-KADETTENKORPS IN SANKT PETERSBURG, AQUARELL VON MOCHKOT, 18. JAHRHUNDERT.

Abb. 18 S. 84: Gottfried Wilhelm Leibniz

GOTTFRIED WILHELM LEIBNIZ, ÖLGEMÄLDE VON JOHANN FRIEDRICH WENTZEL D. Ä., UM 1700, ARCHIV DER BERLIN-BRANDENBURGISCHEN AKADEMIE DER WISSENSCHAFTEN (ABBAW), ABTEILUNG SAMMLUNGEN, GELEHRTENGEMÄLDE, GOTTFRIED WILHELM LEIBNIZ, VZLOBO-0031, FOTOGRAF HOLGER KUPFER.

Abb. 19 S. 91: Die Kunstkammer: erster Sitz der Akademie der Wissenschaften

QUELLE: WIKIMEDIA COMMONS / FOTOGRAF: ALEXXX1979.

Abb. 20 S. 118: Peter I. auf der Fahrt zur Fregatte „Peter und Paul"

ZAR PETER DER GROSSE AN BORD SEINER YACHT AUF DEM WEG ZUR PETER UND PAUL, ÖLGEMÄLDE VON ABRAHAM STORCK, ZWISCHEN 1698 UND 1708, AMSTERDAM MUSEUM.

Abb. 21 S. 120: Einzug der russischen Truppen in Moskau

DER FEIERLICHE EINZUG DER RUSSISCHEN TRUPPEN IN MOSKAU AM 21. DEZEMBER 1709 NACH IHREM SIEG IN DER SCHLACHT VON POLTAWA, KUPFERSTICH VON ALEXEI SUBOW, 1711, STAATLICHES MUSEUM FÜR BILDENDE KÜNSTE A.S. PUSCHKIN MOSKAU.

Abb. 22 S. 123: Peter I. auf dem Pferd

PETER I. AUF DEM PFERD, KUPFERSTICH VON ALEXEI FJODOROWITSCH SUBOW, 1721, STAATLICHES MUSEUM FÜR BILDENDE KÜNSTE A.S. PUSCHKIN MOSKAU,

Abb. 23 S. 126: Medaille zur Fürstenhochzeit von Torgau

ANLÄSSLICH DER TORGAUER FÜRSTENHOCHZEIT IN BRAUNSCHWEIG GEPRÄGTE MEDAILLE, 1711, NIEDERSÄCHSISCHES MÜNZKABINETT DER DEUTSCHEN BANK HANNOVER, 02:072:002.

Abb. 24 S. 134: Der Arrest der Regentin Anna Leopoldowna

DER ARREST DER REGENTIN ANNA LEOPOLDOWNA, ANONYMER KUPFERSTICH, MITTE DES 18. JAHRHUNDERTS, STAATLICHES HISTORISCHES MUSEUM MOSKAU.

Abb. 25 S. 135: Peter Fjodorowitsch und Katharina Alexejewna

GROSSFÜRST PETER FJODOROWITSCH UND SEINE GATTIN GROSSFÜRSTIN KATHARINA ALEXEJEWNA, ÖLGEMÄLDE VON GEORG CHRISTOPH GROOTH, UM 1745, KUNSTMUSEUM ODESSA.

Abb. 26 S. 143: Die Belagerung der Festung Asow

PROSPECT UND BELAGERUNG DER VESTUNG ASOPH, ANONYM, 1740.

Abb. 27 S. 156: „Die Königin von Ungarn wird ihrer Kleider beraubt"

DIE KÖNIGIN VON UNGARN WIRD IHRER KLEIDER BERAUBT, ANONYME RADIERUNG, 1742. QUELLE: ÖSTERREICHISCHE NATIONALBIBLIOTHEK, INVENTARNUMMER PORT_00047655_01.

Abb. 28 S. 157: Europa 1740

EIGENE DARSTELLUNG.

Abb. 29 S. 166: „Das verlorene Gleichgewicht oder die russische Katastrophe"

DAS VERLORENE GLEICHGEWICHT ODER DIE RUSSISCHE KATASTROPHE, ENGLISCHE KARIKATUR, VERÖFFENTLICHT VON THOMAS JEFFERYS, ANTHONY WALKER ZUGESCHRIEBEN, 1758, THE BRITISH MUSEUM LONDON.

Abb. 30 S. 171: Die Einnahme Berlins am 28. September 1760

DIE EINNAHME BERLINS AM 28. SEPTEMBER 1760, ÖLGEMÄLDE VON ALEXANDER VON KOTZEBUE, 1849, EREMITAGE SANKT PETERSBURG.

Abb. 31 S. 174: „Le gâteau des rois"

STANISŁAW II. AUGUST, KÖNIG VON POLEN, STICH VON NOEL LEMIRE NACH EINEM ENTWURF VON JEAN MICHEL MOREAU DEM JÜNGEREN, UM 1772, ÖSTERREICHISCHE NATIONALBIBLIOTHEK, INVENTARNUMMER NB 514.694 - B.

Abb. 32 S. 175: Stanisław II. August: Der letzte polnische König

STANISŁAW II. AUGUST PONIATOWSKI, ÖLGEMÄLDE VON MARCELLO BACCIARELLI, UNDATIERT, GALLERIA DEGLI UFFIZI FLORENZ © BPK / SCALA, BILD-NR. 00061380.

Abb. 33 S. 177: Die drei Teilungen Polens 1772, 1793 und 1795

EIGENE DARSTELLUNG.

Abb. 34 S. 178: Die Seeschlacht von Çeşme

DIE SEESCHLACHT VON ÇEŞME, ÖLGEMÄLDE VON IWAN AIWASOWSKI, 1848, NATIONALES KUNSTMUSEUM AIWASOWSKI FEODOSIA.

Abb. 35 S. 180: Die Verfassung vom 3. Mai 1791

DIE VERFASSUNG VOM 3. MAI 1791, ÖLGEMÄLDE VON JAN MATEJKO, 1891, KÖNIGSSCHLOSS WARSCHAU - MUSEUM, ZKW/1105, FOTO: ANDRZEJ RING, LECH SANDZEWICZ.

Abb. 36 S. 185: Picture of Europe for July 1772

PICTURE OF EUROPE FOR JULY 1772, ANONYME RADIERUNG, ERSCHIENEN IM LONDON MAGAZINE VON JULI 1772, ZWISCHEN S. 304 UND 305, LIBRARY OF CONGRESS WASHINGTON D.C.

Abb. 37 S. 204: Titelblatt des Anti-Machiavell

ANTI-MACHIAVEL, OU ESSAI DE CRITIQUE SUR LE PRINCE DE MACHIAVEL, BRÜSSEL 1740 / WIKIMEDIA COMMONS.

Abb. 38 S. 207: Friedrich der Große

ANTON GRAFF: FRIEDRICH DER GROSSE, STIFTUNG PREUSSISCHE SCHLÖSSER UND GÄRTEN BERLIN-BRANDENBURG (SPSG) / FOTOGRAF: JÖRG P. ANDERS, GK I 5615.

Abb. 39 S. 208: Voltaire

VOLTAIRE, ÖLGEMÄLDE AUS DEM ATELIER VON NICOLAS DE LARGILLIÈRE, 1724/25, MUSÉE CARNAVALET PARIS (GUGLIELMO, PARISIENNE DE PHOTOGRAPHIE).

Abb. 40 S. 212: Allgemeines Landrecht für die Preußischen Staaten

QUELLE: ERSTAUSGABE DES ALLGEMEINEN LANDRECHTS FÜR DIE PREUSSISCHEN STAATEN, BERLIN 1794 / WIKIMEDIA COMMONS.

Abb. 41 S. 219: Maria Theresia

MARIA THERESIA, ÖLGEMÄLDE VON MARTIN VAN MEYTENS, UM 1759, AKADEMIE DER BILDENDEN KÜNSTE WIEN.

Abb. 42 S. 222: Die habsburgischen Territorien im Jahr 1775

QUELLE: C. E. RHODE, HISTORISCHER SCHUL-ATLAS ZUR ALTEN, MITTLEREN UND NEUEREN GESCHICHTE, GLOGAU 1861, TAFEL XIX, KARTE 48. SCAN: GEORG-ECKERT-INSTITUT – LEIBNIZ-INSTITUT FÜR INTERNATIONALE SCHULBUCHFORSCHUNG.

Abb. 43 S. 224: Wappen des Directoriums in publicis et cameralibus

QUELLE: ÖSTERREICHISCHES STAATSARCHIV, SIGNATUR: HAUS-, HOF- UND STAATSARCHIV, SIEGEL- UND TYPARSAMMLUNG NR. 235.

Abb. 44 S. 230: Die große Instruktion Katharinas II.

Abb. 45 S. 233: Die Gliederung des Russischen Reiches in Gouvernements seit 1775

QUELLE: DIE EUROPÄISCHEN GOUVERNEMENTS DES ZARENREICHES (19. JH.), IN: CHRISTOPH SCHMIDT, RUSSISCHE GESCHICHTE 1547–1917, MÜNCHEN 2003, S. 261.

Abb. 46 S. 245: Katharina II.

KAISERIN KATHARINA II., ÖLGEMÄLDE VON ALEXANDER ROSLIN, 1776/77, EREMITAGE SANKT PETERSBURG.

Abb. 47 S. 246: Großfürst Paul

GROSSFÜRST PAUL PETROWITSCH, ÖLGEMÄLDE VON ALEXANDER ROSLIN, 1777, EREMITAGE SANKT PETERSBURG.

Abb. 48 S. 247: Großfürstin Natalia Alexejewna

GROSSFÜRSTIN NATALIA ALEXEJEWNA, ÖLGEMÄLDE VON ALEXANDER ROSLIN, 1776, EREMITAGE SANKT PETERSBURG.

Abb. 49 S. 247: Großfürstin Maria Fjodorowna

GROSSFÜRSTIN MARIA FJODOROWNA, ÖLGEMÄLDE VON ALEXANDER ROSLIN, 1777, TROPININ MUSEUM MOSKAU.

Abb. 50 S. 251: Kaiser Paul I. mit seiner Familie

KAISER PAUL I. MIT SEINER FAMILIE, ÖLGEMÄLDE VON FRANZ GERHARD VON KÜGELGEN, 1799/1800, EREMITAGE SANKT PETERSBURG.

Abb. 51 S. 255: Joseph II. und Katharina II. bei Nowyje Kaidaki am Dnjepr

ZUSAMMENKUNFT JOSEPH II. RÖMISCHEN KAISERS MIT CATHARINA II. KAISERIN VON RUSSLAND BEI KOIDAK, KOLORIERTER KUPFERSTICH VON JOHANN HIERONYMUS LÖSCHENKOHL, 1787, WIEN MUSEUM.

Abb. 52 S. 258: Fürst Grigori Potjomkin

FÜRST GRIGORI POTJOMKIN, ÖLGEMÄLDE VON JOHANN BAPTIST LAMPI DEM ÄLTEREN, UM 1790, EREMITAGE SANKT PETERSBURG.

Abb. 53 S. 266: Nikolai Karamsin

NIKOLAI KARAMSIN, ÖLGEMÄLDE VON GIOVANNI BATTISTA DAMON-ORTOLANI, 1805, RUSSISCHE STAATSBIBLIOTHEK MOSKAU.

Abb. 54 S. 268: König Friedrichs II. Tafelrunde in Sanssouci

KÖNIG FRIEDRICHS II. TAFELRUNDE IN SANSSOUCI, ANONYME REPRODUKTION DES 1945 ZERSTÖRTEN ÖLGEMÄLDES VON ADOLPH VON MENZEL, 1850.

Abb. 55 S. 293: Die Krönung Napoleons zum Kaiser

DIE KRÖNUNG NAPOLEONS, ÖLGEMÄLDE VON JACQUES LOUIS DAVID, 1805–1808, MUSÉE DU LOUVRE PARIS.

Abb. 56 S. 296: Karte Europas 1812

EIGENE DARSTELLUNG.

Abb. 57 S. 299: Titelblatt der ersten Ausgabe des Code civil

CODE CIVIL DES FRANÇAIS. EDITION ORIGINALE ET SEULE OFFICIELLE, PARIS 1804.

Abb. 58 S. 305: Abendgesellschaft bei Herzogin Anna Amalia

ABENDGESELLSCHAFT BEI HERZOGIN ANNA AMALIA VON SACHSEN-WEIMAR-EISENACH, AQUARELL VON GEORG MELCHIOR KRAUS, UM 1795, KLASSIK STIFTUNG WEIMAR, MUSEEN, SIGN. KHZ/00330.

Abb. 59 S. 306: Herzogin Anna Amalia

HERZOGIN ANNA AMALIA VON SACHSEN-WEIMAR-EISENACH, ÖLGEMÄLDE VON JOHANN GEORG ZIESENIS, UM 1769, KLASSIK STIFTUNG WEIMAR, MUSEEN, SIGN. KGE/00301.

Abb. 60 S. 309: Herzog Carl August

HERZOG CARL AUGUST VON SACHSEN-WEIMAR-EISENACH, ÖLGEMÄLDE VON GEORG MELCHIOR KRAUS NACH JOHANN FRIEDRICH AUGUST TISCHBEIN, 1796/97, KLASSIK STIFTUNG WEIMAR, MUSEEN, SIGN. KGE/00203.

Abb. 61 S. 312: Gotthold Ephraim Lessing

GOTTHOLD EPHRAIM LESSING, ÖLGEMÄLDE, BARBARA ROSINA DE GASC (ANNA ROSINA LISIEWSKA) ZUGESCHRIEBEN, UM 1767, GLEIMHAUS HALBERSTADT – MUSEUM DER DEUTSCHEN AUFKLÄRUNG.

Abb. 62 S. 319: Der Weimarer Musenhof

DER WEIMARER MUSENHOF, SCHILLER LIEST IN TIEFURT, ÖLGEMÄLDE VON THEOBALD VON OER, 1860, BPK / NATIONALGALERIE, STAATLICHE MUSEEN ZU BERLIN / ANDREAS KILGER.

Abb. 63 S. 324: Nikolai Nowosilzew

NIKOLAI NOWOSILZEW, ÖLGEMÄLDE VON STEPAN SCHTSCHUKIN, 1808, RUSSISCHES MUSEUM SANKT PETERSBURG

Abb. 64 S. 324: Wiktor Kotschubei

WIKTOR KOTSCHUBEI, ÖLGEMÄLDE VON FRANÇOIS GÉRARD, 1809, EREMITAGE SANKT PETERSBURG.

Abb. 65 S. 325: Pawel Stroganow

PAWEL STROGANOW, ÖLGEMÄLDE VON JEAN-LAURENT MOSNIER, 1808, RUSSISCHES MUSEUM SANKT PETERSBURG

Abb. 66 S. 325: Adam Czartoryski

ADAM CZARTORYSKI, ANONYMES ÖLGEMÄLDE, 1808.

Abb. 67 S. 327: Kaiser Alexander I.

KAISER ALEXANDER I., ÖLGEMÄLDE VON WLADIMIR BOROWIKOWSKI, 1800, RUSSISCHES MUSEUM SANKT PETERSBURG.

Abb. 68 S. 330: Michail Speranski

PORTRÄT DES GRAFEN MICHAIL M. SPERANSKI, GOUACHE, VON PAWEL IWANOW, 1806, EREMITAGE SANKT PETERSBURG.

Abb. 69 S. 335: Alexander I. und Friedrich Wilhelm III. am Sarkophag Friedrichs des Großen

KAISER ALEXANDER I., KÖNIGIN LUISE UND KÖNIG FRIEDRICH WILHELM III. AM SARKOPHAG FRIEDRICHS DES GROSSEN, AQUATINTA VON JOHANN BERKA NACH JEAN SAUVEUR LE GROS, 1806.

Abb. 70 S. 336: Huldigung Napoleons durch die Rheinbundfürsten

HULDIGUNG DER RHEINBUNDFÜRSTEN, KOLORIERTE LITHOGRAPHIE VON CHARLES ETIENNE PIERRE MOTTE, UM 1820–30.

Abb. 71 S. 338: Napoleon besucht das Grab Friedrichs des Großen

NAPOLEON I. BESUCHT DAS GRAB FRIEDRICHS II., RADIERUNG UND AQUATINA AUF PAPIER VON FRIEDRICH JÜGEL NACH HEINRICH ANTON DÄHLING, 1806, STADTGESCHICHTLICHES MUSEUM LEIPZIG.

Abb. 72 S. 342: Napoleon, Alexander I., Luise und Friedrich Wilhelm III. in Tilsit

NAPOLEON, ALEXANDER I., LUISE UND FRIEDRICH WILHELM III. IN TILSIT, ÖLGEMÄLDE VON NICOLAS GOSSE, 1837, MUSÉE DE L'HISTOIRE DE FRANCE VERSAILLES.

Abb. 73 S. 350: Die Belagerung von Smolensk

DIE BELAGERUNG VON SMOLENSK, ÖL UND GOUACHE AUF PAPIER VON ALBRECHT ADAM, ZWISCHEN 1815 UND 1825, EREMITAGE SANKT PETERSBURG.

Abb. 74 S. 355: Napoleon im brennenden Moskau

NAPOLEON IM BRENNENDEN MOSKAU, ÖLGEMÄLDE VON ALBRECHT ADAM, 1841, STAATLICHES VEREINTES MUSEUMSZENTRUM IM KREML, MOSKAU.

Abb. 75 S. 364: Der Übergang über die Beresina

ÜBERGANG ÜBER DIE BERESINA, COLORIERTER DRUCK VON G. KÜSTNER NACH EINER ZEICHNUNG VON CHRISTIAN WILHELM VON FABER DU FAUR, ZWISCHEN 1831 UND 1834.

Abb. 76 S. 376: Der Angriff der Kosaken-Leibgarde

DER ANGRIFF DER KOSAKEN-LEIBGARDE BEI LEIPZIG AM 4. OKTOBER 1813, ÖLGEMÄLDE VON CARL RECHLIN, 1845, MUSEUM ZUR GESCHICHTE DER DONKOSAKEN NOWOTSCHERKASSK.

Abb. 77 S. 379: Karte der Völkerschlacht bei Leipzig

QUELLE: F. A. BROCKHAUS IN LEIPZIG, 11. BAND: LEBER - MORE, BERLIN UND WIEN, 14. AUFLAGE, 1894-1896, S. 66A.

Abb. 78 S. 381: Siegesmeldung nach der Schlacht bei Leipzig

SIEGESMELDUNG NACH DER SCHLACHT BEI LEIPZIG, ÖLGEMÄLDE VON JOHANN PETER KRAFFT, 1839, DEUTSCHES HISTORISCHES MUSEUM BERLIN, INV.-NR. GM 96/38 © DEUTSCHES HISTORISCHES MUSEUM BERLIN / S. AHLERS.

ERRATUM

Zu S. 306, Bildunterschrift und Quellenangabe: Das abgebildete Gemälde von Anna Amalia, Herzogin von Sachsen-Weimar-Eisenach, um 1769, stammt von Johann Georg Ziesinis.

www.ingramcontent.com/pod-product-compliance
Lightning Source LLC
Chambersburg PA
CBHW050920150426

42812CB00051B/1923